10년간 9회  전체
수석  합격자 배출

법무사시험 |

법원사무관승진시험 |

이천교 **공탁법**

1차 | 기본서

이천교 편저

브랜드만족
1위
박문각

근거자료
후면표기

제4판

박문각 법무사

 박문각

공탁법 시험이 종전에 비해 지문도 길어졌고, 여전히 기출지문의 비율이 상당하지만 기출지문이 아닌 지문도 상당히 늘어나는 등 출제경향도 변화되어 공탁법의 비중이 더욱 커졌습니다.

최근 수 년간 본 교재가 비록 많은 분량이 아님에도 불구하고 공탁법 시험 대비에 부족함이 없었습니다. 그런데 최근 공탁 관련 개정사항이 상당히 있었습니다. 이러한 변화된 내용들을 충실히 반영하고 **공탁법 기본서**로서의 역할에 부족함이 없도록 하기 위하여 종전 교재를 개정하게 되었습니다.

교재의 전체 체계는 종전 체계를 유지하였고 여전히 법원공무원교육원 교재 및 공탁실무편람(법원행정처)을 기본적인 토대로 하여 실제 시험에서의 지문 내용과 교재 내용의 지문 자체가 대부분 일치하도록 하였습니다.

강의 준비에 여러 가지로 배려하고 준비해 주시는 서울법학원 관계자 여러분에게 감사를 드리고, 아울러 바쁘신 중에도 출간을 해주시고 정성스럽게 편집은 물론 교정까지 도와주신 박문각 관계자 여러분께도 감사드립니다.

본 교재와 관련하여 문의하실 내용이 있으시면 서울법학원 홈페이지(www.seoulsla.com) 혹은 저자의 홈페이지(www.alaw.kr)를 이용하여 주시기 바랍니다. 여러분의 시험 준비에 조금이라도 도움이 되었으면 합니다.

수험생 여러분들의 합격을 기원합니다.

의정부의 바른법무사사무소에서
편저자 이천교 법무사

📝 응시자격

제2차 시험일(시험을 수일간 실시하는 경우 최종일)을 기준으로 법무사법 제6조의 결격사유가 없어야 하며, 법무사규칙 제15조의 규정에 의하여 응시자격을 정지당한 자는 응시할 수 없다.

📝 시험방법

가. 제1차 시험 : 객관식 필기시험
나. 제2차 시험 : 주관식 필기시험

📝 시험과목

구분	제1차 시험	제2차 시험
제1과목	헌법(40), 상법(60)	민법(100)
제2과목	민법(80), 가족관계의 등록 등에 관한 법률(20)	형법(50), 형사소송법(50)
제3과목	민사집행법(70), 상업등기법 및 비송사건절차법(30)	민사소송법(70), 민사사건관련서류의 작성(30)
제4과목	부동산등기법(60), 공탁법(40)	부동산등기법(70), 등기신청서류의 작성(30)

※ 괄호 안의 숫자는 각 과목별 배점비율임.

📝 응시원서 접수

1 접수방법 등

　가. 「대한민국 법원 시험정보」 인터넷 홈페이지(http://exam.scourt.go.kr)에 접속하여 접수할 수 있음.
　나. 구체적인 방법은 접수기간 중에 시험정보 인터넷 홈페이지에서 처리단계별로 안내함.
　다. 원서접수시에는 미리 3.5㎝×4.5㎝ 크기의 모자를 쓰지 않은 상반신 사진(디지털 사진 또는 스캐닝 사진)을 jpg(jpeg) 형식의 파일(해상도 100, 3.5㎝×4.5㎝)로 준비하여야 하고, 응시수수료 10,000원 외에 별도의 처리비용(카드결제, 실시간 계좌이체, 휴대폰결제)이 소요됨.

2 원서접수시 유의사항

  (1) 응시자는 응시원서에 표기한 제1차 시험의 응시지역(서울, 대전, 대구, 부산, 광주)에서만 응시할 수 있음.

  (2) 응시지역은 주소지에 관계없이 선택할 수 있음.

  (3) 응시원서 접수기간 내에는 기재사항(응시지역 등)을 수정할 수 있으나, 접수기간이 종료한 후에는 기재사항을 변경할 수 없음.

  (4) 응시원서를 접수한 후 취소마감일까지 원서접수를 취소한 경우와 시험 당일 불가피한 사유로 시험에 응시하지 못한 경우로써 「법무사법 및 법무사규칙의 시행에 관한 예규」 제3조 제1항에 해당하는 경우에는 응시수수료를 환불해 줌.

✎ 시험의 일부면제

가. 법무사법 제5조의2 제1항에 의한 경력이 있는 자는 제1차 시험을 면제함.

나. 법무사법 제5조의2 제2항에 의한 경력이 있는 자는 제1차 시험의 전과목과 제2차 시험과목 중 제1과목 및 제2과목을 면제함.

다. 제1차 시험에 합격한 자에 대하여는 다음 회의 시험에 한하여 제1차 시험을 면제함.

라. 시험의 일부('가항 내지 다항'에 해당하는 자)를 면제받고자 하는 자는 당해 시험의 응시자격 요건을 갖추어야 하며, 응시원서 접수기간 내에 면제사항을 기재한 응시원서를 반드시 접수하여야 함.

마. '가 및 나'항의 경력산정은 당해 시험의 제2차 시험일(시험을 수일간 실시하는 경우 첫 일자)을 기준으로 함.

바. '가 및 나'항에 의하여 시험의 일부 면제를 받고자 하는 자는 해당 근무경력사항이 포함된 경력증명서를 응시원서 접수기간 내에 법원행정처 인사운영심의담당실로 제출하여야 함.

✎ 합격자 결정

법무사규칙 제13조에 의함.

※ 기타사항은 법무사시험 공고문 참조

CONTENTS
이 책의 차례

PART 01 총론

CONTENTS
이 책의 차례

PART 02 각론

CONTENTS
이 책의 차례

PART

01
총론

01 절 의의

① 공탁이란 공탁자가 법령에 따라 금전·유가증권·기타 물품을 공탁소에 맡기고 일정한 자가 공탁물을 수령하도록 함으로써 법령에서 정한 일정한 목적을 달성하게 하는 제도이다.
② 공탁은 반드시 법령에 근거하여야 하고 당사자가 임의로 할 수 없는 것이므로, 금전채권의 채무자가 공탁의 방법에 의한 채무의 지급을 약속하더라도 채권자가 채무자에게 이러한 약정에 기하여 공탁할 것을 청구하는 것은 허용되지 않는다. 그리고 이러한 법리는 채무자에게 민사집행법 제248조에서 정한 집행공탁의 요건이 갖추어져 있는 경우라도 다르지 않다(대판 2014.11.13, 2012다 52526).

02 절 공탁의 종류

1. 공탁원인에 의한 분류

1) 변제공탁

변제공탁은 금전 기타 재산의 급부를 목적으로 하는 채무를 부담하는 채무자가 채권자 측에 존재하는 일정한 사유(채권자의 수령거절, 수령불능)로 인하여 변제를 할 수 없거나 채무자의 과실 없이 채권자가 누구인지를 알 수 없어 변제를 할 수 없는 사정이 있는 경우에 채무의 목적물을 공탁함으로써 채무를 면할 수 있도록 하는 제도를 말한다. 변제공탁은 변제를 대신하여 행하여지는 공탁이므로 공탁에 의하여 채무자의 채무는 소멸하고, 채권자는 공탁물 출급청구권을 갖게 된다.

2) 담보공탁(보증공탁)

담보공탁은 기존 또는 장래 피공탁자에게 발생할 손해배상채권을 담보하기 위한 공탁으로서 기능상 재판상 담보공탁, 영업보증공탁, 납세담보공탁으로 나누어 볼 수 있다. 재판상 담보공탁은 당사자의 소송행위(소송비용의 담보)나 재판상의 처분(가압류·가처분, 강제집행의 정지·실시·취소 등)으로 인하여 상대방이 받게 될 손해를 담보하기 위한 공탁이고, 영업보증공탁은 영업거래 등으로 발생할 피해자의 손해배상채권 등을 담보하기 위한 공탁이며, 납세담보공탁은 국세, 지방세 등의 징수유예나 상속세 또는 증여세의 연부연납 허가 시 그 세금의 납부나 징수를 담보하기 위한 공탁이다.

3) 집행공탁

집행공탁은 강제집행 또는 보전처분절차에서 일정한 경우에 집행기관이나 집행당사자(추심채권자 등) 또는 제3채무자가 민사집행법상의 권리·의무로서 집행목적물을 공탁소에 공탁하여 그 목적물의 관리와 집행법원의 지급위탁에 의한 집행당사자에의 교부를 공탁절차에 따라 행하게 하는 제도이다. 즉, 집행공탁은 다른 공탁과는 달리 집행절차의 일환으로서 집행절차를 보조하여 집행 절차를 원활하게 하는 기능을 수행한다.

4) 보관공탁

보관공탁은 목적물 그 자체의 보관을 위한 공탁이다. 변제공탁, 담보공탁, 집행공탁은 궁극적으로 청구권의 만족을 위한 제도이나, 보관공탁은 그와 같은 목적이 전혀 없고 단순히 목적물 자체의 보관·관리를 위한 공탁으로서 피공탁자가 원시적으로 존재하지 아니하므로 공탁물 출급청구권도 없다.

5) 몰취공탁

몰취공탁은 일정한 사유가 발생하였을 때 공탁물을 몰취함으로써 소명에 갈음하는 선서 등의 진실성 또는 상호가등기제도의 적절한 운용 등을 간접적으로 담보하는 기능을 수행하는 제도이다. 즉, 몰취공탁은 '몰취'라는 제재를 통해 공탁자의 성실성을 담보하는 기능을 수행한다.

2. 공탁목적물에 의한 분류

공탁은 공탁물의 종류에 따라 금전공탁, 유가증권공탁, 물품공탁으로 분류할 수 있다. 공탁물의 종류에 따라 공탁기관, 공탁신청절차, 공탁물 보관방법, 공탁물의 소유권 귀속 등에 차이가 있기 때문에 분류의 실익이 있다.

3. 공탁의 시간적 단계에 의한 분류

1) 기본공탁

보통 최초에 하는 공탁, 즉 일반적으로 말하는 본래 의미의 공탁을 기본공탁이라 한다.

2) 대공탁

대공탁이란 공탁유가증권의 상환기가 도래한 경우에 공탁당사자의 청구에 의하여 공탁소가 공탁 유가증권의 상환금을 수령하여 이를 종전의 공탁유가증권에 대신하여 보관함으로써 종전 공탁의 효력을 지속하게 하는 공탁을 말한다(공탁법 제7조, 공탁규칙 제31조).

3) 부속공탁

부속공탁이란 공탁유가증권의 이자 또는 배당금의 지급기가 도래하였을 때 공탁당사자의 청구에 의하여 공탁소가 그 이자 또는 배당금을 수령하여 이를 종전의 공탁유가증권에 부속시켜 공탁함으로써 기본공탁의 효력을 그 이자 또는 배당금에 의한 금전공탁에도 일체로서 미치도록 하는 공탁을 말한다(공탁법 제7조, 공탁규칙 제31조).

4. 공탁의 목적에 의한 분류

순수한 보관만을 목적으로 하는 보관공탁을 형식적 공탁이라 하고, 변제공탁이나 담보공탁과 같이 보관 이상의 법률적 효과를 달성하기 위하여 하는 공탁을 실질적 공탁이라고 구분하기도 한다.

03 절 공탁소

1. 의의

① 공탁사무를 관장하는 기관을 공탁소라고 하는데, 이는 공탁관계법령상의 명칭이고 등기소와 같이 법원조직법상 공탁소라는 명칭의 관서가 있는 것은 아니다.

② 공탁소는 국가기관인 고유의 통상공탁기관과 특별법령에 의해 대법원장이 지정하는 은행 또는 신탁회사 등의 특별공탁기관으로 구별할 수 있다.

2. 공탁소의 종류

가. 통상공탁기관

1) 공탁관

(1) 의의

① 통상공탁기관은 법령의 규정에 의하여 공탁사무를 처리하는 단독제 국가기관인 공탁관을 말하고, 공탁관은 단독으로 공탁소를 구성하며 자기 명의 및 자기 책임으로 독립하여 공탁사무를 처리한다. 업무량이 과다하여 복수의 공탁관을 두는 경우에도 분담된 업무를 처리하면서 각 공탁관이 자기의 이름과 책임으로 단독으로 처리하여야 하고 합의제로 운용되지 않는다.

② 공탁관도 지방법원 또는 지원소속 공무원이고 공탁사무도 법원사무의 일부인 이상 소속 지방법원장 또는 지원장의 감독하에 공탁사무를 처리하나 그 감독은 내부적·일반적·행정적 감독에 불과하고 지방법원장 또는 지원장의 보조기관이 아니다.

(2) 지정

① 공탁관은 지방법원장 또는 지방법원지원장이 소속 법원서기관 또는 법원사무관 중에서 지정한다. 다만, 시·군법원의 경우에는 지방법원장 또는 지방법원지원장이 소속 법원주사 또는 법원주사보 중에서 지정한다.

② 지방법원장이나 지방법원지원장은 공탁관이 질병·출장·교육훈련 그 밖의 부득이한 사유로 직무를 수행할 수 없는 경우에 대비하여 대리공탁관을 지정할 수 있다. 대리공탁관은 원공탁관의 대리인이 아니라 대직기간 동안 자기 명의로 공탁사무를 처리하는 독립한 공탁관이며, 그가 처리한 공탁사무에 대하여 원공탁관이 책임을 지는 것이 아니라 스스로 책임을 진다.

③ 지방법원장 또는 지방법원지원장이 공탁관 또는 대리공탁관을 지정한 때에는 공탁물보관자에 대하여 그 성명과 인감을 알려주어야 한다. 또한, 공탁관은 지정된 공탁물보관자에게 공탁금 과 공탁유가증권에 관한 계좌를 각 설치하여야 하고 공탁금 등을 직접 납부받거나 보관할 수 없으며, 대리공탁관은 별도의 계좌를 설치하지 아니하고 공탁관의 계좌를 이용한다.

(3) 직무

공탁관은 공탁신청, 대공탁·부속공탁청구, 공탁물 및 이자의 지급청구 등에 관한 수리·인가 또 는 불수리 등의 처분을 행한다. 공탁물 지급청구권에 대하여 양도·질권설정 통지서 또는 압류· 가압류·추심·전부명령서를 접수 처리하고, 공탁금 지급청구권에 대한 압류경합 등으로 사유신 고할 사정이 발생한 때에는 지체 없이 집행법원에 그 사유를 신고하여야 한다. 또한 공탁통지서 발송, 공탁수락서 등 각종 문건의 접수 및 처리, 전산시스템상의 원장파일에 등록, 공탁기록 및 각종 장부의 작성·비치·관리·보존을 하고, 공탁물보관자와의 월계대사, 일계표 작성, 공탁관 계서류의 열람 또는 사실증명, 공탁에 관한 통계보고 등 공탁관련 사무를 처리한다.

(4) 심사권과 책임

CHAPTER 03 공탁절차 제1절 "공탁관의 심사"에 설명되어 있습니다.

2) 공탁물보관자

① 공탁절차의 주재자로서의 공탁사무처리기능과 공탁물보관자로서의 공탁물 보관·관리기능이 분리되어 각각 다른 기관에 의하여 행하여지고 있다. 공탁물보관자는 공탁관의 지시·명령에 따라서 공탁물을 보관만하는 단순한 물리적 보관자로서 이행보조자에 불과하다. 대법원장은 법령에 따라 공탁하는 금전, 유가증권, 그 밖의 물품을 보관할 은행 또는 창고업자를 지정한 다. 대법원장은 공탁금 보관은행을 지정할 때에는 공익성과 지역사회 기여도 등 해당 지역의 특수성이 반영될 수 있도록 해당 지방법원장의 의견을 듣고, 공탁금관리위원회의 심사를 거쳐 야 한다.

② 공탁소에 관하여 법률에 특별한 규정이 없으면 법원은 변제자의 청구에 의하여 공탁소를 지정 하고 공탁물보관자를 선임하여야 한다(민법 제488조 제2항).

③ 물품을 공탁하려고 하는데 대법원장에 의하여 지정된 공탁물보관자가 그러한 종류의 물품보관 을 취급하지 아니하거나 보관할 수 있는 수량을 초과하여 목적물의 보관능력이 없는 경우 등에 는, 공탁자는 민법 제488조 제2항과 비송사건절차법 제53조의 규정에 따라 채무이행지를 관 할하는 지방법원에 공탁물보관자의 선임신청을 하여 그 지정을 받아 공탁할 수 있다.

나. 특별공탁기관

1) 대법원장 지정 공탁기관

① 무기명식 사채권 소지인이 회사에 대하여 사채권자집회 소집청구권 또는 그 의결권을 행사하려면 그 채권(債券)을 공탁하여야 한다(상법 제491조 제4항, 제492조 제2항). 이 경우 공탁을 통상공탁기관인 공탁관에게 하지 아니하는 경우에는 대법원장이 정하는 은행 또는 신탁회사에 하여야 한다(상법 부칙 제7조). 이와 같은 경우에 지정된 은행 또는 신탁회사가 특별공탁기관의 하나이다.

② 공탁소의 토지관할에 관한 일반적 규정은 없으며, 공탁의 근거법령에서 관할규정을 두고 있지 않은 경우에 공탁소는 직무관할 및 공탁물에 의한 관할 범위 내에서 일체의 공탁에 관하여 관할권을 갖는다. 따라서 무기명 사채권을 공탁하고자 하는 사람은 시·군법원 공탁소를 제외한 모든 공탁소에서 공탁이 가능하며, 공탁관에게 공탁을 하지 아니하는 경우에는 대법원장에게 공탁기관의 지정을 구하여 그 지정된 은행 또는 신탁회사에 공탁할 수도 있다.

2) 신탁업자

사채총액의 10분의 1 이상에 해당하는 사채권자 중 무기명식 채권을 가진 자는 그 채권을 신탁업자에게 공탁하여야만 신탁업자의 담보물 보관상태를 검사할 수 있다(담보부사채신탁법 제84조 제2항). 이와 같은 경우의 신탁업자도 특별공탁기관의 하나이다.

3. 공탁소의 관할

가. 직무관할

공탁관은 공탁원인 여하에 불구하고 일반적으로 직무상의 관할권을 가지나, 예외적으로 시·군법원 공탁관은 시·군법원의 사건과 관련한 필요 최소한의 범위로 그 직무범위가 제한되어 있다(공탁규칙 제2조).

■ 시·군법원 공탁관의 직무범위에 속하는 것

- 해당 시·군법원에 계속 중이거나 시·군법원에서 처리한 소액사건심판법의 적용을 받는 민사사건과 화해·독촉·조정사건에 대한 채무의 이행으로서 하는 변제공탁
- 해당 시·군법원의 사건과 관련된 상소제기 등으로 인한 집행정지관련 재판상 보증공탁
- 민사집행법 제280조 제2항에 따른 가압류명령과 관련된 재판상 보증공탁
- 민사소송법 제299조 제2항에 따른 소명에 갈음하는 보증금의 공탁(몰취공탁)
- 민사집행법 제282조에 따른 가압류 해방금액의 공탁(집행공탁)

■ 시·군법원 공탁관의 직무범위에 속하지 않는 것

- 민사집행법 제248조 제1항에 따른 압류를 원인으로 한 집행공탁
- 민사집행법 제291조 및 제248조 제1항에 따른 가압류를 이유로 하는 집행공탁
- 상업등기법 제41조에 따른 상호가등기를 위한 보증금 공탁(몰취공탁)
- 공익사업을 위한 토지 등의 취득 및 보상에 관한 법률 제40조 제2항 각 호에 따른 토지 등의 수용보상금 공탁
- 무기명식 사채권 소지인이 회사에 대하여 사채권자집회 소집청구권 또는 그 의결권을 행사하기 위한 그 채권(債)의 보관공탁

나. 토지관할

공탁소의 토지관할에 대하여는 공탁법에서 일반적 규정을 두고 있지 않으므로, 원칙적으로 공탁소는 직무관할의 범위 내에서 일체의 공탁에 관하여 관할권을 가지며 공탁사건과 토지와의 관계를 고려할 필요가 없으나, 개별 공탁근거법령에서 공탁의 토지관할에 관한 규정을 두고 있는 경우에는 그에 따라야 할 것이다.

1) 변제공탁의 토지관할

① 변제공탁은 채무이행지의 공탁소에 하여야 하는데(민법 제488조 제1항), 채무이행지라 함은 급부가 현실적으로 행하여져야 할 장소를 말하는 것으로 이에 관하여 강행규정이 없으면 당사자의 특약에 의하고 그것이 없으면 관습이라든가 민법 제467조, 제586조, 제700조, 상법 제56조 등의 임의규정에 의하여 보완 결정된다.

즉 채무의 성질 또는 당사자의 의사표시로 변제장소를 정하지 아니한 때에 특정물의 인도는 채권성립 당시에 그 물건이 있던 장소에서 하여야 하고, 이 경우 특정물인도 이외의 채무변제는 채권자의 현주소 또는 현영업소(지참채무)에서 하여야 한다(민법 제467조). 따라서 변제공탁의 목적인 채무가 금전채무인 경우에는 통상 지참채무로 보아 채권자의 현주소 또는 현영업소 소재지의 공탁소가 토지관할을 갖게 된다.

② 한편 공탁법(개정 2020.12.8, 시행 2022.12.9.) 제5조의2(형사공탁의 특례) 제1항에 따르면 형사사건의 피고인(피의자 아님)이 법령 등에 따라 피해자의 인적 사항을 알 수 없는 경우에 그 피해자를 위하여 하는 변제공탁은 해당 형사사건이 계속 중인 법원 소재지의 공탁소에 할 수 있다. 군사법원에 계속 중인 사건의 형사공탁은 군사법원 소재지의 지방법원 본원 공탁소에 할 수 있다.

■ 특별규정이 있는 경우 등

> • 공탁자가 저작재산권자를 알지 못함을 이유로 저작권법 제50조 제1항에 따라 보상금공탁을 하는 경우 공탁자의 주소지 관할공탁소에 공탁할 수 있고, 이때 피공탁자를 특정할 필요는 없다.
> • 어음법상의 변제공탁은 약속어음 발행인의 영업소 또는 주소지소재 공탁소에 할 수 있다.
> • 파산관재인이 파산채권자를 위하여 배당액을 변제공탁할 경우에 채무이행지인 파산관재인이 직무를 수행하는 장소를 관할하는 지방법원에 공탁할 수 있다.

2) 담보공탁의 토지관할

① 재판상 담보공탁은 그 관할에 대하여 법률에 특별한 규정이 없다.

② 영업보증공탁은 대체적으로 공탁근거법령에 관할공탁소가 법정되어 있다. 예컨대, 여신전문금융업법상의 보증공탁은 선불카드를 발행한 신용카드업자의 본점 또는 주된 사무소 소재지의 공탁소에, 원자력손해배상법상의 보증공탁은 원자력사업자의 주사무소를 관할하는 공탁소에 각 공탁하여야 한다.

3) 집행공탁의 토지관할

집행공탁도 그 관할에 대하여 법률에 특별한 규정이 없다.

04 절 공탁의 당사자

1. 총설

1) 의의

① 공탁에 있어서 공탁당사자는 공탁자와 피공탁자를 의미한다. 공탁당사자는 공탁신청시에 제출된 공탁서의 기재에 의해 형식적으로 결정되므로, 실체법상의 채권자·채무자와는 별개의 개념이다. 따라서 변제공탁의 공탁물 출급청구권자는 피공탁자 또는 그 승계인이고 피공탁자는 공탁서의 기재에 의하여 형식적으로 기재되므로 실체법상의 채권자라고 하더라도 피공탁자로 지정되어 있지 않으면 공탁물 출급청구권을 행사할 수 없고, 따라서 피공탁자가 아닌 제3자가 피공탁자를 상대로 하여 공탁물 출급청구권 확인판결을 받았더라도 그 확인판결을 받은 제3자가 직접 공탁물 출급청구를 할 수 없으므로 피공탁자 중 1인을 채무자로 하여 그의 공탁물 출급청구권에 대하여 채권압류 및 추심명령을 받은 추심채권자라는 등의 특별한 사정이 없는 한(대판 2011.11.10, 2011다55405 참조) 피공탁자가 아닌 제3자는 피공탁자를 상대로 하여 공탁물 출급청구권의 확인을 구할 이익이 없다.

② 자기의 이름으로 공탁을 신청하는 자를 공탁자라 하고, 공탁자에 의해 공탁물을 수령할 자로 지정된 자를 피공탁자라고 한다.

③ 공탁자는 공탁 시부터 특정되고 공탁자가 존재하지 않는 경우란 있을 수 없지만, 피공탁자의 경우에는 영업보증공탁이나 민사집행법 제248조에 의한 집행공탁과 같이 공탁 당시에는 관념적으로만 존재하다가 사후적으로 확정되는 경우가 있고, 보관공탁이나 가압류해방공탁 등과 같이 그 성질상 피공탁자가 원천적으로 존재하지 않는 경우도 있다.

④ 대리인이 공탁하는 경우에 공탁자는 본인이고, 제3자가 채무자에 갈음하여 공탁하는 경우에는 그 제3자가 공탁자이며, 파산관재인, 유언집행자, 재산관리인 등이 재산관리의 일환으로 공탁을 하는 경우에는 그들이 공탁자이다.

관/련/판/례

> 우리 공탁제도는 채무자(공탁자)가 공탁을 함에 있어서 채권자(피공탁자)를 지정할 의무를 지며 공탁관은 형식적 심사권만을 갖고 채무자가 지정해 준 채권자에게만 공탁금을 출급하는 등의 업무를 처리하는 것을 기본 원리로 삼고 있다. 이와 같이 공탁제도는 공탁관의 형식적 심사권, 공탁사무의 기계적·형식적인 처리를 전제로 하여 운영되는 것이어서 피공탁자가 특정되어야 함이 원칙이고, 또한 피공탁자가 특정되었다고 하려면 피공탁자의 동일성에 대하여 공탁관의 판단이 개입할 여지가 없이 그 공탁통지서의 송달에 지장이 없는 정도에 이르러야 한다(대판 1997.10.16, 96다11747 全合).

2) 공탁당사자능력

① 공탁당사자능력이란 공탁절차에 있어서 공탁의 주체가 될 수 있는 지위 또는 자격, 즉 공탁자·피공탁자가 될 수 있는 일반적인 능력을 의미하며, 구체적인 사건에 있어서의 공탁자·피공탁자가 될 수 있는 자격을 의미하는 공탁당사자적격과는 구별된다. 자연인 및 법인은 물론 대표자 또는 관리인을 정한 법인 아닌 사단이나 재단의 경우에도 공탁당사자능력을 인정하고 있다.

② 주식회사가 해산되고 청산종결등기가 경료된 경우에도 잔존사무가 있다면 그 범위 내에서는 법인격이 존속하므로 공탁당사자능력을 가진다. 장기간 등기하지 않은 휴면회사로서 상법 제520조의2 제1항의 규정에 의하여 해산 간주된 회사도 이로써 법인격이 소멸한 것은 아니므로 공탁의 당사자가 될 수 있다.

③ 자연인이 사망하면 공탁당사자능력도 당연히 소멸하지만, 등기기록상 소유자를 피공탁자로 하여 보상금을 공탁한 경우 피공탁자가 이미 사망하였다면 그 공탁은 상속인들에 대한 공탁으로서 유효하다.

관/련/선/례

> 해산간주된 회사의 법인등기부상 대표자가 없다고 하더라도, 피공탁자가 법인인 경우 그 대표자의 성명, 주소는 공탁서상의 기재사항이 아닐 뿐만 아니라 대표권이 있음을 증명하는 서면도 공탁신청 시 첨부서면이 아니므로, 피공탁자인 법인의 명칭과 주사무소만 기재하여 공탁할 수 있다(공탁선례 2-18).

3) 공탁행위능력

① 공탁행위능력이란 민법상의 행위능력이나 소송절차상의 소송능력에 대응하는 개념으로 공탁당사자가 공탁절차에서 단독으로 유효한 법률행위를 할 수 있는 일반적인 능력을 의미한다. 공탁행위능력에 관하여는 공탁법상 특별한 규정이 없으므로 민법 기타 법령의 규정에 따르며, 민법상의 행위능력자는 공탁행위능력을 갖는다고 보아야 할 것이다. 피한정후견인은 가정법원에서 한정후견인의 동의를 받도록 정한 범위 내에서만 행위능력이 제한되므로(민법 제13조 제1항) 공탁행위능력도 이에 따를 것이다.

② 민법상 행위제한능력자인 미성년자, 피성년후견인은 원칙적으로 단독으로 유효한 공탁행위를 할 수 없고, 미성년자의 경우 법정대리인의 동의를 얻거나(피성년후견인은 성년후견인의 대리만 가능), 법정대리인의 대리에 의해서만 유효한 공탁행위를 할 수 있다. 그러나 예외적으로 미성년자의 권리만을 얻거나 의무만을 면하는 행위, 처분이 허락된 재산의 처분행위, 영업허락을 받은 경우의 그 영업에 관한 행위, 대리행위, 임금 청구 등은 법정대리인의 동의 없이 단독으로 유효한 행위를 할 수 있으므로 그 범위 안에서는 공탁행위능력이 인정된다.

③ 주의를 요하는 것은 공탁신청행위와 같은 능동적 법률행위를 할 경우에 공탁행위능력을 요하는 것이지 공탁자에 의해 피공탁자로 지정되는 경우와 같이 수동적 당사자일 뿐 스스로 법률행위를 하는 것이 아닌 경우에는 행위능력을 요하지 아니한다는 점이다. 물론 피공탁자로 지정된 자가 후일 해당 공탁의 출급을 청구하는 경우에는 능동적 법률행위자로서의 지위에 있는 것이므로 당연히 행위능력이 요구되는 것이고, 행위제한능력자일 경우에는 법정대리인의 대리 또는 동의에 의해서만 유효한 공탁행위를 할 수 있다.

④ 피공탁자인 미성년자의 주소와 그 법정대리인의 주소가 다른 경우 공탁소의 관할은 공탁당사자를 기준으로 할 것이므로 제한능력자인 피공탁자의 주소지를 관할공탁소로 봄이 타당하다.

4) 공탁당사자적격

① 공탁당사자적격이란 특정 공탁사건에 있어서 정당한 당사자로서 공탁절차를 수행하기 위하여 필요한 자격을 의미한다. 공탁자와 피공탁자 사이에 해당 공탁을 정당하게 하는 실체적 법률관계가 존재하는 경우에 공탁당사자적격이 있다고 본다.

② 변제공탁의 공탁당사자가 아닌 제3자가 피공탁자를 상대로 하여 공탁물수령권확인의 소를 제기하여 그 확인판결을 받았다 하더라도 그 제3자는 피공탁자가 아니므로 직접 출급청구를 할 수 없다(대판 2006.8.25, 2005다67476; 2016.3.24, 2014다3122·3139). 이 경우 제3자는 피공탁자를 상대로 '공탁물 출급청구권 양도의 의사표시를 하고 채무자인 국가(소관 공탁관)에 이를 통지하라'는 내용의 판결을 받아 출급청구를 할 수 있다.

공탁당사자는 실체법상의 채권자·채무자와는 별개의 개념이고 공탁서 기재에 의해 형식적으로 결정된다. 따라서 미등기 토지를 수용하고 토지대장상 소유명의자 갑을 피공탁자로 하여 보상금 1억 원을 공탁하였는데, 수용대상토지의 실질적인 소유자인 을 종중이 피공탁자 갑을 상대로 공탁금수령권확인판결을 받았다 하더라도, 을 종중은 피공탁자로 지정되어 있지 않으므로 위 확인판결은 공탁금 출급청구권증명서면에 해당하지 아니하고 을 종중의 직접 출급청구는 인정되지 않는다. 을로서는 갑으로부터 공탁금 출급청구권을 양도받거나 '양도의 의사표시를 하고 채무자인 국가에 이를 통지하라'는 취지의 판결을 받아 출급청구를 할 수 있을 것이다(공탁선례 제1-100호 참고).

2. 공탁의 종류에 따른 공탁당사자

1) 변제공탁

① 변제공탁은 채무자 본인이 공탁자가 되는 것이 원칙이나 일정한 경우에는 제3자도 공탁을 할 수 있다. 채무의 성질 또는 당사자의 의사표시로 제3자의 변제를 허용하지 아니하는 때에는 제3자는 변제공탁할 수 없다.

② 이해관계 없는 제3자는 채무자의 의사에 반하여 변제공탁하지 못한다.

③ 그러나 이해관계 있는 제3자는 채무자의 의사에 반하여서도 변제공탁할 수 있는데, 그 예로는 물상보증인, 담보부동산의 제3취득자, 연대채무자, 보증인 등을 들 수 있다.

2) 담보공탁

(1) 공탁자

① 재판상 담보공탁은 담보제공명령을 받은 자가 공탁자가 되는 것이 원칙이다. 제3자가 상대방의 동의 없이 공탁자를 대신하여 공탁할 수 있는가에 관하여는, 민사소송법이나 민사집행법에는 담보제공을 당사자에 한하여 할 수 있다는 규정이나 제3자가 이를 하는 것을 금하는 규정이 없고, 부동산에 대한 강제집행정지 신청사건에서 반드시 담보제공명령을 받은 당사자만이 담보를 제공하여야 한다고 볼 근거는 없으므로 담보제공명령을 받은 당사자뿐 아니라 제3자 역시 당사자를 대신하여 담보를 공탁한다는 취지를 공탁서에 기재함으로써 유효하게 당사자를 위한 담보를 제공할 수 있다(대결 2019.12.13, 2019그695). 따라서 재판상 담보공탁의 경우에는 담보제공의무자를 위하여 제3자가 그 소유의 금전 또는 유가증권을 자기 명의로 공탁할 수 있다고 보이므로 당사자 본인에게 공탁명령이 나간 경우에도 제3자는 당사자를 대신하여 공탁할 수 있게 된다. 이 경우 법원의 허가나 담보권리자의 동의는 필요 없으나 제3자는 당사자를 대신하여 제3자로서 공탁한다는 취지를 공탁서 비고란에 기재하여야 한다.

👤 관/련/판/례

> 부동산에 대한 강제집행정지 신청사건에서 반드시 담보제공명령을 받은 당사자 만이 담보를 제공하여야
> 한다고 볼 근거는 없으므로, 담보제공명령을 받은 당사자뿐 아니라 제3자 역시 당사자를 대신하여 담보
> 를 공탁한다는 취지를 공탁서에 기재함으로써 유효하게 당사자를 위한 담보를 제공할 수 있다(대결
> 2019.12.13, 2019그695).

② 영업보증공탁은 근거법령에 공탁자가 정해져 있는바, 영업자의 신용력 확인이라는 목적이 있
으므로 제3자에 의한 공탁은 허용되지 않는다고 봄이 타당하다. 또한, 영업보증공탁은 공탁신
청 당시에는 누가 공탁자와의 영업거래 등으로 인한 손해 배상채권자(담보권리자)가 될지 알
수 없으므로 피공탁자가 미확정이며, 따라서 다른 공탁의 경우와 달리 영업보증공탁의 공탁서
에는 피공탁자란을 두지 않는다.

③ 납세담보공탁은 국세나 지방세의 징수유예, 연부연납 등의 허가를 구하려는 납세의무자 또는
납세의무자를 위하여 담보를 제공하는 제3자가 공탁자가 될 것이다.

(2) 피공탁자

담보공탁의 피공탁자는 공탁물에 대하여 법정담보권 또는 우선변제권을 취득할 자이다.

① 재판상 담보공탁은 피공탁자의 손해배상채권을 담보하기 위한 공탁으로서 공탁신청 당시에 담
보권리자가 될 자가 특정되어 있으므로 공탁서에 그 담보권리자를 피공탁자로 기재한다.

② 납세담보공탁의 피공탁자는 국가, 지방자치단체 등 과세관청이 될 것이다.

③ 그러나 영업보증공탁은 공탁신청 당시에는 누가 영업거래 등으로 인한 손해배상 채권자(담보
권리자)가 될지 알 수 없으므로 피공탁자가 미확정이다. 따라서 다른 공탁의 경우와 달리 영업
보증공탁의 공탁서에는 피공탁자란을 두지 않는다.

3) 집행공탁

(1) 공탁자

집행공탁에서 공탁자로 될 자는 해당 집행절차의 집행기관이나 집행당사자 또는 제3채무자이다.

① 민사집행법 제248조에 의한 집행공탁의 공탁자는 제3채무자이고, 민사집행법 제282조에 의
한 가압류해방공탁의 공탁자는 가압류채무자이다. 그 외 집행공탁의 공탁자는 집행기관인 집
행법원이나 집행관 또는 추심채권자, 항고인 등이다. 집행절차에 부수해서 행해지는 집행공탁
의 성질상 제3자는 공탁자를 갈음하여 공탁할 수 없다.

② 다만 주택임대차보호법상 대항력을 갖춘 임차인의 임대차보증금반환채권이 가압류된 상태에
서 임대주택이 양도되면 양수인이 채권가압류의 제3채무자의 지위도 승계하고, 가압류권자 또
한 임대주택의 양도인이 아니라 양수인에 대하여만 위 가압류의 효력을 주장할 수 있으므로
(대판 2013.1.17, 2011다49523, 주택임대차보호법 제3조 제4항), 임대주택의 양수인은 해
당 주택에 관한 등기사항증명서를 첨부하여 민사집행법 제291조 및 제248조 제1항에 따라
집행공탁을 할 수 있다.

③ 채무자 아닌 제3자(예 가압류목적물의 양수인 등)가 가압류해방금을 공탁할 수 있는지 여부가 문제되는데, 나중에 채권자가 채무자에 대하여 집행권원을 받아도 그 해방금액에 대한 집행을 할 근거가 없게 되므로 다시 말하면, 가압류채권자의 가압류채무자에 대한 집행권원으로는 제3자가 한 해방공탁금에 대한 집행이 불가능하므로 부정하여야 할 것이다.

(2) 피공탁자

집행공탁에 있어서 피공탁자로 될 자는 원칙적으로 해당 집행절차의 집행채권자이다.

① 민사집행법 제248조에 의한 집행공탁의 피공탁자는 실질상 해당 집행절차의 집행채권자라 할 것이나, 집행채권자는 배당절차에서 배당을 받을 수 있는 단계에서나 피공탁자로 확정되고 공탁 당시에는 관념적으로만 존재하므로 공탁신청 시에는 공탁서에 피공탁자를 기재하지 않으며, 공탁 당시에 피공탁자를 기재하였더라도 그 피공탁자의 기재는 법원을 구속하는 효력이 없다.

② 다만 민사집행법 제248조 제1항에 의하여 금전채권의 일부에 대한 압류를 원인으로 제3채무자가 압류에 관련된 금전채권액 전액을 권리공탁하는 경우에는 피공탁자란에 압류채무자를, 민사집행법 제291조 및 제248조 제1항에 의하여 가압류를 원인으로 제3채무자가 권리공탁하는 경우에는 피공탁자란에 가압류채무자를 기재하고 공탁통지서도 발송하도록 하였는바, 이는 공탁금 중 압류금액을 초과하는 부분은 압류의 효력이 미치지 않으므로 집행공탁이 아니라 변제공탁으로 보아야 하기 때문이고, 가압류집행을 원인으로 민사집행법 제291조 및 제248조 제1항에 의한 공탁은 원래의 채권자인 가압류채무자를 피공탁자로 하는 일종의 변제공탁의 측면이 있기 때문이다.

③ 한편 민사집행법 제282조에 의한 가압류해방공탁에서 가압류채권자의 권리실행방법에 대하여 판례 및 실무 입장인 공탁금 회수청구권에 대한 집행설을 따르면 피공탁자는 원시적으로 있을 수 없으므로 공탁신청 시에 피공탁자를 기재할 수는 없다. 이러한 이유로 2008.3.1.부터 시행된 공탁사무 문서양식에 관한 예규(행정예규 제1235호)[제1-3호 양식] '금전 공탁서(가압류해방)'에는 피공탁자란을 아예 없앴다.

4) 보관공탁

① 보관공탁은 주로 무기명식 채권 소지인의 권리행사요건으로 행하여지는 공탁이므로 공탁자는 근거법령에 규정된 무기명식 채권 소지인 등이고, 채권의 만족이라고 하는 기능을 갖지 아니하므로 피공탁자는 원시적으로 존재하지 않는다.

② 보관공탁의 성질상 제3자가 무기명식 채권 소지인 등을 갈음하여 공탁하는 것은 불가능하다.

5) 몰취공탁

① 몰취공탁의 공탁자는 소송당사자나 법정대리인(민사소송법 제299조 제2항) 또는 등기신청인(상업등기법 제41조) 등으로 법정되어 있다. 몰취공탁은 국가에 대하여 자기의 주장이 허위인 때 또는 약정기한 내 등기절차의 불이행을 한 때에는 몰취의 제재를 당하여도 감수한다는 취지의 것이므로 그 성질상 제3자에 의한 공탁이 허용되지 않는다.

② 몰취공탁의 피공탁자는 국가이다.

05 절 공탁물

1. 공탁물의 종류

1) 금전

금전공탁의 목적물인 금전은 법률에 의하여 강제통용력이 부여된 우리나라의 통화에 한한다. 따라서 외국의 통화는 금전공탁의 목적물이 아니고 물품공탁의 목적물이 된다. 금전공탁을 함에 있어 은행 발행의 자기앞수표를 납입하는 것은 수표 그 자체가 공탁물이 아니라 그것이 통화로 교환된 금전이 공탁물이 된다.

2) 유가증권

① 유가증권이란 사법상의 재산권을 표창하는 증권으로서 증권상에 기재된 권리의 행사·이전 등에 있어서 증권의 소지 또는 교부를 필요로 하는 것을 말한다.

② 금액의 표시가 없는 유가증권(화물상환증, 창고증권 등)도 공탁의 목적물이 될 수 있다. 이 경우 액면금이 없다는 뜻을 공탁서상의 "공탁유가증권의 총액면금"란에 적어야 한다(공탁규칙 제20조 제2항 제2호).

③ 기명식 유가증권을 공탁하는 경우에는 공탁물을 수령하는 자가 즉시 권리를 취득할 수 있도록 유가증권에 배서를 하거나 양도증서를 첨부하여야 한다(공탁규칙 제24조).

④ 법령에 다른 규정이 없는 한 공탁할 수 있는 유가증권의 종류에는 제한이 없다. 주식·사채 등의 전자등록에 관한 법률(이하 '전자증권법')이 2019.9.16.부터 시행됨에 따라 발행인은 전자등록의 방법으로 주식·사채(이하 '주식 등') 등을 발행할 수 있는데, 증권시장에 상장되는 주식 등의 경우 새로 발행하는 경우는 물론 이미 주권 등이 발행된 주식 등에 대하여도 발행인은 전자등록기관에 소유자명의로 전자등록신청을 하여야 한다. 그리고 전자등록주식 등의 소유자가 공탁을 하는 경우 해당 전자등록주식 등의 전자등록을 증명하는 '전자등록증명서'를 발급받아 공탁하여야 하고, 공탁물보관자는 전자등록증명서를 납부받아 보관하게 된다.

3) 물품

물품공탁의 목적물인 물품이란 인간이 지배할 수 있는 물리상의 유체물로서 금전공탁의 목적물인 금전과 유가증권공탁의 목적물인 유가증권을 제외한 것을 말한다.

2. 공탁의 종류에 따른 공탁물

가. 변제공탁

1) 원칙

변제공탁의 공탁물은 채무의 목적물이므로 무엇이 공탁물로 될 수 있는지는 채무의 내용에 따라서 정해진다. 금전, 유가증권, 그 밖의 물품이 공탁물로 될 수 있고, 공탁물보관자의 영업범위에 속하지 않는 물품에 관하여는 채무이행지 관할 지방법원에 공탁물보관자 선임신청을 하여 그 지정을 받아 공탁할 수 있다.

2) 자조매각금의 공탁

채무의 목적물이 공탁에 적당하지 않거나(폭발위험물 등) 멸실 또는 훼손될 염려가 있거나(야채, 과일, 어육류 등) 보관비용의 과다 또는 가격의 폭락 등 경제적으로 부적합한 경우 등에는 채무이행지 지방법원의 허가를 얻어 그 물건을 경매하거나 시가로 방매하여 대금을 공탁할 수 있다(민법 제490조, 비송사건절차법 제53조·제55조).

3) 수용보상금의 공탁

① 사업시행자가 토지보상법이 규정하고 있는 절차에 따라 공공용지를 수용 또는 취득하고 그에 따른 수용보상금을 피수용자에게 지급하는 것을 갈음하여 공탁하는 경우 공탁물은 해당 법령에 규정되어 있는 대로 금전 또는 채권(債券)으로 할 수 있다. 이 경우에 있어서도 현금으로 보상금을 지급하도록 되어 있을 때에는 현금으로 공탁을 하여야지 현금 대신 채권(債券)으로 공탁할 수는 없다(공탁선례 제2-1호).

② 한편 사업시행자가 토지보상법 제63조 제7항·제8항에 따라 수용보상금을 채권(債券)으로 지급하는 경우 전자등록된 국·공채 등에 대하여 전자등록증명서를 발급받아 공탁하는 경우가 일반적이다.

③ 실무상 수용보상금지급청구권에 대하여 압류나 가압류 등이 있음을 이유로 사업시행자가 전자등록증명서를 공탁물로 하면서 토지보상법 제40조 제2항 제4호 및 민사집행법 제248조 제1항에 따라 집행공탁을 신청하는 경우가 있는데 전자등록증명서는 위 집행공탁의 목적물이 될 수 없으므로 위와 같은 공탁신청은 수리되어서는 안 된다.

4) 부동산 공탁의 가부

부동산 변제공탁은 법원으로부터 공탁물보관자의 선임을 받아 그 자에게 공탁을 한다고 하더라도, 앞으로 변제자의 협력 없이 공탁물보관자가 부동산에 관한 일체의 본권 및 점유를 채권자에게 이전할 수 있게 한다는 것이 법 기술상 곤란하고, 또 목적 부동산의 점유를 공탁물보관자에게 이전한다고 하면 그 보관료와 보관자의 사용료와의 문제도 매우 곤란하게 되기 때문에 공탁에 부적당하다(공탁선례 제2-5호).

나. 담보공탁

담보공탁에서 공탁물은 금전 또는 유가증권으로 각종 공탁근거법령 또는 감독관청이나 법원의 담보제공명령 등에 의하여 정하여진다.

① 재판상 담보공탁의 목적물은 금전 또는 법원이 인정하는 유가증권이지만, 담보는 성질상 종국에는 현금화할 수 있어야 하므로 공탁하는 유가증권은 환가가 용이하지 않거나 시세의 변동이 심하여 안정성이 없는 것(예컨대 담보제공자 발행의 유가증권)은 적당하지 않다. 실무상 국채나 공채가 주로 지정되고 있으나 반드시 이에 한하지는 않으며, 시세의 변동이 심한 주권(株)과 같은 것은 피하는 것이 좋다.

② 납세담보공탁의 목적물도 금전 또는 유가증권이지만 공탁할 수 있는 유가증권은 자본시장과 금융투자업에 관한 법률 제4조 제3항에 따른 국채증권 등 대통령령으로 정하는 유가증권(국세징수법 제18조), 국채 또는 지방채, 지방자치단체의 장이 확실하다고 인정하는 유가증권이다(지방세기본법 제65조). 한편 2019.9.16.부터 전자증권법이 시행된 이후 주로 전자등록증명서(전자증권법 제63조 제1항)가 공탁되고 있다.

③ 영업보증공탁의 목적물은 각 영업보증공탁의 근거법령에 의하여 정해진다.

다. 집행공탁

① 집행공탁의 공탁물은 강제집행의 목적물인 금전이나 그 목적물의 환가금 또는 금전채권에 대한 집행에 있어서의 제3채무자의 채무액 등 금전이 원칙이다. 다만, 민사집행법 제130조 제3항의 규정에 의한 매각허가결정에 대한 항고보증공탁의 경우에는 법원이 인정한 유가증권으로 공탁할 수 있고, 선박에 대한 강제집행에 있어서 채무자가 집행정지문서를 제출하고 매수신고 전에 보증의 제공으로 공탁하는 경우에도 법원이 인정한 유가증권으로 공탁할 수 있다.

② 민사집행법 제282조에 의한 가압류해방공탁은 가압류의 목적물에 갈음하는 것으로서 금전에 의한 공탁만이 허용되고, 유가증권에 의한 공탁은 그 유가증권이 실질적 통용가치가 있는 것이라 하더라도 허용되지 않는다.

라. 보관공탁

보관공탁에서 공탁물은 무기명식 사채권 등으로 구체적으로 법정되어 있는데, 상법상의 공탁은 '무기명식 사채권', 담보부사채신탁법상의 공탁은 '사채권'으로 되어 있다.

마. 몰취공탁

① 소명에 갈음하는 몰취공탁(민사소송법 제299조 제2항)의 공탁물은 원칙적으로 금전이나, 법원이 인정하는 유가증권도 공탁물이 될 수 있을 것이다.

② 상호가등기를 위한 몰취공탁(상업등기법 제41조)은 일정한 금액을 공탁하도록 하고 있으므로, 그 공탁물은 금전만이 허용될 뿐 지급보증위탁계약체결문서(보증보험증권)를 제출할 수는 없다.

공탁신청절차

01 절 방문공탁과 전자공탁

1. 방문공탁

① 공탁신청은 절차의 안정성과 공탁관의 형식적 심사라는 요청에서 법정서식의 공탁서를 작성하여 제출하여야 하는 요식행위이다. 즉, 공탁을 하려는 사람은 소정의 기재사항을 적은 공탁서 2통을 첨부서면과 함께 관할공탁소(공탁관)에 제출하여야 한다. 공탁서의 양식은 공탁사무 문서양식에 관한 예규(행정예규 제1235호)의 문서양식 중 제1-1호부터 제1-9호까지 양식으로 정하여져 있다.

② 공탁은 1건마다 별도의 공탁서를 작성하여 제출함이 원칙이다. 다만 공탁당사자가 같고 공탁원인사실에 공통성이 있는 경우(수개월분의 차임공탁 등) 또는 공탁당사자가 다르더라도 공탁원인사실에 공통성이 있는 경우(형사사건의 피해자가 여러 명이고 주소지가 모두 같은 공탁소 소재지로 되어 있는 경우의 손해배상공탁 등)에는 1통의 공탁서를 작성·제출하여 공탁할 수 있다(공탁선례 제2-25호). 이를 통상 일괄공탁이라고 부른다.

그러나 동일한 공탁원인사실에 의한 경우라도 공탁물의 종류가 다르거나 일부는 변제공탁, 일부는 집행공탁과 같이 공탁의 성질이 다를 때에는 별도로 공탁하여야 한다. 다만 공탁원인사실 및 공탁근거법령이 다른 실질상 두 개 이상의 공탁을 공탁자의 이익보호를 위하여 하나의 공탁절차에 의하여 하는 혼합공탁은 인정된다.

③ 우편에 의한 공탁신청은 할 수 없다(공탁선례 제2-24호). 공탁신청이 수리된 경우 공탁서를 우편으로 송달하는 도중 분실되거나 업무처리가 지연되는 것을 방지하기 위해서이다. 공탁관은 공탁수리 후 공탁서를 공탁자에게 내주어야 하므로(공탁규칙 제26조 제1항) 공탁신청은 공탁자 본인이 공탁소에 출석하여 하거나 대리권을 증명하는 서면(위임장)을 첨부하여 대리인이 출석하여 하여야 한다. 변호사·법무사를 대신하여 그 사무원이 사자(使者)로서 공탁신청을 하는 것은 허용된다.

2. 전자공탁

금전공탁사건에 관한 신청 또는 청구는 규칙에서 정하는 바에 따라 전자공탁시스템을 이용하여 전자문서로 할 수 있다.

1) 적용범위

공탁관이 전자공탁시스템을 이용하여 접수 및 처리하는 업무는 다음과 같다.

① 금전공탁 신청사건
② 5천만 원 이하의 공탁금에 대한 출급·회수청구
③ 전자문서로 제출된 공탁관계서류에 대한 열람청구
④ 전자공탁시스템으로 처리한 공탁사무에 대한 사실증명청구
⑤ 전자신청에 대하여 한 공탁관의 처분에 대한 법 제12조에 따른 이의신청
⑥ 전자공탁시스템에 의한 공탁사건에 대한 정정신청 또는 보정

2) 신청자격

① 자연인과 법인이 모두 전자신청을 할 수가 있는데, 신청인(법인인 경우 법인의 대표자)이 외국인인 때에는 「출입국관리법」에 따라 외국인등록을 하거나 「재외동포의 출입국과 법적 지위에 관한 법률」에 따른 국내거소신고를 하여야 한다.

② 미성년자는 법정대리인의 동의 없이 유효한 공탁행위능력을 가지는지 여부에 대하여 전자공탁시스템으로 파악하기 어렵고 법정대리인에 의한 증명이 전자적으로 불가능하므로 전자신청을 할 수 없다.

③ 법인 아닌 사단이나 재단의 경우 전자적으로 대표자 개인과 조직 간의 관계를 증명할 수 없기 때문에 전자공탁서비스를 이용할 수 없다.

④ 전자신청의 대리는 자격자대리인(변호사, 법무사)만이 할 수 있다.

3) 사용자등록

① 전자공탁시스템을 이용하려는 자는 전자공탁시스템에 접속하여 각 신청주체 유형별(개인회원, 법인회원, 변호사회원, 법무사회원)로 전자공탁홈페이지에서 요구하는 정보를 해당란에 입력한 후 대법원예규로 정하는 전자서명을 위한 인증서를 사용하여 사용자등록을 하여야 한다.

② 국가 또는 지방자치단체를 제외한 법인용 인증서를 이용하는 법인회원은 공탁소에 출석하여 법인사용자등록신청서를 제출하여야 하며, 그 신청서에는 상업등기법 제16조에 따라 신고한 인감을 날인하고 그 인감증명과 자격을 증명하는 서면을 첨부하여야 하며, 공탁관으로부터 전자공탁시스템에서의 사용자등록을 위한 접근번호를 부여받아 사용자등록을 할 수 있다.

한편 개인회원이나 법인 전자증명서를 이용하는 법인회원, 국가 또는 지방자치단체의 경우는 공탁소를 방문하지 않고도 사용자등록을 할 수 있다.

③ 사용자등록을 신청하는 변호사회원 또는 법무사회원은 공탁소에 출석하여 그 자격을 증명하는 서면을 제출하여야 하고, 공탁관으로부터 전자공탁시스템에서의 사용자등록을 위한 접근번호를 부여받아 사용자등록을 할 수 있다.

4) 전자문서의 작성·제출

① 등록사용자의 전자문서 제출은 전자공탁시스템에서 요구하는 사항을 빈칸 채우기 방식으로 입력한 후 나머지 사항을 해당란에 직접 입력하거나 전자문서를 등재하는 방식으로 하여야 하고, 대법원예규로 정하는 전자서명을 하여야 한다.

② 공동의 이해관계를 가진 여러 당사자나 대리인이 공동으로 공탁·출급·회수 등을 신청하는 경우에는 해당 전자문서에 공동명의자 전원이 전자서명을 하여 제출하거나 해당 전자문서를 제출하는 등록사용자가 다른 공동명의자 전원의 서명 또는 날인이 이루어진 확인서를 전자문서로 변환하여 함께 제출하는 방법(공탁금을 출급 또는 회수하는 경우에는 제외한다)에 따라 공동명의로 된 하나의 전자문서를 제출할 수 있다.

③ 전자문서에 의한 신청은 그 신청정보가 전자공탁시스템에 저장된 때에 접수된 것으로 본다.

5) 지급청구 절차의 특례

① 공탁금 지급방법은 청구인이 공탁금 출급회수청구서를 출력하여 공탁금보관은행에 제출하는 방법과 예금계좌로 지급받는 방법이 있는데, 후자의 경우 그 예금계좌는 반드시 청구인 본인의 예금계좌이어야 한다.

② 전자문서에 의하여 공탁금의 출급 또는 회수를 청구하는 경우 공탁규칙 제37조의 인감증명서는 첨부하지 아니한다.

③ 변호사 또는 법무사회원이 전자문서에 의하여 지급청구하는 경우에는 변호사회원 또는 법무사회원의 전자서명과 청구인 본인의 전자서명을 함께 제출하여야 한다.

④ 한편 방문신청의 방법으로 공탁된 사건에 대하여도 전자공탁시스템에 의한 지급청구를 할 수 있는데, 이때 전자서명은 공탁이 성립할 당시 공탁당사자의 것이어야 한다. 따라서 공탁자 또는 피공탁자의 상속인은 전자신청의 방법으로 지급청구를 할 수는 없다.

6) 기타

전자공탁시스템을 이용하여 공탁이 이루어진 사건에 대하여 공탁물 출급·회수청구권에 관한 가처분명령서, 가압류명령서, 압류명령서, 전부 또는 추심명령서, 압류취소명령서, 그 밖에 이전 또는 처분제한의 서면 등이 접수된 경우, 공탁관은 공탁기록 표지를 출력한 후 제출된 서면을 접수순서에 따라 편철하여 별도의 공탁기록으로 관리·보존하고 전산시스템에 그 뜻을 입력하여야 한다.

02 절 공탁서 작성

1. 서설

1) 공탁서 등의 기재문자 및 정정

① 공탁서, 공탁물 출급·회수청구서 그 밖에 공탁에 관한 서면에 적는 문자는 자획을 명확히 하여야 한다. 따라서 누구라도 쉽게 알아볼 수 있도록 정확하게 기재하여야 하고 쉽게 말소 또는 변개·조작할 수 있는 연필 등으로 기재하여서는 안 된다.

② 공탁서, 공탁물 출급·회수청구서, 지급위탁서·증명서에 적은 금전에 관한 숫자는 정정, 추가나 삭제를 하지 못한다. 그러나 공탁서의 공탁원인사실의 기재와 청구서의 청구사유에 적은 금전에 관한 숫자는 그러하지 아니하다.

③ 기재사항에 관하여 정정, 추가나 삭제를 한 경우에는 한 줄을 긋고 그 위쪽이나 아래쪽에 바르게 적거나 추가하고, 그 글자 수를 난외에 적은 다음 도장을 찍어야 하며, 정정하거나 삭제한 문자는 읽을 수 있도록 남겨두어야 한다. 위 정정 등을 한 서류가 공탁서이거나 공탁물 출급·회수청구서인 때에는 공탁관은 작성자가 도장을 찍은 곳 옆에 인감(공탁규칙 제55조 제2항의 인감을 말함)도장을 찍어 확인해야 한다.

2) 계속 기재

공탁관에게 제출하는 서류에 관하여 양식과 용지의 크기가 정해져 있는 경우에 한 장에다 전부를 적을 수 없는 때에는 해당 용지와 같은 크기의 용지로서 적당한 양식으로 계속 적을 수 있다. 이 경우에는 계속용지임을 명확히 표시해야 한다.

3) 서류의 간인

공탁관에게 제출하는 서류가 두 장 이상인 때에는 작성자는 간인을 하여야 한다. 이 경우 서류의 작성자가 여러 사람인 경우에는 그중 한 사람이 간인을 하면 된다. 계속용지를 사용하는 서류가 공탁서이거나 공탁물 출급·회수청구서인 때에는 공탁관이 인감도장으로 간인을 하여 확인하여야 한다.

2. 공탁서의 기재사항

공탁은 공탁자가 자기의 책임과 판단하에 하는 것으로써 공탁자는 나름대로 누구에게 변제하여야 할 것인지를 판단하여 그에 따라 변제공탁이나 집행공탁 또는 혼합공탁 등 공탁의 종류를 선택하여 할 수 있다(대판 2005.5.26, 2003다12311; 2008.5.15, 2006다74693 참조).

[별지] [제1-1호 양식]

금전 공탁서(변제 등)

공 탁 번 호		년 금 제 호		년 월 일 신청	법령조항	
공탁자	성 명 (상호, 명칭)		피공탁자	성 명 (상호, 명칭)		
	주민등록번호 (법인등록번호)			주민등록번호 (법인등록번호)		
	주 소 (본점, 주사무소)			주 소 (본점, 주사무소)		
	전화번호			전화번호		
공 탁 금 액	한글		보 관 은 행		은행	지점
	숫자					
공탁원인사실						
비고(첨부서류 등)		☐ 계좌납입신청 ☐ 공탁통지우편료				원
1. 공탁으로 인하여 소멸하는 질권, 전세권 또는 저당권 2. 반대급부 내용						

위와 같이 신청합니다.
 	
  공탁자 성명   인(서명)
		대리인 주소
		   전화번호
		   성명 인(서명)				

위 공탁을 수리합니다.
공탁금을   년 월   일까지 위 보관은행의 공탁관 계좌에 납입하시기 바랍니다.
위 납입기일까지 공탁금을 납입하지 않을 때는 이 공탁 수리결정의 효력이 상실됩니다.
              년   월   일
              법원 지원 공탁관 (인)						

(영수증)   위 공탁금이 납입되었음을 증명합니다.
              년   월   일
        공탁금 보관은행(공탁관) (인)						

※ 1. 서명 또는 날인을 하되, 대리인이 공탁할 때에는 대리인의 성명, 주소(자격자대리인은 사무소)를 기재하고 대리인이 서명 또는 날인하여야 합니다. 전자공탁시스템을 이용하여 공탁하는 경우에는 날인 또는 서명은 인증서에 의한 전자서명 방식으로 합니다.
  2. 공탁당사자가 국가 또는 지방자치단체인 경우에는 법인등록번호란에 '고유번호'를 기재하시기 바랍니다.
  3. 공탁당사자가 국가인 경우 소관청도 기재하시기 바랍니다[예 : 대한민국(소관청 : ○○○)].
  4. 피공탁자의 주소를 기재하는 경우에는 피공탁자의 주소를 소명하는 서면을 첨부하여야 하고, 피공탁자의 주소를 알 수 없는 경우에는 그 사유를 소명하는 서면을 첨부하여야 합니다.
  5. 공탁통지서를 발송하여야 하는 경우, 공탁금을 납입할 때 우편료(피공탁자 수 × 1회 발송)도 납부하여야 합니다(공탁신청이 수리된 후 해당 공탁사건번호로 납부하여야 하며, 미리 예납할 수 없습니다).
  6. 공탁금 회수청구권은 소멸시효 완성으로 국고에 귀속될 수 있습니다.
  7. 공탁서는 재발급되지 않으므로 잘 보관하시기 바랍니다.

[별지] [제1-2호 양식]

금전 공탁서(재판상의 보증)

공 탁 번 호		년 금 제 호		년 월 일 신청	법령조항	
공 탁 자	성 명 (상호, 명칭)		피 공 탁 자	성 명 (상호, 명칭)		
	주민등록번호 (법인등록번호)			주민등록번호 (법인등록번호)		
	주 소 (본점, 주사무소)			주 소 (본점, 주사무소)		
	전화번호			전화번호		

공 탁 금 액	한글	보 관 은 행		은행	지점
	숫자				

법원의 명칭과 사 건		법원			사건
	당사자	원고 신청인 채권자		피고 피신청인 채무자	

공탁 원인 사실	1. 가압류보증 2. 가처분보증 3. 가압류 취소보증 4. 가처분 취소보증 5. 강제집행 정지의 보증	6. 강제집행 취소의 보증 7. 강제집행 속행의 보증 8. 소송비용 담보 9. 가집행 담보 10. 가집행을 면하기 위한 담보	11. 기타( )

비고(첨부서류 등)	□ 계좌납입신청

위와 같이 신청합니다.　　　　　　　　　대리인 주소
　　　　　　　　　　　　　　　　　　　　　전화번호
　　공탁자 성명　　　　　인(서명)　　　성명　　　　　　인(서명)

위 공탁을 수리합니다.
공탁금을　　　년　월　　일까지 위 보관은행의 공탁관 계좌에 납입하시기 바랍니다.
위 납입기일까지 공탁금을 납입하지 않을 때는 이 공탁 수리결정의 효력이 상실됩니다.

　　　　　　　　　　　　　　　년　　　월　　　일

　　　　　　　　　　　　법원　　지원 공탁관　　　　　　　　(인)

(영수증)　위 공탁금이 납입되었음을 증명합니다.

　　　　　　　　　　　　　　　년　　　월　　　일

　　　　　　　　　공탁금 보관은행(공탁관)　　　　　　(인)

1) 공탁자의 성명·주소·주민등록번호

① 공탁서의 "공탁자"란에는 공탁자의 성명·주소·주민등록번호를 적어야 하는데, 공탁자가 법인인 경우에는 상호(명칭)·본점(주사무소)·법인등록번호를 적는다. 국가나 지방자치단체는 주민등록번호란에 사업자등록번호를 적어야 하고, 외국인일 경우는 여권번호, 외국인등록번호, 국내거소신고번호로, 재외국민일 경우는 여권번호로 대신할 수 있다(행정예규 제1083호 제2조).

② 제3자가 공탁하는 경우에는 제3자가 공탁자이므로 제3자를 기준으로 성명·주소·주민등록번호 등을 적어야 하는데, 이 경우 변제공탁은 공탁원인사실란에, 재판상 담보공탁은 비고란에 제3자로서 공탁한다는 취지를 각각 적어야 한다. 타인의 재산관리인이 공탁하는 경우에도 재산관리인이 공탁자이므로 그 재산관리인의 성명·주소·주민등록번호 등을 적어야 한다.

2) 공탁물 표시

① 금전 공탁서의 "공탁금액"란에는 공탁금액의 총액을 기재하여야 하고, 금액 기재는 한글과 아라비아 숫자를 병기한다. 공탁금액란의 금전에 관한 숫자는 정정, 추가나 삭제하지 못하나, 공탁원인사실란의 금전에 관한 숫자는 정정·추가·삭제를 할 수 있다(공탁규칙 제12조 제2항).

② 유가증권 공탁서의 "공탁유가증권"란에는 공탁유가증권의 명칭·장수·총액면금(액면금이 없을 때에는 그 뜻)·기호·번호를 적어야 하고, 부속이표 및 최종 상환기가 있는 경우에는 그것도 적어야 한다.

③ 물품 공탁서의 "공탁물품"란에는 공탁물품의 명칭·종류·수량을 적는다.

3) 공탁원인사실

① 공탁서의 "공탁원인사실"란에는 공탁의 권리·의무를 규정한 해당 공탁근거법령의 공탁요건 사실을 적어야 한다. 공탁원인사실은 개별 사안마다 다를 것이나 출급절차를 적정하게 할 수 있을 정도로 구체적이어야 한다. 예컨대 변제공탁의 전형적인 예는 "공탁자(채무자)는 피공탁자(채권자)에게 ○○○ 채무를 부담하고 있고(채권발생원인, 채무액, 이행기, 이행지, 특약유무 등), 변제기에 채무를 현실 제공하였으나 그 수령을 거부하므로 공탁함" 등으로 적는다.

② 제3자에 의한 변제공탁의 경우에는 제3자가 이해관계가 있는 때에는 이해관계의 내용을 구체적으로 적은 다음 제3자로서 채무자를 갈음하여 공탁한다고 기재하고, 이해관계가 없는 때에는 채무자의 동의를 얻어 제3자로서 채무자를 갈음하여 공탁한다고 적는다.

③ 재판상 담보공탁의 경우에는 첨부서류에 의하여 출급절차의 적정을 기할 수 있으므로 기재를 간략하게 하도록 양식을 마련하였다.

4) 공탁근거 법령조항(공탁규칙 제20조 제2항 제4호)

① 공탁서의 "법령조항"란에는 공탁의 권리 또는 의무를 규정한 공탁근거법령의 조항을 적어야 한다. 이는 공탁할 수 있는 법적 근거를 특정하여 공탁원인사실과 공탁근거법령이 서로 일치하는지를 공탁관이 심사할 수 있도록 함과 동시에 출급청구는 어떻게 할 것인지 등의 방향을

제시하는 기능을 한다. 공탁원인사실에 맞게 적어야 함은 물론, 다른 종류의 공탁과 구별할 수 있을 정도로 적을 것을 요한다. 예컨대 토지보상법 제40조 제2항은 제1호부터 제4호까지의 공탁사유를 규정하고 있는데, 각 공탁사유별로 출급청구권의 입증서면 등이 다르므로 토지보상법 제40조 제2항 몇 호까지 적어야 한다.

② 수 개의 법조항이 하나의 공탁근거법령을 이루고 있는 경우에는 이를 모두 적어야 한다. 예컨대 가압류보증공탁의 경우에는 민사집행법 제280조(기본규정 또는 담보규정) 이외에 민사소송법 제122조를 준용한다는 민사집행법 제19조 제3항(연결규정)과 그 담보는 금전 또는 유가증권으로 공탁할 수 있다는 민사소송법 제122조(공탁규정)를 모두 적어야 한다.

③ 그러나 공탁근거법령의 기재가 사실에 합치되지 아니한 경우에도 바로 그 공탁을 무효로 볼 것은 아니고 이러한 경우라도 객관적으로 진정한 공탁원인이 존재하면 그 공탁을 유효한 것으로 해석하고 있다(대판 1997.10.16, 96다11747 참조).

5) 피공탁자의 성명·주소·주민등록번호(공탁규칙 제20조 제2항 제5호)

A. 원칙

① 공탁물수령자(피공탁자)를 지정해야 할 때에는 공탁서의 피공탁자란에 그 자의 성명·주소·주민등록번호, 그 자가 법인 또는 법인 아닌 사단이나 재단인 때에는 그 상호(명칭)·본점소재지(주사무소)·법인등록번호를 적는다. 상법 제520조의2 제1항에 따라 해산간주된 회사로서 법인등기사항증명서상 대표자가 없다고 하더라도 피공탁자가 법인일 경우에는 대표자의 성명, 주소는 공탁서 기재사항이 아니므로 피공탁자인 법인의 명칭과 주사무소만 기재하여 변제공탁할 수 있다. 종중이 피공탁자인 경우에는 "피공탁자"란에 종중의 명칭·주사무소와 법인등록번호를 적어야 하나, 종중대표자의 성명과 주소를 기재하여야 하는 것은 아니다.

② 피공탁자가 외국인일 경우 주민등록번호는 여권번호, 외국인등록번호, 국내거소신고번호로, 재외국민일 경우 여권번호로 대신할 수 있다. 단, 공탁자와 달리 피공탁자의 경우 이를 확인할 수 있는 자료(여권사본, 외국인등록사실증명서, 국내거소신고사실증명서 등)를 첨부하여야 한다(행정예규 제1083호 제2조).

③ 공탁서에는 원칙적으로 피공탁자의 주민등록번호(법인등록번호)를 기재하여야 하나 주민등록번호를 확인할 수 있는 서면을 첨부하여야 하는 것은 아니다. 다만 변제공탁을 하는 경우에 공탁서에 피공탁자의 주소를 소명하는 서면으로 주민등록표등·초본을 첨부할 때는 주민등록번호를 확인할 수 있다(공탁선례 제2-276호).

④ 피공탁자를 국가로 하는 변제공탁서에는 피공탁자란에 "대한민국(소관청○○○)"과 같이 소관청을 적고, 공탁통지서를 소관청의 장에게 발송한다.

B. 피공탁자가 특정될 수 없는 경우

피공탁자의 성명·주소·주민등록번호는 피공탁자의 지정을 요할 때에만 기재하는 것이므로 재판상 담보공탁과 같이 공탁 당시에 손해담보권리자가 특정될 수 있는 경우에는 공탁서에 손해담보권리자를 피공탁자로 기재하여야 하나, 영업보증공탁과 같이 공탁 당시에 손해담보권리자가 특정될 수 없는 경우에는 피공탁자를 기재하지 않는다. 또한 보관공탁과 같이 처음부터 피공탁자가 존재하지 않는 경우는 물론 집행법원의 배당에 의한 지급위탁이 있는 때에 구체적으로 피공탁자가 확정되는 집행공탁의 경우에도 원칙적으로 피공탁자를 기재하지 않는다. 특히 민사집행법 제282조에 의한 가압류해방공탁에서 가압류채권자의 권리실행방법에 대하여 판례 및 실무 입장인 공탁금 회수청구권에 대한 집행설을 따르면 피공탁자는 원시적으로 있을 수 없으므로 공탁신청 시에 피공탁자를 기재해서는 안 된다.

C. 피공탁자 기재례

피공탁자 주소는 원칙적으로 주민등록표상의 현주소를 기재하여야 한다.

(1) 상대적 불확지 변제공탁의 경우

상대적 불확지 변제공탁의 경우에는 피공탁자를 "甲 또는 乙", "甲 또는 乙 또는 丙" 등으로 기재한다.

(2) 채권자의 주소가 불명하여 수령불능을 원인으로 하는 변제공탁의 경우

채권자의 말소된 주민등록표등·초본에 나타난 최후주소를 기재하면 되고, 주민등록표상의 주소를 알 수 없다면 판결문이나 등기부 등의 주소를 기재할 수 있다(공탁선례 제2-29호).

(3) 형사공탁의 특례(공탁법 제5조의2)의 경우

형사공탁이 개정된 공탁법 제5조의2의 경우 피공탁자의 인적사항을 대신하여 해당 형사사건의 재판이 계속 중인 법원과 사건번호, 사건명, 조서, 진술서, 공소장 등에 기재된 피해자를 특정할 수 있는 명칭을 기재하고, 공탁원인사실을 피해발생시점과 채무의 성질을 특정하는 방식으로 기재할 수 있다(동조 제2항).

(4) 수용보상금 공탁의 경우

① 수용대상토지에 대하여 담보물권, 가압류, 경매개시결정 등의 등기가 되어 있는 때에도 피공탁자는 토지소유자이므로 피공탁자란에는 토지소유자만 기재하면 되고 담보물권자, 가압류채권자, 경매신청인 등은 기재할 필요가 없다(공탁선례 제2-164호).

② 수용보상금 공탁에서 보상금을 받을 자를 전혀 알 수 없어 절대적 불확지 변제공탁을 하는 때에는 「피수용자 불명」, 피수용자가 사망하였으나 그 상속인 전부를 알 수 없는 때에는 「망 ○○○(주소병기)의 상속인」, 상속인 일부를 알 수 없는 때에는 「망 ○○○의 상속인 주소 ▢▢ ○○○ 외 상속인」이라고 기재하면 된다.

(5) 제3채무자가 권리공탁하는 경우

금전채권에 대한 압류 또는 가압류를 원인으로[금전채권에 대하여 민사집행법에 따른 압류와 국세징수법의 규정 또는 그 예에 의하는 각종 징수절차(이하 '체납처분')에 의한 압류가 있는 경우를 포함한다] 제3채무자가 민사집행법 제248조 제1항(제291조 및 제248조 제1항)에 따라 권리공탁을 하는 경우 피공탁자의 기재 여부는 다음과 같다.

① 금전채권의 일부에 대하여 압류가 있어 압류된 채권액에 대해서만 공탁하는 경우 또는 금전채권의 전부에 대하여 압류가 있거나 압류의 경합이 있어 공탁하는 경우에는 피공탁자란은 기재하지 않는다.

② 금전채권의 일부에 대하여 압류가 있고 압류에 관련된 금전채권액 전액을 공탁하는 경우에는 압류되지 아니한 부분은 변제공탁적 성질을 가지고 있는 점을 감안하여 압류명령의 채무자를 피공탁자로 기재하여야 한다.

③ 금전채권에 대하여 가압류를 원인으로 집행공탁하는 경우에도 실질은 변제공탁의 성질을 가지므로 가압류 채무자를 피공탁자로 기재하여야 한다.

④ 민사집행법에 따른 압류와 체납처분 등에 의한 압류금액의 총액이 피압류채권액을 초과하는 경우에는 공탁서의 피공탁자란은 기재하지 않으나, 민사집행법에 따른 압류와 체납처분 등에 의한 압류금액의 총액이 피압류채권액을 초과하지 않는 경우에는 공탁서의 피공탁자란에는 압류명령의 채무자를 기재한다.

6) 공탁으로 인하여 소멸하는 질권 · 전세권 · 저당권(공탁규칙 제20조 제2항 제6호)

① 공탁서의 "공탁으로 인하여 소멸하는 질권, 전세권 또는 저당권"란에는 공탁으로 인하여 소멸하는 질권, 전세권 또는 저당권을 기재하는데, 특히 질권 또는 저당권이 공탁으로 인하여 소멸한 때에는 공탁자는 민법상 공탁물 회수청구를 할 수 없게 되므로, 예컨대 "공탁원인사실에 기재된 부동산에 관한 ○○등기소 2019.1.2. 접수 제1000호 순위 제1번의 근저당권"과 같이 해당 권리가 특정될 수 있도록 구체적으로 기재하여야 한다.

② 공탁으로 인하여 질권 또는 저당권이 소멸하는 경우에는 공탁자는 공탁물을 회수할 수 없다(민법 제489조 제2항). 공탁으로 소멸하는 질권 또는 저당권을 공탁서의 해당란에 기재하지 않아도 공탁원인사실란에 그 공탁으로 인하여 특정 질권 또는 저당권이 소멸하는 취지의 기재가 있는 경우에는 공탁자는 역시 공탁물을 회수할 수 없다.

7) 반대급부의 내용(공탁규칙 제20조 제2항 제7호)

공탁서의 "반대급부내용"란에는 채무자가 채권자에 대하여 동시이행의 항변권을 가지는 경우 채무자가 채권자의 반대급부이행을 공탁물수령조건으로 변제공탁하는 때에 그 내용을 기재한다. 피공탁자가 반대급부내용을 정확히 이행할 수 있도록, 또한 출급청구 시 공탁관이 반대급부가 이행되었는지를 쉽게 판단할 수 있도록 구체적으로 기재하여야 한다.

8) 관공서의 명칭(공탁규칙 제20조 제2항 제8호)

공탁물의 출급 또는 회수에 관하여 관공서의 승인, 확인 또는 증명 등을 필요로 하는 경우에는 공탁서의 "관공서 명칭"란에 해당 관공서의 명칭과 관련번호 등을 기재한다. 이는 영업보증공탁서의 특유한 기재사항이다. 예컨대, 영업허가를 받은 후 법령 또는 허가관청의 부관에 의하여 영업보증금을 공탁하는 경우에는 "기획재정부장관 허가 제○○○호"의 예와 같이 그 영업감독 관청의 명칭과 허가번호를 기재한다.

9) 법원의 명칭과 사건명(공탁규칙 제20조 제2항 제9호)

공탁서의 "법원의 명칭과 사건명"란에는 재판상의 절차와 관련된 공탁에 있어서 그 공탁을 명한 법원의 명칭과 사건명 및 사건번호를 기재한다. 이는 재판상 담보공탁서의 특유한 기재사항이다. 예컨대, 강제집행정지를 위한 담보공탁의 경우에는 "○○법원 2018카단1000호 강제집행정지 신청사건" 등으로 기재한다.

10) 공탁법원의 표시(공탁규칙 제20조 제2항 제10호)

공탁서의 "공탁법원"란에는 해당 공탁사건을 관할하는 법원의 명칭을 기재한다. 따라서 "관할공탁소 이외의 공탁소에서의 공탁사건처리지침(행정예규 제1167호)"에 의하는 경우 특정공탁소(접수공탁소)에 공탁서를 제출하더라도 공탁법원의 표시는 특정공탁소(접수공탁소)가 아닌 관할공탁소를 표시하여야 한다.

11) 공탁신청연월일(공탁규칙 제20조 제2항 제11호)

공탁서의 "신청연월일"란에는 공탁서를 현실로 제출하는 연월일을 기재한다.

12) 기명날인

① 공탁서에는 소정의 사항을 적고 공탁자가 기명날인하여야 한다. 대표자나 관리인 또는 대리인이 공탁하는 때에는 그 사람의 주소를 적고 기명날인하여야 한다. 변호사나 법무사가 대리인인 경우에는 변호사나 법무사의 표시를 하고 성명을 적고, 주소란에는 사무소 소재지를 적으면 된다. 법인이 대리인에 의하여 공탁하는 때에도 대리인의 자격, 성명, 주소를 적을 것이지 대표자의 주소, 성명을 적을 필요는 없다. 공무원이 직무상 공탁하는 경우에는 소속 관서명과 그 직을 적고 기명날인하여야 한다(공탁규칙 제20조 제2항).

② 공탁물 지급청구서와는 달리 공탁서에 공탁자 또는 대리인 등이 날인하는 인영은 인감증명법이나 상업등기법에 의하여 신고 또는 제출된 인감이 아니라도 무방하다. 위 날인은 서명으로 갈음할 수 있고, 날인이나 서명할 수 없는 때에는 무인으로 할 수 있다. 날인 제도가 없는 국가에 속하는 외국인은 서명만으로 공탁서 및 위임장의 기명날인을 대신할 수 있다.

03 절 공탁서의 첨부서면

1. 자격증명서 등

1) 공탁자가 법인인 경우

공탁자가 법인인 경우에는 법인등기사항증명서 등 대표자 또는 관리인의 자격을 증명하는 서면을 공탁서에 첨부하여야 한다. 위 증명서면으로서 관공서에서 작성하는 증명서는 작성일로부터 3월 이내의 것이어야 한다.

2) 공탁자가 법인 아닌 사단 또는 재단인 경우

공탁자가 법인 아닌 사단 또는 재단일 경우에는 정관 기타 규약과 대표자 또는 관리인의 자격을 증명하는 서면을 공탁서에 첨부하여야 한다. 정관 기타 규약은 비법인 사단 또는 재단의 실체(명칭, 주사무소, 목적, 총회, 운영위원회, 의결사항, 임원 및 대표자 선임에 관한 사항 등)를 증명하는 서면으로서, 대표자의 자격을 증명하는 서면(회의록, 대표자선임결의서 등)은 비법인 사단 또는 재단이 대표자 또는 관리인을 통하여 사회적 활동이나 거래 등을 하기 때문에 각각 첨부하도록 하는 것이므로, 이 규정을 예시적으로 보아 다른 서면을 첨부하여 공탁할 수는 없다.

👤 관/련/선/례

> 민사본안 재판절차에서 비법인 사단의 실체와 대표자의 자격을 인정하는 판결이 선고된 경우라도, 이는 변론종결일을 기준으로 한 것이므로 그 후에 이루어진 사단의 소멸, 사단의 명칭 또는 대표자의 변경사실을 위 판결만으로는 확인할 수 없을 것이다. 따라서 비법인 사단이 판결에 기하여 공탁을 하는 경우 판결문상에 사단의 실체 및 대표자가 표시되어 있다고 하더라도 그 판결문만을 첨부하여 공탁할 수는 없을 것이며, 반드시 정관 기타 규약과 대표자의 자격을 증명하는 서면을 첨부하여야 한다(공탁선례 제2-80호).

👤 관/련/선/례

> 비법인 사단의 대표적인 예가 될 수 있는 종중의 경우에도 대표자 또는 관리인의 자격을 증명하는 서면은 종중규약에 따라 대표자로 선출된 회의록 등이고, 부동산등기용 등록번호를 증명하는 서면인 종중등록증명서는 대표자의 자격을 증명하는 서면에 해당하지 않는다(공탁선례 제2-136호).

3) 대리인에 의하여 공탁하는 경우

① 대리인에 의하여 공탁하는 경우에는 대리인의 권한을 증명하는 서면을 공탁서에 첨부하여야 한다. 위 증명서면으로서 관공서에서 발급받은 서면은 발급일로부터 3월 이내의 것이어야 한다.

② 법무사 등 임의대리인이 공탁하는 경우에는 권한 위임을 증명하는 위임장을 첨부하여야 한다. 회사의 지배인 등 법정대리인이 공탁하는 경우에는 법인등기사항증명서 등을 첨부하여야 한다.

③ 친권자나 후견인은 미성년자의 기본증명서를 첨부하고, 법원의 선임에 의한 후견인의 경우 아직 후견개시신고를 하지 않아 가족관계등록부(피후견인의 기본증명서)에 후견인으로 등재되지 않았다면 선임심판서등본을 첨부한다. 성년에 대하여 후견이 개시된 경우(성년후견, 한정후견, 특정후견, 임의후견) 후견인은 후견등기사항증명서를 제출함으로써 그 자격을 증명할 수 있다.

■ 2014.8.29. 업무연락

> 위임장의 양식은 특별히 규정된 바 없으나 위임인, 위임하는 공탁사건과 수임인이 구체적으로 특정(성명, 주민등록번호, 주소 등)되도록 기재하여야 하고, 위임하고자 하는 법률행위의 내용과 위임의 취지(공탁신청에 관한 일체의 권한을 수여한다는 등)도 기재되어야 한다. 따라서 공탁사건을 처리할 때, 전자이미지 관인이 날인된 "공탁사무위임"의 공문에 위와 같은 내용이 명확히 기재가 되어 있다면, 위 공문도 위임장으로 인정할 수 있을 것이다.

2. 주소소명서면 등

1) 의의

변제공탁하는 경우에 피공탁자의 주소를 표시하는 때에는 그 주소를 소명하는 서면을, 피공탁자의 주소가 불명인 경우에는 이를 소명하는 서면을 첨부해야 한다. 주소증명서면 등도 관공서에서 발급받은 경우 발급일로부터 3월 이내의 것이라는 유효기간의 제한을 받는다. 상대적 불확지 변제공탁을 하는 경우에는 피공탁자로 기재된 자 모두의 주소소명서면을 첨부해야 한다.

2) 원칙 – 피공탁자의 주민등록표등・초본

피공탁자의 주소를 소명하는 서면은 원칙적으로 피공탁자의 주민등록표등・초본이어야 한다. 재결서나 판결문에 피공탁자의 주소가 표시되어 있고 표시된 주소가 주민등록표등・초본상의 주소와 일치된다 하더라도 재결서나 판결문은 주소가 불명인 경우에 그 사유를 소명하는 서면으로 볼 수는 있어도 직접 주소를 소명하는 서면으로 볼 수는 없다.

3) 외국인이나 재외국민의 경우

① 외국인의 경우는 본국 관공서의 주소증명 또는 거주사실증명, 주소증명을 발급하는 기관이 없는 경우에는 주소를 공증한 공정증서를, 재외국민의 경우는 주민등록표등・초본 또는 재외국민등록부등본(다만, 주재국에 대한민국 재외공관이 없는 경우에는 주소를 공증한 서면)을 주소소명서면으로 본다.

② 그 밖에 주소증명서에 대신할 수 있는 증명서(신분증, 여권, 외국인등록사실증명서, 국내거소신고사실증명서 등)를 본국 및 대한민국의 관공서에서 발급하는 경우 그 증명서 및 공탁관이 원본과 동일함을 인정한 사본도 주소소명서면으로 본다.

③ 공탁관은 위 ① 및 ②에 따라 제출된 문서가 외국 공무원이 발행하였거나 외국 공증인이 공증한 문서인 경우 그 문서에 찍힌 도장 또는 서명의 진위 여부와 그 공무원이나 공증인의 직위를

확인하기 위하여 「재외공관 공증법」 제30조 제1항 본문에 따른 영사관의 확인 또는 「외국공
문서에 대한 인증의 요구를 폐지하는 협약」에서 정한 아포스티유 확인을 받아 제출하게 할 수
있다.

4) 주소불명사유 소명서면

① 피공탁자의 주소가 불명인 경우에는 그 사유를 소명하는 서면을 첨부하여야 한다. 그 사유를
   소명하는 서면으로써 피공탁자의 최종주소를 소명하는 서면(변제공탁의 직접 원인이 되는 계
   약서·재판서·재결서 등과 등기사항증명서, 토지대장, 공탁서, 말소된 주민등록표등·초본
   등) 및 그 주소지에 피공탁자가 거주하지 않는다는 것을 소명하는 자료 등을 첨부하여야 한다
   (공탁선례 제2-170호 참조).

② 이 경우 피공탁자가 최종주소에 거주하지 않는다는 것을 소명하는 자료의 예로는, 피공탁자가
   최종주소에 거주하지 않는다는 내용의 통·반장 또는 피공탁자의 최종주소에 주민등록을 한
   거주민의 확인서, 피공탁자의 최종주소에 주민등록이 되어 있지 않다는 내용의 동장확인서,
   피공탁자의 최종주소로 발송한 우편물이 이사불명 또는 수취인부재 등으로 반송되었다는 취지
   가 기재된 최근의 우편송달통지서 또는 배달증명서, 사업시행자가 소유자의 주소를 알 수 없
   어 등기사항증명서상 주소로 청산금지급통지를 하였으나 송달불능된 경우 그 등기사항증명서
   및 송달불능사유가 기재된 우편송달통지서 등을 들 수 있다. 이와 같은 자료 제출의 필요성
   및 소명 정도에 대한 구체적인 판단은 공탁관이 하여야 한다.

③ 변제공탁의 직접 원인이 되는 서면에 기재된 피공탁자의 주소가 진정하지 않을 경우에는 변제
   공탁의 효력이 발생하지 않을 수도 있다.

④ 미등기 토지에 대하여 수용보상금 공탁을 하는 경우 토지대장상 소유자가 미등재되었다면 소
   유자 불명을 원인으로 절대적 불확지 변제공탁을 할 수 있는데, 이 경우에는 토지대장등본 등
   을 소유자 불명사유를 소명하는 서면으로 첨부하면 될 것이다.

⑤ 피공탁자가 외국인이거나 재외국민으로 주소가 불명인 경우에도 공탁의 직접 원인이 되는 서
   면(계약서, 재판서, 등기사항증명서, 토지대장, 말소된 주민등록표등·초본 등)에 나타난 주소
   지를 최종주소지로 기재하고, 그 최종주소지에 피공탁자가 거주하지 않았다는 것을 소명하는
   서면(발송된 우편물이 이사불명 등으로 반송되었다는 취지가 기재된 최근의 배달증명서 등)을
   제출하여야 한다.

3. 외국 공문서 등이 제출된 경우

외국 공문서나 공정증서가 제출된 경우 그 문서에 찍힌 도장 또는 서명의 진위 여부와 문서를 발
급한 공무원이나 공증한 공증인의 직위를 확인하기 위하여 필요한 경우에는 공탁관은 「재외공관
공증법」 제30조 제1항 본문에 따른 영사관의 확인 또는 「외국공문서에 대한 인증의 요구를 폐지
하는 협약」에서 정한 아포스티유(Apostille) 확인을 받아 제출하게 할 수 있다.

4. 공탁통지서

① 피공탁자에게 변제공탁의 내용과 공탁물 출급청구권이 발생하였음을 알려주는 기능을 하는 공탁통지는 본래 공탁자가 하여야 한다(민법 제488조 제3항). 그렇지만 공탁규칙은 공탁통지를 확실하게 하기 위하여 공탁신청 시 공탁자로 하여금 공탁통지서를 제출하도록 하고 공탁물이 납입된 후에 공탁관이 공탁자를 대신하여 피공탁자에게 공탁통지서를 발송하도록 하고 있다 (공탁규칙 제29조 제1항). 따라서 공탁자가 피공탁자에게 공탁통지를 하여야 할 경우에는 공탁통지서와 피공탁자의 수에 따라 우편법 시행규칙에 의한 배달증명으로 할 수 있는 우편료를 납입하여야 한다.

② 공탁자가 피공탁자의 외국주소로 공탁통지를 하여야 할 경우에는 수신인란에 로마문자(영문)와 아라비아 숫자로 피공탁자의 성명과 주소를 적은 국제특급우편 봉투 및 우편요금을 피공탁자의 수에 따라 첨부하여야 한다.

③ 봉투의 발신인란에는 공탁관이 공탁소의 명칭과 그 소재지 및 공탁관의 성명을 적어야 한다.

④ 위 '공탁통지를 하여야 할 경우'는 민법뿐만 아니라 다른 법령에 의한 변제공탁의 경우도 원칙적으로 포함한다.

⑤ 한편 전자신청의 방법으로 공탁이 이루어진 경우 공탁관은 전자공탁시스템으로 제출된 공탁통지서를 출력하여 공탁통지서를 발송하여야 한다.

⑥ 피공탁자의 주소불명 원인으로 변제공탁하였거나 절대적 불확지 변제공탁을 한 경우에는 공탁신청 당시에는 공탁통지서를 첨부할 필요가 없으나, 나중에 피공탁자의 주소를 알게 되거나 채권자가 판명될 경우는 공탁서 정정신청을 하면서 공탁통지서를 첨부하여야 한다.

⑦ 또한 피공탁자의 주소를 정정하는 경우에도 정정된 주소를 기재한 공탁통지서 등을 첨부하여야 한다.

⑧ 민사집행법 제248조 제1항에 따라 제3채무자가 금전채권액의 일부에 대한 압류를 원인으로 압류에 관련된 금전채권액 전액을 공탁한 경우에는 공탁금 중에서 압류의 효력이 미치지 않는 부분은 변제공탁의 성질을 가지므로 공탁신청 시 압류채무자를 피공탁자로 기재하여야 하며 공탁자는 피공탁자에게 발송할 공탁통지서를 첨부하여야 한다. 또한 민사집행법 제291조 및 제248조 제1항에 따라 제3채무자가 금전채권에 대한 가압류를 원인으로 하는 공탁은 형식은 집행공탁이지만, 실질은 채권자인 가압류채무자를 피공탁자로 하는 일종의 변제공탁이라 할 수 있으므로 공탁신청 시 가압류채무자를 피공탁자로 기재하여야 하며 공탁자는 피공탁자에게 발송할 공탁통지서를 첨부하여야 한다.

⑨ 공탁통지서는 변제공탁의 피공탁자가 공탁물 출급청구 시 원칙적으로 첨부하여야 하는 서면의 하나이다.

5. 기명식 유가증권의 양도증서

① 공탁자가 기명식 유가증권을 공탁하는 경우에는 공탁물을 수령하는 자가 즉시 권리를 취득할 수 있도록 유가증권에 배서를 하거나 또는 양도증서를 첨부하여야 한다(공탁규칙 제24조). 현실적으로는 양도증서를 공탁물보관자에게 제출한다.

② 공탁된 기명식 유가증권에 대하여 대공탁을 청구하는 경우에 청구자는 대공탁청구서에 공탁물보관자 앞으로 작성한 위임장을 첨부하여야 한다.

6. 채권압류 또는 가압류결정문 사본 등

채권이 압류나 가압류되어 제3채무자가 집행공탁하는 경우에는 공탁신청서에 압류결정문 사본 또는 가압류결정문 사본을 실무상 첨부하고 있다. 그리고 제3채무자가 가압류채권을 집행공탁하는 경우에는 가압류채권자에게 공탁사실을 통지할 우편료를 납입하여야 한다.

7. 공탁금 회수제한신고서를 제출하는 경우

① 변제공탁자는 공탁신청과 동시에 또는 공탁을 한 후에 "피공탁자의 동의가 없으면 '형사사건에 대하여 불기소결정(단, 기소유예는 제외)이 있거나 무죄판결이 확정될 때까지' 회수청구권을 행사하지 않겠다"는 취지를 기재한 금전공탁서(형사사건용) 또는 공탁금 회수제한신고서를 제출할 수 있다.

② 위 서면이 제출된 경우에는 공탁자의 회수청구권에 관하여 압류통지서가 접수된 경우에 준하여 처리한다.

③ 그러나 공탁금 회수제한신고서의 제출은 임의적인 것이므로 불법행위로 인한 손해배상의 채무자가 변제공탁제도를 악용하는 사례를 방지하기 위하여 형사재판에서 공탁사실을 양형에 참작할 때에는 공탁금 회수제한신고서가 첨부되었는지 여부를 확인하도록 하고 있다.

8. 첨부서면의 생략

① 같은 사람이 동시에 같은 공탁법원에 대하여 여러 건의 공탁을 하는 경우에 첨부서면의 내용이 같을 때에는 1건의 공탁서에 1통만을 첨부하면 된다. 이 경우 다른 공탁서에는 그 뜻을 적어야 한다. 예컨대 첨부서면이 생략된 다른 공탁서의 비고란에는 "법인등기사항증명서는 ○○년 금 제○○호 공탁서에 첨부한 것을 원용함"이라고 기재한다.

② 다만 전자신청에 의하여 공탁을 하는 경우에는 위 규정이 적용되지 아니하므로 같은 사람이 동시에 같은 법원에 여러 건의 공탁을 하는 경우라도 첨부서면을 각각 첨부하여야 한다(공탁규칙 제73조 제5항).

③ 한편 전자정부법이 시행됨에 따라 행정정보 공동이용에 따른 공탁사무처리지침(행정예규 제1015호)이 마련되어 공탁사무와 관련하여 신청인이 행정정보의 공동이용에 사전 동의하는 경우 신청인의 주민등록표등·초본 등 행정정보 공동이용을 통하여 확인할 수 있는 정보에 대하여는 이를 행정정보 공동이용을 통하여 공탁관이 확인하고 해당 서면의 제출을 면제할 수 있다. 다만 해당 행정기관의 전산시스템 장애 등으로 공탁관이 그 행정정보를 당일 확인할 수 없는 경우에는 그러하지 아니하다.

9. 원본인 첨부서면의 반환

① 공탁서, 공탁서 정정신청서, 대공탁·부속공탁청구서, 공탁물 출급·회수청구서 등에 첨부한 원본인 서면의 반환을 청구하는 경우에 청구인은 원본과 같다는 뜻을 적은 사본을 제출하여야 하고, 공탁관이 서류의 원본을 반환할 때에는 사본에 원본을 반환한 뜻을 적고 도장을 찍어야 한다(공탁규칙 제15조 제1항·제2항).

② 원본 자체가 해당 공탁절차에 필요한 공탁서, 공탁통지서, 증명서 등인 경우에는 원본의 환부는 허용될 수 없다.

● 참고 ●

① 공탁서는 재발급되지 않는다.
② 공탁통지서도 재발급되지 않는다.

---

03 공탁관의 심사 및 공탁물 납입

chapter

01 절 공탁관의 심사

1. 의의

① 공탁관이 공탁신청서류를 접수한 때에는 상당한 사유가 없는 한 지체 없이 이에 관한 모든 사항을 조사하여 조속히 처리하여야 한다(공탁규칙 제25조). 즉, 공탁관은 공탁당사자의 공탁신청에 대하여 그것이 절차상·실체상 일체의 법률적 요건을 구비하고 있는가의 여부를 심사하여 공탁신청을 수리 또는 불수리결정을 하여야 하며, 그 심사방법은 공탁법규가 규정하는 공탁서와 첨부서면만에 의하여 심사하는 형식적 심사주의에 의한다. 따라서 공탁관은 공탁신청의 기초가 되는 실체적 법률관계의 존부나 제출된 서류내용의 전부에 대한 실질심사를 할 수 없기 때문에 이를 위한 증인신문·검증 등 증거조사를 할 수 없음은 물론 새로운 자료의 제출도 요구할 수 없다.

② 그러나 심사의 범위에 관하여는 특별한 제한 규정이 없고, 공탁을 하려는 사람은 공탁서에 공탁금액 이외에 공탁원인사실과 공탁을 하게 된 관계법령의 조항 등을 기재하고 소정의 첨부서면을 제출하도록 되어 있는 점 등을 감안하면 공탁관은 공탁신청의 절차적 요건뿐만 아니라 해당 공탁이 유효한가 하는 실체적 요건에 관해서도 공탁서와 첨부서면만에 의하여 심사를 할 수 있다고 하겠다. 즉 공탁관은 해당 공탁을 정당하게 하는 근거법령이 존재하는지 여부, 그 근거법령에서 정하고 있는 공탁사유가 존재하는지 여부, 반대급부 조건의 기재는 적합한지 여부, 당사자가 실재하고 당사자능력, 행위능력, 당사자적격을 가지고 있는지 여부 및 대리인에 의한 공탁의 경우 대리권이 존재하는지 여부, 해당 공탁소에 관할이 있는지 여부, 서식·기재사항·첨부서류 등을 갖춘 적식의 유효한 공탁신청인지 여부 등을 면밀히 심사하여야 한다. 따라서 공탁신청 시 공탁서 및 첨부서면의 기재 자체로 보아 해당 계약이 무효이거나 공탁에 의하여 면책을 얻고자 하는 채무의 부존재가 일견 명백한 경우에는 공탁신청을 불수리할 수 있다.

③ 공탁관은 조사단계에서 서류에 불비한 점이 있거나 공탁사유 또는 지급사유가 없으면 보정이나 취하를 권유할 수는 있을 것이나, 신청인이 이에 응하지 않을 경우에도 접수 자체를 거절할 수는 없다.

👤 관/련/판/례

① 공탁자가 조건부 공탁을 한 경우 피공탁자가 조건을 이행할 의무가 있는지 여부에 대하여 공탁관은 실질적으로 심사할 권한이 없다(공탁선례 제2-7호). 그러나 유효한 공탁이 되려면 채무자의 채무변

제와 채권자의 반대급부가 동시이행관계에 있음을 요하고, 채무자가 그러한 조건을 붙여서 공탁하는 것이 채무의 본지에 적합할 것이 요구되므로 명백하게 동시이행조건이 아닌 조건을 반대급부조건으로 하여 공탁신청하는 것은 공탁관이 불수리할 수 있고, 설령 이를 간과하고 수리하였다 하더라도 이는 무효의 공탁이 된다.

② 근저당채무의 변제와 근저당권설정등기의 말소를 동시이행하기로 하는 특약을 한 사실이 없음에도 근저당권으로 담보된 채무를 변제공탁하면서 근저당권설정등기의 말소에 필요한 서류 일체의 교부를 반대급부로 한 경우에 그 공탁은 효력이 없지만(대판 1975.12.23, 75다1134 등), 공탁관으로서는 그러한 특약을 한 사실이 없음에도 특약이 있는 것으로 공탁신청이 있으면 그러한 특약의 유무에 대하여 심사할 권한이 없으므로 수리할 수밖에 없다. 다만 근저당권자는 특약이 없음을 이유로 변제공탁의 효력을 부인할 수 있을 뿐이다.

③ 전부명령이 그 방식에 있어 적법한 이상 그 내용이 위법, 무효라 하더라도 그것이 발령되어 채무자와 제3채무자에게 송달되어 확정되면 강제집행 종료의 효력을 가진다. 따라서 형식적 심사권밖에 없는 공탁관으로서는 전부명령의 유·무효를 심사할 수 없으므로 공탁물 회수청구권이 이미 압류 및 전부되었다는 이유로 공탁금 회수청구를 불수리한 공탁관의 처분은 정당하다.

④ '재판상 담보공탁의 피공탁자가 공탁금에 대하여 가지는 회수청구권'과 같이 피압류채권이 존재하지 않거나 '추심권능에 대한 압류'와 같이 압류될 수 없는 성질의 것에 대한 압류임을 압류통지만으로 명백하게 알 수 있는 경우는 공탁관의 형식적 심사에 의하더라도 압류는 무효로 보아야 한다(대결 2016.5.17, 2015마1933 참조).

⑤ 공탁물을 회수하려고 하는 사람은 공탁물 회수청구서에 공탁서뿐만 아니라 '회수청구권을 갖는 것을 증명하는 서면'을 첨부하도록 규정하고 있는바, 이는 공탁공무원으로 하여금 공탁금 회수청구서 및 그 첨부서면의 확인을 통하여 공탁금 회수청구의 절차법적 요건은 물론 실체법적 요건도 함께 심사할 의무를 부과한 것으로서 그러한 심사를 통하여 진정한 공탁금 회수청구권자가 아닌 무권리자에게 공탁금이 귀속되는 것을 방지하기 위한 것이다(대판 2010.2.25, 2009다82831).

⑥ 공탁관은 형식적 심사권만을 가진다고 할 것이나, 심사 결과 공탁금 회수청구가 소정의 요건을 갖추지 못하였다고 볼만한 상당한 사정이 있는 경우에는 만연히 그 청구를 인가하여서는 안 된다(대판 2010.2.25, 2009다82831; 2017.4.28, 2016다277798).

⑦ 공탁제도를 활용하기에 적합한 경우에 한하여 공탁이 허용되어야 하고 처음부터 공탁제도를 활용하기에 적합하지 않은 경우까지 공탁을 허용하여 법률관계를 복잡하게 하고 채권자의 지위를 불안정하게 하여서는 안 된다.

2. 책임

공탁관은 국가공무원이므로 그 직무를 집행하면서 고의 또는 과실로 법령에 위반하여 타인에게 손해를 입혔을 때에는 국가가 그 손해를 배상하여야 한다. 이 경우에 공탁관에게 고의 또는 중대한 과실이 있으면 국가는 공탁관에게 구상권을 행사할 수 있다(국가배상법 제2조). 물론 공탁관의 공탁사무처리와 관련된 책임은 위 심사권에 상응하는 범위에서만 인정된다.

🔲 관/련/판/례

① 법령의 해석이 복잡·미묘하여 어렵고 학설·판례가 통일되어 있지 않아 공탁관이 신중을 기하여 합리적 근거를 찾아 결정을 하였다면 이후 그 결정이 대법원의 판단과 달라 결과적으로는 위법한 것이 되더라도 공탁관에게 과실이 있다고 할 수 없다(대판 1973.10.10, 72다2583; 2014.5.16, 2013다218491 등 참조).

② 공탁자가 甲·乙 중 누가 진정한 채권자인지를 확인할 수 있는 확정판결을 가진 자를 공탁금의 출급청구권자로 한다는 취지의 반대급부의 조건을 붙여 공탁을 하였음에도 공탁관이 공탁법 제10조, 공탁규칙 제33조 등의 규정에 위배하여 위와 같은 확정판결에 해당하지 않는 가집행선고부 甲 승소의 판결을 첨부하였음에 불과한 甲에 대하여 공탁금의 출급인가를 하였다면 직무상의 중과실이 있다(대판 1968.7.23, 68다1139).

③ 해방공탁금의 회수청구권에 대하여 압류·추심명령이 경합한 경우 공탁관이 집행법원에 사유신고를 하지 아니하고 공탁금 출급청구를 한 압류채권자 1인에게 공탁금 전액을 지급하였다면 공탁관에게 과실이 있다(대판 2002.8.27, 2001다73107).

④ 재외국민의 위임장에 거주국 주재 대한민국 총영사의 직인은 날인되어 있으나 재외공관 공증법 제25조 제1항에서 정하는 공증담당영사의 인증 문언 등이 기재되어 있지 않은 점 등을 이유로 일본국 행정청 명의로 위조된 공탁금 출급청구인의 인감증명서 등을 믿고 출급을 인가한 공탁관의 직무집행상의 과실을 인정하고 있다(대판 2002.11.22, 2002다49200).

⑤ 공동공탁자 중 1인이 다른 공동공탁자에게 공탁금 회수청구권을 양도한 후 채권양도통지를 하였으나, 그 후 제3자가 위 공동공탁자의 공동명의로 공탁금 회수청구서를 작성한 후 위조하거나 부정발급받은 서류를 첨부하여 공탁금 회수청구를 한 경우 공탁공무원에게는 형식적 심사권만 있다고 하더라도 채권양도통지 사실이 기재된 공탁사건기록과 공동공탁자 공동 명의의 위 공탁금 회수청구서를 대조하여 보는 것만으로도 위 공탁금 회수청구가 진정한 권리자에 의한 것인지에 관하여 의심을 할 만한 사정이 있었다고 할 것임에도 절차적 요건이나 실체적 요건을 갖추지 못한 위 공탁금 회수청구를 인가한 공탁관에게는 공탁관련 법령이 요구하는 직무상 주의의무를 위반하여 그 직무집행을 그르친 과실이 있다(대판 2010.2.25, 2009다82831).

⑥ 피공탁자로부터 재판상 담보공탁금에 대하여 출급청구를 받은 공탁관은 피공탁자가 자신의 공탁금 출급청구권에 기하여 청구한 것인지, 아니면 공탁자의 공탁금 회수청구권에 대한 압류 및 추심명령이나 확정된 전부명령을 받아 청구한 것인지를 먼저 확인한 다음 각 청구에 부합하는 첨부서면이 제출되었는지를 확인하여야 하며(행정예규 제952호), 첨부서면이 확인된 경우에만 공탁금을 지급하여야 하는데, 청구서와 첨부서면을 제대로 확인하지 않고 만연히 공탁금을 지급하였다면 공탁관의 직무집행상의 과실을 인정할 수 있다(대판 2017.4.28, 2016다277798 참조).

3. 공탁관의 보정권고

공탁서 또는 공탁물지급청구서의 기재사항에 흠결이 있거나 첨부서면이 미비된 경우 공탁관은 보정권고를 발할 수 있다.

👤 관/련/선/례

> 공탁관은 공탁신청에 대하여 공탁서 및 첨부서면에 의하여서만 그 신청이 절차상 실체상 일체의 법률요건을 구비하고 있는지를 심사하는 형식적 심사권만을 갖는바, 공탁자가 조건부 공탁을 한 경우에 있어서도 피공탁자가 조건을 이행할 의무가 있는지 여부에 대하여 공탁관은 이를 실질적으로 심사할 권한이 없으므로 이를 수리할 수밖에 없는 것이다(공탁선례 제1-66호).

02 절 공탁관의 심사 결과

1. 공탁의 수리

① 공탁관은 심사결과 적법한 공탁신청으로 인정하여 공탁신청을 수리할 때에는 공탁서에 공탁을 수리한다는 뜻, 공탁번호, 공탁물 납입기일, 공탁물을 납입기일까지 납입하지 않을 경우에는 수리결정의 효력이 상실된다는 뜻을 적고 기명날인한 다음 공탁서 1통을 공탁자에게 내주어 공탁물을 공탁물보관자에게 납입하게 하여야 한다.

② 공탁관이 공탁신청을 수리한 때에는 주요사항을 전산등록하고, 공탁물보관자에게 그 내용을 전송하여야 한다. 다만 물품공탁의 경우에는 공탁물보관자에게 전송하는 대신 공탁자에게 공탁물품납입서 1통을 주어야 한다.

③ 공탁의 수리요건과 효력요건은 구별되므로 공탁이 수리되었다 하더라도 반드시 그 공탁이 유효로 되는 것은 아니다. 따라서 채권자의 수령거절 등 변제공탁사유가 없음에도 있는 것처럼 변제공탁한 경우에는 그 공탁이 수리된다 하더라도 변제공탁의 요건을 갖추지 못한 부적법한 것이어서 변제의 효력이 없다(대결 1965.7.22, 65마571).

④ 또한 근저당권 피담보채무의 변제는 원칙적으로 근저당권설정등기의 말소에 앞서 이행되어야 하므로 근저당권 피담보채무의 변제와 근저당권설정등기의 말소를 동시이행하기로 하는 특약을 한 사실이 없음에도 공탁서에 특약이 있는 것으로 하여 근저당권설정등기의 말소에 필요한 서류의 일체의 교부를 반대급부로 하여 공탁한 경우 공탁관이 그러한 특약의 유무에 대하여 심사할 권한이 없으므로 공탁신청을 수리할 수밖에 없으나, 근저당권자는 특약이 없음을 이유로 변제공탁의 효력을 부인할 수 있다(공탁선례 제2-32호).

2. 공탁의 불수리

① 공탁관이 공탁신청이나 공탁물 출급·회수청구를 불수리할 경우에는 이유를 적은 결정으로 하여야 한다(공탁규칙 제48조 제1항).

② 불수리결정을 한 경우 공탁관은 신청인에게 불수리결정등본을 교부하거나 배달증명우편으로 송달하여야 한다.

③ 공탁관이 불수리결정을 한 때에는 불수리결정원본과 공탁서, 그 밖의 첨부서류는 공탁기록에 철하여 보관한다. 다만 첨부서류에 대하여 신청인 등이 반환을 청구한 경우에는 공탁관은 해당 첨부서류의 복사본과 신청인 등에게 받은 영수증을 공탁기록에 철하고 첨부서류 원본을 반환한다.

④ 공탁관의 불수리처분에 대하여 불복하는 자는 관할 지방법원에 이의신청을 할 수 있다. 다만 이의신청은 공탁소에 이의신청서를 제출하는 방법으로 한다.

⑤ 한편 전자신청에 대한 공탁관의 처분에 대하여 전자공탁시스템을 이용하여 법 제12조에 따라 이의신청을 한 경우 공탁관은 그 이의신청서가 공탁규칙 제73조 제1항에서 정한 방식으로 작성되었는지, 이의신청인의 전자서명이 이루어진 것인지를 심사하여야 한다. 법 제13조 제2항에 따라 이의신청서를 관할 지방법원에 송부하는 경우 공탁관은 전자문서로 제출된 이의신청서를 출력하여 송부하여야 한다. 전자공탁시스템으로 처리한 공탁사건에 대하여 서면으로 이의신청을 한 경우 공탁관은 이의신청이 제출된 사실을 전산시스템에 등록하여야 한다.

⑥ 공탁신청이 불수리된 후 신청인 등이 이의신청을 하지 않은 때에는 해당 공탁기록은 불수리결정연도의 다음해부터 5년간 보존한다. 관할지방법원이 이의신청을 기각하거나 각하(이의신청 취하 포함)한 때에는 해당 공탁기록은 기각 또는 각하결정이 있는 다음해부터 5년간 보존한다.

03 절 공탁물의 납입

1. 일반적인 경우

① 공탁자는 공탁소로부터 공탁물납입서 및 공탁서를 교부받아 공탁서에 기재된 공탁물보관자에게 납입기일까지 공탁물을 납입하여야 한다. 공탁이 유효하게 성립하는 시기는 공탁관의 수리처분이 있을 때가 아니라, 공탁자가 공탁서에 기재된 공탁물을 공탁물보관자에게 납입한 때이다.

② 공탁물보관자가 공탁물을 납입받은 때에는 공탁서에 공탁물을 납입받았다는 뜻을 적어 공탁자에게 내주고, 그 납입사실을 공탁관에게 전송하여야 한다. 다만, 물품을 납입받은 경우에는 공탁물납입통지서를 보내야 한다(공탁규칙 제27조).

③ 공탁관은 공탁물보관자로부터의 납입사실 전송이나 공탁물납입통지서에 의하여 공탁물납입여부를 확인하여야 하는바, 공탁자가 지정된 납입기일까지 공탁물을 납입하지 않을 때는 공탁수리결정은 그 효력을 상실하며, 이 경우에는 원장에 그 뜻을 등록하여야 한다.

2. 가상계좌에 의한 공탁금 납입절차

1) 의의

① 공탁금은 공탁소에 대응하는 공탁물보관자 은행에 납입하는 것이 원칙이지만, 예외적으로 가상계좌에 의한 공탁금 납입절차에 의할 경우에는 타행 입금이나 인터넷 뱅킹에 의한 방법으로도 납입이 가능하고, 계좌입금에 의한 공탁금 납입제도가 시·군법원 공탁소까지 확대되어 전국 모든 공탁사건에 대하여 계좌입금에 의한 공탁금 납입을 할 수 있게 되었다.

② 전자신청사건의 공탁금 납입은 가상계좌에 의한 공탁금 납입절차에 의해야 한다(공탁규칙 제78조).

2) 가상계좌납입 신청

① 공탁자가 가상계좌납입 신청을 하는 경우에는 공탁서 비고 가상계좌납입 신청란에 그 취지를 표시하여야 한다.

② 부동산 경매에 있어서 매각허가결정에 대한 항고보증공탁을 하는 경우에는 공탁금 보관은행을 경유하여 이자소득세 원천징수에 필요한 사항을 등록한 후 계좌납입신청을 하여야 한다.

③ 공탁자는 납입증명을 한 공탁서를 우편으로 우송받고자 하는 경우 수신인란에 공탁자의 성명과 주소, 전화번호를 기재하고 우편법 시행규칙 제25조 제1항 제4호 다목에 의한 배달증명으로 할 수 있는 가액의 우표를 붙인 우편봉투를 함께 제출하여야 한다.

3) 가상계좌번호 부여절차 등

① 공탁관은 공탁자가 공탁금 계좌입금을 신청한 경우에는 공탁수리 후 공탁금보관자에게 가상계좌번호 부여를 요청하여야 한다.

② 공탁금보관자는 공탁관으로부터 가상계좌번호 부여를 지시받은 즉시 번호를 하여 공탁관에게 전송하여야 한다.

③ 공탁관은 공탁금보관자로부터 가상계좌번호를 전송받은 후 공탁서는 보관하고 납입안내문을 출력하여 공탁자에게 교부하여 납입기한 안에 동 계좌로 납부하게 하여야 한다.

4) 가상계좌납입 절차 등

① 공탁자는 납입기한의 통상 업무시간까지 지정된 계좌로 납입하여야 한다.

② 공탁금보관자는 가상계좌로 공탁금 납입 시 공탁소에서 전송된 납입기한 및 공탁금액과 대조하여 확인한 후 납입처리하고, 그 처리결과를 공탁관에게 전송하여야 한다.

③ 공탁자가 계좌번호오류, 은행의 전산다운 등의 사유로 납입마감일의 통상 업무시간까지 공탁금을 납입하지 못한 경우 해당 공탁사건은 실효처리된다. 단, 공탁관에게 납입기한 연장을 요청하여 승인을 받은 경우는 예외로 한다.

④ 공탁관은 해당 공탁사건이 실효처리된 경우 보관 중인 공탁서를 공탁기록에 편철한다.

5) 계좌납입신청 철회 · 납입취소 등

① 공탁자는 가상계좌로 공탁금이 납입되기 전까지는 가상계좌납입 신청을 철회하고 관할공탁소 공탁금보관자에게 직접 납입할 수 있다.

② 공탁관은 공탁자가 계좌납입신청을 철회하면 공탁서 비고란을 정정하게 하고 가상계좌 전산등록을 삭제한 후 보관 중인 공탁서를 교부하여야 한다.

③ 공탁자가 착오납입 등을 한 경우 납입당일에 한해 통상 업무시간 전까지 공탁관의 확인을 받아 공탁금보관자에게 납입취소를 요청할 수 있다. 공탁소(시 · 군법원 포함)에는 납입취소 신청서를 비치하여 민원인의 편의를 도모하여야 한다.

④ 공탁금보관자는 공탁자가 납입취소 신청에 의해 납입취소를 한 경우 5년간 이 서류를 보관하여야 한다.

6) 공탁서 교부 등

① 공탁관은 공탁금보관자로부터 납입전송을 받은 후 지체 없이 보관 중인 공탁서에 납입증명을 하여 공탁자 또는 정당한 대리인에게 교부하여야 한다. 다만, 공탁자가 납입증명을 한 공탁서를 우편으로 우송받기 위해 배달증명용 우표를 붙인 우편봉투를 함께 제출한 경우에는 우편으로 발송하여야 한다.

② 이러한 우편발송의 경우에는 봉투 발신인란에 공탁소의 명칭과 그 소재지 및 공탁관의 성명과 전화번호를 기재하여야 한다. 또한, 이 경우 배달증명서가 송부되어 오거나 공탁서가 반송된 경우에는 이를 공탁기록에 편철하고 공탁기록표지 비고란에 그 뜻을 기재하여야 하며, 반송된 경우는 지체 없이 우편봉투에 기재된 전화번호로 연락을 취하여야 한다.

③ 공탁서 교부 시 또는 우편발송이 반송된 후 공탁서를 직접 교부할 경우에는 신분증명서, 위임장(대리의 경우) 등에 의하여 본인 또는 정당한 대리인(공탁신청 대리인을 제외하고는 인감증명 첨부된 위임장 제출요)임을 확인하고, 제출된 서류는 해당 공탁기록에 편철한 후 교부취지를 공탁기록표지 비고란에 기재하고 교부하여야 한다.

④ 전자신청사건에서 가상계좌로 공탁금을 납입한 공탁자는 전자공탁시스템에 접속하여 공탁서를 출력하여야 한다(공탁규칙 제78조 제4항).

공탁서 정정

1. 의의

공탁신청이 수리된 후에 공탁서의 착오 기재를 발견한 공탁자는 공탁의 동일성을 해하지 아니하는 범위 내에서 공탁서 정정신청을 할 수 있다. 공탁서 정정이란 공탁서에 공탁수리 전부터 존재하는 명백한 표현상의 착오가 있음을 공탁수리 후에 발견한 경우에 정정 전·후의 공탁의 동일성을 해하지 아니하는 범위 내에서 공탁자의 신청에 의하여 그 오류를 시정하는 것을 말한다(대판 1995.12.12, 94다42693 참조).

2. 공탁서 정정의 요건

1) 명백한 표현상의 착오

표현상의 착오란 공탁서의 기재가 본래 표현하고자 하였던 공탁자의 의사와 합치되지 아니하는 것을 말하며, 적극적인 오기이든 소극적인 누락이든 상관없으나, 그 착오가 공탁서 및 첨부서면의 전체 취지로 보아 명백하여야 한다.

2) 공탁수리 전의 착오

공탁서 정정은 공탁서 기재와 공탁자 의사와의 불일치를 시정하고자 하는 것이므로 기재의 착오가 공탁수리 전에 존재해야 한다. 따라서 공탁수리 후의 사정변경으로 공탁서의 기재와 객관적인 사실이 일치하지 않게 된 경우, 예컨대 공탁 후 피공탁자가 개명을 한 경우에는 공탁물 출급청구 시 개명사실이 등재된 기본증명서(상세증명서)를 첨부하면 되므로 공탁서 정정의 문제가 발생할 여지는 없다.

3) 공탁수리 후의 발견

공탁서 기재의 착오가 공탁수리 후에 발견된 것이어야 한다. 공탁수리 전에 발견된 오류는 공탁규칙 제12조에 따라 기재문자를 정정하는 방식을 취하면 되므로 여기서 말하는 공탁서 정정의 문제는 생기지 않는다.

👤 관/련/선/례

> **공탁금 지급이 완료된 후에도 공탁서 정정이 가능한지 여부**
> 1. 공탁서 정정이란 공탁서에 공탁수리 전부터 존재하는 명백한 표현상의 착오 기재가 있음을 공탁수리 후에 발견한 경우에 정정 전·후의 공탁의 동일성을 해하지 아니하는 범위 내에서 공탁자의 신청에 의하여 그 오류를 시정하는 것을 말하는데, 공탁서 정정에 관한 공탁규칙 제30조에는 정정신청의 종기에 관한 규정이 없고, 특히 토지수용절차에서는 공탁금이 지급되었다고 하더라도 토지수용을 원인으로 한 이전등기를 위해서 공탁서의 명백한 표현상의 착오 기재를 정정할 실익이 있으므로, 공탁자는 공탁금이 지급된 후에도 공탁서 정정신청을 할 수 있다.

> 2. 그런데 공탁서의 정정은 이미 성립한 공탁의 법률관계에 따른 공탁의 법적안정성과 공탁당사자의 실체적 권리관계에 미치는 영향을 고려하여 공탁서 및 첨부서면 전체취지로 보아 공탁서에 명백한 표현상의 오류가 있을 때 공탁의 동일성을 해하지 아니하는 범위 내에서만 허용되는 것이므로, 만일 공탁소가 보관하고 있는 공탁기록이 폐기되어 존재하지 않는다면 공탁관은 정정신청서 및 그 첨부서면과 공탁원장 등을 참작하여 정정신청의 수리 여부에 신중을 기하여야 할 것이다(공탁선례 202303-1).

4) 공탁의 동일성 유지

① 일단 성립한 공탁의 법률관계는 공탁서 기재사항을 기초로 하여 형성되고, 그것을 전제로 하여 여러 가지 법률관계가 파생되므로 후에 공탁서의 기재사항에 오류가 발견되었다고 하여 함부로 그 정정을 허용하여 공탁의 동일성을 해하는 경우에는 공탁당사자의 실체적 권리관계에 큰 영향을 미치고 공탁의 법적 안정성을 해치게 된다.

② 예컨대 특정채권의 귀속에 관하여 甲과 乙 간에 다툼이 있지만 채무자가 甲을 피공탁자로 하는 변제공탁을 하고, 甲의 채권자 丙이 甲의 출급청구권을 압류한 상태에서 피공탁자를 乙로 하는 공탁서 정정신청을 하여 이를 허용할 경우 ㉠ 현재 채무자(공탁자)에게 다른 재산이 없는 경우 甲은 채무자의 재산에 대한 채권보전절차를 취할 기회를 잃어버리게 되고, ㉡ 丙이 얻은 공탁물 출급청구권에 대한 압류명령이 무용화되며, ㉢ 乙의 입장에서도 공탁서 정정의 소급효로 인하여 채무자(공탁자)로부터 지연이자를 청구할 수 없게 되는 등으로 甲, 乙, 丙 모두에게 불측의 손해가 발생한다. 따라서 공탁서 정정은 공탁의 동일성을 해하지 아니하는 범위 내에서, 다시 말하면 종전 공탁에 의하여 형성된 실체관계에 변경을 가져오지 않는 경우에 한하여 허용된다.

③ 한편 집행공탁을 혼합공탁으로, 상대적 불확지공탁을 확지공탁으로 정정하는 것은 단순한 착오 기재의 정정에 그치지 아니하고 공탁의 동일성을 해하는 내용의 정정이므로 허용될 수 없다.

3. 구체적 사례

1) 공탁서 정정이 허용되는 경우

(1) 공탁원인사실란의 법령조항의 정정

공탁서의 공탁원인사실란에 기재되어 있는 공탁근거 법령조항의 정정은 허용된다.

(2) 반대급부 조건 철회를 위한 정정

변제공탁에 부당한 반대급부 조건을 붙임으로써 부적법한 공탁이 된 경우에 그 반대급부 조건을 철회하는 정정신청이 허용된다.

(3) 공탁당사자 표시의 정정

① 공탁자 또는 피공탁자가 동일인으로서 단지 그 성명과 주소의 표시를 착오 기재한 것이라면 동일인임을 증명하는 서면을 첨부하여 공탁서 정정을 신청할 수 있다(행정예규 제973호).

② 공탁자의 이름과 주민등록번호가 주민등록초본과 일치하나 주소가 다른 경우 사실상 동일인으로서 '주소'의 표시를 착오 기재한 것이라면 공탁자는 주민등록초본을 공탁서 정정신청의 소명서면으로 첨부하여 공탁자의 주소를 정정할 수 있다.

③ 토지 등기사항증명서상 소유명의자의 주소와 성명을 기재하여 피공탁자를 특정하고, 다만 착오로 피공탁자와 동명이인의 주민등록표등본을 주소소명서면으로 첨부한 경우에는 피공탁자의 위 등기사항증명서상 주소와 현재 주소가 연결되는 주민등록표등본 및 토지대장등본 등을 첨부하여 그 주소를 현재 주소로 정정하는 공탁서 정정신청은 허용된다.

(4) 압류명령 송달사실을 추가하는 정정

① 다수의 채권압류명령 등을 송달받은 제3채무자가 압류경합을 사유로 하여 민사집행법 제248조 제1항에 의한 집행공탁을 함에 있어서 송달받은 (가)압류명령 중 일부를 누락하고 공탁한 경우 공탁원인사실에 그 압류명령을 추가로 기재하는 공탁서 정정은 허용된다. 즉, 제3채무자가 압류경합을 사유로 하여 집행공탁을 하였으나, 공탁을 하기 이전에 이루어진 채권압류 및 추심명령 또는 채권가압류결정 송달 사실을 공탁원인사실에 착오로 누락하였다는 이유로 이를 추가하는 공탁서 정정신청서를 제출한 경우, 공탁공무원은 이를 수리할 수 있고, 제3채무자는 사유신고 법원에 공탁공무원이 기명날인하여 교부한 공탁서 정정신청서를 제출하여야 할 것이다.

관/련/판/례

압류가 경합되면 각 압류의 효력은 피압류채권 전부에 미치므로(민사집행법 제235조), 압류가 경합된 상태에서 제3채무자가 민사집행법 제248조의 규정에 따라 집행공탁을 하여 피압류채권을 소멸시키면 그 효력은 압류경합 관계에 있는 모든 채권자에게 미친다. 그리고 이때 압류경합 관계에 있는 모든 채권자의 압류명령은 목적을 달성하여 효력을 상실하고 압류채권자의 지위는 집행공탁금에 대하여 배당을 받을 채권자의 지위로 전환되므로, 압류채권자는 제3채무자의 공탁사유 신고 시까지 민사집행법 제247조에 의한 배당요구를 하지 않더라도 배당절차에 참가할 수 있다. 따라서 압류가 경합된 상태에서 제3채무자가 집행공탁을 하여 사유를 신고하면서 경합된 압류 중 일부에 관한 기재를 누락하였다 하더라도 달리 볼 것은 아니며, 그 후 이루어진 공탁금에 대한 배당절차에서 기재가 누락된 압류의 집행채권이 배당에서 제외된 경우에 압류채권자는 과다배당을 받게 된 다른 압류채권자 등을 상대로 배당이의의 소를 제기하여 배당표의 경정을 구할 수 있다(대판 2015.4.23, 2013다207774).

② 한편 제3채무자가 압류채무자를 피공탁자로 하여 금전채권의 일부에 대한 압류를 원인으로 금전채권 전액을 민사집행법 제248조 제1항에 따라 집행공탁을 한 후에 공탁신청 당시 누락한 (가)압류를 추가하는 공탁서 정정신청이 있는 경우는 구체적인 사안에 따라 검토되어야 할 것이다. 가령 누락한 (가)압류를 추가함으로써 압류경합이 발생하게 되면 공탁금 전액이 배당재단이 되어 신청 시 피공탁자를 기재할 수 없다는 점에서 피공탁자 기재란의 변동이 발생하므로 위와 같은 공탁서 정정신청은 공탁의 동일성을 해하는 것으로 허용될 수 없을 것이다.

(5) 절대적 불확지공탁에서 피공탁자를 지정하는 정정신청

토지를 수용하고 보상금을 받을 자를 전혀 알 수 없어 절대적 불확지공탁을 한 경우에는 공탁자 (사업시행자)가 후에 피공탁자를 알게 된 때에 그를 피공탁자로 지정하는 공탁서 정정을 신청할 수 있다.

👤 관련/판례

> 압류가 경합되면 각 압류의 효력은 피압류채권 전부에 미치므로(민사집행법 제235조), 압류가 경합된 상태에서 제3채무자가 민사집행법 제248조의 규정에 따라 집행공탁을 하여 피압류채권을 소멸시키면 그 효력은 압류경합 관계에 있는 모든 채권자에게 미친다. 그리고 이때 압류경합 관계에 있는 모든 채권자의 압류명령은 목적을 달성하여 효력을 상실하고 압류채권자의 지위는 집행공탁금에 대하여 배당을 받을 채권자의 지위로 전환되므로, 압류채권자는 제3채무자의 공탁사유 신고 시까지 민사집행법 제247조에 의한 배당요구를 하지 않더라도 배당절차에 참가할 수 있다.
>
> 따라서 압류가 경합된 상태에서 제3채무자가 집행공탁을 하여 사유를 신고하면서 경합된 압류 중 일부에 관한 기재를 누락하였다 하더라도 달리 볼 것은 아니며, 그 후 이루어진 공탁금에 대한 배당절차에서 기재가 누락된 압류의 집행채권이 배당에서 제외된 경우에 압류채권자는 과다배당을 받게 된 다른 압류채권자 등을 상대로 배당이의의 소를 제기하여 배당표의 경정을 구할 수 있다(대판 2015.4.23, 2013다207774).

2) 공탁서 정정이 허용되지 않는 경우

'공탁자', '공탁금액', '공탁물수령자' 등 공탁의 요건에 관한 사항에 대한 정정은 공탁의 동일성을 해하는 내용의 정정이므로 허용될 수 없다. 이러한 경우에는 착오를 증명하는 서면을 첨부하여 공탁물을 회수한 다음 다시 공탁하여야 함이 원칙이다.

(1) 피공탁자를 변경하는 정정

① 피공탁자를 변경하는 공탁서 정정은 원칙적으로 허용되지 아니한다. 따라서 甲 및 乙 2인으로 되어 있는 피공탁자 명의를 甲 1인으로 정정하거나(피공탁자 일부 삭제) 甲 1인으로 되어 있는 피공탁자를 甲 또는 乙로 정정하는 것(기존의 확지공탁을 상대적 불확지공탁으로 정정)은 단순한 착오 기재의 정정에 그치지 아니하고 공탁에 의하여 형성된 실체관계의 변경을 가져오는 것으로써 공탁의 동일성을 해하는 내용의 정정이므로 허용될 수 없다.

② 피공탁자 "○○규찬"을 "규찬"으로 정정하는 공탁서 정정은 일제의 창씨개명에 의한 것으로 공탁의 실체관계에 부합되므로 공탁의 동일성을 해하지 아니하여 가능하나, "○태원(○규찬의 손자)"으로의 정정은 공탁의 동일성이 없어 불가능하다(공탁선례 제2-46호).

③ 수용대상토지에 대하여 가처분등기가 경료되어 있으나, 그 가처분의 피보전권리가 공시되어 있지 않아 사업시행자가 '토지소유자 또는 가처분권리자'를 피공탁자로 하는 상대적 불확지공탁을 한 이후에 그 가처분의 피보전권리가 소유권이전등기청구권임이 확인된 경우라 하더라도 기존의 불확지공탁에서 토지소유자를 피공탁자로 하는 확지공탁으로 바꾸는 공탁서 정정은 공탁의 동일성을 해하므로 허용될 수 없다(공탁선례 제2-191호).

④ 그러나 사업시행자가 수용보상금채권에 대한 처분금지가처분이 있음을 이유로 수용보상금을 공탁하는 경우에는 피공탁자를 상대적 불확지로 하여 '가처분채권자 또는 토지소유자'로 기재하여야 함에도 공탁 당시 사업시행자가 착오로 '토지소유자'로 기재하였고 공탁관도 이를 간과한 채 공탁수리한 것이 공탁서 기재 자체로 보아 명백하다면 비록 피공탁자가 토지소유자만으로 기재되었다 하더라도 위 공탁은 피공탁자가 토지소유자 또는 가처분채권자로 하는 상대적 불확지공탁으로 해석하여야 하므로 착오 기재를 이유로 피공탁자를 '토지소유자'에서 '가처분채권자 또는 토지소유자'로 정정할 수 있다(공탁선례 제2-186호). 이 선례는 피공탁자를 변경하는 공탁서 정정은 원칙적으로 허용되지 않으나, 공탁서 기재 자체에 의하여 그 착오가 명백한 경우에는 가능하다는 의미이다.

(2) 공탁자를 변경하는 정정

공탁자에 관한 사항은 공탁의 요건에 관한 것으로써 공탁자를 변경하는 정정 역시 공탁의 동일성을 해하므로 허용되지 않는다.

(3) 공탁원인을 추가하는 정정

① 새로운 공탁원인사실을 추가하는 것도 공탁의 동일성을 해하므로 원칙적으로 허용될 수 없다.
② 민법 제487조 후문 소정의 '과실 없이 채권자를 알 수 없는 경우'라고 하여 변제공탁을 하였다가 공탁원인사실에 같은 조 전단 소정의 '채권자의 수령불능'을 추가하는 것은 단순한 착오 기재의 정정에 그치지 않고 공탁의 동일성을 해하는 내용의 정정이므로 허용될 수 없다. 따라서 공탁의 동일성을 해하는 내용으로 정정되었다 하더라도 정정된 내용에 따라 공탁의 효력이 생기지 않는다.

(4) 반대급부 조건을 추가하는 정정

반대급부 조건이 없는 공탁에 반대급부 조건을 추가하는 정정도 공탁의 동일성을 해하므로 허용되지 아니하나, 기존 반대급부 조건을 철회하는 공탁서 정정은 가능하다(공탁선례 제2-41호 참조).

(5) 공탁물을 변경하는 정정

수용보상금을 유가증권으로 공탁한 후 동일한 금액으로 유가증권과 현금으로 공탁물을 변경하는 것은 유가증권 일부를 회수하고 회수한 부분만큼 현금으로 새로운 공탁을 하는 것이므로 공탁의 동일성이 유지되지 않아 허용될 수 없다(공탁선례 제2-39호).

4. 공탁서 정정의 절차

1) 공탁서 정정신청

(1) 방문신청

① 공탁서 정정신청을 하려는 사람은 공탁서 정정신청서 2통과 정정사유를 소명하는 서면을 제출하여야 한다. 공탁서 정정신청도 공탁신청과 마찬가지로 우편으로는 할 수 없다.

② 신청인이 법인인 경우에는 법인등기사항증명서 등 대표자 또는 관리인의 자격을 증명하는 서면을 공탁서 정정신청서에 첨부하여야 한다. 법인 아닌 사단이나 재단일 경우에는 정관이나 규약과 대표자 또는 관리인의 자격을 증명하는 서면을 공탁서 정정신청서에 첨부하여야 하며, 대리인에 의하여 공탁서 정정신청을 하는 경우에는 대리인의 권한을 증명하는 서면을 공탁서 정정신청서에 첨부하여야 한다.

③ 그리고 위임에 따른 대리인이 공탁서 정정신청을 하는 경우에는 대리인의 권한을 증명하는 서면에 인감도장을 찍고 인감증명서를 첨부하여야 한다. 그러나 공탁서의 정정을 신청하는 자가 관공서인 경우에는 인감증명서를 제출하지 않아도 된다.

④ 같은 사람이 동시에 같은 법원에 여러 건의 공탁서 정정신청을 하는 경우에 첨부서면의 내용이 동일한 것이 있는 때에는 1건의 공탁서 정정신청서에 1통만을 첨부하고 다른 공탁서 정정신청서에는 그 뜻을 기재하면 된다.

⑤ 피공탁자의 주소를 정정하는 경우에는 공탁규칙 제23조의 규정이 준용되므로(공탁규칙 제30조 제6항), 공탁자가 피공탁자에게 공탁통지를 하여야 할 경우에는 소정의 공탁통지서를 첨부하여야 하고, 절대적 불확지공탁을 한 후 나중에 확지하게 된 채권자를 피공탁자로 지정하는 공탁서 정정신청을 하는 경우에도 마찬가지로 소정의 공탁통지서를 첨부하여야 한다.

(2) 전자신청

① 전자공탁시스템에 의한 공탁사건에 대한 정정신청은 전자공탁시스템을 이용해서 하여야 한다(공탁규칙 제76조). 전자공탁시스템을 이용하여 이루어진 공탁사건에 대하여 공탁서 정정신청이 있는 경우 공탁관은 그 정정신청이 전자공탁시스템을 이용하여 공탁규칙 제73조 제1항에서 정한 방식으로 이루어진 것인지, 신청인(자격자대리인이 제출하는 경우 대리인)이 전자서명을 하였는지 여부를 심사하여야 한다.

② 공탁관은 공탁서 정정신청을 수리하는 경우 전자문서에 그 뜻을 기재하고, 행정전자서명 인증서에 의한 사법전자서명을 하여야 하며, 신청인이 전자공탁시스템에 접속하여 공탁서 정정신청서를 출력할 수 있도록 하여야 한다.

③ 한편 공탁서 중 피공탁자의 주소가 정정된 경우 전자공탁시스템으로 제출된 공탁통지서를 출력하여 발송하여야 한다.

2) 공탁서 정정신청의 수리

① 공탁관이 공탁서 정정신청을 수리한 때에는 공탁서 정정신청서에 그 뜻을 적고 기명날인한 후 그 신청서 1통을 신청인에게 내준다. 이 경우 공탁관은 전산시스템에서 정정신청관련 문서건명부에 입력한 후 해당화면에서 원장의 내용을 정정등록하여야 한다.

② 수리된 공수리의 뜻이 적힌 공탁서 정정신청서는 공탁서의 일부로 되므로 공탁서 원본을 관공서 등에 제출하여야 하는 경우에는 정정신청서 원본도 함께 제출하여야 한다.

③ 공탁서 정정신청이 수리된 경우에 피공탁자에게 그 정정통지를 하도록 하는 규정은 없으나, 부당한 반대급부 조건의 철회 등과 같이 피공탁자의 공탁물 출급청구권 행사에 영향을 미치는 중요한 정정은 적어도 피공탁자에게 통지함이 바람직하다.

④ 피공탁자의 주소를 정정하거나 피공탁자를 지정하는 공탁서 정정신청을 수리한 경우에는 첨부된 공탁통지서를 정정된 주소 또는 지정된 피공탁자에게 발송하여야 한다.

⑤ 공탁서 정정의 요건을 갖추지 못한 공탁서 정정신청은 불수리하여야 할 것이다.

5. 공탁서 정정의 효력

① 공탁서 정정신청이 적법하게 수리된 경우에는 그 정정의 효력은 당초 공탁시로 소급하여 발생하는 것이 원칙이나(공탁선례 제2-48호), 부당한 반대급부 조건을 철회하는 공탁서 정정신청을 수리한 때에는 그때부터 반대급부 조건이 없는 변제공탁으로서의 효력을 갖는 것으로써 그 정정의 효력이 당초의 공탁시로 소급하는 것은 아니다.

② 따라서 토지수용보상금 공탁에 있어 반대급부 조건이 있는 것으로 공탁하였다가 수용개시일 이후에 반대급부 조건을 철회하는 공탁서 정정이 이루어진 경우에는 그 정정의 효력이 당초의 공탁시나 수용개시일에 소급되는 것이 아니어서 수용개시일까지 보상금을 지급 또는 공탁하지 아니한 때에 해당되어 그 수용재결의 효력이 상실될 수 있다.

chapter 05 공탁사항의 변경

01 절 대공탁

1. 대공탁의 의의

① 대공탁이란 공탁유가증권의 상환기가 도래한 경우 공탁당사자의 청구에 의하여 공탁소가 공탁 유가증권의 상환금을 수령하여 이를 종전의 공탁유가증권 대신 보관함으로써 전후 공탁의 동 일성을 유지하면서 유가증권공탁을 금전공탁으로 변경하는 것을 말한다. 이러한 대공탁(금전 공탁)에 대해서 원공탁이었던 유가증권공탁을 강학상 기본공탁이라고 한다.

② 이와 같이 대공탁을 하게 되면 공탁의 목적물은 유가증권에서 금전으로 변경되나 공탁의 동일 성은 유지되므로, 대공탁은 유가증권의 상환금청구권의 시효소멸을 방지함으로써 종전 공탁의 효력을 지속시키는 데 그 목적이 있다. 대공탁이 이루어짐으로써 금전공탁에 소정의 이자가 붙게 되는 실익도 있다.

③ 당초 공탁된 유가증권 인도청구권에 대한 압류 및 배당요구의 효력은 유가증권을 환가하여 현 금화한 원금과 이자에 대한 대공탁과 부속공탁에 미친다(대판 2005.5.13, 2005다1766).

④ 공탁물의 변경이라는 점만을 볼 때 형식적으로 대공탁과 유사한 것으로 담보물변경(민사소송 법 제126조)이 있다. 담보물변경제도는 담보의 목적으로 금전 또는 유가증권을 공탁한 자가 어떠한 필요에 의하여 법원의 담보물변경 결정을 받아 종전의 공탁을 그대로 둔 채 새로 별개 의 공탁을 한 후 종전 공탁은 공탁원인소멸을 이유로 회수하는 방법으로 공탁물을 변경하는 것이다. 그러나 담보물변경은 공탁원인은 동일하나 공탁 자체의 동일성은 없다는 점에서 대공 탁과 구별된다. 즉, ㉠ 대공탁은 변제공탁의 경우에도 허용되지만 담보물변경은 담보공탁의 경우에만 허용되고, ㉡ 대공탁의 경우에는 유가증권공탁이 상환금에 의한 금전공탁으로 변경 되는 경우에 한하지만 담보물변경의 경우에는 유가증권공탁이 금전공탁으로 변경되는 경우 외 에 금전공탁이 유가증권공탁으로, 유가증권공탁이 다른 유가증권공탁으로 변경되는 경우도 포 함되며, ㉢ 담보물변경의 경우에는 별도의 금전 또는 유가증권이 필요하나 대공탁의 경우에는 별도의 금전 또는 유가증권이 필요하지 않고, ㉣ 대공탁은 기본공탁과의 사이에 공탁의 동일 성이 유지되는 공탁이어서 법원의 담보물변경 결정이 필요 없지만 담보물변경은 동 결정이 필 요한 점에서 차이가 있다.

따라서 담보물변경이 가능한 유가증권 담보공탁의 경우에는 대공탁의 방법보다 담보물변경의 방법이 많이 이용되고, 담보물변경이 불가능한 유가증권 변제공탁의 경우에는 대공탁의 방법 이 이용된다.

■ 대공탁과 담보물변경의 차이

구분	공탁의 종류	공탁물의 변경	별도의 공탁물 필요 여부	법원의 승인 필요 여부	공탁의 동일성 유지 여부
대공탁	1. 담보공탁 2. 변제공탁 3. 집행공탁	유가증권공탁을 금전공탁으로 변경	×	×	○
담보물 변경	담보공탁만 가능	1. 유가증권공탁을 금전 또는 다른 유가증권공탁으로 변경 2. 금전공탁을 유가증권공탁으로 변경	○	○	×

2. 대공탁의 청구

1) 청구권

① 대공탁을 청구할 수 있는 자는 '공탁물을 수령할 자'이다. 즉, 공탁물에 대하여 출급청구권 또는 회수청구권을 행사하여 공탁물을 지급받을 수 있는 권리를 갖는 자를 말한다. 따라서 공탁자와 피공탁자 외에 공탁물 지급청구권의 추심·전부채권자와 양수인은 물론 상속인 등 일반 승계인도 포함된다.

② 변제공탁의 공탁자는 채권자(피공탁자)의 공탁수락서면이나 공탁유효의 확정판결등본이 공탁관에게 제출되기 전 등 공탁물 회수청구권이 있는 동안에만 대공탁청구권을 갖는다.

2) 절차

① 대공탁을 청구하려는 사람은 2통의 대공탁청구서를 제출하여야 한다.

② 대공탁은 기본공탁과 동일성을 유지하면서 단지 공탁유가증권을 공탁금으로 변환하는 절차이므로, 대공탁에 있어서는 당사자가 공탁물을 출급 또는 회수하는 절차와는 달리 공탁서 원본은 첨부할 필요가 없다. 담보공탁에 대하여 대공탁을 청구하는 경우에도 공탁의 동일성이 유지되므로 담보를 명한 관청의 승인 등을 요하지 않는다. 다만, 대공탁청구자는 상환기의 표시가 없는 공탁유가증권에 대해서는 그 상환기가 도래하였음을 소명하여야 한다.

③ 자격증명의 서면에 관한 공탁규칙 규정과 첨부서면의 생략에 관한 공탁규칙 규정은 대공탁을 청구하는 경우에도 준용된다.

④ 공탁유가증권이 기명식인 때에는 청구자는 대공탁청구서에 "공탁물보관자에게 해당 상환금 추심을 위임한다"라는 뜻을 적은 상환금 추심 위임장을 작성하여 첨부하여야 한다.

3. 대공탁의 수리 및 상환금 추심

① 공탁관은 대공탁의 청구를 수리할 때에는 대공탁청구서에 그 청구를 수리한다는 뜻과 공탁번호를 적고 기명날인한 다음 그중 1통을 유가증권출급의뢰서와 함께 청구자에게 내주어야 한다.

② 대공탁청구인이 공탁관으로부터 교부받은 "대공탁청구서" 및 "유가증권출급의뢰서" 등을 공탁물보관자에게 제출한 경우 공탁물보관자는 그 대공탁청구서 말미에 영수인을 찍어 청구인에게 반환하고, 공탁유가증권을 출급하여 그 유가증권 채무자로부터 상환금을 추심하여 공탁관의 계좌에 대공탁금으로 입금하는 절차를 밟아야 한다. 이 경우 공탁물보관자의 추심비용은 청구인이 부담한다.

③ 대공탁은 금전공탁사건으로 접수하고, 대공탁을 수리하는 경우에는 동시에 유가증권공탁사건부와 원장에 유가증권의 출급 사항을 등록하여야 하므로, 전산시스템의 유가증권지급 화면에서 유가증권지급을 입력하고 금전공탁납부 화면에서 대공탁납부내역을 입력하여 처리한다.

④ 동일한 유가증권공탁에 관하여 대공탁과 부속공탁을 동시에 청구하는 경우에는 하나의 청구서(대공탁·부속공탁)로 청구할 수 있다. 이 경우 공탁관은 대공탁과 부속공탁을 별건으로 접수·등록하되 1개의 기록을 만든다(공탁규칙 제31조 제2항).

[제6호 양식]

대공탁·부속공탁 청구서

원공탁 번호	년 증 제 호	년 월 일 신청	청구 종별	□ 대공탁 □ 부속공탁		
대공탁 번호	년 금 제 호	대공탁 금액				
부속공탁번호	년 금 제 호	부속공탁금액				
추심을 의뢰하는 목적물	공 탁 유 가 증 권					상환금·이자·배당금의 구별, 기타 지급기일
	명 칭	장 수	총 액면금액	액면금 기호, 번호		
보 관 은 행	은행 지점					
비고(첨부서류 등)						
위와 같이 청구합니다. 대리인 주소 청구인 성명 인(서명) 성명 인(서명)						
위 청구를 수리합니다. 년 월 일 법원 지원 공탁관 (인)						
(영수증) 위 공탁금을 납입하기 위하여 필요한 출급의뢰서 등 일체의 서류를 영수하였음을 증명합니다. 년 월 일 공탁금 보관은행 (인)						

※ 서명 또는 날인을 하되, 대리인이 공탁할 때에는 대리인의 성명, 주소(자격자대리인은 사무소)를 기재하고 대리인이 서명 또는 날인하여야 합니다.

02 절 부속공탁

1. 의의

① 부속공탁이란 공탁유가증권의 이자 또는 배당금의 지급기가 도래하였을 때 공탁당사자의 청구에 기하여 공탁소가 공탁유가증권의 이자 또는 배당금을 수령하여 종전의 공탁유가증권에 부속시켜 공탁함으로써 기본공탁의 효력이 그 이자 또는 배당금에도 미치도록 하는 공탁이다(법 제7조, 규칙 제31조).

② 담보공탁의 경우 보증금에 대신하여 유가증권을 공탁한 때에는 담보의 범위는 유가증권 원본의 상환금에만 미칠 뿐 그 과실에는 미치지 아니하므로 공탁자는 그 이자나 배당금을 청구할 수 있다. 담보공탁 이외의 경우에는 공탁유가증권의 이자나 배당금의 지급기가 도래한 때에도 공탁당사자는 공탁유가증권의 지급 전에는 그 이자 또는 배당금만의 지급청구를 할 수 없기 때문에 부속공탁제도를 인정함으로써 공탁유가증권의 이자 또는 배당금 청구권의 시효소멸을 방지할 수 있는 실익이 있다.

다만, 법 제7조[1] 단서의 이자나 배당금의 청구라 함은 이자나 배당금이라는 금전의 지급을 청구하는 것을 의미하는 것이 아니라 법률상 본권(本權)과 독립하여 이자나 배당금의 지급청구권을 표창하는 유가증권으로서의 이표의 지급을 청구하는 것을 의미한다.

2. 부속공탁의 절차

① 부속공탁의 절차는 앞에서 설명한 대공탁의 절차와 거의 동일하다. 즉, 부속공탁을 청구할 수 있는 자는 '공탁물을 수령할 자'이므로 공탁자와 피공탁자, 공탁물 지급청구권의 추심·전부채권자와 양수인은 물론 상속인 등 일반승계인도 포함된다.

② 부속공탁을 청구하려는 사람은 2통의 부속공탁청구서를 제출하여야 한다. 하나의 유가증권공탁에 관하여 대공탁과 부속공탁을 동시에 청구하는 경우에는 하나의 청구서(대공탁·부속공탁)로 할 수 있으며, 이 경우 공탁관은 대공탁과 부속공탁을 별건으로 접수·등록하되 1개의 기록을 만든다.

---

[1] **법 제7조(이자 등의 보관)** 지정된 은행이나 창고업자는 공탁물을 수령할 자가 청구하는 경우에는 공탁의 목적인 유가증권의 상환금, 이자 또는 배당금을 수령하여 이를 보관한다. 다만, 보증공탁(保證供託)을 할 때에 보증금을 대신하여 유가증권을 공탁한 경우에는 공탁자가 그 이자나 배당금을 청구할 수 있다.

③ 부속공탁은 공탁유가증권의 이자 또는 배당금을 기본공탁에 부속시켜 공탁하는 절차이므로 부속공탁도 당사자가 공탁물을 출급 또는 회수하는 절차와는 달리 공탁서 원본은 첨부할 필요가 없음은 대공탁의 경우와 같다.

④ 자격증명의 서면에 관한 공탁규칙 규정과 첨부서면의 생략에 관한 공탁규칙 규정은 부속공탁을 청구하는 경우에도 준용된다.

⑤ 공탁유가증권이 기명식인 때에는 청구자는 부속공탁청구서에 공탁물보관자 앞으로 작성한 이자·배당금 추심 위임장을 첨부하여야 한다.

3. 부속공탁의 수리 및 이자·배당금 추심

① 공탁관은 부속공탁의 청구를 수리할 때에는 부속공탁청구서에 그 청구를 수리한다는 뜻과 공탁번호를 적고 기명날인한 다음 그중 1통을 이표출급의뢰서와 함께 청구자에게 내주어야 한다.

② 공탁물보관자는 청구자가 제출한 이표출급의뢰서에 의하여 이표의 추심절차를 취한 후 공탁유가증권상의 채무자에 대하여 추심하고 그 추심금을 유가증권공탁에 부수한 금전공탁금으로 입금하는 절차를 밟게 된다. 이 경우 공탁물보관자의 추심비용은 청구자가 부담한다.

③ 부속공탁은 금전공탁 사건으로 접수한다(공탁규칙 제31조 제7항).

03 절 담보물변경

1. 의의

① 담보물변경이란 담보의 목적으로 금전 또는 유가증권을 공탁한 자가 어떠한 필요에 의하여 법원의 승인을 받아 종전의 공탁을 그대로 둔 채 새로 별개의 공탁을 한 후 종전 공탁은 공탁원인소멸을 이유로 회수하여 공탁물을 변경하는 것을 말한다(민사소송법 제126조). 종전 공탁과 비교하여 새로운 공탁은 공탁원인은 동일하나 공탁 그 자체의 동일성은 없다는 점에서 대공탁과 구별된다.

② 담보공탁된 유가증권의 상환기가 도래한 경우에는 대공탁과 담보물변경을 선택적으로 할 수 있지만, 상환기가 도래한 유가증권을 회수하고 다른 유가증권을 공탁하는 담보물변경이 대공탁보다 공탁자에게 유리하므로 실제로는 담보물변경이 많이 이용된다.

③ 담보물변경에 관하여 재판상 담보공탁의 경우에는 민사소송법 제126조에 규정을 두고 있다. 공탁법규에는 담보물변경에 관해서 특별한 규정을 두고 있지 않으므로 통상의 공탁절차 및 공탁물지급절차에 따라서 처리하면 될 것이다.

2. 담보물변경의 허용 여부

① 담보물변경은 유가증권의 상환기가 도래한 경우에 주로 이용된다. 법원의 담보제공명령에 의하여 현금공탁을 한 후 이를 유가증권으로 변경하는 것도 허용될 수 있다. 판례는 공탁한 담보물이 금전인 경우에 유가증권으로 담보물을 변환하는 것은 법원의 재량에 속한다고 하고 있다 (대결 1977.12.15, 77그27).

② 공탁물의 전부에 대한 담보물변경이 일반적이지만 공탁물의 일부분에 대한 변경도 허용된다.

③ 그러나 종전 공탁물의 회수청구권이 압류된 경우에는 담보물변경을 허용하여서는 안 된다. 왜냐하면 공탁연월일, 공탁번호, 공탁금액 등을 특정하여 압류명령을 발한 회수청구권의 목적물에 대한 담보물변경이 허용될 경우에는 기존의 압류명령이 무용화되어 압류채권자의 이익을 해하기 때문이다.

3. 담보물변경 절차

① 담보제공명령을 한 법원은 담보제공자의 신청에 의하여 결정으로 공탁한 담보물을 바꾸도록 명할 수 있고, 다만, 당사자가 계약에 의하여 공탁한 담보물을 다른 담보로 바꾸겠다고 신청한 때에는 그에 따른다.

② 법원이 담보물변경을 허가할 때에는 담보권리자의 이익을 해하여서는 안 될 것이나, 신·구 담보물의 액면가액이 절대적으로 동일하거나 그 이상이어야만 하는 것은 아니며, 신 담보물을 어떠한 종류와 수량의 유가증권이나 채권으로 할 것인가는 법원의 재량에 의하여 정하여진다.

③ 그러나 환가가 쉽지 아니하거나 시세의 변동이 심하여 안정성이 없는 유가증권을 새로운 담보물로 하는 것은 부적절하다. 따라서 본래의 현금공탁에 대신하여 공탁담보물의 변경을 구하는 담보제공자 발행의 당좌수표는 금융기관 발행의 수표와는 달리 그 지급 여부가 개인의 신용에 의존하는 것으로서 환가가 확실하다고 볼 수 없으므로 공탁할 유가증권이 되기에 적절하지 못하다.

④ 담보물변경 신청사건은 담보제공결정을 한 법원 또는 그 기록을 보관하고 있는 법원이 관할한다.

⑤ 법원의 담보물변경결정에 의하여 새로운 공탁을 할 때에는 공탁서의 공탁원인사실란에는 "○년 ○월 ○일 ○○법원 담보물변경결정에 의하여 공탁번호 ○○년 증(또는 금) 제○○호 공탁물과 변경"이라고 기재하면 될 것이다.

⑥ 그리고 종전 공탁물을 회수할 때에는 공탁물 회수청구서의 청구사유란에는 "공탁물의 변경으로 인한 공탁원인소멸"이라고 기재한다. 공탁물 회수청구권의 입증서면으로 구 공탁의 원본, 담보물변경결정정본 및 그 결정에 따라 새로운 공탁을 한 공탁서 사본(같은 공탁소일 경우에는 공탁물 회수청구서의 비고란에 공탁소 보관 공탁서를 원용한다는 취지를 기재하면 된다)을 첨부하면 된다.

⑦ 납세담보공탁의 경우에는 세무서장 또는 지방자치단체의 장의 승인을 얻어야 담보물변경을 할 수 있다(국세징수법 제21조 제1항, 지방세기본법 제68조 제1항). 관세의 납세담보제공자가

스스로 그 담보물을 다른 것으로 변경하고자 할 경우에는 세관장의 승인을 얻어야 하나, 담보물의 가격감소에 따른 세관장의 담보물변경 통지가 있을 때에는 지체 없이 이행하여야 한다.

⑧ 그러나 영업보증공탁에는 공탁자가 공탁 중인 유가증권의 상환기가 도래하여 다른 유가증권을 새로 공탁하고 종전의 유가증권을 회수하고자 할 때 관세청장의 승인을 얻어야 한다는 명문규정이 없으므로 종전 공탁(구 공탁)과 동일한 공탁(신 공탁)이 이루어진 것을 소명하고 종전 공탁물을 회수할 수 있다.

04 절 공탁물품의 매각 · 폐기[2]

1. 의의

① 공탁물보관자는 오랫동안 보관하여 공탁된 물품이 그 본래의 기능을 다하지 못하게 되는 등의 특별한 사정이 있으면 공탁 당사자에게 적절한 기간을 정하여 수령을 최고하고 그 기간에 수령하지 아니하면 대법원규칙으로 정하는 바에 따라 공탁된 물품을 매각하여 그 대금을 공탁하거나 폐기할 수 있다(법 제11조).

② 법 제11조에 따라 보관 중인 공탁물품을 매각하거나 폐기하고자 할 경우에는 공탁물보관자의 신청으로 해당 공탁사건의 공탁소 소재지나 공탁물품의 소재지를 관할하는 법원의 허가를 받아야 한다. 법원은 직권 또는 공탁물보관자의 신청으로 허가재판을 변경할 수 있다(공탁규칙 제47조 제1항 · 제2항).

2. 대상공탁 물품

공탁물품이란 공탁물보관자가 보관하고 있는 공탁물 중 금전, 유가증권을 제외한 물품을 말한다.[3]

3. 최고 및 허가신청과 재판절차 등

① 공탁물보관자는 공탁물품을 수령할 자에게 30일 이상의 기간을 정하여 이를 수령할 것과 이에 응하지 아니하는 경우에는 법원의 허가를 얻어 그 공탁물품을 매각 또는 폐기한다는 내용의 최고서를 등기우편으로 발송하여야 한다.

② 공탁물을 수령할 자가 위의 최고에 응하지 아니한 때에는 공탁물보관자는 관할 법원에 매각 또는 폐기 허가신청을 할 수 있다. 다만, 공탁물보관자가 위의 최고를 할 수 없거나 공탁물품이 멸실 또는 훼손될 염려가 있는 때에는 최고 없이 허가신청을 할 수 있다. 허가신청을 하는 때에는 그 사유를 소명하여야 한다.

---

2) 법 제11조, 공탁규칙 제47조 및 위 행정예규 제937호 참조
3) 공탁물의 매각 · 폐기에 관한 예규(행정예규 제937호) 제2조

③ 법원은 위 허가나 변경재판을 하기 전에 공탁물보관자, 공탁자 또는 피공탁자를 심문할 수 있다. 그 밖에 재판절차는 「비송사건절차법」에 따른다. 위 허가나 변경한 재판에 대하여는 불복신청을 할 수 없다.

④ 공탁물보관자는 매각·폐기신청에 대한 허가 또는 그 변경결정이 있는 때에는 그 재판서 사본을 첨부하여 공탁관에게 통지하여야 한다. 이 통지를 받은 공탁관은 이를 해당 물품공탁사건 기록에 가철하고, 원장에 그 사실을 등록하여야 한다.

4. 매각 또는 폐기

① 공탁물품의 매각은 「민사집행법」에 따른다. 다만, 공탁물보관자는 법원의 허가를 받아 임의매각 등 다른 방법으로 환가할 수 있다.

② 공탁물보관자가 법원의 허가를 받아 공탁물품을 폐기할 때에는 개인정보가 유출되지 않도록 하여야 한다.

③ 공탁물보관자는 매각 또는 폐기절차가 완료된 때에는 지체 없이 공탁관에게 그 사실을 통지하여야 한다. 이 통지를 받은 공탁관은 이를 해당 물품공탁사건 기록에 가철하고, 원장 및 관련 장부에 공탁물품의 매각 또는 폐기사실을 등록한 후 그 물품공탁사건을 완결 처리한다.

5. 공탁 등

① 공탁물보관자는 공탁물품의 매각대금 중에서 매각허가 신청비용, 매각비용 및 공탁물 보관비용을 공제한 잔액을 물품공탁 법원에 공탁하여야 한다.

② 공탁물보관자는 위 공탁서에 공탁통지서를 첨부하고, 「공탁규칙」 제23조 제2항에 따라 우편료를 납입하여야 한다.

③ 공탁물보관자는 공탁물품에 대한 매각 또는 폐기절차가 완료된 때에는 10일 이내에 공탁물을 수령할 자에게 통지하여야 한다.

④ 공탁금에 대한 출급·회수청구를 받은 공탁관은 종전 물품공탁사건의 출급·회수 인가요건도 참작하여 인가 여부를 결정한다.

01 절 총설

① 공탁이 성립되면 공탁자에게는 회수청구권이, 피공탁자에게는 출급청구권이 각각 독립하여 공탁과 동시에 당연히 발생하는데, 이들 양 권리를 합하여 강학상 지급청구권이라 한다. 공탁물 지급절차는 피공탁자가 공탁물을 찾아가는 출급절차와 공탁자가 공탁물을 다시 찾아가는 회수절차로 구분된다.

② 공탁물 출급이란 공탁성립 후에 채무변제·손해담보 등과 같은 공탁 본래의 목적에 따라 채권자·담보권리자 또는 그 승계인의 청구에 의하여 공탁물을 지급하는 것이다. 일반적으로 피공탁자의 확정, 피공탁자의 공탁물에 대한 출급청구권의 확정, 피공탁자의 공탁물에 대한 실체적 청구권 행사의 조건성취 등의 요건을 구비하여야 한다.

③ 공탁물 회수란 법 제9조 제2항에 따라 공탁물에 대한 회수권을 가지는 자의 청구에 의하여 공탁물을 되돌려 주는 것이다. ㉠ 민법 제489조의 규정에 의한 경우[채권자(피공탁자)가 공탁을 승인하거나 공탁물을 받기를 통고하거나 공탁유효판결이 확정되기 전까지는 공탁물을 회수할 수 있으나 질권 또는 저당권이 공탁으로 인하여 소멸한 때에는 그러하지 아니함], ㉡ 착오로 공탁한 경우, ㉢ 공탁원인이 소멸한 경우에 그 사실을 증명하여 공탁물을 회수할 수 있다.

④ 공탁물을 출급·회수하려고 하는 사람은 공탁물 출급·회수청구서를 작성하여 제출하여야 하고, 출급 또는 회수청구권을 갖는 것을 증명하는 서면을 첨부하여야 한다.

02 절 공탁물지급청구서의 작성 및 제출

1. 의의

① 공탁물을 출급·회수하려고 하는 사람은 2통의 공탁물 출급·회수청구서를 작성하여 관할공
탁소(공탁관)에 제출하여야 한다. 공탁물 출급·회수청구서의 양식은 공탁사무 문서양식에 관
한 예규(행정예규 제1235호)로 정하여져 있다.

② 공탁물 출급·회수청구서 제출은 우편으로 할 수는 없다.

③ 출급 또는 회수청구는 대리인에 의하여도 할 수 있지만, 임금채권이 공탁된 경우 직접지급원
칙에 따라 일정한 제한이 따른다. 근로기준법 제43조 제1항은 근로자를 보호하기 위하여 사용
자는 임금을 직접 근로자에게 지급하도록 하고 있고, 근로자의 임금이 공탁된 경우 그 공탁금
은 임금채권의 성질을 가지므로 대리인에 의하여 공탁금을 출급청구할 수 없다. 다만 근로자
가 질병, 해외이주 등 부득이한 사정으로 직접 청구할 수 없는 사유가 있음을 소명하고 그 배
우자나 자녀가 공탁금 출급청구를 한 경우와 같이 사실상 본인이 청구한 것과 동일하게 볼 수
있는 때에는 예외적으로 공탁금 출급청구가 가능할 수도 있다(공탁선례 제2-52호).

④ 같은 사람이 여러 건의 공탁사건에 대하여 공탁물의 출급 또는 회수를 청구하려는 경우 그 사
유가 같은 때에는 공탁종류에 따라 하나의 청구서로 할 수 있다(공탁규칙 제35조).

⑤ 한편 공탁액이 금 5천만 원 이하인 금전공탁사건에 대한 공탁금 출급·회수청구는 규칙에서
정한 바에 따라 전자공탁시스템을 이용하여 전자문서로 할 수 있다. 이 경우 공탁물 출급·회
수의 일괄청구에 관한 위 공탁규칙 제35조는 그 적용이 배제되므로 공탁사건별로 공탁금 출급
·회수청구서를 각각 제출하여야 한다(공탁규칙 제73조 제5항).

2. 공탁물 출급·회수청구서 기재사항

① 공탁물 출급·회수청구서에는 다음 1) ~ 9)의 사항을 기재하고 청구인이 기명날인하여야 한
다. 그러나 대표자나 관리인 또는 대리인이 청구하는 때에는 대표자나 관리인 또는 대리인의
자격과 주소를 적고 기명날인하여야 하며, 공무원이 직무상 청구할 때에는 소속 관서명과 그
직을 적고 기명날인하여야 한다(공탁규칙 제32조 제2항).

② 공탁물 출급·회수청구서에 인감을 날인하고 인감증명서를 첨부하여야 하는 경우를 제외하고
는 날인을 갈음하여 서명을 할 수 있고, 서명을 할 수 없을 때에는 무인으로 할 수 있다(공탁규
칙 제11조).

[제8 - 1호 양식]

공탁금 출급·회수 청구서

공 탁 번 호		년 금 제 호		공 탁 금 액		한글	
						숫자	
공 탁 자	성 명 (상호, 명칭)		피 공 탁 자	성 명 (상호, 명칭)			
	주민등록번호 (법인등록번호)			주민등록번호 (법인등록번호)			
청 구 내 역	청구금액		이자의 청구기간	이자 금액		합계금액	비 고
	한글			(은행)		(은행)	
	숫자			※ '이자 금액' 및 '합계금액' 란은 보관은행에서 기재함.			

보 관 은 행		은행	법원 지점

청구 및 이의유보 사유 ※ 해당란에 ☑표시하시거 나 기타란에 간단히 기재하시기 바랍니다.	출급청구시	회수청구시
	※ 이의를 유보하고 공탁금을 출급하시겠습니까? □ 예(이의를 유보하고 출급함, 아래 ※5. 참조) □ 아니오(공탁을 수락하고 출급함, 아래 ※ 6. 참조) □ 담보권 실행 □ 배당에 의함 □ 채권양수에 의함 □ 기타( )	□ 민법 제489조에 의하여 회수 □ 착오공탁(착오증명서면 첨부 필요) □ 공탁원인소멸(담보취소, 본압류이전, 가압류 취하·취소·해제 등)

비고 (첨부서류 등)	□ 공탁통지서 □ 공탁서 □ 신분증 사본 □ 위임장 □ 인감증명서 □ 주민등록등·초본 □ 법인등기사항증명서 □ 채권압류·추심명령 정본 및 송달증명 □ 채권압류·전부명령 정본 및 확정증명 □ 동의서·승낙서·보증서 □ 채권양도 원인서면 □ 증명서 □ 착오증명서면 □ 담보취소결정 정본 및 확정증명 □ 가압류 취하·해제증명 등 □ 기타 ( )

계좌입금	□ 포괄계좌입금(금융기관 : 계좌번호 :) □ 계좌입금신청(금융기관 : 계좌번호 :) : 공탁금 계좌입금신청서 첨부

위와 같이 청구합니다.

년   월   일

청구인	대리인
주소 : 주민등록(사업자등록)번호 : 성명 : 인(서명) (전화번호 :)	주소 : 성명 : 인(서명) (전화번호:)

위 청구를 인가합니다.

년   월   일

법원   지원 공탁관   (인)

위 공탁금과 공탁금 이자(공탁금 출급·회수청구서 1통)를 수령하였습니다.

년   월   일

수령인(청구인 또는 대리인) 성명   (인)

※ 1. 청구인이 인감증명서를 첨부하여야 합니다(인감을 날인하고 인감증명서를 첨부하여야 하는 경우, 이를 갈음하여 서명을 하고 본인서명사실확인서 또는 전자본인서명사실확인서 발급증을 제출할 수 있습니다). 다만, 1,000만원 이하의 공탁금을 본인이 직접 청구하는 때에는 인감증명서를 제출하지 않아도 되며(신분증을 확인) 날인 대신 서명할 수 있습니다.
   2. 대리인이 청구하는 경우(1,000만원 이하인 경우 포함) 대리인의 성명, 주소(자격자대리인은 사무소)를 적고 날인(서명)하여야 하며, 이때에는 본인의 인감을 날인한 위임장과 그 인감증명서를 첨부하여야 합니다.
   3. 공탁금이 5,000만원 이하인 사건에 대하여 전자공탁시스템을 이용하여 출급·회수청구하는 경우에는 인감증명서를 첨부하지 아니하며, 서명은 인증서에 의한 전자서명 방식으로 합니다.
   4. '계좌입금'란은 계좌입금을 신청하는 경우에만 기재합니다.
   5. 공탁에 대하여 이의가 있는 경우에는 '예(이의를 유보하고 출급함)'에 ☑하고, 공탁금 출급청구를 하여야 합니다. 이 경우에는 이후에 민사소송 등의 방법으로 권리를 주장할 수 있습니다.
   6. '아니오(공탁을 수락하고 출급함)'에 ☑하고 출급하면, 공탁원인사실·공탁금액 등 공탁(통지)서에 기재된 내용을 인정하고 공탁금을 수령한 것으로 봅니다.

1) 공탁번호

공탁서 또는 공탁통지서에 기재되어 있는 공탁번호를 적는다.

2) 공탁물

① 금전공탁의 경우 "공탁금액"란에는 공탁서 또는 공탁통지서의 공탁금액을 적고 "청구내역"란에는 출급 또는 회수하려고 하는 금액을 적는다. 수 개의 공탁을 일괄하여 청구하는 경우에는 각 공탁번호별 청구금액을 적는다. 청구서에 금액의 기재는 한글과 아라비아 숫자로 병기하도록 한다. 공탁금액란 및 청구내역란의 금전에 관한 숫자는 정정·추가나 삭제하지 못한다.

② 유가증권공탁의 경우에는 "청구내역"란에 유가증권의 명칭·장수·총 액면금·액면금(액면금이 없을 때에는 그 뜻)·기호·번호를 적는다.

③ 물품공탁의 경우에는 "청구내역"란에 공탁물품의 명칭·종류·수량을 적는다.

3) 출급·회수청구사유

(1) 출급청구하는 경우

공탁사무 문서양식에 관한 예규에 따라 "청구 및 이의유보 사유"란에 공탁수락 또는 이의유보 여부를 선택할 수 있고, 담보공탁의 피공탁자가 담보권 실행으로 출급하는 경우에는 "담보권 실행", 집행공탁에 있어서 채권자가 배당을 받아 출급하는 경우에는 "배당에 의함", "채권양수에 의함" 등 출급청구원인을 각 선택할 수 있다.

(2) 회수청구하는 경우

민법 제489조에 의하여 회수하는 경우에도 회수청구서 양식이 변경되어 공탁자는 "민법 제489조에 의하여 회수", "착오공탁" 또는 "공탁원인소멸" 등 각 회수청구원인을 선택하면 된다.

4) 이자지급의 뜻

이자를 동시에 지급받으려고 하는 때에는 그 뜻을 적는다. 그러나 실무상 이자의 지급을 청구하지 않는 특별한 경우에만 그 뜻을 기재하고 그러한 기재가 없으면 공탁물보관자가 공탁금납입일로부터 공탁금 지급 전일까지의 이자를 계산하여 지급한다.

5) 청구인의 성명·주소·주민등록번호

① 청구인의 성명·주소·주민등록번호를 기재하되, 청구인이 법인 또는 법인 아닌 사단이나 재단인 경우에는 그 상호(명칭)·본점(주사무소)·사업자등록번호를 기재한다.

② 청구인이 외국국적 취득으로 성명이 변경된 경우 변경 전의 성명과 변경 후의 성명이 동일인이라는 본국 관공서의 증명 또는 공증(본국 공증인)이 있어야 한다. 공탁관은 제출된 문서가 외국 공무원이 발행하였거나 외국 공증인이 공증한 문서인 경우 그 문서에 찍힌 도장 또는 서명의 진위 여부와 그 공무원이나 공증인의 직위를 확인하기 위하여 「재외공관공증법」 제30조 제1항 본문에 따라 영사관의 확인 또는 「외국공문서에 대한 인증의 요구를 폐지하는 협약」에서 정한 아포스티유(Apostille) 확인을 받아 제출하게 할 수 있다.

③ 가압류해방공탁에 있어서 공탁자인 가압류채무자가 회수청구하는 경우에는 "공탁원인소멸(가압류취하, 취소, 해제 등)"이라고 기재하고, 가압류채권자가 본압류를 하여 회수청구하는 경우에는 "공탁원인소멸(본압류 이전)" 등으로 기재한다.

6) 권리승계인인 취지

청구인이 공탁자나 피공탁자의 권리승계인인 때에는 그 뜻을 적는다. 예컨대, "공탁자 또는 피공탁자의 상속인, 양수인, 전부채권자" 등의 예에 따라 청구인의 성명·주소·주민등록번호란에 적는다.

7) 공탁규칙 제41조 규정에 따른 출급·회수청구의 경우 보증서를 첨부한 뜻

공탁통지서나 공탁서를 첨부할 수 없어 공탁규칙 제41조의 규정에 의한 보증지급의 절차를 구하는 때에는 그 뜻을 비고(첨부서류 등)란에 기재한다.

8) 공탁법원의 표시

해당 공탁사건을 관할하는 법원의 명칭을 기재한다.

9) 출급·회수청구 연월일

지급청구서의 연월일란에는 청구서를 현실로 제출하는 연월일을 기재한다.

03 절 공탁물 출급·회수청구 시 첨부서면

1. 공탁물 출급·회수청구서의 공통 첨부서면

공탁관에게 제출하는 서면(관공서로부터 발급받은 자격증명서면과 주소증명서면, 인감증명서)은 발급일로부터 3개월 이내의 것이어야 한다(공탁규칙 제16조).

가. 인감증명서

1) 의의

① 공탁물의 출급·회수를 청구하는 사람은 공탁물 출급·회수청구서 또는 위임에 대한 대리인의 권한을 증명하는 서면에 날인된 인감에 관하여는 인감증명법 제12조와 상업등기법 제16조에 따라 발행한 인감증명서를 제출하여야 한다.

▶ 법정대리인, 지배인, 그 밖의 등기된 대리인, 법인·법인이 아닌 사단 또는 재단의 대표자나 관리인이 공탁물의 출급·회수를 청구하는 경우에는 그 법정대리인, 지배인, 그 밖의 등기된 대리인, 대표자나 관리인 등의 인감에 관하여 위와 같은 인감증명서를 제출하여야 한다.

▶ 법인의 지배인(또는 이에 준하는 법률상 대리인)이 공탁물의 출급·회수청구를 직접 또는 다른 사람에게 위임하여 청구할 경우 공탁물 출급·회수청구서나 위임장에 날인된 인감에 관하여는 상업등기법 제16조의 규정에 의하여 발행한 지배인 인감증명서를 첨부하여야 하므로, 지배인 사용인감확인서와 지배인을 선임한 법인 대표자의 인감증명서를 첨부하여 공탁물의 출급·회수를 할 수는 없다.

▶ 마찬가지로, 법인의 대표자가 직접 또는 다른 사람에게 위임하여 공탁물을 출급·회수청구하는 경우 출급·회수청구서 또는 위임장에는 법인대표자의 인감을 직접 날인하고 법인대표자의 인감증명서를 첨부하여야 하므로, 출급·회수청구서, 위임장에 사용인감을 날인하고 사용인감확인서 및 법인대표자의 인감증명서를 첨부하여 공탁금 출급·회수청구를 할 수는 없다.

▶ 종중 등 법인이 아닌 사단이나 재단의 경우에는 대표자나 관리인 개인의 인감증명서를 제출하여야 할 것이다.

② 인감증명서의 제출에 갈음하여 위임장을 공증인이 인증하는 방법으로 공탁물을 출급·회수청구할 수는 없다. 공탁금 출급·회수청구권의 양도통지서에 날인된 양도인의 인영에 대하여 인감증명서가 첨부되지 아니한 경우 양수인이 공탁금을 출급·회수청구할 때에는 양도인의 인감증명서를 첨부하여야 한다. 다만, 양도증서를 공증받은 경우에는 양도인의 인감증명서 제출 없이도 공탁금을 지급청구할 수 있다.

2) 본인서명사실확인서 또는 전자본인서명확인서

① 전자본인서명확인서 제도가 2017.1.1. 시행됨에 따라 공탁절차에서 청구서 등에 「인감증명법」에 따라 신고한 인감을 날인하고 인감증명서를 첨부하여야 한다고 정한 경우, 이에 갈음하여 청구서 등에 서명을 하고 본인서명사실확인서 또는 전자본인서명확인서의 발급증을 첨부할 수 있다.

② 본인서명사실확인서와 청구서 등의 서명은 본인 고유의 필체로 자신의 성명을 공탁관이 알아 볼 수 있도록 명확히 기재하여야 하는데, 청구서 등의 서명은 본인서명사실확인서의 서명이 한글로 기재되어 있으면 한글로, 한자로 기재되어 있으면 한자로, 영문으로 기재되어 있으면 영문으로 각각 기재하여야 한다. 만약 이에 위반하여 서명 문자가 서로 다른 경우, 본인의 성명을 전부 기재하지 아니하거나 서명이 본인의 성명과 다른 경우, 본인의 성명임을 인식할 수 없을 정도로 흘려 쓰거나 작게 쓰거나 겹쳐 쓴 경우, 성명 외의 글자 또는 문양이 포함된 경우, 그 밖에 공탁관이 알아볼 수 없도록 기재된 경우 그 청구를 수리하지 아니한다.

③ 전자본인서명확인서의 확인 등

공탁관이 전자본인서명확인서의 발급증을 제출받았을 때에는 전자본인서명확인서 발급시스템에 발급번호를 입력하고 전자본인서명확인서를 확인하여야 한다. 전자본인서명확인서 발급시스템 또는 공탁전산시스템의 장애 등으로 공탁관이 전자본인서명확인서를 확인할 수 없는 경우에는 청구인에게 인감증명서 또는 본인서명사실확인서를 제출할 것을 요구할 수 있다. 이 경우 청구인은 이미 제출된 청구서 등을 인감증명서 또는 본인서명사실확인서에 맞게 보정하여야 한다.

▶ 공탁에 관한 청구를 받은 공탁소 외의 기관·법인 또는 단체가 전자본인서명확인서 발급시스템에서 전자본인서명확인서를 열람한 사실이 확인된 경우 공탁관은 해당 공탁에 관한 청구를 수리하여서는 아니 된다.

④ 본인서명사실확인서 또는 전자본인서명확인서의 "그 외의 용도"란에는 법원의 명칭, 공탁번호, 해당 용도가 기재되어 있어야 한다(예 ○○지방법원 ○○○○년 금 제○○○호 공탁금 출급 청구). "그 외의 용도"란에 기재된 사항과 청구서 등에 기재된 사항이 일치하지 않는 공탁에 관한 청구는 수리하지 아니한다.

⑤ 대리인이 본인서명사실확인서 또는 전자본인서명확인서의 발급증을 첨부하여 공탁에 관한 청구를 대리하는 경우에는 본인서명사실확인서 또는 전자본인서명확인서의 "위임받은 사람"란에 대리인의 성명과 주소가 기재되어 있어야 한다. 다만, 대리인이 변호사[법무법인·법무법인(유한) 및 법무조합을 포함한다]나 법무사[법무사법인·법무사법인(유한)을 포함한다]인 자격자대리인인 경우에는 자격자대리인의 자격명과 성명이 기재되어 있으면 자격자대리인의 주소는 기재되어 있지 않아도 된다. 본인서명사실확인서 또는 전자본인서명확인서의 "위임받은 사람"란에 기재된 사람과 위임장의 수임인은 같은 사람이어야 하며, 용도란의 기재와 위임장의 위임취지는 서로 부합하여야 한다.

⑥ 공탁에 관한 청구서에 첨부하는 본인서명사실확인서 또는 전자본인서명확인서는 발행일로부터 3개월 이내의 것이어야 한다.

3) 재외국민 및 외국인이 지급청구하는 경우

① 재외국민(대한민국의 국민으로서 외국의 영주권을 취득한 자 또는 영주할 목적으로 외국에 거주하고 있는 자)이 귀국하여 직접 공탁금 지급청구를 하는 때에는 국내 거주 내국인의 경우와 같으므로 우리나라의 인감증명서를 첨부하여야 한다. 재외국민이 귀국하지 않고 대리인에게 위임하는 경우 위임장에 찍힌 인영이 본인의 것임을 증명하기 위하여 본인의 인감증명(우리나라의 인감증명)을 제출하여야 한다. 다만, 재외국민이 거주하는 나라(외국)가 우리나라와 같이 인감증명제도가 있는 나라(예컨대, 일본)인 경우에는 그 나라 관공서가 발행한 인감증명서를 첨부할 수 있다. 이때에는 위임장에 거주국주재 대한민국 대사관이나 영사관의 확인을 반드시 받아야 한다. 다만, 재외국민의 상속재산분할협의서에 첨부할 인감증명은 상속재산분할협의서 상의 서명 또는 날인이 본인의 것임을 증명하는 재외공관의 확인서 또는 이에 관한 공정증서(거주국 또는 대한민국 공증인)로 대신할 수 있다.

② 외국인의 경우 인감증명제도가 없는 나라의 국민은 지급청구서 또는 위임장에 한 서명에 관하여 본인이 직접 작성하였다는 취지의 본국 관공서(주한 본국 대사관이나 영사관 포함)의 증명이나 이에 관한 공증(본국 또는 대한민국 공증인)이 있어야 한다. 인감증명제도가 있는 나라(예컨대, 일본) 국민은 지급청구서 또는 위임장에 날인한 인감과 동일한 인감에 관하여 그 나라 관공서가 발행한 인감증명이 있어야 한다. 외국인도 출입국관리법에 따라 외국인등록을 하였다면 우리나라의 인감증명법에 따라 체류지를 관할하는 증명청에 인감신고를 한 후 인감증명을 발급받아 제출할 수 있다(인감증명법 제3조 제3항).

③ 공탁관은 행정예규에 따라 제출된 문서가 외국 공무원이 발행하였거나 외국 공증인이 공증한 문서인 경우 그 문서에 찍힌 도장 또는 서명의 진위 여부와 그 공무원이나 공증인의 직위를 확인하기 위하여 「재외공관 공증법」 제30조 제1항 본문에 따른 영사관의 확인 또는 「외국공문서에 대한 인증의 요구를 폐지하는 협약」에서 정한 아포스티유 확인을 받아 제출하게 할 수 있다(행정예규 제1084호).

4) 인감증명서를 제출할 필요가 없는 경우(규칙 제37조 제3항)

(1) 출급・회수청구하는 금액이 1,000만 원 이하인 경우

① 본인이나 법정대리인, 지배인, 그 밖의 등기된 대리인, 법인・법인 아닌 사단이나 재단의 대표자 또는 관리인이 공탁금을 직접 출급・회수청구하는 경우로서, 그 금액이 1,000만 원 이하(유가증권의 총 액면금액이 1,000만 원 이하인 경우를 포함한다)이고, 공탁관이 신분에 관한 증명서(주민등록증・여권・운전면허증 등)에 의하여 본인이나 법정대리인 등임을 확인할 수 있는 경우에는 인감증명서를 첨부하지 않아도 된다.

② 공탁금액 1,000만 원 이하인 경우의 구체적인 적용기준과 공탁관의 신분확인 시 유의사항에 대하여는 행정예규 제744호 "신분확인에 의한 공탁금 출급・회수업무처리지침"이 정하고 있

다. 공탁서상의 공탁금액이 1,000만 원 이하인 때에는 출급 또는 회수청구하는 금액이 이자를 포함하여 1,000만 원을 초과한 경우, 공탁서상의 공탁자 또는 피공탁자가 여러 사람인 때에는 공탁서상의 전체 공탁금액이 1,000만 원을 초과하더라도 해당 출급 또는 회수청구를 하는 공탁자 또는 피공탁자에 대한 공탁서상의 공탁금액이 1,000만 원 이하인 경우, 배당 등에 따라 공탁금액을 여러 사람에게 나누어 지급하는 때에는 그 지급권자의 청구금액이 1,000만 원 이하인 경우도 적용되지만, 1,000만 원을 초과하는 공탁금액을 1,000만 원 이하로 임의로 분할하여 출급 또는 회수청구하는 경우에는 적용되지 않는다.

③ 공탁물이 액면금액의 표시가 없는 유가증권인 경우와 공탁물이 물품인 경우에는 적용하지 아니하고, 대리인에 의하여 출급청구하는 경우에도 적용하지 않는다.

④ 공탁관이 위와 같은 출급청구를 받은 때에는 신분에 관한 증명서의 사진, 주소, 주민등록번호 등으로 본인이나 법정대리인 등임을 철저히 확인하여야 하고, 그 신분에 관한 증명서 사본을 해당 공탁기록에 철하여야 한다. 다만, 그 신분에 관한 증명서가 이동통신단말장치에 암호화된 상태로 설치되는 등 사본화가 적합하지 않은 경우에는 신분확인서를 해당 공탁기록에 철하여야 한다(행정예규 제1308호).

(2) **공탁물 출급·회수청구권자가 관공서인 경우**

공탁물 출급·회수청구자가 관공서인 경우 그것만으로 출급·회수청구서 등의 성립의 진정을 인정할 수 있으므로 인감증명서를 제출하지 않아도 된다.

(3) **전자문서에 의하는 경우**

전자문서에 의하여 공탁금의 출급 또는 회수를 청구하는 경우 인감증명서는 첨부하지 아니한다(공탁규칙 제79조 제1항).

나. 자격증명서

① 공탁물의 출급·회수청구인이 법인인 경우에는 대표자 또는 관리인의 자격을 증명하는 서면을, 법인 아닌 사단 또는 재단일 경우에는 정관 기타 규약과 대표자 또는 관리인의 자격을 증명하는 서면을 공탁물 출급·회수청구서에 첨부하여야 한다.

▶ 대표자의 법인인감증명서에 법인의 대표자인 취지가 기재되어 있다고 하더라도 인감증명서는 대표자 자격증명서면이 아니기 때문에(대결 2014.9.16, 2014마682 참조) 별도로 법인등기사항증명서 등 자격증명서면을 첨부하여야 한다.

② 대리인에 의하여 공탁물을 출급·회수청구하는 경우에는 대리인의 권한을 증명하는 서면을 공탁물 출급·회수청구서에 첨부하여야 한다. 부재자 재산관리인이 공탁금 출급청구를 하는 경우 부재자 재산관리인의 자격 및 권한을 증명하는 서면(심판정본 및 그 확정증명)을 첨부하여야 한다.

👤 관/련/선/례

> 임대인이 임차보증금을 사망한 임차인의 상속인에게 반환하고자 하였으나 상속인인 부모가 호적상 미수
> 복지구 거주자로 기재된 부재자이므로 피공탁자를 "망 임차인의 상속인"이라고 기재하여 임차보증금을
> 변제공탁한 경우에, 법원에 의하여 선임되어 임차보증금의 수령행위를 허가받은 위 부재자의 재산관리인
> 은 위 부재자가 망 임차인의 상속인임을 증명하는 서면(호적·제적등본)과 부재자 재산관리인의 자격 및
> 권한을 증명하는 서면(심판정본 및 그 확정증명)을 첨부하여 피공탁자의 재산관리인(법정대리인)의 자격
> 으로 공탁된 임차보증금을 출급받을 수 있다(공탁선례 제1−105호).

③ 출급·회수청구인이 법인 아닌 사단이나 재단인 경우에는 대표자 또는 관리인의 자격을 증명
하는 서면(회의록 등)에 그 사실을 확인하는 데 상당하다고 인정되는 2명 이상의 성년인 사람
이 사실과 같다는 뜻과 성명을 적고 자필서명한 다음, 신분증 사본을 첨부하여야 한다(공탁규
칙 제38조 제2항 − 종전에는 인감도장을 날인하고 인감증명서를 첨부하였으나, 인감요구사무
감축추진에 맞추어 2010.2.1. 공탁규칙을 개정하여 자필서명을 하고 신분증 사본을 첨부하는
것으로 하였다). 변호사나 법무사가 대리하여 청구하는 경우에는 자격자대리인이 대표자 또는
관리인의 자격을 증명하는 서면에 사실과 같다는 뜻을 적고 기명날인하는 것으로 갈음할 수
있다(공탁규칙 제38조 제3항).

👤 관/련/선/례

> 공탁신청 당시 제출한 위임장에 '회수청구 및 그 수령의 권한'이 명기되어 있는 경우에는 대리권의 효력이
> 공탁물 회수청구권에도 미친다고 볼 수 있으나, 공탁신청 이후에 대리권이 소멸될 수도 있으므로 종전의
> 대리인이 공탁물 회수청구를 할 때에는 별도의 위임장을 제출하거나 종전에 위임한 대리권이 소멸되지
> 않았음을 증명하는 공탁자 본인 작성의 서면(인감증명 첨부 또는 공증)을 제출하여야만 한다(2015.10.6.
> 사법등기심의관−3536 직권선례).

④ 청구자가 대한민국 내에 영업소설치등기가 되어 있지 않은 외국회사인 경우에는 회사의 등기
사항증명서에 의하여 그 대표자의 자격을 증명할 수 없으므로 외국회사 본국의 관할관청 또는
대한민국에 있는 그 외국의 영사의 인증을 받은 대표자의 자격을 증명하는 서면 및 그 번역문
을 대신 제출하면 된다(공탁선례 제2−78호 참조).

다. 주소 등 연결서면

공탁물 지급청구서에는 원칙적으로 주소를 소명하는 서면을 첨부할 필요가 없으나, 예외적으로
공탁서상 피공탁자의 주민등록번호 등이 기재되어 있지 않아 공탁관이 출급청구인과 피공탁자의
동일성 확인에 어려움이 있을 때에는 공탁관은 주소 등 연결서면을 그 소명자료로 제출하게 할
수 있다.

라. 승계사실 증명서면

출급·회수청구자가 피공탁자 또는 공탁자의 권리승계인인 때에는 출급·회수청구권 증명서면과 승계사실증명서면을 함께 첨부하여야 한다.

① 피공탁자 또는 공탁자의 상속인이 공탁물을 출급·회수청구하기 위해서는 승계사실증명서면으로 상속증명서면(피상속인의 기본증명서, 피상속인의 가족관계증명서 및 친양자입양관계증명서 등)을 첨부하여야 하고, 상속재산협의분할에 의한 경우에는 상속재산협의분할서(상속인 전원의 인감도장 날인 및 인감증명서 첨부)도 첨부하여야 한다.

② 피공탁자로부터 공탁물 지급청구권을 양도받은 양수인은 그 양도를 증명하는 서면(채권양도증서 등)을 첨부하여야 하는 외에 양도인이 제3채무자인 국가에게 그 사실을 통지하여야 한다. 따라서 공탁물 지급청구권을 양도받은 사실을 이유로 국가를 상대로 공탁금수령권한이 있다는 확인판결을 받은 것만으로는 양도를 증명하는 서면은 갖추었으나 양도인의 적법한 통지가 있다고 볼 수 없으므로 공탁금을 출급할 수 없다. 공탁물 지급청구권의 양도통지서에 날인된 인영에 대하여 인감증명서가 첨부되지 않은 경우에는 양수인의 공탁물 지급청구 시 양도인의 인감증명서를 제출하여야 한다. 그러나 양도증서를 공증받은 경우에는 양도인의 인감증명서 제출 없이도 양수인은 공탁물을 지급청구할 수 있다.

③ 공탁물 출급·회수청구권에 대하여 압류 및 전부명령을 한 전부채권자가 공탁물을 출급·회수청구하기 위해서는 승계사실증명서면으로 압류 및 전부명령정본과 확정증명서를 첨부하여야 하고, 공탁물 출급·회수청구권에 대하여 압류 및 추심명령을 한 추심채권자는 압류 및 추심명령정본과 송달증명서를 첨부하여 공탁금을 지급청구할 수 있다.

2. 공탁물 출급청구서의 첨부서면

가. 공탁통지서

1) 원칙(공탁규칙 제33조 제1호)

공탁물을 출급하려고 하는 사람은 공탁규칙 제29조에 따라 공탁관이 발송한 공탁통지서를 원칙적으로 첨부하여야 한다.

2) 공탁통지서를 첨부하지 않아도 되는 경우(공탁규칙 제33조 제1호 단서)

(1) 출급청구하는 공탁금액이 5,000만 원 이하인 경우 등

① 출급청구하는 공탁금액(공탁물이 유가증권인 경우에는 총 액면금을 말한다)이 5,000만 원 이하인 경우에는 공탁통지서를 첨부하지 않아도 된다.

② 다만, 청구인이 관공서이거나 법인 아닌 사단이나 재단인 때에는 그 금액이 1,000만 원 이하인 경우에 공탁통지서 첨부가 면제된다.

(2) 공탁서나 이해관계인의 승낙서를 첨부한 경우

① 피공탁자가 공탁서를 첨부한 경우에는 공탁통지서를 첨부하지 않아도 된다. 공탁서는 통상 공탁자가 소지하고 있는바, 그로부터 공탁서를 넘겨받아 공탁통지서 대신 첨부한 청구인은 피공탁자일 것임이 인정되기 때문이다.

② 또한 피공탁자가 이해관계인인 공탁자의 승낙서를 첨부한 경우에도 공탁통지서를 첨부하지 않아도 된다. 공탁자의 승낙서에는 공탁통지서의 첨부 없는 피공탁자의 출급청구에 대한 승낙의 취지를 기재하고 인감증명서를 첨부하여야 한다.

(3) 강제집행이나 체납처분(강제징수 포함)에 따라 공탁물 출급청구를 하는 경우

출급청구권에 대한 강제집행에 의하여 추심명령 또는 전부명령을 얻은 추심채권자 또는 전부채권자가 출급청구하는 경우에는 공탁통지서를 첨부하지 않아도 된다. 집행채무자인 피공탁자로부터 공탁통지서를 교부받는 것을 기대하기 어렵기 때문이다. 출급청구권에 대하여 국세징수법 등에 따른 강제징수 또는 지방세기본법 등에 따른 체납처분에 의한 압류를 한 세무서장 또는 지방자치단체의 장이 출급청구하는 경우에도 같은 이유로 공탁통지서를 첨부하지 않아도 된다.

(4) 공탁통지서를 발송하지 않았음이 인정되는 경우

절대적 불확지공탁이나 사실상 수령불능 사유 중 피공탁자 주소불명의 경우와 같이 공탁서의 기재내용에 비추어 볼 때 공탁통지서를 발송하지 않았음이 명백하게 인정되는 경우 공탁통지서를 첨부하지 않아도 된다.

■ 업무연락공탁금(유가증권) 출급청구 첨부서류

구분			공탁금 출급권자			
			개인	법인	법인 아닌 사단 재단	관공서
공탁금액	5천만 원 초과	공탁통지서	○	○	○	○
		인감증명서와 인감도장	○	○	○	×
		신분증	○	○	○	○
	5천만 원 이하 ~ 1천만 원 초과	공탁통지서	×	×	○	○
		인감증명서와 인감도장	○	○	○	×
		신분증	○	○	○	○
	1천만 원 이하	공탁통지서	×	×	×	×
		인감증명서와 인감도장	×	×	×	×
		신분증	○	○	○	○

※ 유가증권인 경우에는 그 액면금을 기준으로 보시면 됩니다.
※ 인감을 날인하고 인감증명서를 첨부하여야 하는 경우, 이를 갈음하여 서명을 하고 본인서명사실확인서 또는 전자본인서명확인서 발급증을 제출할 수 있습니다.

나. 출급청구권이 있음을 증명하는 서면

공탁물을 출급하려고 하는 사람은 출급청구권이 있음을 증명하는 서면을 공탁물 출급청구서에 첨부하여야 한다. 그러나 변제공탁의 피공탁자와 같이 공탁서의 내용에 의하여 출급청구권이 있는 사실이 명백한 경우와 피공탁자 동일인 확인증명서가 공탁소에 송부된 경우에는 첨부할 필요가 없다(공탁규칙 제33조 제2호). 출급청구권 증명서면은 공탁의 종류에 따라 다르며 구체적인 경우에 따라 개별적으로 판단하여야 한다. 출급청구권이 있음을 증명하는 서면에 관한 자세한 내용은 후술하는 해당 공탁편에 미루고, 개괄적인 설명만 하기로 한다.

1) 변제공탁

(1) 확지공탁의 경우

피공탁자를 특정한 확지 변제공탁의 경우 공탁서나 공탁통지서 자체로 출급청구권자와 출급청구권의 발생 및 그 범위를 알 수 있으므로 별도로 출급청구권 증명서면을 첨부하지 않아도 된다.

(2) 상대적 불확지공탁의 경우

① 피공탁자 전원이 공동으로 출급청구하는 경우에는 출급청구서 기재에 의하여 상호 승낙이 있는 것으로 볼 수 있으므로 별도로 출급청구권 증명서면을 첨부하지 않아도 된다.

② 그러나 피공탁자 중 1인이 단독으로 출급청구하는 경우에는 출급청구권 증명서면을 첨부하여야 한다. 우선 피공탁자 사이에 권리의 귀속에 관하여 분쟁이 없는 경우에는 다른 피공탁자의 승낙서 또는 협의성립서(모두 인감증명서 또는 본인서명사실확인서나 전자본인서명확인서의 발급증 첨부)를 첨부하면 되고, 피공탁자 사이에 권리의 귀속에 관하여 분쟁이 있는 경우에는 피공탁자 사이에 어느 일방에게 출급청구권이 있음을 증명하는 내용의 판결(조정조서·화해조서 포함)을 첨부하여야 한다.

③ 동일한 금액 범위 내의 사해행위취소 및 가액배상을 구하는 소송을 제기한 수인의 취소채권자들 중 누구에게 가액배상금을 지급하여야 하는지 알 수 없다는 이유로 채권자들의 청구금액 중 판결 또는 화해권고결정 등에 의하여 가장 다액으로 확정된 금액 상당을 공탁금액으로 하고 그 취소채권자 전부를 피공탁자로 하여 상대적 불확지공탁을 한 경우 피공탁자 각자는 공탁서의 기재에 따라 각자의 소송에서 확정된 판결 또는 화해권고결정 등에서 인정된 가액배상금의 비율에 따라 공탁금을 출급청구할 수 있을 뿐이므로(대판 2007.5.31, 2007다3391 참조) 출급청구권 증명서면 확인에 있어 주의를 요한다.

(3) 절대적 불확지공탁의 경우

① 절대적 불확지공탁을 한 경우 공탁자가 후에 피공탁자를 알게 되었을 때에는 먼저 그를 피공탁자로 지정하는 공탁서 정정을 한 후 그로 하여금 공탁물을 출급청구하게 할 수 있다.

② 공탁자가 공탁서를 정정하는 절차를 취하지 않을 경우에는 공탁자(국가가 아님)를 상대로 하여 공탁물 출급청구권이 자신에게 있다는 확인판결(화해조서·조정조서 등)을 받아 그 판결정본 및 확정증명서를 출급청구권을 증명하는 서면으로 첨부하여 공탁금을 직접 청구할 수 있

다. 그러나 사업시행자가 발행한 출급청구권을 갖는다는 확인증명서는 출급청구권 입증서면으로 볼 수 없다(공탁선례 제2-72호).

③ 사망자를 피공탁자로 하여 수용보상금을 공탁해 놓은 경우에는 상속을 증명하는 서면(사망한 피공탁자의 기본증명서, 가족관계증명서, 친양자입양관계증명서 등)을 첨부하여 ㉠ 상속인들 전원이 공동으로 출급청구하거나, ㉡ 상속인 각자가 자기의 지분에 해당하는 공탁금만을 출급청구할 수 있으며, ㉢ 협의분할에 의할 경우에는 협의분할을 증명하는 서면(상속인 전원의 인감증명서가 첨부된 상속재산분할협의서)을 첨부하여 출급청구할 수 있다.

2) 담보공탁

(1) 재판상 담보공탁

재판상 담보공탁의 피공탁자(담보권리자)는 소송비용 또는 담보되는 손해에 관하여 담보물(공탁금 회수청구권)에 대하여 질권자와 동일한 권리를 가진다.

① 직접 출급청구

피공탁자(담보권리자)는 담보취소결정정본 및 확정증명이 제출되기 전에 공탁원인사실에 기재된 피담보채권이 발생하였음을 증명하는 서면을 제출하여 공탁금 출급청구를 할 수 있다. 피담보채권이 발생하였음을 증명하는 서면의 예로는 피담보채권에 관한 확정판결(이행판결, 확인판결 모두 포함), 이에 준하는 서면(화해조서, 조정조서, 공정증서 등) 또는 공탁자의 동의서(인감증명서 첨부)이다.

② 질권실행을 위한 압류 등

담보공탁의 피공탁자가 피담보채권에 터 잡아 민사집행법 제273조에서 정한 채권에 대한 담보권실행절차에 따라 공탁자의 공탁금 회수청구권을 압류하고 추심명령이나 확정된 전부명령을 얻어 공탁금 출급청구(청구서의 표시를 회수청구라고 기재한 때에도 같다)하는 것을 말한다. 이 경우 피공탁자는 공탁금 출급청구서와 함께 질권실행을 위한 압류명령정본, 추심명령 또는 전부명령정본, 위 명령의 송달증명, 전부명령에 관한 확정증명을 제출하여야 한다. 담보권실행 신청 시 담보권의 존재를 증명하는 서류를 제출하기 때문에 별도로 담보취소결정을 받을 필요는 없다.

③ 담보취소에 기초한 공탁금 회수청구

피공탁자가 담보권실행을 위한 출급청구권의 행사와는 별도로 공탁자의 회수청구권에 대하여 공탁자를 상대로 한 집행권원(피담보채권 자체에 관한 집행권원이 아니라도 무방함)을 갖고 일반 강제집행절차에 따라 공탁금 회수청구권에 대하여 압류 및 추심명령이나 전부명령을 얻은 후 담보취소까지 받았다면 공탁금 회수청구권을 행사할 수 있다. 실무상 이 방법이 많이 사용된다.

(2) 영업보증공탁

영업거래 또는 기업활동에 의하여 손해를 입은 자가 피공탁자로서 출급청구하려면 출급청구권이 있음을 입증하여야 한다.

(3) 납세담보공탁

공탁자가 담보기간 내에 납세의무를 이행하지 않으면 세무서장 또는 지방자치단체의 장은 공탁물로 세금에 충당한다. 이 경우 공탁물로 세금에 충당한다는 취지의 세무서장 또는 지방자치단체의 장의 서면이 출급청구권 증명서면이 된다.

3) 집행공탁

집행법원의 배당절차에 의하여 공탁물을 지급하는 경우에 집행법원은 지급위탁서를 공탁관에게 송부하고 지급을 받을 자에게는 그 자격에 관한 증명서를 교부하여야 한다. 이 경우 공탁물의 지급을 받고자 하는 자는 위 증명서를 첨부하여 공탁물의 출급청구를 하면 되고, 별도의 출급청구권 증명서면은 첨부하지 않아도 된다.

4) 몰취공탁

민사소송법 제299조 제2항의 몰취공탁에서 공탁 후 공탁자의 진술이 거짓으로 판명된 경우에는 공탁을 명한 법원의 공탁금 몰취결정정본 및 확정증명서(민사소송법 제300조)가, 상호가등기 몰취공탁의 경우에는 등기관 작성의 공탁금국고귀속통지서가 각 출급청구권 증명서면이 된다. 몰취한 공탁금은 국고에 귀속된다.

다. 반대급부이행 증명서면

변제공탁의 경우에 공탁물을 수령할 자가 반대급부를 이행하여야 하는 경우에는 공탁자의 서면, 판결문, 공정증서, 그 밖의 관공서에서 작성한 공문서 등에 의하여 반대급부가 있었음을 증명하지 아니하면 공탁물을 수령하지 못한다.

3. 공탁물 회수청구서의 첨부서면

가. 공탁서

1) 원칙(공탁규칙 제34조 제1호)

공탁물을 회수하려고 하는 사람은 공탁물 회수청구서에 공탁서를 첨부하여야 한다.

2) 공탁서를 첨부하지 않아도 되는 경우(공탁규칙 제34조 제1호 단서)

(1) 공탁금액이 5,000만 원 이하인 경우 등

회수청구하는 공탁금액이 5,000만 원 이하인 경우(유가증권의 총 액면금이 5,000만 원 이하인 경우 포함)에는 공탁서를 첨부하지 않아도 된다. 다만, 청구인이 관공서이거나 법인 아닌 사단이나 재단인 때에는 그 금액이 1,000만 원 이하인 경우이다.

(2) 이해관계인의 승낙서를 첨부한 경우

공탁자가 이해관계인인 피공탁자의 승낙서를 첨부한 경우 공탁서를 첨부하지 않아도 된다. 공탁자의 승낙서에는 공탁서의 첨부 없는 공탁자의 회수청구에 대한 승낙의 취지를 기재하고 인감증명서를 첨부하여야 한다.

(3) 강제집행이나 체납처분(강제징수 포함)에 따라 공탁물 회수청구를 하는 경우

회수청구권에 대한 강제집행에 의하여 추심명령 또는 전부명령을 얻은 추심채권자 또는 전부채권자가 회수청구하는 경우에는 공탁서를 첨부하지 않아도 된다. 집행채무자인 공탁자로부터 공탁서를 교부받는 것을 기대하기 어렵기 때문이다. 회수청구권에 대하여 체납처분에 의한 압류를 한 세무서장 등이 회수청구하는 경우에도 강제집행에 의하는 경우와 마찬가지로 공탁서를 첨부하지 않아도 된다.

(4) 공탁서 보관사실 증명서면을 첨부한 경우

제3채무자가 압류 또는 가압류와 관련된 금전채권액 전액을 집행공탁한 경우 압류 또는 가압류의 효력이 미치지 않는 부분에 대하여는 회수청구할 수 있다. 이 경우 이미 공탁신고 시 공탁서가 압류명령을 발한 법원이나 가압류 발령법원에 제출되었으므로 공탁자인 제3채무자는 그 법원으로부터 공탁서를 보관하고 있다는 사실을 증명하는 서면을 교부받아 공탁금 회수청구서에 첨부하여야 한다.

나. 회수청구권을 갖는 것을 증명하는 서면

① 공탁물을 회수하려는 사람은 회수청구권을 갖는 것을 증명하는 서면을 첨부하여야 한다. 그러나 공탁서의 내용으로 그 사실이 명백한 경우에는 그러하지 아니하다(공탁규칙 제34조 제2호). 이는 공탁관으로 하여금 공탁금 회수청구서 및 그 첨부서면의 확인을 통하여 공탁금 회수청구의 절차법적 요건은 물론 실체법적 요건도 함께 심사할 의무를 부과한 것으로써 그러한 심사를 통하여 진정한 공탁금 회수청구권자가 아닌 무권리자에게 공탁금이 귀속되는 것을 방지하기 위한 것이다.

② 회수청구권을 갖는 것을 증명하는 서면이 어떤 것인가는 구체적인 사안에 따라 개별적으로 결정할 수밖에 없지만 통상 회수원인에 따라 살펴보면 다음과 같다. 공탁물 회수청구권에 대한 압류 및 전부명령을 받은 자라도 원래의 공탁물 회수청구권자의 지위를 넘어서 공탁물을 회수할 수 없으므로 공탁물 회수청구 시 회수청구권을 갖는 것을 증명하는 서면을 첨부하여야 한다(대결 1973.12.22, 73마360). 회수청구권을 갖는 것을 증명하는 서면에 대한 자세한 설명은 "변제공탁" 이하 해당 공탁편에 미루고 여기서는 개략적인 것만 설명한다.

1) 민법 제489조에 따른 회수

① 민법 제489조에 따른 변제공탁물을 회수하는 경우에는 공탁서의 기재 그 자체에 의하여 회수청구권이 있음이 명백하고 회수할 수 없는 특별한 사정이 없는 한 공탁자는 공탁물을 회수할 수 있으므로 회수청구권 증명서면을 첨부할 필요가 없다. 변제공탁의 경우 공탁물 회수청구권은 변제자인 공탁자가 당연히 취득하는 권리이기 때문이다(대판 1998.10.13, 98다17046). 피공탁자는 공탁자의 회수를 저지하기 위하여 공탁을 수락한다는 뜻을 적은 서면 또는 공탁의 유효를 선고한 확정판결의 등본을 제출할 수 있으며(공탁규칙 제49조), 공탁자는 공탁으로 인하여 질권·전세권·저당권이 소멸하는 때에는 그 소멸하는 권리를 공탁서에 기재하도록 되

어 있으므로(공탁규칙 제20조 제2항 제6호), 공탁관은 민법 제489조의 회수요건 충족 여부를 공탁기록에 의하여 판단할 수 있다.

② 또한 변제공탁의 조건으로 한 반대급부는 피공탁자의 공탁물 출급청구권 행사에 제한사유가 될 뿐 공탁자가 공탁금을 회수하는 경우에는 공탁관의 지급제한사유가 될 수 없다(공탁선례 제2-333호).

③ 다만 토지수용보상금의 공탁은 토지보상법 제42조에 따라 간접적으로 강제되는 것으로서 자발적으로 이루어지는 것이 아니므로 민법 제489조의 적용이 배제되어 민법 제489조에 따른 공탁금 회수청구는 인정되지 않는다(대판 2007.3.30, 2005다11312 등 참조).

2) 착오공탁으로 인한 회수

(1) 의의

공탁이 공탁으로써 필요한 유효요건을 갖추고 있지 않아 무효이면 공탁자는 착오를 원인으로 하여 공탁물 회수를 할 수 있다. 이 경우 착오사실 증명서면을 첨부하여야 한다.

(2) 사례

착오로 공탁한 경우의 예로 다음과 같은 것을 들 수 있다. ① 甲 명의로 공탁하여야 할 것을 乙 명의로 공탁한 경우, ② 변제의 목적물이 아닌 것을 공탁한 경우, ③ 차용금 변제를 위한 변제공탁을 하였으나 애초부터 차용금 채무가 없었던 경우(대결 1995.7.20, 95마190), ④ 선행 채권양도의 효력에 대하여 다툼이 없어 채권자 불확지 변제공탁을 할 만한 사정이 없음에도 후행 채권가압류가 있어 혼합공탁을 한 경우(공탁선례 제2-307호), ⑤ 변제공탁의 관할공탁소가 아닌 곳에 공탁한 경우, ⑥ 변제공탁의 피공탁자가 될 수 없는 가압류권자를 피공탁자에 포함하여 '가압류채무자 또는 가압류채권자'를 피공탁자로 하는 상대적 불확지공탁을 한 경우(공탁선례 제201211-1호), ⑦ 법원의 담보제공명령도 없이 임의로 담보공탁을 한 경우(대결 2010.8.24, 2010마459), ⑧ 가압류해방공탁을 하였으나 공탁금액이 가압류명령에서 정한 해방금액 전부가 아니라 그 일부에 불과한 경우(대결 2013.9.13, 2013마949) 등이다.

▶ 공탁 유효요건을 갖추고 있는지의 여부는 공탁서에 기재된 공탁원인사실을 기준으로 객관적으로 판단하여야 한다(대결 1995.7.20, 95마190).

▶ 착오사실 증명서면 해당 여부는 구체적으로 각 경우에 따라 결정할 수밖에 없다. 예를 들면, 공탁이 무효인 것이 재판으로 판명되었으면 그 재판서, 채권양도를 하였음에도 불구하고 종전 채권자인 양도인을 피공탁자로 한 경우에는 그 양도통지서(공탁선례 제2-309호), 채무이행지 외에서 공탁한 경우에는 채권증서와 채권자의 주민등록표등본 등이 착오사실을 증명하는 서면이 될 것이다. 집행법원이 집행공탁금의 배당을 실시하기 전에 공탁자가 집행공탁의 원인이 없음에도 착오로 집행공탁을 한 것임을 이유로 공탁사유신고를 철회하고 집행법원이 공탁사유신고 불수리결정을 하였다면 공탁자는 공탁사유신고 불수리결정을 첨부하여 공탁금 회수청구를 할 수 있다(대결 1999.1.8, 98마363).

3) 공탁원인소멸로 인한 회수

공탁 후 공탁원인이 소멸하면 공탁자는 공탁물을 회수할 수가 있다. 이 경우 회수청구권 증명서면으로써 공탁원인소멸 증명서면을 첨부하여야 한다.

(1) 변제공탁의 경우

① 당사자 간의 협의로 채권자의 승낙에 의하여 회수하는 경우에는 채권자의 승낙서(인감증명서 첨부), 채권자가 채권을 포기한 경우에는 채권포기 증명서면(인감증명서 첨부)이 공탁원인소멸 증명서면이 될 것이다. 또한, 가집행선고부 제1심 판결의 채무액이 항소심 판결에서 일부 취소되었다면 그 차액에 대해서는 공탁원인이 소멸하였다 할 것이므로 공탁자가 회수할 수 있다(공탁선례 제2-149호).

② 수용보상금 공탁이 부적법하여 토지수용재결의 효력이 상실되었다는 판결이 확정된 경우 사업시행자는 위 확정판결을 첨부하여 공탁금 회수청구를 할 수 있다. 이때 사업시행자 명의의 소유권이전등기가 말소된 수용대상토지의 등기사항증명서를 첨부할 필요는 없다(공탁선례 제2-247호).

(2) 담보공탁의 경우

① 재판상 담보공탁의 경우에는 담보취소결정정본과 확정증명서가 공탁원인소멸 증명서면이 된다. 보전명령이 일단 발해졌다면 보전명령이 집행되지 않은 채 집행기간이 도과되거나 목적물의 부존재로 집행불능이 되었다 하더라도 집행미착수증명이나 집행불능증명은 공탁원인소멸 증명서면이 될 수 없고, 이 경우에도 담보취소결정정본과 확정증명서가 있어야 한다. 다만 보전명령신청이 각하되거나 보전명령 이전에 보전명령신청을 취하한 경우에는 각하 결정정본이나 '결정전 취하증명서'가 공탁원인소멸 증명서면이 된다.

② 법원의 담보물변경결정(민사소송법 제126조)에 의하여 새로 공탁하고 종전의 공탁물을 회수하는 경우에는 담보물변경결정정본이 공탁원인소멸 증명서면이 될 것이다. 이 경우 구 공탁의 공탁서 원본, 담보물변경결정정본 및 그 결정에 따라 새로운 공탁을 한 공탁서 사본(같은 공탁소일 경우에는 공탁물 회수청구서의 비고란에 공탁소 보관 공탁서를 원용한다는 취지를 기재하면 된다)을 첨부하면 된다.

③ 영업보증공탁은 종류에 따라 공탁원인소멸사유가 일정하지 않으나, 공탁원인소멸을 입증하는 서면은 대부분 감독관청의 승인서가 될 것이다(예 여신전문금융업법 제25조 제4항의 금융위원회 승인서). 또한 대공탁금의 회수청구권자는 감독관청의 승인은 있으나 공탁서 원본이 없다면 보증지급의 방법으로 영업보증공탁의 변형물인 대공탁금을 회수할 수 있다. 부속공탁금은 공탁원인소멸과 무관하므로 감독관청의 승인서의 첨부를 요건으로 하지는 않고 기본공탁의 법정과실이므로 원칙적으로 영업보증공탁의 회수청구권자가 청구권을 가진다(공탁선례 제2-270호).

⑶ 집행공탁의 경우

① 가압류해방공탁을 한 후 공탁자인 가압류채무자가 공탁원인의 소멸을 이유로 공탁금을 회수청 구하는 경우 가압류결정취소결정정본 및 송달증명서나 가압류신청취하증명서 또는 가압류해 제증명서 등을 공탁원인소멸 증명서면으로 첨부해야 한다.

② 민사집행법 제130조 제3항의 규정에 의하여 매각허가결정에 대한 항고 시 보증으로 공탁한 현금 또는 유가증권을 공탁자가 공탁원인의 소멸을 이유로 회수하는 경우에는 공탁서와 항고 인용의 재판이 확정되었음을 증명하는 서면 또는 해당 보증금이 배당할 금액에 포함될 필요가 없게 되었음을 증명하는 서면(집행법원의 법원사무관 등이 발급한 것에 한한다)을 첨부하여야 한다.

⑷ 몰취공탁의 경우

민사소송법 제299조 제2항에 의한 몰취공탁의 경우에는 공탁금반환결정정본을, 상업등기법 제41 조의 몰취공탁의 경우에는 상업등기규칙 제82조 제1항에 의하여 등기관이 교부한 공탁원인소멸 증명서를 첨부하여 공탁금 회수청구를 할 수 있다.

다. 공탁금 회수제한신고서가 제출된 경우

공탁금 회수제한신고서가 제출된 경우에 관하여는 후술하는 변제공탁의 회수 부분에서 자세히 설 명하기로 한다.

4. 외국 공문서 등이 제출된 경우

제출된 문서가 외국 공무원이 발행하였거나 외국 공증인이 공증한 문서의 경우 그 문서에 찍힌 도장 또는 서명의 진위 여부와 그 공무원이나 공증인의 직위를 확인하기 위하여 필요한 경우 공탁 관은 「재외공관 공증법」 제30조 제1항 본문에 따른 영사관의 확인 또는 「외국공문서에 대한 인증 의 요구를 폐지하는 협약」에서 정한 아포스티유(Apostille) 확인을 받아 제출하게 할 수 있다(행 정예규 제1084호). 즉, 공탁관은 제출된 외국 공문서의 진정성립이 의심스러우면 영사인증이나 아포스티유 서면에 의한 확인을 요구할 수 있다.

5. 첨부서면의 생략

① 같은 사람이 동시에 같은 법원에 여러 건의 공탁물 지급청구를 하는 경우에 첨부서면의 내용 이 같을 때에는 그중 1건의 청구서에 1통만을 첨부하면 된다. 이 경우에 다른 청구서에는 그 뜻을 기재하여야 한다(공탁규칙 제38조 제1항, 제22조). 다른 청구서의 비고란에 "법인등기사 항증명서는 20ㅇㅇ년 금 제ㅇㅇㅇ호 공탁물 회수청구서에 첨부한 것을 원용함"이라고 기재하 면 된다.

② 다만 전자신청에 의하여 공탁물 지급청구를 하는 경우에는 위 규정이 적용되지 아니하므로 첨 부서면을 각각 첨부하여야 한다(공탁규칙 제73조 제5항).

04 절 공탁관의 심사 및 공탁물의 지급

1. 공탁관의 심사

① 공탁물의 지급청구를 받은 공탁관은 그 지급청구서와 첨부서면에 의하여 해당 청구가 적법한 지 여부를 심사한다. 이 경우 심사범위는 지급청구서가 소정의 서식과 기재사항에 의하여 적법하게 작성되었는가, 첨부서류는 완비되었는가, 청구서와 첨부서류가 상호 부합하는가 등 형식적인 면뿐만 아니라, 청구서의 청구사유 기재와 첨부서류의 기재내용으로 보아 해당 청구자가 실체상 청구권이 있는 자인가, 반대급부조건부 변제공탁에 있어서는 그 조건이 이행되었는가, 공탁물 출급(회수)제한사유는 없는가 등 실체적인 면에도 미친다. 마지막으로 공탁소에 보관되어 있는 해당 공탁기록과 대조하여 압류·양도 여부 등의 처분이나 지급제한 또는 소멸시효 완성 여부 등을 확인한다.

② 그러나 심사방법은 공탁법규가 규정하는 청구서와 첨부서면만으로 심사하는 형식적 심사주의에 의한다. 따라서 공탁관은 청구의 기초가 되는 실체적 법률관계의 존부나 제출된 서류내용의 진부에 대한 실질심사를 할 수 없기 때문에 이를 위한 증인신문·검증 등 증거조사를 할 수 없음은 물론 새로운 자료의 제출도 요구할 수 없다.

👤 관/련/판/례

> 갑이 공탁금 수령권자인 을에게 돈을 빌리는 데 필요하다고 말하여 그로부터 받아둔 인감도장과 이 사건 공탁금 관계에 필요하다고 말하여 을이 직접 발급받아 건네어 준 공탁금 회수용 인감증명 1통을 가지고 공탁금의 출급신청을 하였고 공탁관이 정당한 수령권자인 외관을 갖는 갑에게 공탁금을 지급하였다면, 을은 비록 그 공탁금을 현실로 수령하여 이들을 본바 없다 하더라도 표현대리의 본인의 지위에서 그 공탁금을 수령한 셈이 된다 할 것이다(대판 1990.5.22, 89다카1121).

👤 관/련/선/례

> 사용자인 법인이 민사소송법 제579조 제4호(민사집행법 제246조 제1항 제4호) 소정의 압류금지채권인 근로자의 퇴직금 2분의 1 상당액을 민법 제487조의 규정에 의하여 근로자의 수령거절을 원인으로 변제공탁한 경우, 그 공탁금은 임금채권의 성질을 유지한다고 보아야 하므로 이를 집행대상으로 한 압류 및 전부명령은 비록 그 방식이 적법하더라도 그 내용은 무효라 할 것이나 형식적 심사권 밖에 없는 공탁관으로서는 그 압류 및 전부명령의 유·무효를 심사할 수는 없는 것이므로 피공탁자 또는 전부채권자가 공탁금 출급을 청구하는 어느 경우라도 그 출급을 인가할 수 없을 것이다. 그러므로 피공탁자인 근로자가 공탁금출급청구권을 행사하려면 위 전부채권자를 상대로 하여 피공탁자에게 공탁금출급청구권이 있음을 증명하는 확인판결(또는 화해조서, 조정조서 등)을 얻어 이를 공탁관에게 제출하는 방법으로 하여야 할 것이다(공탁선례 2-89).

2. 공탁관의 심사결과

1) 지급청구의 인가

① 공탁관은 심사결과 공탁물의 출급 또는 회수청구가 이유 있다고 인정할 때에는 청구서에 인가의 뜻을 적어 기명날인하고 전산등록을 한 다음 청구서 1통을 청구인에게 내주고, 공탁물보관자에게는 그 내용을 전송한다(공탁규칙 제39조 제2항). 이 경우 공탁관은 청구서 말미에 청구인으로부터 청구서 수령인을 받아야 한다(공탁규칙 제39조 제3항).

② 참고로 피공탁자가 공탁수락서를 작성하여 공탁관에게 제출하였음에도 이를 간과하고 공탁자의 민법 제489조에 의한 공탁금 회수청구를 인가한 경우, 수용보상금 중 일부에 대하여 채권압류 및 추심명령이 있음을 이유로 압류채무자를 피공탁자로 기재하여 보상금 전액을 집행공탁을 한 경우 집행공탁에 해당하는 공탁금은 배당재단이 되어 배당절차가 개시되었음에도 피공탁자인 압류채무자에게 집행공탁된 부분을 포함한 공탁금 전액에 대한 출급청구를 인가한 경우, 공탁금 회수청구권에 대하여 채권가압류결정이 공탁관에게 송달된 경우 지급제한등록을 하였어야 함에도 착오로 다른 공탁사건에 대하여 지급제한 등록을 하여 공탁관이 가압류사실을 확인하지 못한 채 공탁금 지급청구를 인가한 경우 각 공탁관의 업무상 과실이 인정된 사례가 있다.

> **관/련/선/례**
>
> 공탁금 회수청구에 대한 인가처분으로 공탁금이 이미 공탁금보관은행에서 지급된 경우에는 설령 그 인가처분이 제3자의 부정출급행위에 의한 것이라 하더라도 공탁관계는 이미 종료되어 해당 공탁관은 더 이상 어떤 처분을 할 수 없다(공탁선례 제2-91호).

2) 지급청구의 불수리

① 공탁관이 공탁물 출급·회수청구를 불수리할 경우에는 이유를 적은 결정으로 하도록 하고, 불수리사건관리부에 결정연월일과 고지연월일, 이의신청이 있는 경우에는 이의신청일 및 결과를 등록하여야 한다.

② 불수리 결정을 한 경우 공탁관은 신청인에게 불수리결정등본을 교부하거나 배달증명우편으로 송달하여야 한다.

③ 공탁관이 불수리결정을 한 때에는 불수리결정원본과 공탁서 또는 공탁물 출급·회수청구서, 그 밖의 첨부서류는 공탁기록에 철하여 보관한다. 다만 첨부서류에 대하여 신청인 등이 반환을 청구한 경우에는 공탁관은 해당 첨부서류의 복사본과 신청인 등에게 받은 영수증을 공탁기록에 철하고 첨부서류 원본을 반환한다(행정예규 제1013호 제5조).

④ 공탁관의 불수리결정에 대하여 불복하는 자는 관할법원에 이의신청을 할 수 있으며, 이 경우의 이의신청은 공탁소에 이의신청서를 제출하는 방법으로 하여야 한다(법 제12조).

3. 공탁물의 지급

① 공탁물보관자는 출급·회수의 청구가 있을 때에는 공탁관이 전송한 내용과 대조하여 청구한 공탁물과 그 이자 또는 이표를 청구인에게 지급하고 그 청구서에 수령인을 받는다. 공탁물보관자는 위와 같이 공탁물을 지급한 후에 그 지급사실을 공탁관에게 전송한다. 다만, 물품공탁의 경우 지급결과통지서에 지급한 내용을 적어 공탁관에게 보낸다(공탁규칙 제45조·제46조).

② 인가받은 공탁물 출급·회수청구서를 분실한 청구인이 공탁물을 지급받고자 하는 경우 청구인은 사실증명신청서 2통을 공탁관에게 제출하여야 하고, 청구인이 발급받은 사실증명서를 제출하여 공탁물의 출급 또는 회수를 청구하는 경우 공탁물보관자는 분실한 공탁물 지급청구서에 의하여 이미 공탁물을 지급한 때 등과 같은 특별한 사정이 없는 한 그 청구에 따라 공탁물을 지급하여야 한다.

4. 이자·이표의 지급

1) 공탁금 이자의 지급

(1) 의의

① 공탁금에는 대법원규칙이 정하는 이자를 붙일 수 있으며, 공탁금의 이자에 관하여는 "공탁금의 이자에 관한 규칙"에 정하는 바에 의하는데, 현재 공탁금의 이자는 연 1만분의 35이다(공탁금의 이자에 관한 규칙 제2조 개정 2022.9.29, 시행 2022.10.1.).

② 공탁시와 지급시 사이에 이율이 변경된 경우에는 공탁시의 이율을 지급시까지 일률적으로 적용하거나 지급시의 이율을 공탁시까지 소급하여 적용하는 것이 아니고, 공탁시부터 이율 변경 전일까지는 변경 전 이율을 적용하고 변경일부터는 변경된 이율을 적용하여 합산한다.

(2) 이자의 청구권자

① 변제공탁의 경우 공탁금에 대한 이자는 공탁자가 공탁금을 회수하는 때에는 공탁자에게, 피공탁자가 공탁금을 출급하는 때에는 피공탁자에게 귀속하는 것이 원칙이다.

② 담보공탁의 경우에는, 담보공탁의 법정과실에 대하여는 피공탁자의 담보권이 미치지 않는다는 법 제7조 단서의 취지가 공탁물이 금전인 경우에도 적용된다면, 공탁금의 이자는 공탁자에게 귀속하며, 피공탁자인 담보권자에게는 이자청구권이 없다(법 제7조 단서 참조).

③ 집행공탁의 경우에는 압류의 효력이 미치는 공탁금의 이자까지 포함하여 집행채권자에게 배당하여 지급하게 된다. 그러나 회수하는 경우에는 공탁금의 이자는 공탁자에게 귀속한다.

④ 공탁금 지급청구권에 대하여 압류 및 추심명령이 있는 때에 그 명령에 공탁금의 이자에 대한 언급이 없을 때에는 추심채권자는 압류 전의 공탁금의 이자에 대한 추심권이 없으므로, 이 경우 이자채권에 대하여 추심권을 행사하려면 별도의 압류 및 추심명령을 받아야 한다. 즉, 공탁당사자의 교체(추심명령·전부명령·양도 등)가 있는 경우에는 교체일을 기준으로 그 전일까지의 이자는 교체 전 당사자(공탁자 또는 피공탁자)에게, 그 이후부터는 교체 후 당사자(추심·전부채권자, 양수인 등)에게 각 귀속하는 것이 원칙이므로, 공탁금 지급청구권에 대하여 양

도 또는 압류 및 추심명령이나 전부명령이 있는 등의 사유로 이자의 귀속주체가 달라지는 경우에는 지급청구서에 이자에 관한 지급청구기간을 반드시 명시하여 공탁물보관자(은행)가 공탁금에 대한 이자 전액을 지급하는 경우가 발생하지 않도록 주의하여야 한다.

(3) 이자의 지급시기

공탁금의 이자는 원금과 같이 지급한다. 그러나 공탁금과 이자의 수령자가 다를 때는 원금을 지급한 후에 이자를 지급할 수 있다(공탁규칙 제52조).

(4) 이자의 지급절차

① 공탁금의 이자는 원금과 같이 지급하는 것이 원칙이기 때문에, 공탁금의 이자는 공탁금 출급·회수청구서에 의하여 공탁금보관자가 계산하여 지급한다(공탁규칙 제53조 제1항).

② 이자를 별도로 청구하려는 자는 공탁금이자청구서 2통을 공탁관에게 제출하여야 한다(공탁규칙 제53조 제2항). 이 경우에는 공탁규칙 제35조(일괄청구)와 제37조(인감증명서의 제출), 제38조(자격증명서 등의 첨부·첨부서면의 생략), 제39조(출급·회수의 절차), 제45조·제46조(공탁물보관자의 처리)를 준용한다(공탁규칙 제53조 제3항).

2) 공탁유가증권 이표의 지급

① 보증금에 대신하여 유가증권을 공탁한 경우(담보공탁)에는 공탁자는 그 이자나 배당금을 청구할 수 있다(법 제7조 단서). 여기서 "이자나 배당금을 청구할 수 있다" 함은 이자나 배당금이라는 금전의 지급을 청구할 수 있다는 의미가 아니고 법률상 본권과 독립하여 이자나 배당금의 지급청구권을 표창한 유가증권으로서의 이표의 지급을 청구할 수 있다는 의미이다.

② 또한 이표에는 담보의 효력이 미치지 않고, 이표지급청구권은 이표의 지급기 도래와 동시에 발생하기 때문에 공탁자는 언제든지 지급기가 도래한 이표의 지급을 청구할 수 있다.

③ 그러나 변제공탁에 있어서는 법 제7조 본문의 해석상 공탁유가증권의 지급 전에 그 이표만 지급을 청구할 수는 없고, 다만 공탁소에 대하여 그 이표의 지급을 받아 그것을 추심한 금전을 본래의 유가증권공탁에 부수하여 보관하여 줄 것을 청구하는 부속공탁이 허용된다.

④ 공탁유가증권의 이표를 받으려는 사람은 공탁관에게 공탁유가증권이표청구서 2통을 제출하여야 한다(공탁규칙 제54조 제1항). 이 경우에는 규칙 제35조(일괄청구)와 제37조(인감증명서의 제출), 제38조(자격증명서등의 첨부·첨부서면의 생략), 제39조(출급·회수의 절차), 제45조 및 제46조(공탁물보관자의 처리)를 준용한다(공탁규칙 제54조 제2항).

chapter 07 특별한 공탁물 지급절차

01 절 계좌입금에 의한 공탁금 출급·회수절차

1. 개설

① 공탁금 출급·회수청구인이 공탁금을 자기의 비용으로 자신의 예금계좌에 입금하여 줄 것을 신청한 경우 공탁관은 공탁금을 신고된 예금계좌에 입금하여 지급하여야 한다.

② 계좌입금에 의한 공탁금 지급절차는 특정 공탁사건에 한하여 적용되는 방식과 신청인과 관련된 해당 법원의 모든 공탁사건에 계속적으로 적용되는 포괄계좌입금 방식으로 나뉜다. 이러한 절차는 종래 시·군법원 공탁소에는 적용되지 아니하였으나, 2012.12.17. 공탁규칙 개정으로 현재는 전국 모든 공탁사건에 대하여 예금계좌로 공탁금을 지급받을 수 있게 되었다. 한편 2015.5.26.부터는 국가·지방자치단체에 한하여 전국 법원의 모든 공탁사건에 계속적으로 적용할 수 있는 전국공통 포괄계좌입금제도가 도입되었다.

2. 입금신청서 제출

1) 계좌입금 신청

① 계좌입금 신청은 특정 공탁사건에서 공탁금을 자신의 예금계좌에 입금하여 줄 것을 신청할 때 이용된다. 즉, 해당 예금계좌는 1회만 이용될 뿐이다.

② 공탁금 지급청구자가 계좌입금 신청을 하는 경우에는 행정예규가 정한 양식의 공탁금 계좌입금신청서를 공탁관에게 제출하여야 하는데, 신청인은 먼저 공탁물 보관은행을 경유하여 이자소득세 원천징수에 필요한 사항을 등록하고 공탁금계좌입금신청서 하단에 등록확인인을 받아야 하며, 입금계좌는 반드시 신청인 명의이어야 한다.

2) 포괄계좌입금 신청

① 포괄계좌입금 신청은 신청인과 관련된 해당 법원의 모든 공탁사건에 관하여 공탁금을 자신의 예금계좌에 입금하여 줄 것을 신청하는 것이다. 포괄계좌가 등록된 경우 그 신청이 해지되기 전까지는 해당 법원의 공탁사건에서 계속적으로 같은 예금계좌를 이용할 수 있다.

② 공탁금 지급청구자가 포괄계좌입금 신청을 하는 경우에는 행정예규가 정한 양식의 공탁금 포괄계좌입금 신청서를 공탁관에게 제출하여야 하고, 위 포괄계좌입금 신청을 해지하고자 하는 때에는 행정예규 양식의 해지신청서를 제출하여야 한다. 신청한 포괄계좌를 변경하고자 할 때에는 해지신청서와 포괄계좌입금 신청서를 동시에 제출하여야 한다.

3) 전국공통 포괄계좌입금 신청

① 전국공통 포괄계좌입금 신청은 일반 포괄계좌입금 신청의 범위를 확대한 것으로서 특정 법원의 공탁사건에서만 이용되는 것이 아니라, 전국 모든 법원의 공탁사건에서 이용할 수 있는 포괄계좌를 등록하는 것이다. 전국공통 포괄계좌가 등록될 경우 공탁금 지급절차가 간소화되는 이점이 있는 반면, 제도의 남용이나 혼선의 우려가 있으므로 우선 국가·지방자치단체에 한하여 적용하고, 향후 제도가 안정화되면 그 적용범위를 확대할 예정이다.

② 국가·지방자치단체가 전국공통 포괄계좌입금 신청을 하는 경우에는 행정예규가 정한 양식의 전국공통 포괄계좌입금 신청서를 공탁관에게 제출하여야 하고, 위 전국공통 포괄계좌입금 신청을 해지하고자 하는 때에는 행정예규가 정한 양식의 해지신청서를 제출하여야 한다. 신청한 전국공통 포괄계좌를 변경하고자 할 때에는 해지신청서와 전국공통 포괄계좌입금 신청서를 동시에 제출하여야 한다.

③ 전국공통 포괄계좌입금 신청은 전국 모든 공탁소에 할 수 있으나, 그 해지신청은 전국공통 포괄계좌입금 신청을 한 해당 공탁소에만 할 수 있다.

3. 공탁관의 처리 등

① 공탁관은 공탁금 출급 또는 회수청구자가 계좌입금 신청을 한 경우에는 공탁금 출급·회수청구서 1통만 제출하도록 한다.

② 계좌입금에 의해 공탁금의 출급·회수를 청구하는 자는 청구서의 비고란에 계좌입금을 신청한다는 취지와 입금계좌번호 및 실명번호를 기재하고 실명번호의 확인을 위해 주민등록번호(개인)나 사업자등록번호(법인)를 소명할 수 있는 자료를 제출하여야 한다. 단 이미 포괄계좌입금 신청을 하였을 경우에는 실명번호 확인을 위한 소명자료를 제출하지 아니할 수 있다.

③ 공탁관이 공탁금의 출급·회수청구를 인가한 경우에는 공탁물보관자에게 출급·회수 인가의 취지와 계좌입금 지시를 전송하고, 청구자에게는 해당 청구서를 교부하지 아니한다.

④ 공탁관은 계좌입금 신청인이 출급지시 전에 계좌입금 신청을 철회하거나 포괄계좌입금 신청을 해지하지 아니하는 한 포괄계좌로 등록된 계좌에 입금하는 방식으로 공탁금을 지급하여야 하고, 신청인이나 그 대리인에게 직접 현금 또는 포괄계좌로 등록하지 않은 다른 계좌로 지급하여서는 아니 된다.

⑤ 공탁관은 계좌입금 처리결과를 전산시스템으로 확인하여야 한다.

⑥ 전자신청의 방법으로 공탁금 지급청구를 한 경우에도 청구인은 본인의 예금계좌로 공탁금을 지급받는 방법을 선택하여 계좌입금의 방법으로 공탁금을 지급받을 수 있다.

4. 공탁물보관자의 처리

공탁관으로부터 계좌입금 지시를 받은 공탁물보관자는 그 처리결과를 공탁관에게 즉시 전송하여야 한다. 계좌입금 결과는 정상처리와 처리불능으로 구분하여 통보하며, 처리불능의 경우에는 그 사유를 명시하여야 한다.

02 절 신분확인에 의한 출급·회수절차

1. 의의

공탁규칙 제37조 제3항 제1호에 따라 공탁금액이 1,000만 원 이하인 경우에는 인감증명서를 첨부 하지 아니하고 신분에 관한 증명서(주민등록증·여권·운전면허증 등)에 의하여 본인확인을 한 후 공탁금을 출급·회수할 수 있게 됨에 따라, "공탁금액 1,000만 원 이하"인 경우의 구체적인 적용 기준과 공탁관의 신분확인 시 유의사항 등을 정하기 위하여 대법원 행정예규 제1308호 "신분확인에 의한 공탁금 출급·회수업무처리지침"이 마련되어 있다.

2. 공탁금액의 적용기준

공탁규칙 제37조 제3항 제1호가 적용되는 공탁금액의 범위는 다음 각 기준에 의한다.

① 출급·회수청구하는 공탁금액(유가증권의 경우 총 액면금액을 말함)이 1,000만 원 이하라 함은 원칙적으로 "공탁서에 기재되어 있는 공탁금액이 1,000만 원 이하"인 경우를 말한다.

② 공탁서상의 공탁금액이 1,000만 원 이하인 때에는 출급 또는 회수청구하는 금액이 이자를 포함하여 1,000만 원을 초과한 경우에도 적용된다.

③ 공탁서상의 공탁자 또는 피공탁자가 여러 사람인 때에는 공탁서상의 전체 공탁금액이 1,000만 원을 초과하더라도 해당 출급 또는 회수청구를 하는 공탁자 또는 피공탁자에 대한 공탁서상의 공탁금액이 1,000만 원 이하인 경우에도 적용한다.

④ 배당 등에 따라 공탁금액을 여러 사람에게 나누어 지급하는 때에는 그 지급권자의 청구금액이 1,000만 원 이하인 경우에도 적용한다.

3. 공탁관의 신분확인 시 유의사항

공탁관은 공탁규칙 제37조 제3항 제1호에 따라 공탁금액이 1,000만 원 이하에 해당되어 인감증명서를 첨부하지 아니한 공탁금 출급·회수청구를 받은 때에는, 신분에 관한 증명서의 사진, 주소, 주민등록번호 등으로 본인 또는 대리인임을 철저히 확인하여야 하고, 그 신분에 관한 증명서 사본을 해당 공탁기록에 철하여야 한다. 다만, 공탁관은 대한민국 정부민원 포털인 정부24 홈페이지(http://www.gov.kr)의 '주민등록증 진위확인' 코너를 이용해 주민등록증 위조 여부를 확인할 수 있다. 또한 도로교통공단 안전운전 통합민원(http://www.safedriving.or.kr)의 '면허증 진위여부조회' 코너를 이용해 운전면허증 진위를 확인할 수 있다.

03 절 승낙지급·보증지급

1. 승낙지급

공탁통지서를 공탁물 출급청구서에 첨부할 수 없는 경우 공탁물 출급청구자는 공탁물 출급청구에 대하여 이해관계를 갖고 있는 자의 승낙서를 첨부하여 출급청구할 수 있으며(공탁규칙 제33조 제1호 나목), 공탁서를 공탁물 회수청구서에 첨부할 수 없는 경우 공탁물 회수청구자는 공탁물 회수청구에 대한 이해관계를 갖고 있는 자의 승낙서를 첨부하여 회수청구할 수 있다(공탁규칙 제34조 제1호 나목). 이와 같이 본래 첨부하여야 할 공탁통지서 또는 공탁서 대신 이해관계인의 승낙서를 첨부하여 출급 또는 회수하는 것을 승낙지급이라고 한다. 승낙서에는 작성자인 이해관계인의 인감을 날인하고 인감증명서를 첨부하여야 한다.

2. 보증지급

① 공탁물 출급·회수청구서에 공탁규칙 제33조 제1호 또는 제34조 제1호에 규정한 서류(공탁통지서, 공탁서, 승낙서)를 제출할 수 없는 경우에 공탁관이 인정하는 두 사람 이상이 연대하여 그 사건에 관하여 손해가 생기는 때에는 이를 배상한다는 보증에 의해 공탁물을 지급하는 것을 보증지급이라고 한다(공탁규칙 제41조 제1항).

② 보증지급은 공탁통지서나 공탁서를 제출할 수 없는 경우에 하는 것이므로 공탁서상의 피공탁자의 주소가 주소증명서면(또는 인감증명서)상의 주소와 불일치하는 경우 동일인임을 입증하는 데까지 확대하여 적용할 수는 없으며(공탁선례 제2-50호), 수용보상공탁금 출급청구권을 갖는 것을 증명하는 서면인 소유권 입증서류를 보증서로 갈음할 수도 없다(공탁선례 제1-128호).

   ▶ 보증인의 자격 여부에 대하여는 구체적인 공탁사건을 심사하는 해당 공탁관이 공탁규칙 제41조 소정의 취지를 참작하여 판단하여야 한다(공탁선례 제2-94호). 실무상 보증인들에 대한 자격 심사는 보증인들 소유 부동산을 인터넷 등을 통해 확인한 시가에서 담보액을 공제한 금액이 공탁금을 초과하도록 하고 있다. 만약 그 부동산의 시가(담보액 공제)가 공탁금에 미달하는 경우에는 여러 명의 보증인을 내세우게 하는 경우도 있다.

③ 보증지급절차에 의할 때에는 그 뜻을 공탁물 출급·회수청구서에 기재하여야 하며, 공탁관이 인정하는 두 사람 이상이 연대하여 그 사건에 관하여 손해가 생기는 때에는 이를 배상한다는 자필서명한 보증서와 그 재산증명서(등기사항증명서 등) 및 신분증 사본을 첨부하여 제출하여야 한다.

④ 보증지급 청구인이 관공서인 경우에는 청구하는 공무원의 공탁물 출급·회수용도의 재직증명서를 보증서 대신 제출할 수 있고, 출급·회수청구를 변호사나 법무사(자격자대리인)가 대리하는 경우에는 보증서 대신 손해가 생기는 때에는 이를 배상한다는 내용을 기재하고 자격자대리인이 기명날인한 자격자대리인 명의의 보증서를 작성하여 제출할 수 있다(공탁규칙 제41조 제2항·제3항). 재직증명서 또는 자격자대리인 명의의 보증서를 제출하는 경우에는 재산증명서나 신분증 사본을 제출할 필요가 없다.

04 절 일괄청구·일부지급·배당 등에 의한 지급

1. 일괄청구

1) 의의

같은 사람이 여러 건의 공탁에 관하여 공탁물의 출급·회수를 청구하려는 경우 그 사유가 같은 때에는 공탁종류에 따라 하나의 청구서로 할 수 있다(공탁규칙 제35조). 이를 일괄청구라 한다.

2) 청구절차

일괄청구의 청구서는 출급·회수별, 공탁물별, 청구사유별(공탁수락, 담보권실행, 배당, 몰취 등)로 작성한다.

3) 일괄청구 승인기준

① 공탁관은 일괄청구요건을 갖추고 있는지를 구체적으로 심사하여 인가 여부를 결정한다. 일괄청구가 가능하기 위하여 청구자가 동일인이어야 하고 출급 또는 회수청구사유가 동일하여야 하며 공탁물이 동일 종류이어야 한다. 대공탁 및 부속공탁은 기본공탁에 포함시켜 1건으로 일괄출급 또는 회수할 수 있다.

② 그러나, 일부지급 또는 분할지급을 요하는 것이 있는 때, 사안이 복잡하여 즉시 처리가 곤란한 것이 있는 때, 청구이유가 없어 불수리처분을 할 것이 있는 때, 기타 일괄청구에 적합하지 않다고 인정되는 것이 있는 때에는 일괄청구를 허용하지 아니한다.

4) 청구서 및 공탁기록의 처리

① 공탁관이 일괄청구를 받은 때에는 청구서 좌측상단에 "일괄청구"라고 주서한다.

② 공탁관이 일괄청구를 인가한 때에는 각 공탁사건기록표지의 비고란에 "일괄지급"이라고 주서하고 그 아래에 해당 공탁사건번호를 기재한다.

③ 청구서 및 첨부서류는 공탁번호가 가장 빠른 공탁기록에 가철하고, 각 공탁사건기록표지의 하단 종국사유란 등 해당란을 모두 기재한 다음 각 공탁번호순으로 공탁사건기록을 첨철하여 종결 처리한다.

2. 일부지급

1) 의의

일부지급이란 1건의 공탁물 중 일부만 지급하는 것으로 다음과 같은 사례를 들 수 있다.

① 공탁물 일부에 대하여 공탁원인이 소멸하여 그 부분에 대하여 회수청구하는 경우, ② 공탁물 일부에 대하여 착오사유가 있어 그 부분에 대하여 회수청구하는 경우, ③ 공탁물 일부를 담보물 변경하기 위하여 그 부분에 대하여 회수청구하는 경우, ④ 공탁물 일부에 대하여 담보권실행으로서 그 부분에 대하여 출급청구하는 경우, ⑤ 공탁물 일부에 대하여 압류 및 전부명령이 있어 그

부분에 대하여 출급 또는 회수청구하는 경우, ⑥ 공탁물 일부에 대한 채권양도가 있어 그 부분에 대하여 양수인이 출급 또는 회수청구하는 경우, ⑦ 변제공탁금에 대한 채권자인 공유자 중의 1인이 지분에 기하여 출급청구하는 경우, ⑧ 공탁물 일부에 대하여 배당에 의한 지급위탁이 있어 그 부분에 대하여 출급 또는 회수청구하는 경우 등이다.

2) 청구절차

① 청구서는 통상의 공탁물 출급·회수청구서를 사용하되 "청구내역"란에는 실제로 청구하는 공탁물을 표시한다.

② 일부지급청구의 첨부서류도 통상의 경우와 같으나 공탁물의 일부에 대한 지급위탁에 의하여 일부지급을 청구하는 경우에는 공탁규칙 제43조에 의한다.

③ 공탁물의 일부를 지급하는 경우에는 공탁관은 청구인이 제출한 공탁서 또는 공탁통지서에 지급을 인가한 공탁물의 내역을 기재하고 기명날인한 후 청구인에게 반환하여야 한다. 이 경우에는 출급·회수청구서의 여백에 공탁통지서나 공탁서를 반환한 취지를 기재하고 수령인을 받아야 한다(공탁규칙 제42조).

3. 배당 등에 따른 지급

1) 의의

① 배당이나 그 밖의 관공서 결정에 따라 공탁물을 지급하는 것을 배당 등에 의한 지급이라고 한다.

② 이 경우 해당 관공서는 공탁관에게 지급위탁서를 보내고 지급을 받을 자에게는 그 자격에 관한 증명서를 주어야 한다(공탁규칙 제43조 제1항). 다만, 2015.3.23.부터 민사집행·비송 전자소송이 시행됨에 따라 집행법원에서 전자소송시스템을 이용하여 지급위탁하는 경우에는 지급위탁서와 자격에 관한 증명서를 전자적으로 생성하여 공탁관에게 송부한다.

③ 강제집행절차에 있어 공탁된 배당액에 대하여 배당채권자에게 공탁물수령권자임을 증명하는 증명서를 교부할 경우 집행법원은 공탁규칙 제32조에서 정하는 공탁물 출급청구서 2통을 전산출력하여 함께 교부하여야 한다(재민 2001-4).

④ 집행법원이 공탁관에게 지급위탁서를 송부하고 채권자에게 자격증명서를 교부하는 사무는 공탁관의 공탁사무가 아니라 이때 공탁관은 집행법원의 보조자로서 공탁금출급사유 등을 심리함이 없이 집행법원의 공탁금 지급위탁서에 따라 채권자에게 공탁금을 출급하게 된다(대판 2009. 7.23, 2009다39363; 2018.3.27, 2015다70822 참조).

⑤ 집행법원이 공탁된 배당액의 출급을 위하여 집행절차에 부수하여 행하는 사무로 보아야 하므로 그 사무에 관한 집행법원의 처분에 대하여 불복하려면 법 제12조에서 정한 공탁관의 처분에 대한 이의신청을 할 것이 아니라 민사집행법 제16조에서 정한 집행에 관한 이의신청을 하여야 한다(대결 1999.6.18, 99마1348 참조).

2) 청구절차 등

① 배당 등에 의한 공탁물의 지급을 받고자 하는 때에는 증명서를 첨부하여 공탁규칙 제32조에 따라 출급·회수청구를 하여야 한다(공탁규칙 제43조 제2항). 배당 등에 의한 지급을 청구하는 경우에 공탁규칙 제43조 제2항은 제33조, 제34조에 대한 특칙이므로 공탁서나 공탁통지서 또는 출급·회수청구권 증명서면은 첨부할 필요가 없다. 그러나 공탁규칙 제37조와 공탁규칙 제21조 제1항·제2항 및 제22조를 준용하는 공탁규칙 제38조 제1항은 적용되므로 인감증명서와 자격증명서(법인 아닌 사단 또는 재단인 경우에는 정관 그 밖의 규약 포함)는 첨부하여야 한다. 다만 배당이나 그 밖에 관공서의 지급위탁에 의하여 1,000만 원 이하의 공탁금을 지급받을 사람 본인이나 법정대리인 등 공탁규칙 제37조 제2항의 사람이 공탁규칙 제43조 제1항의 증명서를 첨부하여 직접 공탁물의 출급청구를 하는 경우에는 인감증명서를 제출하지 않아도 된다(공탁규칙 제37조 제3항 제1호).

② 배당이의 소송을 제기당한 채권자가 그 판결확정 후 경정된 배당표에 따라 갖게 되는 공탁금 출급청구권에 대하여 압류·전부명령을 받은 자가 전부 받은 그 공탁금 출급청구권을 행사함에 있어서도 역시 공탁규칙 제43조(배당 등에 따른 지급)가 정하는 절차에 따라야 한다(대결 2000.3.2, 99마6289).

05 절 장기미제 공탁사건 등의 공탁금 지급절차 특례

1) 목적

장기미제 공탁사건, 고액공탁사건, 이자만 남아 있는 공탁사건, 토지수용보상금을 절대적 불확지 공탁한 경우 공탁 당시 공탁금이 1천만 원 이상이고 공탁일로부터 만 3년이 경과한 공탁사건(이하 "장기미제 공탁사건 등"이라 한다)의 공탁금 부실 지급을 방지하기 위하여 대법원 행정예규로 별도의 특례규정을 두었다.

2) 용어의 정의 및 적용범위

① "장기미제 공탁사건"이라 함은 공탁 후 5년이 지나도록 출급 또는 회수청구가 없는 금전공탁사건(유가증권 및 물품은 제외)을 말한다. 즉 직전 연도 말 기준 만 5년 이전에 수리된 금전공탁사건, 예컨대 2020년에 출급 또는 회수청구가 있는 경우 2014.12.31. 이전에 수리된 금전공탁사건을 말한다. 또한, 분할지급이나 일부지급이 있더라도 남은 공탁금에 대한 출급 또는 회수 청구가 공탁 후 5년이 지난 경우도 포함된다.

② "고액공탁사건"이라 함은 공탁금이 10억 원 이상인 금전공탁사건을 말하고, "이자만 남아 있는 공탁사건"이라 함은 공탁금 이자의 귀속주체가 달라지는 등의 원인으로 공탁 원금 전액이 지급된 채 이자만 남아 있는 공탁사건(공탁유가증권의 이표는 제외함)을 말한다.

③ "토지수용보상금을 절대적 불확지공탁한 경우, 공탁 당시 공탁금이 1천만 원 이상이고 공탁일로부터 만 3년이 경과한 공탁사건"도 본 특례규정이 적용된다.

3) 공탁관의 철저한 확인

공탁관이 "장기미제 공탁사건 등"에 대한 출급 또는 회수청구를 받은 때에는 공탁기록, 출급·회수청구서 또는 이자청구서, 본인 또는 대리인의 신분에 관한 증명서(주민등록증, 여권, 운전면허증 등)상의 사진, 주소, 주민등록번호 등에 의하여 정당한 본인 또는 대리인인지 여부를 철저히 확인하고, 그 증명서의 사본을 해당 공탁기록에 편철하여야 한다. 다만 본인 또는 대리인의 신분에 관한 증명서가 이동통신단말장치에 암호화된 형태로 설치되는 등 사본화가 적합하지 않은 경우에는 신분확인서(공탁사무 문서양식에 관한 예규 별지 제20호 양식)를 해당 공탁기록에 철하여야 한다.

4) 공탁관의 지급인가 전 결재

공탁관은 ① 장기미제 공탁사건 중 공탁 당시 공탁금이 1천만 원 이상인 공탁사건(규칙 제43조에 따라 지급하는 경우는 제외한다), ② 고액공탁사건(지급청구금액이 10억 원 이상인 경우에 한한다), ③ 토지수용보상금에 관한 절대적 불확지 공탁사건 중 공탁 당시 공탁금이 1천만 원 이상이고 공탁일로부터 만 3년이 경과한 사건에 대하여 출급·회수청구서를 접수한 경우, 이를 인가하기 전에 청구서의 여백에 결재란을 만들어 소속과장(시·군법원의 경우 시·군법원 판사)의 결재를 받아야 하고, 소속과장의 부재 시에는 사무국장의 결재를, 소속과장과 사무국장의 부재 시에는 법원장 또는 지원장의 결재를 받아야 한다. 다만, 법원서기관이 공탁관 또는 대리공탁관으로 공탁사무를 처리하는 경우와 공탁관의 불수리결정에 대한 이의신청에 대하여 법 제14조 제1항에 따라 공탁금을 지급하는 경우는 제외한다.

5) 공탁관의 지급인가 후 결재

공탁관은 일계표 결재 시 지급인가 전에 결재한 공탁사건을 포함한 "장기미제 공탁사건 등"(절대적 불확지 공탁사건 제외)에 대하여 "장기미제 공탁사건 등 지급내역"을 공탁전산시스템으로 출력한 후, 출급·회수청구서 또는 이자청구서와 제출된 인감증명서, 위임장의 사본을 첨부하여 결재를 받고 이를 일계표와 함께 보관한다.

6) 열람 및 사실증명 청구 시 유의사항

공탁관은 "장기미제 공탁사건 등"의 열람 및 사실증명의 청구가 있는 경우에는 해당 공탁에 관하여 직접 법률상 이해관계인에 해당하는지 여부를 본인 또는 대리인의 신분에 관한 증명서 등에 의하여 철저히 확인하여야 한다.

7) 완결된 공탁기록의 철저한 보관·관리

공탁관은 "장기미제 공탁사건 등"의 지급으로 인하여 완결된 공탁기록이 멸실되거나, 훼손, 일부 서류의 누락 등이 없도록 공탁기록을 철저히 보관·관리하여야 한다.

공탁관의 처분에 대한 불복

1. 불복방법

공탁관의 처분에 대하여 불복이 있는 때에는 공탁법 소정의 이의신청을 할 수 있다(법 제12조). 이러한 절차를 거침이 없이 곧바로 국가를 상대로 민사소송으로 공탁금 지급청구를 함은 허용되지 않는다(대판 1992.7.28, 92다13011).

2. 불복대상

① 이의신청의 대상이 되는 공탁관의 처분이란 공탁신청이나 공탁물 지급청구권에 대한 공탁관의 불수리처분만을 의미하고 공탁관의 수리, 인가처분은 그 대상에 포함되지 않는다(공탁선례 제201112-1호).

② 공탁관이 불수리할 수 있는 대상이 되는 것은 구체적인 명문의 규정은 없으나, 공탁신청이나 출급·회수청구 이외에도 대공탁·부속공탁신청, 공탁서 정정신청, 열람 및 사실증명신청 등 부수처분도 불수리의 대상이 된다고 해석된다.

👤 관/련/선/례

1. 공탁관의 처분에 대하여 불복할 수 있는 자는 공탁당사자(공탁자, 피공탁자) 및 권리승계인이다.
2. 공탁관의 처분에는 "수리, 인가, 불수리" 등이 있으며, 이의신청의 대상이 되는 공탁관의 처분이란 공탁신청이나 공탁물 지급청구권에 대한 공탁관의 "불수리" 처분만을 의미하고, 공탁관의 "수리, 인가" 처분은 그 대상에 포함되지 않는다(공탁선례 제201112-1호).

3. 이의신청서의 제출

① 공탁관의 처분에 대하여 불복이 있는 자는 관할 지방법원공탁소에 이의신청서를 제출하는 방법으로 하여야 한다(법 제12조).

② 지방법원 본원 및 본원 소속 시·군 법원 공탁관의 처분에 대하여는 지방법원 본원이 관할법원이 되고, 지방법원 지원 및 지원 소속 시·군 법원 공탁관의 처분에 대하여 지방법원 지원이 관할법원이 된다.

③ 전자신청사건에서 공탁관의 처분에 대하여 불복이 있는 자는 전자공탁시스템을 이용하여 이의신청을 할 수 있다. 이 경우 공탁관은 그 이의신청서가 규칙 제73조 제1항에서 정한 방식으로 작성되었는지, 이의신청인의 전자서명이 이루어진 것인지를 심사하여야 한다.

4. 이의신청기간

① 이의신청기간에 관하여는 따로 정한 바 없으므로 실익이 있는 한 언제든지 이를 할 수 있다.

② 공탁사무의 처리와 관련한 공탁공무원의 처분에 대한 이의에 있어서는 즉시항고와 같은 신청 기간의 제한은 없으나, 이의의 이익이 있고 또한 존속하고 있는 동안에 신청하여야 하므로, 공탁공무원의 처분에 대한 이의에 의하여 그 처분의 취소 등 상당한 처분을 명하여 줄 것을 구하는 경우, 공탁공무원이 해당 공탁사무와 관련하여 더 이상 어떠한 처분을 할 수 없게 된 경우에는 이미 그 이의의 이익이 없어 이의신청을 할 수 없다.

👤 관/련/판/례

> 공탁금 회수청구권에 대한 압류·전부채권자가 공탁공무원에게 전부금액에 해당하는 공탁금 회수청구를 하였으나 공탁공무원이 선행하는 가압류가 존재한다는 이유로 이를 불수리하고 민사소송법 제581조, 공탁사무처리규칙 제52조에 따라 압류의 경합을 이유로 사유신고를 한 경우, 특단의 사정이 없는 한 집행법원은 배당절차를 개시하게 되고, 그 이후에는 공탁공무원으로서는 집행법원의 배당절차에 따라 공탁금을 각 채권자들에게 분할 지급할 수 있을 뿐 해당 공탁사건에 관하여 더 이상 어떠한 처분을 할 지위에 있지 않게 되는 것이므로 이 경우 공탁공무원의 처분에 대한 이의신청은 그 이익이 없어 부적법하게 된다 (대결 2001.6.5. 2000마2605).

5. 공탁관의 조치

1) 이유 있는 경우

공탁관은 이의신청이 이유 있다고 인정하면 신청의 취지에 따르는 처분을 하고 그 내용을 이의신청인에게 알려야 한다.

2) 이유 없는 경우

공탁관은 이의신청이 이유 없다고 인정하면 이의신청서를 받은 날부터 5일 이내에 이의신청서에 의견을 첨부하여 관할 지방법원에 송부하여야 한다. 실무상으로는 공탁기록 사본을 함께 송부하고 있다.

6. 이의신청에 대한 재판

① 공탁관의 의견서가 첨부된 이의신청서가 관할법원에 송부되면 법원은 서면에 의하여 심리하고 필요한 경우에는 이의신청인이나 이해관계인을 심문할 수 있다.

② 관할 지방법원의 재판은 이의신청에 대하여 이유를 붙인 결정으로써 하며, 공탁관과 이의신청인에게 결정문을 송부하여야 한다. 이 경우 이의가 이유 있다고 인정하면 공탁관에게 상당한 처분을 할 것을 명하여야 한다(법 제14조 제1항).

③ 공탁관의 불수리처분이 부당한 것인가의 여부는 공탁관의 형식적 심사권을 전제로 하여 불수리처분을 한 시점을 기준으로 판단하여야 한다. 따라서 공탁관이 처분을 할 때에 제출된 신청서류 등의 증거방법을 가지고 공탁관이 가지는 심사권한의 범위 안에서 처분이 제대로 이루진 것인지를 판단하여야 하며 사후의 자료나 주장은 고려할 사항이 아니다.

④ 형식적 심사권밖에 없는 공탁관으로서는 그 전부명령의 유·무효를 심사할 수는 없는 것이므로 공탁물 회수청구채권이 이미 압류 및 전부되었다는 이유로 이 사건 공탁금 회수청구를 불수리한 공탁공무원의 처분은 정당하고, 공탁물 회수청구채권에 대한 실질적 권리관계의 확정은 관계당사자 간의 문제로서 별도로 해결되어야 할 것이다. 이러한 이치는 위 공탁관의 처분에 대하여 불복항고한 경우에 법원이 위 처분의 당부를 판단하는 경우에도 다를 바 없다(대결 1983. 3.25, 82마733).

7. 항고 및 재항고

① 이의신청에 대한 재판에 대하여는 비송사건절차법에 의하여 항고할 수 있다. 항고의 제기는 항고장을 원심법원에 제출함으로써 하고, 원심법원이 항고에 정당한 이유가 있다고 인정하는 때에는 그 재판을 경정하여야 한다(민사소송법 제446조).

② 항고법원의 재판에는 이유를 붙여야 한다(비송사건절차법 제22조).

③ 항고법원의 결정에 대하여는 재판에 영향을 미친 헌법, 법률, 명령 또는 규칙의 위반을 이유로 드는 때에만 대법원에 재항고할 수 있다(민사소송법 제442조).

1. 공탁근거법령

공탁근거법령이란 공탁의 권리 또는 의무를 규정하고 있는 법령을 말하며 공탁근거법령의 조항은 공탁서의 필수적 기재사항이다.

2. 공탁절차법령

1) 공탁법

공탁법은 법령의 규정에 의하여 행하는 공탁의 절차 및 공탁물을 효율적으로 관리·운용하기 위한 사항을 정함을 목적으로 하여 제정된 절차법으로, 다른 법률에 공탁절차에 관한 특별규정이 없는 경우에 원칙적으로 적용되는 일반법이고, 공익상의 목적을 위하여 제정되어 당사자의 의사에 의하여 좌우될 수 없는 강행법이며, 국가와 개인과의 관계를 규율하는 공법이다.

2) 공탁규칙

공탁규칙은 공탁법의 시행세칙으로서 구체적인 공탁절차를 총망라하여 규정하고 있으며, 공탁절차와 관련하여 이 규칙에서 정하고 있지 아니한 사항은 대법원 예규로 정할 수 있도록 하였다(공탁규칙 제64조의2).

3) 공탁금의 이자에 관한 규칙

공탁금의 이자에 관한 규칙은 공탁법의 시행세칙으로서 공탁금의 이자에 관하여 규정하고 있다. 현재 공탁금의 이자는 연 1만분의 35로 한다.

4) 공탁절차에 관한 특별규정

공탁근거법령 중에는 공탁의 요건뿐만 아니라 특별히 공탁절차에 관하여 규정하고 있는 예가 다수 있는데, 이러한 공탁절차에 관한 특별규정의 대표적인 것으로는 민법 제488조 제2항, 비송사건절차법 제53조와 제54조 등을 들 수 있다.

공탁관계서류의 열람 및 사실증명

1. 의의

① 당사자 및 이해관계인은 공탁관에게 공탁관계서류의 열람 및 사실증명을 청구할 수 있다. 공탁은 등기와 달리 공시를 위한 제도는 아니지만 공탁당사자나 이해관계인은 공탁에 관한 서류를 열람하여 그 권리상태를 알아볼 필요가 있을 수 있고, 공탁에 관한 사항의 증명서를 발급받아 재판 등 입증자료로 제출할 필요도 있을 것이다.

② 공탁관계서류의 등사에 관하여는 법령의 근거가 없으므로 그 등·초본이나 인증된 사본을 교부할 수 없으나, 이해관계가 있는 자의 사본교부의 청구가 있으면 공탁규칙 제59조에 의한 열람청구의 연장으로 보아 공탁관의 인증이 없는 단순한 사본은 교부할 수 있다.

③ 사실증명의 종류로는 공탁사실증명, 공탁물 지급사실증명, 공탁물의 출급 또는 회수의 인가가 있었다는 사실증명, 미지급사실증명 등이 있다.

2. 청구할 수 있는 자

① 공탁관계서류의 열람 및 사실증명의 교부청구를 할 수 있는 자는 해당 공탁에 관하여 직접 법률상 이해관계를 가지는 자이어야 한다. 즉, 공탁당사자(공탁자, 피공탁자) 및 상속인 등 일반승계인, 양수인, 질권자, 가압류·압류채권자, 체납처분권자 등 공탁기록에 나타난 이해관계인이어야 한다.

② 민사재판 기록의 열람·복사는 이해관계를 소명한 제3자도 가능하지만(재일 2012-3), 공탁은 반드시 공탁기록에 나타난 공탁당사자 또는 법률상 이해관계인이어야 열람이 가능함에 주의하여야 한다. 따라서 공탁자 또는 피공탁자의 공탁금 지급청구권에 대하여 압류하려는 자는 이해관계인에 포함되지 않는다. 또한 공탁의 일방 당사자인 피공탁자로부터 공탁에 관한 권리를 양수한 것이 아니고 본안소송에서 피고의 소송상의 권리만을 양수한 자는 위 규칙에서 규정하는 이해관계인에 해당하지 않고, 수용대상 부동산의 가등기권자는 토지보상법에 따라 공탁된 보상금에 대하여 따로 그 권리를 주장하는 처분금지가처분 또는 가압류 등의 조치를 취하지 않는 이상 이해관계인이라 할 수 없다(공탁선례 제2-155호 참조).

3. 대상서류

열람의 대상이 되는 서류는 공탁관계서류이다(공탁규칙 제59조 제1항). 공탁관계서류라 함은 공탁서와 그 첨부서류, 공탁물 지급청구서와 첨부서류, 가압류·가처분·압류·양도 등에 관한 서류, 공탁금납입통지서, 공탁물 지급결과통지서 등 공탁기록상의 서류를 의미한다. 따라서 공탁관계장부 등은 공탁관계서류가 아니다.

4. 신청절차

1) 방문신청

① 위 청구를 하는 자는 열람신청서나 사실증명서를 제출하여야 한다. 사실증명신청의 경우에는 증명을 받고자 하는 신청서 수에 1통을 더 첨부하여 제출하여야 한다. 이해관계인 여부는 공탁기록상 인정되는 것이므로 별도의 이해관계인임을 증명하는 서면은 필요하지 않다.

② 본인(공탁당사자나 이해관계인)이 직접 청구하는 경우에는 신분증에 의해 본인임을 확인할 수 있으므로 인감증명서를 첨부할 필요가 없다. 위임에 따른 대리인이 청구하는 경우에는 대리인의 권한을 증명하는 서면에 인감도장을 찍고 인감증명서의 첨부가 필요하나, 자격자대리인 본인이 직접 열람 및 사실증명을 청구하는 경우에는 대리인의 권한을 증명하는 서면에 인감도장을 찍을 필요 없고, 인감증명서를 첨부하지 않아도 된다.

③ 공탁에 관한 사실증명서는 민원우편제도를 이용하여 신청할 수 있는데, 공탁관은 사실증명서를 작성한 다음 민원우편회송용 봉투를 사용하여 민원인에게 우송하고 민원신청서는 기록에 철한다.

2) 전자신청

① 공탁당사자 및 이해관계인은 전자공탁시스템을 이용하여 전자문서로 제출된 공탁관계서류에 대한 열람청구, 전자공탁시스템으로 처리한 공탁사무에 대한 사실증명을 청구할 수 있다.

② 전자공탁시스템을 이용한 전자기록의 열람은 공탁관이 열람을 승인한 날부터 1주일 이내에 할 수 있다. 공탁관은 열람을 승인하거나 사실증명서를 발급하는 경우 그 뜻을 전산시스템에 등록하여야 한다.

5. 열람절차 및 증명절차

① 공탁관계서류의 열람신청 등이 있는 경우 공탁관계서류가 공탁소 밖에 반출되지 않아야 하고, 공탁관계서류의 오손 등을 막기 위하여 공탁담당직원의 감독하에 열람이 이루어져야 한다. 전산정보처리조직을 이용하여 열람하게 하거나 증명서를 발급해 줄 수 있다.

② 열람신청내역 및 사실증명열람을 완료한 후에는 열람신청서를 공탁기록에 편철한다. 재판기록의 열람·복사신청서를 소송기록에 편철하지 않고 별도로 신청서철에 철하여 두는 것과는 다르다.

③ 시효기간 중에 열람을 허용하거나 공탁사실 증명서를 교부한 경우에는 소멸시효가 중단되므로, 그 사실을 전산시스템에 입력하고 공탁기록표지 비고란에 그 취지를 기재하여야 한다.

6. 범죄수사·세무공무원의 열람청구 및 법원의 문서송부촉탁

① 검찰이나 경찰 등 수사기관으로부터 서면으로 범죄수사상 필요하다 하여 특정 공탁관계서류의 열람청구가 있는 경우에는 이를 허용하여도 무방하다.

② 세무공무원은 체납처분을 집행함에 있어서 압류재산 소재 또는 수량을 알고자 할 때에는 체납자와 채권채무관계가 있는 자에 대하여 장부나 서류 기타 물건을 검사할 수 있으므로, 세무공무원이 업무상 공탁관계서류의 열람을 청구해 오는 경우에는 그 대상서류가 특정되어 있는 한 열람을 허용하여도 무방하다.

③ 지급이 완결되지 않은 공탁에 관한 서류는 천재지변 등 긴급한 상황에서 서류의 보존을 위하여 필요한 경우가 아니면 사무실 밖으로 옮기지 못하므로, 민사소송과 관련하여 법원으로부터 공탁관계서류의 송부촉탁이 있는 경우에 미완결 공탁사건에 있어서는 송부촉탁에 응할 수 없으나, 완결공탁사건에 있어서는 사무처리상 지장이 없는 한 송부촉탁에 응하여도 무방하다.

PART

02

각론

변제공탁

01 절 의의

① 변제공탁이란 연혁상 최초로 시작된 공탁으로서 채무의 목적물을 공탁함으로써 채무를 면할 수 있도록 하는 제도이다. 변제공탁은 금전 그 밖의 재산의 급부를 목적으로 하는 채무를 부담하는 채무자가 채권자 측에 존재하는 일정한 사유(채권자의 수령거절, 수령불능)로 인하여 변제를 할 수 없거나 채무자의 과실 없이 채권자가 누구인지를 알 수 없어 변제를 할 수 없는 사정이 있는 경우에 이용된다.

② 채무자가 적법한 변제의 제공을 하였음에도 불구하고 채권자가 수령을 거절하거나 수령할 수 없는 때에는 채무자는 채무불이행의 책임을 벗어나고 채권자는 수령지체의 책임을 진다(민법 제400조). 그러나 변제의 제공에 의하여 채무자는 비록 책임이 경감되더라도 채무 자체는 소멸되지 않고 담보권 등도 소멸되지 않으며, 채무자가 채권자에 대하여 동시이행채권을 갖고 있는 경우에는 그 이행청구도 쉽게 할 수 없는 불이익을 받으므로 그러한 불공평을 해소하고 성실한 채무자를 보호하기 위하여 인정된 것이 바로 변제공탁제도이다.

③ 변제공탁의 일반적 근거 법규는 민법 제487조이나, 민법의 다른 조문이나 다른 법률에서 규정하고 있는 특별한 변제공탁도 다수 있다. 또한, 변제공탁에 관한 공탁근거법규인 민법 제487조는 사법관계뿐만 아니라 공법관계에 있어서도 원칙적으로 유추적용되는 일반법적인 성질을 갖는다.

④ 형사사건의 경우 민사와 달리 피공탁자가 범죄피해자라는 특성상 공탁자가 피공탁자의 인적사항을 확인하기 어려워 공탁절차상 여러 문제가 발생하고 있었는데, 2020.12.8. 법률 제17567호로 공탁법을 개정하여 형사공탁의 특례 제도를 도입하였다(공탁법 제5조의2).

02 절 변제공탁의 신청

1. 관할공탁소

가. 원칙

① 민법 제488조 제1항의 규정에 의하면 변제공탁은 채무이행지의 공탁소에 하여야 한다. 이 규정은 다른 법률의 규정에 의한 변제공탁에 대하여도 특별한 규정이 없는 한 원칙적으로 유추적용된다. 공탁사무는 지방법원 또는 지방법원 지원이나 시·군법원의 공탁관이 담당하므로,

결국 채무이행지의 공탁소라 함은 각급법원의 설치와 관할구역에 관한 법률에 의한 채무이행지 관할법원 소재 공탁소를 의미한다. 다만, 시·군법원의 공탁관은 변제공탁의 경우 해당 시·군법원에 계속 중이거나 시·군법원에서 처리한 '소액사건심판법'의 적용을 받는 민사사건과 화해·독촉 및 조정사건에 대한 채무의 이행으로서 하는 경우에만 관할한다.

② 채무이행지라 함은 채무가 현실적으로 행하여져야 할 장소를 말하는 것으로 1차적으로는 당사자의 의사표시 또는 채무의 성질에 의해 정해지나, 법률에서 채무이행지에 관해 특별히 규정하고 있는 경우에는 그 법률의 규정에서 정한 장소가 채무이행지이다. 따라서 매매목적물의 인도와 동시에 매매대금을 지급할 경우 그 매매대금의 채무이행지는 목적물의 인도장소이고, 임치물반환의 채무이행지는 그 임치물의 보관장소이다.

③ 또한 민법은 위 기준에 의해 채무이행지를 정할 수 없는 경우를 위하여 보충적인 규정을 두어 특정물인도채무는 채권이 성립하였을 당시에 그 물건이 있었던 장소를 채무이행지로 보고, 특정물인도 이외의 채무는 지참채무, 즉 채권자의 현주소(영업에 관한 채무는 채권자의 현영업소)를 채무이행지로 보고 있다. 다만, 채권자의 현주소지를 알 수 없는 경우에는 거소지, 거소지도 모를 경우에는 최후주소지가 채무이행지가 될 것이다.

④ 한편 형사사건의 피고인(피의자 아님)이 법령 등에 따라 피해자의 인적사항을 알 수 없는 경우에 그 피해자를 위하여 하는 변제공탁(이하 '형사공탁')은 해당 형사사건이 계속 중인 법원 소재지의 공탁소에 할 수 있다(개정 공탁법 제5조의2 제1항). 그리고 형사공탁의 특례 제도는 공소가 제기된 피고인에 대해서만 적용되고 수사단계에 있는 피의자에 대해서는 적용되지 않는다.

나. 구체적 사례

1) 채권자가 다수이거나 상대적 불확지 변제공탁의 경우

① 동일 채무에 대하여 채권자가 2인 이상일 경우에 그 채권이 가분채권이면 각 채권자별로 그 채무이행지 소재 공탁소에 공탁함이 원칙이다. 예컨대, 채권자의 사망으로 수인의 상속인에게 법정상속비율로 변제공탁하는 것은 그 채권의 성질이 가분채권이므로 채권자인 상속인들의 주소지가 다를 때에는 특약이 없는 한 각 채권자의 주소를 관할하는 공탁소에 상속인별로 나누어서 공탁하여야 하고, 교통사고 등 불법행위로 인하여 다수인 피해자가 손해를 입어 그 손해배상금 등을 공탁하는 경우에도 이와 같다. 그러나 상속인들 및 피해자의 주소가 같은 공탁소 관할이라면 1건의 공탁사건으로 신청할 수 있고, 이 경우 각 채권자별 공탁금액은 공탁서상의 공탁원인사실란 등에 기재한다.

② 공탁의 목적이 되는 채권이 불가분채권이라면 수인의 채권자 중 1인의 채무이행지 소재 공탁소에 공탁할 수 있다.

③ 상대적 불확지 변제공탁의 경우에도 피공탁자들의 주소가 서로 달라 채무이행지가 달라지는 경우에는 피공탁자들 중 1인의 채무이행지 소재 공탁소에 공탁할 수 있다.

2) 외국인 등 공탁사건의 특례

국내에 주소나 거소가 없는 외국인이나 재외국민을 위한 변제공탁은 지참채무의 경우에 다른 법령의 규정이나 당사자의 특약이 없는 한 서울중앙지방법원의 공탁관에게 할 수 있다.

다. 관할위반 공탁의 효력

① 변제공탁은 채무의 내용에 따른 것이어야 하므로 토지관할 없는 공탁소에 한 변제공탁은 설사 수리되었더라도 원칙적으로 무효이고, 따라서 공탁자는 착오에 의한 공탁으로 회수할 수 있으며, 다시 관할공탁소에 변제공탁하여야 할 것이다.

② 그러나 변제공탁의 토지관할은 피공탁자(채권자)의 이익을 위한 것이므로 관할위반의 공탁이 절대적으로 무효인 것은 아니고, 피공탁자가 공탁을 수락하거나 공탁물의 출급을 받은 때에는 그 흠결이 치유되어 그 공탁은 처음부터 유효한 공탁이 된다.

라. 관할공탁소 이외의 공탁소에서의 공탁사건처리지침

1) 목적

공탁당사자의 생활근거지가 관할공탁소와 멀리 떨어져 있는 경우 직접 관할공탁소에 가서 공탁업무를 처리하는 데에 따른 불편을 덜어주기 위해, 관할공탁소 이외의 공탁소에서 금전변제공탁신청 및 공탁금지급청구에 관련된 공탁업무를 처리함에 필요한 특칙으로 "관할공탁소 이외의 공탁소에서의 공탁사건처리지침(행정예규 제1167호)"이 마련되어 있다.

2) 적용범위

① 위 지침은 공탁신청의 경우는 금전변제공탁을 하는 경우에 한하여 적용하고, 공탁금 지급청구의 경우에는 공탁의 종류를 불문하고 모든 금전공탁(유가증권·물품 제외)에 적용하되 공탁규칙 제37조 제3항 각 호(인감증명서의 제출의 예외) 및 법인의 위임을 받은 대리인이 1,000만원 이하의 공탁금 지급청구를 하는 경우에 한하여 적용한다.

② 또한, 위 지침은 접수공탁소 및 관할공탁소가 모두 지방법원 본원 또는 지원인 경우에 한하여 (시·군법원 제외) 적용한다.

③ 그러나 접수공탁소와 관할공탁소가 같은 특별시 또는 광역시에 소재한 경우 및 토지수용·사용과 관련한 보상금공탁신청의 경우에는 위 예규가 적용되지 아니한다.

3) 접수공탁소에서의 공탁신청 또는 공탁금지급청구

① 종전에는 공탁자의 주소지를 관할하는 공탁소, 또는 형사사건이 계류되어 있는 경찰서·검찰청(지청)·법원(지원) 소재지를 관할하는 공탁소에 한하여 관할공탁소 이외의 공탁소에 공탁신청을 할 수 있었으나, 이제는 이러한 제한을 받지 않게 되었다.

② 공탁자와 공탁금지급청구인은 공탁서 등(공탁서 1부와 첨부서류)나 청구서 등(공탁금 출급·회수청구서 1부와 첨부서류)을 제출하면서 우표를 붙인 봉투(원본서류를 관할공탁소에 등기속달 우편으로 송부하기 위함)를 함께 제출하여야 하고, 지연처리로 인해 공탁서나 불수리결정서 등을 배달증명 우편으로 송부받기 위한 경우에는 추가로 우표를 붙인 봉투를 제출하여야 한다.

4) 공탁처리절차

(1) 접수공탁소의 처리

① 공탁서 등의 접수

접수공탁소의 공탁관은 공탁서 또는 청구서의 기재사항과 첨부서류를 통해 형식적인 사항을 조사한 후(흠결이 있으면 이를 보정하게 하고, 보정을 거부하는 경우에는 그러한 사정을 메모 등을 통해 관할공탁소에 알림), 공탁서 또는 청구서에 접수공탁소의 접수인을 찍고 '관할공탁소로 송부한 공탁사건 접수부(공탁신청)' 또는 '관할공탁소로 송부한 공탁사건 접수부(공탁금지급)'에 등재한다.

② 공탁서 등의 전송 및 통지

접수공탁소의 공탁관은 접수인이 찍힌 공탁서 또는 청구서 등을 스캔하여 관할공탁소에 전송하고, 전화 등으로 이 사실을 관할공탁소에 통지한다. 관할공탁소로부터 불수리결정등본이 전송된 경우에는 이를 출력하여 공탁당사자에게 직접 교부하거나 제출받은 우편봉투에 넣어 발송한다.

③ 공탁금의 납입 및 납입증명

관할공탁소로부터 공탁수리의 취지를 기재한 공탁서를 전송받으면 이를 출력하여 그 공탁서 상단 여백에 "대법원 행정예규 제○○호에 의함"이라는 주인을 한 후, 공탁시스템에서 출력한 공탁금 계좌납입 안내문과 함께 공탁자에게 교부하여 납입기한 내 안내문에 기재된 가상계좌로 공탁금을 납입하도록 하고(※ 관할공탁소 이외의 공탁소에서 공탁을 신청하는 경우, 가상계좌입금에 의한 공탁금 납입을 원칙으로 함), 납입영수증을 가지고 오거나 시스템상 납입사실이 확인되면 공탁서 하단 납입증명란에 기명날인 후 공탁자에게 교부한다.

④ 공탁금회수제한신고서 접수증명

공탁금을 납입한 공탁자가 변제공탁자가 회수청구권의 행사에 조건을 붙이는 경우의 처리지침에 따라 공탁금회수제한신고서를 제출하여 접수증명을 요구하면, 관할공탁소로부터 전송된 공탁금회수제한신고서를 출력하여 하단에 증명문구란의 내용을 기재하고 기명날인한 후 그 밑에 "대법원 행정예규 제○○호에 의함"이라는 주인을 하여 공탁자에게 교부한다.

⑤ 공탁서 또는 청구서 등 원본 송부

공탁서 등의 원본은 관할공탁소로부터 수리 또는 불수리결정을 받은 다음 날까지 관할공탁소에 등기속달 우편으로 송부한다.

(2) 접수공탁소와 관할공탁소 간의 서류전송방법

접수공탁소와 관할공탁소 간의 서류전송방법은 스캐너를 이용하여 스캔한 후 공탁시스템을 이용하여 전송을 하는 것을 원칙으로 하고, 스캔을 할 수 없는 특이한 경우(스캐너 "고장" 등)에 한하여 팩스를 이용할 수 있다.

(3) 관할공탁소의 처리

① 접수공탁소로부터 공탁서 또는 청구서 등이 전송되어 오면 이를 일반사건과 같이 접수하되 기록표지에 "접수공탁소로부터 송부된 사건"이라고 표시하고, 지체 없이 조사하여 그 수리 및 인가여부를 결정한다.

② 서류에 보정할 사항이 있으면 전화 등으로 접수공탁소 또는 공탁자(공탁금지급청구인)에게 연락을 취해 보정하도록 한 후 처리하고, 공탁규칙 제48조에 따라 불수리결정을 하는 경우에 불수리결정등본을 접수공탁소로 전송하여 공탁자(공탁금지급청구인)에게 교부하도록 하고, 영수증을 전송받아 해당기록에 철한다.

③ 공탁수리결정을 하는 경우에는 공탁금보관은행에 가상계좌번호 부여를 요청하여 번호를 전송받은 후, 공탁수리의 취지를 기재한 공탁서를 접수공탁소로 전송한다. 이때 접수공탁소로부터 공탁금회수제한신고서가 전송된 경우에는 출력하여 관할공탁소의 접수인을 찍은 후 접수공탁소로 전송한다. 공탁금지급인가결정을 하는 경우에는 관할공탁소 공탁금보관은행에 인가의 취지와 계좌입금 지시를 전송하고, 공탁금 계좌지급 처리결과를 확인한 후 인가취지가 기재된 공탁금 출급·회수청구서 하단의 청구서 수령란에 계좌입금지급필 고무인을 주인하고, 접수공탁소에 공탁금지급이 완료되었음을 통지한다.

④ 기록의 작성 등

전송된 공탁서 또는 청구서 등으로 기록을 작성하고, 접수공탁소로부터 원본이 송부되어 오면 대조 확인한 후 기록표지에 원본 도착일을 기재한 다음 기록에 가철한다. 공탁관은 공탁금보관은행으로부터 공탁금납입결과가 전송된 후에는 공탁통지서를 즉시 피공탁자에게 송달한다.

⑤ 확인 조치

공탁신청의 경우는 접수공탁소에 공탁수리결정 또는 불수리결정을 통지한 후 상당한 기일이 지난 후, 지급청구의 경우는 접수공탁소에 공탁금지급완료 사실을 통지한 후 상당한 기일이 지난 후에도 접수공탁소로부터 원본의 송부가 없는 경우에는 접수공탁소에 확인하는 등 적절한 조치를 취한다.

(4) 공탁금보관은행의 처리

① 접수공탁소 공탁금보관은행의 처리

㉠ 공탁신청의 경우 : 공탁자가 공탁금을 무통장입금 등의 방법으로 납입하고자 할 때 한도금액을 초과하는 경우에는 공탁금보관은행 사이의 영업망을 이용하는 등의 방법으로 송금한다. 공탁자로부터 공탁금을 납입받은 때에는 공탁자가 지참한 공탁서상에 공탁물을 납입받았다는 취지를 기재하고 공탁자에게 교부한다.

㉡ 공탁금지급청구의 경우 : 이자소득세 원천징수에 필요한 사항을 등록하고 "공탁금(포괄)계좌입금신청서" 하단에 등록확인인을 날인한다.

② 관할공탁소 공탁금보관은행의 처리

　　㉠ 공탁신청의 경우 : 공탁금보관은행은 공탁관으로부터 가상계좌번호 부여를 지시받은 즉시 가상계좌를 채번하여 공탁관에게 전송하여야 한다. 공탁금보관은행은 가상계좌로 공탁금 납입 시 공탁소에서 전송된 납입기한 및 공탁금액과 대조하여 확인한 후 납입처리하고, 그 처리결과를 공탁관에게 전송하여야 한다.

　　㉡ 공탁금지급청구의 경우 : 관할공탁소 공탁관의 지급인가 및 계좌입금지시에 따라 계좌입금 처리 후 그 처리결과를 정상처리와 처리불능(불능 시에는 사유를 명시함)으로 구분하여 관할공탁소 공탁관에게 즉시 전송해야 한다.

(5) 관할공탁소 공탁관의 보통예금계좌를 통한 공탁금 납입 절차

　① 가상계좌 채번이 안 되거나 가상계좌 입금이 안 되는 등 부득이한 경우에는 관할공탁소 공탁관의 보통예금계좌를 통해 공탁금을 납입받을 수 있다.

　② 지방법원 본원 및 지원에 소속된 공탁관은 공탁규칙 제57조 제1항에 의해 설치한 계좌 외에 지정된 공탁금보관은행에 보통예금계좌를 설치한다. 이 경우 보통예금계좌의 명의를 "○○법원(○○지원) 공탁관"으로 지정해 공탁관의 변경 시에도 계속적으로 이용할 수 있도록 하며 "공탁금으로 이체되는 경우 외에는 지급하지 않는다"는 특약으로 무통장 개설한다.

　③ 관할공탁소 공탁금보관은행은 공탁관의 보통예금계좌에 공탁금이 입금된 경우, 입금 당일 그 해당액을 인출하여 공탁관의 공탁금계좌로 납입한 후 그 결과를 관할공탁소 공탁관에게 전송한다.

2. 공탁당사자 및 공탁통지서

가. 공탁당사자

1) 공탁자

　① 채무의 변제는 제3자도 할 수 있으므로 제3자도 변제공탁을 할 수 있으나, 채무의 성질 또는 당사자의 의사표시로 제3자의 변제를 허용하지 아니하는 때에는 제3자가 변제공탁하지 못한다(민법 제469조 제1항).

　② 이해관계 없는 제3자는 채무자의 의사에 반하여 변제공탁하지 못하나, 이해관계 있는 제3자(물상보증인, 담보부동산의 제3취득자, 연대채무자, 보증인 등)는 채무자의 의사에 반하여서도 변제공탁할 수 있다.

　③ 민법 제481조에서 변제할 정당한 이익이 있는 자는 변제로 당연히 채권자를 대위한다고 규정하고 있고, 민법 제469조 제2항의 '이해관계' 내지 위 조항의 '변제할 정당한 이익'이 있는 자는 변제를 하지 않으면 채권자로부터 집행을 받게 되거나 또는 채무자에 대한 자기의 권리를 잃게 되는 지위에 있기 때문에 변제함으로써 당연히 대위의 보호를 받아야 할 법률상 이익을 가지는 자를 말하고 단지 사실상의 이해관계를 가진 자는 제외된다. 그러므로 공동저당의 목적인 물상보증인 소유의 부동산에 후순위로 소유권이전청구권 가등기가 설정되어 있는데 그 부

동산에 대하여 먼저 경매가 실행되어 공동저당권자가 매각대금 전액을 배당받고 채무의 일부가 남은 경우 위 가등기권리자는 그 채무 잔액의 변제에 관하여 '이해관계 있는 제3자' 또는 '변제할 정당한 이익이 있는 자'에 해당하지 않는다(대결 2009.5.28, 2008마109 참조).

2) 피공탁자

① 채권자의 수령불능 또는 수령거절을 원인으로 한 변제공탁의 피공탁자는 채권자이고, 채무자가 과실 없이 甲 또는 乙 중 누가 진정한 채권자인지 알 수 없음을 원인으로 한 상대적 불확지 변제공탁의 피공탁자는 甲 또는 乙이다.

② 피공탁자의 지정과 그 소명은 전적으로 공탁자의 행위에 의존할 수밖에 없는 것으로 형식적 심사권만을 가지는 공탁관으로서는 공탁서 및 첨부서류를 심사하여 그 수리여부를 결정하는 것이다(공탁선례 제2-31호).

③ 한편 형사공탁의 경우 공탁서에는 공탁물의 수령인(피공탁자)의 인적사항(성명, 주소, 주민등록번호)을 대신하여 해당 형사사건의 재판이 계속 중인 법원과 사건번호, 사건명, 조서, 진술서, 공소장 등에 기재된 피해자를 특정할 수 있는 명칭을 기재하고, 공탁원인사실을 피해 발생 시점과 채무의 성질을 특정하는 방식으로 기재할 수 있다(공탁법 제5조의2 제2항).

나. 공탁의 목적물

① 변제공탁은 '주는 채무'에 한해서만 가능하고, '하는 채무'는 그 성질상 변제공탁이 불가능하다.

② 변제공탁의 공탁물은 채무의 목적물이므로 무엇이 공탁물로 될 수 있는지는 채무의 내용에 따라서 정해진다. 금전, 유가증권, 그 밖의 물품이 공탁물로 될 수 있고, 공탁물보관자의 영업범위에 속하지 않는 물품에 관하여는 채무이행지 관할 지방법원에 공탁물보관자의 선임신청을 하여 그 지정을 받아 공탁할 수 있다.

1) 부동산

부동산 변제공탁은 법원으로부터 공탁물보관자의 선임을 받아 그자에게 공탁을 한다고 하더라도 앞으로 공탁자의 협력 없이 공탁물보관자가 부동산에 관한 일체의 본권 및 점유를 피공탁자에게 이전할 수 있게 한다는 것이 법 기술상 곤란하고, 또 목적 부동산의 점유를 공탁물보관자에게 이전한다고 하면 그 보관료와 보관자의 사용료와의 문제도 매우 곤란하게 되기 때문에 부동산은 공탁에 적당하지 아니하다(공탁선례 제2-5호). 후술하는 민법 제490조 자조매각금의 공탁절차에 의하여야 할 것이다.

2) 자조매각금의 공탁

① 변제공탁은 변제 목적물 그 자체를 공탁물로 제공함이 원칙이나 변제의 목적물이 폭발물 등과 같이 공탁에 적합하지 않거나 채소, 어육 등과 같이 멸실 또는 훼손될 염려가 있거나 소, 말 등과 같이 보관비용이 과다한 경우에는 예외적으로 변제자는 채무이행지를 관할하는 지방법원의 허가를 얻어 그 물건을 경매하거나 시가로 방매(賣)하여 그 대금을 공탁할 수 있는데(민법 제490조, 비송사건절차법 제53조·제55조), 이를 자조매각이라고 한다.

② 자조매각절차의 비용은 채권자가 부담하므로(비송사건절차법 제53조 제3항, 제55조), 변제자는 법원허가절차의 비용 및 목적물의 경매 또는 방매비용을 목적물의 환가대금으로부터 공제하고 그 잔액을 공탁하면 된다. 이 경우 "공탁원인사실"란에 공제사실을 기재한다.

다. 공탁통지서

1) 의의

① 변제공탁에 특유한 제도로 공탁통지제도가 있다. 즉 변제공탁의 피공탁자에게 변제공탁사실을 알려 공탁물 출급청구권을 행사하도록 하기 위하여 변제공탁자는 공탁성립(공탁납입) 후 지체 없이 피공탁자에게 공탁통지를 하도록 하고 있다(민법 제488조 제3항).

② 그러나 실무상으로는 공탁통지를 보다 확실하게 할 수 있도록 하기 위하여 아예 공탁신청 시에 공탁자로 하여금 공탁통지서를 공탁소에 제출하게 하고, 공탁물이 납입된 후에 공탁관이 공탁자 대신 피공탁자에게 공탁통지서를 발송하도록 하고 있다(공탁규칙 제29조 제1항). 따라서 공탁자가 피공탁자에게 공탁통지를 하여야 할 경우에는 공탁통지서를 제출하고, 배달증명을 할 수 있는 우편료를 납입하여야 한다. 규칙이 개정되어 2012.12.17.부터 공탁자는 배달증명을 할 수 있는 우표를 제출하는 것이 아니라 일반 소송사건의 송달료와 같이 우편료를 현금으로 납입하도록 하였다.

2) 공탁통지를 하여야 할 경우

① 민법 제487조에 의한 변제공탁뿐만 아니라 기타 법령에 의한 변제공탁의 경우에도 원칙적으로 공탁통지서를 제출하여야 하고, 상대적 불확지 변제공탁의 경우에도 피공탁자의 수에 따른 공탁통지서를 제출하여야 한다.

② 그러나 절대적 불확지 변제공탁이나 피공탁자의 주소불명에 따른 수령불능을 원인으로 한 변제공탁의 경우에는 공탁신청 당시에는 공탁통지가 불가능하므로 공탁통지서를 제출할 필요가 없고, 다만 나중에 피공탁자를 알게 되거나 피공탁자의 주소를 알게 되어 공탁서 정정신청을 하는 경우에 공탁통지서를 제출하여야 한다(공탁규칙 제30조 제6항).

③ 또한, 제3채무자가 금전채권에 대한 가압류를 원인으로 공탁을 하거나 금전채권의 일부에 대한 압류를 원인으로 압류와 관련된 금전채권액 전액을 공탁하는 경우에도 피공탁자에게 공탁사실을 알려줄 필요가 있으므로 공탁통지서를 제출하도록 하고 있다.

④ 한편 형사공탁(개정 공탁법 제5조의2, 시행 2022.12.9.)의 경우 피공탁자에 대한 공탁통지는 공탁신청 연월일, 공탁소, 공탁번호, 공탁물, 공탁근거 법령조항, 공탁물 수령·회수와 관련된 사항과 그 밖에 대법원규칙으로 정한 사항을 인터넷 홈페이지 등에 공고하는 방법으로 갈음할 수 있다.

3) 공탁통지서의 발송절차

① 공탁자가 공탁물을 공탁물보관자에게 납입한 때에 공탁이 성립되므로, 공탁관은 공탁물보관자로부터 납입결과의 전송이나 공탁물품납입통지서를 받은 때에는 공탁통지서를 피공탁자에게 발송하여야 한다(공탁규칙 제29조 제1항).

② 공탁자는 피공탁자가 공탁통지서의 내용을 보고 출급청구권을 행사할 것인지 여부를 결정할 수 있도록 공탁통지서에 공탁서의 기재사항과 동일한 내용을 기재한 후 기명날인한다. 공탁관은 피공탁자에게 발송한 공탁통지서임을 명백히 하기 위하여 공탁번호와 그 발송연월일 및 공탁관의 성명을 공탁통지서에 기재한 후 직인을 찍어야 한다(공탁규칙 제29조 제2항).

③ 공탁통지서의 발송은 배달증명이 가능한 우편발송의 방법에 의하여야 하므로(공탁규칙 제23조 제2항), 법원이 직권으로 소송상의 서류를 소송당사자 기타 이해관계인에게 송달하는 경우에 적용되는 민사소송법상의 송달에 관한 규정은 적용될 수 없고, 따라서 민사소송법 제190조에 규정되어 있는 공휴일 또는 해뜨기 전이나 해진 뒤에 집행관 등에 의한 송달방법이나 공시송달의 방법에 의해서 공탁통지서를 발송할 수는 없다.

④ 공탁자가 피공탁자의 외국주소로 공탁통지를 하여야 할 경우에는 수신인란에 로마문자(영문)와 아라비아 숫자로 피공탁자의 성명과 주소를 기재한 국제특급우편봉투 및 우편요금을 첨부하여야 한다. 공탁관은 위 봉투 발신인란 및 배달통지서의 반송인란에 로마문자(영문)와 아라비아 숫자로 공탁소의 명칭과 그 소재지 및 공탁관의 성명을 기재하여야 한다(공탁규칙 제67조 제1항·제3항).

⑤ 국가를 피공탁자로 하는 변제공탁의 경우에는 공탁서의 피공탁자란에 "대한민국(소관청 : ○○○)"과 같이 소관청을 첨기하므로, 공탁통지서는 소관청의 장에게 발송한다.

⑥ 공탁통지서를 발송한 경우 그 송달정보는 전산정보처리조직에 의하여 관리하여야 하고, 공탁통지서가 반송된 경우에는 이를 공탁기록에 편철한다(공탁규칙 제29조 제3항·제4항).

⑦ 전자신청의 방법으로 공탁이 이뤄진 경우 공탁관은 전자공탁시스템으로 제출된 공탁통지서를 출력하여 공탁통지서를 발송하여야 한다.

4) 공탁통지가 되지 않은 경우의 효과

공탁통지는 공탁이 성립된 경우에 공탁자가 피공탁자에게 출급청구권이 발생하였음을 알려 주어 피공탁자가 출급청구권을 행사하는 데 편의를 제공하기 위한 것일 뿐 공탁의 유효요건은 아니므로 공탁통지가 되지 않은 변제공탁도 원칙적으로 그 효력에 영향이 없다. 따라서 공탁통지서를 피공탁자의 주소로 발송한 이상 그 통지서가 수취인 부재로 반송된 경우라 하더라도 채무소멸이라는 변제공탁의 효력은 발생하는 것이며, 다만 공탁자의 과실로 피공탁자의 주소표시가 잘못되어 공탁통지가 이루어지지 않았다면 공탁자에게 그에 따른 손해배상책임이 발생할 수도 있을 것이다.

5) 공탁통지서가 반송된 경우의 업무처리지침

공탁규칙 제23조, 제29조의 공탁통지서가 반송된 경우 이를 피공탁자에게 직접 교부할 수 있는 근거규정을 마련하여 피공탁자의 편의를 도모할 필요성 및 국고귀속 공탁금의 감소화 방안의 일환으로 공탁서에 피공탁자의 전화번호가 기재되어 있는 경우 공탁통지서 반송사실을 전화로 알려줌으로써 피공탁자의 권리보호를 충실히 할 필요성에 의하여 행정예규 제978호 "공탁통지서가 반송된 경우의 업무처리지침"이 제정되었다.

(1) 전화에 의한 반송 사실의 안내

공탁관은 공탁통지서가 반송된 경우 공탁서에 피공탁자의 전화번호가 기재되어 있는 때에는 피공탁자에게 공탁통지서가 반송된 사실을 전화로 안내해 주어야 한다. 이 경우 통화를 한 때에는 통화의 상대방 이름, 피공탁자와의 관계, 통화일・시・분을, 통화를 하지 못한 때에는 전화한 일・시・분과 "통화불능" 사실을 전산시스템('사건메모'란 등)에 입력하여야 한다.

(2) 반송된 공탁통지서 교부 절차

공탁통지서가 반송된 경우 피공탁자 또는 그 대리인이 법원에 출석하여 직접 교부청구를 하는 경우에는 다음의 절차에 따라 이를 교부한다.

① 피공탁자 본인이 교부청구를 한 경우

공탁관은 신분에 관한 증명서(주민등록증・여권・운전면허증 등을 말한다. 이하 "신분증"이라 한다)에 의하여 피공탁자의 신분을 확인한 다음 피공탁자로부터 공탁통지서 수령사실 및 수령일시가 기재된 영수증을 제출받고 공탁통지서를 교부한다. 이때 공탁관은 피공탁자의 신분증을 복사하여 위 영수증과 함께 해당 공탁기록에 철한다.

② 대리인이 교부청구를 한 경우

대리인이 교부청구를 하는 경우에는 피공탁자 본인의 인감도장이 찍힌 위임장과 그 인감증명서를 공탁관에게 제출하여야 한다. 공탁관은 신분증에 의하여 대리인의 신분을 확인한 다음 대리인으로부터 공탁통지서 수령사실 및 수령일시가 기재된 영수증을 제출받고 공탁통지서를 교부한다. 이때 공탁관은 대리인의 신분증을 복사하여 위 영수증, 위임장, 인감증명서와 함께 해당 공탁기록에 철한다.

③ "①" 및 "②"는 공탁통지서를 발송하기 전에 피공탁자 또는 그 대리인이 법원에 출석하여 직접 교부청구를 한 경우에도 준용한다.

④ 위 경우 본인 또는 그 대리인이 제출하는 신분에 관한 증명서가 이동통신단말장치에 암호화된 형태로 설치되는 등 사본화가 적합하지 않은 경우에는 신분확인서(「공탁사무 문서양식에 관한 예규」 별지 제20호 양식)를 해당 공탁기록에 철한다.

6) 공탁통지서의 재송달

공탁통지서가 피공탁자의 주소불명으로 공탁소에 반송된 경우에 공탁자는 피공탁자의 주소에 대한 공탁서의 정정을 신청할 수 있고, 이 경우에는 공탁통지서 등을 새로 첨부하도록 하여 피공탁자의 새로운 주소로 공탁통지서를 발송하여야 한다(공탁규칙 제30조 제6항). 또한, 폐문부재 등의 사유로 공탁통지서의 재발송을 신청할 수 있고, 이 경우 공탁관은 공탁통지서를 재발송할 수 있다.

7) 전자신청의 경우

전자공탁시스템에서 출력하여 발송한 공탁통지서가 반송된 경우 공탁관은 이를 폐기할 수 있다. 이 경우 공탁자가 피공탁자에게 공탁통지서를 다시 발송하여 줄 것을 신청하면 전자공탁시스템에서 다시 출력하여 발송한다.

03 절 변제공탁의 요건

1. 변제공탁의 목적인 채무

1) 현존하는 확정채무

(1) 의의

변제공탁의 목적인 채무는 현존하는 확정채무임을 요하므로, 장래의 채무나 불확정채무는 원칙적으로 변제공탁의 목적이 되지 못한다. 따라서 정지조건부 채무나 시기부 채무는 그 조건이 성취되거나 기한이 도래하여 채무가 현실적으로 발생하여야만 공탁할 수 있을 것이나, 금전소비대차 등과 같이 채무가 이미 발생되어 있고 단지 채무이행에 관해서만 기한을 붙인 경우에는 변제기 전이라도 채무자가 기한의 이익을 포기하고 변제기까지의 이자를 붙여서 공탁할 수 있다.

(2) 구체적 사례

① 가옥 등 임대차의 경우 장래 발생할 차임은 나중에 목적물을 사용·수익함으로써 구체적으로 발생하는 채무이므로, 임차인은 원칙적으로 사용·수익 전에 기한의 이익을 포기하고 미리 공탁할 수는 없다. 다만, 차임선불특약이 있는 경우에는 그 약정기한의 도래 시에 변제공탁이 가능하다. 따라서 주위토지통행권자가 통행지 소유자에게 매월 정기적으로 지급하기로 판결이 확정된 손해보상금에 관해서 통행지 소유자가 수령을 거절하는 경우에는 과거 수개월분의 손해보상금을 모아서 공탁할 수는 있으나 장래의 손해보상금 수개월분까지 일괄공탁할 수는 없다.

② 불법행위로 인한 손해배상채무, 부당이득반환채무, 지상권 당사자의 지료증감청구(민법 제286조)로 인한 지료의 금액처럼 나중에 재판을 통하여 구체적인 금액이 확정될 수 있는 채무도 이론적으로는 이미 객관적으로 채무금액이 확정되어 있다고 볼 수 있으므로 확정채무로 보아 공탁할 수 있다. 따라서 불법행위 채무자 등은 스스로 주장하는 채무액 전액에 불법행위일로부터 변제제공일까지의 지연손해금을 합해서 변제공탁을 할 수 있다.

③ 채권자와 채무자 사이에 손해배상채무액에 대해 다툼이 있어 소송이 진행되는 경우, 그 판결이 확정되기 전이라도 채무자가 가집행선고부 판결의 주문에 표시된 금액을 변제제공하였으나 채권자가 수령거절하는 등의 변제공탁사유가 있으면 채무자는 변제공탁할 수 있다. 가집행선고부 판결이 선고된 후 피고가 판결인용금액을 변제공탁하였다 하더라도 원고가 이를 수령하지 아니한 이상, 그와 같이 공탁된 돈 자체를 가집행선고로 인한 지급물이라고 할 수 없다. 따라서 피고가 가집행선고부 제1심 판결에 기한 판결인용금액을 변제공탁한 후 항소심에서 제1심 판결의 채무액이 일부 취소되었다 하더라도 그 차액이 가집행선고의 실효에 따른 반환대상이 되는 가지급물이라고 할 수 없다. 다만 그 차액에 대해서는 공탁원인이 소멸된 것이므로 공탁자인 피고로서는 공탁원인의 소멸을 이유로 그에 해당하는 공탁금을 회수할 수 있다(대판 2011.9.29, 2011다17847).

2) 공법상의 채무

① 변제공탁의 목적인 채무의 발생원인에는 제한이 없으므로 공법상의 채무라도 변제공탁의 대상이 될 수 있다. 따라서 조세채무나 국민연금법에 의한 연금보험료채무도 민법 제487조에 의한 변제공탁의 목적인 채무가 될 수 있다.

② 그러나 벌금납부 의무는 본질상 공법상의 채권채무라 할 수 없고, 만약 국가(검사)가 벌금의 수납을 거부하는 경우에는 벌금집행에 관한 검사의 처분에 대한 이의신청을 하여 구제를 받을 수 있으므로, 벌금납부 의무는 변제공탁의 목적인 채무에 포함되지 않는다.

2. 공탁원인

가. 채권자의 수령거절

1) 의의

채무이행에 채권자의 협력을 필요로 하는 경우 변제자가 채무의 내용에 좇은 변제의 제공을 하였는데도 채권자가 이를 수령하지 아니할 때에는 그 주관적 이유를 묻지 않고 변제자는 변제공탁을 할 수 있다. 여기서 '채무의 내용에 좇은 변제의 제공'이란 변제자가 변제수령권자에게 본래 채무의 목적물을 정해진 기일에 정해진 장소에서 제공하는 것을 의미한다.

2) 유효한 변제제공의 요건

(1) 변제자

① 채무의 변제는 제3자도 할 수 있으나, 채무의 성질 또는 당사자의 의사표시로 제3자의 변제를 허용하지 아니하는 때에는 제3자가 변제하지 못하며, 또한 이해관계 없는 제3자는 채무자의 의사에 반하여 변제하지 못한다. 이해관계 없는 제3자의 변제가 채무자의 의사에 반하는지와 관련하여 '채무자의 의사'는 제3자가 변제할 당시의 객관적인 제반 사정에 비추어 명확하게 인식될 수 있는 것이어야 한다.

② 제3자가 변제공탁을 하는 경우에 변제제공자와 공탁자는 동일인임을 요한다.

👤 **관/련/판/례**

> 이해관계 없는 제3자의 대위변제가 채무자의 의사에 반하는지의 여부를 가림에 있어서 채무자의 의사는 제3자가 변제할 당시의 객관적인 제반사정에 비추어 명확하게 인식될 수 있는 것이어야 하며 함부로 채무자의 반대의사를 추정함으로써 제3자의 변제효과를 무효화시키는 일은 피하여야 한다(대판 1988. 10.24, 87다카1644).

(2) 변제제공의 상대방

① 변제제공의 상대방은 원칙적으로 채권자 본인이지만, 채권자 이외에 변제수령을 할 수 있는 권한이 주어진 자에 대한 변제제공도 유효한 변제제공이 된다. 채권자로부터 변제수령의 권한을 부여받은 자의 예로는 추심위임을 받은 수임인, 임의대리인, 부재자가 선임한 부재자의 재산관리인 등을 들 수 있고, 법률의 규정 또는 법원의 선임에 의하여 변제수령의 권한이 주어진 자의 예로는 제한능력자의 법정대리인, 대항요건을 갖춘 채권질권자, 파산관재인, 압류 및 추심명령을 얻은 압류채권자, 법원이 선임한 부재자의 재산관리인, 채권자대위권을 행사하는 자 등을 들 수 있다.

② 매수인 甲이, 매도인 乙을 대리하여 매매잔대금을 수령할 권한을 가지고 있는 丙에게 잔대금의 수령을 최고하고, 丙을 공탁물 수령자로 지정하여 한 잔대금 변제공탁은 매도인 乙에 대한 잔대금 지급의 효력이 있고, 또 매수인 甲이 위 공탁을 함에 있어서 반대급부로서 소유권이전등기절차에 필요한 서류 등의 교부를 요구하였다고 하여도 위 반대급부의 이행을 요구받은 상대방은 매도인 乙이라고 할 것이며, 위 반대급부조건을 붙여서 한 위 공탁은 유효하다(대판 1981.9.22, 81다236).

(3) 변제제공의 시기

① 변제의 제공은 변제기에 하는 것이 원칙이다. 변제기는 당사자의 의사표시나 채무의 성질 또는 법률의 규정에 의하여 결정되나, 이러한 표준에 의하여 변제기를 결정할 수 없는 경우에는 채권이 발생함과 동시에 변제기에 있다고 본다. 따라서 변제기가 특정일인 경우에는 그 특정일에 변제제공을 하여야 하고, 변제기가 매월 말일까지로 되어 있는 경우에는 그 달의 월초부터 월말까지 변제제공이 가능하며, 변제기일의 정함이 없는 경우에는 언제나 변제제공이 가능하다.

② 그러나 변제기가 아님에도 변제를 할 수 있는 경우가 있다. 그 예로는 기한의 이익을 포기 또는 상실한 때, 채무이행이 유예된 때, 쌍무계약에서 동시이행의 항변권을 가진 때 등을 들 수 있다.

③ 기한은 일반적으로 채무자의 이익을 위한 것으로 추정되지만 이자부금전소비대차의 경우에는 채권자도 기한의 이익을 가지므로, 채무자가 기한의 이익을 포기하고 기한 전에 변제하고자 하는 경우에는 약정변제기까지의 이자도 포함하여 변제제공을 하여야 한다.

④ 변제기 후의 변제제공은 원칙적으로 채무내용에 좇은 변제제공이라 할 수 없으나, 채무가 아직 소멸되지 않고 채무자의 변제제공에 대하여 채권자가 그 수령을 거절하는 것이 신의칙에 반하는 경우의 변제제공은 유효하다. 다만, 이 경우에는 이행지체에 있는 채무자는 지연배상금도 함께 변제제공하여야 한다.

(4) 변제제공의 장소

① 변제제공의 장소도 원칙적으로 당사자의 의사표시나 채무의 성질 또는 법률의 규정에 의하여 정하여진다. 그러나 위 기준에 의해 확정되지 않는 경우에는 특정물인도를 목적으로 하는 채무는 채권이 성립하였을 당시에 그 물건이 있었던 장소가 변제장소이고, 특정물의 인도 이외의 급부를 목적으로 하는 채무는 지참채무가 원칙이므로 채권자의 현주소 또는 현영업소(영업에 관한 채무)가 변제장소이다. 따라서 변제장소에 관한 특약이 없으면 금전채무는 지참채무가 원칙이므로 채권자의 현주소 또는 현영업소에서 변제의 제공을 하여야 한다.

② 예금채무 등은 원칙적으로 추심채무이므로 채무자의 현주소 또는 현영업소가 변제장소이다.

(5) 변제제공의 목적물

① 변제공탁에 의하여 채무소멸의 효과가 생기는 것은 그 공탁이 변제와 동일한 이익을 채권자에게 주기 때문이므로 변제제공의 목적물은 채무의 내용에 따른 것이어야 한다. 따라서 특별한 경우(민법 제490조의 자조매각 등)를 제외하고는 변제제공의 목적물도 원칙적으로 본래 채무의 목적물과 동일하여야 한다.

② 채권의 전액에 관하여 공탁이 있었다 하더라도 그 전제로 되는 변제제공이 일부에 관하여서만 행하여진 경우에는 공탁원인의 흠결로 그 공탁이 무효로 된다.

(6) 변제제공의 방법

민법은 변제제공의 방법으로 변제완료를 위한 채권자의 협력의 정도에 따라 현실제공과 구두제공 두 가지 방법을 인정하고 있다(민법 제460조).

① 현실제공

현실제공이란 변제가 완료되기 위해서 필요한 채권자의 행위가 변제의 수령뿐이거나 또는 채무자의 변제와 동시에 협력하여야 할 경우에 채무자가 채무이행에 필요한 모든 준비를 하여 채권자에게 사실상 제시하는 것을 말한다. 민법은 이러한 현실제공을 변제제공의 원칙적 방법으로 하고 있다(민법 제460조 본문).

② 구두제공

구두제공이란 채권자가 미리 변제받기를 거절하거나 채무이행에 채권자의 행위를 요하는 경우에 채권자가 협력한다면 바로 변제를 할 수 있을 만큼의 준비를 완료하였음을 채무자가 채권자에게 통지하고 그 수령 기타의 협력을 최고하는 것을 말한다(민법 제460조 단서).

그러나 통설 및 판례는 변제공탁에는 수령지체의 요건을 구비할 필요가 없으므로 채권자가 미리 수령을 거절한 때에는 변제자는 구두의 제공을 할 필요 없이 바로 변제공탁을 할 수 있다고 본다(대판 1955.7.14, 4288민상124). 더 나아가 판례는 채권자가 미리 명시적으로 수령거절의 의사를 표명하지 않았다 하더라도 채권자의 태도로 보아 채무자가 설사 채무의 변제제공을 하였더라도 채권자가 그 수령을 거절하였을 것이 명백한 경우에는 채무자는 변제제공을 하지 않고 바로 변제공탁을 할 수 있다고 보고 있다(대판 1994.8.26, 93다42276).

③ 구두의 제공도 불필요한 경우

분할적 지급채무(지료, 차임 등의 지급채무)의 경우 채무자가 1회분의 제공을 하였음에도 불구하고 채권자가 수령을 거절함으로써 수령지체가 된 경우에는 채권자가 그 수령지체에서 벗어나지 않는 한 채무자는 차회 이후의 변제에 관하여는 구두의 제공을 하지 않더라도 바로 변제공탁을 할 수 있다. 또한 채권자의 수령거절의사가 명백하여 전에 한 수령거절 의사를 번복할 가능성이 보이지 않는 경우에는 채무자는 구두의 제공조차 할 필요가 없이 바로 변제공탁을 할 수 있다(대판 1976.11.9, 76다2218).

나. 채권자의 수령불능

1) 의의

채권자가 변제를 받을 수 없는 경우에는 사실상의 불능이든 법률상의 불능이든 관계없이 채무자는 변제공탁을 할 수 있다. 다만 이 경우에도 채권자지체의 요건은 갖출 필요가 없으므로 채권자의 귀책사유를 필요로 하지 않는다.

2) 사실상 수령불능의 사례

(1) 채권자의 부재

지참채무의 경우 변제기일에 채권자 등 변제수령권자가 변제장소에 부재중이어서 채무자가 변제할 수 없는 경우는 수령불능의 사유에 해당된다. 채권자의 일시적 부재의 경우에도 수령불능 사유에 해당된다 할 것이나 구체적 사안에 따라 수령불능 여부를 판단하여야 한다.

(2) 채권자의 주소불명

채권자의 주소가 불명이어서 채무자가 변제를 할 수 없는 경우 등도 수령불능의 사유가 된다.

3) 법률상 수령불능의 사례

제한능력자인 채권자가 채무의 변제를 단독으로 수령할 수 있는가 여부에 관해 통설은 변제의 수령은 이익을 얻는 동시에 채권을 상실하는 불이익을 받기 때문에 단독으로 할 수 없다고 보고 있다. 따라서 제한능력자인 채권자에게 법정대리인이 없는 경우에는 법률상의 수령불능에 해당되고, 이 경우 제한능력자일지라도 피공탁자는 될 수 있으므로 채무자는 수령불능을 원인으로 변제공탁을 할 수 있다.

다. 채권자 불확지

1) 의의

① 민법상 변제공탁 사유 중 하나인 '채권자 불확지'는 객관적으로 채권자 또는 변제수령권자가 존재하고 있으나 채무자가 선량한 관리자의 주의를 다하여도 채권자가 누구인지를 알 수 없는 경우를 말한다.

② '채권자 불확지'의 원인은 사실상의 이유(채권자가 사망하였으나 그 상속인을 알 수 없는 경우 등)나 법률상의 이유(채권양도의 효력에 대해 양도인과 양수인이 다투는 경우 등)를 모두 포함한다.

③ 변제공탁제도는 채무자가 채권자(피공탁자)를 지정할 의무를 지고, 형식적 심사권을 갖는 공탁관은 채무자가 지정해 준 채권자(피공탁자)에게 공탁금을 출급하는 등의 업무를 처리하는 것을 그 기본원리로 삼고 있다. 따라서 우리 공탁제도상 채권자가 특정되거나 적어도 채권자가 상대적으로나 특정되는 상대적 불확지의 공탁만이 허용될 수 있는 것이고, 채권자가 누구인지 전혀 알 수 없는 절대적 불확지의 공탁은 원칙적으로 허용되지 않는다. 다만 토지보상법 제40조 제2항 제2호와 같이 특별규정이 있는 경우는 예외의 것으로 허용된다.

④ 한편 채권자를 알 수 없는 데 대하여 채무자의 과실이 없어야 하므로 채무자가 피공탁자를 특정하는 데 시간이 걸려 절차가 지연된다는 등의 이유로 채권자 불확지 변제공탁을 할 수는 없다(공탁선례 제2-118호 참조).

⑤ 매매계약의 중도금 지급기일을 앞두고 사망한 매도인에게 상속인들이 여러 명 있고 그중에는 출가한 딸들도 있을 뿐만 아니라 출가하였다가 자식만 남기고 사망한 딸들도 있는 등 매수인인 원고들로서는 매도인의 공동상속인들이나 그 상속인들의 상속지분을 구체적으로 알기 어렵다면, 원고들이 중도금 지급기일에 사망한 매도인을 피공탁자로 하여 중도금의 변제공탁을 한 것은 민법 제487조 후문에 해당하여 유효하다는 판례가 있다(대판 1991.5.28, 91다3055).

⑥ 채권자가 사망하고 과실 없이 상속인을 알 수 없는 경우 채무자는 민법 제487조 후문에 따라 변제공탁을 할 수 있다. 그런데 공탁관이 가족관계증명서, 제적등본 등 첨부서류만으로는 출급청구인이 진정한 상속인인지 심사할 수 없다는 이유로 공탁물 출급청구를 불수리한 경우 정당한 공탁물 수령권자는 공탁자를 상대방(피고)으로 하여 공탁물 출급청구권의 확인을 구하는 소송을 제기할 이익이 있다(대판 2014.4.24, 2012다40592).

⑦ 채무자가 과실 없이 채권자를 알 수 없는 경우에는 변제의 목적물을 공탁하면 채무를 면하고(민법 제487조 후문), 채권자는 공탁소에 대하여 공탁금 출급청구권을 가지게 된다. 이때 피공탁자가 된 채권자가 가지는 공탁금 출급청구권은 채무자에 대한 본래의 채권을 갈음하는 권리이므로 그 귀속 주체와 권리 범위는 본래의 채권이 성립한 법률관계에 따라 정해진다. 따라서 채무자가 누가 진정한 채권자인지를 알 수 없어 상대적 불확지의 변제공탁을 하여 피공탁자 중 1인이 다른 피공탁자들을 상대로 자기에게 공탁금 출급청구권이 있다는 확인을 구한 경우에 피공탁자들 사이에서 누가 진정한 채권자로서 공탁금 출급청구권을 가지는지는 피공탁자들

과 공탁자인 채무자 사이의 법률관계에서 누가 본래의 채권을 행사할 수 있는 진정한 채권자인지를 기준으로 판단하여야 한다(대판 2017.5.17, 2016다270049).

2) 구체적 사례

실무상 채권자 불확지공탁을 하는 경우는 수용보상금의 공탁절차에서 많이 발생하고 있으나 그 부분에 대한 자세한 설명은 후술하는 "수용보상금 공탁"에서 하기로 한다. 여기서는 그 밖의 채권자 불확지공탁의 사례에 관해 설명하기로 한다.

(1) 채권양도의 효력에 관하여 사실상 또는 법률상 의문이 있는 경우

① 채권양도금지특약에 반하여 채권양도가 이루어진 경우에 양수인이 양도금지특약이 있음을 알았거나 중대한 과실로 알지 못하였던 경우에는 채권양도는 효력이 없게 되고(민법 제449조 제2항), 반면 양수인이 중대한 과실 없이 양도금지특약의 존재를 알지 못하였다면 채권양도는 유효하게 되어 채무자로서는 양수인에게 양도금지특약을 가지고 그 채무이행을 거절할 수 없게 되므로 양수인의 선의, 악의 등에 따라 양수채권의 채권자가 결정된다. 이 경우 채무자로서는 채권양도금지특약에 대한 양수인의 선의 등의 여부를 알 수 없어 과연 채권이 적법하게 양도된 것인지 의문이 제기될 여지가 충분히 있으므로 특별한 사정이 없는 한 채권자 불확지에 해당된다.

그러나 채권양도금지의 특약 있는 채권에 대한 전부명령이 확정된 경우에는 양도금지의 특약 있는 채권이라도 전부채권자의 선의 여부를 불문하고 전부채권자에게 이전되므로 채무자는 채권자 불확지 변제공탁을 할 수 없다(대판 2002.8.27, 2001다71699 참조).

② 채권이 이중으로 양도된 경우의 양수인 상호 간의 우열은 통지 또는 승낙에 붙여진 확정일자의 선후에 의하여 결정되는 것이 아니라 채권양도에 대한 채무자의 인식, 즉 확정일자 있는 양도통지가 채무자에게 도달한 일시 또는 확정일자 있는 승낙의 도달 일시의 선후에 의하여 결정하여야 하므로, 확정일자 있는 양도통지가 도달한 일시에 선후가 있는 경우는 채권자 불확지에 해당되지 않는다. 다만 확정일자 있는 증서에 의한 채권양도통지가 동시에 이루어졌거나 그 도달의 선후가 불분명하다면 채무자는 이중변제의 위험이 있으므로 채권자 불확지에 해당된다.

③ 특정채권에 대하여 채권양도의 통지가 있었으나 그 후 통지가 철회되는 등으로 채권이 적법하게 양도되었는지 여부에 관하여 의문이 있는 경우도 채권자 불확지에 해당된다.

(2) 채권에 대하여 처분금지가처분이 있는 경우

① 채권에 대하여 처분금지가처분이 있고 가처분채권자와 가처분채무자 사이에 채권의 귀속에 관해 다툼이 있는 경우 그 종국적 확정은 본안소송에 달려 있으므로 채권자 불확지에 해당하고, 피공탁자를 가처분채무자 또는 가처분채권자로 하는 상대적 불확지 변제공탁을 할 수 있다(공탁선례 제201101-2호).

② 한편 사해행위취소에 따른 원상회복청구권을 피보전권리로 한 채권처분금지가처분결정이 제3채무자에게 송달된 경우 그 가처분권자는 채무자에 대한 채권자의 지위에 있을 뿐 채권이 가

처분권자 자신에게 귀속한다고 다투는 경우가 아니므로 제3채무자는 수령불능을 공탁원인으로 하여 피공탁자를 가처분채무자로 하는 확지공탁을 하되, 위 가처분에 관한 사항을 공탁원인사실란에 기재하여야 할 것이며, 이때 가처분의 효력은 가처분채무자의 공탁금 출급청구권에 대하여 존속한다. 따라서 채권양도가 사해행위임을 이유로 채권자취소소송이 제기 중이거나 사해행위취소로 인한 원상회복청구권을 피보전권리로 하는 가처분이 있다는 사정은 양도된 채권에 대하여 권리의 귀속을 다투는 경우에 해당하지 않으므로 민법 제487조 후단 채권자불확지 사유에 해당하지 않는다.

🙎 관/련/선/례

> 채권양도가 이루어진 후 양도된 채권에 대하여 사해행위취소에 따른 원상회복청구권을 피보전권리로 한 채권처분금지가처분결정이 제3채무자에게 송달된 후 양도인을 채무자로 하는 채권압류 및 추심 명령이 제3채무자에게 송달된 경우, 제3채무자의 공탁절차
>
> 1. 확정일자 있는 증서에 의한 채권양도가 이루어진 후 양도된 채권에 대하여 사해행위취소에 따른 원상회복청구권을 피보전권리로 한 채권처분금지가 처분결정이 제3채무자에게 송달된 경우, 제3채무자는 공탁근거법령을 민법 제487조로 하고, 피공탁자는 '양수인(가처분채무자)'으로 하되, 위 가처분에 관한 사항을 공탁원인사실에 기재하여야 할 것이며, 이때 가처분의 효력은 가처분채무자의 공탁금 출급청구권에 대하여 존속한다.
> 2. 한편 위 1.과 같이 양도된 채권에 대하여 사해행위취소에 따른 원상회복청구권을 피보전권리로 하는 채권처분금지가처분결정이 제3채무자에게 송달된 후 양도인을 채무자로 하는 채권압류 및 추심명령이 제3채무자에게 송달된 경우에 채권압류 및 추심명령 당시 피압류채권이 이미 대항요건을 갖추어 양도되어 그 명령이 효력이 없는 것으로 되었다면, 그 후 사해행위취소소송에서 채권양도계약이 취소되어 채권이 원채권자에게 복귀되었다고 하더라도 이미 무효로 된 채권압류 및 추심명령이 다시 유효로 되는 것은 아닌 점에서 제3채무자는 위 1.과 같은 방식으로 민법 제487조의 변제공탁을 할 수 있다(2024.6.10. 사법등기심의관 – 3002 질의회답).

(3) 그 밖의 경우

① 공탁자가 지급하여야 할 보상금의 총액은 확정되어 있으나 보상금수령권자가 불분명할 뿐만 아니라 그 배분 금액도 다투는 경우에는 다투는 자 전원을 피공탁자로 지정하여 채권자 불확지공탁을 할 수 있다(공탁선례 제2-121호).

② 2014.5.28. 개정된 금융실명거래 및 비밀보장에 관한 법률 제3조 제5항에 의하면 실명이 확인된 계좌에 보유하고 있는 금융자산은 명의자의 소유로 추정한다고 규정하고 있다. 따라서 예금계약의 출연자와 예금명의자가 서로 다르고 금융실명거래 및 비밀보장에 관한 법률에 따라 실명확인 절차를 거쳐 예금계약을 체결하고 그 실명확인 사실이 예금계약서 등에 명확히 기재되어 있는 경우에는 금융기관과 출연자 등의 사이에서 예금명의자와의 예금계약을 부정하여 예금명의자의 예금반환청구권을 배제하고 출연자 등과 예금계약을 체결하여 출연자 등에게 예금반환청구권을 귀속시키겠다는 명확한 의사의 합치가 있는 극히 예외적인 경우가 아닌 한

예금명의자를 예금계약의 당사자, 즉 예금반환청구권자로 보아야 한다. 한편 양자 모두 예금 채권에 관한 권리를 적극 주장하고 있는 경우로써 금융기관이 그 예금의 지급 시는 물론 예금 계약 성립 시의 사정까지 모두 고려하여 선량한 관리자로서의 주의의무를 다하여도 어느 쪽이 진정한 예금주인지에 관하여 사실상 혹은 법률상 의문이 제기될 여지가 충분히 있다고 인정되는 예외적인 경우에 채권자 불확지가 인정될 수도 있다.

③ 예금주가 사망했을 때 금융기관이 그 상속인을 확인하기 위하여 선량한 관리자로서의 주의의 무를 다하여도 상속인의 전부 또는 일부를 알 수 없는 경우에는 채권자 불확지에 해당된다.

④ 채권자인 예금주가 사망한 후 상속인 중의 일부가 은행을 상대로 자신의 상속지분에 상당하는 돈의 지급을 구하는 소를 제기한 데 대하여 다른 상속인이 '자신에게 기여분이 있고, 망인이 상속인 중 망인의 처와 자신에게 대부분의 재산을 상속시킨다는 취지의 유언공정증서를 남겼다'는 등의 이유로 위 돈의 지급을 하지 말 것을 은행에 요구하고 있는 경우, 채무자인 은행은 상속인들을 피공탁자로 지정하고 그 상속지분을 알 수 없는 이유를 공탁원인사실에 구체적으로 기재하여 채권자 불확지 변제공탁을 할 수 있다(공탁선례 제2-123호).

3. 변제공탁의 내용

변제공탁에 의하여 채무소멸의 효과가 생기는 것은 그 공탁이 변제와 동일한 이익을 채권자에게 주기 때문이므로 변제공탁의 내용은 채무의 내용에 따른 것이어야 하고, 따라서 특별한 경우(민법 제490조의 자조매각 등)를 제외하고는 변제공탁의 내용도 본래 채무의 내용과 동일하여야 한다. 이와 관련하여 채무액 일부의 공탁과 공탁물 출급에 조건을 붙인 조건부 공탁의 유효 여부가 특히 문제가 된다.

가. 일부 공탁

1) 의의

① 채무자가 변제공탁에 의하여 그 채무를 면하려면 채무액 전부를 공탁하여야 하므로 일부의 공탁은 일부의 채무이행이 유효하다고 인정될 수 있는 특별한 사정이 있는 경우를 제외하고는 채권자가 이를 수락하지 않는 한 그에 상응하는 효력을 발생할 수 없다. 따라서 채무자는 채무의 일부소멸의 효과도 주장할 수 없다. 그러나 채권자에 대한 변제자의 공탁금액이 채무의 총액에 비하여 아주 근소하게 부족한 경우에는 해당 변제공탁은 신의칙상 유효한 것이라고 보아야 한다.

② 일부 공탁이 유효한 경우에는 공탁서상의 공탁원인사실란에 그 일부 공탁이 유효할 수 있는 근거를 기재하여야 하나 그에 대한 소명자료까지 첨부할 필요는 없다.

③ 채무금액에 다툼이 있는 채권에 관하여 채무자가 채무 전액의 변제임을 공탁원인 중에 밝히고 공탁한 경우에 채권자가 그 공탁금을 수령할 때 채권의 일부로써 수령한다는 등 별단의 이의유보 의사표시를 하지 않은 이상 채권 전액에 대한 변제공탁의 효력이 인정된다. 그러나 채권자가 공탁금을 채권의 일부에 충당한다는 이의유보의 의사표시를 하고 이를 수령한 때에는 그 공탁금은 채권의 일부의 변제에 충당된다.

④ 한편 부동산강제경매절차 진행 중 채무자가 집행권원상 대여금부를 변제공탁을 하고 채권자가 대여금 원금이 아닌 이자의 일부 변제에 충당한다는 취지의 이의를 유보하고 공탁금을 수령한 경우 위 공탁금은 법정충당의 순서에 따라 부동산강제경매절차의 진행으로 발생한 집행비용과 대여금의 이자의 일부 변제에 충당되었다고 할 것이고, 집행권원상 대여금 원금채권은 위 변제공탁으로 인하여 소멸하였다고 볼 수 없다.

⑤ 채무자가 채무액의 일부만을 변제공탁하였으나 그 후 부족분을 추가로 공탁하였다면 그때부터는 채무액 전액에 대하여 유효한 공탁이 이루어진 것으로 볼 수 있다. 이 경우 채권자가 공탁물 수령의 의사표시를 하기 전이라면 추가공탁을 하면서 제1차 공탁 시에 지정된 공탁의 목적인 채무의 내용을 변경하는 것도 허용된다(대판 1991.12.27, 91다35670).

2) 구체적 사례

① 원금 이외에 이자, 지연손해금, 비용 등이 발생한 경우에는 이들 모두를 포함한 금액을 공탁하여야 유효한 공탁이 된다. 이 경우 지연손해금은 변제기 다음 날부터 유효한 변제제공일까지 계산한 금액으로 한다. 그러나 원금과 비용 및 이자를 별개 채무로 변제하기로 하는 특약이 있는 경우에는 그중 어느 하나의 채무에 대한 변제공탁도 유효하다.

② 임대차보증금은 임료채무, 목적물의 멸실·훼손 등으로 인한 손해배상채무 등 임대차관계에 따른 임차인의 모든 채무를 담보하는 것으로써 그 피담보채무 상당액은 임대차관계의 종료 후 목적물이 반환될 때에 특별한 사정이 없는 한 별도의 의사표시 없이 보증금에서 당연히 공제된다. 임대차관계가 종료되는 경우에 그 임대차보증금 중에서 목적물을 반환받을 때까지 생긴 연체차임 등 임대차관계에서 당연히 발생하는 모든 채무를 공제한 나머지 금액에 대한 변제공탁은 유효하다.

③ 매월 말에 차임을 지급하기로 약정한 경우에 비록 수개월분의 차임이 연체되어 있더라도 차임지급채무는 매월 사용·수익의 대가로 부담하는 것이므로 그중 1개월분의 차임 및 지연손해금의 변제공탁은 채무의 내용에 따른 변제공탁으로써 유효하다.

④ 경매부동산을 매수한 제3취득자가 그 부동산으로 담보하는 채권최고액과 경매비용을 변제공탁한 경우 그 변제공탁은 유효하다.

⑤ 근저당권의 피담보채무에 관하여 전액이 아닌 일부에 대하여 공탁한 이상 그 피담보채무가 계속적인 금전거래에서 발생하는 다수 채무의 집합체라고 하더라도 공탁금액에 상응하는 범위에서 채무소멸의 효과가 발생하는 것은 아니다.

⑥ 채무자의 채무액이 근저당 채권최고액을 초과하는 경우에 채무자 겸 근저당권설정자가 그 채무의 일부인 채권최고액과 지연손해금 및 집행비용만을 변제공탁하였다면 일부 공탁에 해당되어 그 변제공탁은 원칙적으로 무효이다.

⑦ 법정해제의 경우 당사자 일방이 그 수령한 금전을 반환함에 있어 그 받은 때로부터 법정이자를 부가함을 요하는 것은 민법 제548조 제2항이 규정하는 바로써, 이는 원상회복의 범위에 속하는 것이므로 부동산 매매계약이 해제된 경우 매도인의 매매대금 반환의무와 매수인의 소

유권이전등기말소등기절차 이행의무가 동시이행의 관계에 있는지 여부와는 관계없이 매도인이 반환하여야 할 매매대금에 대하여는 그 받은 날로부터 민법이 정한 법정이율인 연 5푼의 비율에 의한 법정이자를 부가하여 지급하여야 한다.

나. 반대급부 조건부 공탁

1) 의의

① 변제공탁이 채무소멸의 원인이 되는 이유는 공탁을 함으로써 채권자가 공탁물 출급청구권을 취득하기 때문이다. 변제공탁이 유효하려면 채권자의 공탁물 출급청구권과 본래 채권자가 채무자에 대하여 가지고 있는 채권은 그 권리의 성질과 범위가 동일하여야 한다.

따라서 변제공탁의 목적인 채무가 조건 없는 채무인 경우에는 그 변제공탁도 무조건적으로 하여야 한다. 채무자(공탁자)가 채권자(피공탁자)에 대하여 선이행 또는 동시이행의 항변권을 가지는 경우에만 채권자의 반대급부의 이행을 공탁물 수령의 조건으로 하여 공탁을 할 수 있다. 이 경우 채무자인 공탁자는 공탁서에 반대급부의 내용을 기재하여야 한다. 이에 반해 본래의 채권에 부착하고 있지 않은 조건을 붙여서 한 공탁은 채권자가 이를 수락하지 않는 한 조건뿐만 아니라 공탁 그 자체가 무효로 된다.

② 그러나 반대급부 조건부 변제공탁이 부적법하다 할지라도 공탁자가 그 부적법한 조건을 철회하는 공탁서 정정신청을 하고 공탁관이 이를 인가하여 공탁물수령자가 이와 같은 사실을 알았다면 적법한 공탁이라 할 수 있다. 다만 이 경우 그 변제공탁은 인가결정 시부터 반대급부 조건이 없는 변제공탁으로서의 효력을 갖는 것으로써 그 효력이 당초의 변제공탁 시로 소급하는 것은 아니다(대판 1986.8.19, 85누280).

③ 또한 부당한 반대급부 조건을 붙여서 한 변제공탁이라 할지라도 그 반대급부 조건이 이미 성취되어 공탁물 수령에 아무런 지장이 없으면 그 공탁은 유효한 것으로 된다(대판 1969.2.18, 66다1244 참조).

④ 한편 공탁서 공탁원인사실란의 말미에 "공탁물수령자는 민법 제482조에 의하여 공탁자에게 별지 목록 부동산에 대한 1번 근저당권에 대한 대위의 부기등기를 해 주시고, 아울러 민법 제484조에 의한 채권에 관한 증서를 교부하여 주시기 바랍니다."라고 기재하고 있을 뿐이고, 공탁서의 반대급부내용란에는 아무런 기재도 하지 아니한 사안에서 공탁서의 기재 내용으로 보아 채권자가 공탁물을 수령함에 있어 반대급부로써 이행할 조건을 기재한 것이 아니라 단지 채권자가 공탁물을 수령한 후 변제자에게 이행하여야 할 의무의 내용을 미리 환기시키면서 그 협조를 구하는 내용에 불과하므로 조건부 변제공탁이 아니므로 유효한 변제공탁이 된다(대판 2002.12.6, 2001다2846 참조).

⑤ 부당한 반대급부 조건을 붙여 한 공탁신청이 수리되어 공탁금이 납입된 상태에서 공탁관은 공탁자로 하여금 공탁물을 회수하여 조건 없는 공탁을 하거나 반대급부 조건을 철회하는 공탁서 정정신청을 하도록 할 권한이나 의무는 없다(공탁선례 제2-7호 참조).

2) 반대급부 조건부 공탁이 유효한 경우

반대급부 조건부 공탁이 유효한 경우로는 ① 매매, 교환 등 동시이행관계에 있는 쌍무계약상의 채무, ② 특약 등에 의하여 동시이행관계를 설정한 채무(예컨대 피담보채무의 변제와 저당권설정 등기말소는 동시이행관계는 아니나, 특약에 의하여 동시이행관계를 설정할 수 있음), ③ 법률이 특히 동시이행관계를 규정한 채무(민법 제317조의 전세금반환과 전세목적물의 인도 및 전세권설정등기의 말소등기에 필요한 서류의 교부 등), ④ 판례가 동시이행관계를 인정한 채무(임대차보증금의 반환과 임차목적물의 명도) 등을 들 수 있다.

(1) 반대급부 조건부 공탁이 유효한 사례

① 부동산매매 시 매수인의 잔대금지급채무와 매도인의 소유권이전등기절차이행채무는 특약이 없는 한 동시이행관계에 있으므로 매수인이 잔대금을 변제공탁하면서 소유권이전등기에 필요한 일체 서류의 교부를 반대급부 조건으로 한 것은 유효하다.

② 소유권 이외의 권리관계가 없는 부동산에 대하여 매매계약을 체결하고 계약금과 중도금까지 이행된 후 잔대금 지급기일 전에 목적 부동산 위에 근저당권설정등기 및 압류등기가 이루어진 경우에는 특약이 없는 한 매수인의 잔대금 지급의무와 매도인의 기타권리등기의 말소의무와는 동시이행관계에 있으므로 매수인이 잔대금을 변제공탁하면서 소유권 이외의 권리 일체를 말소할 것을 반대급부 조건으로 하는 것은 유효하다.

③ 채무의 이행확보를 위하여 어음을 발행한 경우 그 채무의 이행과 어음의 반환은 동시이행관계에 있으므로 그 채무를 변제공탁하면서 어음의 반환을 반대급부 조건으로 한 것은 유효하다.

④ 전세권자의 전세목적물 인도의무 및 전세권설정등기말소 이행의무와 전세설정권자의 전세금 반환의무는 서로 동시이행의 관계에 있기 때문에 전세권설정자가 전세금을 공탁하면서 전세권 말소를 반대급부 조건으로 한 것은 유효하다.

(2) 기타 동시이행관계가 인정되는 사례

기타 동시이행의 항변권이 인정되는 사례들은 다음과 같다.

① 계약해제로 인한 쌍방의 원상회복의무(민법 제549조), ② 매도인의 담보책임(민법 제583조), ③ 도급인의 손해배상청구권과 수급인의 보수청구권(민법 제667조), ④ 종신정기금계약의 해제(민법 제727조), ⑤ 가등기담보에서 청산금지급채무와 부동산의 소유권이전등기 및 인도의무(가등기담보 등에 관한 법률 제4조 제3항), ⑥ 쌍무계약이 무효로 되어 각 당사자가 서로 취득한 것을 반환하여야 할 경우의 각 당사자 상호 간의 반환의무(대판 1996.6.14, 95다54693), ⑦ 경매절차가 무효로 된 경우의 소유권이전등기 말소의무와 배당금 반환의무(대판 1995.9.15, 94다55071), ⑧ 임대차계약기간이 만료된 경우에 임차인이 임차목적물을 명도할 의무와 임대인이 보증금 중 연체차임 등 해당 임대차에 관하여 명도 시까지 생긴 모든 채무를 청산한 나머지를 반환할 의무(대판 1977.9.28, 77다1241·1242 全合), ⑨ 신탁계약에 있어서 위탁자 또는 수익자가 부담하는 신탁비용 및 신탁보수 지급의무와 신탁종료 시에 수탁자가 부담하는 신탁재산을 이전할 의무(대판 2008.3.27, 2006다7532·7549)

3) 반대급부 조건부 공탁이 무효인 경우

변제공탁이 채무의 본지에 따른 것이라 하여도 채권자가 반대급부 또는 기타 조건의 이행을 할 의무가 없음에도 불구하고 채무자가 변제공탁을 함에 있어서 채권자로 하여금 어떠한 조건을 이행하지 않는 한 그 공탁물을 수령할 수 없다는 취지로 공탁을 한 때에는 채권자가 이를 수락하지 않는 한 그 변제공탁은 효력이 없다(대판 1969.5.27, 69다298·299). 반대급부 조건부 공탁이 무효가 되는 경우는 다음과 같다.

① 근저당권의 피담보채무를 변제공탁하면서 근저당권설정등기의 말소에 필요한 일체 서류의 교부를 반대급부 조건으로 한 경우 특약이 없는 한 그 공탁은 무효이다.

② 채무의 담보를 위하여 가등기 및 그 가등기에 기한 본등기가 경료된 경우에 채무자가 변제공탁을 하면서 가등기 및 본등기의 말소를 반대급부 조건으로 하였다면 그 공탁은 무효이다.

③ 사업시행자가 토지보상법 제40조 제2항에 의하여 수용보상금의 공탁을 하면서 매매계약서, 등기필증 또는 등기필정보, 인감증명서, 주민등록표초본, 부동산등기사항증명서(소유권이 사업시행자 앞으로 이전되고 소유권 이외의 권리 일체가 말소된 것)를 반대급부 조건으로 한 경우 그 공탁은 무효이다.

④ 채무자가 근저당권의 피담보채무의 변제공탁을 하면서 경매신청취하와 근저당권설정등기 말소의 선이행을 반대급부 조건으로 한 경우 그 공탁은 무효이다.

⑤ 건물명도와 동시이행관계에 있는 임차보증금의 변제공탁을 하면서 건물을 명도하였다는 확인서를 첨부할 것을 반대급부 조건으로 붙인 경우 그 변제공탁은 명도의 선이행을 조건으로 한 것이라고 볼 수밖에 없으므로 무효이다. 다만 건물명도와 임차보증금반환채무는 동시이행관계에 있으므로 '건물을 명도하였다는 확인서'만을 반대급부 조건으로 하여 변제공탁하는 것은 불가능하지만, '건물명도'를 반대급부 조건으로 한 변제공탁은 할 수 있다.

⑥ 임대인의 임대차보증금 반환의무와 임차인의 주택임대차보호법 제3조의3에 의한 임차권등기 말소의무가 동시이행관계에 있는 것은 아니므로, 임차보증금을 변제공탁하면서 주택임대차보호법 제3조의3에 의한 임차권등기말소를 반대급부 조건으로 공탁할 수 없다.

⑦ 변제자(채무자)가 채무 전부를 변제한 때에는 채권자에게 채권증서의 반환을 청구할 수 있으나(민법 제475조) 영수증 교부와는 달리 변제와 동시이행의 관계에 있는 것이 아니므로(대판 2005.8.19, 2003다22042) 채권증서의 반환을 반대급부 조건으로 공탁할 수는 없다.

04 절 변제공탁의 효과

1. 채무의 소멸

① 변제공탁을 하면 변제가 있었던 것처럼 채무가 소멸되고 그 이자의 발생도 정지된다. 이러한 채무소멸의 효과는 공탁관이 공탁을 수리하고 공탁자가 공탁물보관자에게 공탁물을 납입한 때에 발생하는 것이지 피공탁자에 대한 공탁통지나 피공탁자의 수익의 의사표시가 있는 때에 공탁의 효력이 생기는 것은 아니다.

② 변제공탁의 성립에 의하여 채권은 소멸하지만 공탁자가 공탁물을 회수하면 공탁 시에 소급해서 채무소멸의 효과가 발생하지 않는 것으로 본다[해제조건설(판례)].

③ 변제공탁이 적법한 경우에는 채권자가 출급청구를 하였는지 여부와는 관계없이 그 공탁을 한 때에 변제의 효력이 발생한다고 할 것이고, 그 후 채권자인 공탁자가 공탁물 출급청구권에 대하여 가압류 집행을 하였더라도 그 변제의 효력에 영향을 미치지 아니한다.

2. 담보의 소멸

변제공탁이 성립하면 채무가 소멸하므로 그 채무에 수반된 물적담보(질권, 저당권 등)나 인적담보(보증채무 등)도 변제공탁의 성립으로 당연히 소멸한다. 그리고 변제공탁으로 인하여 질권·저당권이 소멸하는 때에는 공탁자는 민법 제489조에 의한 공탁물 회수청구를 할 수 없다.

3. 공탁물 지급청구권의 발생

① 변제공탁으로 피공탁자는 공탁소에 대하여 공탁물 출급청구권을 취득하고, 공탁자는 공탁물 회수청구권을 취득한다.

② 피공탁자의 공탁물 출급청구권은 본래의 채권에 갈음하는 권리로서 그 권리의 성질과 범위는 본래의 채권과 동일한 것이라고 할 것이므로, 본래의 채권이 압류금지채권이라면 그 공탁물 출급청구권도 압류금지채권으로 된다.

4. 공탁물 소유권의 이전

① 공탁물이 금전 기타 소비물인 경우에는 소비임치가 성립하므로, 공탁물의 소유권은 공탁 성립 시에는 일단 공탁소가 취득하였다가 그 후에 피공탁자가 공탁소로부터 동종, 동질, 동량의 물건을 수령한 때에 비로소 피공탁자가 공탁물의 소유권을 취득한다.

② 그러나 공탁물이 특정물(동산)인 경우에는 공탁소가 공탁물의 소유권을 취득하는 것이 아니라 공탁자로부터 피공탁자에게로 직접 공탁물의 소유권이 이전된다고 보아야 하므로, 그 소유권의 이전시기는 물권변동의 효력발생시기에 관한 일반원칙에 따라야 한다는 것이 통설이다. 즉 공탁소로부터 피공탁자가 목적물을 인도받은 때에 소유권이 이전된다고 본다.

③ 그리고 공탁물이 부동산인 경우에는 등기를 갖춘 때에 소유권이 이전되지만, 실무는 부동산 공탁을 인정하지 않고 있다(공탁선례 제2-5호).

05 절 변제공탁의 지급

1. 변제공탁물의 출급

가. 출급청구권자

1) 피공탁자

① 변제공탁의 출급청구권자는 피공탁자 또는 그 승계인이다. 피공탁자는 공탁서의 기재에 의하여 형식적으로 결정되므로, 실체법상의 채권자라고 하더라도 피공탁자로 지정되어 있지 않다면 공탁물 출급청구권을 행사할 수 없다. 따라서 공탁당사자가 아닌 제3자(실체법상 채권자 포함)가 피공탁자를 상대로 하여 공탁물 출급청구권 확인판결을 받았다 하더라도 그 확인판결을 받은 제3자가 직접 공탁물 출급청구를 할 수는 없다.

② 또한, 채무자가 확정판결에 따라 갑과 을을 피공탁자(지분 각 1/2)로 하여 판결에서 명한 금액을 변제공탁한 경우 갑과 을은 각자의 위 공탁금 1/2 지분에 해당하는 공탁금을 출급청구할 수 있을 뿐이고, 각자의 지분을 초과하는 지분에 대하여는 갑과 을이 피공탁자로 지정되어 있지 않으므로 초과지분에 대하여는 상대방을 상대로 공탁금 출급청구권의 확인을 구할 수 없다. 이 경우 실체법상의 채권자는 피공탁자로부터 공탁물 출급청구권을 양도받아야 공탁물을 출급청구할 수 있다.

③ 가분채권은 원칙적으로 각 채권자별로 그 채무이행지 공탁소에 공탁하여야 하나, 공탁원인과 공탁소가 동일한 경우에는 1건의 공탁으로 할 수 있고, 이 경우에는 각 채권자가 자기 지분만을 출급청구할 수 있다. 따라서 수용보상금을 공탁하면서 수용대상토지의 공유자 전원을 피공탁자로 한 경우 그 수용보상금을 가분채권으로 보아 공유자 각자가 자기의 등기부상 지분에 해당하는 공탁금을 출급청구할 수 있다.

④ 그러나 불가분채권의 목적물은 채권자 전원을 위하여 채무이행지 중 한 곳에 공탁하고, 공탁된 후에는 수인의 피공탁자 전원이 함께 공탁물을 출급청구해야 한다. 실체법상 불가분채권자 1인이 모든 채권자를 위하여 단독으로 이행을 청구할 수 있더라도 채무자인 공탁자가 변제공탁을 하면서 공탁서에 불가분채권자 2인을 피공탁자로 기재하였다면 비록 피공탁자 중 1인이 공탁자의 출급동의서를 첨부하였더라도 단독으로 공탁금 출급청구를 할 수 없고, 피공탁자 전원이 함께 청구하거나 피공탁자 1인이 나머지 피공탁자의 위임을 받아 청구해야 한다. 조합재산을 토지보상법에 의하여 수용하고 그 보상금을 공탁하면서 합유자인 조합원 전체를 피공탁자로 한 경우에는 조합원의 지분을 특정하였더라도 그 보상금은 조합원 전체의 합유이므로, 위 공탁금을 출급청구함에 있어서는 조합원 전원의 청구에 의하여야 한다.

관/련/판/례

> 채권자가 사망하고 과실 없이 그 상속인을 알 수 없는 경우 채무자는 민법 제487조 후문에 따라 변제공
> 탁을 할 수 있고, 피공탁자인 상속인은 가족관계증명서, 제적등본 등 상속을 증명하는 서류를 첨부하여
> 공탁관에게 공탁물출급을 청구할 수 있다. 한편 공탁관은 공탁물 출급청구서와 그 첨부서류만으로 공탁
> 당사자의 공탁물 지급청구가 공탁관계 법령에서 규정한 절차적, 실체적 요건을 갖추고 있는지 여부를
> 심사하여야 하는 형식적 심사권만을 가지고 있으므로, 공탁관이 가족관계증명서, 제적등본 등의 첨부서
> 류만으로는 출급청구인이 진정한 상속인인지 여부를 심사할 수 없는 경우에는 공탁물 출급청구를 불수리
> 할 수밖에 없다. 그러한 경우에는 공탁물 출급청구권확인을 구하는 것이 출급청구인이 진정한 상속인이
> 라는 실질적 권리관계를 확정하는 데 가장 유효, 적절한 수단이 되고, 정당한 공탁물수령권자는 그 법률
> 상 지위의 불안이나 위험을 제거하기 위하여 공탁자를 상대방으로 하여 그 공탁물 출급청구권의 확인을
> 구하는 소송을 제기할 이익이 있다고 할 것이다(대판 2014.4.24, 2012다40592).

2) 피공탁자의 승계인

① 피공탁자로부터 출급청구권을 상속, 양도 전부명령 기타 원인으로 승계받은 자는 그 승계사실
을 증명하는 서면을 첨부하여 피공탁자의 승계인으로서 공탁물 출급청구권을 행사할 수 있다.

② 따라서 공탁물 출급청구권에 대한 압류 및 전부명령이 국가에 송달된 후 그 전부명령이 확정
되기 전에 다른 압류명령 등이 국가에 송달되었더라도 선행의 전부명령이 실효되지 않는 한
압류의 경합이 생기지 아니하므로, 차후에 그 전부명령이 확정되면 전부채권자는 피공탁자의
특정승계인으로서 공탁물을 출급청구할 수 있다.

③ 또한, 추심채권자가 집행채권을 제3자에게 양도한 경우 해당 추심채권자로서의 지위도 집행채
권의 양도에 수반하여 양수인에게 이전되므로, 집행채권의 양수인은 다시 국가를 제3채무자로
하여 압류 및 추심명령을 받을 필요가 없다.

관/련/판/례

> 채권자가 집행권원에 기하여 채권압류 및 추심명령을 받은 후 그 집행권원상의 채권을 양도하였다고 하
> 더라도 양수인은 승계집행문을 부여받음으로써 비로소 집행채권자로 확정되는 것이므로, 양수인이 기존
> 집행권원에 대하여 승계집행문을 부여받지 않았다면, 양도인이 여전히 집행채권자의 지위에서 압류채권
> 을 추심하거나 압류명령 신청을 취하할 수 있다(대판 2014.11.13, 2010다63591).

나. 출급청구권의 행사

1) 출급청구권 증명서면

① 공탁물을 출급하기 위해서는 출급청구권 증명서면을 첨부하여야 하지만, 공탁서의 기재에 의
하여 출급청구권이 있는 사실이 명백한 경우에는 출급청구권 증명서면의 제출이 면제된다.

② 한편 형사공탁의 경우 피공탁자가 공탁물을 출급청구하기 위해서는 동일인 확인에 필요한 증명서 제출을 요한다. 구체적으로 공탁물 수령을 위한 피공탁자 동일인 확인은 사건번호, 공탁소, 공탁번호, 공탁물, 피공탁자의 성명·주민등록번호, 그 밖에 동일인 확인을 위하여 필요한 사항이 기재된 법원이나 검찰이 발급한 증명서에 의한다(공탁법 제5조의2 제4항).

(1) 확지 변제공탁

피공탁자를 확정적으로 지정한 일반적인 변제공탁의 경우에는 공탁서나 공탁통지서의 기재 자체에 의하여 출급청구권자와 출급청구권의 발생 및 그 범위를 대부분 알 수 있으므로 원칙적으로 별도의 출급청구권 증명서면은 제출할 필요가 없다.

(2) 상대적 불확지 변제공탁

상대적 불확지 변제공탁의 경우에는 공탁서만으로는 피공탁자가 특정되지 않으므로, 출급청구를 하려는 자는 자기가 피공탁자임을 증명하는 서면을 첨부하여야 하는데, 구체적으로는 다음과 같다.

① 피공탁자 전원이 공동으로 출급청구하는 경우에는 출급청구서의 기재에 의하여 상호승낙이 있는 것으로 볼 수 있으므로, 별도의 출급청구권 증명서면을 제출할 필요가 없다.

② 사해행위취소 및 가액배상을 구하는 소송을 제기한 수인의 취소채권자들 중 누구에게 가액배상금을 지급하여야 하는지 알 수 없다는 이유로 채권자들의 청구금액 중 판결 또는 화해권고결정 등에 의하여 가장 다액으로 확정된 금액 상당을 공탁금액으로 하고 그 취소채권자 전부를 피공탁자로 하여 수익자가 공탁자로서 상대적 불확지공탁을 한 경우 피공탁자 각자는 공탁서의 기재에 따라 각자의 소송에서 확정된 판결 등에서 인정된 가액배상금의 비율에 따라 공탁금을 출급청구할 수 있다(대판 2007.5.31, 2007다3391).

③ 피공탁자 사이에 권리의 귀속에 관하여 분쟁이 없는 경우에는 다른 피공탁자의 승낙서 또는 협의성립서(모두 인감증명서 첨부)를 첨부하여 출급청구할 수 있다.

④ 피공탁자들 사이에 권리의 귀속에 관하여 분쟁이 있는 경우에는 일방의 피공탁자가 다른 피공탁자 전원을 상대로 한 공탁물 출급청구권 확인판결정본 및 확정증명(조정조서, 화해조서 포함)을 첨부하여 출급청구할 수 있다.

⑤ 공탁자의 승낙서나 공탁자 또는 국가를 상대로 한 공탁물 출급청구권 확인판결 등은 출급청구권 증명서면으로 볼 수 없다.

관/련/판/례

1. 민법 제487조 후단에 따른 채권자의 상대적 불확지를 원인으로 하는 변제공탁의 경우 피공탁자 중의 1인은 다른 피공탁자의 승낙서나 그를 상대로 받은 공탁물 출급청구권 확인승소확정판결을 제출하여 공탁물 출급청구를 할 수 있는데, 민사집행법 제229조 제2항에 의하면 채권압류 및 추심명령을 받은 추심채권자는 추심에 필요한 채무자의 권리를 대위절차 없이 자기 이름으로 재판상 또는 재판 외에서 행사할 수 있으므로, 상대적 불확지 변제공탁의 피공탁자 중 1인을 채무자로 하여 그의 공탁물 출급청구권에 대하여 채권압류 및 추심명령을 받은 추심채권자는 공탁물을 출급하기 위하여 자기의 이름으

로 다른 피공탁자를 상대로 공탁물 출급청구권이 추심채권자의 채무자에게 있음을 확인한다는 확인의 소를 제기할 수 있다(대판 2011.11.10, 2011다55405).

2. 변제공탁의 공탁물 출급청구권자는 피공탁자 또는 그 승계인이고 피공탁자는 공탁서의 기재에 의하여 형식적으로 기재되므로, 실체법상의 채권자라고 하더라도 피공탁자로 지정되어 있지 않으면 공탁물 출급청구권을 행사할 수 없고, 따라서 피공탁자가 아닌 제3자가 피공탁자를 상대로 하여 공탁물 출급청구권 확인판결을 받았더라도 그 확인판결을 받은 제3자가 직접 공탁물 출급청구를 할 수 없으므로, 피공탁자 중 1인을 채무자로 하여 그의 공탁물 출급청구권에 대하여 채권압류 및 추심명령을 받은 추심채권자라는 등의 특별한 사정이 없는 한 피공탁자가 아닌 제3자는 피공탁자를 상대로 하여 공탁물 출급청구권의 확인을 구할 이익이 없다(대판 2016.3.24, 2014다3122·3139).

⑥ 수용대상토지에 소유권등기말소청구권을 피보전권리로 한 처분금지가처분등기가 되어 있어 사업시행자가 피공탁자를 '가처분채권자 또는 토지소유자'로 하는 상대적 불확지공탁을 한 경우 가처분채권자가 토지소유자를 상대로 제기한 소유권이전등기말소청구의 소에서 패소확정의 본안판결을 받았거나 상속회복청구권의 제척기간 도과를 이유로 소각하판결이 확정되었다면 토지소유자는 그 확정판결을 출급청구권 증명서면으로 하여 공탁금 출급청구를 할 수 있다.

⑦ 수용보상금을 공탁하면서 피공탁자를 甲과 乙로 하였는데, 甲이 수용대상토지가 甲의 단독소유임을 증명하는 서류를 첨부하여 단독으로 공탁물 출급청구를 할 수는 없다.

(3) 절대적 불확지 변제공탁

채권자가 누구인지 전혀 알 수 없어 절대적 불확지 변제공탁을 한 경우에 공탁자가 나중에 피공탁자를 알게 된 때에는 그를 피공탁자로 지정하는 공탁서 정정신청을 하도록 하여 피공탁자로 하여금 공탁물을 출급청구하게 할 수 있다. 공탁자가 이에 응하지 않을 경우에는 공탁자를 상대로 하여 공탁물에 대한 출급청구권이 자기에게 있다는 확인판결(화해, 조정조서 등)을 받은 자가 그 판결정본 및 확정증명서를 출급청구권을 증명하는 서면으로 첨부하여 공탁물을 직접 출급청구할 수 있다(대판 1997.10.16, 96다11747 全合).

2) 반대급부이행 증명서면

(1) 의의

① 반대급부의 내용이 공탁서에 기재된 때는 피공탁자는 반대급부가 있었음을 증명하는 서면을 첨부해야 공탁물을 수령할 수 있게 된다(법 제10조, 공탁규칙 제33조 제3호).

② 부당한 반대급부조건을 붙인 변제공탁은 채권자가 이를 수락하지 않는 한 무효의 공탁이지만, 피공탁자가 위 조건을 수락하여 공탁물의 출급을 받으려고 한다면 먼저 반대급부조건을 이행하고 반대급부조건을 이행하였음을 증명하는 서면을 첨부하여야 한다.

③ 또한, 반대급부의 이행은 공탁서에 기재된 내용대로 이행하여야지(공탁자에게 '검인계약서'를 교부 또는 공탁) 그 사본으로 대신할 수는 없다.

(2) 반대급부이행의 상대방

① 반대급부이행의 상대방은 채무자(공탁자)이고, 공탁물 출급청구서에 반대급부이행 증명서면을 첨부하도록 되어 있으므로 반대급부의 목적물을 직접 공탁관에게 이행할 수는 없다.

② 다만, 공탁물을 수령하려고 하는 사람이 공탁자에게 공탁서에 기재된 반대급부의 이행을 제공 하였으나 공탁자가 그 수령을 거절하는 때에는 그 반대급부를 변제공탁하고 공탁관으로부터 교부받은 공탁서를 반대급부가 있었음을 증명하는 공증서면으로 첨부하여 공탁물 출급청구를 할 수 있다.

(3) 반대급부이행 증명서면

① 반대급부이행 증명서면으로 공탁자의 서면, 판결문, 공정증서, 그 밖의 관공서에서 작성한 공 문서 등을 들 수 있다(법 제10조, 공탁규칙 제33조 제3호).

② 공탁자의 서면이란 반대급부를 수령하였다는 공탁자 작성의 반대급부 영수증 또는 반대급부채 권 포기서·면제서 등을 말한다. 인감을 찍고 인감증명서를 첨부하여야 한다.

③ 판결문이란 반대급부의 이행사실이나 반대급부채권의 포기 또는 면제가 판결의 주문 또는 이 유 중에 명백히 기재된 재판서 등을 말한다. 확인판결, 이행판결, 형성판결을 불문하나 확정되 었음을 요하므로 미확정의 가집행선고부 판결은 해당되지 않는다.

공탁자가 공탁물수령자로부터 공탁자 앞으로의 소유권이전등기에 필요한 서류인 등기필증, 매 매계약서, 인감증명서 등의 서류를 공탁자에게 교부하라는 반대급부조건을 붙여 변제공탁한 후, 이와는 별도로 같은 부동산에 관한 소유권이전등기절차이행의 소를 제기하여 승소확정판 결을 받은 경우 비록 위 판결에 기하여 앞서 반대급부조건으로 요구한 각 서류 없이 강제집행 의 방법으로 그 부동산에 관한 공탁자 명의의 소유권이전등기를 필할 수 있게 되었다 하더라 도 위 판결을 반대급부이행 증명서면으로 볼 수는 없다. 그러나 공탁자가 위 판결에 기하여 그 부동산에 대하여 이미 소유권이전등기를 마친 경우에는 그 소유권이전등기가 경료된 부동 산 등기사항증명서는 반대급부이행 증명서면으로 볼 수 있을 것이다.

④ 공정증서란 반대급부의 이행사실이나 반대급부채권의 포기 또는 면제 등이 기재된 공증인이나 공증인가 합동법률사무소 또는 법무법인에서 작성한 문서를 말한다.

⑤ 그 밖의 관공서에서 작성한 공문서 등이란 공문서 또는 관공서가 사문서에 내용의 진정을 증 명한 서면을 말한다. 반대급부 목적물을 내용증명 및 배달증명 우편으로 발송한 경우의 내용 증명 및 배달증명(공탁선례 제1-167호), 반대급부 목적물을 변제공탁한 경우의 물품공탁서 (대결 1990.3.31, 89마546) 등이 이에 해당된다. 또한, 건물명도나 철거 등을 반대급부내용 으로 하여 공탁한 경우 공탁자의 강제집행신청으로 건물명도나 철거 등의 사실이 기재된 집행 관 작성의 부동산명도집행조서도 기타 공증서면에 해당된다.

⑥ 그러나 공탁서에 기재된 공탁으로 인하여 소멸할 질권, 저당권, 전세권의 표시는 반대급부 조 건이 아니므로 그 등기의 말소를 증명하는 서면을 첨부할 필요는 없다.

👤 관/련/선/례

> 임대인이 공탁서 반대급부란에 '건물의 인도'라고 기재하여 임대차보증금을 공탁한 경우에 임차인이 공탁물 출급청구시 첨부하는 반대급부가 있었음을 증명하는 서면
>
> 1. 임차인의 건물인도의무 및 임대인의 임대차보증금 반환의무는 서로 동시 이행의 관계에 있으므로, 임대인이 임대차보증금을 공탁하면서 반대급부 내용란에 '건물의 인도'라고 기재한 것은 유효한 공탁이라고 할 수 있으며, 임차인인 피공탁자가 공탁물을 지급받기 위해서는 반대급부가 있었음을 증명하는 서면을 제출하여야 한다.
> 2. 반대급부가 있었음을 증명하는 서면으로는 공탁자의 서면(공탁자 작성의 건물인도확인서, 반대급부채권 포기·면제서 등), 판결문, 공정증서, 그 밖의 관공서에서 작성한 공문서(공탁자의 강제집행신청으로 건물의 인도 사실이 기재된 집행관 작성의 부동산인도집행조서 등) 등이 해당한다(공탁법 제10조).
> 3. 이외에도, 관리비 정산내역서, 피공탁자가 주민등록을 이전하였는지 여부를 알 수 있는 피공탁자의 주민등록표 초본 및 전입세대열람내역, 통·반장의 인도(불거주) 확인서, 아파트 관리소장의 인도(불거주) 확인서, 이사확인서, 공실인 인도 대상 목적물(호실)과 촬영날짜가 표시된 현장사진, 공탁자에게 퇴거사실과 출입문 비밀번호를 알린 문자메시지 또는 내용증명우편, 현관문 열쇠를 물품 공탁한 물품공탁서 등을 제출하여 반대급부인 건물의 인도가 있었음을 증명할 수도 있으나, 구체적인 사안에서 첨부된 서면이 반대급부의 이행을 증명하는 서면인지 여부는 해당 공탁관이 판단할 사항이다 (2024. 7. 12. 사법등기심의관−1698 질의회답).

3) 이의유보부 출급(이의유보 의사표시)

(1) 의의

① 공탁물의 수령에 관한 이의유보의 의사표시는 변제공탁의 피공탁자가 공탁물 출급청구 시 공탁원인에 승복하여 공탁물을 수령하는 것이 아님을 분명히 함으로써 공탁한 취지대로 채무소멸의 효과가 발생함을 방지하고자 하는 의사표시이다. 이와 같이 공탁원인에 대하여 이의유보의 의사표시를 붙여 공탁물을 출급받을 수 있다고 보는 것이 통설, 판례의 입장이다.

② 그러나 이의유보의 의사표시는 채권의 성질에 다툼이 있는 경우에는 할 수 없으므로, 차임으로 변제공탁한 것을 손해배상금으로 출급한다는 이의를 유보하고 공탁물을 출급하는 것은 허용되지 않는다. 예컨대, 채권자가 채무액뿐만 아니라 공탁원인인 부당이득반환채무금과 다른 손해배상채무금으로서 공탁금을 수령한다는 이의를 유보하고 공탁물을 수령한 경우에는 채무자의 공탁원인인 부당이득반환채무의 일부소멸의 효과는 발생하지 않고, 또한 이의유보의 취지대로 손해배상채무의 일부변제로서 유효하다고 할 수도 없다. 따라서 채권자의 공탁금 수령은 법률상 원인 없는 것이 되고 이로 인하여 채무자는 위 공탁금을 회수할 수도 없게 됨으로써 동액 상당의 손해를 입었다 할 것이므로 채권자는 채무자에게 출급한 공탁금을 반환하여야 한다.

(2) 당사자

① 이의유보의 의사표시를 할 수 있는 자는 원칙적으로 변제공탁의 피공탁자이나, 공탁물 출급청구권에 대한 양수인, 전부채권자, 추심채권자, 채권자대위권을 행사하는 일반채권자도 이의유보의 의사표시를 할 수 있다. 그러나 공탁물 출급청구권의 압류 또는 가압류채권자는 해당 공

탁물 출급청구권의 처분권한을 갖지 못하므로 채권자대위에 의하지 않는 한 이의유보의 의사표시를 할 수는 없다.

② 이의유보 의사표시의 상대방은 반드시 공탁관에 국한할 필요가 없고 공탁자에 대하여도 할 수 있다.

③ 한국토지주택공사의 사장이 정관으로 정한 바에 따라 선임하는 직원은 공사의 대리인으로서 공사의 공무수행에 필요한 재판상 또는 재판 외의 모든 행위를 할 수 있는 권한을 갖고 있으므로 이의유보 의사표시의 상대방이 될 수 있으나, 보훈병원의 토지수용담당 주무과장은 원칙적으로 이의유보 의사표시의 상대방이 될 수 없다.

(3) 이의유보 의사표시의 방법

공탁관에게 이의유보 의사표시를 하려면 공탁물 출급청구서의 '청구 및 이의유보사유'란에 이의유보의 취지를 기재하면 되고, 공탁자에게 이의유보 의사표시를 하려면 공탁자에게 이의유보의 취지를 통지한 후 그 서면을 공탁물 출급청구서에 첨부하면 된다.

👤 관/련/선/례

> 제3채무자가 민사집행법 제248조의 집행공탁을 한 후 진행된 배당절차에서 채무자에 대한 배당금(잉여금)이 확정된 경우, 공탁원인사실에 대하여 다툼이 있는 채무자가 이의를 유보하고 공탁금을 출급할 수 있는지 여부
>
> 1. 제3채무자가 금전채권의 일부가 압류되었음을 원인으로 압류와 관련된 금전채권 전액을 공탁한 경우 압류의 효력이 미치는 부분은 집행공탁이지만 압류의 효력이 미치지 않는 부분은 변제공탁에 해당하므로, 공탁원인사실에 다툼이 있는 채무자(피공탁자)는 변제공탁에 해당하는 부분에 대한 공탁금을 출급하면서 이의유보의 의사표시를 할 수 있다. 또한 제3채무자가 위와 같이 집행공탁을 한 후 금전채권 전액에 대하여 공탁사유신고를 하여 공탁금 전액을 배당재단으로 한 배당절차가 진행되었고 압류의 효력이 미치지 않는 부분이 채무자에 대한 배당금(잉여금)으로 확정된 경우에도, 마찬가지로 채무자는 공탁금을 출급하면서 변제공탁의 피공탁자 지위에서 이의유보의 의사표시를 할 수 있다.
> 2. 한편 금전채권 전부에 대한 압류 또는 압류경합을 원인으로 제3채무자가 집행공탁을 하는 경우, 채무자에 대한 관계에서는 실질적으로 변제공탁의 성질을 가지므로 그 공탁으로 인하여 채무변제의 효과가 발생한다. 따라서 위와 같은 집행공탁에 따른 배당절차에서 채무자에 대한 배당금(잉여금)이 확정된 경우에도, 공탁원인사실에 다툼이 있는 채무자는 이의유보의 의사표시를 하고 공탁금을 출급할 수 있다(공탁선례 202307-1).

(4) 이의유보 의사표시의 효과

① 채권액에 다툼이 있는 채권에 대하여 채무자가 채무 전액의 변제임을 공탁원인 중에 밝히고 공탁한 경우 피공탁자가 그 공탁금을 수령할 때 채권의 일부로서 수령한다는 이의를 유보하고 공탁물을 출급받는다면 이러한 이의유보부 출급으로 채권자는 그 나머지 잔액에 대하여도 다시 청구할 수 있으나, 피공탁자가 아무런 이의유보의 의사표시 없이 공탁물을 출급받은 때에는 공탁서에 기재된 공탁원인을 승낙하는 효과가 발생하여 채무 전액에 대한 변제의 효과가 발생한다.

② 따라서 채권자가 아무런 이의 없이 공탁금을 수령하였다면 이는 공탁의 취지에 의하여 수령한 것이 되어 그에 따른 법률효과가 발생하는 것이므로, 채무자가 변제충당할 채무를 지정하여 공탁한 것을 채권자가 아무런 이의 없이 수령하였다면 그 공탁의 취지에 따라 변제충당된다.

③ 또한, 공탁자가 공탁원인으로 들고 있는 사유가 법률상 효력이 없는 것이어서 공탁이 부적법하다고 하더라도, 피공탁자가 그 공탁물을 수령하면서 아무런 이의도 유보하지 아니하였다면, 특별한 사정이 없는 한 공탁자가 주장한 공탁원인을 수락한 것으로 보아 공탁자가 공탁원인으로 주장하는 대로 법률효과(매매계약 해제)가 발생한다.

④ 매도인이 매수인의 채무불이행을 이유로 매매계약을 해제하면서 그가 받은 중도금을 변제공탁하였고 매수인이 이를 아무 이의 없이 수령하였다면 실제로 매수인의 채무불이행이 있었는지 여부를 불문하고 위 공탁사유취지, 즉 매수인의 잔대금채무불이행으로 인한 매도인의 해제의 법률효과가 발생한다.

⑤ 피공탁자가 공탁된 보상금을 수령할 때 보상금 중 일부의 수령이라는 등 이의유보의 의사를 밝혔다면 토지수용위원회의 재결에 승복한 것으로 볼 수 없으나, 피공탁자가 아무런 이의를 유보함이 없이 공탁금을 수령하였다면 이는 종전의 수령거절 의사를 철회하고 토지수용위원회의 재결에 승복하여 그 공탁의 취지에 따라 보상금 전액을 수령한 것이라고 볼 수 있다.

(5) 묵시적 이의유보 의사표시

① 의의

피공탁자가 그 공탁금을 수령하면서 공탁관이나 공탁자에게 채권의 일부로 수령한다는 등 이의유보의 의사표시를 한 바 없다면 피공탁자는 그 공탁의 취지에 따라 이를 수령하였다고 보아야 한다. 공탁금 수령 시 공탁자에 대한 이의유보의 의사표시는 반드시 명시적으로 해야 하는 것은 아니라고 해석되므로, 일정한 사정 아래서는 피공탁자가 위 공탁금을 수령함에 있어 이의유보의 의사표시를 명시적으로 하지 않았다 하더라도 공탁자에 대하여 채권의 일부로 수령한다는 묵시적인 이의유보의 의사표시가 있었다고 보아야 한다.

② 묵시적 이의유보 의사표시를 부정한 사례

㉠ 사업시행자가 토지보상법 제40조 제2항 제1호에 의하여 토지수용위원회가 재결한 토지수용보상금을 공탁한 경우에, 피공탁자인 토지소유자가 위 재결에 대하여 이의신청을 제기하거나 소송을 제기하고 있는 중이라고 할지라도 그 쟁송 중에 보상금 일부의 수령이라는 등 이의유보의 의사표시를 함이 없이 공탁금을 수령하였다면, 이는 종전의 수령거절 의사를 철회하고 재결에 승복하여 공탁한 취지대로 보상금 전액을 수령한 것이라고 볼 수밖에 없으며, 공탁금 수령당시 이의신청이나 소송이 계속 중이라는 사실만으로 공탁금의 수령에 관한 이의유보의 의사표시가 있는 것과 같이 볼 수는 없다.

㉡ 사업시행자가 토지보상법 제40조 제2항 제1호에 따라서 토지수용위원회가 재결한 토지수용보상금을 공탁한 경우, 피공탁자가 아무런 이의도 유보하지 아니한 채 공탁금을 수령하였다면 원재결에서 정한 보상금을 증액하기로 원재결을 변경한 이의신청의 재결에 대하여

피공탁자가 제기한 행정소송이 공탁금 수령 시 계속 중이었다는 사실만으로는 공탁금 수령에 관해 묵시적 이의유보 의사표시가 있었다고 볼 수 없다.

ⓒ 피공탁자가 수용재결에서 정한 손실보상금을 수령할 당시 이의유보의 뜻을 표시하였다 하더라도 이의재결에서 증액된 손실보상금을 수령하면서 이의유보의 뜻을 표시하지 아니한 이상 이의재결의 결과에 승복하여 수령한 것으로 보아야 하고, 추가보상금을 수령할 당시 이의재결을 다투는 행정소송이 계속 중이라는 사실만으로는 추가보상금의 수령에 관하여 이의유보의 의사표시가 있는 것과 같이 볼 수 없다.

③ 묵시적 이의유보 의사표시를 긍정한 사례

ㄱ 채권자가 제기한 대여금 청구소송에서 채무자와 채권자 사이에 이자의 약정 여부에 관하여 다툼이 있던 중 채무자가 채권자를 피공탁자로 하여 원금과 법정이율에 의한 이자를 변제공탁하자 채권자가 그 공탁금을 원금과 약정이율에 따른 이자에 충당하는 방법으로 계산한 뒤 남은 금액을 청구금액으로 하여 청구취지를 감축하고 그 청구취지감축 및 원인변경신청서가 채무자에게 송달된 후에 공탁금을 수령한 경우, 위 공탁금 수령 시 채권의 일부로 수령한다는 채권자의 묵시적인 이의유보의 의사표시가 있었다고 볼 것이다.

ㄴ 채권자가 1심에서 금 13,523,461원의 손해를 입었다고 주장하여 그중 금 9,697,704원을 인용하는 가집행선고부 일부승소판결이 선고되었는데, 채무자의 불복 항소로 사건이 3심에 계속 중일 때 채권자가 채무자가 공탁한 금 2,838,000원을 아무런 이의유보 의사표시를 하지 않은 채 수령하였고, 그 수령에 앞서 변호사를 선임하여 채무자의 항소를 다투어 왔으며, 공탁금 수령 즉시 제1심 판결에 기하여 금 9,697,704원을 청구금액으로 한 부동산 강제경매신청을 하여 그 강제경매개시결정이 그 무렵 채무자에게 송달된 경우와 같은 사정 아래서는 채권자가 위 공탁금을 수령함에 있어서 채무자에 대하여 채권의 일부로 수령한다는 묵시적인 이의유보의 의사표시가 있었다고 보아야 한다.

다. 출급의 효과

1) 공탁절차의 종료

공탁물의 출급으로 공탁절차는 본래의 목적을 달성하고 종료하며, 피공탁자의 출급청구권은 물론 공탁자의 회수청구권도 소멸한다.

2) 부적법 공탁의 하자 치유 여부

피공탁자가 이의를 유보하지 않은 채 공탁을 수락하고 공탁물을 출급청구하였다면 원칙적으로 공탁서에 기재된 공탁자의 주장을 다툴 수 없게 되고 공탁의 무효를 주장할 수도 없게 되므로 형식적 요건이나 실체적 요건의 흠결이 있는 공탁일지라도 특별한 사정이 없는 한 그 흠결이 치유되어 유효한 공탁이 된다(실제적 요건의 흠결이 있는 공탁의 경우에는 반대견해가 있다).

2. 변제공탁물의 회수

가. 의의

공탁자는 민법 제489조 제1항에 의한 경우 또는 착오로 공탁을 한 경우 및 공탁원인이 소멸한 경우에 공탁물을 회수할 수 있다. 민법 제489조 제1항에 의한 공탁물회수는 변제공탁의 특유한 회수사유이고, 착오나 공탁원인소멸을 원인으로 한 공탁물회수는 공탁법상의 회수사유로서 제한 규정이 없는 한 원칙적으로 모든 공탁의 회수사유이다.

나. 민법상의 회수

1) 의의

① 변제공탁자는 공탁으로 인하여 질권, 저당권 등이 소멸하지 않는 경우에 피공탁자가 공탁을 승인하거나 공탁소에 대하여 공탁물을 받기를 통고하거나 공탁유효판결이 확정되기까지는 공탁물을 회수할 수 있다. 별도 소명자료를 첨부하지 않아도 된다.

② 변제공탁의 자유로운 회수를 인정하는 이유가 공탁자에 의하여 공탁이 자발적으로 행하여진다는 데 있으므로, 수용보상금 공탁의 경우처럼 토지보상법 제42조에 따라 공탁이 간접 강제되는 경우에는 민법 제489조 제1항에 의한 자유로운 회수는 인정되지 아니한다.

2) 회수권의 제한

(1) 공탁금회수제한의 신고

① 공탁자는 공탁소에 대한 의사표시로 민법 제489조 제1항의 공탁물 회수청구권을 포기하거나 제한할 수 있다. 공탁금회수제한신고를 하는 경우는 공탁자가 형사사건과 관련하여 손해배상채무를 공탁할 때이다.

② 불법행위로 인한 손해배상채무를 공탁할 때 공탁금회수제한신고가 강제되는 것은 아니지만 채무자가 공탁사실을 형사재판에서 양형사유로 이용한 후 민법 제489조에 따라 자유롭게 공탁물을 회수함으로써 변제공탁제도를 악용하는 것을 방지하기 위하여 형사재판에서 공탁사실을 양형에 참작함에 있어서는 공탁금회수제한신고가 되었는지 여부를 확인하고 있다.

③ 구체적인 방법은 공탁신청과 동시에 또는 공탁을 한 후에 '피공탁자의 동의가 없으면 특정 형사사건에 대하여, 불기소결정(단, 기소유예는 제외)이 있거나 무죄판결이 확정될 때까지, 회수청구권을 행사하지 않겠다'는 뜻을 기재한 금전공탁서(형사사건용) 또는 공탁금회수제한신고서를 제출하는 방법에 의한다. 현재 시행 중인 행정예규 제1235호 [제1-9호 양식] '금전 공탁서(형사사건용)'에는 회수제한신고에 관한 내용이 부동문자로 인쇄되어 있다.

④ 위 공탁금회수제한의 신고 서면이 제출된 경우에는 공탁자의 회수청구권에 관하여 압류통지서가 접수된 경우에 준하여 처리한다.

(2) 공탁금회수제한신고서가 제출된 경우의 공탁금 회수청구

① 공탁금회수제한신고서가 제출된 경우 공탁자 또는 그 승계인이 공탁금의 회수를 청구하기 위해서는 그 회수제한신고서에 기재된 대로 회수청구의 조건이 구비되었음을 증명하는 서면을 첨부하여야 한다.

② '특정 형사사건에 대하여 불기소결정이 있거나 무죄재판이 확정될 때까지 공탁금 회수청구권을 행사하지 않겠다'는 취지의 공탁금 회수제한신고는 만약 유죄판결이 확정된다면 공탁금 회수청구권을 행사하지 않겠다는, 즉 공탁금 회수청구권의 조건부 포기의 의사표시로 해석된다.

③ 형사재판과정에서 피공탁자가 한 공탁금수령거절의 의사표시는 공탁금 회수청구에 대한 동의로 볼 수 없으므로, 공탁자는 피공탁자의 동의서를 첨부하지 않는 한 공탁금 회수청구를 할 수 없다고 할 것이다.

④ 또한, 형사사건과 관련하여 보상금이 변제공탁된 후 피공탁자가 공탁금회수동의서를 공탁소에 제출한 경우에도 피공탁자의 공탁금 출급청구권에는 영향이 없으므로 공탁금이 회수되지 않은 상태라면 피공탁자는 출급청구할 수 있다.

⑤ 공탁자가 공탁소에 회수제한신고서를 제출하였으나, 변제공탁 후 공탁서 및 회수제한신고서를 재판부에 제출하지 못한 경우라고 하더라도 가해자가 형사재판으로 유죄판결을 받아 확정되었다면 피공탁자의 동의서를 첨부하지 않는 한 공탁금 회수청구를 할 수 없다.

⑥ 단지 착오로 공탁을 하거나 공탁원인이 소멸된 때에 한하여 공탁법 제9조 제2항의 규정에 의한 공탁금 회수청구를 할 수 있을 뿐이다(공탁선례 제2-145호). 공탁자는 유죄판결이 확정되더라도 착오로 공탁하거나 공탁원인이 소멸된 사실을 증명하면 공탁법 제9조 제2항의 규정에 의한 공탁금 회수청구를 할 수 있다.

⑦ 그리고 피공탁자의 동의가 있다면 형사사건의 종결이나 결과 여부에 관계없이 공탁금의 회수가 가능하다.

3) 회수권의 소멸

A. 공탁수락의 의사표시를 한 경우

(1) 의의

① 공탁수락이란 변제공탁에 있어서 피공탁자가 공탁물의 출급청구 이전에 공탁물 출급청구권을 행사할 의사가 있음을 미리 표시하는 것을 말한다. 따라서 피공탁자가 변제공탁의 출급청구를 할 때 공탁물 출급청구서에 출급청구사유로써 기재하는 공탁수락("공탁을 수락하고 출급함")과는 구별된다. 그리고 민법 제489조 제1항은 "공탁을 승인한다" 또는 공탁소에 대하여 "공탁물을 받기를 통고한다"고 규정하고 있는데, 공탁법은 이를 "공탁수락"이라고 규정하고 있는 것이다.

② 변제공탁의 공탁원인사실에 대하여 당사자 간에 다툼이 있다든지 또는 공탁물 출급청구 시 반대급부의 이행을 증명하여야 한다든지 하여 피공탁자가 바로 공탁물 출급청구권을 행사할 수 없는 사정이 있는 경우에 공탁물 출급청구권을 행사할 의사가 있음을 미리 표시함으로써 공탁자의 공탁물 회수청구권을 소멸시키는 데에 공탁수락을 인정하는 실익이 있다.

(2) 공탁수락의 의사표시를 할 수 있는 자

① 공탁수락의 의사표시를 할 수 있는 자는 원칙적으로 피공탁자이다. 그러나 공탁물 출급청구권은 민법상 지명채권과 같이 채권양도의 목적이 되고 채권자대위의 목적이 되며 또 압류·가압류의 대상이 되기도 하므로, 이 경우에 공탁수락의 의사표시를 할 수 있는 자는 출급청구권의 양수인, 전부채권자, 추심채권자 및 채권자대위권을 행사하는 일반채권자이다.

② 그러나 압류가압류채권자는 전부 또는 추심명령을 받지 않는 한 해당 청구권의 처분권한을 가지지 아니하므로 채권자대위에 의한 경우가 아니면 공탁수락의 의사표시를 할 수 없다.

(3) 공탁수락의 의사표시의 상대방

공탁수락의 의사표시는 공탁소 또는 공탁자에 대하여 할 수 있으나, 공탁수락의 의사표시를 공탁자에게 한 후 그 취지를 기재한 서면을 공탁소에 제출하지 않는다면 공탁관은 이 사실을 알 수 없으므로, 그 후에 공탁관이 공탁물 회수청구를 인가하여 공탁물을 지급한 경우에도 공탁관은 아무런 과실이 없게 되고, 단지 공탁절차 외에서 공탁자와 피공탁자 사이에 부당이득반환 등의 방법으로 분쟁을 해결하는 수밖에 없다.

(4) 공탁수락의 방법

① 공탁자에 대한 공탁수락의 의사표시는 제한 규정이 없으므로 구두나 서면으로 할 수 있으나, 공탁소에 대한 공탁수락의 의사표시는 공탁을 수락한다는 뜻을 적은 서면을 공탁관에게 제출하는 방법으로 하여야 한다(공탁규칙 제49조 제1항).

② 공탁물 출급청구권의 양도는 피공탁자의 자유의사에 의한 것이므로 특별한 사정이 없는 한 양도행위 자체에 공탁수락의 의사표시가 포함되어 있다고 해석할 수 있다. 따라서 공탁관에게 도달된 공탁물 출급청구권의 양도통지서에 공탁수락의 의사표시가 명시적으로 기재되어 있지 않더라도 적극적인 불수락의 의사표시가 기재되어 있지 않는 한 그 양도통지서의 도달과 동시에 공탁수락의 의사표시가 있는 것으로 보아 공탁자의 민법 제489조 제1항에 의한 회수청구권은 소멸된다.

(5) 공탁수락의 시기

공탁수락서의 제출은 공탁자가 적법한 공탁물 회수청구서를 공탁소에 제출하여 수리될 때까지 하면 된다. 변제공탁물의 회수청구가 제출되었으나 서류 '미비'로 수리되기 전이라면 적법한 회수청구가 없는 것과 같으므로 이때에 공탁수락서가 제출되면 그 후에 회수청구서가 보완되더라도 이를 인가하여 지급해 줄 수는 없다.

(6) 유보부 수락의 허부

① 유보부 출급청구를 인정하는 것과의 균형상 유보부 수락도 허용하는 것이 타당하다. 따라서 공탁수락은 전부가 아닌 일부만 할 수도 있으나 채권의 성질을 달리하는 유보부 공탁수락은 허용되지 않는다. 또한, 현재 소송 계속 중이어서 공탁물을 수령할 수 없으나 소송이 끝나는 대로 수령할 예정이니 공탁자의 회수청구를 인가하지 말아 달라는 취지의 조건부 수락도 허용된다.

② 변제공탁의 피공탁자가 공탁된 금원 중 일부금을 이의를 유보하고 출급한 경우, 미출급된 공탁금에 대해서는 공탁수락의 의사표시가 미치지 않는다고 보아 공탁자의 공탁금 회수청구권은 소멸되지 않는다(공탁선례 제2-331호).

(7) 공탁수락의 철회

공탁수락의 의사표시는 공탁자 기타 이해관계인의 권리에 영향이 크므로 원칙적으로 그 철회는 인정할 수 없다. 다만 착오 또는 사기·강박을 이유로 한 취소의 경우에만 허용된다.

(8) 공탁수락의 효과

① 피공탁자의 공탁수락으로 민법 제489조에 의한 공탁물 회수청구권은 소멸되고, 원칙적으로 공탁자가 공탁서에 공탁원인으로 기재한 대로 그 법률효과가 발생한다. 즉, 공탁자가 공탁원인으로 들고 있는 사유가 법률상 효력이 없는 것이어서 공탁이 부적법하다고 하더라도, 피공탁자가 그 공탁물을 수령하면서 아무런 이의도 유보하지 아니하였다면, 특별한 사정이 없는 한 공탁자가 주장한 공탁원인을 수락한 것으로 보아 공탁자가 공탁원인으로 주장한 대로 법률효과가 발생한다.

② 변제공탁의 피공탁자가 공탁소에 대하여 공탁수락서면을 제출한 경우에 공탁자의 민법 제489조에 따른 공탁물 회수청구권은 소멸하지만 착오로 공탁을 하였거나 공탁원인이 소멸한 경우에는 공탁물을 회수할 수 있다. 그러므로 가집행선고부 판결에 기한 공탁은 채무를 확정적으로 소멸시키는 원래의 변제공탁이 아니기 때문에 가집행선고부 제1심판결의 채무액이 항소심 판결에서 일부 취소되었다면 그 차액에 대해서는 공탁원인이 소멸하였다 할 것이므로 공탁자가 회수할 수 있다(공탁선례 제2-149호).

(9) 공탁불수락

피공탁자가 공탁불수락의 의사표시를 하더라도 그 공탁물 출급청구권의 존부에는 영향을 미친다고 볼 수 없으므로, 피공탁자의 채권자가 공탁물 출급청구권에 대하여 강제집행을 함에 아무런 지장이 없다(공탁선례 제2-342호).

B. 공탁유효판결이 확정된 경우

① 공탁유효판결이 확정되면 민법 제489조 제1항에 의한 공탁물 회수청구권은 소멸한다. 공탁유효판결은 확인판결에 한하지 않고 이행판결도 포함되며, 공탁의 유효에 대한 판단이 판결주문이 아닌 판결이유 중에서 공탁유효가 판단된 판결도 공탁유효판결에 포함된다(통설). 예컨대, 채무이행의 소에서 채무자가 공탁을 하였다는 항변이 인정되어 원고의 청구를 기각한 판결도 공탁유효판결이다.

② 화해, 인낙, 포기조서는 소송법상 확정판결과 동일한 효력을 가지므로, 그 조서 중에 공탁의 유효를 인정한 사실이 있는 경우에는 그 조서를 공탁유효판결과 동일하게 취급하여야 한다.

③ 그러나 공탁의 유효 여부에 대하여 법적 판단을 할 수 없는 형사판결은 공탁유효판결로 볼 수 없으므로, 비록 형사사건에서 공탁에 기한 정상참작을 받은 사실이 판결이유 중에 나타나더라도 그 형사판결은 공탁유효판결에 포함되지 않는다.

④ 공탁유효의 확정판결이 있는 경우 공탁자의 회수를 제한하기 위해서는 피공탁자는 그 판결등본을 공탁관에게 제출하여야 한다(공탁규칙 제49조 제2항). 공탁유효의 확정판결이 공탁관에게 제출되기 전에 공탁자가 공탁물 회수청구를 하면 공탁관은 공탁유효판결의 확정 여부를 알 수 없으므로 공탁물을 지급할 수밖에 없다. 이 경우 공탁법상으로는 적법한 지급이라는 점에서 피공탁자는 공탁절차 외에서 공탁자를 상대로 부당이득반환청구 등을 하는 방법밖에는 없다.

C. 공탁으로 인하여 질권, 저당권이 소멸한 경우

① 공탁물의 회수가 있게 되면 채무는 처음부터 소멸하지 않았던 것으로 되므로 담보권 역시 소멸하지 않았던 것으로 되나, 이렇게 되면 제3자(공탁 후 회수 전의 목적물의 제3취득자 등)에게 불측의 손해를 줄 수밖에 없고, 따라서 민법은 공탁으로 인하여 질권 또는 저당권이 소멸한 경우에는 공탁자가 공탁물을 회수할 수 없는 것으로 규정하고 있다(민법 제489조 제2항). 이 경우 질권과 저당권은 변제공탁의 성립으로 당연히 소멸되므로, 공탁 후에 질물이 반환되었는지 또는 저당권 설정등기가 말소되었는지 여부는 전혀 고려할 필요 없이 변제공탁의 성립과 동시에 민법 제489조에 의한 공탁물 회수청구권은 확정적으로 소멸된다.

② 그러나 민법 제489조 제2항의 규정은 가등기 및 본등기에 의하여 담보된 채무의 변제공탁으로 인하여 가등기담보권이나 양도담보권이 소멸하는 경우에도 변제자가 공탁물을 회수할 수 없다는 취지를 포함하는 것은 아니므로, 양도담보권·가등기담보권 등이 변제공탁으로 소멸된 경우에는 공탁자는 공탁물을 회수할 수 있다.

③ 공탁규칙 제20조 제2항 제6호는 '공탁으로 인하여 질권, 전세권 또는 저당권이 소멸하는 때는 그 질권, 전세권 또는 저당권의 표시를 공탁서에 기재하여야 한다'고 규정하고 있고, 따라서 이 규정과 전세권이 담보권과 유사하다는 점을 근거로 전세권이 소멸된 경우에도 공탁물 회수청구권은 발생하지 아니한다고 보는 견해가 있다. 그러나 전세권의 소멸사유는 민법에 규정되어 있고 전세권이 소멸되어야 전세금반환의무가 발생할 뿐 전세금을 지급하여야 전세권이 소멸되는 경우란 있을 수 없으므로, 전세권 설정자가 전세금을 공탁한 후 다시 이를 회수한 경우에도 그 공탁물회수를 이유로 소멸되었던 전세권이 부활되는 경우는 없다 할 것이고, 따라서 전세권 설정자는 전세금을 변제공탁한 이후에도 민법 제489조에 의한 공탁물 회수청구를 할 수 있다고 보는 것이 타당하다.

다. 공탁법상의 회수

1) 의의 및 성질

① 공탁자는 착오로 공탁을 한 때나 공탁 후 공탁원인이 소멸한 경우에는 그 사실을 증명하여 공탁물을 회수할 수 있다(공탁법 제9조 제2항). 이를 공탁법상의 회수라고 한다.

② 민법 제489조에 의한 공탁물 회수 시에는 회수청구권 증명서면을 첨부하지 않아도 되나, 착오 또는 공탁원인의 소멸로 인한 회수 시에는 그 증명서면을 첨부하여야 하는 점에서 구별된다.

2) 착오를 이유로 한 공탁물 회수청구

① 공탁자가 착오로 공탁을 한 때에는 비록 그 공탁이 수리되고 공탁물이 납입되었다 하더라도 그 공탁은 무효이다. 따라서 피공탁자가 공탁물을 출급하기 전까지는 실체관계에 부응하지 않는 공탁관계를 바로잡을 필요가 있으므로 공탁법은 착오공탁 시에 그 착오사실 증명서면을 첨부하여 공탁을 회수할 수 있도록 한 것이다.

② 여기서 '착오로 공탁한 때'란 공탁으로써 필요한 유효요건을 갖추고 있지 아니한 경우를 말한다. 공탁요건을 갖추고 있는지 여부는 어디까지나 공탁서에 기재된 공탁원인사실을 기준으로 하여 객관적으로 판단하여야 한다. 즉, 착오공탁이란 공탁 성립 시를 기준으로 공탁서상에 기재된 공탁원인사실에 비추어 해당 공탁에 필요한 유효요건(실체적 또는 형식적 요건)이 객관적으로 결여되어 해당 공탁이 무효로 되는 경우를 말한다.

③ 한편 착오공탁임을 이유로 공탁자가 회수청구하는 경우에는 그 착오사실 증명서면이 필요하다. 어떤 것이 착오사실 증명서면에 해당하는가는 구체적 사안에 따라 결정할 수밖에 없다. 예컨대 공탁무효판결을 받은 경우에는 그 판결문이, 채권양도 후 양도인을 피공탁자로 한 경우에는 그 양도통지서 등이 착오사실을 증명하는 서면이 될 수 있다.

3) 공탁원인소멸로 인한 공탁물 회수청구

① 공탁이 성립된 후에 공탁원인이 소멸하면 공탁을 지속시킬 이유가 없으므로 공탁자는 공탁원인소멸 증명서면을 첨부하여 공탁물을 회수할 수 있다(공탁법 제9조 제2항).

② 여기서 '공탁원인의 소멸'이란 공탁이 유효하게 성립된 이후의 사정변경으로 더 이상 공탁을 지속시킬 필요가 없게 된 경우를 의미한다. 예컨대 가집행선고부 판결에 기한 공탁은 채무를 확정적으로 소멸시키는 원래의 변제공탁이 아니고, 상소심에서 그 가집행의 선고 또는 본안판결이 취소되는 것을 해제조건으로 하는 것이므로 가집행선고부 제1심판결의 채무액이 항소심 판결에서 일부 취소되었다면 그 차액에 대해서는 공탁원인이 소멸되었다고 할 수 있다.

③ 공탁원인의 소멸을 이유로 공탁자가 회수청구하는 경우에도 그 공탁원인이 소멸되었음을 증명하는 서면이 필요하다. 어떤 것이 공탁원인소멸 증명서면에 해당되는지는 구체적 사안에 따라 결정할 수밖에 없다. 예컨대 변제공탁 후 채권자가 채권을 포기한 경우에는 그 채권포기를 증명하는 서면이 공탁원인의 소멸을 증명하는 서면이 된다.

👤 관/련/판/례

> 공탁자가 착오로 공탁한 때 또는 공탁의 원인이 소멸한 때에는 공탁자가 공탁을 회수할 수 있을 뿐 피공탁자의 공탁물 출급청구권은 존재하지 않으므로, 이러한 경우 공탁자가 공탁물을 회수하기 전에 위 공탁물 출급청구권에 대한 전부명령을 받아 공탁물을 수령한 자는 법률상 원인 없이 공탁물을 수령한 것이 되어 공탁자에 대하여 부당이득반환의무를 부담한다(대판 2008.9.25, 2008다34668).

라. 회수의 효과

1) 공탁의 소급적 실효

민법 제489조 제1항 단서는 변제자가 공탁물을 회수한 때에는 공탁하지 아니한 것으로 본다고 규정하고 있다. 공탁물의 회수에 의하여 공탁은 소급적으로 효력을 상실하고 채권은 소멸하지 아니한 것으로 된다.

👤 관/련/판/례

> 변제공탁이 적법한 경우에는 채권자가 공탁물 출급청구를 하였는지 여부와는 관계없이 공탁을 한 때에 변제의 효력이 발생하나, 변제공탁자가 공탁물 회수권의 행사에 의하여 공탁물을 회수한 경우에는 공탁하지 아니한 것으로 보아 채권소멸의 효력은 소급하여 없어진다. 이와 같이 채권소멸의 효력을 소급적으로 소멸시키는 공탁물의 회수에는 공탁자에 의하여 이루어진 경우뿐만 아니라, 제3자가 공탁자에 대하여 가지는 별도 채권의 집행권원으로써 공탁자의 공탁물 회수청구권에 대하여 압류 및 추심명령을 받아 그 집행으로 공탁물을 회수한 경우도 포함된다(대판 2014.5.29, 2013다212295).

3. 질권, 저당권 이외의 담보권의 부활

① 민법은 공탁으로 인하여 질권 또는 저당권이 소멸한 경우에는 공탁자가 공탁물을 회수할 수 없는 것으로 규정하였으므로(민법 제489조 제2항), 원칙적으로 질권과 저당권 이외의 담보권만이 공탁물의 회수 시에 부활된다고 할 수 있다.

② 또한, 공탁물의 회수로 공동채무자와 보증인의 채무도 부활한다.

4. 이자의 부활 및 공탁물의 소유권 귀속

① 공탁으로 인하여 정지되었던 이자는 공탁의 소급적 실효로 약정이율이나 법정이율은 그대로 공탁 당시부터 다시 이자를 계산하여 지급하여야 한다.

② 공탁물이 금전 기타 소비물인 경우에는 소비임치가 성립하므로 공탁물의 소유권은 공탁 성립 시에 일단 공탁소에 귀속되나, 공탁물이 회수되면 그 소유권은 다시 공탁자에게 복귀하게 된다.

③ 공탁물이 특정물인 경우 그 공탁물의 소유권 이전시기에 대하여는 앞에서 본 바와 같이, 통설은 특정물인 동산의 공탁물 소유권은 '공탁물의 인도 시'에 공탁자로부터 직접 피공탁자에게 이전한다고 보므로 '공탁물의 회수 시'에는 아직 공탁물의 소유권이 공탁자에게 남아 있다. 따라서 공탁물의 회수로 인한 공탁물 소유권의 복귀 문제는 발생할 여지가 없다.

06 절 특수한 성질의 변제공탁

① 질권자는 질권의 목적이 된 채권의 목적물이 금전인 때에는 질권자의 채권의 한도에서 직접 청구할 수 있다(민법 제353조 제1항·제2항). 이 경우 질권의 목적물이 된 채권의 변제기가 질권자의 채권의 변제기보다 먼저 도래한 때에는 질권자는 제3채무자에 대하여 그 변제금액의 공탁을 청구할 수 있다. 공탁이 되면 질권은 그 공탁금에 존재하게 된다(민법 제353조 제3항). 즉 질권은 피공탁자인 질권설정자의 공탁금 출급청구권 위에 존재하게 된다. 따라서 이 경우에 질권자는 위 공탁된 금액에 대해 직접 출급청구를 할 수 있는데, 출급청구권의 발생 및 그 범위는 질권설정계약에 의하여 입증되므로 그 계약서가 출급청구권의 증명서면이 된다. 질권자가 질권실행을 강제집행의 방법으로 하는 경우에는 압류 및 전부명령 정본(확정증명 포함) 등이 출급청구권의 증명서면이 될 것이다.

👤 관/련/판/례

> 민법 제347조는 채권을 질권의 목적으로 하는 경우에 채권증서가 있는 때에는 질권의 설정은 그 증서를 질권자에게 교부함으로써 효력이 생긴다고 규정하고 있다. 여기에서 말하는 '채권증서'는 채권의 존재를 증명하기 위하여 채권자에게 제공된 문서로서 특정한 이름이나 형식을 따라야 하는 것은 아니지만, 장차 변제 등으로 채권이 소멸하는 경우에는 민법 제475조에 따라 채무자가 채권자에게 그 반환을 청구할 수 있는 것이어야 한다. 이에 비추어 임대차계약서와 같이 계약 당사자 쌍방의 권리의무관계의 내용을 정한 서면은 그 계약에 의한 권리의 존속을 표상하기 위한 것이라고 할 수는 없으므로 위 채권증서에 해당하지 않는다(대판 2013.8.22. 2013다32574).

② 매매의 목적물에 대하여 권리를 주장하는 자가 있는 경우에 매수인이 매수한 권리의 전부나 일부를 잃을 염려가 있는 때에는 매수인은 그 위험의 한도에서 대금의 전부나 일부의 지급을 거절할 수 있으나 매도인이 상당한 담보를 제공한 때에는 그러하지 아니하다. 이 경우에 매도인은 매수인에 대하여 대금의 공탁을 청구할 수 있다(민법 제589조). 위와 같이 공탁이 된 경우에 피공탁자인 매도인이 그 목적물에 대하여 권리를 주장하는 자를 상대로 한 소유권 등 권리의 확인소송에서 승소한 판결정본(확정증명 포함) 등이 출급청구권의 증명서면이 될 것이다.

③ 주채무자의 부탁으로 보증인이 된 자는 일정한 경우에 주채무자에 대하여 미리 구상권을 행사할 수 있다(민법 제442조 제1항). 주채무자가 보증인에게 배상하는 경우에 주채무자는 자기를 면책하게 하거나 자기에게 담보를 제공할 것을 보증인에게 청구할 수 있고, 또는 배상할 금액을 공탁하거나 담보를 제공하거나 보증인을 면책하게 함으로써 그 배상의무를 면할 수 있다(민법 제443조). 위와 같이 주채무자가 배상의무를 면하기 위해 공탁한 경우에 피공탁자인 수탁보증인은 출급청구권 증명서면으로 그 보증채무를 이행한 영수증 등을 첨부하면 될 것이다.

④ 청산금채권이 압류되거나 가압류된 경우에 채권자(등기담보권자)는 청산기간이 지난 후 이에 해당하는 청산금을 채무이행지를 관할하는 지방법원 또는 지원에 공탁하여 그 범위에서 채무를 면할 수 있다(가등기담보 등에 관한 법률 제8조 제1항). 채권자가 이와 같이 공탁을 한 경우에는 채무자 등과 압류채권자 또는 가압류채권자에게 지체 없이 공탁의 통지를 하여야 하고, 그 공탁금 출급청구권은 압류되거나 가압류된 것으로 보며, 채권자는 가등기담보 등에 관한 법률 제14조에 규정한 경우 외에는 공탁금의 회수를 청구할 수 없다(가등기담보 등에 관한 법률 제8조 제2항·제3항·제4항).

07 절 형사공탁에 관한 업무처리지침

– 개정 2024.1.23. [행정예규 제1362호, 시행 2024.1.26.] –

제1장 총 칙

제1조 (목적)
이 예규는 「공탁법」 제5조의2 형사공탁과 그와 관련된 재판업무처리에 관하여 「공탁규칙」(이하 "규칙"이라 한다) 제89조에서 위임한 사항과 형사공탁의 구체적인 절차와 방법 및 그 시행에 필요한 세부적인 사항을 규정함을 목적으로 한다.

제2장 공탁신청

제2조 (군사법원 사건의 공탁)
군사법원에 계속 중인 사건의 형사공탁은 별표 2 기재 군사법원 소재지의 지방법원 본원 공탁소에 할 수 있다.

제3조 (법령조항의 기재)
공탁자는 공탁서에 법령조항으로 공탁법 제5조의2를 기재한다.

제4조 (피공탁자 성명의 기재)

공탁자는 공소장·조서·진술서·판결서(이하 "공소장 등"이라 한다)에 피해자의 성명이 기재되어 있는 경우에는 공탁서에 그 성명을 기재하고, 공소장 등에 피해자의 성명 중 일부가 비실명 처리되어 있거나 가명으로 기재되어 있는 경우에는 공탁서에도 그대로 기재하되, 가명으로 기재되어 있는 경우에는 괄호하여 가명 표시한다.

제5조 (공탁원인사실의 기재)

① 공탁자는 공탁원인사실로서 피해 발생시점, 피해 장소, 채무의 성질을 특정하여 기재하여야 한다.
② 공탁자는 공탁서에 피해자의 인적사항을 알 수 없는 사유를 구체적으로 기재하여야 한다.
[예시 : 공탁자는 0000. 0. 0. 00:00경 O시 OO구 OO로 O길 O, OO식당 앞에서 피해자 홍길O을 폭행한 사실과 관련하여 손해배상금(피해보상금, 형사위로금, 위자료 등)을 홍길O에게 지급하려 하였으나 재판기록·수사기록 중 피해자의 인적사항에 대한 열람·복사 불허가 등의 사유로 인하여(또는 성폭력범죄의 처벌 등에 관한 특례법 등에서 피해자의 인적사항 공개를 금지하고 있어) 피해자의 인적사항을 알 수 없으므로 이를 공탁함]

제6조 (공탁원인서면)

규칙 제83조 제3호 "법령 등에 따라 피해자의 인적사항을 알 수 없음을 확인할 수 있는 서면"이란 다음 각 호의 서면을 말한다.
1. 해당 형사사건에 적용되는 법령 등에서 피해자의 인적사항 공개를 금지하거나 피해자의 인적사항에 대한 열람·복사를 할 수 없는 등의 사정으로 피해자의 인적사항을 알 수 없음을 확인할 수 있는 서면(공소장, 재판장에 의하여 불허가된 재판기록 열람·복사 신청서 사본 등)
2. 그 밖의 규칙 제83조제3호에 해당함을 공탁관이 확인할 수 있는 서면

제7조 (피공탁자 성명의 비실명 처리)

공탁관은 피공탁자의 개인정보 보호를 위하여 공탁서에 기재된 피공탁자의 성명 등을 전산정보처리조직(이하 "전산시스템"이라 한다)에 아래 각 호의 방식으로 비실명 처리하여 입력한다.
1. 공탁서에 피공탁자의 성명이 기재되어 있는 경우 공탁관은 전산시스템에 성만 입력하고 이름은 입력하지 아니한다.
2. 공탁서의 피공탁자 성명 중 일부가 기호처리 방식(O, ㅁ, △, ◇ 등으로 변환하여 표시하는 방식)으로 비실명 처리된 경우 공탁관은 전산시스템에 공탁서에 기재된 대로 입력한다.
3. 공탁서에 피공탁자 성명 대신 가명이 기재된 경우에 괄호하여 가명임을 표시하여 입력한다.

제3장 형사공탁 공고 등

제8조 (형사공탁 공고)

① 공탁관은 전자공탁홈페이지에 다음 각 호의 사항을 공고하여야 한다.
1. 공탁소 및 공탁번호
2. 공탁신청 연월일
3. 공탁물
4. 공탁서에 기재된 피공탁자의 성명. 다만, 피공탁자의 성명이 비실명 처리되어 있지 않거나 가명이 아닌 경우에는 성(姓)을 제외한 이름은 비실명 처리한다.
5. 해당 형사사건이 계속 중인 법원과 사건번호 및 공소장에 기재된 검찰청과 사건번호

② 제1항 제4호에도 불구하고 피공탁자의 성(姓)이 별표 3 기재 이외의 성(姓)일 경우 공탁관은 피공탁자의 사생활을 보호하기 위해 피공탁자의 성명을 공고하지 아니할 수 있다.

③ 규칙 제84조 제2항에 따른 공고 내용 중 명백한 착오가 있는 경우 공탁관은 이를 수정한 후 정정공고를 하여야 한다. 규칙 제30조 제4항에 따른 공탁서 정정신청이 수리된 때에도 이와 같다.

제9조 (형사공탁사실의 통지 등)

① 공탁관은 공탁물납입사실의 전송이나 공탁물품납입통지서를 받은 때에 지체 없이 다음 각 호의 내용이 포함된 별지 제4호 양식의 형사공탁사실통지서를 피공탁자별로 작성하여 규칙 제85조 제1항의 법원 및 검찰에 통지서 원본을 우편 또는 사송의 방법으로 송부한 후 통지서 사본은 공탁기록에 편철한다.
1. 공탁사건 정보 : 공탁번호, 해당 형사사건이 계속 중인 법원과 사건번호 및 사건명, 공소장에 기재된 검찰청과 사건번호, 공탁물, 공탁 연월일
2. 공탁당사자 정보 : 공탁자 성명, 피공탁자 성명
3. 규칙 제83조 제2호 서면의 명칭
4. 문서확인번호(전산시스템에 의하여 공탁사실통지서의 문서확인번호란에 피공탁자별로 자동 채번되어 기록되는 16자리의 숫자 또는 숫자와 알파벳 조합을 말한다. 이하 같다)

② 규칙 제85조 제1항에 따른 통지의 내용 중 명백한 착오가 있는 경우 공탁관은 이를 수정한 후 제9조제1항에 따라 정정통지를 하여야 한다. 규칙 제30조 제4항에 따른 공탁서 정정신청이 수리된 때에도 이와 같다.

③ 제1항, 제2항의 형사공탁사실통지서 또는 형사공탁정정사실통지서 원본은 해당 형사사건의 공판기록에 편철한다.

④ 재판장은 제1항, 제2항의 형사공탁사실통지 또는 형사공탁정정사실통지를 받은 경우 피해자 또는 그 법정대리인이 변호사를 선임하거나 검사가 피해자를 위하여 국선변호사를 선정하였고 그 변호사(이하 "피해자 변호사"라 한다)의 선임 등을 증명할 수 있는 서류가 제출된 때에는 피해자 변호사에게 형사공탁 사실을 고지한다. 이 경우 피해자가 형사공탁 사실을 고지 받는 데에 동의한 때에는 피해자에게도 형사공탁 사실을 고지한다.

⑤ 제4항의 고지는 서면, 전화, 전자우편, 팩스, 휴대전화 문자전송 그 밖에 적당한 방법으로 할 수 있다.

⑥ 형사공탁이 이루어진 경우 피해자와 피해자 변호사는 해당 형사사건에서 이에 관한 의견을 제출할 수 있다.

제4장 피공탁자 동일인 확인 증명서 발급절차

제10조 (피공탁자 동일인 확인 증명서 발급담당자)
피공탁자 동일인 확인 증명서(이하, "동일인 증명서"라 한다)의 발급 사무는 형사공탁의 원인된 형사사건(상소 등으로 다른 법원에서 사건이 계속 중인 경우에는 그 사건을 의미한다. 이하 "형사본안사건"이라 한다) 담당재판부의 법원서기관ㆍ법원사무관ㆍ법원주사ㆍ법원주사보(이하 "발급담당자"라 한다)가 처리한다.

제11조 (동일인 증명서 발급 등)
① 공탁관으로부터 형사공탁사실 통지를 받은 발급담당자는 지체 없이 다음 각 호의 내용이 포함된 별지 제10호 양식의 동일인 증명서를 발급하여 공탁관에게 우편 또는 사송의 방법으로 송부하고, 증명서 사본을 공판기록에 편철하여야 한다.
  1. 형사본안사건 : 사건번호, 재판부, 사건명
  2. 공탁사건정보 : 공탁번호, 공탁물, 공탁서 기재 형사사건, 공탁서 기재 피공탁자 성명
  3. 피공탁자 : 성명, 주민등록번호, 연락처(휴대전화번호)
  4. 형사공탁사실통지서에 기재된 문서확인번호
② 제1항의 경우 발급담당자는 제13조제2항 각 호를 제외하고 해당 형사사건이 상소되어 사건기록이 상소법원에 송부되기 전에 동일인 증명서 발급 여부를 확인한다. 해당 형사사건이 확정되어 사건기록이 검찰에 인계되는 경우에도 또한 같다.

제12조 (피공탁자 정보 제공 요구)
① 규칙 제86조 제3항의 경우 발급담당자는 별지 제11호 양식의 피공탁자 정보 제공 요구서를 공판검사에게 직접 교부하거나, 우편 또는 사송의 방법으로 송부하고, 그 사본을 공판기록에 편철한다.
② 공판검사로부터 피공탁자 정보 회신서가 제출된 경우 발급담당자는 제11조에 따라 동일인 증명서 발급 등의 절차를 처리한다.

제13조 (피공탁자 동일인 확인 증명서 발급 요청)
① 동일인 증명서가 발급ㆍ송부되지 않은 경우 공탁물을 출급하거나 공탁물 회수동의서를 제출하려는 사람은 규칙 제86조제2항의 구분에 따른 법원 또는 검찰을 방문하거나 우편이나 팩스, 전화 등 간이한 방법으로 동일인 증명서 발급ㆍ송부를 요청할 수 있다.

② 발급담당자는 동일인 증명서 발급·송부 요청이 있는 경우 다음 각 호의 사유에 해당하지 아니하는 한 지체 없이 동일인 증명서를 발급하여 공탁소에 송부하여야 한다.

1. 특정범죄신고자 등 보호법 제7조 및 이를 준용하는 법률 등에 따라 피해자의 인적사항이 신원관리카드에 등재·관리되어 조서 등을 통해 피해자 인적사항을 확인할 수 없는 경우
2. 규칙 제86조 제3항에 따라 공판검사에게 피공탁자 인적사항의 제공을 요구하였으나 이를 제공받지 못한 경우
3. 검사가 제출한 증거서류에도 불구하고 피공탁자 인적사항을 확인할 수 없는 경우
4. 그 밖의 사유로 피해자의 인적사항을 법원이 보유하고 있지 않은 경우

제5장 지급절차 등

제14조 (동일인 증명서 접수)

동일인 증명서를 송부받은 공탁관은 그 서면에 접수인을 날인하고, 수령일자 및 발급기관을 해당 기록표지에 기재한 다음 공탁기록에 편철한다.

제15조 (피공탁자 개인정보 전산등록)

① 공탁관은 동일인 증명서가 접수된 때 그 서면의 기재사항을 피공탁자 개인정보관리에 전산등록하여, 피공탁자의 인적사항이 공개되지 않도록 한다.
② 공탁관은 동일인 증명서 외에 피공탁자 인적사항이 기재된 서면이 제출된 때 제7조에 따라 입력된 피공탁자 성명을 불러오기 방식으로 전산등록 하고, 나머지 인적사항은 전산등록 하지 아니한다.

제16조 (동일인 증명서의 진위여부 확인)

① 공탁관은 동일인 증명서와 공탁서 등 공탁기록을 대조하여야 하고, 특히 형사공탁사실 통지서 기재 문서확인번호와 동일인 증명서 기재 문서확인번호가 일치하는지 확인하여야 한다.
② 검찰이 발급한 동일인 증명서가 송부된 경우 공탁관은 제1항의 방법 및 형사사법포털을 이용하여 위·변조방지바코드를 검증하는 방법으로 그 진위 여부를 확인한다.

제6장 열람·복사절차

제17조 (비실명 처리의 범위)

규칙 제87조에 따라 비실명 처리할 피공탁자, 그 포괄승계인 또는 이들의 법정대리인의 인적사항(이하 "비실명처리대상정보"라 한다)은 다음 각 호와 같다.

1. 성명과 그에 준하는 것(호, 아이디, 닉네임 등)
2. 주소 등 연락처(거주지, 전화번호, 이메일 주소 등)

3. 금융정보(계좌번호, 신용카드 번호, 수표번호 등)
4. 기타 개인을 특정할 수 있는 정보(주민등록번호, 여권번호, 운전면허번호, 외국인등록번호 등)

제18조 (열람 · 복사 제공의 방식)

공탁관계서류에 대한 열람 · 복사의 청구가 있는 경우 공탁관은 제17조 기재 비실명처리대상정보에 접착식메모지, 접착식메모테이프, 라벨지 등을 부착하여 복사한 사본 또는 비실명처리대상정보의 내용을 알아볼 수 없도록 검은색으로 칠한 사본을 열람 · 복사의 청구에 제공한다.

제19조 (사실증명 제공의 방식)

공탁관은 공탁관계서류 및 전자기록에 나타난 정보에 대하여 사실증명 청구가 있는 경우 비실명처리대상정보의 내용을 전산 또는 수작업으로 가리거나('○, * 등' 처리) 기재하지 않고 제공한다.

제7장 공탁물 회수동의서 제출절차

제20조 (공탁물 회수동의서 제출)

① 피공탁자는 해당 공탁소에 공탁물 회수동의서(이하 "회수동의서"라 한다)를 제출할 수 있다.
② 공탁관은 출석한 피공탁자에 대하여 그 신분증명서(주민등록증 · 운전면허증 · 여권 등을 말한다)를 제시받아 신분을 확인하여야 한다.
③ 우편으로 회수동의서가 제출된 경우에는 다음 각 호의 서류에 의하여 그 신분 확인을 갈음할 수 있다.
  1. 회수동의서에 인감도장이 날인된 경우 : 발급일로부터 3개월 내의 인감증명서
  2. 회수동의서에 서명한 경우 : 발급일로부터 3개월 내의 본인서명사실확인서 또는 전자본인서명확인서 발급증

부칙 (2024.01.23. 제1362호)

제1조 (시행일)

이 예규는 2024년 1월 26일부터 시행한다.

제2조 (계속사건에 관한 적용례)

① 이 예규는 그 시행 전에 접수되어 시행 당시까지 공탁금이 지급되지 아니한 사건에 대하여도 적용한다.
② 제1항의 경우 공탁관은 제16조에 따른 동일인 증명서의 진위여부 확인을 위하여 별지 제4호 양식의 형사공탁사실통지서 여백에 별표 4와 같은 내용을 기재한 후 해당 형사사건이 계속 중인 법원 및 검찰에 다시 송부한다.

👤 관/련/선/례

공탁자가 다수의 피해자를 위하여 공탁법 제5조의2의 형사공탁을 하는 경우, 일괄하여 1건의 공탁서로 작성·제출할 수 있는지 여부

1. 형사사건의 피고인이 법령 등에 따라 피해자의 인적사항을 알 수 없는 경우에 그 피해자를 위하여 하는 변제공탁은 해당 형사사건이 계속 중인 법원 소재지의 공탁소에 할 수 있고, 형사공탁의 공탁서에는 공탁물의 수령인(피공탁자)의 인적사항을 대신하여 해당 형사사건의 재판이 계속 중인 법원과 사건번호, 사건명, 조서, 진술서, 공소장 등에 기재된 피해자를 특정할 수 있는 명칭을 기재하고, 공탁원인사실로서 피해발생시점, 피해장소, 채무의 성질을 특정하는 방식으로 기재하여야 한다.

2. 공소장 등에 피해자들의 성명이 실명 또는 가명[예시: 홍길동(가명)]으로 기재되어 있고 각 피해자에 대한 공탁원인사실(피해발생시점, 피해장소, 채무의 성질)이 구체적으로 일치하는 경우는 일괄하여 1건의 공탁서로 작성·제출할 수 있다.

3. 이와 달리 ① 각 피해자들의 성명이 실명 또는 가명으로 기재되어 있더라도 공탁원인사실(피해발생시점, 피해장소, 채무의 성질)이 다른 경우, ② 피해자의 성명이 비실명 처리되어 공탁서 기재에 의하여 피공탁자 특정이 어려운 경우에는 각 피해자별로 각 1건의 공탁서를 작성하여 제출하는 방식으로 한다(2024.6.13. 사법등기심의관 - 3074 직권선례).

참고 **형사공탁 관련 묻고 답하기**

1. 제도안내

Q1 형사공탁특례 제도를 도입하게 된 취지와 이유가 궁금합니다.

• 형사사건과 관련하여 피고인이 변제공탁을 하기 위해서는 피해자의 성명, 주민등록번호, 주소 등의 인적 사항을 알아야 하는데, 형사사건은 민사와 달리 피공탁자가 범죄피해자라는 특성상 피공탁자의 인적사항을 확인하기 어려운 경우가 많아 피고인이 불법적인 수단을 동원하여 피해자의 인적사항을 알아내고 해당 피해자를 찾아가 합의를 종용하고 협박하는 등 2차 피해가 많이 발생하였습니다.

• 형사공탁특례 제도를 도입하여 형사사건에 있어서 피고인은 공탁서에 피해자의 인적사항 대신에 공소장 등에 기재된 피해자를 특정할 수 있는 명칭이나 사건번호 등을 기재하는 방법으로 공탁을 할 수 있게 함으로써 피해자의 사생활을 보호하고, 피해회복을 도모하는 동시에 피해자의 인적사항을 모르는 경우에도 공탁할 수 있는 기회를 부여하고자 함이 형사공탁특례 제도의 목적입니다.

Q2 형사공탁의 절차는 어떻게 진행되나요?

• 형사사건의 피고인이 해당 형사사건이 계속 중인 법원(이하, "법원"이라 합니다) 소재지 공탁소에 신청을 할 수 있습니다.

• 법령 등에 따라 피해자 인적사항을 알 수 없다는 사실을 소명할 수 있는 서면 등을 첨부하여야 합니다.

• 공탁서의 피공탁자 란에는 공소장 등에 기재된 피해자를 특정할 수 있는 명칭과 사건번호 등을 기재합니다.

• 공탁금이 납입되면, 공탁관은 법원과 검찰에 공탁사실 통지를, 전자공탁홈페이지 등에 형사공탁 공고를 하게 됩니다.

• 피해자가 공탁금을 출급할 때에 필요한 '동일인 증명서'는 법원 또는 검찰에서 발급하여 관할 공탁소에 송부합니다.

• 공탁소를 방문하여 공탁금출급청구서를 작성한 후 첨부서면과 함께 공탁관에게 제출하여 공탁금을 출급할 수 있습니다.

[공탁법 제5조의2 주요 내용]

관련 조문	상세 내용
토지관할(제1항)	해당 사건이 계속 중인 법원 소재지 공탁소
공탁자(제1항)	형사피고인으로 한정
공탁원인(제1항)	법령 등에 따라 피해자의 인적사항을 알 수 없는 경우
피공탁자 기재(제2항)	해당 형사사건의 재판이 계속 중인 법원, 사건번호, 사건명, 조서·진술서·공소장 등에 기재된 피해자를 특정할 수 있는 명칭을 기재
공탁원인사실 기재(제2항)	피해발생시점, 채무의 성질을 특정하는 방식으로 기재
공탁통지 방식(제3항)	인터넷 홈페이지 공고로 갈음
공탁물 수령 시 피공탁자 동일인 확인서면(제4항)	법원이나 검찰이 발급한 증명서에 의함

Q3 형사공탁이 기존 형사변제공탁과 다른 점은 무엇일까요?

• 형사변제공탁은 민법 제487조의 변제공탁으로 "수령거절, 수령불능, 과실 없이 채권자를 알 수 없음"을 공탁원인으로 하고, 공탁자는 공탁서에 피공탁자의 인적사항(성명, 주민등록번호, 주소)을 기재하는 방식으로 피공탁자를 특정하여야 합니다.

• 공탁법 제5조의2(형사공탁특례)는 민법 제487조 변제공탁의 특칙으로서 "법령 등에 따라 피해자의 인적사항을 알 수 없음"을 공탁원인으로 하고, 피공탁자의 인적사항(성명, 주민등록번호, 주소)을 대신하여 "공소장 등에 기재된 피해자를 특정할 수 있는 명칭" 등을 기재하는 방식으로 피공탁자를 특정할 수 있습니다.

• 따라서 해당 형사사건의 적용법령 등에서 피해자 인적사항의 공개를 금지하고 있지 않고, 피고인이 피해자의 인적사항을 알고 있는 경우에는 민법 제487조의 형사변제공탁을 할 수 있습니다.

[기존 형사변제공탁과 형사공탁의 차이점 개괄]

구분	형사변제공탁	형사공탁
피공탁자 기재사항	성명, 주민등록번호, 주소	성명(성·가명), 형사사건번호
공탁통지 방법	피공탁자 주소지에 배달증명	인터넷 공고
형사공탁사실 통지	–	공탁관 → 법원 및 검찰
동일인 증명서 발급	–	법원 또는 검찰 → 공탁소
출급청구 시 첨부서류	공탁통지서, 신분증(인감증명서 등)	신분증(인감증명서 등)

Q4 피해자가 형사공탁금을 출급하게 되면 민사재판 등으로 치료비나 위자료를 더 이상 청구할 수 없나요?

• 공탁금액이 치료비나 위자료에 미치지 못하는 등 공탁금액 등에 대하여 다툼이 있는 경우 피공탁자는 공탁금출급청구시 "이의유보의 의사표시"를 하게 되면 공탁자가 공탁한 취지대로 채무소멸의 효과가 발생하는 것을 방지할 수 있습니다.

• 구체적으로 이의유보의 의사표시는 공탁금출급청구서 "청구 및 이의유보사유" 란에 이의유보의 취지를 기재하면 됩니다("이의유보하고 출급함").

• 위와 같이 이의유보의 의사표시를 하고 공탁금을 출급하게 되면 나머지 치료비, 위자료 등에 대하여도 다시 민사소송 등의 방법으로 청구할 수 있습니다.

2. 적용대상

Q5 피내사자나 형사피의자의 경우에도 형사공탁을 할 수 있나요?

• 공탁법 제5조의2(형사공탁의 특례)에서는 "형사사건의 피고인"이 형사공탁을 할 수 있다고 규정하고 있기 때문에 공소가 제기되기 전 단계인 피내사자나 형사피의자는 공탁법 제5조의2(형사공탁의 특례)에 근거한 형사공탁신청을 할 수 없고, 민법 제487조에 따른 형사변제공탁절차에 의하여야 합니다.

Q6 성명불상자를 피공탁자로 하여 형사공탁이 가능한가요?

• 공탁은 공탁자가 단독으로 할 수 있고 그로 인하여 채무소멸 등 법률효과가 발생하기 때문에 피공탁자의 출급청구권 행사 등을 보장하기 위하여 공탁자는 피공탁자 지정의무를 부담합니다(대판 1997.10.16, 96다11747 등 참조).

- 법령 등에 따라 피해자의 인적사항을 알 수 없는 경우에 할 수 있는 형사공탁의 경우도 공탁자는 피해자 인적사항을 대신하여 공소장 등에 기재된 "피해자를 특정할 수 있는 명칭"을 기재하고, "피해발생시점과 채무의 성질"을 특정하는 방식으로 피공탁자를 지정할 수 있습니다(공탁법 제5조의2 참조).
- 공소장 등에 피해자가 "성명불상자"로 기재된 경우 피해자는 특정되지 않았기 때문에 공탁서의 피공탁자 성명 란에 "성명불상자"라고 기재하고, 관련 형사사건번호와 피해발생사실 등을 기재했다고 하더라도 피공탁자는 특정되었다고 볼 수 없습니다.
- 또한 피공탁자 성명 란에 "성명불상자"로 기재하게 되면 공탁사실통지서를 송부받은 법원 또는 검찰에서는 피해자가 특정되지 않아 동일인 증명서가 발급되지 않을 수 있습니다.
- 피해자 인적사항 공개에 따른 2차 피해방지가 형사공탁특례의 주된 도입 취지인데, "성명불상자"의 경우 형사공탁특례의 도입 취지와 무관하다는 점에서 "성명불상자"를 피공탁자로 하는 형사공탁을 인정하는 것은 적절치 않습니다.

Q7 주식회사 등 법인의 경우에도 형사공탁의 피공탁자가 될 수 있나요?

- 피해자의 인적사항 공개에 따른 2차 피해방지가 형사공탁특례의 주된 도입 취지라는 점, 주식회사 등 법인이 피해자인 형사사건의 경우 형사공탁의 요건인 "법령 등에 따라 피해자의 인적사항을 알 수 없을 경우"에 해당하지 않을 것으로 보이는 점에서 주식회사 등 법인을 피공탁자로 하는 형사공탁은 인정하기 어려울 것으로 보입니다.
- 주식회사에 대한 합의금 등의 공탁은 민법 제487조의 변제공탁절차에 의할 수 있습니다.

Q8 과실치상죄로 기소된 피고인이 형사공탁을 한 후 피해자가 사망한 경우 그 상속인들은 어떻게 공탁금을 출급할 수 있나요?

- 형사공탁이 성립할 당시에는 피공탁자가 생존해 있었지만, 그 후 사망한 경우에도 공탁소에서 공탁사실통지서를 송부 받은 법원 또는 검찰은 동일인증명서를 발급하여 공탁소에 송부하게 되므로 피공탁자의 상속인은 상속을 증명하는 서면 등을 첨부하여 상속인이라는 사실을 소명하여야 합니다.
- 상속인은 공탁금출급청구서에 상속증명서면 등을 첨부하여 피공탁자의 상속인이라는 사실을 소명하고, 공탁금 출급청구를 할 수 있습니다.

Q9 강도살인죄 등 해당 형사사건의 피해자가 공탁신청 시 이미 사망한 경우에도 형사공탁이 가능한가요?

- 강도살인죄 등 피해자가 사망한 형사사건의 경우 피해자의 상속인은 피해자 사망시점에 발생한 손해배상채권 등을 상속받을 뿐만 아니라 유족으로서 고유의 손해배상채권을 가지며 범죄피해자 보호법상 범죄피해자(범죄행위로 피해를 당한 사람과 배우자, 직계친족, 형제자매)에 해당한다는 점에서 형사공탁 위 "피해자"에 해당한다고 볼 수 있습니다.
- 또한 피고인이 유족과의 합의를 위하여 유족의 인적사항을 알아내려고 불법적인 수단을 동원할 수 있고, 그 과정에서 피해자 유족에게 2차 가해가 행해질 수 있다는 점에서 형사공탁을 인정할 실익이 있습니다.
- 따라서 피고인은 사망한 피해자의 상속인에 대한 피해배상을 위하여 수사기록이나 재판기록의 열람을 신청하였지만 피해자나 상속인의 인적사항에 대한 열람이 불허되어 피해자 상속인의 인적사항을 알 수 없는 경우 형사공탁을 신청할 수 있습니다.
- 피공탁자 성명 란에는 공소장 등에 기재된 피해자 명칭을 기재하되, 괄호로 "사망" 사실을 기재합니다. 형사공탁절차상 불가피하게 사망한 피해자를 피공탁자 란에 기재하지만 실질적으로 그 상속인에 대한 공탁으로 해석할 수 있습니다.

- 가령, 공소장 등에 범죄로 사망한 피해자가 "홍○○"으로 기재된 경우 피공탁자 성명 란에 "홍○○(사망)"과 같이 기재하고, 공탁원인사실 란에는 "사망한 피해자나 상속인의 인적사항에 대한 열람이 불허되는 등의 사정으로 그 인적사항을 알 수 없으므로 공탁한다."는 방식으로 구체적인 공탁원인을 기재합니다.
- 상속인은 공탁금출급청구서에 상속관계서류 등을 첨부하여 피공탁자의 상속인이라는 사실을 소명하고, 공탁금 출급청구를 할 수 있습니다.

Q10 공무집행방해죄의 경우에도 공무원을 피공탁자로 한 형사공탁이 가능한가요?
- 형사공탁의 경우 대상범죄를 소송절차촉진 등에 관한 특례법 제25조 제1항 배상명령의 대상범죄로 제한하자는 논의도 있지만 공탁법 제5조의2에서 그 대상채무를 제한하지 않고 있으며 형식적 심사권만 갖는 공탁관의 심사범위를 고려할 때 국가적·사회적 법익에 관한 범죄를 일률적으로 배제하는 것은 적절치 않습니다.
- 국가적·사회적 법익에 관한 범죄라고 하더라도 해당 범죄의 부수적 보호법익까지 고려하여 실질적인 피해회복을 할 수 있는 피해자가 존재하는지를 기준으로 판단할 필요가 있습니다.
- 공무집행방해죄의 피해공무원이 처벌불원의사를 표시할 수 있고 합의의 상대방이 될 수 있는 점과 현재 실무상 피해공무원을 피공탁자로 하여 민법 제487조 형사변제공탁이 이루어지고 있다는 점 등을 고려할 때 공무집행방해죄의 피해공무원을 피공탁자로 한 형사공탁은 가능할 것으로 보입니다[양형위원 회 홈페이지(https://sc.scourt.go.kr) - "양형기준" 참조].

참고 공탁신청절차

Q11 형사공탁 신청절차와 그 심사는 어떻게 이루어지나요?
- 형사공탁서를 작성한 후 공탁소를 방문하여 첨부서면과 함께 제출합니다.
- 공탁서에는 피공탁자, 공탁원인사실, 법령조항을 기재합니다.
- 첨부서면으로 형사재판이 계속 중인 법원을 확인할 수 있는 서면·법령 등에 따라 피해자의 인적사항을 알 수 없음을 소명하는 서면을 첨부하여야 합니다.
- 공탁관은 형사공탁특례 법령에서 정하고 있는 공탁사유가 존재하는지 여부, 서식, 기재사항, 첨부서류 등의 적식을 갖춘 신청인지 여부 등을 공탁서와 첨부서면에 의하여 형식적으로 심사하게 됩니다.
- 공탁관의 심사결과 적법한 공탁신청인 경우 공탁신청을 수리하여 공탁서를 공탁자에게 내주고, 공탁자는 공탁금을 공탁금 보관은행에 납입하게 되고 (가상계좌에 의한 납입 가능) 공탁자가 공탁금을 보관은행에 납입한 때 공탁의 효력이 발생합니다.
- 형사공탁사실을 전자공탁홈페이지, 대법원홈페이지에 형사공탁사실을 공고하고 법원과 검찰청에 형사공탁사실을 통지하게 됩니다.

Q12 형사재판이 계속 중인 법원임을 소명하기 위해서는 어떤 서면을 첨부하여야 하나요?
- 공탁법 제5조의2(형사공탁의 특례)에서 "해당 형사사건이 계속 중인 법원 소재지의 공탁소"에 관할을 인정하고 있습니다.
- 공탁관이 해당 형사사건이 계속 중인 법원을 확인할 수 있는 "대법원홈페이지 사건조회 화면을 출력한 서면"이나 "공판 계속 증명원 사본" 등을 첨부할 수 있습니다.

Q13 부산지방법원에서 재판을 받고 있는 피고인이 피해자의 주소지인 서울중앙지방법원 공탁소에 형사공탁 신청을 할 수 있나요?

• 공탁법 제5조의2 제1항에서 형사공탁은 해당 형사사건이 계속 중인 법원 소재지 공탁소에 할 수 있다고 규정함으로써 "형사사건이 계속 중인 법원 소재지 공탁소"에 토지관할을 인정하고 있습니다.

• 또한 형사공탁은 민법 제487조의 변제공탁의 특례로서 변제공탁의 성질을 가집니다. 따라서 민법 제488조에 따라 채무이행지인 피공탁자의 주소지를 관할하는 공탁소에도 공탁할 수 있다고 볼 수도 있습니다.

• 하지만 형사공탁특례의 요건이 피해자의 주소 등 인적사항을 알 수 없는 경우라는 점과 피공탁자의 주소지를 관할하는 공탁소에 해당하는지 그 주소를 소명하는 서면을 첨부하여야 하는데, 주소소명서면이 첨부된 경우 민법 제487조 형사변제공탁절차에 의한다는 점에서 피공탁자 주소지 관할공탁소에 대한 형사공탁신청은 어려울 것으로 보입니다.

Q14 서울중앙지방법원 공탁소에 형사공탁이 되었는데 부산지방법원 공탁소에서 출급이 가능한가요?

• 금전변제공탁신청이나 금전지급청구하는 경우에 관할공탁소가 아닌 공탁소에 공탁신청이나 지급청구서를 접수하여 처리할 수 있습니다(관할공탁소 이외 공탁소에서의 공탁사건처리지침 행정예규 제1167호).

• 사례의 경우 관할공탁소가 서울중앙지방법원 공탁소, 접수공탁소가 부산지방법원 공탁소가 됩니다. 그런데 관할공탁소와 접수공탁소가 동일한 특별시, 광역시 내 소재하는 경우 위와 같은 관할 외 공탁소에 공탁신청, 지급청구를 할 수 없습니다.

• 다만, 원격지 공탁소를 이용하여 공탁금 출급청구를 하는 경우 동일인 증명서가 관할공탁소에 송부되어 있어야 합니다. 따라서 원격지 공탁소를 방문하시기 전에 관할공탁소 또는 발급기관(법원·검찰)에 동일인 증명서 송부 여부를 전화로 문의하는 것이 바람직합니다.

[신청방식 개괄]

형사공탁 특례	방문 신청	전자 신청	원격지 신청 (관할공탁소 이외 공탁소)
공탁신청	○	○	○
지급신청	○	×	○
공탁서 정정신청	○	×	×
열람·사실증명 신청	○	×	×

Q15 전자공탁시스템을 이용하여 형사공탁이 가능한가요?

• 전자공탁시스템을 이용한 형사공탁신청은 가능하지만 여러 가지 사정상 전자공탁시스템을 이용한 출급청구는 이용할 수 없습니다. 향후 전자공탁시스템 고도화 사업을 통하여 출급청구도 가능하도록 개발할 예정입니다.

Q16 공탁서에 반대급부를 기재할 수 있나요?

• 실체법상 동시이행의 관계에 있는 채무를 변제공탁할 경우 공탁자는 공탁서의 반대급부의 내용 란에 피공탁자가 이행하여야 할 반대급부의 내용을 기재할 수 있고, 피공탁자는 공탁금을 출급하기 위해서는 반대급부이행증명서면을 제출하여야 합니다.

• 피고인이 양형에 참작 받을 목적으로 치료비, 위자료 등 손해배상금을 형사공탁을 한 경우 형사공탁한 사실이 양형에 참작될지 여부는 재판부 판단사항이라는 점에서 실체법상 동시이행관계에 있는 것이 아니므로 공탁서에 반대급부를 기재해서는 안 됩니다.

Q17 공탁서에 어떤 법령조항을 기재해야 하나요?

• 공탁근거 법령조항은 공탁의 권리 또는 의무를 규정하고 있는 공탁근거 법령의 조항을 적어야 하고, 다른 종류의 공탁과 구별하여 공탁관이 심사를 할 수 있는 방향을 제시하는 기능을 합니다. 형사공탁의 경우 공탁을 할 수 있음을 규정하는 공탁법 제5조의2를 기재하면 됩니다. 형사공탁서 법령조항 란에 "공탁법 제5조의2"가 부동문자로 기재되어 있기 때문에 공탁자가 별도 기재할 필요는 없습니다. 공탁소에서 전산시스템 입력 시 공탁근거 법령조항 란은 공탁법 제5조의2가 자동으로 입력되어 있으므로 별도로 입력할 필요가 없습니다.

Q18 공탁서상 피공탁자 성명 란은 어떻게 기재하나요?

• 피공탁자의 성명은 공소장 등에 기재된 피해자를 특정할 수 있는 명칭을 기재하고, 피해자의 성명 중 일부가 비실명(기호 등)이나 가명으로 되어 있는 경우에도 그대로 기재하되, 가명으로 기재된 경우는 괄호하여 가명임을 표시합니다.

• 따라서 공소장 등에 피해자의 성명이 기재되어 있는 경우에는 공탁서에 그 성명을 기재하면 되고, 일부가 비실명 또는 가명으로 기재되어 있는 경우에는 공탁서에도 그대로 기재하여야 합니다[기재례 : 홍길동, 홍길, 홍□동, 성춘향(가명)].

• 공소장에 기재된 피해자를 특정할 수 있는 명칭을 기재한다면 공소장을, 진술서에 피해자를 특정할 수 있는 명칭을 기재한다면 진술서를 첨부서류로 제출하여야 합니다. 또한 피공탁자의 주민번호와 주소도 기재하지 않는데(공탁규칙 제82조), 형사공탁서에는 피공탁자 주민등록번호와 주소를 기재하는 란 자체가 없습니다.

금전공탁서(형사공탁)

공탁번호		년 금 제 호		년 월 일 신청	법령조항	공탁법 제5조의2
공탁자	성명 (상호, 명칭)		피공탁자	성명		1. 홍길동 2. 홍길○ 3. 홍□동 4. 성춘향(가명)
	주민등록번호 (법인등록번호)			법원의 명칭과 사건번호 및 사건명		
	주소 (본점, 주사무소)			검찰청의 명칭과 사건번호		
	전화번호					

Q19 피고인이 피해자의 실명을 알고 있는 경우 공탁서에 실명을 기재해야 하나요?

• 피고인은 "공소장 등에 기재된 피해자를 특정할 수 있는 명칭"을 기재하여야 합니다. 따라서 피고인이 피해자의 실명(홍길동)을 알고 있더라도 공소장 등에 피해자를 특정할 수 있는 명칭(홍길)인 "홍길"으로 기재하여야 합니다.

Q20 피고인이 공탁서에 피해자 실명을 기재한 경우 외부에 피해자 실명이 공개되나요?

- 공소장에 피해자 실명이 기재되어 있고, 공소장을 첨부하여 형사공탁을 하는 경우 공탁서의 피공탁자 성명 란에는 피해자 실명을 기재하여야 합니다.
- 전산입력 시 피해자 성명은 비실명처리가 되어 열람이나 사실증명은 피공탁자 성명을 비실명 처리한 후 제공하게 됩니다.
- 형사공탁 공고 시에도 피공탁자 성명은 전산입력된 형태로 비실명 처리되어 제공됩니다.
- 단, 해당 형사사건이 계속 중인 법원과 검찰에 보내는 형사공탁사실통지서에는 피공탁자 실명을 기재하여야 합니다. 형사공탁사실통지서에 피공탁자 성명은 "공소장에 기재된 피해자를 특정할 수 있는 명칭"을 그대로 기재하여야 법원, 검찰에서 동일인 증명서를 발급할 수 있기 때문입니다.

Q21 공탁서상 공탁원인사실 란은 어떻게 기재하나요?

- 공탁원인사실이란 공탁의 권리・의무를 규정한 해당 공탁근거 법령의 공탁요건사실을 의미하는데, 주로 채권발생원인, 채무액, 이행기, 이행지, 특약유무 등을 공탁원인사실 란에 기재하게 됩니다.
- 형사공탁의 경우 피해발생시점, 피해장소, 채무의 성질을 특정하는 방식으로 기재하여야 합니다(공탁법 제5조의2 제2항 및 형사공탁에 관한 업무처리지침 제5조 등 참조).
- 특히 형사공탁 요건에 해당하는 사항으로서 피해자의 인적사항을 알 수 없는 사유를 구체적으로 기재하여야 합니다.

Q22 법원・검찰에 대한 피해자의 인적사항에 대한 열람・복사가 불허가되어 인적사항을 알 수 없는 경우 공탁원인사실 기재방법은?

- 피해자의 피해회복을 위하여 그 인적사항이 기재된 수사기록 또는 재판기록에 대한 열람・복사신청을 하였으나 불허되어 인적사항을 알 수 없게 된 사정을 공탁원인사실 란에 구체적으로 기재하면 됩니다.
- 또한 공탁관이 공탁신청서 심사 시 이를 확인할 수 있도록 첨부서면으로 피해자 인적사항에 대한 열람・복사신청이 불허가된 재판기록 또는 수사기록 열람・복사신청서 사본을 제출하여야 합니다.

Q23 "법령 등에서 피해자의 인적사항 공개를 금지하고 있음"을 이유로 형사공탁을 하려는 경우 공탁원인사실을 어떻게 기재해야 하나요?

금전공탁서(형사공탁)

<table>
<tr><th colspan="2">공탁번호</th><th>년 금 제 호</th><th colspan="2">년 월 일 신청</th><th>법령조항</th></tr>
<tr><td rowspan="4">공탁자</td><td>성명
(상호, 명칭)</td><td></td><td rowspan="4">피공탁자</td><td>성명</td><td>1. 홍길동
2. 홍길○
3. 홍□동
4. 성춘향(가명)</td></tr>
<tr><td>주민등록번호
(법인등록번호)</td><td></td><td rowspan="2">법원의 명칭과
사건번호 및
사건명</td><td rowspan="2"></td></tr>
<tr><td>주소
(본점, 주사무소)</td><td></td></tr>
<tr><td>전화번호</td><td></td><td>검찰청의
명칭과 사건번호</td><td></td></tr>
<tr><td colspan="2" rowspan="2">공탁금액</td><td>한글</td><td colspan="2" rowspan="2">보관은행</td><td rowspan="2">은행 지점</td></tr>
<tr><td>숫자</td></tr>
</table>

공탁원인사실	공탁자는 0000. 0. 0. 00:00경 0시 00구 00로 0길 0. 00식당 앞에서 피해자 홍길〇을 폭행한 사실과 관련하여 손해배상금(피해보상금, 형사위로금, 위자료 등)을 홍길〇에게 지급하려 하였으나 재판기록·수사기록 중 피해자의 인적사항에 대한 열람·복사 불허가 등의 사유로 인하여 피해자의 인적사항을 알 수 없으므로 이를 공탁함

• 이 경우 "성폭력범죄의 처벌 등에 관한 특례법 제24조"와 같이 구체적인 법조문까지 기재하거나, "성폭력범죄의 처벌 등에 관한 특례법"과 같이 법령 명칭만 기재해도 됩니다.

Q24 해당 형사사건에 적용되는 법령 등에서 피해자의 인적사항 공개를 금지하고 있는지 여부를 알 수 없는 경우에는 형사공탁을 할 수 없나요?

• 형사공탁의 대상 범죄에 피해자 인적사항 공개금지 규정이 적용되는지 여부가 불분명할 경우 피해자 인적사항이 기재된 재판기록 등에 대한 열람신청을 하여 불허가된 경우 그 사정을 소명하여 형사공탁을 할 수 있습니다. 이 경우 피해자 인적사항 공개를 불허하는 재판장 등의 열람·복사신청서 사본을 첨부 서류로 제출해야 합니다.

Q25 해당 형사사건에 적용되는 법령 등에서 피해자의 인적사항 공개를 금지하고 있음을 확인할 수 있는 서면에는 어떤 것이 있나요?

• 형사공탁의 해당 형사사건에 적용되는 법령 등에서 피해자의 인적사항 공개를 금지하는 경우가 있습니다. 이 경우 적용법령을 확인할 수 있는 공소장 등을 제출하면 됩니다.

• 가령, 성폭력범죄의 처벌 등에 관한 특례법 제24조에서 피해자 인적사항 공개를 금지하고 있는데, 형사공탁의 형사사건 공소장에 대상 범죄의 적용법조가 "성폭력범죄의 처벌 등에 관한 특례법 제4조"로 기재된 경우 동법 제24조가 적용되어 피해자 인적사항 공개가 금지됨을 확인할 수 있습니다. 따라서 이 경우 공소장만 제출하면 됩니다.

Q26 공탁자의 공탁신청 시 공탁통지서를 첨부하고 우편료를 납입해야 하나요?

• 공탁자가 피공탁자에게 공탁통지를 하여야 할 경우에는 피공탁자의 수만큼 공탁통지서를 첨부하여야 하고, 소정의 우편료를 납입하여야 합니다(공탁규칙 제23조 제1항, 제2항 참조).

• 하지만 형사공탁은 민법 제487조 변제공탁의 특칙으로서 피공탁자에게 공탁통지서를 발송하지 않고, 공고로 갈음하기 때문에 공탁통지서를 첨부할 필요가 없고, 그에 따른 우편료도 납입하지 않습니다.

Q27 재판기록, 수사기록 중 피해자의 인적사항에 대한 열람·복사를 할 수 없는 등의 사정으로 피해자의 인적사항을 알 수 없음을 확인할 수 있는 서면은 어떤 것인가요?

• 형사공탁특례 사유로서 피해자의 인적사항에 대한 열람·복사를 할 수 없는 등의 사정으로 피해자의 인적사항을 알 수 없는 경우에는 열람 등이 불허가된 재판기록 열람·복사신청서(전산양식 A2200) 사본을 제출하면 됩니다.

• 한편 검사가 보관하고 있는 서류 등에 대한 열람·복사 또는 서면의 발급이 거부되거나 범위가 제한되어 피해자의 인적사항을 알 수 없는 경우에는 검찰에서 발급받은 열람·등사 거부 또는 범위제한통지서를 제출하면 됩니다(형사소송법 제266조의3 제2항, 검찰사건사무규칙 별지 제222호 서식 참조).

Q28 해당 형사사건이 계속 중인 법원을 확인할 수 있는 서면에 '대법원 사건검색 출력물'도 포함되나요?

• 해당 형사사건이 계속 중인 법원을 확인할 수 있는 서면으로 대법원 사건검색출력물이나 공판 계속 증명원 사본 등을 제출할 수 있습니다.

- 대법원 사건검색 출력물이나 공판 계속 증명원이 출력 또는 발급된 후 상당 기간이 지난 시점에 공탁을 신청한 경우에는 관할 확인을 위하여 형사사건의 진행상황을 확인할 필요가 있습니다(대법원 사건검색을 통해 형사사건의 이송 또는 상소 여부 확인 등).

Q29 형사공탁 회수제한신고는 어떻게 하나요?

- 변제공탁절차에서 공탁자는 민법 제48조에 기하여 공탁금을 회수할 수 있습니다. 하지만 형사공탁은 공탁법 제5조의2를 근거법령으로 하며 변제공탁의 특례로서 피해자의 실질적 피해회복을 목적으로 합니다. 따라서 공탁자는 해당 형사사건에서 무죄확정판결이 있거나 피공탁자가 동의하는 경우에만 공탁금을 회수하겠다는 취지의 공탁금 회수제한신고를 하게 됩니다.
- 공탁자는 공탁신청 시에 형사공탁서 하단 "회수제한신고" 란에 기명날인 또는 서명의 방법으로 회수제한신고를 할 수 있습니다.
- 한편 형사재판에서 민법 제487조에 기한 형사변제공탁서가 제출된 경우에도 공탁사실을 양형에 참작할 때에는 공탁금회수제한신고서가 첨부되었는지 여부를 확인하도록 하고 있습니다(재형 2000-4 참조).

참고 형사공탁 공고 및 사실통지

Q30 피해자는 자신 앞으로 공탁된 사실을 어떻게 알 수 있나요?

- 형사공탁이 성립되면 공탁관이 전자공탁홈페이지와 대법원 홈페이지에 "형사공탁 공고"를 하게 되는데, 이 공고 화면을 조회하면서 공탁된 사실을 알 수 있습니다.
- 또한 법무부 형사사법포털, 대한변호사협회홈페이지, 대한법무사협회홈페이지 등 유관기관의 홈페이지 배너를 통해서도 형사공탁공고페이지에 접속할 수 있습니다.
- 형사공탁이 성립된 후 공탁관으로부터 공탁사실 통지를 받은 법원과 검찰이 피해자 측에 형사공탁사실 고지를 할 수 있는데, 이로 인하여 공탁사실을 알 수 있습니다.

Q31 공탁관은 어떤 방식으로 형사공탁사실 통지를 하게 되나요?

- 형사공탁사실통지서는 공탁전산시스템을 통하여 공탁사건 정보와 공탁당사자 정보가 자동생성되는데, 이를 출력한 후 그 통지서 원본을 사건별/피공탁자별로 우편 또는 사송의 방법으로 송부한 후 통지서 사본을 공탁기록에 편철합니다.
- 공탁소에서 법원과 검찰에 형사공탁사실 통지를 하게 되면 법원과 검찰은 피해자 측에 공탁사실 고지를 할 수 있고, 형사공탁 통지를 받은 법원 또는 검찰은 동일인 증명서를 발급하여 공탁소로 송부하게 됩니다.
- 개정된 공탁규칙과 그에 따른 시스템 개선으로 피공탁자별로 형사공탁사실통지서에 '문서확인번호'가 자동 생성되어 출력되고, 형사재판부에서는 발급 담당자가 동일인 증명서를 발급하면서 위 '문서확인번호'를 직접 입력하여 발급하게 됩니다. 공탁관은 위 각 문서의 '문서확인번호'를 대조하여 동일인 증명서 진위 여부를 확인합니다.

Q32 공탁소에서 검찰로 형사공탁사실통지서 원본을 송부하기 전에 먼저 팩스전송을 하나요?

- 판결선고가 임박한 시점에 기습적으로 형사공탁이 이루어질 경우 피해자는 물론 검사도 형사공탁이 이뤄진 사실을 모른 채 형사재판절차에서 충분한 진술을 할 기회가 부여되지 않을 위험이 있습니다.
- 따라서 형사공탁이 성립된 후 공탁관은 검찰에 형사공탁사실통지서 원본을 송부하기 전에 먼저 팩스로 전송합니다.

Q33 수 개의 공소장을 첨부하여 형사공탁한 경우 공소장에 기재된 검찰청이 다를 때 모든 검찰청에 형사
공탁사실통지서를 송부해야 하나요?

• 공탁관은 해당 형사사건이 계속 중인 법원과 그 법원에 대응하는 검찰청에 형사공탁사실통지서를 송부
하여야 합니다.

• 따라서 공탁자가 제출한 "대법원홈페이지 사건조회 출력물"이나 "공판계속 증명원 사본" 등을 통해 형사
재판이 계속 중인 법원을 확인하여 각 법원에 대응하는 검찰청에 형사공탁사실통지서를 송부합니다.

• 한편 위 공소제기된 사건을 관련사건으로 병합심리하는 경우라면 병합한 형사사건이 계속 중인 법원에
대응하는 검찰청에 송부합니다.

Q34 형사공탁사실통지서는 문건으로 접수하나요?

• 형사공탁사실통지서는 추후 동일인 증명서 발급업무에 참고하도록 공판기록에 편철됩니다. 따라서 기존
형사문건의 대면 또는 우편접수 시의 업무례에 따라 문건으로 접수하시면 됩니다. 현재는 형사공탁사실
통지서가 별도의 문건코드로 등록되어 있지 않으므로 법원 문건접수의 방법에 의합니다. [MG101 문건
입력/수정] 화면에서 제출자구분 법원를 선택한 후 제출자 란에 공탁관을 기재하고 제출자명을 기재합니
다(예 '서울중앙지방법원 공탁관 홍길동' 또는 '공탁관 홍길동'). 문서명에는 '형사공탁사실통지서'를 수기
로 입력합니다.

Q35 형사공탁사실 통지를 받은 경우 피해자 변호사 등에게 고지하는 절차는?

• 형사공탁사실 통지를 받은 후 해당 사건에 피해자 변호사가 선임·선정되어 있고 선임계 등이 제출되어
있다면 피해자 변호사에게 형사공탁사실을 고지합니다(공탁규칙 제85조 제2항). 고지는 서면, 전화, 전
자우편, 팩스, 휴대전화 문자전송 그 밖에 적당한 방법으로 할 수 있으며(형사공탁에 관한 업무처리지침
제9조 제5항), [MG545 동일인 확인증명서 출력/고지서 출력]에서 고지서 양식을 출력하고 형사공탁사
실통지서 사실을 첨부하는 방식으로도 가능합니다. 그 밖에 피해자가 형사공탁사실의 고지에 대한 동의
의사를 밝히는 서면을 제출한 경우에도 위와 마찬가지의 방식으로 고지합니다(형사공탁에 관한 업무처
리지침 제9조 제4항 후단).

Q36 피해자에게 형사공탁사실을 고지해야하는 경우는? 피해자의 동의 의사를 확인하기 위하여 피해자마
다 개별적으로 연락하여야 하는지? 피해자에게 동의를 받는 구체적인 방법은?

• 형사공탁에 관한 업무처리지침 제9조 제4항 후문의 '이 경우'는 '제1항, 제2항의 형사공탁사실 통지 또는
형사공탁정정사실 통지를 받은 경우'를 의미합니다. 즉, 재판부가 형사공탁사실의 통지 등을 받았고 피해
자가 고지를 받는 데에 동의한 때에는 피해자에게도 형사공탁사실을 고지합니다(피해자 변호사에 대한
고지와는 별개입니다).

• 다만, 재판부에서 피해자에게 개별적으로 연락하여 고지에 대한 동의 여부를 파악하여야 하는 것은 아닙니다.
법원이 피해자의 인적사항을 관리하고 있지 않은 경우가 적지 않고, 검찰에서 피공탁자에게 형사공탁사실통
지서가 접수된 사실을 서면 등 적절한 방법으로 고지하고 있어 피해자가 이를 통해 형사공탁사실을 확인할
수 있습니다[형사공탁에 관한 업무처리지침 제4조 제3항(대검예규 제1329호)]. 따라서 피해자가 '형사공탁사
실 고지동의서'를 제출함으로써 동의 의사를 자발적으로 밝힌 경우 형사공탁사실을 고지하면 됩니다.

Q37 검찰은 피해자 측에게 어떤 방식으로 공탁된 사실을 고지하나요?

• 검찰의 경우 해당 형사사건의 피공탁자에게 형사공탁사실통지서가 접수된 사실을 서면, 전화, 전자우편,
팩스, 휴대전화 문자전송 등 적절한 방법으로 고지하고, 피공탁자의 변호인이 선임된 경우에는 변호인에

게 형사공탁사실통지서가 접수된 사실을 고지할 수 있습니다.[형사공탁에 관한 업무처리지침(대검예규) 참조].

Q38 공탁소에서 형사공탁사실통지서를 재송부할 때 그 통지서에 문서확인번호가 기재되나요?
• 형사공탁사실통지서를 송부하거나 재송부할 때 '형사공탁에 관한 업무처리지침(예규)'의 [별지 제4호 양식]을 사용하는데 그 양식에 문서확인번호가 기재됩니다.

Q39 개정 공탁규칙 부칙에 규정된 소급적용 대상 사건에 대하여 형사공판기록이 이미 검찰청에 인계된 경우 검찰에만 형사공탁사실통지서를 송부하면 되나요?
• 개정 공탁규칙 제86조 제2항에 따라 동일인 증명서 발급·송부는 공탁의 원인이 된 형사사건이 계속 중인 법원(판결선고 후 기록 송부 전인 경우를 포함한다)이 담당하게 되고, 다만, 「특정범죄신고자 등 보호법」 제7조 및 이를 준용하는 법률 등에 따라 피해자의 인적사항을 범죄신고자 등 신원관리카드에 등재·관리하는 사건 및 이미 확정되어 기록이 검찰로 인계된 사건의 경우에는 검찰이 담당합니다. 따라서 소급적용 대상 사건에 대한 해당 형사공판기록이 이미 검찰청에 인계된 경우 검찰에만 형사공탁사실통지서를 송부합니다.

Q40 위 질문의 경우 검찰에는 1심에 대응하는 검찰청에 송부하면 되는지요?
• 대검찰청·예규인 '형사공탁에 관한 업무처리지침'에 따르면 이미 확정된 형사사건의 경우에는 제1심 법원에 대응하는 검찰청에서 증명서 발급업무를 담당하게 되므로 이 경우 1심에 대응하는 검찰청에 송부하면 됩니다.

Q41 형사공탁 공고는 어떻게 하나요?
• 공탁법 제5조의2(형사공탁의 특례)에서 피공탁자에 대한 공탁통지는 공고로 갈음하게 됩니다.
• [WKT157 형사공탁공고등록]에서 공고할 사건을 사건별/피공탁자별로 각각 체시(공고게시 버튼 활성화)하게 됩니다.
• 공고사항은 자동생성되고, 미리보기 기능을 통하여 공고될 문서를 사전에 열람 및 확인 가능합니다.

Q42 형사공탁 공고내용은 어디서 확인할 수 있나요?
• 형사사건의 피해자가 자신 앞으로 된 공탁금이 있는지를 알고 싶은 경우 먼저 대법원홈페이지와 전자공탁홈페이지 또는 대법원홈페이지의 형사공탁공고 란을 통하여 확인할 수 있습니다.
• 관련사건인 형사사건번호와 검찰사건번호를 통해 조회할 수 있고, 공고문(PDF 전자문서)은 출력과 저장이 모두 가능합니다.
• 그 이외에도 법무부 형사사법포털, 대한변호사협회홈페이지, 대한법무사협회홈페이지 등 유관기관의 홈페이지 배너를 통해서도 형사공탁공고페이지에 접속할 수 있습니다.
• 다만 형사공탁의 경우 피해자인 피공탁자의 인적사항이 기재되어 있지 않기 때문에 전화민원에 대하여 공탁사건을 안내하는 것은 제약이 있을 수 있습니다.

Q43 전자공탁홈페이지 외 유관기관에서 형사공탁 공고문을 어떻게 확인할 수 있나요?
• 피해자인 피공탁자가 형사공탁의 절차와 형사공탁 공고내용 등에 좀 더 쉽게 접근할 수 있도록 전자공탁홈페이지와 유관기관홈페이지를 연계하여 형사공탁 공고문을 확인할 수 있는 배너 등으로 게시하고 있으므로 이를 통하여 확인할 수 있습니다.
  – 법무부의 형사사법포털(https://www.kics.go.kr)

- 대한변호사협회(https://www.koreanbar.or.kr)
- 대한법무사협회(https://kjaar.kabl.kr)

참고 **동일인 증명서 발급 및 공탁금 지급절차**

Q44 동일인 증명서 발급절차 개선에 따라 공탁금 출급절차는 어떻게 달라지나요?
• [개정 전] 공탁관이 법원 및 검찰로 공탁사실 통지 ⇒ 법원, 검찰이 피해자 측에 공탁사실 고지가 이루어질 수 있고 ⇒ 피해자가 법원·검찰에 피공탁자 동일 확인증명서(이하, '동일인 증명서') 발급 신청 ⇒ 피공탁자(피해자)가 동일인 증명서를 첨부하여 공탁금 출급청구
• [개정 후] 공탁관이 법원 및 검찰로 공탁사실 통지 ⇒ 법원·검찰이 피해자 측에 공탁사실 고지가 이루어질 수 있고 ⇒ 법원, 검찰이 동일인 증명서 발급 및 공탁소로 송부 ⇒ 피공탁자(피해자) 공탁금 출급청구
• 개정 전·후 동일인 증명서 발급절차 비교

	현행	개선
발급시기	피공탁자의 발급신청 시	형사공탁사실 통지 접수 시
발급방법	방문 신청, 방문 수령	방문 신청 불요 (증명기관이 발급·송부)
피해자 발급 요청 (발급지연)	×	○
인지대 납부	○	×

• 공탁금 출급(또는 회수동의서 제출)을 위하여 공탁소를 방문하시기 전에 반드시 공탁소에 동일인 증명서가 도달되었는지 여부를 확인하기 바랍니다.
  - 발급기관에서 동일인 증명서를 발급·송부하여 공탁소에 도달하기까지 수일이 소요될 수 있습니다.

Q45 2024.1.26. 이후에는 피공탁자가 형사사건이 계속 중인 법원 등에 동일인 증명서를 신청하지 않고도 바로 공탁소에서 공탁금을 출급할 수 있나요?
• 동일인 증명서 발급절차를 간소화함으로써 피공탁자(피해)가 공탁금에 관한 출급 및 회수동의를 신속히 행사할 수 있도록 위하여 공탁규칙이 개정되어 2024.1.26. 시행되었습니다.
• 공탁관으로부터 공탁사실 통지를 받은 법원과 검찰은 피해자 인적사항을 확인한 후 동일인 증명서를 발급하여 공탁소로 송부하게 됩니다. 따라서 피공탁자는 형사사건이 계속 중인 법원 등에 동일인 증명서 발급신청을 하지 않고, 출급청구서와 나머지 첨부서류를 준비하여 공탁소에서 공탁금을 출급할 수 있습니다. 다만 이 경우 공탁소에 동일인 증명서가 도달하였는지 전화 등의 방법으로 반드시 사전에 확인하기 바랍니다.

Q46 개정 공탁규칙에 따른 동일인 증명서 발급절차 개관
• 일반사건('일반사건'이란 '특정범죄신고자 등 보호법' 등이 적용되어 법원에서 피해자의 인적사항을 알 수 없는 경우('신원관리카드'에 피해자의 인적사항을 기재하여 관리하는 경우를 말함)를 제외한 모든 사건을 의미하며 일반사건에 있어서는 증거기록 제출 여부와는 관계없이 법원이 동일인 증명서를 발급하여야 함)은 법원이, 가명사건(특정범죄신고자 등 보호법 제7조 및 이를 준용하는 법률에 따라 피해자의

인적사항을 조서나 그 밖의 서류를 작성할 때 기재하지 아니하고, 그 인적사항을 신원관리카드에 등재·관리하는 경우를 말함)과 확정되어 기록이 검찰에 인계된 사건은 검찰이 동일인 증명서를 발급하여 공탁소에 송부해야 합니다(검찰의 경우 법원과 달리 동일인 증명서 발급에 관하여 피해자 동의 의사를 확인할 예정입니다). 일반사건이지만 증거기록이 법원에 제출되지 않은 등의 사정으로 피해자 정보를 법원에서 보유하고 있지 않은 경우에 법원은 검찰에 대하여 피해자의 인적사항 정보 제공을 요청하여 동일인 증명서를 발급, 송부합니다.

- 동일인 증명서 발급절차는 발급기관(법원, 검찰)의 업무처리지침에 따라 발급이 이루어지고, 발급이 지연될 경우 피공탁자(피해자)는 각 발급기관에 전화 등 간이한 방식으로 발급요청을 할 수 있습니다.
- 개정된 공탁규칙에 따른 구체적인 동일인 증명서 발급절차(법원)는 아래와 같습니다.

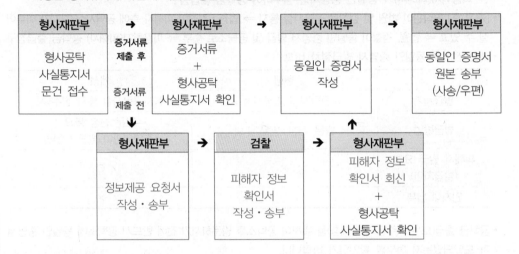

- 발급기관(법원·검찰)은 동일인 증명서를 발급한 후 공탁소로 동일인 증명서 발급사실통지서를 송부하지 않습니다.

Q47 [검찰] 동일인 증명서는 검사 명의로 발급되나요?
- 형사공탁 관련업무는 형사공탁 담당 직원이 해당 사건의 공판업무를 담당하는 검사의 결재를 받아 처리합니다(대검예규 제2조 참조). 따라서 검찰에서 발급한 동일인 증명서는 검사 명의로 발급됩니다.

Q48 개정 공탁규칙의 시행[2024.1.26] 전에 발급받은 동일인 증명서로 공탁금을 출급할 수 없나요?
- 개정 전 규칙과 예규에 따라 피해자 인적사항을 보관하고 있는 법원 또는 검찰에서 적법하게 동일인 증명서를 발급받았고, 발급기관에서 공탁소에 동일인 증명서 발급사실통지서를 송부하여 공탁관이 동일인 증명서 진위 여부를 확인할 수 있다면 공탁금 출급이 가능할 수 있습니다. 다만 구체적인 사안에서 공탁금 출급이 가능한지 여부는 해당 사건을 담당하고 있는 공탁관이 판단할 사항입니다.

Q49 [시스템] 동일인 증명서 발급절차
- WCR545 화면에서 동일인 증명서의 발급 및 출력을 진행할 수 있습니다. 해당 화면에서 형사공탁사실통지서 접수현황을 확인한 뒤 동일인 증명서의 발급을 진행할 수 있습니다.
- 동일인 증명서를 발급함에 있어 종전과 달리 피공탁자의 '연락처'와 형사공탁사실통지서에 기재되어 있는 '문서확인번호'를 추가로 직접 입력해서 발급하여야 합니다.

- 개정된 공탁규칙 및 예규에 따르면 공탁소에서 송부한 형사공탁사실통지서가 접수되면 법원 또는 검찰은 특별한 사정이 없는 한 지체 없이 동일인 증명서를 발급하여 공탁소로 송부하여야 합니다.
- 공탁소에 방문하시기 전에 공탁소나 법원, 검찰에 전화 등의 방법으로 동일인 증명서 발급 및 공탁소 송부 여부에 대하여 확인하는 것이 바람직합니다.

Q50 동일인 증명서에 문서확인번호를 기재하는 이유는 무엇인가요?

- 공탁소에서 피공탁자별로 형사공탁사실통지서를 출력하면 문서확인번호가 자동 생성되어 기재되어 있으며 법원 또는 검찰은 동일인 증명서에 형사공탁사실통지서에 기재되어 있는 문서확인번호를 다시 기재하여 공탁소로 송부하고 공탁관은 공탁서 등 공탁기록과 함께 동일인 증명서에 기재되어 있는 문서확인번호와 형사공탁사실통지서에 있는 문서확인번호를 대조함으로써 피공탁자(피해자)의 동일성을 확인할 수 있습니다.

Q51 동일인 증명서 발급을 위한 피공탁자 인적사항의 확인절차는?

- 일반사건의 경우, 형사공탁사실통지서에 기재되어 있는 피공탁자의 정보와 피해자에 대한 인적사항을 포함하고 있는 재판기록을 찾아 대조하고, 공탁서에 기재된 피공탁자 성명[예 김본명, 김○○, 홍길동(가명)]으로 지칭되는 자가 맞는지 공소장 등이나 조서를 통해 확인하여야 합니다. 수인의 피해자가 있는 사건의 경우에는 피공탁자가 아닌 다른 피해자에 대한 동일인 증명서가 발급되지 않도록 주의하여 확인할 필요가 있습니다.
- 다만, 일반사건에서 검찰이 아직 법원에 증거기록을 제출하지 않아 기록만으로는 피공탁자가 동일인인지 확인하기 어려운 경우에는, 재판장 명의로 검찰에 '피공탁자 정보제공 요구서'를 송부하고, 검찰로부터 피공탁자(피해자)의 인적사항을 제출받아 이를 근거로 동일인 증명서를 발급할 수 있습니다.
- 가명사건의 경우 또는 사건이 확정되어 재판기록이 검찰로 인계된 경우에는 재판기록을 통한 인적사항 확인이 불가능하므로 형사재판부에서 동일인 증명서를 발급하지 않아도 됩니다. 다만, 일반사건의 경우 사건이 확정되기 전 형사공탁사실통지서가 접수된 경우에는 법원이 동일인 증명서를 발급하여야 하므로 이를 누락하지 않도록 검찰에 재판기록을 인계하기 전에 발급 여부를 반드시 확인하여야 합니다.

Q52 해당 형사사건 진행 경과에 따라 동일인 증명서를 발급하는 기관은?

- 동일인 증명서의 발급은 ① 일반사건인지 가명사건인지 여부, ② 해당 형사사건의 확정 여부에 따라 발급 주체가 달라집니다.
- 한편, 판결이 확정되었으나 검찰에 기록이 인계되기 전 단계에서 동일인 증명서를 어느 기관이 발급해야 하는지가 문제될 수 있는데, 동일인 증명서를 발급하려면 형사공탁사실통지서의 기재내용과 재판기록을 대조하여 확인하는 절차가 필요한 사정 등을 고려할 때 법원에서 동일인 증명서를 발급하게 됩니다.

법원 발급	검찰 발급
판결 확정 전 일반사건 (증거기록 제출 여부 불문)	가명사건
	일반사건 중 판결 확정 이후 재판기록 일체가 검찰에 인계된 경우

Q53 형사공탁사실 통지를 받은 법원과 동일인 증명서를 발급하는 법원의 심급이 달라도 상관없나요?

- 형사공탁에 관한 내용을 통지받은 법원은 특별한 사정이 없는 한 지체 없이 동일인 증명서를 발급하여 공탁소로 송부하여야 하므로(개정 공탁규칙 제86조 제1항), 형사공탁사실 통지를 받은 법원과 동일인 증명서를 발급하는 법원의 심급이 달라질 가능성은 크지 않을 것으로 보입니다.

- 공탁관으로부터 형사공탁사실의 통지를 받은 경우 해당 형사사건이 상소되어 사건기록이 상소법원에 송부되거나 해당 형사사건이 확정되어 사건기록이 검찰에 인계되기 전에 동일인 증명서 발급담당자는 동일인 증명서 발급 여부를 확인하여(예규 제11조 제2항 참조) 증명서 발급이 누락되지 않도록 합니다.
- 만약 하급심에서 동일인 증명서 발급을 누락하는 등의 사정으로 상급심에서 동일인 증명서를 발급하여야 하는 상황이 발생한다면 상급심에서는 일반적인 동일인 증명서 발급절차에 따라 증명서를 발급하여 공탁소로 송부할 수 있습니다. 다만, 이 경우라도 형사공탁사실통지서에 기재되어 있는 문서확인번호는 정확하게 기재하여 공탁소로 송부하여야 합니다.
- 또한 하급심에서 발급한 동일인 증명서의 분실 등으로 상급심에 증명서 재발급 요청이 있는 경우에도 마찬가지입니다.

Q54 특정범죄신고자 등 보호법 제7조에 따라 신원관리카드에 의하여 피해자 인적사항이 관리되는 사건의 경우 동일인 증명서 발급절차는 어떻게 되나요?

- 특정범죄신고자 등 보호법 제7조에 따라 피해자의 인적사항을 조서나 그 밖의 서류를 작성할 때 기재하지 아니하고, 신원관리카드에 등재·관리하는 사건의 경우 법원은 재판기록 등을 통해 피해자의 인적사항을 확인할 수 없으므로 동일인 증명서의 발급은 검찰이 담당합니다.
- 담당검사는 동일인임을 확인하기 위하여 신원관리카드를 확인할 필요가 있는 데, 신원관리카드 관리담당자에게 동일인 여부 확인을 요청하여 동일성이 인정되면 동일인 증명서를 발급하게 됩니다(이 경우 대검예규상 피해자에게 동일인 증명서 발급에 대한 동의 의사를 확인하고 있습니다).
- 동일인 증명서의 발급업무는 해당 형사사건이 법원에 계속 중인 경우 그 법원에 대응하는 검찰청, 해당 형사사건이 확정된 후에는 1심 법원에 대응하는 검찰청의 형사공탁 담당직원이 처리하게 됩니다.

Q55 공탁물을 출급하려는 사람이 법원에 동일인 증명서의 발급을 요청하는 경우의 업무처리는?

- 피공탁자(피해자)가 공탁금을 출급하기 위해서는 사전에 형사재판부에서 발급한 동일인 증명서가 공탁소에 접수되어 있어야 합니다. 만약 그렇지 않다면 공탁서상의 피공탁자와 해당 형사사건의 피해자 동일성 여부가 식별되지 않기 때문에 피공탁자(피해자)가 공탁금을 출급할 수 없습니다.
- 통상 형사공탁사실접수 통지가 있으면 법원 또는 검찰이 지체 없이 공탁소에 동일인 증명서를 발급·송부할 것이나, 어떠한 이유에서 발급·송부가 누락된 경우에는 피공탁자(피해자)가 서면(재판양식 B4971) 또는 전화 등의 방법으로 동일인 증명서 발급·송부를 요청할 수 있습니다. 이러한 요청은 법원의 직권발동을 촉구하는 의미이며 이러한 요청을 받은 법원은 지체 없이 동일인 증명서를 발급하여 공탁소로 송부하면 됩니다.
- 서면(동일인 증명서 발급요청서)이 아닌 전화로 재판부에 증명서의 발급을 요청하는 경우 법원은 동일인 증명서를 발급·송부한 후 결과 보고서(재판양식 B4974)를 작성하여 공판기록에 편철하면 됩니다.

Q56 피공탁자가 공탁소를 방문했는데, 동일인 증명서가 법원·검찰로부터 아직 송부 전인 경우 어떻게 해야 하나요?

- 전화 등 간이한 방법으로 발급기관인 법원 또는 검찰에 동일인 증명서 발급요청을 할 수 있습니다(규칙 제86조 제5항 등 참조). 이 경우 법원 또는 검찰은 피해자 정보를 특정할 수 없는 경우가 아닌 한 동일인 증명서를 발급하여 공탁소로 송부하여야 합니다.
- 또한 검찰이 증거서류를 제출하기 전에 법원이 검찰에 피해자 정보제공을 요청하였음에도 피해자 정보제공이 지연될 경우에도 공탁물을 출급하거나 공탁물회수동의서를 제출하려는 사람은 검찰에 전화로 동

일인 증명서 발급요청을 하는 등 간이한 방법으로 동일인 증명서 발급을 요청할 수 있습니다(규칙 제86조 제5항 및 예규 제13조 제1항 참조).

Q57 법원에 증거서류가 제출되지 아니한 사건에 대하여 법원이 검찰에 피해자의 인적사항 제공을 요청하였지만, 피해자의 인적사항이 제공되지 않거나 지연할 경우에는 피해자가 취할 수 있는 방법이 있나요?

• 검찰에서 형사사건이 계속 중인 법원에 증거서류가 제출되지 않아 동일인 증명서의 발급이 불가한 경우 법원은 검찰에 피해자의 인적사항의 제공을 요구하여 동일인 증명서를 발급할 수 있습니다. 이 경우 피해자의 인적사항 제공이 제공되지 않거나 지연될 경우 공탁물을 출급하려는 사람은 전화 등 간이한 방법으로 검찰에 동일인 증명서 발급요청을 할 수 있습니다(공탁규칙 제86조 제5항 참조).

Q58 피공탁자는 동일인 증명서 발급사실을 어떻게 알게 되나요?

• 공탁관으로부터 형사공탁사실통지서를 송부받은 형사재판부나 검찰은 증거서류 등을 통하여 피해자의 인적사항을 확인할 수 있는 경우 동일인 증명서를 발급하여 공탁소에 송부하게 됩니다.

• 다만 이 경우 피공탁자에게 증명서 발급·송부사실을 개별적으로 통지하지 않으므로 피공탁자는 관할공탁소 또는 형사사건이 계속 중인 재판부나 검찰에 전화 등의 방법으로 증명서 발급·송부 여부에 관하여 먼저 확인한 후 공탁소를 방문하는 것이 바람직합니다.

• 해당 형사사건이 가명사건에 해당되거나 판결이 확정되어 기록 일체가 검찰에 인계된 경우에 해당된다면 형사공탁사실을 통지를 받은 검찰이나 1심 판결 법원에 대응하는 검찰청에 전화 등으로 문의하여 동일인 증명서의 발급·송부 여부를 확인할 수 있습니다.

• 만약 이 경우 동일인 증명서가 공탁소에 송부되기 전이라면 증명서 발급·송부를 요청할 수 있고, 발급기관은 피해자 정보를 확인할 수 없는 경우가 아닌 한 지체 없이 증명서를 발급하여 공탁소에 송부하게 됩니다.

Q59 개정된 공탁규칙의 부칙에 따르면 개선된 증명서 발급절차가 소급적용된다고 하는데 구체적인 절차가 어떻게 되나요?

• 법원행정처에서는 형사공탁 시행일인 2022.12.9.부터 개정 공탁규칙 제86조의 시행일 전일인 2024.1.25.까지 접수된 형사공탁사건 중 공탁금이 출급되지 않은 공탁사건의 목록을 해당 공탁소에 송부합니다. 해당 공탁소에서는 형사사건이 계속 중인 법원 또는 검찰에 공탁사실통지서를 재송부합니다. 이를 재송부받은 법원 또는 검찰은 각 기관에서 정한 절차에 따라 동일인 증명서를 발급하여 해당 공탁소에 송부하게 됩니다.

• 공탁소에서 형사공탁사실통지서를 재송부하기 전에 피공탁자가 출급청구를 위하여 공탁소에 방문하는 등 출급을 요청한 경우 공탁관은 즉시 형사공탁사실통지서를 출력하여서 발급기관에 재송부하여야 합니다.

Q60 공탁소에서 형사공탁사실통지서를 재송부할 때 재송부 사실이 그 통지서에 표시되나요?

• 개정 공탁규칙 제89조에 따라 제정된 '형사공탁에 관한 업무처리지침(예규)' 부칙 제2조 제2항에 따라 공탁소에서 공탁사실통지서를 법원 또는 검찰에 재송부할 때 그 공탁사실통지서의 여백에 아래와 같이 재송부 취지(예규별표 4)를 기재하여 송부합니다.

형사공탁사실통지서 재송부	
대법원 행정예규 ○○○○호 부칙에 의함	
○○지방법원(○○지원) 공탁관 ○○○	인

Q61 피공탁자가 공탁금회수동의서를 제출하는 절차는 어떻게 되나요?

• 피공탁자가 공탁소를 방문하여 공탁금회수동의서를 제출할 때에는 신분증명서로 피공탁자임을 확인한 후 제출할 수 있습니다. 또한 우편으로 회수동의서를 제출할 수 있지만 이 경우 인감증명서(서명한 경우 본인 서명사실확인서 또는 전자본인서명확인서 발급증)가 요구됩니다(예규 제20조 참조).

• 형사공탁은 피공탁자의 인적사항이 비실명 처리되어 공탁이 이루어지고, 공탁금회수동의서는 피공탁자가 제출할 수 있는 서면이기 때문에 회수동의서를 적법하게 제출하기 위해서는 동일인 증명서에 의하여 피공탁자임이 확인되어야 합니다. 만약 동일인 증명서가 제출되어 있지 않다면 발급기관인 법원 또는 검찰에 발급요청을 할 수 있습니다(예규 제13조 참조).

Q62 피공탁자인 피해자가 사망한 경우에는 사망한 사람의 명의 그대로 동일인 증명서를 발급하여 송부하고, 그 후 공탁소에서 상속관계를 확인하여야 하는지요?

• 동일인 증명서의 발급은 법원 또는 검찰이 발급하는데 피해자가 사망한 경우에는 피해자의 상속인을 알 수 없으므로 법원 또는 검찰은 사망한 피해자의 명의를 그대로 기재한 동일인 증명서를 발급하여 관할공탁소에 송부하고, 상속인이 공탁금을 출급청구하는 경우에 상속인은 상속관계서류를 공탁관에게 제출하여 공탁금을 출급할 수 있습니다.

• 법원 또는 검찰에서 발급한 동일인 증명서에는 사망한 피해자의 인적사항이 기재되어 있으면 충분하고 그 상속인의 인적사항까지 기재되어 있을 필요는 없습니다. 이는 형사공탁 후 피공탁자가 사망한 경우에도 같다. 공탁관은 출급청구인이 사망한 피해자의 상속인에 해당하는지, 상속지분이 어떻게 되는지 등을 심사하기 위하여 상속관계서류의 제출을 보정권고할 수 있다(공탁선례 제202307-2호).

Q63 강도살인사건 등 사망한 피해자를 피공탁자로 기재한 경우 또는 상해죄의 피해자를 피공탁자로 탁한 후 피해자가 사망한 경우 동일인 증명서의 피공탁자는 사망한 피해자가 기재되나요?

• 해당 형사사건의 피해자의 인적사항을 알 수 없는 경우에 형사공탁이 인정된다(공탁법 제5조의2 참조)는 점과 피공탁자가 사망한 경우 공탁금출급청구권에 대한 상속관계는 공탁관이 정확하게 판단할 수 있다는 점 등을 고려할 때 공탁서에 기재된 피공탁자를 대상으로 동일인 증명서를 발급하면 됩니다.

Q64 공탁관은 검찰이 발급한 동일인 증명서 "삼단바코드(위변조방지바코드)"를 어떻게 확인할 수 있나요?

• '형사사법포털'의 진위확인 코너를 이용하여 동일인 증명서 하단의 위변조방지바코드를 이동통신단말장치에 인식하는 방법으로 원본 문서의 진위 여부 아래와 같은 순서로 확인할 수 있습니다.

• 형사사법포털 앱 설치(구글플레이어스토어, 애플앱스토어) (하단 우측)전체 메뉴 음성변환/진위확인 코너 선택, 동일인 증명서 하단의 바코드 스캔 원본 문서 확인

chapter
02 수용공탁

01 절 총설

① 토지수용의 일반절차는 ㉠ 사업인정의 고시[4], ㉡ 토지조서・물건조서의 작성[5], ㉢ 협의[6], ㉣ 재결[7]로 이루어진다.

② 사업시행자는 수용의 개시일까지 토지소유자에게 관할 토지수용위원회가 재결한 보상금을 지급하여야만 그 수용의 개시일에 소유권을 취득할 수 있게 되고, 만약 사업시행자가 수용의 개시일까지 보상금을 지급하지 아니하면 해당 재결은 그 효력을 상실하며 그 결과 사업시행자는 해당 토지의 소유권을 취득할 수 없게 되므로, 귀책사유 없는 사업시행자의 보호를 위해 토지보상법은 일정한 경우에 보상금을 공탁할 수 있도록 규정하고 있다(토지보상법 제40조 제2항 등).

③ 사업시행자가 수용의 개시일까지 보상금을 지급 또는 공탁하지 아니하여 해당 재결이 그 효력을 상실한 경우 재결의 전제가 되는 재결신청 역시 그 효력을 상실하게 되고, 따라서 그로 인하여 사업인정의 고시가 있은 날부터 1년 이내에 재결신청을 하지 않는 것으로 된다면 사업인정도 역시 효력을 상실하여 결국 그 토지수용절차 일체는 백지상태로 환원된다고 할 것이다.

④ 토지 등 수용절차의 공익성 및 긴급성에 기인하여 토지 등 소재지 법원의 공탁소가 토지관할로 추가되었고, 절대적 불확지공탁도 인정된다. 또한 사업시행자가 토지 등의 소유권을 취득하기 위해서는 사실상 공탁이 강제된다는 점에서 민법 제489조에 기한 회수청구권이 인정되지 않는다.

---

4) 특정사업이 토지수용을 할 수 있는 공익사업에 해당함을 인정하는 '사업인정'을 고시함으로써 수용할 목적물의 범위를 확정하고, 수용의 목적물에 관한 현재 및 장래의 권리자에게 대항할 수 있는 일종의 공법상의 물권으로서의 효력을 발생시킴

5) 사업시행자가 공익사업을 위하여 '수용 또는 사용'을 필요로 하는 토지 등의 내용을 일정한 절차를 거쳐 작성함으로써 수용 또는 사용할 목적물의 범위를 확정하는 절차

6) 사업시행자가 사업인정의 고시가 있은 후에 수용대상토지 등에 관한 권리를 취득하거나 소멸시키기 위하여 토지소유자 및 관계인과 의논하여 이루어진 합의

7) 협의의 불성립 또는 협의의 불능 시 사업시행자의 신청에 의하여 관할 토지수용위원회가 사업시행자에 의한 보상금 지급을 조건으로 수용할 토지구역, 손실보상, 수용의 개시일 등을 결정하여 그 토지에 관한 권리를 사업시행자가 취득하게 하고, 피수용자는 그 권리를 상실하게 하는 효과를 발생하는 형성행위

02 절 수용보상금 공탁절차

1. 관할

1) 토지 등의 소재지 공탁소

사업시행자는 토지보상법 제40조 제2항 각 호에 해당하는 사유가 있는 경우 수용 또는 사용하고 자 하는 토지 등의 소재지 공탁소에 보상금을 공탁할 수 있다.

2) 피보상자 주소지 공탁소

① 수용보상금 공탁도 기본적으로는 변제공탁의 성질을 가지므로 민법 제488조 제1항에 따라 채 무이행지 관할공탁소에 공탁할 수 있다.

② 손실보상금의 채무이행지는 원칙적으로 민법의 지참채무원칙에 따라 채권자(보상금 수령권자) 의 현주소지가 된다. 따라서 피보상자가 특정된 경우에는 그의 주소지 관할공탁소에 공탁할 수 있고, 피보상자가 특정되지 아니한 상대적 불확지공탁의 경우에는 그중 1인의 주소지 관할 공탁소에 공탁할 수 있다. 다만 채권자가 누구인지 전혀 알 수 없는 절대적 불확지공탁의 경우 에는 성질상 피보상자의 주소지에 공탁할 수는 없으므로 수용 또는 사용하고자 하는 토지 등의 소재지 공탁소에 공탁하여야 할 것이다.

3) 시·군법원 공탁관의 직무범위에서 제외

수용보상금 공탁은 시·군법원 공탁관의 직무범위에서 제외되었다(공탁규칙 제2조).

4) 관할공탁소 이외의 공탁사건처리지침 배제

행정예규 제1167호 '관할공탁소 이외의 공탁소에서의 공탁사건처리지침'은 공탁당사자가 관할공 탁소와 멀리 떨어져 있는 경우 직접 관할공탁소를 방문해서 공탁업무를 처리해야 하는 불편을 덜 어주기 위해 관할공탁소 이외의 공탁소에서 금전변제공탁신청 및 공탁금 지급청구에 관련된 공탁 업무를 처리함에 필요한 특칙을 규정한 것이다. 그러나 수용보상금 공탁에 대하여는 위 행정예규 가 적용되지 아니한다[행정예규 제1167호 1(목적), 3(적용범위). 다].

2. 공탁물

수용보상금 공탁도 기본적으로는 변제공탁의 성질을 가지고, 변제공탁에 있어서의 공탁물은 채무 내용에 따른 목적물이어야 하므로 사업시행자가 보상금을 공탁할 경우 공탁물은 토지보상법에 규 정되어 있는 금전 또는 채권(債券)이다. 보상채권은 무기명증권으로 발행한다(토지보상법 시행령 제31조 제1항). 한편 실무상 2019.9.16. 전자증권법이 시행된 이후 전자등록증명서(전자증권법 제63조)가 주로 공탁되고 있다.

1) 금전

토지를 수용 또는 사용함으로 인하여 토지소유자 또는 관계인이 입은 손실에 대한 보상은 다른 법률에 특별한 규정이 있는 경우를 제외하고는 현금으로 지급하여야 한다(토지보상법 제63조 제1항). 이를 금전보상의 원칙이라고 한다. 따라서 현금으로 보상금을 지급하도록 되어 있을 때에는 현금으로 지급하거나 공탁을 하여야지 현금 대신 채권(債券)으로 지급하거나 공탁을 할 수는 없다(공탁선례 제2-1호).

2) 채권(債券) 또는 전자등록증명서

① 사업시행자가 국가·지방자치단체 그 밖에 대통령령으로 정하는 공공기관의 운영에 관한 법률에 따라 지정·고시된 공공기관 및 공공단체인 경우로서 ㉠ 토지소유자 또는 관계인이 원하는 경우이거나 ㉡ 사업인정을 받은 사업에서 대통령령으로 정하는 부재(不在)부동산 소유자의 토지에 대한 보상금이 대통령령으로 정하는 일정금액(시행령상 1억 원)을 초과하는 금액에 대하여 보상하는 경우에는 해당 사업시행자가 발행하는 채권(債券)으로 지급할 수 있다(토지보상법 제63조 제7항).

② 한편 전자증권법이 2019.9.16.부터 시행됨에 따라 발행인은 전자등록의 방법으로 국·공·사채를 발행할 수 있는데, 증권시장에 상장되는 국·공·사채의 경우 새로 발행하는 경우는 물론 이미 채권(債券)이 발행된 국·공·사채에 대하여도 발행인은 전자등록기관에 소유자명의로 전자등록신청을 하여야 한다(전자증권법 제25조 제1항 참조). 실무상 사업시행자가 국·공채 등을 공탁하여야 하는 경우에 종래 채권(債券)을 대신하여 전자등록증명서(전자증권법 제63조)를 공탁하고 있다. 전자등록증명서에는 전자등록된 국·공·사채의 종류 및 수량 또는 금액과 전자등록증명서의 사용목적 등이 기재되는데, 공탁된 전자등록 국·공·사채를 (가)압류하려는 자는 공탁물의 출급 또는 회수청구권을 (가)압류하여야 한다(전자증권법 시행령 제44조 제2항·제3항 참조).

③ 토지소유자의 채권자(債權者)가 손실보상이 현금으로 지급될 것을 예상하여 수용보상금에 대하여 압류를 한 경우에도 '수용보상금에 대한 압류(압류의 경합 여부를 불문한다)가 있는 경우에는 현금으로 지급하여야 한다'는 규정이 없으므로 위와 같은 토지수용의 채권(債券)보상 요건을 충족하고 공탁사유가 있으면 채권(債券)으로 공탁할 수 있다(공탁선례 제2-242호 참조).

④ 또한 전부명령은 압류된 채권을 지급에 갈음하여 압류채권자에게 이전시키고 그것으로 채무자가 채무를 변제한 것으로 간주하는 것이어서 전부명령의 대상인 채권(債權)은 금전채권으로 한정된다. 따라서 토지수용에 대한 보상으로서 채권(債券) 지급이 가능하고, 사업시행자가 현금 또는 채권(債券) 중 어느 것으로 지급할 것인지 여부를 선택하지 아니한 상태에 있는 경우, 손실보상금 채권(債權)에 대한 압류 및 전부명령은 사업시행자가 장래에 보상을 현금으로 지급하기로 선택하는 것을 정지조건으로 하여 발생하는 손실보상금 채권(債權)을 그 대상으로 한다. 위와 같은 장래의 조건부채권에 대한 전부명령이 확정된 후에 그 피압류채권의 전부 또는 일부가 존재하지 아니한 것으로 밝혀졌다면[사업시행자가 금전이 아닌 도시개발채권(債券)

으로 공탁하였을 경우] 민사집행법 제231조 단서에 의하여 그 부분에 대한 전부명령의 실체적 효력은 소급하여 실효된다(대판 2004.8.20, 2004다24168 참조).

⑤ 사업시행자가 채권(債券)으로 공탁하였을 경우 이에 대한 출급청구권은 유체물 인도를 목적으로 하는 채권(債權)의 일종이므로 그에 대한 강제집행은 유체동산인도청구권에 대한 강제집행 절차에 따라야 한다. 따라서 공탁자를 상대로 한 전부금소송에서 공탁유가증권을 직접 출급할 수 있다는 조정결정을 받았다 하더라도 위 조정조서를 가지고는 공탁된 수용보상금채권(債券)을 전부채권자가 직접 출급할 수는 없다(공탁선례 제2-242호).

⑥ 소유자가 수용보상으로 현금과 채권(債券)을 지급받게 될 사안에서 수용될 토지의 근저당권자가 물상대위에 의한 압류 및 추심명령을 받았는데, '압류할 채권의 표시'가 '채무자가 제3채무자로부터 지급받게 될 보상금 중 청구금액(○○원)에 이를 때까지의 금원'이라고 기재되어 있고, 그 '주문'도 금전채권에 대한 전형적인 압류 및 추심명령과 같은 내용으로 기재되어 있으며, 유체동산인도청구권에 대한 압류명령에 부수하는 인도명령에 관한 기재도 없다면 위 채권 압류 및 추심명령이나 그중 압류명령 부분의 효력이 채무자의 제3채무자에 대한 유가증권 인도청구권에 대해서까지 미친다고 할 수 없다(대판 2015.9.10, 2013다216273 참조).

⑦ 압류 및 가압류가 있는 수용보상금을 사업시행자가 채권(債券)과 현금으로 지급하고자 할 경우에는 피압류채권이 금전채권인 수용보상금채권이라면 현금으로 지급하는 수용보상금 부분은 토지보상법 제40조 제2항 제4호 및 민사집행법 제248조 제1항에 의하여 집행공탁을 할 수 있고, 채권(債券)으로 지급하는 수용보상금 부분은 토지보상법 제40조 제2항 각 호의 공탁 사유가 있다면 유가증권공탁의 절차에 따라 공탁할 수 있다(공탁선례 제2-6호).

3. 공탁당사자

가. 공탁자

수용보상금 공탁의 공탁자는 사업시행자이다. 토지보상법상 사업시행자는 토지수용을 할 수 있는 공익사업의 시행자로서 토지보상법 제20조에 따라 국토교통부장관의 사업인정을 받은 자를 의미한다. 국가·지방자치단체·사인 등 모두가 사업시행자로 될 수 있다. 또한 사업시행자는 보상 업무를 위탁할 수도 있다.

나. 피공탁자

① 수용보상금 공탁의 피공탁자는 원칙적으로 토지수용으로 인한 손실보상금의 채권자, 즉 수용 또는 사용할 토지 등의 소유자이다. 사업시행자는 자기책임하에 보상금을 받을 자를 특정하여 피공탁자로 기재하여야 한다.

관/련/선/례

1. 수용보상금 공탁의 피공탁자는 원칙적으로 토지수용으로 인한 손실보상금의 채권자로 수용할 토지의 소유자이며, 공탁자인 사업시행자가 자기 책임하에 보상금을 받을 자를 특정하여 피공탁자로 기재하여야 한다.
2. 미등기토지에 대한 대장상 명의인의 성명 및 주소가 구체적으로 번지까지 기재되어 있고, 사업시행자(공탁자)가 보상금 수령권자를 대장상 명의인으로 하여 확지공탁을 하는 경우 피공탁자 성명의 기재방식을 'ㅇㅇㅇ(토지대장상 소유자)' 또는 '(토지대장상 소유자)ㅇㅇㅇ'으로 기재할 것이 아니라 'ㅇㅇㅇ'으로 기재하여야 한다(공탁선례 제201012-2호).

② 토지보상법 제40조 제2항 제1호 및 제2호에서 '보상금을 받을 자'는 수용보상금을 받을 채권자로서 수용으로 인하여 수용대상 토지의 소유권을 상실하는 '수용개시일 당시의 토지소유자'를 의미한다. 따라서 사업시행자는 토지보상법 제40조 제2항 제1호에 따라 토지 수용보상금을 공탁하는 경우 수용개시일 당시의 토지소유자를 피공탁자로 하여 공탁하여야 하고, 수용개시일 당시의 토지소유자가 아닌 자를 피공탁자로 하여 공탁한 경우에는 특별한 사정이 없는 한 그 피공탁자는 공탁금 출급청구권을 취득하지 못한다.

③ 나아가 사업시행자가 토지보상법 제40조 제2항 제2호에 따라 상대적 불확지공탁을 한 경우에도 수용개시일 당시의 토지소유자에 해당하지 아니하는 자는 피공탁자의 일방으로 지정되었더라도 특별한 사정이 없는 한 수용보상금에 관한 공탁금 출급청구권을 취득할 수 없다(대판 2016. 9.8, 2015다54608).

1) 확지공탁

A. 관계인의 포함 여부

① 토지보상법상 토지의 소유자 아닌 관계인이란 사업시행자가 취득하거나 사용할 토지에 관하여 지상권·지역권·전세권·저당권·사용대차 또는 임대차에 따른 권리 또는 그 밖에 토지에 관한 소유권 외의 권리를 가진 자나 그 토지에 있는 물건에 관하여 소유권이나 그 밖의 권리를 가진 자를 말한다. 다만, 사업인정의 고시가 된 후에 권리를 취득한 자는 기존의 권리를 승계한 자를 제외하고는 관계인에 포함되지 아니한다(토지보상법 제2조 제5호).

② 수용대상토지에 대하여 관계인의 지상권·전세권·저당권·가등기·압류·가압류 등의 등기가 경료되어 있다고 하더라도 피공탁자는 여전히 토지소유자로 하여야 한다. 이는 사업시행자가 보상금을 지급(또는 공탁)하면 수용개시일에 소유권을 원시취득하게 되고 그 토지에 관한 권리는 토지수용위원회의 재결로써 인정한 권리 외에는 모두 소멸되기 때문이다(토지보상법 제45조 제1항·제3항). 담보물권자, 압류·가압류채권자 등은 별도로 수용보상금채권에 압류 등 조치를 하여야 한다. 따라서 공탁서의 피공탁자란에는 토지소유자만 기재하고 토지등기사항증명서상의 담보물권자·압류·가압류채권자 등은 공탁서의 어느 난에도 기재하지 않는다.

B. 수용보상금채권에 대하여 (가)압류가 있는 경우

① 수용보상금채권의 일부에 대한 압류가 있는 경우 압류된 채권만을 공탁하거나, 보상금채권 전부에 대한 압류 또는 압류경합을 원인으로 공탁하는 경우에는 집행공탁이므로 압류채무자를 피공탁자로 기재하지 않는다.

② 다만 수용보상금채권의 일부에 대한 압류를 원인으로 압류에 관련된 수용보상금채권 전액을 공탁하는 경우 또는 수용보상금채권에 대하여 가압류를 원인으로 공탁하는 경우에는 피공탁자란에 압류 또는 가압류채무자를 기재하고 공탁통지서도 발송한다. 압류금액을 초과하는 부분은 압류의 효력이 미치지 않으므로 집행공탁이 아니라 변제공탁이고, 가압류의 집행을 원인으로 하는 공탁은 원래의 채권자인 가압류채무자를 피공탁자로 하는 일종의 변제공탁이기 때문이다.

C. 수용개시일 이전까지 소유권이전등기를 경료하지 못한 경우

민법상 법률행위에 의한 물권변동의 효력은 등기하여야 효력이 생기므로 수용개시일 이전에 매매 등으로 소유권이전등기청구권을 취득하였거나 소유권이전등기절차이행 확정판결을 받았다 하더라도 실제로 수용의 개시일까지 소유권이전등기를 경료하지 않았다면 피공탁자가 될 수 없고, 등기사항증명서상 토지소유자가 피공탁자가 된다.

D. 사업인정고시 후 소유권에 변동이 있는 경우

① 토지보상법 제40조 제3항은 "사업인정고시가 된 후 권리의 변동이 있을 때에는 그 권리를 승계한 자가 제1항에 따른 보상금 또는 제2항에 따른 공탁금을 받는다"라고 규정하고, 같은 법 시행령 제21조는 "법 제40조 제3항에 따라 보상금(공탁된 경우에는 공탁금을 말한다. 이하 이 조에서 같다)을 받는 자는 보상금을 받을 권리를 승계한 사실을 증명하는 서류를 사업시행자(공탁된 경우에는 공탁관을 말한다)에게 제출하여야 한다"라고 규정하고 있다. 이는 토지수용에 의하여 사업시행자는 수용개시일에 그 소유권을 취득하고 종전 소유자의 소유권은 소멸하게 되는 것인바, 수용보상금은 그와 같이 소유권을 상실한 토지소유자의 손실을 보상하는 것이므로 소유권 소멸시점인 수용개시일 당시의 토지소유자가 이를 취득하게 됨은 당연하다. 따라서 보상금을 공탁하는 경우에도 공탁 당시의 토지소유자가 채권자이므로 그를 피공탁자로 공탁하여야 한다.

② 그리하여 재결 이후에 소유권의 변동이 없는 경우에는 재결서상의 피수용자를, 재결 이후 수용개시일 전에 소유권의 변동에 있거나 소유권의 변동 없이 보상금청구권의 주체가 변동된 경우(양도·전부 등)에는 그 승계인을 각 피공탁자로 하여야 한다. 공탁선례도 甲 소유의 토지에 대한 수용재결이 있은 후 수용의 개시일 이전에 丙이 甲으로부터 위 토지의 소유권을 승계한 경우에는 수용 당시의 소유자인 丙이 토지수용에 의한 손실보상금이나 사업시행자가 이를 공탁한 경우 그 공탁금의 수령권자가 되며, 비록 丙이 소유권을 취득하기 전에 乙이 甲의 손실보상금 채권을 가압류하였다고 하더라도 그것만으로는 甲의 위 토지처분행위를 저지하거나 丙의 소유권취득에 우선할 수 있는 효력이 없으며, 수용 당시에 甲은 위 토지의 소유권자가 아니어

서 손실보상금 채권자가 될 수 없게 되었으므로 위 가압류명령은 수용 당시에 이르러 피가압류채권인 손실보상금 채권이 부존재하게 되어 무효가 되고, 따라서 위 보상금을 공탁하는 경우의 피공탁자는 丙이 된다고 하였다(공탁선례 제2-163호).

③ 한편 사업인정고시 후 재결 이전에 소유권이 변동되었음에도 불구하고 종전 소유자를 상대로 재결이 이루어진 경우에도 변동된 소유자가 진정한 손실보상금 수령권자로서 손실보상금을 수령하거나 공탁된 보상금을 수령한다고 할 것이다.

④ 판례는 수용대상토지에 대하여 토지보상법 소정의 사업인정고시가 있은 후 소유권의 변동이 있었으나 토지수용위원회가 소유권 변동사실을 알지 못한 채 사업인정고시 당시의 소유명의자를 소유자로 다루어 수용재결한 경우에는 토지보상법 제36조 소정의 절차에 따라 그 소유자 표시를 진실에 맞도록 변경하는 경정재결을 할 수 있고, 또한 동법 제40조 제3항은 사업인정고시 후 소유권 변동이 있는 경우에는 그 승계인에게 손실보상을 하여야 하고, 공탁할 경우에도 또한 그와 같으며, 이 경우 소유권 등을 승계한 자가 공탁금을 수령한다고 규정하고 있으므로 토지의 소유권을 승계한 수용 당시의 소유자가 토지수용의 손실보상금이나 공탁한 경우 공탁금의 수령권자가 된다고 하고 있다(대판 1986.3.25, 84다카2431).

⑤ 공탁선례도 사업인정고시 후 재결 전에 소유권변동이 있었음에도 종전 소유자를 상대로 재결이 이루어진 경우에 손실보상금의 수령권자는 소유권을 승계한 수용 당시의 등기부상 소유자가 되므로 현 소유자에게 지급하거나 공탁할 경우 현 소유자를 피공탁자로 하여 공탁하여야 한다고 하고 있다(공탁선례 제2-161호).

2) 상대적 불확지공탁

① 사업시행자는 다음 각 호의 어느 하나에 해당하는 경우 상대적 불확지공탁을 할 수 있다.

1. 수용대상토지 등에 대하여 소유권등기말소청구권을 피보전권리로 하는 처분금지가처분등기가 마쳐져 있는 경우(피공탁자 : 소유자 또는 가처분채권자). 다만, 사해행위취소에 따른 소유권등기말소청구권을 피보전권리로 하는 가처분등기가 마쳐진 경우는 제외

2. 수용대상토지 등에 대한 등기기록이 2개 개설되어 있고 그 소유명의인이 각각 다른 경우(피공탁자 : 소유명의인 갑 또는 을)

3. 등기기록상 공유지분의 합계가 1을 초과하거나 미달되어 공유자들의 정당한 공유지분을 알 수 없는 경우(피공탁자 : 공시된 공유자 전부)

4. 보상받을 사람이 사망하였으나 과실 없이 그 상속인들의 정당한 상속지분을 알 수 없는 경우(피공탁자 : 상속인들 전부)

② 사업시행자는 다음 각 호의 어느 하나에 해당하는 경우 상대적 불확지공탁을 할 수 없다.

1. 수용대상토지 등에 대하여 담보물권·소유권이전등기청구권 보전을 위한 가처분등기 또는 가등기가 마쳐져 있는 경우

2. 수용대상토지 등에 대하여 가압류, 압류, 경매개시, 공매공고(납세담보물의 공매공고 포함) 등의 기입등기가 마쳐져 있는 경우

3) 절대적 불확지공탁

① 사업시행자는 다음 각 호의 어느 하나에 해당하는 경우 절대적 불확지공탁을 할 수 있다.

  1. 수용대상토지 등이 미등기이고 다음 각 목의 어느 하나에 해당하는 경우(피공탁자 : 소유 자 불명)

    가. 대장상 소유자란이 공란으로 되어 있는 경우

    나. 대장상 성명은 기재되어 있으나 주소의 기재(동·리의 기재만 있고 번지의 기재가 없는 경우도 해당됨)가 없는 경우

    다. 대장상 주소는 기재되어 있으나 성명의 기재가 없는 경우

  2. 수용대상토지 등이 등기는 되어 있으나 등기기록상 소유자를 특정할 수 없는 경우(피공탁자 : 소유자 불명)

  3. 보상받을 사람이 사망하였으나 과실 없이 그 상속인의 전부 또는 일부를 알 수 없는 경우

    가. 상속인 전부를 알 수 없는 경우 보상금 전부(피공탁자 : 망 ○○○[주민등록번호 또는 주소 병기]의 상속인)

    나. 상속인 중 일부를 알 수 없는 경우 그 알 수 없는 상속인에 대한 보상금 부분(피공탁자 : 망 ○○○의 상속인 ◇◇◇[주민등록번호와 주소 병기] 외 상속인)

4. 공탁서 작성 시 유의사항

1) 공탁원인사실의 기재

① 피보상자 불확지를 사유로 공탁하는 경우에는 그 사유를 공탁원인사실에 구체적으로 명시하여야 한다. 따라서 수용대상토지에 대한 등기부가 2개 개설되어 있고 그 소유명의인이 각각 달라 사업시행자가 과실 없이 진정한 토지소유자를 알 수 없는 때에는 공탁원인사실에 그와 같은 취지로 기재하고 공탁물을 수령할 자를 "甲 또는 乙"로 표시하여야 한다. 그런데도 피공탁자를 甲과 乙, 2인으로 하고, 공탁원인사실을 피공탁자들에게 손실보상금을 현실제공하고자 하였으나 수령을 거절하므로 공탁한다고 기재하였다면 이는 甲과 乙을 공동수령자로 하여 공탁한 것에 지나지 아니하여 적법한 공탁이라 할 수 없다(대판 1992.10.13, 92누3212).

② 보상금지급청구권에 대한 압류 또는 가압류 등을 사유로 공탁하는 경우에는 공탁원인사실에 그 압류 또는 가압류의 내용을 구체적으로 명시하여야 한다. 실무상 압류법원, 사건번호, 채권자, 채무자, 제3채무자, 압류금액, 송달일자를 기재하는 방법으로 압류 또는 가압류의 내용을 특정하고 있다.

③ 수용대상토지에 대하여 담보물권, 가압류, 경매개시결정 등의 등기가 되어 있다고 하더라도 그것만으로는 토지소유자가 피보상자임에 변동이 없으므로 보상금을 공탁하는 경우의 피공탁자는 토지소유자가 되고, 담보물권자, 가압류채권자, 경매신청인 등은 공탁서상의 어느 난에도 기재할 필요가 없다(공탁선례 제1-23호).

2) 법령 조항의 기재

① 공탁근거법령의 기재는 공탁할 수 있는 법적 근거의 명시, 공탁원인사실의 근거 법령과의 적합 여부, 출급청구를 어떻게 할 것인지에 대한 방향을 제시한다. 법령 조항을 특정함으로써 공탁관의 수리 여부를 위한 심사 및 공탁물의 지급을 적정하게 할 수 있도록 하기 위한 것이다. 따라서 다른 종류의 공탁과 구별할 수 있을 정도로 구체적으로 기재하여야 한다.

② 사업시행자가 수용보상금을 공탁하는 경우에는 토지보상법에 근거 조항이 있으므로 변제공탁의 성질을 갖는 공탁의 경우에도 민법 제487조를 별도로 기재하지 않는다. 다만 토지보상법 제40조 제2항 각 호의 사유별로 공탁원인사실 및 출급청구권 증명서면 등이 다르므로 토지보상법 제40조 제2항 몇 호까지 구체적으로 기재하여야 한다.

③ 그리고 보상금지급청구권에 대하여 압류 또는 압류경합이 있는 때에는 "공익사업을 위한 토지 등의 취득 및 보상에 관한 법률 제40조 제2항 제4호 및 민사집행법 제248조 제1항"으로, 보상금 지급청구권에 대하여 가압류가 있는 때에는 "공익사업을 위한 토지 등의 취득 및 보상에 관한 법률 제40조 제2항 제4호, 민사집행법 제291조 및 제248조 제1항"으로 기재한다(행정예규 제1061호 4. 나).

3) 공탁으로 인하여 소멸하는 저당권 등의 표시 여부

① 민법 제487조 변제공탁의 경우 공탁으로 인하여 질권, 전세권, 저당권이 소멸하는 경우에는 그 질권, 전세권, 저당권을 표시하여야 한다(공탁규칙 제20조 제2항 제6호).

② 그러나 수용보상금 공탁의 경우에는 공탁으로 인하여 소멸하는 권리를 기재해야 할 경우는 없다. 수용보상금 공탁으로 인하여 수용대상토지에 설정된 저당권 등이 소멸된다 하더라도 이는 수용의 효과, 즉 원시취득으로 인하여 소멸하는 것이지 피담보채무의 변제로 인한 소멸이 아니기 때문이다.

③ 피공탁자가 아닌 관계인 명의로 수용대상토지에 등기된 지상권, 전세권, 저당권, 지역권, 임차권 등은 "공탁으로 인하여 소멸하는 질권, 전세권, 저당권란"에 기재할 사항은 아니며, 그 권리자도 "피공탁자란"에 기재하여서는 안 된다(행정예규 제1061호 2. 다).

4) 반대급부의 기재 여부

수용보상금 공탁의 경우 수용보상금의 지급과 수용으로 인한 소유권이전등기는 동시이행관계에 있는 것이 아니므로 수용보상금의 공탁서에 소유권이전등기 서류의 교부를 반대급부로 기재할 수 없고, 또한 수용대상토지에 대하여 제한물권이나 처분제한의 등기가 있는 경우에도 그러한 등기의 말소를 반대급부로 기재할 수는 없다(행정예규 제1061호 2. 나).

5) 첨부서류

① 일반 변제공탁과 마찬가지로 피공탁자의 주소를 소명하는 서면이 아닌 토지대장, 등기사항증명서, 재결서 등은 법정 첨부서면은 아니지만 신청서와 함께 제출받고 있다. 사업시행자인 공탁자는 자기 책임하에 적법한 수용보상금 공탁을 신청하여야 하는 것이 원칙이지만, 공탁업무

처리는 주로 사업시행자의 토지수용 보상업무 실무담당자가 처리하는 과정에서의 전문성 부족과 다량의 공탁사건을 수용개시일까지 촉박하게 공탁할 수밖에 없는 수용보상금 공탁의 특성상 부적법한 공탁신청이 있을 수 있다. 만약 토지보상금 공탁이 이루어졌으나 그 유효요건을 갖추지 못해 무효인 경우에는 그 공탁의 원인이 된 재결 자체가 무효가 되게 되므로 사업시행자나 토지소유자, 관계인 등의 이해관계에 중대한 영향을 줄 수 있다. 따라서 수용보상금 공탁의 경우에는 보다 신중한 심사가 요구된다. 이와 같은 사정들로 인하여 공탁신청 시 법정 첨부서면이 아닌 재결서, 토지대장, 등기사항증명서를 첨부하는 것이 공탁 과정에서 발생할 수 있는 부적법한 공탁을 사전에 방지할 수 있다는 점에서 바람직하다.

② 다만 토지대장, 등기사항증명서, 재결서 등이 법정 첨부서면은 아니더라도 주소불명사유를 소명하는 서면으로 첨부되는 경우는 있다(공탁선례 제2-170호).

03 절 수용보상금의 공탁사유

1. 토지보상법 제40조 제2항 제1호 사유(수령거부, 수령불능)

① 민법상 변제공탁 사유인 채권자의 수령거절 및 수령불능과 그 요건이 같다. 채권자의 수령거절이란 채무자인 사업시행자가 채무의 내용에 따른 변제의 제공을 하였음에도 불구하고 채권자가 수령을 거절하는 경우를 말하고, 채권자의 수령불능이란 변제자가 채무이행을 하려고 해도 채권자 측의 사유로 채권자가 수령할 수 없는 경우를 말한다.

② 그러나 토지소유자가 수용재결이 있기 전에 등기부상 주소를 실제 거주지로 변경등기를 하였음에도 불구하고 사업시행자가 토지소유자의 주소가 불명하다 하여 수용재결에서 정한 수용보상금을 토지소유자 앞으로 공탁한 경우 그 공탁은 요건이 흠결된 것이어서 무효이고 토지소유자의 변경등기 전 주소로 수용절차가 진행되어 왔다고 하여도 마찬가지이다(대판 1996.9.20, 95다17373).

2. 토지보상법 제40조 제2항 제2호 사유(채권자 불확지)

① 민법상 변제공탁 사유 중 하나인 채권자 불확지와 같은 의미이다. 사업시행자의 과실 없이 보상금을 받을 자를 알 수 없는 때라 함은 객관적으로 채권자가 존재하나 변제자가 선량한 관리자의 주의를 다하여도 채권자가 누구인지 알 수 없는 것을 말한다. 채권자 불확지의 원인은 사실상의 이유(채권자가 사망하였으나 그 상속인을 알 수 없는 경우 등)나 법률상의 이유(채권양도의 효력에 대해 양도인과 양수인이 다투는 경우 등) 모두를 포함한다.

② 수용보상금 공탁은 일반 변제공탁의 경우와는 달리 수용대상토지의 소유권에 대한 다툼이 있거나 소유자가 불명확한 경우에 불확지공탁이 인정되는 경우가 많다. 특히 사업시행자가 과실 없이 여러 사람 중 누가 보상금을 수령할 진정한 권리자인지 알 수 없는 상대적 불확지공탁 이외에도 보상금을 받을 자가 누구인지 전혀 알 수 없는 절대적 불확지공탁도 예외적으로 허용된다.

가. 상대적 불확지공탁

① 수용보상금 공탁의 피공탁자는 수용 당시 수용대상토지의 소유자이나, 수용대상토지의 소유권에 대하여 다툼이 있어 누가 진정한 토지소유자인지 모르는 경우에는 상대적 불확지공탁을 할 수 있다.

② 이 경우 상대적 불확지의 기준을 구체적으로 검토할 필요가 있다. 수용 당시 토지소유자의 소유권에 대하여 물권적 분쟁이 있을 때만 보상금 채권자가 누구인지 모른다 할 수 있으므로 상대적 불확지공탁을 할 수 있고, 단지 채권적 분쟁이 있을 때는 토지소유권에 대하여는 변동이 없으므로 토지소유자를 피공탁자로 하는 확지공탁을 하는 것이 타당하다. 여기서 물권적 분쟁이란 현 토지소유자의 소유권을 인정하지 아니하고 토지소유권 귀속 자체에 대하여 다투는 것을 의미하고, 채권적 분쟁이란 현 토지소유자의 소유권 자체는 인정하되 자기에게 소유권을 이전해 달라는 등의 채권적 다툼이 있는 것을 의미한다.

1) 상대적 불확지공탁이 인정되는 경우

(1) 수용대상토지에 대하여 소유권등기말소청구권을 피보전권리로 하는 처분금지가처분등기가 경료되어 있는 경우

① 이 경우는 원인무효의 사유로 현재 등기되어 있는 토지소유자의 소유권 자체를 부정하고 있으므로 물권적 분쟁에 해당되고, 따라서 '토지소유자 또는 가처분채권자'를 피공탁자로 하는 상대적 불확지공탁이 인정된다.

② 다만 사해행위취소에 따른 소유권등기말소청구권을 피보전권리로 한 가처분이 있는 경우 그 가처분권자는 종전 소유자에 대한 채권자로서의 지위에 있을 뿐 직접 그 소유권이 가처분권자 자신에게 속한다고 다투는 경우에 해당되지 않으므로 토지소유자 또는 가처분채권자를 피공탁자로 한 상대적 불확지공탁은 부적법하여 무효이다(대판 2009.11.12, 2007다53785). 그러므로 이 경우 공탁근거법령은 토지보상법 제40조 제2항 제1호, 피공탁자는 '부동산 소유자(가처분채무자)'로 하는 확지공탁을 하되, 위 가처분에 관한 사항을 공탁원인사실에 기재하여야 할 것이며, 이때 가처분의 효력은 가처분채무자의 공탁금 출급청구권에 대하여 존속한다. 만약 위와 같이 상대적 불확지공탁을 할 수 없음에도 공탁이 이루어진 경우에는 착오에 의한 공탁으로 법 제9조 제2항 제2호에 따라 착오를 증명하는 서면을 첨부하여 공탁금을 회수할 수 있을 것이다. 사해행위취소로 인하여 수익자 명의의 소유권이전등기가 말소되어 채무자 명의로 소유권이 회복되더라도 취소채권자 및 다른 채권자에 대한 관계에서 채무자의 책임재산으로 취급될 뿐 채무자가 직접 그 재산에 대하여 어떤 권리를 취득하는 것은 아니다(대판 2002.9.24, 2002다33069 참고)[8]. 피공탁자인 채무자가 출급할 수 없음은 물론이다.

③ 그러나 수용대상토지에 대하여 소유권이전등기청구권을 피보전권리로 하는 처분금지가처분등 기가 경료되어 있는 경우에는 현재 등기되어 있는 토지소유자의 소유권 자체를 부정하는 것이 아니라 소유권을 인정하는 전제하에서 매매 등을 원인으로 소유권이전등기를 해달라는 채권적 분쟁이므로 토지소유자를 피공탁자로 하는 확지공탁만 할 수 있고, 가처분채권자를 피공탁자 에 포함하는 상대적 불확지공탁은 할 수 없다. 이는 우리 민법상 법률행위에 의한 소유권의 취득은 등기를 하여야만 가능하므로 소유권이전등기청구권만을 가진 상태에서는 소유권을 인 정할 수 없어 그를 소유자로 볼 수 없기 때문이다.

관/련/판/례

수용대상토지에 대하여 처분금지가처분의 등기가 경료되어 있는 경우에 그 사유만으로는 피보상자를 알 수 없다는 이유로 공탁할 수 없고, 다만 소유권등기말소청구권을 피보전권리로 하는 처분금지가처분등기 가 경료되어 있는 등 수용대상토지에 대한 소유권의 귀속에 관하여 다툼이 있는 경우에는 사업시행자가 피보상자를 알 수 없다는 이유로 공탁을 할 수 있으나, 그 피보전권리가 소유권이전등기청구권인 때에는 피공탁자의 상대적 불확지를 이유로 하는 공탁을 할 수는 없다(대판 1996.3.22, 95누5509; 대판 2002.10.11, 2002다35461).

④ 다만 부동산처분금지가처분 기입등기 시 피보전권리를 기재하는 것은 1997.9.11. 등기예규 제881호가 제정·시행된 이후이다. 따라서 예규 시행 이전에 이루어진 가처분의 경우 피보전 권리가 등기사항증명서상 공시되어 있지 않다. 가처분의 피보전권리가 소유권말소등기청구권 인지 아니면 소유권이전등기청구권인지가 공시되어 있지 않다면 일단은 그 토지의 소유권 귀 속에 관하여 다툼이 있는 것으로 보아 피공탁자의 상대적 불확지를 이유로 공탁할 수 있다(공 탁선례 제2-51호).

---

8) 부동산에 관한 소유권이전의 원인행위가 사해행위로 인정되어 취소되더라도 그 사해행위취소의 효과는 채권자와 수 익자 사이에서 상대적으로 생길 뿐이므로 사해행위가 취소되더라도 그 부동산은 여전히 수익자의 소유이고, 다만 채 권자에 대한 관계에서 채무자의 책임재산으로 환원되어 강제집행을 당할 수 있는 부담을 지고 있는 데 지나지 않는다 (대판 2016.11.25, 2013다206313). 다시 말해서 사해행위의 취소는 채권자와 수익자의 관계에서 상대적으로 채무 자와 수익자 사이의 법률행위를 무효로 하는 데에 그치고 채무자와 수익자 사이의 법률관계에는 영향을 미치지 아니 하므로 채무자와 수익자 사이의 부동산매매계약이 사해행위로 취소되고 그에 따른 원상회복으로 수익자 명의의 소유 권이전등기가 말소되어 채무자의 등기명의가 회복되더라도 그 부동산은 취소채권자나 민법 제407조에 따라 사해행위 취소와 원상회복의 효력을 받는 채권자와 수익자 사이에서 채무자의 책임재산으로 취급될 뿐, 채무자가 직접 그 부동 산을 취득하여 권리자가 되는 것은 아니다(대판 2015.11.17, 2012다2743; 2016.3.24, 2015다250185 등 참조). 따라서 사해행위취소를 원인으로 수익자 명의 소유권이전등기가 말소되어 전소유자(채무자) 명의로 소유권이 복귀되 더라도 이는 취소채권자 등 채권자들을 위한 책임재산이므로 사업시행자는 소유권이 복귀된 '채무자'를 피공탁자로 하되, 공탁원인사실란에 "사해행위취소로 수익자 명의 소유권이전등기가 말소되고 소유권이 복귀된 채무자를 피공탁 자로 공탁한다"는 취지를 기재하고 수령불능을 원인으로 공탁을 할 수 있으며, 위 공탁이 성립한 후 공탁금 출급청구 권은 피공탁자인 '채무자'의 채권자들을 위한 책임재산이기 때문에 피공탁자인 채무자의 공탁금 출급청구를 인가해서 는 안 될 것이라는 견해와 '수익자'를 피공탁자로 하여야 한다는 견해가 있는데, 전자의 견해가 유력하다.

⑤ 한편 피보전권리가 소유권이전등기청구권이더라도, ㉠ 수용대상토지에 진정명의회복을 위한 소유권이전등기청구권을 피보전권리로 하는 가처분등기[9]가 경료되어 있는 경우와 ㉡ 수용대상토지에 친일반민족행위자재산의 국가귀속에 관한 특별법에 따른 소유권이전등기청구권을 피보전권리로 하는 가처분등기[10]가 경료되어 있는 경우에는 상대적 불확지공탁이 가능하다고 볼 수 있다.

(2) 수용대상토지에 대하여 등기사항증명서가 2개 개설되어 있고 그 소유명의인이 각각 다른 경우

수용대상토지에 관하여 甲 명의로 소유권이전등기가 되어 있고, 또 다른 등기부에 위 토지와 지번, 지목이 같고 지적만이 다른 乙 명의의 소유권이전등기가 되어 있어 사업시행자가 과실 없이 진정한 토지소유자를 알 수 없는 때에는 수용재결에서 정한 보상금을 적법하게 공탁하려면 공탁원인을 그와 같은 취지로 기재하고 공탁물을 수령한 자는 "甲 또는 乙"로 표시하여야 한다(대판 1992.10.13, 92누3212).

(3) 등기사항증명서상 공유지분의 합계가 1을 초과하거나 미달되어 피수용자들의 정당한 공유지분을 알 수 없는 경우

토지 공유자는 자신의 공유지분에 대하여 보통의 소유권과 실질적으로 같은 것이어서 보상금은 공유자의 공유지분별로 지급하여야 하고, 공탁을 할 경우에는 각 공유자를 피공탁자로 하는 확지공탁을 공유자별로 하여야 한다. 그러나 토지등기사항증명서상 공동소유자들의 공유지분 합계가 1을 초과하거나 미달되어 사업시행자로서는 보상금을 받을 자인 공동소유자들의 정당 또한 공유지분을 알 수 없어 개인별 보상금액을 구체적으로 산정할 수 없다면 피보상자 불확지를 사유로 공탁할 수 있다. 이 경우 피공탁자는 공동소유자 전부를 기재하고 공탁원인사실에 위 공탁사유를 구체적으로 기재하여야 한다(공탁선례 제2-165호).

---

9) 진정한 등기명의의 회복을 위한 소유권이전등기청구는 이미 자기 앞으로 소유권을 표상하는 등기가 되어 있었거나 법률에 의하여 소유권을 취득한 자가 진정한 등기명의를 회복하기 위한 방법으로 현재의 등기명의인을 상대로 그 등기의 말소를 구하는 것에 갈음하여 허용되는 것인데, 말소등기에 갈음하여 허용되는 진정명의회복을 원인으로 한 소유권이전등기청구권과 무효등기의 말소청구권은 어느 것이나 진정한 소유자의 등기명의를 회복하기 위한 것으로서 실질적으로 그 목적이 동일하고, 두 청구권 모두 소유권에 기한 방해배제청구권으로서 그 법적 근거와 성질이 동일하므로 비록 전자는 이전등기, 후자는 말소등기의 형식을 취하고 있다고 하더라도 그 소송물은 실질상 동일한 것으로 보아야 한다(대판 2001.9.20, 99다37894 全合 참조)는 점에서 위 가처분권자는 소유자와 소유권귀속을 다투는 자로 볼 수 있다.
10) 친일반민족행위자재산의 국가귀속에 관한 특별법 제3조에 의하면 "친일재산은 그 취득·증여 등 원인행위 시에 이를 국가의 소유로 한다"고 규정하고 있음에 비추어 위 가처분은 그 피보전권리가 소유권이전등기청구권이지만 현 토지소유권을 부정하며, 소유자와 소유권귀속을 다투는 것으로 볼 여지가 있다.

(4) 분할 전과 후의 토지대장의 소유명의인이 다른 경우 등

① 수용대상토지가 미등기토지로 분할 전 토지의 토지대장에 甲이 사정받은 것으로 되어 있으나 분할된 이후의 토지대장에는 乙 명의로 소유권이전등록이 되어 있다면 甲과 乙 중 누가 진정한 소유자인지 알 수 없으므로 甲 또는 乙을 피공탁자로 하여 상대적 불확지공탁을 할 수 있다(공탁선례 제2-174호).

② 또한 사업시행자가 미등기건물의 수용보상금을 공탁할 때 그 소유권에 대한 다툼이 있어 과실 없이 누가 진정한 수용대상 건물의 소유자인지 알지 못하는 경우에는 피공탁자를 '건축물대장상 소유자 또는 실제 소유자라고 주장하는 자'로 하여 상대적 불확지공탁을 할 수 있다(공탁선례 제2-175호).

(5) 수용보상금채권에 대한 처분금지가처분이 있는 경우

① 가처분권자가 수용보상금채권에 대하여 권리의 귀속을 다투는 경우에는 공탁근거법령을 토지보상법 제40조 제2항 제2호로 하고, 피공탁자는 '가처분채무자 또는 가처분채권자'로 하는 상대적 불확지공탁을 할 수 있다.

② 만약 가처분권자가 수용보상금채권에 대하여 권리의 귀속을 다투는 것이 아닌 경우에는 공탁근거법령을 토지보상법 제40조 제2항 제1호로 하고, 피공탁자는 '가처분채무자(부동산소유자)'로 하는 확지공탁을 하되, 위 가처분에 관한 사항을 공탁원인사실에 기재하여야 할 것이며, 이때 가처분의 효력은 가처분채무자의 공탁금 출급청구권에 대하여 존속한다(공탁선례 제201101-2호).

(6) 수보상받을 사람이 사망하였으나 과실 없이 그 상속인들의 정당한 상속지분을 알 수 없는 경우

2) 상대적 불확지공탁이 인정되지 않는 경우

① 수용대상토지에 대하여 소유권이전등기청구권을 피보전권리로 하는 처분금지가처분의 등기가 경료되어 있는 경우에는 그 사유만으로는 피보상자를 알 수 없다는 이유로 상대적 불확지공탁을 할 수 없음은 앞에서 설명한 바와 같다.

② 수용대상토지가 일반채권자에 의하여 압류 또는 가압류되어 있거나 수용대상토지에 근저당권설정등기가 마쳐져 있더라도 그 토지의 수용에 따른 보상금청구권 자체가 압류 또는 가압류되어 있지 아니한 이상 보상금의 지급이 금지되는 것은 아니므로 이러한 사유만으로 토지보상법 제40조 제2항 제2호 소정의 '사업시행자가 과실 없이 보상금을 지급받을 자를 알 수 없는 때'의 공탁사유에 해당되지 않는다(대판 2000.5.26, 98다22062).

③ 회생개시결정이 있는 때에는 채무자 재산의 관리 및 처분권한은 관리인에게 전속하게 되고 채무자에 대하여 채무를 부담하고 있는 자는 회생절차개시 이후에는 관리인 또는 관리인으로 보게 되는 개인 채무자 또는 법인 채무자에게 변제하여야 한다는 점에서 수용대상토지에 회생절차개시결정등기가 되어 있는 경우는 채권자 불확지 사유가 인정되지 않는다고 봄이 타당하다.

나. 절대적 불확지공탁

절대적 불확지공탁이란 변제공탁에서 공탁물수령자인 피공탁자가 누구인가를 공탁자가 전혀 알수 없는 경우에 하는 공탁을 말한다. 우리 공탁제도상 채권자가 특정되거나 적어도 채권자가 상대적으로나마 특정되는 상대적 불확지의 공탁만이 허용될 수 있는 것이고, 채권자가 누구인지 전혀 알 수 없는 절대적 불확지의 공탁은 허용되지 아니하는 것이 원칙이다. 다만 토지보상법 제40조 제2항 제2호는 토지수용의 주체인 사업시행자가 과실 없이 보상금을 받을 자를 알 수 없을 때에는 절대적 불확지의 공탁이 허용됨을 규정하여 사업시행자는 그 공탁에 의하여 보상금지급의무를 면하고 그 토지에 대한 소유권을 취득하도록 하고 있다. 수용보상금 공탁에 있어 절대적 불확지공탁을 인정하는 경우는 다음과 같다.

(1) 수용대상토지가 미등기이고 대장상 소유자 표시란이 공란으로 되어 있어 소유자를 확정할 수 없는 경우

등기부와 토지대장 등 지적공부가 6·25사변으로 모두 멸실되고 그 후 토지대장이 새로 복구되었으나 소유권란은 복구되지 않은 채 미등기로 남아 있어 피수용자를 불확지로 하는 수용재결이 있었다면 택지개발사업 시행자로서는 과실 없이 보상금을 받을 자를 알 수 없었다고 봄이 상당하므로 그 보상금을 공탁할 수 있다(대판 1995.6.30, 95다13159).

(2) 대장상 성명은 기재되어 있으나 주소의 기재(동·리의 기재만 있고 번지의 기재가 없는 경우도 해당됨)가 없는 경우

미등기인 수용대상토지가 토지대장에 주소는 기재됨이 없이 소유자의 성명만 기재되어 있는 경우에는 사업시행자가 토지소유자, 즉 피보상자를 과실 없이 알 수 없는 경우에 해당하므로 절대적 불확지공탁을 할 수 있다(공탁선례 제2-21호).

(3) 대장상 주소는 기재되어 있으나 성명의 기재가 없는 경우

(4) 수용대상토지가 등기는 되어 있으나 등기사항증명서상 소유자를 특정할 수 없는 경우

수용대상토지의 등기사항증명서상 소유자의 주소 표시 중 번지가 누락된 경우(이러한 등기는 원래 불가능함)에는 소유자를 특정할 수 없으므로 절대적 불확지공탁을 할 수 있고, 이 경우 소유자 표시를 등기사항증명서상 표시와 같이 정정하더라도 소유자를 특정한 것으로 볼 수는 없어 정정의 효력은 없다(공탁선례 제2-197호).

(5) 등기사항증명서의 일부인 공동인명부와 토지대장상의 공유자연명부가 멸실한 경우

등기사항증명서의 일부인 공동인명부[11]와 토지대장상의 공유자연명부가 멸실된 토지에 대하여 사업시행자가 토지소유자를 알 수 없어 협의를 할 수 없음을 이유로 관할 토지수용위원회에 재결을 신청하고 그에 따라 피수용자를 불확지로 한 수용재결을 얻은 경우에는 절대적 불확지공탁을 할 수 있다(등기선례 제3-758호 참조).

---

11) 구(2011.4.12. 법률 제10580호로 개정되기 전의 것) 부동산등기법 제20조 및 제58조, 구(2011.9.28. 규칙 제2356호로 개정되기 전의 것) 부동산등기규칙 제2조에 있던 공동인명부에 관한 근거 규정이 개정 부동산등기법과 개정 부동산등기규칙에서 삭제되었음

⑹ 피수용자가 사망하였으나 그 상속인 전부 또는 일부를 알 수 없는 경우

① 토지수용재결 후 보상금을 지급하기 전에 토지소유자가 사망하여 그 상속인에게 보상금을 지급하고자 하나 사업시행자로서는 상속인의 범위 또는 상속지분을 구체적으로 알 수 없는 경우에는 피공탁자 불확지공탁을 할 수 있다(공탁선례 제2-162호 참조).

② 수용재결 전에 보상금을 받을 자가 사망하고 그 상속이 완료되지 않아 사업시행자로서는 그 상속인의 범위나 상속지분을 알 수 없는 경우 또는 상속인 부존재로써 상속재산관리인이 없는 경우에도 보상금을 받을 자의 전부 또는 일부를 알 수 없다는 이유로 보상금을 공탁할 수도 있다.

⑺ 피수용자의 등기사항증명서상 주소지가 미수복지구인 경우

① 피수용자의 등기사항증명서상 주소지가 미수복지구로 되어 있고, 그와 다른 주소지를 사업시행자가 별도로 알 수 없는 경우에는 절대적 불확지공탁을 할 수 있다.

② 판례는 사업시행자가 피공탁자의 주소를 미수복지구로 기재하고 공탁관계법령을 보상금을 받을 자가 그 수령을 거부하거나 보상금을 수령할 수 없는 때에 해당하는 법령의 조문을 기재한 경우 피공탁자의 주소 표시가 제대로 되지 아니하고 공탁통지서도 송달할 수 없으므로 피공탁자가 특정되지 않았다고 할 것이어서 공탁을 하게 된 관계법령의 기재가 사실에 합치되지 아니하지만 그렇다고 그 공탁이 바로 무효가 되는 것이 아니고, 그 공탁을 '사업시행자가 과실 없이 보상금을 받을 자를 알 수 없는 때'에 허용되는 절대적 불확지의 공탁으로 보아 유효하다고 해석하고 있다(대판 1997.10.16, 96다11747 全合).

⑻ 사업시행자가 과실 없이 영업손실보상금을 받을 자를 알 수 없는 경우

사업시행자가 토지조서 및 물건조서의 작성을 위하여 영업시설에 출입하여 영업의 현황 및 영업주의 현황을 방문 조사하였으나 영업주, 종업원 등이 고의적으로 조사를 회피하는 등의 사정으로 과실 없이 영업주를 전혀 알 수 없는 경우에는 이러한 내용이 기재된 물건조서 또는 조사를 담당한 자의 진술서 등 소명자료를 첨부하여 영업손실보상금을 절대적 불확지공탁할 수 있다(공탁선례 제2-177호).

3. 토지보상법 제40조 제2항 제3호 사유(사업시행자의 불복)

① 관할 토지수용위원회가 재결한 보상금에 대하여 사업시행자의 불복이 있는 때에도 공탁할 수 있다. 이 경우 사업시행자는 보상금을 받을 자에게 자기가 산정한 보상금을 지급하고 그 금액과 토지수용위원회가 재결한 보상금과의 차액을 공탁하여야 한다.

② 예를 들면, 재결이 있기 전에 사업시행자가 3,000만 원을 협의보상금액으로 제시하였으나 협의가 성립되지 않아 재결을 신청하였더니 보상금액이 5,000만 원으로 재결되어 사업시행자가 보상금이 너무 많다는 이유로 이의신청을 제기하는 경우 5,000만 원 중 3,000만 원에 대하여서는 다툼이 없이 당초부터 보상금액으로 제시하였던 금액이기 때문에 이를 지급하고, 2,000만 원에 대하여만 다툼이 있는 금액이기 때문에 동법 제40조 제2항 제3호의 규정에 의하여 공탁하도록 한 것이다.

③ 이러한 공탁은 토지보상법상의 특유한 공탁사유이다. 이러한 공탁도 사업시행자의 보상금지급 채무를 면하게 하는 점에서는 변제공탁의 성질을 가지나, 토지소유자 등의 출급청구권행사는 원재결의 확정을 조건으로 하는 점에서 통상의 변제공탁과는 다른 특수한 성질을 갖는 변제공탁의 일종이라 볼 수 있다. 보상금을 받을 자는 불복의 절차가 종결될 때까지 공탁된 보상금을 수령할 수 없다(동법 제40조 제4항).

④ 물론 사업시행자가 산정한 보상금(②의 예에서 3,000만 원)의 지급도 토지보상법 제40조 제2항 제1호·제2호·제4호의 사유가 있으면 공탁할 수 있다.

4. 토지보상법 제40조 제2항 제4호 사유(압류·가압류)

① 압류 또는 가압류에 의하여 보상금 지급이 금지된 때에는 공탁할 수 있다. 일반채권에 기한 압류 외에 담보권리자의 물상대위권 행사에 의한 압류도 포함된다.

② 그러나 국세징수법상의 강제징수 또는 지방세기본법상 체납처분압류만을 이유로 하여 사업시행자가 집행공탁을 할 수는 없으므로 강제징수 또는 체납처분압류만이 있는 경우에는 이 공탁사유에 해당하지 않는다(대판 2007.4.12, 2004다20326 참조, 공탁선례 제2-286호 참조).

③ 하지만 민사집행법에 따른 압류와 체납처분에 의한 압류가 있는 경우(선후 불문)는 이 공탁사유에 해당한다. 이 경우의 공탁절차는 '금전채권에 대하여 민사집행법에 따른 압류와 체납처분에 의한 압류가 있는 경우의 공탁절차 등에 관한 업무처리지침(행정예규 제1060호)'에서 정한 절차에 준하여 한다. 즉 토지수용보상금지급청구권에 대하여 민사집행법에 따른 압류와 체납처분에 의한 압류가 있는 경우 '공익사업을 위한 토지 등의 취득 및 보상에 관한 법률 제40조 제2항 제4호 및 민사집행법 제248조 제1항'을 근거법령으로 하여 공탁할 수 있다[행정예규 제1061호 4. 나(공탁절차)].

보상금채권에 대하여 압류경합은 물론 단일의 압류, 압류의 경합이 없는 복수의 압류, 단일 또는 복수의 가압류의 경우에도 토지보상법 제40조 제2항 제4호 및 민사집행법 제248조 제1항에 의하여(가압류는 민사집행법 제291조 및 제248조 제1항) 집행공탁할 수 있게 되었다(행정예규 제1018호).

④ 담보물권의 변형물인 보상금에 대하여 이미 제3자가 압류하여 특정된 이상 담보물권자는 스스로 이를 압류하지 않고서도 물상대위권을 행사할 수 있다. 그러나 그 권리실행은 민사집행법 제273조에 따라 채권에 대한 강제집행절차를 준용하여 채권압류 및 전부명령을 받거나 배당요구를 하는 등의 방법으로 하여야 한다. 따라서 근저당권 등기가 되어 있는 토지에 대한 수용재결이 있은 후 제3자가 보상금채권을 압류하였으나 근저당권자가 물상대위권을 행사하지 아니한 경우에 사업시행자는 압류에 의하여 보상금의 지급이 금지되었음을 이유로 보상금을 공탁하여야 하고, 압류하지 않는 근저당권자도 압류한 것으로 취급하여 공탁할 것은 아니다(공탁선례 제2-179호).

⑤ 그리고 수용되는 토지에 대하여 체납처분에 의한 압류가 집행되어 있어도 토지의 수용으로 사업시행자가 그 소유권을 원시취득함으로써 그 압류의 효력은 소멸되지만, 토지에 대한 압류가 그 수용보상금청구권에 당연히 이전되어 그 효력이 미치게 된다고는 볼 수 없다. 따라서 수용 전 토지에 대하여 체납처분에 의하여 압류한 체납처분청이 다시 수용보상금에 대하여 체납처분에 의한 압류를 하였다고 하여 물상대위의 법리에 의하여 수용 전 토지에 대한 체납처분에 의한 우선권이 수용보상금채권에 대한 배당절차에서 종전 순위대로 유지된다고 볼 수도 없다 (대판 2003.7.11, 2001다83777).

5. 토지보상법 제84조 제2항에 따른 공탁

① 중앙토지수용위원회는 토지보상법 제83조에 따른 이의신청을 받은 경우 같은 법 제34조에 따른 재결이 위법하거나 부당하다고 인정할 때에는 그 재결의 전부 또는 일부를 취소하거나 보상액을 변경할 수 있다(동법 제84조 제1항). 보상금이 증액된 경우 사업시행자는 재결의 취소 또는 변경의 재결서 정본을 받은 날부터 30일 이내에 보상금을 받을 자에게 그 증액된 보상금을 지급하여야 한다. 다만 동법 제40조 제2항 제1호·제2호·제4호의 사유에 해당하는 때에는 그 금액을 공탁할 수 있다(동법 제84조 제2항).

② 그러나 이의신청에 의한 재결절차는 수용재결에 대한 불복절차이면서 수용재결과는 확정의 효력 등을 달리하는 별개의 절차이므로 증액된 보상금의 지급 또는 공탁이 없는 경우 관할 토지수용위원회의 재결에 대한 보상금의 지급 또는 공탁이 없는 경우와는 달리 그 이의신청에 대한 재결이 실효되는 것은 아니다(대판 1992.3.10, 91누8081).

6. 토지보상법 제85조 제1항에 따른 공탁

① 사업시행자·토지소유자 또는 관계인은 토지보상법 제34조에 따른 재결에 불복할 때에는 재결서를 받은 날부터 90일 이내에, 이의신청을 거쳤을 때에는 이의신청에 대한 재결서를 받은 날부터 60일 이내에 각각 행정소송을 제기할 수 있다. 이 경우 사업시행자는 행정소송을 제기하기 전에 동법 제84조(이의신청에 대한 재결)에 따라 증액된 보상금을 공탁하여야 하고, 보상금을 받을 자는 공탁된 보상금을 소송종결시까지 수령할 수 없다(동법 제85조 제1항). 이때 증액된 보상금을 행정소송 제기 전에 공탁하여야 할 것이지만, 제소 당시 그와 같은 요건을 구비하지 못하였다 하여도 사실심 변론종결 당시까지 그 요건을 갖추었다면 그 흠결의 하자는 치유되었다고 본다(대판 2008.2.15, 2006두9832).

② 이 공탁의무규정은 사업시행자가 행정소송을 제기한 경우에 한한다. 따라서 토지소유자 또는 이해관계인만이 이의재결에 대하여 행정소송을 제기한 경우에는 이의유보의 의사표시를 하여 공탁된 보상금을 지급받을 수 있다(공탁선례 제2-239호).

7. 토지보상법 제39조 제1항(담보공탁)

① 사업시행자의 재결신청을 받은 토지수용위원회는 그 재결을 기다려서는 재해를 방지하기 곤란하거나 그 밖에 공공의 이익에 현저한 지장을 줄 우려가 있다고 인정하는 때에는 사업시행자의 신청에 의하여 담보로써 토지수용위원회가 상당하다고 인정하는 금전 또는 유가증권을 공탁하게 하고 즉시 해당 토지의 사용을 허가할 수 있다(토지보상법 제39조 제1항, 동법 시행령 제19조 제1항).

② 이 경우의 공탁은 사업시행자의 보상금지급채무를 담보한다는 점에서 담보공탁의 성질을 갖는다. 사업시행자가 토지수용위원회의 재결에 의한 보상금의 지급시기까지 보상금을 지급하지 아니하면 토지소유자 등은 관할 토지수용위원회의 확인을 받아 담보공탁의 전부 또는 일부를 취득한다(동법 제41조 제2항, 동법 시행령 제22조 제1항).

04 절 수용보상금 공탁의 효과

1. 사업시행자의 소유권 취득

① 사업시행자가 수용개시일까지 관할 토지수용위원회가 재결한 보상금을 공탁한 때에는 수용개시일에 토지나 물건의 소유권을 취득하며(토지보상법 제45조 제1항), 설령 그 후 중앙토지수용위원회의 이의재결에 의하여 위 수용재결에서 정한 손실보상금이 증액되었다 하더라도 달리 볼 수 없다(대판 2017.3.30, 2014두43387). 이 경우 소유권 취득은 원시취득이다.

② 사업시행자는 토지를 수용한 날에 그 소유권을 취득하며 그 토지에 관한 다른 권리는 소멸하는 것인바, 수용되는 토지에 대하여 가압류가 집행되어 있어도 토지의 수용으로 인하여 사업시행자가 그 소유권을 원시취득함으로써 가압류의 효력은 소멸되고, 토지에 대한 가압류가 그 수용보상금청구권에 당연히 이전되어 그 효력이 미치게 된다고는 볼 수 없다(대판 2000.7.4, 98다62961).

③ 수용재결의 재결서 정본이 피수용자에게 적법하게 송달되기 이전에 사업시행자가 한 보상금의 공탁도 그것이 수용개시일 이전에 이루어진 것이라면 효력이 있다(대판 1995.6.30, 95다13159).

2. 토지소유자의 공탁금 출급청구권 취득

보상금의 공탁으로 사업시행자에 대한 손실보상금 채권은 소멸하고 토지소유자는 공탁소에 대한 공탁금 출급청구권을 취득한다. 양 권리는 형식상 별개이나 실질상 공탁금 출급청구권은 보상금 지급청구권에 갈음하는 것이므로 양 권리의 성질과 범위는 같다.

3. 공탁의 하자와 수용재결의 실효

가. 수용보상금을 지급 또는 공탁하지 아니한 때

① 토지보상법 제42조는 사업시행자가 수용 또는 사용의 개시일까지 관할 토지수용위원회가 재결한 보상금을 지급하거나 공탁하지 아니하였을 때에는 해당 토지수용위원회의 재결은 효력을 상실한다고 규정하고 있으므로, 사업시행자가 수용개시일까지 보상금 전액을 지급 또는 공탁하지 아니하였다면 해당 재결은 무효가 된다.

② 위와 같이 재결의 효력이 상실된 경우 판례는 재결의 전제가 되는 재결신청의 효력까지 상실한다고 하였다. 즉 토지수용은 보상금 지급을 조건으로 하고 있는 것인 만큼 재결된 보상금을 수용개시일까지 지급 또는 공탁하지 않은 이상 위 재결은 물론 재결의 전제가 되는 재결신청도 아울러 그 효력을 상실하는 것이라고 해석함이 상당하고, 그로 인하여 같은 법 제23조 사업인정의 고시가 있은 날부터 1년 이내에 재결신청을 하지 않는 것으로 되었다면 사업인정도 역시 효력을 상실하여 결국 그 수용절차 일체가 백지상태로 환원된다고 할 것이다(대판 1987. 3.10, 84누158).

③ 그러나 이의신청에 의한 재결절차는 수용재결에 대한 불복절차이면서 수용재결과는 확정의 효력 등을 달리하는 별개의 절차이므로 사업시행자가 이의신청에 대한 재결에서 증액된 보상금을 일정한 기한 내에 지급 또는 공탁하지 아니하였다 하더라도 그 때문에 이의신청에 대한 재결 자체가 당연히 실효되는 것은 아니다(대판 1992.3.10, 91누8081).

④ 한편 사업시행자가 수용의 개시일까지 재결보상금을 지급 또는 공탁하지 아니한 때에는 재결은 효력을 상실하고, 사업시행자의 재결신청도 효력을 상실하므로 사업시행자는 다시 토지수용위원회에 재결을 신청하여야 한다. 그 신청은 재결실효 전에 토지소유자 및 관계인 등이 이미 재결신청 청구를 한 바가 있을 때에는 재결실효일로부터 60일 내에 하여야 하고, 그 기간을 넘겨서 재결신청을 하면 지연된 기간에 대하여도 소송촉진 등에 관한 특례법 제3조에 따른 법정이율을 적용하여 산정한 금액을 지급하여야 한다. 그러나 사업시행자가 재결실효 후 60일 내에 재결신청을 하지 않았더라도 재결신청을 지연하였다고 볼 수 없는 특별한 사정이 있는 경우에는 그 해당 기간 동안은 지연가산금이 발생하지 않는다. 재결실효 후 토지소유자 등과 사업시행자 사이에 보상협의절차를 다시 하기로 합의한 데 따라 협의가 진행된 기간은 그와 같은 경우에 속한다(대판 2017.4.7, 2016두63361; 2017.4.7, 2017두30825, 2017두30832 참조).

나. 수용보상금 공탁이 무효인 경우

① 사업시행자가 일단 수용보상금을 공탁하였다 하더라도 그 공탁이 무효라면 토지보상법 제42조 제1항 소정의 사업시행자가 수용개시일까지 보상금을 지급 또는 공탁하지 아니하였을 때에 해당하므로 그 수용재결은 효력을 상실하게 된다(대판 1996.9.20, 95다17373). 위와 같이 실효된 수용재결을 유효한 것으로 보고서 한 이의재결도 위법하여 당연무효가 된다(대판 1986. 8.19, 85누280; 1993.8.24, 92누9548).

② 한편 토지보상법에 의한 수용재결에 따른 수용보상금의 공탁이 유효한 것인지 여부는 동법 제40조 제2항 및 공탁법이 정한 요건을 갖추었는지 여부에 의하여 결정되고 공탁의 전제가 되는 수용재결이 유효하다 하여 그에 따른 공탁도 당연히 유효한 것은 아니다(대판 1996.9.20, 95다17373).

1) 공탁요건에 해당하지 아니하는 공탁

① 수용보상금은 수용의 개시일까지 사업시행자가 피수용자에게 직접 지급하여야 하나, 토지보상법 제40조 제2항이 정한 공탁요건(공탁원인)이 있는 경우에 한하여 공탁할 수 있다. 따라서 동법 제40조 제2항 각 호 중의 하나에 해당하지 아니하는 경우에 한 공탁은 보상금의 지급으로써의 효력을 발생하지 못한다(대판 1996.9.20, 95다17373).

② 따라서 지방자치단체가 수용대상토지를 압류하였더라도 그 토지의 수용에 다른 보상금청구권을 압류하지 아니한 이상 보상금을 받을 자는 여전히 토지소유자이다. 그런데 사업시행자가 수용대상토지가 지방자치단체에 의하여 압류되어 있어 보상금을 수령할 자를 알 수 없다는 이유로 공탁을 하였다면 토지보상법 제40조 제2항의 각 호에 열거된 공탁의 요건에 해당되지 않아 보상금 지급의 효력이 발생할 수 없다(대판 1993.8.24, 92누9548).

③ 토지소유자가 그 토지에 대한 수용재결이 있기 전에 등기부상 주소를 실제 거주지로 변경등기 하였음에도 불구하고 사업시행자가 토지소유자의 주소가 불명하다 하여 수용재결에서 정한 수용보상금을 토지소유자 앞으로 공탁한 경우 그 공탁은 요건 흠결로 무효이다(대판 1996.9.20, 95다17373).

2) 일부 공탁의 경우

수용의 효과를 발생시키는 보상금의 공탁은 일반 민법상의 변제공탁의 경우와 마찬가지로 보상금 전액을 공탁함이 원칙이다. 그러므로 사업시행자는 보상금이「소득세법」또는「법인세법」에 따라 원천징수의 대상이 되는 등의 특별한 사정이 없는 한 재결서에 기재된 보상금 전액을 공탁하여야 한다. 수용보상금을 공탁할 때에 일부 공탁에 해당하는지의 여부가 문제되는 사례들은 다음과 같다.

① 수용의 효과를 발생시키는 보상금의 공탁은 특별한 사정(사업시행자가 토지수용위원회가 재결한 보상액에 불복하여 자기의 예정금액을 지급하고 재결에서 정한 보상액과의 차액만을 공탁하는 경우)이 없는 한 보상금 전액을 공탁하여야 하므로 사업시행자가 피수용자의 전기요금 등을 대납하였다 하더라도 그만큼을 공제한 차액만을 공탁할 수는 없다(공탁선례 제2-182호).

② 수용의 효과를 발생시키는 보상금의 공탁은 재결에서 정해진 보상금 전액의 공탁을 의미하므로 피수용대상토지에 대한 상속등기를 대위신청할 때 소요될 등록면허세액(지방교육세 포함) 그 밖의 비용을 공제한 나머지 금액만을 공탁한다면 이는 유효한 공탁이 될 수 없다. 이 경우 사업시행자가 대신 지출한 상속등기비용은 별도로 수용보상금 채권자들에게 구상하여야 한다(공탁선례 제2-125호).

③ 그러나 사업시행자가 토지소유자에게 지급할 보상금이 소득세법 제156조 또는 법인세법 제98조에 따라 원천징수의 대상이 되는 경우에는 사업시행자는 토지소유자에게 지급할 보상금에서

그 원천징수세액을 공제한 나머지 금액을 공탁할 수 있다. 이 경우 공탁서상의 공탁원인사실 란에 원천징수세액을 공제한 사실을 기재하여야 하나, 원천징수세액의 공제를 소명하는 자료 는 제출할 필요가 없다(공탁선례 제2-173호).

3) 조건부 공탁의 경우

피수용자가 반대급부 또는 그 밖의 조건의 이행을 할 의무가 없음에도 불구하고 사업시행자가 이 를 조건으로 공탁을 한 때에는 피수용자가 그 조건을 수락하지 아니하는 한 공탁은 효력이 없다 (대판 1979.10.30, 78누378). 다만 이행의무가 없는 반대조건을 붙여 무효가 된 공탁을 수용의 개시일 이전에 반대급부가 없는 공탁으로 정정하면 그 공탁이 유효하게 되나, 수용의 개시일이 지난 후에는 반대급부 없는 공탁으로 정정하였다 하더라도 그 효력이 수용의 개시일까지 소급되 지 아니하므로 재결의 효력이 상실된다(대판 1986.8.19, 85누280).

다. 공탁 흠결의 치유

① 보상금의 일부만을 공탁하거나 조건을 붙여서 한 공탁은 무효이지만 피공탁자가 아무런 이의 도 유보하지 아니하고 그 공탁금을 수령하면 무효 원인인 하자가 치유되어 공탁일에 소급하여 그 공탁은 보상금을 지급한 것과 같은 효력을 발생하게 된다.

② 공탁요건에 해당하지 아니한 공탁이거나 일부 공탁, 조건부 공탁 등 하자 있는 공탁에 대하여 피공탁자가 이의를 유보하고 그 공탁된 보상금을 수령한 경우에는 공탁의 취지에 따라 공탁금 을 수령한 것으로 볼 수 없기 때문에 무효가 된 공탁의 하자가 치유될 수 없을 것이다.

③ 또한 수용개시일이 지난 후에 사업시행자가 공탁서의 공탁원인사실과 피공탁자의 주소와 성명 을 정정하고 토지소유자가 이의를 유보한 채 공탁금을 수령하더라도 이미 실효된 수용재결이 다시 효력이 생기는 것은 아니다(대판 1993.8.24, 92누9548).

05 절 수용보상금 공탁서 정정

1. 의의

① 공탁신청이 수리된 후 공탁서의 착오 기재를 발견한 공탁자는 공탁의 동일성을 해하지 아니하 는 범위 내에서 공탁서의 정정을 신청할 수 있다(공탁규칙 제30조 제1항).

② 공탁서 정정의 의의, 요건, 절차, 효력 등에 관한 내용은 총론 "CHAPTER 04 공탁서 정정"에 서 자세히 설명하였으므로 여기서는 토지수용보상금 공탁의 경우에만 국한하여 설명한다.

2. 공탁자의 공탁서 정정의무(절대적 불확지공탁)

① 변제공탁은 채권자가 특정되거나 적어도 채권자가 상대적으로나마 특정되는 상대적 불확지의 공탁만이 허용될 수 있는 것이고, 채권자가 누구인지 전혀 알 수 없는 절대적 불확지의 공탁은

허용되지 아니하는 것이 원칙이다. 예외적으로 토지수용보상금 공탁에서는 절대적 불확지공탁이 인정된다.

② 이는 공익을 위하여 신속한 수용이 불가피하기 때문이지만, 이를 허용하는 것은 사업시행자가 과실 없이 채권자를 알 수 없다는 부득이한 사정으로 인한 임시적 조치로서 편의상 방편일 뿐이므로 사업시행자는 공탁으로 수용보상금 지급의무를 면하게 되지만, 이로써 위에 본 공탁제도상 요구되는 채권자 지정의무를 다하였다거나 그 의무가 면제된 것은 아니다(대판 1997.10. 16, 96다11747 全合).

③ 따라서 사업시행자가 수용보상금을 절대적 불확지공탁한 후에 피공탁자를 알게 된 때에는 그를 피공탁자로 지정하는 공탁서 정정을 신청할 수 있다. 공탁자가 임의로 정정하지 않을 경우에는 공탁자를 상대로 공탁물 출급청구권이 자신에게 있다는 확인판결을 받아 공탁물을 출급청구할 수 있다.

④ 공탁금을 수령할 자가 누구인지 전혀 몰라 피공탁자를 불명 또는 미지정 등으로 절대적 불확지공탁을 한 경우에, 공탁자가 후에 피공탁자를 알게 된 때에는 먼저 공탁물을 수령할 자를 지정하여 공탁서를 정정한 후에 피공탁자로 하여금 공탁금을 출급청구하게 할 수 있고, 또한 그 공탁서 정정이 적법하게 수리된 경우에 정정의 효력은 조건부 공탁을 조건 없는 공탁으로 정정하는 경우와는 달리 당초 공탁시로 소급하여 발생한다. 따라서 수용재결이 있은 후 수용개시일까지 보상금을 공탁하였다면 그 수용재결이 당연무효이거나 소송 등에 의하여 취소되지 아니하는 한 사업시행자는 수용한 날에 소유권을 취득한다(공탁선례 제2-48호).

3. 수용보상금 공탁서 정정이 허용되는 경우

1) 공탁서 기재사항 자체로 보아 착오임이 명백한 경우

사업시행자가 수용보상금채권에 대한 처분금지가처분이 있음을 이유로 토지수용보상금을 공탁하는 경우에는 '사업시행자의 과실 없이 보상금을 받을 자를 알 수 없는 때'(토지보상법 제40조 제2항 제2호)에 해당하여 피공탁자를 상대적 불확지로 하여 "甲 또는 丙"으로 기재하여야 하는데, 공탁 당시 사업시행자가 착오로 "丙"으로 기재하였고 공탁관도 이를 간과한 채 공탁수리한 것이 공탁서 기재 자체로 보아 명백한 것이라면, 비록 피공탁자가 "丙"으로 기재되어 있다고 하더라도 위 공탁은 피공탁자를 "甲 또는 丙"으로 하는 상대적 불확지공탁으로 해석하여야 하므로, 공탁자가 착오기재를 이유로 피공탁자를 "丙"에서 "甲 또는 丙"으로 정정하는 공탁서 정정신청을 한다면 그러한 공탁서 정정은 공탁의 실체에 합치되는 것으로써 공탁관은 이를 공탁의 동일성을 해하지 않는 것으로 보아 공탁서 정정이 허용된다(공탁선례 제2-186호).

2) 피공탁자의 표시가 잘못된 경우

사업시행자가 토지수용에 따른 보상금을 받을 자를 등기부상 소유명의인인 '전교림'으로 확정하여 그를 피공탁자로 하여 공탁하였으나, 그 '전교림'은 재단법인 전라북도향교재단 소속 전주향교 유림의 약칭에 불과하므로 토지수용에 따른 보상금을 받을 자는 수용토지의 실소유자인 재단법인 전라북도향교재단임이 밝혀졌다면, 공탁자(사업시행자)로 하여금 피공탁자를 '전교림'에서 '재단법인 전라북도향교재단'으로 정정하는 공탁서 정정을 신청하도록 하여야 한다[이 경우 정정사유를 소명하는 서면으로서 토지보상법 제18조(2007.10.17. 법률 제8665호로 폐지되기 전의 것)에 따라 시·구·읍·면의 장으로부터 소유사실확인서를 발급받은 자 또는 특별시장·광역시장·도지사 또는 특별자치도지사의 향교재산처분 허가서 등의 서류를 제출할 수 있을 것임]. 위와 같은 정정사유에 의한 피공탁자 정정은 공탁의 동일성을 해하지 않는 것이므로 공탁관은 그러한 공탁서 정정신청을 수리하지 않을 수 없다(공탁선례 제2-188호).

3) 동명이인의 주민등록표등본을 첨부한 경우

등기부상 소유명의인의 주소와 성명을 기재하여 피공탁자를 특정하고, 다만 그 주소를 소명하는 서면으로서 착오로 피공탁자와 동명이인의 주민등록표등본을 첨부한 경우, 피공탁자의 위 등기부상 주소와 현재 주소가 연결되는 주민등록표등본 등을 첨부하여 그 주소를 현재 주소로 정정하는 공탁서 정정은 허용된다(공탁선례 제2-189호).

4) 반대급부를 철회하는 경우

소유권이전에 필요한 일체의 서류를 반대급부로 제공할 것을 조건으로 보상금을 공탁한 경우 반대급부 조건을 철회하는 공탁서 정정은 허용된다(대판 1986.8.19, 85누280). 다만 공탁의 효력은 공탁일자로 소급하여 효력이 발생하는 것이 아니라 공탁서 정정 시 효력이 발생한다는 점은 앞에서 본 바와 같다.

4. 수용보상금 공탁서 정정이 허용되지 않는 경우

1) 확지공탁을 불확지공탁으로 정정

甲 1인으로 되어 있는 피공탁자를 甲 및 乙로 하는 경우와 같이 피공탁자를 추가하는 공탁서 정정은 공탁의 동일성을 해하는 것으로써 허용될 수 없다(대판 1998.9.22, 98다12812).

2) 불확지공탁을 확지공탁으로 정정

① 甲 또는 乙 2인으로 되어 있는 피공탁자를 甲으로 하는 경우와 같이 기존의 상대적 불확지 변제공탁을 확지 변제공탁으로 정정하는 것도 허용될 수 없다.

② 수용대상토지에 대하여 가처분등기가 경료되어 있으나 그 가처분의 피보전권리가 공시되어 있지 않아 사업시행자가 '토지소유자 또는 가처분권리자'를 피공탁자로 하는 상대적 불확지공탁을 한 이후에 그 가처분의 피보전권리가 소유권이전등기청구권임이 확인된 경우라 하더라도 기존의 불확지공탁에서 토지소유자를 피공탁자로 하는 확지공탁으로 바꾸는 공탁서 정정은 공탁의 동일성을 해하므로 허용될 수 없다(공탁선례 제2-191호).

5. 공탁서 정정의 효력발생시기

① 공탁서 정정이 적법하게 수리된 경우에 정정의 효력은 당초 공탁시로 소급하여 발생한다(공탁선례 제2-48호). 다만 변제공탁의 경우 채권자가 반대급부 또는 그 밖의 조건을 이행할 의무가 없음에도 불구하고 채무자가 이를 조건으로 공탁한 때에는 채권자가 이를 수락하지 않는한 그 변제공탁은 효력이 없으며, 그 뒤 채무자의 공탁에 붙인 조건의 철회정정청구에 따라 공탁관으로부터 위 정정청구의 인가결정이 있었다 하더라도 그 변제공탁은 인가결정 시부터 반대급부나 조건이 없는 변제공탁으로써의 효력을 갖는 것으로써 그 효력이 당초의 변제공탁시로 소급하는 것은 아니다.

② 토지수용에서 사업시행자가 지방토지수용위원회의 원재결에 정한 수용보상금을 공탁하면서 토지소유권이전에 필요한 일체의 서류를 반대급부로 제공할 것을 조건으로 하였고 원재결 수용개시일 이후에야 반대급부 없는 공탁으로 정정인가결정이 있었다면 토지수용에 있어서 토지소유자가 위 서류를 반대급부로 제공할 의무가 없고, 그 정정인가의 효력이 당초의 공탁시나 원재결 수용개시일에 소급되는 것이 아니므로 위 공탁은 원재결대로의 보상금지급의 효력이 없다. 따라서 원재결은 토지보상법 제42조 제1항에 의한 사업시행자가 수용개시일까지 재결보상금을 지급 또는 공탁하지 아니한 때에 해당하여 그 효력을 상실하였다. 실효된 원재결에 대한 중앙토지수용위원회의 이의재결 역시 위법하여 무효이다. 그러나 위의 중앙토지수용위원회의 이의재결이 절대적 무효는 아니므로 이의취소나 무효확인을 구할 이익은 있다(대판 1986. 8.19, 85누280 참조).

---

06 절 수용보상 공탁금의 출급

1. 일반적인 출급청구권 행사

가. 확지공탁

1) 의의

① 사업시행자가 수용보상금을 공탁하면서 피공탁자를 특정하여 공탁하였다면 일반 변제공탁의 경우와 마찬가지로 출급청구권자는 피공탁자 또는 승계인이다.

② 공탁물 출급청구 시 공탁서나 공탁통지서의 기재 자체에 의하여 출급청구권자와 출급청구권의 발생 및 범위를 알 수 있으므로 원칙적으로 별도의 출급청구권 증명서면을 제출할 필요가 없다.

③ 피공탁자는 공탁서의 기재에 의하여 형식적으로 결정되므로 실체법상의 채권자라고 하더라도 피공탁자로 지정되어 있지 않다면 공탁물 출급청구권을 직접 행사할 수 없다. 따라서 피공탁자 아닌 제3자가 피공탁자를 상대로 하여 공탁물 출급청구권 확인판결을 받았다 하더라도 그

확인판결을 받은 제3자가 직접 공탁물 출급청구를 할 수는 없다. 이 경우 실체법상의 채권자는 피공탁자로부터 공탁물 출급청구권의 양도를 받거나 자발적으로 양도하지 않으면 양도의 의사표시를 하고 채무자인 국가(소관 공탁관)에게 통지하라는 내용의 판결을 받아 출급청구할수 있다.

④ 피공탁자로부터 출급청구권을 상속·채권양도·전부명령 그 밖의 원인으로 승계받은 자는 승계사실을 증명하는 서면을 첨부하여 출급청구할 수 있다.

2) 구체적인 사례

① 수용대상물인 지장물건에 대하여 소유권 분쟁이 있어 그 수용보상금이 공탁된 경우 공탁서상 피공탁자로 기재된 자는 직접 공탁관에 대하여 공탁금의 출급청구권을 행사하여 이를 수령하면 되는 것이고, 구태여 피공탁자가 아닌 위 소유권 분쟁당사자를 상대로 공탁금의 출급청구권이 자신에게 있다는 확인을 구할 필요는 없다. 피공탁자로 기재된 사람이 아닌 다른 사람에 대한 출급청구권 확인의 소는 그 권리보호의 이익이 없어 부적법하다.

② 사업시행자가 토지의 일부를 수용하고 수용보상금을 그 토지의 공유자 전원을 피공탁자로 하여 공탁한 경우에 공유토지에 대한 수용보상 공탁금을 가분채권으로 보아 공유자 각자가 자기의 등기부상 지분에 해당하는 공탁금을 출급청구할 수 있다. 비록 수용된 토지부분에 대한 공유자 내부의 실질적인 지분비율이 등기부상 지분비율과 다르다고 하더라도 이는 공유자 내부 간에 별도로 해결하여야 할 문제이다(공탁선례 제2-202호).

③ 토지수용시 사업시행자가 토지등기사항증명서상 공유자들의 공유지분 합계가 1을 초과하여 각 공유자의 정당한 지분을 알 수 없어 개인별 보상금액을 산정할 수 없다는 사유로 보상금을 공탁하였다면 이는 일종의 불확지공탁이라고 볼 수 있다. 이러한 경우 공유자인 피공탁자 전원이 합의하기에 이르렀다면 전원의 합의에 의한 개인별 또는 전원의 공탁금 출급청구가 가능하다. 그러나 공유자 전원의 합의가 이루어지지 않는다면 재판에 의하여 각 공유자의 지분을 확정한 후 출급청구하여야 할 것이고, 공유자들 전원의 정당한 지분을 알 수 없어 공탁한 것이므로 공유자 중 일부가 자기 지분에서 일정부분 차감함으로써 공유지분 합계를 1로 하여 산정된 개인별 공탁금을 출급청구할 수는 없다(공탁선례 제2-203호).

④ 불가분채권의 목적물이 공탁된 경우에는 수인의 피공탁자 전원이 함께 공탁금을 출급하여야 한다. 합유로 등기되어 있는 토지를 수용하고 보상금을 공탁하면서 수용되기 전에 사망한 5명을 포함한 16명의 합유자를 피공탁자로 하여 공탁한 이후 합유자 중 2명이 공탁된 이후에 사망한 경우에, 특약이 없는 한 사망한 사람의 상속인들에게는 공탁금 출급청구권이 승계되지 않으므로 잔존 합유자들은 사망자에 대한 사망사실을 입증하는 서면을 제출하고 잔존 합유자 전원의 청구에 의하여 공탁금 출급청구를 할 수 있다(공탁선례 제201006-1호).

⑤ 공탁물을 수령할 자가 수용대상토지의 소유자로 표시된 甲과 乙의 2인으로 기재되어 있다면 수용대상토지가 甲의 단독 소유임을 증명하는 서류를 첨부하였다 하더라도 甲이 단독으로 공탁금 출급청구를 할 수는 없다(대결 1989.12.1. 89마821).

⑥ 수용보상금을 받을 자가 주소불명으로 인하여 그 보상금을 수령할 수 없어 공탁한 경우, 변제 공탁제도가 본질적으로는 사인 간의 법률관계를 조정하기 위한 것이며 공탁관은 형식적 심사권을 가질 뿐이므로 피공탁자와 정당한 보상금수령권자라고 주장하는 자 사이의 동일성 등에 관하여 종국적인 판단을 할 수 없다. 이는 공탁관의 처분에 대한 이의나 그에 대한 불복을 통해서도 해결될 수 없는 점, 누가 정당한 공탁금수령권자인지는 공탁자가 가장 잘 알고 있는 것으로 볼 것인 점, 피공탁자 또는 정당한 공탁금수령권자라고 하더라도 직접 국가를 상대로 민사소송으로써 그 공탁금의 지급을 구하는 것은 원칙적으로 허용되지 아니하는 점 등에 비추어 볼 때 정당한 공탁금수령권자이면서도 공탁관으로부터 공탁금의 출급을 거부당한 자는 그 법률상 지위의 불안·위험을 제거하기 위하여 공탁자인 사업시행자를 상대방으로 하여 그 공탁금출급권의 확인을 구하는 소송을 제기할 이익이 있다(대판 2007.2.9, 2006다68650).

⑦ 등기부상 소유명의가 예명으로 기재되어 있어 수용보상금의 피공탁자를 예명으로 하여 공탁한 경우 그 상속인이 공탁금을 출급하기 위해서는 공탁자를 상대로 하여 공탁금 출급청구권이 자신에게 있다는 확인판결(조정, 화해조서 포함)을 받아 공탁금 출급청구를 할 수 있다.

3) 보상금이 승계 전의 소유자에게 공탁된 경우

(1) 개설

① 보상금은 관할 토지수용위원회가 재결하면서 재결서에 기재된 토지의 소유자에게 지급하거나 공탁하게 된다. 그런데 재결서에 기재된 토지의 소유자가 진실한 보상금 채권자이어야 하나 진실한 보상금 채권자는 수용 당시를 기준으로 한 수용대상토지의 소유자이므로 재결서에 기재된 수용대상토지의 소유자와는 차이가 생길 수 있는 여지가 있다.

그런데 재결서에 기재된 수용대상토지의 소유자를 피공탁자로 하여 수용보상금을 공탁하였으나 수용개시일 전에 수용대상토지의 소유권이 변동된 경우에는 피공탁자의 정정은 불가능하므로 사업시행자가 피수용자를 경정하는 재결을 받아서 착오를 이유로 공탁물을 회수하게 되면 소급적으로 공탁이 실효되므로 그 공탁을 전제로 한 재결의 효력도 무효가 되는 문제가 발생한다. 따라서 토지보상법은 사업시행자는 사업인정의 고시가 있은 후 소유권 등의 변동이 있는 경우에는 그 소유권 등을 승계한 자에게 보상금을 지급하거나 공탁된 보상금을 수령할 수 있도록 하고(토지보상법 제40조 제3항), 그 경우에 공탁금을 받을 권리를 승계한 사실을 증명하는 서면을 공탁관에게 제출하도록 규정하고 있다(동법 시행령 제21조). 즉 수용개시일 전에 수용토지의 소유자가 변경되었음에도 불구하고 수용보상금이 승계 전의 소유자에게 공탁되어 있는 경우 그 승계인은 피공탁자의 정정 없이도 소유권의 승계사실을 증명하는 서면(등기사항증명서 또는 수용경정재결 정본)을 첨부하여 공탁금을 직접 출급청구할 수 있다.

② 문제는 승계인의 범위를 어떻게 정하느냐에 따라 승계인으로서 공탁물을 직접 출급할 수 있는 경우와, 승계인으로 볼 수 없어 공탁물을 직접 출급할 수 없고 피공탁자의 공탁물 출급청구권을 양도받아서 출급할 수 있는 경우로 나누어지게 되므로 구체적인 공탁물 출급절차 역시 달라진다.

(2) 승계인의 인정기준

① 사업인정고시가 있은 후 소유권이 변동되었는지 여부는 결국 수용개시 당시를 기준으로 토지의 소유권이 누구에게 있는지가 기준이 된다.

② 법률행위에 의하여 소유권이 변동되었으면 그 소유권이전등기가 수용개시일 이전에 경료되어야 할 것이고, 상속 등 법률행위에 의하지 아니한 소유권의 변동은 그 원인이 수용개시일 전에 이루어졌을 때만 정당한 승계인이다(수용개시일 이후에 사망한 피공탁자의 상속인들이 상속인의 지위에서 공탁물을 수령하는 것은 별론으로 한다). 따라서 사실상 매매를 하였다 하더라도 수용개시일 이전까지 소유권이전등기를 하지 않았다면 민법 제186조에 의하여 소유권은 여전히 변동되지 않았으므로 피공탁자의 공탁물 출급청구권을 양도받아야만 공탁물을 출급할 수 있고, 공탁자가 임의로 양도해 주지 않으면 "공탁물 출급청구권 양도의 의사를 표시하고 채무자인 국가(소관 공탁관)에게 이를 통지하라"는 내용의 확정판결을 받아 공탁물 출급청구를 할 수 있다.

(3) 구체적인 경우

A. 판결

① 매수인이 매도인인 등기부상 소유명의인을 상대로 매매를 원인으로 한 토지소유권이전등기 절차이행의 승소판결을 받았으나 그에 따른 소유권이전등기를 경료하지 않고 있던 중 사업시행자가 보상금을 매도인 앞으로 공탁함으로써 수용개시일에 수용의 효력이 발생하였다면, 그 이후 매수인이 자기 명의로의 소유권이전등기를 경료하였다 하더라도 그 매수인은 피공탁자인 매도인으로부터 공탁금 출급청구권을 양도받지 않는 한 직접 공탁금의 출급청구를 할 수 없다(공탁선례 제2-208호).

② 토지를 수용할 당시에 그 토지가 甲의 소유로 등기되어 있어 수용개시일에 甲에 대하여 보상금을 공탁하고 토지수용에 따른 소유권이전등기까지 마친 경우에는, 乙이 수용개시일 이전에 그 토지에 대하여 처분금지가처분을 하고 수용개시일이 지난 후에 소유권이전등기청구소송의 승소확정판결을 얻었다고 하더라도 乙은 위 판결을 집행하여 자기 명의로의 소유권이전등기를 경료할 수도 없고 수용보상 공탁금의 수령권자로 될 수도 없다(공탁선례 제2-210호). 이 경우 乙은 甲으로부터 공탁금 출급청구권을 양도받거나 자발적으로 양도해 주지 않으면 공탁금 출급청구권의 양도의 의사표시를 하고 채무자인 국가(소관 공탁관)에게 통지하라는 내용의 판결을 받아 권리를 행사할 수 있다.

③ 사업시행자가 미등기 토지를 수용하면서 토지대장에 등록된 사망한 소유자를 피공탁자로 지정하여 수용보상금을 공탁하였다면, 사망한 토지대장상의 소유자와 매매계약을 체결한 매수인이 토지대장에 등록된 소유자의 상속인들을 상대로 소유권이전등기절차 이행의 소를 제기하여 승소확정판결을 받아 수용개시일 이후에 대위로 상속인들 명의로 소유권보존등기를 하고 이어 매수인 앞으로의 소유권이전등기를 경료한 경우라 하더라도 그 수용토지는 이미 수용개시일에 사업시행자의 소유로 된 것이므로 매수인이 대위로 한 소유권보존등기와 소유권이전등기는 실

체관계에 부합하지 않는 무효의 등기로 볼 수밖에 없다. 따라서 매수인은 그 판결에 기하여 자기 앞으로의 소유권이전등기를 경료하였다는 사실만으로는 위 공탁된 수용보상금을 출급청구할 수 없으며, 상속인들에게 공탁금 출급청구권을 양도받거나 공탁금 출급청구권의 양도의사를 표시하고 채무자인 국가에게 이를 통지하는 내용의 확정판결을 받아 공탁금 출급청구를 할 수 있다(공탁선례 제2-212호 참조).

④ 사업시행자가 과실 없이 진정한 토지소유자를 알지 못하여 등기부상 소유명의인을 토지소유자로 보고 그를 피수용자로 하여 손실보상금을 공탁하여 수용절차를 마쳤다면, 그 수용의 효과는 수용대상토지의 진정한 소유자가 누구임을 막론하고 이를 부인할 수 없으며 그가 가지고 있던 소유권은 수용으로 인하여 소멸함과 동시에 사업시행자가 그 권리를 완전히 취득하게 된다. 수용대상토지의 진정한 소유자가 수용대상토지에 대한 소유권의 귀속에 관하여 수용개시일 전에 등기부상 소유권보존등기 명의인을 상대로 하여 소유권보존등기말소 등기절차이행의 소를, 국가를 상대로 하여 소유권확인의 소를 각 제기하여 수용개시일 이후에 각 승소확정판결을 받아 그 수용대상토지의 소유자로 확인되었다 하더라도 그 판결을 근거로 하여 수용의 효과를 다툴 수는 없다. 다만 판결문상에 수용대상토지의 진정한 소유자가 누구임이 명시되어 있는 경우 그 진정한 소유자는 보상금(공탁금)을 수령할 지위에 있는 자이므로, 그 판결문을 소유권의 승계사실을 증명하는 서면의 제출절차에 준하여 공탁의 출급청구권을 증명하는 서면의 하나로 제출하여 공탁서의 정정 없이도 직접 공탁금의 출급청구를 할 수 있다(대판 1971. 6.22, 71다873, 공탁선례 제2-213호 참조).

B. 명의신탁

종중이 수용대상토지에 대한 명의신탁을 해지하였다고 하더라도 수용개시일 전에 소유권등기를 회복하지 못하였다면, 수용보상금의 출급청구권은 수용 당시의 소유자인 명의수탁자가 취득하는 것이고 종중은 명의수탁자로부터 공탁금 출급청구권을 양도받지 않는 한 공탁금 출급청구권을 취득할 수는 없다. 비록 종중이 명의수탁자를 피고로 하여 명의신탁의 해지를 이유로 공탁금 출급청구권 확인판결(공탁금 출급청구권을 증명하는 서면이 될 수는 없음)을 받았다고 하더라도 종중은 위 확인판결에 기하여 직접 공탁금 출급청구를 할 수는 없다(공탁선례 제2-214호).

C. 매각

부동산경매절차에서 매수인은 매각대금 납부 시에 매각부동산의 소유권을 취득하므로 매수인이 매각대금 납부 전에 수용개시일이 도래되었다면 수용개시일 후에 매각대금을 납부하였다고 하더라도 매각부동산의 소유권을 취득할 수 없다. 따라서 매각부동산에 대한 수용보상금인 공탁금에 대하여도 직접적인 권리행사는 할 수 없다. 또한 수용완료 당사의 소유자를 피공탁자로 하여 수용보상금이 공탁된 이상 그 피공탁자 명의를 정정할 수는 없을 것이며, 매각대금을 납부한 매수인으로서는 매각의 하자에 따르는 청구권에 기하여 권리를 확보할 수밖에 없을 것이다(공탁선례 제2-218호 참조). 이러한 경우 매수인으로서는 매도인의 담보책임에 관한 민법 규정을 적용하거나 유추적용하여 담보책임을 물을 수 있고, 이러한 담보책임은 매수인이 경매절차 밖에서 별소로써 채

무자 또는 채권자를 상대로 추급하는 것이 원칙이다. 다만 아직 배당이 실시되기 전이라면 매수인
으로 하여금 배당이 실시되는 것을 기다렸다가 경매절차 밖에서 별소에 의하여 담보책임을 추급
하게 하는 것은 가혹하므로 매수인은 민사집행법 제96조를 유추적용하여 집행법원에 대하여 경매
에 의한 매매계약을 해제하고 납부한 매각대금의 반환을 청구하는 방법으로 담보책임을 추급할
수 있다(대결 1997.11.11, 96그64; 2017.4.19, 2016그172 참조).

D. 사자(死者)의 상속인

① 사업시행자의 과실 없이 토지소유자 및 관계인을 알 수 없는 때에는 그들과 협의를 하지 아니
하고, 그들의 성명 및 주소를 재결신청서에 기재하지 아니하여 그들로 하여금 수용절차에 참
가하게 하지 아니한 채 재결에 이르렀다 하여 위법이라고 할 수 없다. 설령 사업시행자의 과실
로 인하여 토지소유자나 관계인을 알지 못하여 그들로 하여금 참가하게 하지 아니하고 수용재
결을 하여 그 절차가 위법이라 하여도 그 사유만 가지고는 그 재결이 당연무효라고 할 수 없으
므로 수용재결의 상대방인 토지소유자가 사망자라는 이유만으로는 그 수용재결이 당연무효라
고 할 수 없다(대판 1971.5.24, 70다1459). 따라서 그 효력은 상속인에게 미치므로 사자(死
者)를 피공탁자로 한 공탁의 경우 그 상속인은 상속인임을 증명하는 서면을 첨부하여 출급청
구할 수 있다.

② 수용보상금을 사망한 등기부상 소유명의인(또는 미등기인 경우 토지대장상 소유명의인)을 피
공탁자로 하여 공탁하였다면 피공탁자의 상속인들은 상속을 증명하는 서면(사망자의 기본증명
서, 가족관계증명서 등)을 첨부하여 직접 공탁금을 출급청구할 수 있다. 이 경우 각 상속인은
자기의 지분에 해당하는 공탁금만을 출급청구할 수 있다(공탁선례 제2-220호).

(4) 피공탁자 아닌 자로서 출급청구권을 갖지 못하는 경우

① 매매 등을 원인으로 소유권이전등기절차 이행의 승소확정을 받았으나 수용의 개시일 전에 그
등기를 경료하지 못한 자도 출급청구권을 행사할 수 없다. 비록 공탁 이전에 가등기나 처분금
지가처분등기를 경료하였다 하여도 마찬가지이다. 이 경우에도 피공탁자로부터 공탁물 출급청
구권의 양도를 받아야 출급청구할 수 있고, 피공탁자가 임의로 공탁물 출급청구권을 양도하지
않으면 "공탁물 출급청구권 양도의 의사를 표시하고 채무자인 국가(소관 공탁관)에게 이를 통
지하라"는 내용의 확정판결을 받아 공탁금을 출급청구할 수 있다.

② 실제 1인의 소유인 토지가 주택조합의 구성으로 조합원 50명의 소유명의로 등기가 경료되어
있어 사업시행자가 그 토지를 수용하면서 등기부상 소유명의인 50명을 공탁물을 받을 자로
지정하여 위 토지에 대한 손실보상금을 공탁하였다면 위 공탁물을 수령할 자는 공탁자가 지정
한 등기부상 소유명의인 50명 각자가 되는 것이다. 위 토지의 전부에 대한 실제 소유자가 다른
피공탁자들(공탁물을 수령할 자)을 상대로 하여 공탁물 출급청구권존재 확인판결을 받는다 하
더라도 그 판결은 공탁규칙 제33조 제2호의 공탁물 출급청구권을 증명하는 서면으로 볼 수
없으므로 실제 소유자가 그러한 확인판결에 기하여 직접 공탁물 출급청구를 할 수는 없다. 다
만 실제 소유자는 피공탁자인 다른 공유자들에 대하여 대상으로 취득한 공탁물 출급청구권의

양도를 청구하여 양도받은 후(위 다른 공유자들이 자발적으로 양도하지 않으면 "공탁물 출급청구권의 양도의사를 표시하고 채무자인 국가에게 이를 통지하라"는 내용의 판결을 구할 수 있다) 공탁물의 출급청구를 할 수 있다(공탁선례 제2-221호).

③ 소유권이전등기의무의 목적 부동산이 수용되어 그 소유권이전등기의무가 이행불능이 된 경우 등기청구권자는 등기의무자에게 대상청구권의 행사로써 등기의무자가 지급받은 수용보상금의 반환을 구하거나 또는 등기의무자가 취득한 수용보상금청구권의 양도를 구할 수 있을 뿐 그 수용보상금청구권 자체가 등기청구권자에게 귀속되는 것은 아니다(대판 1996.10.29, 95다 56910).

④ 토지보상법 제18조(2007.10.17. 법률 제8665호로 폐지되기 전의 것)에 따라 발급한 소유사실확인서는 협의에 의한 취득 또는 사용의 경우에 보상금의 수령권한을 증명하는 서면에 불과하므로 수용에 의한 취득 또는 사용의 경우 위 소유사실확인서를 첨부하여 공탁금을 출급청구할 수는 없다(공탁선례 제2-222호).

⑤ 손실보상이 채권(債券)으로 공탁된 경우의 공탁유가증권 출급청구권은 유체물 인도를 목적으로 하는 채권의 성질을 갖는다. 따라서 공탁유가증권 출급청구권에 대한 강제집행은 유체동산 인도청구권에 대한 강제집행절차에 의하게 된다(민사집행법 제242조·제243조). 유체물의 인도나 권리이전의 청구권에 대하여는 전부명령을 하지 못하므로(민사집행법 제245조) 손실보상이 현금으로 지급될 것을 예상하여 토지소유자의 채권자가 채권압류 및 전부명령을 받았는데 이후 손실보상이 채권(債券)으로 공탁되었다면 전부명령은 무효이므로 공탁된 채권에 대하여 전부채권자는 출급청구를 할 수 없다(공탁선례 제2-242호).

⑥ 사업시행자가 미등기토지에 대하여 피공탁자를 '망 甲의 상속인'으로 하여 수용보상금을 공탁한 경우 수용개시일 이후에 2005.6.26. 제정된 부동산소유권 이전등기 등에 관한 특별조치법[12]에 의하여 토지대장상 소유자로 이전등록을 마친 토지대장등본을 첨부하여 위 공탁금을 출급청구할 수 없고, 피공탁자인 망 甲의 상속인으로부터 공탁금 출급청구권을 양도받아야 공탁금을 출급청구할 수 있다(공탁선례 제2-226호).

⑦ 또한 사업시행자가 토지수용보상금을 공탁하고 수용개시일 이후에 부동산소유권이전등기 등에 관한 특별조치법에 의하여 이전등기를 마친 경우라도 공탁된 수용보상금을 직접 출급청구할 수 없다(공탁선례 제2-229호).

나. 상대적 불확지공탁

① 피공탁자 전원이 공동으로 출급청구하는 경우에는 출급청구서의 기재에 의하여 상호 승낙이 있는 것으로 볼 수 있으므로 별도의 서면을 제출하지 않아도 된다.

② 피공탁자 사이에 권리의 귀속에 관하여 분쟁이 없는 경우에는 다른 피공탁자의 승낙서 또는 협의성립서(모두 인감증명서 또는 본인서명사실확인서나 전자본인서명확인서의 발급증 첨부)를 첨부하여 출급할 수 있다.

---

12) 이 법은 2007.12.23.까지 효력을 가졌다.

③ 피공탁자 사이에 권리의 귀속에 관하여 분쟁이 있는 경우에는 피공탁자 사이에 어느 일방에게 출급청구권이 있음을 증명하는 내용의 확정판결(조정조서, 화해조서 포함)을 첨부하여 출급청구할 수 있다. 그러나 공탁자의 승낙서나 공탁자 또는 국가를 상대로 한 판결 등은 출급청구권이 있음을 증명하는 서면으로 볼 수 없다.

④ 예고등기를 이유로 '소 제기자 또는 토지소유자'를 피공탁자로 하는 상대적 불확지공탁이 이루어지고 그 후 예고등기의 원인이 된 소유권등기말소소송에서 토지소유자가 승소확정되었다면 토지소유자는 그 판결을 공탁규칙 제33조 제2호의 출급청구권을 갖는 것을 증명하는 서면으로 하여 공탁금 출급청구를 할 수 있고, 별도로 다른 피공탁자의 승낙서나 그에 대한 공탁금 출급청구권확인판결을 받을 필요는 없다(공탁선례 제2-92호). 또한 수용대상토지에 소유권등기말소청구권을 피보전권리로 한 처분금지가처분등기가 되어 있어 사업시행자가 피공탁자를 '가처분채권자 또는 토지소유자'로 하는 상대적 불확지공탁을 한 경우 가처분채권자가 토지소유자를 상대로 제기한 소유권이전등기말소청구의 소에서 패소확정의 본안판결을 받았거나 상속회복청구권의 제척기간 도과를 이유로 소각하판결이 확정되었다면 토지소유자는 그 확정판결을 공탁금 출급청구권 증명서면으로 하여 공탁금 출급청구를 할 수 있다(공탁선례 제2-230호).

다만 위의 선례의 의미는, 예고등기의 소제기자나 가처분채권자의 토지소유권말소청구소송에 있어 원고들의 청구는 사업시행자가 수용을 원인으로 원시취득하였으므로 말소할 대상이 없다 할 것이고, 따라서 원고(예고등기의 소제기자 또는 가처분채권자)가 청구취지를 변경하여 소유권의 변형물인 수용보상 공탁금에 대한 권리(공탁물 출급청구권)가 자신에게 있다고 주장하여 공탁금의 귀속주체에 관한 실체적인 판단이 이루어져 원고 청구기각 확정판결이 있었다면 토지소유자는 그 판결을 첨부하여 공탁금을 출급청구할 수 있다는 것이다. 따라서 청구취지 변경 등을 하지 않은 상태에서 수용된 토지의 소유권의 귀속주체에 관한 실체적인 판단 없이 단지 말소할 대상이 없다는 이유로 형식적인 판단으로 청구기각 판결을 받았을 경우에는 그 판결을 첨부하여 토지소유자가 공탁금을 출급할 수는 없는 것으로 해석된다.

⑤ 사업시행자가 수용 토지상의 건물 및 지장물 보상금에 대하여 피공탁자 사이에 소유권 귀속에 관하여 분쟁이 있어 상대적 불확지공탁을 한 경우 일방의 피공탁자가 다른 피공탁자를 상대로 공탁금 출급청구권 확인판결이 아닌 소유권확인판결을 받았고, 그 판결에 의하여 수용 당시의 진정한 소유자임이 확인된 경우 그 판결은 공탁금 출급청구권 증명서면으로 볼 수 있다(공탁선례 제201103-1호).

⑥ 공탁자가 토지를 수용하면서 가처분권자가 있어서 그 토지의 합유자들과 위 가처분권자를 피공탁자로 한 상대적 불확지공탁을 한 경우에 합유자들이 공탁금을 출급하기 위하여는 공탁 이후에 가처분권자의 가처분취하로 인한 가처분취하증명원은 공탁금 출급청구권이 있음을 증명하는 서면이 될 수 없고, 가처분권자의 승낙서(인감증명서 또는 본인서명사실확인서나 전자본인 서명확인서의 발급증 첨부) 등이 필요하다(공탁선례 제2-231호 참조).

⑦ 상대적 불확지 변제공탁의 경우 공탁자를 상대로 한 판결은 공탁물 출급청구권 입증서면이 아니다.

⑧ 상대적 불확지 변제공탁의 경우 피공탁자 중의 1인이 공탁물을 출급청구하기 위해서는 다른 피공탁자들의 승낙서나 그들을 상대로 받은 공탁물 출급청구권확인 승소확정판결이 있으면 되므로 피공탁자가 아닌 제3자를 상대로 공탁물 출급청구권의 확인을 구하는 것은 확인의 이익이 없다(대판 2008.10.23, 2007다35596).

⑨ 상대적 불확지 변제공탁의 피공탁자 중 1인을 채무자로 하여 그의 공탁물 출급청구권에 대하여 채권압류 및 추심명령을 받은 추심채권자는 공탁물을 출급하기 위하여 자기의 이름으로 다른 피공탁자를 상대로 공탁물 출급청구권이 추심채권자의 채무자에게 있음을 확인한다는 확인의 소를 제기할 수 있다.

다. 절대적 불확지공탁

1) 공탁금 출급청구권의 확인의 이익(적극)

사업시행자가 보상금 수령권자의 절대적 불확지를 이유로 수용보상금을 공탁한 경우 자기가 진정한 보상금 수령권자라고 주장하는 자의 입장에서 보면 사업시행자가 적극적으로 그에게 공탁금 출급청구권이 없다고 부인(否認)하지는 않고 단순히 부지(不知)라고 주장하더라도 이는 보상금 수령권자의 지위를 다툰 것이고 언제 다른 사람이 진정한 권리자라고 주장함에 대하여 사업시행자가 이를 긍정할지 알 수 없으므로 그 법률상의 지위에 불안·위험이 현존하는 것으로 보아야 한다. 또한 공탁제도상으로도 수용 토지의 원소유자가 사업시행자를 상대로 절대적 불확지의 공탁이 된 공탁금에 대한 출급청구권이 자신에게 귀속되었다는 확인판결을 받아 그 판결이 확정되면 그 확정판결 정본을 공탁규칙 제33조 제2호에 정한 '출급청구권을 갖는 것을 증명하는 서면'에 해당하여 수용 토지의 원소유자는 위 판결정본을 공탁금 출급청구서에 첨부하여 공탁소에 제출함으로써 공탁금을 출급받을 수 있으므로 수용 토지의 원소유자가 사업시행자를 상대로 하는 공탁금 출급청구권확인의 소는 절대적 불확지공탁의 공탁금 출급을 둘러싼 법적 분쟁을 해결하는 유효적절한 수단이어서 그 확인의 이익이 있다(대판 1997.10.16, 96다11747 全合).

2) 출급청구권 행사방법

① 사업시행자인 공탁자가 후에 피공탁자를 알게 된 때에는 그를 피공탁자로 지정하는 공탁서 정정을 하여 피공탁자가 직접 출급할 수 있다.

② 사업시행자인 공탁자가 공탁서 정정절차를 취하지 않는 경우에는 사업시행자인 공탁자를 상대로 하여 공탁금에 대한 출급청구권이 자신에게 있다는 확정판결(조정·화해조서 포함)을 첨부하여 직접 출급청구할 수 있다.

③ 사업시행자인 국가를 상대로 하여 '공탁금 출급청구권 확인판결'이 아닌 '토지 소유권확인판결'을 받은 경우에도 판결에 의하여 수용 당시의 소유자임이 확인되는 경우에는 그 판결을 출급청구권 입증서면으로 볼 수 있다(공탁선례 제2-234호).

④ 그러나 사업시행자가 발행한 출급청구권을 갖는다는 확인증명서는 출급청구권 입증서면으로 볼 수 없다(공탁선례 제2-72호).

3) 사망한 등기사항증명서상 소유명의인을 피공탁자로 한 경우

① 등기사항증명서상 소유자가 사망하였음을 간과하고 사망자를 피수용자로 재결한 후 사망한 등기사항증명서상 소유명의인을 피공탁자로 하여 보상금이 공탁된 경우에도 그 공탁은 상속인들에 대한 공탁으로 유효하다. 상속인은 상속을 증명하는 서면을 첨부하여 공탁금을 출급청구할 수 있다. 상속을 증명하는 서면은 일반적으로 망인의 기본증명서, 가족관계증명서, 친양자입양관계증명서 또는 제적등본이 될 것이다.

② 상속인들이 상속토지를 상속인 중의 1인의 단독 소유로 하기로 상속재산을 협의분할한 후 상속등기를 하기 전에 사업시행자가 그 상속토지를 수용하고 보상금을 '망○○○의 상속인' 앞으로 공탁한 경우 위 협의분할에 의하여 상속토지는 상속이 개시된 때에 소급하여 상속인 중의 1인의 단독소유로 되었다고 할 것이므로 상속인 중의 1인은 상속을 증명하는 서면(제적등본, 가족관계증명서 등)과 협의분할을 증명하는 서면13)을 첨부하여 단독으로 공탁금 출급청구를 할 수 있다(공탁선례 제2-237호).

③ 한편 공탁자가 공탁서 정정신청을 하지 않을 경우 상속인들은 공탁자를 상대로 하여 공탁금에 대한 출급청구권이 자신에게 있다는 확인판결(조정·화해조서 등)을 받아 출급청구할 수도 있다(공탁선례 제2-222호). 위와 같이 상속인들이 공탁금 출급청구권확인의 확정판결을 첨부하여 출급청구를 하는 경우에는 제적등본 등 별도로 상속을 증명하는 서면을 요구할 필요는 없다고 할 것이다.

④ 그러나 상속인들이 공탁금 수령의 권한을 위임하지 않는 한 상속인들 중 일부가 공탁금 전부를 출급청구할 수는 없다(공탁선례 제2-74호).

⑤ 매수인이 매도인인 등기부상 소유명의인의 상속인들을 상대로 매매를 원인으로 한 소유권이전등기절차이행의 승소판결을 받아 그 판결이 확정되었으나 그에 따른 소유권이전등기를 경료하지 않고 있던 중 사업시행자가 위 토지를 수용하고 피공탁자를 '망 ○○○의 상속인'으로 하여 수용보상금을 공탁한 경우 수용개시일 이전에 소유권이전등기를 경료하지 아니한 이상 공탁된 수용보상금의 출급청구권은 수용 당시의 등기부상 소유자가 취득하는 것이므로 위 소유권이전등기 확정판결은 공탁금 출급청구권을 증명하는 서면이 될 수 없다. 또한 공탁당사자가 아닌 제3자에 불과한 매수인이 피공탁자를 상대로 하여 받은 공탁금 출급청구권 확인판결(화해·조정조서 포함) 역시 공탁금의 출급청구권을 증명하는 서면이 될 수 없기 때문에 매수인은 피공탁자로부터 공탁금 출급청구권을 양도받거나 피공탁자가 임의로 양도하지 아니하면 "공탁금 출급청구권 양도의 의사를 표시하고 채무자인 국가(소관 공탁관)에게 이를 통지하라"는 내용의 판결을 받아 공탁금을 출급할 수 있다(공탁선례 제2-238호 참조).

---

13) 그 후 협의분할에 의한 상속등기가 경료된 경우에는 그 등기가 수용등기로 인하여 직권말소되었는가에 관계없이 등기사항증명서 및 등기필증 또는 등기필정보, 협의분할에 의한 상속등기가 되어 있지 아니한 경우에는 상속인 전원의 인감증명서가 첨부된 상속재산분할협의서

2. 담보물권자의 물상대위권 행사

1) 의의

① 저당목적물의 멸실·훼손 또는 공용징수로 저당권을 사실상·법률상 행사할 수 없게 된 경우에 그로 인하여 저당권설정자가 받을 금전 그 밖의 물건이 있으면 그 금전 그 밖의 물건(저당목적물의 가치변형물)에 대하여 저당권의 효력이 미치는 것을 저당권의 물상대위라 한다. 이는 담보물권이 목적물의 실체를 목적으로 하는 권리가 아니라 주로 그 교환가치를 취득하는 것을 목적으로 하는 권리이므로 비록 그 목적물이 멸실 또는 훼손되더라도 그 교환가치를 대표하는 것이 그대로 존재하는 때에는 담보물권은 다시 이 가치의 대표물 위에 존속하는 것으로 하는 것이 담보물권의 본질에 적합하기 때문이다.

② 물상대위권의 행사에 관하여 민법은 질권에 관하여 이를 규정하고 있고(민법 제342조), 저당권에도 이를 준용하도록 하고 있다(민법 제370조). 토지수용의 경우에도 토지보상법 제47조는 "담보물권의 목적물이 수용되거나 사용된 경우 그 담보물권은 그 목적물의 수용 또는 사용으로 인하여 채무자가 받을 보상금에 대하여 행사할 수 있다. 다만, 그 보상금이 채무자에게 지급되기 전에 압류하여야 한다"고 규정되어 있다. 따라서 사업시행자가 근저당권이 설정된 토지를 수용하고 토지소유자를 공탁물을 수령할 자로 하여 보상금을 공탁한 경우 근저당권자는 토지의 변형물인 공탁금이 특정성을 유지하는 한 물상대위권을 행사하여 우선변제를 받을 수가 있다.

2) 물상대위권 행사방법

① 물상대위권의 행사방법은 민사집행법 제273조에 따라 담보권의 존재를 증명하는 서류를 제출하여 채권압류 및 전부명령을 신청하거나 민사집행법 제247조 제1항에 의하여 배당요구를 하는 것이다(대판 2002.10.11, 2002다33137). 따라서 일반채권자로서 강제집행을 하는 것이 아니므로 집행권원을 필요로 하지 않는다.

② 물상대위권을 행사하기 위해서는 압류를 요한다. 압류를 요하는 이유는 압류를 통하여 물상대위의 목적인 채권의 특정성을 유지하도록 함으로써 그 효력을 보전함과 동시에 제3자에게 불측의 손해를 입히지 않으려는 것이다. 만약 담보권설정자에게 지급된 후에도 물상대위권을 인정하면 일반재산 위에 우선권을 인정하는 결과가 되어 물상대위권을 인정하는 제도의 취지에 반하기 때문이다. 그러나 압류는 반드시 저당권자 스스로 하여야 하는 것은 아니고, 이미 제3자가 압류하여 그 금전 또는 물건이 특정된 이상 저당권자는 스스로 이를 압류하지 않고서도 물상대위권을 행사할 수 있다(대판 1996.7.12, 96다21058).

③ 따라서 물상대위권의 행사에 나아가지 아니한 채 단지 수용대상토지에 대하여 담보물권의 등기가 된 것만으로는 그 보상금으로부터 우선변제를 받을 수 없고, 저당권자가 물상대위권의 행사에 나아가지 아니하여 우선변제권을 상실한 이상 다른 채권자가 그 보상금 또는 이에 관한 변제공탁금으로부터 이득을 얻었다고 하더라도 저당권자는 이를 부당이득으로써 반환청구할 수도 없다(대판 2002.10.11, 2002다33137).

④ 또한 저당권에 기한 물상대위권을 갖는 채권자가 동시에 집행권원을 가지고 있으면서 집행권원에 의한 강제집행의 방법을 선택하여 채권의 압류 및 전부명령을 얻은 경우에는 비록 그가 물상대위권을 갖는 실체법상의 우선권자라 하더라도 원래 일반 집행권원에 의한 강제집행절차와 담보권의 실행절차와는 그 개시요건이 다를 뿐만 아니라 다수의 이해관계인이 관여하는 집행절차의 안정과 평등배당을 기대한 다른 일반채권자의 신뢰를 보호할 필요가 있는 점에 비추어 압류가 경합된 상태에서 발령된 전부명령은 무효로 볼 수밖에 없다(대판 1990.12.26, 90다카24816).

⑤ 근저당권자가 물상대위권 행사를 위한 압류를 하지 아니하고 일반채권에 기하여 가압류만 하고 있던 중에 다른 채권자가 압류를 하게 되면 공탁관은 압류와 가압류의 경합을 사유로 하여 압류법원에 사유신고를 하게 되므로 그 이후에는 근저당권자는 물상대위권 행사를 위한 압류나 배당요구를 할 수 없으므로(배당가입 차단효로 인하여) 근저당권자는 위 배당절차에서 근저당권자가 아닌 단순한 가압류채권자로서 다른 채권자들과 안분배분을 받을 수 있을 뿐이다(공탁선례 제2-158호).

3) 물상대위권 행사의 시기 및 종기

① 사업인정의 고시가 있으면 수용대상토지에 대한 손실보상금의 지급이 확실시되므로 토지수용의 재결 이전 단계에서도 물상대위권을 행사할 수 있다(대판 1998.9.22, 98다12812).

② 수용보상금이 공탁되기 이전에는 보상금지급청구권에 대하여 제3채무자를 사업시행자로, 공탁한 이후에는 공탁금 출급청구권에 대하여 제3채무자를 국가(소관 공탁관)로 하여 압류하여야 할 것이다. 사업시행자가 수용보상금채무를 공탁하게 되면 토지 등 소유자에 대한 수용보상금지급채무는 소멸하게 되므로 위 공탁 이후 제3채무자를 "사업시행자", 피압류채권을 "소유자의 수용보상금지급청구권" 등과 같이 기재된 압류는 존재하지 않는 권리에 대한 무효인 압류가 될 수 있다.

③ 담보물권의 목적물이 수용되었을 경우에 보상금에 대하여 해당 담보물권을 행사하기 위한 요건으로써 그 지급 전에 압류하여야 한다. 지급 전에 압류를 요하는 취지는 보상금이 소유자의 일반재산에 혼입되기 전까지 물상대위의 목적이 되는 보상금의 특정성을 유지하여 제3자에게 불측의 손해를 입히지 아니하려는 데 있다. 따라서 사업시행자가 보상금을 변제공탁하였다고 하더라도 이 공탁금이 출급되기까지는 토지보상법 제47조 단서가 규정하는 지급이 있었다고 할 수 없고, 이는 보상금의 변제의 효과와는 별개의 문제이다(대결 1992.7.10, 92마380·381). 설사 그 압류 전에 양도 또는 전부명령 등에 의하여 보상금 채권이 타인에게 이전된 경우라도 보상금이 직접 지급되거나 보상금지급청구권에 관한 강제집행절차에서 배당요구의 종기에 이르기 전에는 여전히 그 청구권에 대한 추급이 가능하다(대판 1998.9.22, 98다12812).

④ 실무상 물상대위권의 행사와 관련하여 자주 문제되는 것은 사업시행자가 공탁을 하고 민사집행법 제248조 제4항에 의하여 공탁사유신고를 한 이후에 물상대위권을 행사할 수 있는지 여부이다. 이에 대하여는 물상대위권은 늦어도 민사집행법 제247조 제1항 각 호에서 정하고 있

는 배당요구의 종기까지 행사하여야 하므로 저당권자로서는 제3채무자가 민사집행법 제248조 제4항 소정의 공탁사유신고를 하기 이전에 스스로 담보권의 존재를 증명하는 서류를 제출하여 물상대위권의 목적채권을 압류하거나 법원에 배당요구를 하여야 하는 것이고, 그 이후에는 물상대위권자로서의 우선변제권을 행사할 수 없게 된다. 이와 같이 민사집행법 제247조 제1항이 압류채권자 이외의 채권자가 배당요구의 방법으로 채권에 대한 강제집행절차에 참가하여 압류채권자와 평등하게 자신의 채권의 변제를 받는 것을 허용하면서도 다른 한편으로 그 배당요구의 종기를 제3채무자의 공탁사유신고시까지로 제한하고 있는 이유는 제3채무자가 채무액을 공탁하고 그 사유신고를 마치면 배당할 금액이 판명되어 배당절차를 개시할 수 있는 만큼 늦어도 그때까지는 배당요구가 마쳐져야 배당절차의 혼란과 지연을 막을 수 있기 때문이다. 이러한 배당요구 시한의 설정은 배당요구를 제한 없이 허용할 경우에 초래될 배당절차의 혼란과 지연을 방지하기 위한 합리적인 조치로서 물상대위에 있어서 우선변제청구권 있는 자의 경우라 하여 달리 취급할 수 없기 때문이다(대판 1999.5.14, 98다62688). 따라서 제3채무자의 공탁사유신고가 있게 되면 배당가입 차단효로 인하여 더 이상 물상대위권 행사는 할 수 없게 된다.

4) 다른 채권자와의 관계

담보권리자가 담보목적물의 수용보상금청구권에 대한 물상대위권을 행사하기 위하여 그 대위물을 압류하여야 하는 것과는 별개로 그 자체는 담보목적물이 수용됨과 동시에 당연히 발생하여 그 대위물에 효력을 미치는 것이므로 비록 일반채권자가 담보권리자보다 먼저 그 보상금청구권에 대하여 압류 및 전부명령을 받았다 하더라도 이는 타인의 우선권의 목적이 되는 채권 또는 적어도 잠재적으로 그러하다가 수용과 동시에 타인의 우선권의 목적이 되는 것으로 현재화된 채권에 관하여 전부명령을 받은 데에 불과한 것이다. 이로 인하여 담보권리자의 물상대위권이 상실되거나 전부채권자가 담보권리자에 우선하여 변제를 받을 수 있는 것은 아니다. 그 보상금이 실제로 전부채권자에게 지급되어 버리거나 그 보상금이 변제공탁된 후 전부채권자에게 출급되어 버리지 아니하였다면 담보권리자는 여전히 물상대위권을 행사할 수 있다.

즉 물상대위권 행사 전에 일반채권자가 이미 가압류·압류·추심·전부명령을 얻었다 하더라도 보상금이 직접 지급되거나 배당요구의 종기에 이르기까지 담보권리자가 물상대위권을 행사하면 그 물상대위권자가 다른 일반채권자에 우선하여 보상금 지급을 받거나 공탁된 보상금을 출급할 수 있게 된다.

> 수용 전 토지에 대하여 체납처분으로 압류를 한 체납처분청이 다시 수용보상금에 대하여 체납처분에 의한 압류를 하였다고 하여 물상대위의 법리에 의하여 수용 전 토지에 대한 체납처분에 의한 우선권이 수용보상금 채권에 대한 배당절차에서 종전 순위대로 유지된다고 볼 수 없고, 압류선착주의는 조세가 체납처분절차를 통하여 징수되는 경우뿐만 아니라 (구)민사소송법(2002.1.26. 법률 제6626호로 개정되기 전의 것)에 의한 강제집행절차를 통하여 징수되는 경우에도 적용되어야 한다.

07 절 수용보상 공탁금의 회수

1. 민법 제489조에 의한 회수 불가

① 변제공탁은 채권자가 공탁을 승인하거나 공탁소에 대하여 공탁물을 받기를 통고하거나 공탁유효의 판결이 확정되기까지는 언제든지 변제자는 공탁물을 회수할 수 있다. 이 경우에는 공탁하지 아니한 것으로 본다(민법 제489조 제1항). 따라서 일반 변제공탁은 회수제한사유가 존재하지 않는 한 공탁자는 아무런 제한 없이 공탁물을 회수할 수 있다. 공탁물을 회수하면 공탁의 효력은 소급하여 실효된다.

② 그런데 수용보상금 공탁의 경우 공탁자의 회수를 인정하면 공탁이 없었던 것으로 처리되어 재결이 실효되므로 토지수용절차 및 이해관계인의 법률관계에 중대한 영향을 미친다. 판례는 수용보상금의 공탁은 토지보상법 제42조 제1항에 의하여 간접적으로 강제되는 것으로써 자발적으로 이루어지는 것이 아니므로 민법 제489조의 규정은 배제되어 어느 경우이든 사업시행자인 공탁자의 민법 제489조에 의한 공탁금 회수청구를 인정하지 않는다(대결 1988.4.8, 88마201).

③ 한편 사업시행자가 토지보상법의 규정에 따라 적법하게 보상금을 공탁하는 등의 수용절차를 마친 이상 수용목적물의 소유권을 원시적으로 적법하게 취득하므로 그 후에 부적법하게 공탁금이 회수된 사정만으로 종전의 효력이 무효로 되는 것은 아니다(대판 1997.9.26, 97다24290).

2. 착오 또는 공탁원인소멸에 의한 회수

① 사업시행자는 착오로 공탁을 한 때 또는 재결이 당연무효이거나 취소된 경우와 같이 공탁의 원인이 소멸한 때는 공탁법에 의하여 공탁금을 회수할 수 있다(공탁선례 제2-243호).

② 사업시행자가 중앙토지수용위원회가 재결한 손실보상금액의 전부를 공탁하면서 그 보상금에 관한 재결부분에 대하여 이의신청을 토지소유자와 함께 각각 제기하였는바, 중앙토지수용위원회가 이의신청에 대한 재결을 하면서 손실보상금액을 처음 중앙토지수용위원회가 재결한 손실보상금액보다 감액하는 재결을 하고 그 재결이 확정됨으로써 이의신청에 대한 재결상의 손실보상금액이 확정되었다면 사업시행자는 이의신청에 대한 중앙토지수용위원회 재결에서 확정된 손실보상금액보다 초과하여 공탁한 부분에 관하여 착오를 이유로 하여 공탁법상의 회수절차에 따라 회수할 수 있다(공탁선례 제2-244호).

③ 공탁자가 착오로 공탁한 때 또는 공탁의 원인이 소멸한 때에는 공탁자가 공탁물을 회수할 수 있을 뿐 피공탁자의 공탁물 출급청구권은 존재하지 않으므로 이러한 경우 공탁자가 공탁물을 회수하기 전에 위 공탁물 출급청구권에 대한 전부명령을 받아 공탁물을 수령한 자는 법률상 원인 없이 공탁물을 수령한 것이 되어 공탁자에 대하여 부당이득반환의무를 부담한다(대판 2008. 9.25, 2008다34668).

④ 수용보상금(공동운영 영업보상금 등) 수령권자가 3명임에도 불구하고 사업시행자가 착오로 그 중 1명만을 피수용자로 하여 재결을 받고 그자를 피공탁자로 잘못 지정하여 공탁을 하였다면 공탁법 제9조 제2항 제2호에 따라 착오공탁을 이유로 공탁금 전부를 회수할 수 있다(공탁선례 제2-246호).

⑤ 수용보상금 공탁이 부적법하여 토지수용재결의 효력이 상실되었다는 확정판결에 의하여 공탁자인 사업시행자가 공탁금의 회수를 청구하는 때에는 회수청구서에 위 확정판결을 첨부하는 것으로 충분하고, 수용된 토지의 등기부상 사업시행자 명의의 소유권이전등기가 말소된 등기사항증명서를 첨부할 필요는 없다(공탁선례 제2-247호).

01 절 총설

1. 담보공탁의 의의

담보공탁이란 기존 채권 또는 장래 피공탁자에게 발생할 손해배상채권을 담보하기 위한 공탁이다.

2. 담보공탁의 종류

담보공탁의 종류로는 재판상 담보공탁, 영업보증공탁, 납세담보공탁 등이 있다.

① 재판상 담보공탁은 당사자의 소송행위(소송비용의 담보)나 가압류·가처분, 강제집행의 정지·
   실시·취소 등 법원의 처분으로 인하여 담보권리자가 받게 될 손해를 담보하기 위한 공탁이다.

② 영업보증공탁은 영업거래 등으로 발생할 피해자의 손해배상채권 등을 담보하기 위한 공탁이다.

③ 납세담보공탁은 국세, 지방세 등의 징수유예나 상속세, 증여세의 연부연납 허가 시 그 세금의
   납부나 징수를 담보하기 위한 공탁이다.

이와 같이 담보공탁은 공탁물에 대하여 피공탁자 등 일정한 상대방에게 일종의 우선변제권을 부
여함으로써 담보제공의 기능을 하게 된다.

02 절 재판상 담보공탁

1. 의의

① 재판상 담보공탁이란 당사자의 소송행위(소송비용의 담보)나 재판상의 처분(가압류·가처분, 강
   제집행의 정지·실시·취소 등)으로 인하여 상대방이 받게 될 손해를 담보하기 위한 공탁이다.

② 재판상 담보에 관한 규정으로는 민사소송법, 민사집행법에 여러 조문들이 있으며, 그 밖에 가
   사소송법, 채무자 회생 및 파산에 관한 법률 등에서도 담보제공에 관한 규정들이 있다. 실무상
   민사소송법상의 담보공탁보다는 민사집행법상의 담보공탁이 더 많고, 그중에서도 가압류와 가
   처분에 관련된 담보공탁이 대부분을 차지하고 있다.

③ 재판상 담보공탁은 담보권리자가 받게 될 손해를 담보한다는 점에서 민사집행법상 채무자나
   제3채무자 또는 집행기관(집행법원 또는 집행관)이 상대방에 대한 손해담보를 위해서가 아니
   라 이행의 강제를 면하기 위하여 또는 손해를 피하기 위하여 또는 절차를 완결짓기 위한 이행
   으로써 집행의 목적물이나 이를 갈음하는 금전을 공탁하는 집행공탁과 구별된다.

2. 공탁당사자

1) 공탁자

① 담보공탁에서 공탁자로 될 자는 원칙적으로 법령상 담보제공의 의무를 지는 자이다.

② 그러나 민사소송법과 민사집행법에는 담보제공을 당사자에 한하여 할 수 있다는 규정이나 제3자가 담보제공을 하는 것을 금하는 규정이 없으므로 담보제공 의무자를 위하여 제3자가 자신 소유의 금전 또는 유가증권을 자기 명으로 공탁할 수 있다. 따라서 당사자 본인에게 담보제공명령이 나간 경우에도 제3자는 당사자를 대신하여 공탁할 수 있고, 이 경우 법원의 허가나 담보권리자의 동의는 필요 없으나, 제3자가 당사자를 대신하여 공탁함을 공탁서 비고란에 기재하여야 한다(공탁선례 2-16호 참조). 이때 제3자는 일종의 물상보증인으로서 공탁당사자적격을 가진다.

③ 재판상 담보공탁을 강제집행정지 신청인인 집행권원상의 채무자가 아니라 제3자가 한 경우 그 공탁금에 대한 회수청구권은 채무자가 아니라 위 제3자가 갖는다고 보아야 하므로 이 경우 채권자가 위 공탁금 회수청구권이 채무자에게 귀속됨을 전제로 강제집행정지의 대상이었던 기본채권에 관한 집행권원에 터 잡아 채무자의 국가에 대한 공탁금 회수청구권에 대한 채권압류 및 추심명령을 받았더라도 그 채권자는 담보취소신청을 할 수 있는 담보제공자인 제3자의 승계인에 해당한다고 볼 수 없다(대결 2018.9.18, 2018카담10).

2) 피공탁자

담보공탁에 있어서 피공탁자로 될 자는 공탁물에 대하여 법정의 담보권 또는 우선변제권을 취득할 자이다. 재판상 담보공탁은 피공탁자의 손해를 담보하기 위한 공탁으로 공탁신청 당시에 담보권리자가 될 자가 특정되므로 공탁서에 담보권리자를 피공탁자로 기재한다.

3. 관할

① 공탁법상 공탁소의 토지관할에 대하여는 일반적 규정을 두고 있지 않으므로 담보공탁의 토지관할도 원칙적으로 제한이 없다.

② 민사소송법 제502조 제1항, 민사집행법 제19조 제1항은 "이 법의 규정에 의한 공탁은 원고나 피고 또는 채권자나 채무자의 보통재판적이 있는 곳의 지방법원 또는 집행법원에 할 수 있다"고 규정하고 있으나, 이 규정은 공탁소의 토지관할을 정한 것이 아니라 공탁을 한 후 그 공탁서를 제출할 법원을 정한 것으로 해석하는 것이 통설이다. 따라서 재판상 담보공탁의 경우 공탁소에 관하여 특별한 제한규정이 없으므로 담보제공자가 임의로 정한 공탁소에 공탁하면 될 것이나, 담보제공명령을 발한 법원 소재지 공탁소에 공탁하는 것이 바람직하다.

4. 공탁목적물

① 재판상 담보공탁의 목적물은 금전 또는 법원이 인정하는 유가증권이지만, 담보는 성질상 종국에는 현금화할 수 있어야 하므로 공탁하는 유가증권은 환가가 용이하지 않거나 시세의 변동이 심하여 안정성이 없는 것은 적당하지 않다(대결 2000.5.31, 2000그22).

② 실무상 국채나 공채가 주로 지정되고 있으나 반드시 이에 한하는 것은 아니며, 시세의 변동이 심한 주권과 같은 것은 피하는 것이 좋다.

③ 한편 당사자들 사이에 특별한 약정이 있으면 그에 따르기 때문에[14], 이에 따라 담보공탁에서의 피공탁자가 될 당사자가 외국법인인 경우 외국화폐를 물품공탁할 것을 조건으로 담보제공명령이 내려진 경우도 있다.

④ 법원의 담보제공명령에 의하여 공탁물이 구체적으로 특정되므로 그에 따라 공탁하면 될 것이다.

5. 재판상 담보공탁의 종류

재판상 담보공탁의 종류는 공탁근거법령에 따라 여러 가지가 있으나 그 대표적인 것을 들어보면 다음과 같다.

① 가압류(가처분)를 위한 담보공탁(민사집행법 제280조, 제301조)

② 가압류(가처분)취소를 위한 담보공탁(민사집행법 제288조 제1항, 제307조)

③ 가압류(가처분)에 대한 이의신청에서 인가, 변경, 취소를 위한 담보공탁(민사집행법 제286조 제5항, 제301조)

④ 재심의 소 제기 또는 상소의 추후보완신청 시 강제집행정지, 실시, 취소를 위한 담보공탁(민사소송법 제500조 제1항)

⑤ 가집행의 선고가 붙은 판결에 대한 상소 또는 정기금의 지급을 명한 확정판결에 대한 변경의 소 제기 시 강제집행정지, 실시, 취소를 위한 담보공탁(민사소송법 제501조, 제500조 제1항)

⑥ 집행에 관한 이의신청 또는 집행문부여에 대한 이의신청 시 강제집행정지, 속행을 위한 담보공탁(민사집행법 제16조 제2항, 제34조 제2항)

⑦ 청구에 관한 이의의 소, 집행문부여에 대한 이의의 소, 제3자 이의의 소 제기 시 강제집행정지, 속행, 취소를 위한 담보공탁(민사집행법 제46조 제2항, 제48조 제3항)

⑧ 소송비용 담보공탁(민사소송법 제117조, 제122조)

⑨ 가집행 담보공탁(민사소송법 제213조 제1항)

⑩ 가집행면제 담보공탁(민사소송법 제213조 제2항)

⑪ 압류금지 물건을 정하는 재판 시 강제집행정지, 속행을 위한 담보공탁(민사집행법 제196조 제3항, 제16조 제2항)

---

14) 민사소송법 제122조 후단

⑫ 가압류·가처분의 취소결정에 대한 즉시항고로 인한 가집행선고의 효력정지를 위한 담보공탁 (민사집행법 제289조 제1항, 제301조)

6. 담보제공절차

1) 담보의 제공명령

① 소송비용의 담보에서 피고의 담보제공신청이 있으면 법원은 결정으로 담보액과 담보제공의 기간을 정하여 담보의 제공을 명한다.[15] 이와 같이 담보를 제공할 의무는 법원의 담보제공을 명하는 재판에 의하여 구체화되므로 담보제공명령이 있어야만 공탁할 수 있다.

② 담보액과 담보제공의 기간은 법원이 직권으로 정한다. 법원은 통상 가압류와 다툼의 대상에 관한 가처분을 발령하기에 앞서 일정한 기간(보통 7일)을 정하여 일정액의 담보를 제공하라는 결정(담보제공명령)을 발령하고, 임시의 지위를 정하는 가처분 등 변론 또는 심문절차에서 채무자가 참가한 사건 등에서는 통상 채권자가 담보를 제공할 것을 조건으로 보전명령을 발령하고 있다. 다만 가집행을 위한 담보나 가집행을 면제받기 위한 담보의 경우에는 판결주문에 담보액이 표시되며 담보의 제공이 정지조건으로 되므로 담보제공의 기간을 정할 필요가 없다.

③ 집행정지결정, 가압류·가처분결정 등의 담보제공명령은 재판이 있기 전에 미리 독립한 결정으로 하는 방법(흔히 이를 담보제공명령 또는 공탁명령이라 부른다)과 가집행의 선고가 있는 판결이나 집행정지결정, 가압류·가처분결정 등의 재판에 포함시켜 하는 방법이 있다. 실무상으로는 보통 전자의 방법이 주로 이용되나, 변론을 열어 가압류·가처분명령을 발하는 경우 또는 가압류·가처분명령에 대한 이의신청의 결과 담보액을 증액하는 경우 등에 있어서는 후자의 방법이 이용된다. 후자의 경우에는 담보제공의 기간을 정할 필요가 없다. 또한 상소제기의 경우 원심법원과 상소심 법원의 거리가 먼 때에 상소인으로 하여금 집행정지의 목적을 달성하게 하기 위하여도 후자의 방법이 이용된다. 전자의 경우에는 "○○○에게 ○○○을 위하여 담보로 이 명령을 고지받은 날부터 ○일 이내에 ○○원을 공탁할 것을 명한다"라고 하고, 후자의 경우에는 "○○○에게 ○○○을 위하여 담보로 ○○원을 공탁할 것을 조건으로…"라고 하는 것이 실무례이다.

④ 유가증권으로 담보를 제공하고자 하는 경우에는 그 종류와 수량을 명시한다. 예컨대 "장기신용채권 제○호 액면 ○○원권, ○○장" 등과 같다. 담보제공명령에 구체적으로 유가증권의 종류, 수량 등이 지정되어 있지 아니하면 담보제공자는 민사소송법 제126조의 담보물변경절차를 유추하여 공탁 전에 담보제공명령을 한 법원 등에 신고하여 그 종류 및 수량의 지정을 받아야만 한다는 견해가 유력하다.

---

15) 민사소송법 제120조 제1항

2) 공탁

① 담보의 제공은 금전 또는 법원이 인정하는 유가증권을 공탁하거나 대법원 규칙이 정하는 바에 따라 지급보증위탁계약을 맺은 문서를 제출하는 방법에 의한다. 지급보증위탁계약을 맺은 문서의 제출 등에 관하여는 공탁절차 밖의 업무이므로 이 부분에 대한 설명은 생략한다.

② 담보제공을 위한 공탁의 절차는 공탁법 및 공탁규칙에 규정되어 있다. 공탁을 하려고 하는 사람은 공탁사무 문서양식에 의한 공탁서 2통을 작성하여 공탁관에게 제출한다. 이때 법원의 담보제공명령 사본을 첨부한다.

3) 공탁서 제출

① 공탁관이 공탁신청을 수리하면 공탁자는 공탁관으로부터 공탁서 1통을 교부받은 다음 공탁물을 첨부하여 공탁물보관자에게 제출하며, 공탁물보관자로부터 공탁물을 납입받았다는 취지가 기재된 공탁서를 수령하여 담보제공을 명한 법원에 제출한다. 다만 민사소송 등에서의 전자문서 이용 등에 관한 법률 및 동 규칙이 2013.9.16.부터 보전처분 등 신청절차에 관하여 적용됨에 따라 보전처분 신청사건이나 그 부수사건에서 금전 또는 유가증권을 담보로 제공한 사람은 재판사무시스템으로 전송된 공탁관리시스템의 공탁정보로써 공탁서 원본 제출에 갈음할 수 있게 되었다(재일 2012-1 제110조 제2항).

② 공탁서의 제출이 있을 때에는 담임 법원사무관 등은 그 사본을 받아 원본과 대조한 후 그 사본의 여백에 원본과 대조하여 틀림이 없다는 뜻을 기재하고 서명 또는 날인한 다음 담임 법관의 검열을 받아 기록에 편철하고 원본은 제출자에게 반환한다(법원재판사무 처리규칙 제13조).

7. 담보권의 성질

① 민사소송법은 담보권리자는 담보물에 대하여 질권자와 동일한 권리가 있다고 규정하고 있고 (민사소송법 제123조), 민사집행법상의 담보의 경우에도 이를 준용하고 있다(민사집행법 제19조).

② 담보권의 성질에 관하여는 견해의 대립이 있는바, 담보권리자가 담보의무자의 공탁물 회수청구권 위에 채권질권을 갖는 것이라고 보는 법정질권설, 민사소송법이 질권자와 동일한 권리를 갖는다고 규정한 것은 단지 공탁물의 출급에 관한 우선적·배타적 청구권을 의미하므로 피담보채권 발생과 동시에 직접 공탁물의 출급을 받음으로써 우선적 만족을 얻는 권리라는 우선적 출급청구권설이 있다.

8. 담보권이 미치는 범위

1) 이자

담보공탁의 법정과실에 대하여는 피공탁자의 담보권이 미치지 않는다는 공탁법 제7조 단서의 취지가 공탁물이 금전인 경우에도 적용된다고 해석하면 담보공탁의 경우 공탁금의 이자는 공탁자에게 귀속된다.

2) 기본채권에 미치는지 여부

① 가집행선고부 판결에 대한 강제집행정지를 위하여 공탁한 담보는 강제집행정지로 인하여 채권자에게 생길 손해를 담보하기 위한 것이고 정지의 대상인 기본채권 자체를 담보하는 것은 아니므로 채권자는 그 손해배상청구권에 한해서만 질권자와 동일한 권리가 있을 뿐 기본채권에까지 담보적 효력이 미치는 것은 아니다.

② 금전 및 이에 대한 지연손해금의 지급을 명한 판결이나 건물명도 및 그 명도시까지의 차임 상당액의 지급을 명한 가집행선고부 판결에 대한 강제집행정지를 위하여 담보공탁을 한 경우, 그 가집행이 지연됨으로 인한 손해에는 반대의 사정이 없는 한 집행의 정지가 효력이 있는 기간 내에 발생된 지연손해금이나 차임 상당의 손해가 포함된다. 이 경우 지연손해금이나 차임 상담의 그 손해배상청구권은 기본채권 자체라 할 것은 아니므로 강제집행정지를 위한 담보공탁의 피담보채무가 된다(대판 2000.1.14, 98다24914 참조).

3) 보전명령이 부집행 · 집행불능인 경우

재판 또는 집행상의 담보는 소송행위 또는 집행행위의 실시 · 정지 · 취소로 인해서 상대방에게 생긴 손해를 담보한다. 그러나 보전명령이 부집행 · 집행불능인 경우라도 그 명령의 존재만으로 피공탁자는 명예훼손 또는 신용저하, 불안 등 정신상의 손해를 입을 수 있으므로 이 정신적 손해배상청구권도 피담보 채권의 범위에 든다 할 것이며, 위 보전명령 그 자체를 다투는 데 필요한 소송의 비용도 위 담보채권의 범위에 포함된다(대결 1967.12.29, 671009).

4) 부당한 보전처분의 경우

① 가압류나 가처분 등 보전처분은 법원의 재판에 의하여 집행되는 것이기는 하나, 그 실체상의 청구권이 있는지 여부는 본안소송에 맡기고 단지 소명에 의하여 채권자의 책임 아래 하는 것이다. 그 집행 후에 집행채권자가 본안소송에서 패소 확정되었다면 그 보전처분의 집행으로 인하여 채무자가 입은 손해에 대하여 특별한 반증이 없는 한 집행채권자에게 고의 또는 과실이 있다고 추정되고, 따라서 그 부당한 집행으로 인한 손해에 대하여 이를 배상할 책임이 있다(대판 1999.4.13, 98다52513).

② 그리고 본안소송에서 패소 확정된 보전처분 채권자에 대하여 손해배상을 청구하는 경우 가압류 채무자가 가압류 청구금액을 공탁하고 그 집행취소결정을 받았다면 가압류 채무자는 적어도 그 가압류 집행으로 인하여 가압류해방공탁금에 대한 민사 법정이율인 연 5% 상당의 이자와 공탁금의 이율 상당의 이자의 차액 상당의 손해를 입었다고 보아야 한다(대판 1995.12.12, 95다34095 · 34101).

관/련/판/례

(대결 2013.2.7, 2012마2061)
가압류를 위하여 법원의 명령으로 제공된 공탁금은 부당한 가압류로 인하여 채무자가 입은 손해를 담보
하는 것이므로, 가압류의 취소에 관한 소송비용은 가압류로 인하여 제공된 공탁금이 담보하는 손해의
범위에 포함된다.

관/련/판/례

(대판 2009마1105)[16]
그러나 채권자가 본안의 소를 제기함에 따라 그 응소를 위하여 채무자가 지출한 소송비용은 가압류로
인하여 입은 손해라고 할 수 없으므로, 가압류의 본안소송에 관한 소송비용은 가압류를 위하여 제공된
공탁금이 담보하는 손해의 범위에 포함되지 않는다.

5) 근저당권에 기한 경매절차의 정지를 위한 담보공탁

근저당권에 기한 경매절차의 정지를 위한 담보공탁은 그 경매절차의 정지 때문에 채권자에게 손
해가 발생할 경우에 그 손해배상의 확보를 위하여 하는 것이므로 그 담보권의 효력이 미치는 범위
는 위 손해배상청구권에 한하고, 근저당권의 피담보채권이나 근저당권설정등기말소소송의 소송비
용에까지 미치는 것은 아니다(대결 1992.10.20, 92마728).

6) 제1심 및 제2심에서의 담보공탁

근저당권설정등기의 채무자로서 임의경매절차 진행 중 근저당권설정등기말소청구소송을 제기하
면서 담보공탁을 하고 제1심 판결선고시까지 경매절차정지결정을 받았으나 패소한 후 항소하면서
다시 담보공탁을 하고 항소심 판결선고시까지 경매절차정지결정을 받아 항소심 계속 중인 경우
2차에 걸친 공탁은 각기 해당 심급에 관한 채권자의 손해를 담보하는 것이다. 따라서 제1심에서
제공한 담보에 관하여는 항소심에서 다시 담보가 제공되었다는 이유로 담보사유가 소멸되었다고
할 수 없으며, 담보를 제공한 당사자의 승소판결이 확정된 경우 또는 그것에 준하는 경우에만 담
보의 사유가 소멸하는 것이다. 그러므로 공탁자는 담보권리자의 동의가 있는 경우를 제외하고는
공탁자의 승소판결이 확정되거나 패소의 경우에는 소송의 완결 후 담보권리자가 권리행사 최고기
간 내에 그 행사를 하지 않는 경우에 비로소 담보취소결정을 받아 공탁금을 회수할 수 있다(공탁
선례 2-259호).

7) 담보권리자가 권리행사를 위하여 제기한 소송의 소송비용

강제집행정지를 위하여 법원의 명령으로 제공된 공탁금은 채권자가 강제집행정지 자체로 인하여
입은 손해배상채권을 담보한다. 그 손해의 범위는 민법 제393조에 따라 정해진다. 담보제공자의

---

16) 법원공무원교육원, 2021 공탁실무, 207면.

권리행사최고에 따라 담보권리자가 권리행사를 위하여 제기한 소송의 소송비용은 강제집행정지로 인하여 입은 통상손해에 해당한다고 할 것이므로 위 소송비용은 강제집행정지를 위하여 법원의 명령으로 제공된 담보공탁금의 피담보채권이 된다.

8) 특별사정으로 인한 가처분의 취소의 경우

민사집행법 제307조에서 특별한 사정이 있을 때 담보의 제공을 조건으로 가처분의 취소를 구할 수 있게 한 것은, 가처분을 존속시키는 것이 공평의 관념상 부당하다고 생각되는 경우, 즉 가처분에 의하여 보전되는 권리가 금전적 보상으로써 그 종국의 목적을 달할 수 있다는 사정이 있거나 또는 가처분 집행으로 가처분채무자가 특히 현저한 손해를 받고 있는 경우에 가처분채무자로 하여금 담보를 제공하게 하여 가처분의 집행뿐 아니라 가처분명령 자체를 취소하여 가처분채무자로 하여금 목적물을 처분할 수 있도록 하는 데에 있고, 따라서 처분채무자가 제공하는 담보는 가처분채권자가 본안소송에서 승소하였음에도 가처분의 취소로 말미암아 가처분목적물이 존재하지 않게 됨으로써 입는 손해를 담보하기 위한 것이다(대판 1998.5.15, 97다58316).

9. 담보권의 실행

1) 의의

① '담보권의 실행'이란 담보권을 행사할 수 있는 사유가 발생한 때, 즉 소송비용의 담보에서는 원고가 패소하여 원고가 소송비용 부담의 재판을 받은 때, 강제집행절차에서는 담보제공으로써 보전할 손해가 담보권리자에게 발생한 때에 담보권리자가 제공된 담보로부터 소송비용 또는 손해를 변상받는 절차를 말한다.

② 그 우선권의 성질 및 실행방법에 관하여는 학설이 나뉜다. 법정질권설은 담보권리자가 담보의 무자의 공탁물 회수청구권 위에 채권질권을 갖는 것이라고 하는 견해이고, 우선적 출급청구권설은 민사소송법이 질권자와 동일한 권리를 갖는다고 규정한 것은 단지 공탁물의 출급에 관한 우선적·배타적 청구권을 의미하므로 피담보채권 발생과 동시에 직접 공탁물의 출급을 받아 이로써 우선적 만족을 얻는 권리라는 견해이다.

2) 학설에 따른 공탁금 출급방법

(1) 법정질권설에 의할 경우

① 법정질권설에 의하면 담보권리자는 채권질권의 실행방법에 따라 민법 제353조에 따라 직접 추심을 하거나, 민법 제354조에 따라 민사집행법에서 정한 집행방법에 의하여 질권을 실행할 수 있다.

② 직접출급의 방법은 담보권을 행사할 수 있는 사유가 발생하고, 공탁물의 출급에 관하여 공탁자의 동의를 얻을 수 없을 때에는 담보권리자는 확정판결에 의해 손해배상청구권을 증명하고, 법원으로부터 공탁서의 교부를 받아 그것을 확정판결과 함께 공탁관에게 제출하여 공탁물의 출급을 청구할 수 있다.

③ 또한 강제집행에 의한 방법으로는 민법 제354조 및 민사집행법상의 채권에 대한 강제집행에 따라 공탁물 회수청구권을 압류하고 질권의 실행방법에 의한 것임을 명시하여 전부명령 또는 추심명령을 얻은 후 법원으로부터 공탁물을 받을 수 있다는 취지의 기재가 있는 공탁서를 받은 후 이것을 공탁관에게 제출하여 공탁물의 교부를 받는다. 이 경우 담보취소결정을 필요로 하는지 여부에 대하여는 담보취소결정을 필요로 하지 않는다는 입장과 담보취소결정이 필요하다는 입장으로 나뉜다.

(2) 우선적 출급청구권설에 의할 경우

① 우선적 출급청구권설에 의한 담보권의 실행방법은 담보권리자는 공탁법 및 공탁규칙에 정하여진 형식, 절차에 따라 스스로 공탁물의 출급을 청구할 수 있으며 이것이 권리실행의 유일한 방법이고 그 밖의 다른 방법이 인정될 여지도, 필요도 없다고 한다.

② 이는 변제공탁의 출급청구권과 같은 의미의 출급청구권을 인정하는 것으로써, 공탁소에서 출급한다는 점에서 법정질권설 중 공탁소에 직접출급하는 방법과 유사한 면이 있지만, 법정질권설은 기본적으로 담보권(= 질권)의 소멸을 조건으로 하여 발생하는 공탁물 회수청구권 위에 질권이 존재한다고 보는 점에서 근본적인 차이가 있다.

3) 실무

재판상 담보공탁(금전)의 피공탁자(담보권리자)가 담보권을 실행하는 방법 및 공탁관의 관련 업무 처리지침을 규정하기 위하여 대법원 행정예규 제952호 "재판상 담보공탁금의 지급청구절차 등에 관한 예규"가 제정되어 있다. 위 예규에 따르면 담보권리자의 담보권의 실행방법은 직접 출급청구를 하는 경우와 질권실행을 위한 압류 등을 하는 경우만을 들고 있지만, 피담보채권 자체를 집행권원으로 하여 담보취소에 기초하여 공탁금 회수청구를 하는 경우도 담보권 실행방법으로 볼 수 있다(대판 2004.11.26, 2003다19183; 대판 2019.12.12, 2019다256471 참조).

(1) 직접 출급청구를 하는 경우

① 공탁관은 재판상 담보공탁의 피공탁자(담보권리자)가 공탁원인사실에 기재된 피담보채권이 발생하였음을 증명하는 서면을 제출하여 공탁금을 출급청구(청구서에 회수청구라고 기재한 때에도 출급청구한 것으로 본다)한 경우에는 공탁금을 피공탁자에게 교부한다. 그러나 담보취소결정정본 및 확정증명이 이미 제출될 경우에는 그러하지 아니한다.

② 피담보채권에 관한 확정판결(이행판결과 확인판결을 모두 포함), 이에 준하는 서면(화해조서, 조정조서, 공정증서 등) 또는 공탁자의 동의서(인감증명서 첨부)는 특별한 사정이 없는 한 피담보채권이 발생하였음을 증명하는 서면으로 본다. 위 확정판결은 공탁자의 부당한 보전처분이나 강제집행정지 등으로 피공탁자에게 손해가 발생하였음을 청구원인으로 한 판결을 말한다.

③ 또한 금전 및 이에 대한 지연손해금의 지급을 명한 판결이나 건물명도 및 그 명도시까지의 차임 상당액의 지급을 명한 가집행선고부 판결에 대한 강제집행정지를 위하여 담보공탁을 한 경우 그 가집행이 지연됨으로 인한 손해에는 반대의 사정이 없는 한 집행의 정지 효력이 있는 기간 내에 발생된 지연손해금이나 차임 상당의 손해가 포함되므로 이에 관한 지급을 명한 확

정 판결 부분은 강제집행정지를 위한 담보공탁의 피담보채권이 발생하였음을 입증하는 서면이 된다(대판 2000.1.14. 98다24914 참조).

④ 가처분채권자가 파산선고를 받게 되면 가처분채권자가 제공한 담보공탁금에 대한 공탁금 회수 청구권에 관한 권리는 파산재단에 속하므로 가처분 채무자가 공탁금 회수청구권에 관하여 질권 자로서 권리를 행사한다면 이는 별제권을 행사하는 것으로써 파산절차에 의하지 아니하고 담보 권을 실행할 수 있다. 이 경우 가처분채무자로서는 가처분채권자의 파산관재인을 상대로 담보 공탁금의 피담보채권인 손해배상청구권의 존부에 관한 확인의 소를 제기하여 확인판결을 받는 등의 방법에 의하여 피담보채권이 발생하였음을 증명하는 서면을 확보한 후 민법 제354조에 의하여 민사집행법 제273조에서 정한 담보권 존재 증명 서류로써 위 서면을 제출하여 채권에 대한 질권 실행 방법으로 공탁금 회수청구권을 압류하고 추심명령이나 확정된 전부명령을 받아 담보공탁금 출급청구를 할 수도 있고, 또한 피담보채권이 발생하였음을 증명하는 서면을 확보 하여 담보공탁금에 대하여 직접 출급청구를 할 수도 있다(대판 2015.9.10, 2014다34126).

⑤ 공탁관은 피공탁자가 제출한 서면이 담보공탁의 피담보채권이 발생하였음을 증명하는 서면에 해당하는지 여부를 신중히 판단하여야 한다. 피공탁자가 출급청구한 금액 중 일부에 관하여 피담보채권이 발생된 것으로 인정되는 경우에는 그 범위 내에서 출급청구를 수리하되, 피담보 채권이 발생하였는지 여부가 명확하지 아니한 경우에는 출급청구를 수리하지 아니한다.

(2) 질권실행을 위한 압류 등을 하는 경우

① 공탁관은 담보공탁의 피공탁자가 피담보채권에 터 잡아 민사집행법 제273조에서 정한 채권에 대한 강제집행절차에 따라 공탁자의 공탁금 회수청구권을 압류하고 추심명령이나 전부명령을 얻어 공탁금 출급청구(청구서의 표시를 회수청구라고 기재한 때에도 같다)한 경우에도 공탁물 을 피공탁자에게 교부한다.

② 이 경우에 피공탁자는 공탁금 출급청구서와 함께 질권(담보권) 실행을 위한 압류명령 정본, 추심명령 또는 전부명령 정본, 위 명령의 송달증명, 전부명령에 관한 확정증명을 제출하여야 한다. 이 경우 따로 담보취소결정을 받을 필요는 없다.

4) 담보취소에 기초한 공탁금 회수청구

① 담보권리자가 공탁자에 대한 집행권원(피담보채권 자체를 집행권원으로 한 경우도 포함)에 기 초하여 일반 강제집행절차에 따라 공탁자의 공탁금 회수청구권을 압류하고 추심명령 또는 전 부명령을 얻어 공탁금 회수청구를 하는 경우에는 공탁금 회수청구서와 함께 담보취소 결정정 본 및 확정증명, 질권(담보권) 실행이 아닌 일반 강제집행절차에 의한 압류명령 정본, 추심명 령 또는 전부명령 정본, 위 명령의 송달증명, 전부명령에 관한 확정증명을 제출하여야 한다. 실무상 이 방법이 많이 활용된다.

② 위와 같이 담보권리자가 피담보채권 자체를 집행권원으로 하여 공탁금 회수청구권에 대하여 권리를 행사한 경우에 있어 판례는 담보권리자가 공탁자의 공탁금 회수청구권을 압류하고 추 심명령이나 확정된 전부명령을 받은 후 담보취소결정을 받아 공탁금 회수청구를 하는 경우에

도 담보공탁의 피담보채권을 집행채권으로 하는 이상 담보권리자의 위와 같은 담보취소신청은 어디까지나 담보권을 포기하고 일반채권자로서 강제집행을 하는 것이 아니라 오히려 적극적인 방법으로 담보권실행에 의하여 공탁물 회수청구권을 행사하기 위한 방법에 불과하다고 보는 것이 합리적이므로 이는 담보권의 실행방법으로 인정되고, 따라서 이 경우에도 질권자와 동일한 권리가 있다고 할 것이므로 그에 선행하는 일반채권자의 압류 및 추심명령이나 전부명령으로 대항할 수 없다고 하여(대판 2004.11.26, 2003다19183) 담보권의 우선적 효력을 인정하고 있다. 이처럼 담보권의 실행방법의 하나로서 담보권리자가 공탁금 회수청구권에 대해 압류·전부명령을 받은 후 담보취소결정을 받아 공탁금 회수청구를 하는 경우에는 그 전부명령은 확정되어 효력이 있는 것이어야 한다(대결 2007.6.14, 2007마214).

③ 한편 제1심 가집행선고부 판결에 기한 강제집행정지를 위한 담보공탁자가 수인이고, 피공탁자가 강제집행정지로 인한 손해배상채권을 집행권원으로 하여 수인의 공탁금 회수청구권에 대하여 압류·전부명령을 신청하여 이를 인용하는 결정 및 담보취소결정이 각 확정된 경우 전부명령에 의한 채무변제의 효과가 어느 채무에 대하여 생기는지는 법정변제충당의 법리가 아닌 집행채권의 확정에 의하여 결정되고, 담보권자인 채권자의 의사는 특별한 사정이 없는 한 담보되는 손해배상채권부터 우선적으로 집행채권에 포함하며 담보공탁을 한 채무자가 수인이고 그 채무가 서로 부진정연대채무관계이며 채권자가 수인의 채무자들이 갖는 공탁금 회수청구권 전체에 대해 동시에 압류·전부명령을 한 경우 신청서에 그중 어느 채무자로부터 담보적 효력이 미치는 손해배상채권의 만족을 구한다는 취지를 특정하여 기재하지 않았다면 각 채무자가 공탁한 담보에 비례하여 각 공탁 채무자에 대한 집행채권에 손해배상채권을 배분하여야 한다(대판 2021.11.11, 2018다250087 참조).

④ 담보조건부 강제집행정지결정에 따라 재판상 담보공탁이 된 후 ㉠ 피공탁자를 채무자로 하여 '피공탁자가 위 공탁금에 대하여 가지는 회수청구권'에 대한 체납처분에 의한 A압류, ㉡ 피공탁자가 집행권원을 얻어 '공탁자의 공탁금 회수청구권'에 대한 B채권압류 및 추심명령, ㉢ '피공탁자'를 채무자로 하여 '피공탁자가 위 B채권압류 및 추심명령에 의하여 국가(소관 공탁관)에 대하여 가지는 공탁금 회수청구권'에 대한 체납처분에 의한 C압류가 국가(소관 공탁관)에게 순차적으로 도달한 후 피공탁자가 담보취소결정 및 확정증명을 얻어 공탁금 회수청구를 하였으나 공탁관이 이를 불수리한 사례에서, 판례는 ㉠ 체납처분에 의한 A압류와 관련하여, 피공탁자는 피담보채권인 강제집행정지로 인한 손해배상청구권에 관하여 장래의 공탁금 출급청구권을 가지는 주체일 뿐 공탁금 회수청구권을 가지는 것은 아니므로 '피공탁자의 공탁금 회수청구권'을 피압류채권으로 표시한 압류는 존재하지 않는 채권에 대한 압류로써 무효이고, ㉡ 체납처분에 의한 압류와 관련하여, 피공탁자는 B채권압류 및 추심명령으로 인하여 공탁자의 공탁금 회수청구권을 추심할 권능만을 부여받은 것에 불과할 뿐 그 회수청구권 자체가 피공탁자에게 귀속된 것은 아니므로, B채권압류 및 추심명령 이후에 피공탁자의 공탁금 회수청구권을 피압류채권으로 표시한 체납처분에 의한 C압류 역시 무효이다. ㉢ 공탁관의 형식적 심사에 의하더라도 압류의 무효를 충분히 밝혀낼 수 있으므로 위 각 압류가 있었다는 이유만으로 공

탁금 회수청구를 불수리한 처분은 부적법하다는 취지의 판시를 한 바 있다(대결 2016.5.17, 2015마1933).

5) 압류의 경합 및 사유신고 등

① 공탁관은 공탁자의 채권자 등이 공탁자의 공탁금 회수청구권에 대하여 일반 강제집행절차에 따라 한 압류가 경합된 경우 공탁원인의 소멸을 증명하는 서면(담보취소결정정본 및 확정증명)이 제출된 때에 먼저 송달된 압류명령의 집행법원에 사유신고를 한다.

② 공탁자의 채권자가 공탁자의 공탁금 회수청구권에 대하여 일반 강제집행 절차에 따라 (가)압류하였거나 공탁자의 공탁금 회수청구권이 제3자에게 양도된 경우에도 피공탁자가 절차에 따라 담보권을 실행하면 피공탁자에게 공탁금을 지급한다. 그러나 담보취소결정정본 및 확정증명이 이미 제출된 경우에는 그러하지 아니하다.

③ 피공탁자가 담보권을 실행함으로써 가지게 되는 공탁금 출급청구권에 대하여 피공탁자의 채권자가 (가)압류한 때에는 [(가)압류 채권목록의 기재를 피공탁자가 담보권을 실행함으로써 갖는 공탁금 회수청구권으로 한 경우도 같다] 피공탁자가 절차에 따라 공탁금 출급청구(청구서의 표시를 회수청구라고 한 때에도 같다)를 하더라도 피공탁자에게 공탁금을 지급하지 아니한다.

④ 공탁관은 ③의 공탁금 출급청구권에 대하여 압류가 경합된 경우에는 담보권 실행 요건을 갖춘 때(즉, 출급청구권 입증서면이 제출되거나 질권실행을 위한 압류 및 현금화명령이 효력을 발생한 경우)에 먼저 송달된 압류명령의 집행법원에 사유신고를 한다.

⑤ 이에 반해 피담보채권을 집행채권으로 하지 않는 경우에는 담보권리자로서 공탁금 출급청구권을 가질 수 없으며, 일반 채권자의 지위에서 공탁금 회수청구권을 강제집행하는 것에 불과하다. 따라서 피공탁자가 피담보채권이 아닌 일반채권을 집행채권으로 하여 공탁금 회수청구권에 대한 채권압류 및 추심명령을 받은 다음 공탁자를 대위하여 담보취소결정을 받은 후 피공탁자의 채권자가 피공탁자의 출급청구권 또는 회수청구권에 대하여 한 압류는 존재하지 않는 채권에 대한 압류이거나 압류할 수 없는 성질의 것에 대한 압류이어서 그 효력을 인정할 수 없다(대판 2019.12.12, 2019다256471 참조).

10. 담보의 취소

1) 의의

① 담보의 취소란 앞에서 본 담보권실행의 경우에 대응하는 것으로서 담보제공자(공탁자)가 담보의 필요(사유)가 소멸된 경우 제공한 담보를 반환받는 절차를 말한다.

② 민사소송법은 담보제공자가 담보의 사유가 소멸된 것을 증명한 때 또는 담보권리자의 동의를 받았음을 증명한 때에는 법원은 신청에 의하여 담보취소의 결정을 하여야 한다고 규정하여(민사소송법 제125조 제1항·제2항) 반드시 법원의 결정을 거치도록 하고 있다.

2) 신청인

① 담보취소신청을 할 수 있는 사람은 담보를 제공한 사람 또는 그 승계인이다. 승계인은 포괄승계인은 물론, 담보제공자의 담보물 반환청구권(공탁물 회수청구권)에 대한 양수인 및 압류·전부·추심명령을 받은 사람과 같은 특정승계인을 포함한다.

② 승계인 또는 대리인이 신청하는 경우에는 신청권이 있음을 증명하기 위하여 가족관계증명서(법정대리인이 이혼한 경우 자녀의 기본증명서), 등기사항증명서, 담보물 반환청구권의 양도증서와 양도통지서, 압류·전부명령의 등본 및 확정증명서, 압류·추심명령의 등본 및 송달증명서, 위임장 등을 제출하여야 한다.

③ 강제집행정지 신청인인 집행권원상의 채무자가 아니라 제3자가 재판상 담보공탁을 한 경우 그 공탁금에 대한 회수청구권은 채무자가 아니라 위 제3자가 갖는다고 보아야 하므로 이 경우 채권자가 위 공탁금 회수청구권이 채무자에게 귀속됨을 전제로 강제집행정지의 대상이었던 기본채권에 관한 집행권원에 터 잡아 채무자의 국가에 대한 공탁금 회수청구권에 대한 채권압류 및 추심명령을 받았더라도 그 채권자는 담보취소신청을 할 수 있는 담보제공자인 제3자의 승계인에 해당한다고 볼 수 없다(대결 2018.9.18, 2018카담10 참조).

④ 담보취소 신청사건은 담보제공결정을 한 법원 또는 그 기록을 보관하고 있는 법원의 전속관할에 속한다(민사소송규칙 제23조 제1항).

3) 담보취소의 요건

담보취소의 요건으로는 담보사유의 소멸(민사소송법 제125조 제1항), 담보권리자의 동의(동조 제2항), 권리행사 최고기간의 만료(동조 제3항)를 들 수 있다.

(1) 담보사유의 소멸

담보사유의 소멸은 담보를 제공함으로써 잠정적으로 허용되었던 담보제공자의 행위가 본안에서 승소하는 등 이후의 절차에서 그에게 유리하게 확정되었기 때문에 담보제공의 필요성이 없게 되는 것을 말한다. 즉 채권자가 본안의 승소확정판결을 얻은 때나 이행권고결정이 확정된 때(대결 2006.6.30, 2006마257 참조)가 이에 해당한다. 신청인은 판결의 정본·등본·초본, 확정증명서, 화해·인낙·포기·조정조서의 정본·등본·초본 등을 제출함으로써 그 사유를 증명하게 된다. 다음에서는 담보제공의 사유에 따라 나누어 살펴본다.

A. 가압류·가처분을 위해 제공된 담보

① 이러한 담보는 본안소송이 계속 중인 한 담보사유가 소멸되지 않는다. 채권자(담보제공자)가 본안의 승소판결을 받아 확정되어야 담보의 사유가 소멸한다. 따라서 가압류집행이 불능인 경우, 가처분명령이 집행되지 아니하고 집행기간을 도과한 경우, 보전처분의 집행불능 후 보전처분신청이 취하된 경우에는 담보사유가 소멸되지 아니한다. 이는 보전처분의 존재만으로도 채무자에게 신용훼손이나 정신적 손해를 주었을 수 있고, 또한 담보공탁이 담보하는 손해배상의 범위에는 보전처분 자체를 다투는 데 필요한 소송비용도 포함되기 때문이다.

② 다만 채권자가 보전처분 결정 전에 보전처분의 신청을 취하한 경우에는 권리행사최고 등 담보의 취소절차 없이 취하증명(실무상 '결정 전 취하증명서'를 받는다)을 제출하여 공탁금을 회수할 수 있다.

③ 그리고 채권자(담보제공자)가 제1심에서 승소하고 가압류가 가집행으로 이행한 경우 또는 본안 제1심에서 승소하고 항소심 계속 중 가처분신청을 취하하여 그 집행이 취소된 경우 등에는 그 자체만으로 담보사유가 소멸되지 아니한다(가처분결정을 취소하는 판결[17]에 대하여 가처분채권자가 상소하면서 그 판결의 가집행정지를 위하여 담보를 제공하였다고 하더라도 당초의 가처분결정을 위한 담보의 소멸사유는 되지 아니한다).

④ 또한 병합청구의 본안소송에서 일부 승소하였다 하여도 나머지 일부가 계속 중인 한 담보사유가 소멸되었다고 할 수 없다.

⑤ 담보제공자 또는 담보권리자가 여러 사람 있는 경우 그들 사이에 불가분 또는 연대관계가 없는 한 담보소멸의 여부는 개별적으로 판단하여야 한다.

⑥ 그러나 가압류·가처분채권자가 본안의 승소판결을 받아 일단 확정되면 담보사유는 소멸하는 것이므로 그 후 항소의 추후보완이나 재심의 소제기가 있어 사건이 계속 중이더라도 영향은 없다.

⑦ 가압류·가처분사건의 본안소송이 화해로 종료한 경우에 그 화해조항의 일부로써 가압류·가처분을 위한 담보공탁에 관한 약정이 있으면 그에 따를 것이나, 일반적으로는 그러한 약정이 없는 것이 보통이다.

B. 가압류·가처분명령의 취소를 위하여 제공한 담보(민사집행법 제286조 제5항)

① 이러한 담보에서는 채무자의 이의신청에 의해 종국적으로 가압류·가처분 명령을 취소하는 결정이 확정된 때에 담보의 사유가 소멸한다.

② 그러나 법원이 가처분채무자의 이의신청에 의하여 결정으로 가처분을 취소하면서 적당한 담보를 제공할 것을 명한 경우에 그 제공된 담보는 가처분의 취소 자체로 인하여 가처분채권자가 입은 손해를 담보하기 위한 것이고, 가처분을 취소하는 재판이 부당한 것으로 판명되는 경우에 한하여 가처분채권자가 입게 될 손해만을 담보하는 것이 아니므로, 가처분을 취소하는 결정이 확정되었다는 이유만으로 담보의 사유가 소멸된 것으로 보아 담보취소의 결정을 할 수는 없다(대결 1992.12.22. 92마782 참조).

C. 가집행의 정지를 위해 제공된 담보

① 상소심의 소송절차에서 담보제공자의 승소판결이 확정된 경우 또는 이와 같이 볼 수 있는 경우에는 담보의 사유가 소멸된다.

---

17) 민사집행법 개정으로 2005.7.28.부터 보전처분에 대한 이의, 취소가 '판결절차'에서 '결정절차'로 바뀌었다.

② 제1심에서 가집행의 정지를 위해 제공된 담보는 항소심에서 제1심 판결이 취소된 경우에도 담보사유가 소멸되지 않는다. 항소심에서 가집행선고부 1심 판결이 취소된 경우에는 그 항소심 판결이 확정되어야 담보의 사유가 소멸된다. 이에 반하여 항소심의 가집행선고부 판결에 대한 강제집행정지를 위해 제공된 담보는 상고심에서 그 항소심 판결이 파기되면 담보의 사유가 소멸한다(대결 1984.4.26, 84마171 참조).

D. 청구이의의 소(민사집행법 제44조) 또는 집행문부여에 대한 이의의 소(동법 제45조)를 제기한 당사자가 제1심에서 강제집행정지를 구하기 위하여 제공한 담보

이러한 담보는 항소심에서 다시 강제집행정지를 위한 담보가 제공되었다 하더라도 그 담보의 사유가 소멸되는 것이 아니고, 담보를 제공한 당사자가 승소판결을 받아 종국적으로 확정되거나 이와 같이 볼 수 있는 경우에만 담보의 사유가 소멸한다. 제3자이의의 소(동법 제48조)의 경우도 이에 준한다.

(2) 담보권리자의 동의

① 담보제공자는 담보취소에 관한 담보권리자의 동의를 얻은 것을 증명하여 담보취소의 신청을 할 수 있다. 동의의 증명은 서면에 의하는 것이 실무례이다.

② 본안에서 재판상 화해가 성립되고 화해조항으로써 담보취소에 동의하고 담보취소결정에 대한 항고권을 포기한다는 기재가 있으면 그 화해조서가 동의의 증명으로 인정된다. 담보권리자의 동의는 공탁물에 대한 권리의 포기라고 인정되므로 동의가 있는 이상 법원은 본안사건 종료 전이라 하더라도 담보취소결정을 할 수 있다.

③ 담보취소의 동의는 담보의 전부에 관하여 함이 보통이겠지만, 담보의 일부에 관한 동의도 허용되므로 이 경우엔 담보의 일부 취소결정을 할 수 있다.

④ 보전처분의 채무자가 채권자의 공탁금 회수청구권을 압류 및 추심명령 또는 전부명령을 받아 담보취소를 대위신청하는 경우에는 담보권리자와 담보취소신청인이 동일인이므로 별도의 담보권리자의 동의서나 항고권 포기서를 제출할 필요가 없다.

(3) 권리행사 최고기간의 만료

소송완결 후 담보제공자의 신청이 있는 때에는 법원은 담보권리자에게 일정한 기간 이내에 그 권리를 행사할 것을 최고하고, 담보권리자가 그 행사를 하지 아니하는 때에는 담보취소에 대한 담보권리자의 동의가 있는 것으로 본다(민사소송법 제125조 제3항).

A. 소송의 완결

① '소송의 완결'이란 담보권의 객체인 피담보채권(소송비용상환청구권 또는 손해배상청구권)이 확정되고 그 금액의 계산에 장애가 없어진 상태를 말한다.

② 소송비용의 담보에서는 소송절차가 종결되어 소송비용부담의 재판이 내려진 경우에 소송이 완결된다.

③ 가압류·가처분사건의 경우 본안의 소가 제기된 때에는 그 본안소송도 완결되어야 한다. 다만 본안의 소가 제기되기 전에 가압류·가처분사건이 완결된 경우에는 그 가압류·가처분사건의 완결로써 소송완결이 있는 것으로 보는 것이 실무이다.

④ 청구이의의 소, 집행문부여에 대한 이의의 소에 있어서 집행정지를 위한 담보는 그 소송에서 원고 패소판결이 확정된 때에 소송이 완결되었다고 할 수 있다. 그러나 제3자이의의 소의 강제집행정지를 위한 담보는 이의가 배척되고 집행절차가 속행된 것만으로는 소송이 완결되었다고 할 수 없다. 매각허가결정에 의하여 매각대금이 확정되어야 비로소 정지로 인한 손해액을 산정할 수 있기 때문에 매각절차가 완결되어야 소송의 완결로 볼 수 있다.

B. 권리행사의 최고

① 권리행사의 최고는 신청인의 신청에 의하여 법원이 담보권리자에게 한다.

② 법원은 사건이 완결되었는가의 여부를 조사하고 완결되었다고 인정되는 경우에는 권리행사최고서를 작성하여 송달한다. 권리행사기간은 1주일 내지 2주일 정도가 보통이다. 담보권리자의 주소불명 등 공시송달의 요건이 있는 때에는 신청에 의해 공시송달할 수 있다.

③ 한편 강제집행의 정지를 위하여 법원의 명령으로 제공된 공탁금은 그 강제집행절차의 정지 때문에 발생한 손해의 배상에 한정하여 담보하는 효력을 가질 뿐이므로 담보권리자가 권리행사를 위하여 제기한 소송에서 주장한 손해배상청구의 내용 중 위와 같은 배상청구권의 범주에 속하지 않는 것은 담보취소를 저지하는 권리행사로서의 효력이 없다고 보아야 한다(대결 1979. 11.23, 79마74 참조). 다만 담보의 대상이 되는 손해의 범위는 민법 제393조에 의할 것이므로 통상의 손해뿐 아니라 특별한 사정으로 인한 손해도 배상의무자가 그 사정을 알았거나 알 수 있었다면 거기에 포함될 수 있다. 따라서 담보권리자의 주장 자체에 의하더라도 강제집행정지로 인하여 발생할 수 없음이 명백하다는 등의 특별한 사정이 없는 한 담보권리자가 소송에서 주장한 손해가 통상의 손해가 아니라는 이유만으로 담보에 대한 권리행사의 효력이 미치지 않는다고 단정할 것은 아니다. 그리고 담보권리자가 주장한 권리 내용에 지연손해금이나 소송비용이 포함되어 있는 등으로 구체적인 손해액을 확정하기 어려운 경우에도 법원으로서는 제출된 자료를 기초로 상당하다고 인정되는 범위에서 권리행사가 있었던 것으로 보고 이를 초과하는 부분에 대한 담보를 취소하여야 한다(대결 2017.1.13, 2016마1180).

C. 담보권리자의 권리불행사

① 권리행사는 피담보채권 자체에 대한 재판상의 청구이어야 한다. 피담보채권에 대한 소제기 지급명령, 제소 전 화해신청 등이 이에 해당한다. 소송비용의 담보의 경우에는 소송비용액 확정신청이 권리행사가 될 것이다.

② 권리행사기간 안에 또는 담보취소결정이 확정되기 전에 일단 담보권리자에 의한 소제기 등의 권리행사가 있었으나, 그 후 소가 취하되거나 취하간주되는 등의 이유로 권리행사가 처음부터 없었던 것으로 보는 때에는 권리행사기간이 경과함으로써 담보취소에 관하여 담보권리자의 동의가 있는 것으로 간주한다(대결 2008.3.17, 2008마60).

③ 최고를 받은 담보권리자가 집행권원을 제출하면 이미 권리행사를 한 것으로 보아 담보취소를 할 수 없다. 최고에서 정한 권리행사기간 안에 권리를 행사하지 않았더라도 담보취소결정을 하기 전에 권리행사를 한 사실을 증명하면 담보취소결정을 할 수 없다. 또 담보취소결정이 있었더라도 그 결정이 확정되기 전에 권리행사가 있으면 담보취소결정은 유지될 수 없다.

D. 담보취소 신청에 대한 재판

① 법원은 신청이 적법하고 담보취소의 요건이 구비되어 있다고 인정되는 때에는 담보취소결정을 한다. 이 결정은 양쪽 당사자에게 정본을 송달하여 고지한다.

② 담보취소를 인용한 결정에 대하여는 즉시항고, 기각 또는 각하한 결정에 대하여는 통상항고로써 불복할 수 있다.

E. 공탁금의 회수

① 담보취소결정이 확정되면 담보제공자는 담보취소결정의 정본이나 등본 및 확정증명서와 함께 공탁금 회수청구에 필요한 일반적인 절차를 밟아 공탁소로부터 공탁물을 회수할 수 있다.

② 공탁자가 공탁한 내용은 공탁의 기재에 의하여 형식적으로 결정되므로 수인의 공탁자가 공탁하면서 각자의 공탁금액을 나누어 기재하지 않고 공동으로 하나의 공탁금액을 기재한 경우에 공탁자들은 균등한 비율로 공탁한 것으로 보아야 하고, 공탁자들 내부의 실질적인 분담금액이 다르다고 하더라도 이는 공탁자들 내부 사이에 별도로 해결하여야 할 문제이며 위와 달리 볼 것은 아니다(대판 2012.3.29, 2011다79562). 이러한 법리는 강제집행정지의 담보를 위하여 공동명의로 공탁한 경우 담보취소에 따른 공탁금 회수청구권의 귀속과 비율에 관하여도 마찬가지로 적용된다. 따라서 제3자가 다른 공동공탁자의 공탁금 회수청구권에 대하여 압류 및 추심명령을 한 경우에 그 압류 및 추심명령은 공탁자 간 균등한 비율에 의한 공탁금액의 한도 내에서 효력이 있고, 공동공탁자들 중 실제로 담보공탁금을 전액 출연한 공탁자가 있다 하더라도 이는 공동공탁자들 사이의 내부관계에서만 주장할 수 있는 사유에 불과하여 담보공탁금을 전액 출연한 공탁자는 그 압류채권자에 대하여 자금 부담의 실질관계를 이유로 대항할 수 없다. 실제로 2인이 공동명의로 강제집행정지신청을 하고 담보제공명령을 받아 담보공탁을 하면서 각자의 공탁금액을 나누어 기재하지 않고 공동으로 하나의 공탁금액을 기재한 경우 공탁의 내용은 공탁서의 기재에 의하여 형식적으로 결정되므로 공탁자들은 균등한 비율로 공탁한 것으로 보아야 한다. 따라서 담보취소결정 등으로 공탁원인이 소멸한 경우 공탁자 중 1인은 공탁금 중 1/2의 회수를 청구할 수 있고, 공탁자들 내부의 실질적인 분담금액이 다르다고 하더라도 이는 공탁자들 내부 사이에 별도로 해결할 문제이다. 한편 제3자가 위와 같은 2인의 공동공탁자 중 어느 1인의 공탁금 회수청구권에 대하여 압류 및 추심명령을 한 경우에는 그 공탁자가 실제로 담보공탁금을 출연하였는지 여부와 관계없이 그 압류 및 추심명령은 공탁금 중 1/2의 한도 내에서 효력이 있다(공탁선례 201510-1호).

F. 담보물변경

담보물변경에 관하여는 제1편 총칙 CHAPTER 05 공탁사항의 변경 중 제3절 "담보물변경"에서 설명하였다.

03 절 영업보증공탁

1. 의의

영업보증공탁이란 거래의 상대방이 불특정 다수인이고 거래가 광범위하고 번잡하게 행해지므로 영업자의 신용이 사회 일반에 대하여 보장되지 않으면 안 되는 영업이나 기업의 규모와 내용이 주위의 토지, 건물 등에 손해를 끼치는 것이 불가피한 산업에 관하여 그 영업거래상 채권을 취득하는 거래의 상대방이나 그 기업활동에 의하여 손해를 입을 피해자를 보호하기 위하여 특별히 인정되는 보증공탁이다.

2. 영업보증공탁의 종류

① 신용카드업자가 선불카드에 의하여 물품 또는 용역을 제공한 신용카드 가맹점에게 지급하여야 할 선불카드대금 및 미상환 선불카드의 잔액을 상환할 수 없게 될 때에 해당 신용카드가맹점 및 미상환 선불카드의 소지자에게 배당할 목적으로 하는 공탁(여신전문금융업법 제25조 제1항)

② 원자력사업자가 원자로의 운전 등으로 인하여 생기는 손해를 배상함에 필요한 조치의 하나로써 하는 공탁(원자력 손해배상법 제5조 제2항)

③ 중개업자가 중개행위를 하면서 고의·과실로 인하여 또는 자기의 사무소를 다른 사람의 중개행위의 장소로 제공함으로써 거래당사자에게 발생하게 한 재산상의 손해배상책임을 보장하기 위한 공탁(공인중개사법 제30조 제3항)

④ 신탁회사가 신탁의무의 위반으로 인하여 수익자에게 생기게 될 손해의 담보로써 금융위원회가 정하는 바에 따라 하는 공탁(구 신탁업법 제16조 제1항, 법률 제8635호에 의하여 신탁업법이 폐지되어 현재는 공탁의무규정은 없다.)

⑤ 그 외 공동주택관리법 제66조 제2항, 민영교도소 등의 설치·운영에 관한 법률 제38조 제2항, 자동차관리법 제58조의3 제2항, 석탄산업법 제39조 제8항 등에도 영업보증공탁의 근거를 두고 있다.

3. 공탁의 신청

1) 공탁서 작성

① 영업보증공탁에서는 영업자의 신용력 확인이라는 목적이 있으므로 제3자에 의한 공탁은 허용되지 않는다.

② 영업보증공탁에서 피공탁자는 영업자와의 거래에 의하여 채권을 취득한 자 또는 영업자의 사업활동에 의하여 손해를 입은 피해자이나, 이는 피담보채권이 구체적으로 발생한 때에 비로소 확정되는 것이므로 그때까지는 관념적 존재에 불과하므로 공탁서의 피공탁자란은 두지 않는다.

2) 관할

영업보증공탁은 각 근거법규에서 관할공탁소가 법정되어 있는 경우가 많다. 예컨대 여신전문금융업법상의 보증공탁은 선불카드를 발행한 신용카드업자의 본점 또는 주된 사무소 소재지의 공탁소(여신전문금융업법 제25조 제2항), 원자력 손해배상법상의 보증공탁은 원자력사업자의 주사무소를 관할하는 공탁소(원자력 손해배상법 제11조)에 각각 공탁하여야 한다. 따라서 해당 영업보증공탁의 근거법령 등에 공탁소의 관할에 관한 규정이 있으면 그 공탁소에, 관할에 관한 규정이 없으면 그 공탁관계법령의 취지에 비추어 상당한 공탁소 또는 공탁을 명한 관공서 소재지 공탁소 중 공탁자가 임의로 정하여 공탁하면 된다.

3) 공탁물의 종류

① 영업보증공탁의 공탁물은 각 영업보증공탁의 근거법령에서 정해진다.

② 구체적으로 살펴보면, 여신전문금융업법에 의한 공탁목적물은 현금, 한국거래소에 상장된 국채·공채·사채(전자증권법이 시행된 이후 실무상 주로 전자등록증명서가 공탁되고 있음), 한국거래소에서 상장된 후 3개월이 경과한 주권 또는 출자지분이다.

③ 원자력 손해배상법에 의한 공탁목적물은 금전 또는 대통령령이 정하는 유가증권이다.

④ 또한 개업공인중개사는 중개행위를 하면서 거래 당사자에게 손해배상책임을 부담하게 될 경우 그 책임의 보증으로 보증보험 또는 공제에 가입하거나 공탁을 하도록 규정되어 있으나(공인중개사법 제30조 제3항), 공탁물의 종류에 관한 명확한 규정은 없다.

4. 공탁물의 출급

① 영업보증공탁은 해당 영업거래에서 생기는 채권을 취득한 불특정다수의 거래 상대방이나 기업활동에 의해서 손해를 입은 피해자를 보호하기 위하여 특별한 담보로써 공탁제도를 이용하는 것이다. 따라서 공탁자인 사업자와의 거래에 의하여 채권을 취득한 자, 또는 그 사업활동에 의하여 손해를 입은 자는 공탁물에 대하여 다른 채권자에 우선하여 변제를 받을 수 있는 권리(담보권 또는 출급청구권)를 갖는다. 따라서 공탁 시에는 아직 피공탁자(출급권자)가 확정되지 아니하므로 해당 영업거래 등에 의하여 손해를 입었다고 하여 공탁물의 출급을 청구하려면 출급권자의 확정을 위하여 스스로가 자기에게 출급청구권이 있다는 것을 증명할 필요가 있다.

출급청구권이 이미 발생했다는 것과 그 범위의 확정, 즉 공탁물에 대한 실체적 청구권의 확정을 위해서는 해당 영업자와의 영업상의 거래에 의하여 생긴 채권이라는 것을 청구권자가 증명하여야 한다.

② 이러한 권리행사방법에 대하여 각 근거법령에 규정이 있는 경우에는 그에 따르고, 각 근거법령에 특별한 규정이 없는 경우에는 공탁법상의 절차에 따라 개별적으로 그 권리를 입증하여 공탁물의 출급청구를 하여야 한다. 근거법령에 규정이 없는 경우에는 해당 영업거래로부터 채권취득이나 손해발생의 확정을 재판에 의하여 하였을 경우 그 확정판결정본 또는 등본이나 이와 동일한 효력이 있는 화해조서, 조정조서 등이 공탁규칙 제33조 제2호의 출급청구권이 발생하였음을 증명하는 서면이 될 수 있다.

③ 공탁물의 출급청구권 행사에 관하여 각 근거법령의 규정을 살펴보면, 여신전문금융업법에 의한 공탁은 금융위원회로부터 지정된 권리실행자가 금융위원회의 승인을 받아 공탁물을 출급할 수 있고(여신전문금융업법 제26조), 원자력 손해배상법에 의한 공탁의 경우 피해자는 손해배상청구에 관하여 원자력사업자가 공탁한 금전 또는 유가증권으로 변제를 받을 권리가 있다(원자력 손해배상법 제12조).

5. 공탁물의 회수

① 영업보증공탁은 착오공탁이 아닌 한, 공탁의 원인이 소멸되어야 회수할 수 있다.

② 영업보증공탁의 종류에 따라 공탁원인소멸사유도 일정하지 않으나, 공탁원인소멸을 입증하는 서면은 대부분 감독관청의 승인서가 될 것이다. 영업자가 사업을 폐지한 경우에는 감독관청의 승인 등으로 공탁원인소멸을 입증하고 공탁물을 회수청구하면 된다. 여신전문금융업법에 따라 공탁을 한 신용카드업자는 금융위원회의 승인을 얻어 공탁물을 반환받을 수 있다(여신전문금융업법 제25조 제4항). 원자력 손해배상법에 의한 공탁은 공탁을 갈음하는 다른 손해배상조치를 한 경우나 원자로의 운전 등을 폐지한 경우에는 원자력안전위원회의 승인을 얻어 공탁한 금전 또는 유가증권을 반환받을 수 있다(원자력 손해배상법 제13조). 그런데 공인중개사법은 공탁물의 회수절차에 관하여 특별히 규정한 바는 없으나, 중개업자가 폐업 또는 사망한 날부터 3년 이내에는 이를 회수할 수 없다는 제한 규정을 두고 있다(공인중개사법 제30조 제4항).

③ 이와 같이 공탁 근거법령에 공탁물 회수절차 등에 관한 규정이 없는 경우에는 영업자의 사업폐지 등을 원인으로 한 감독관청의 승인서 등을 공탁원인소멸을 증명하는 서면으로 첨부하여 공탁물을 회수청구하면 될 것이다.

④ 다만 영업보증공탁에서 공탁자가 공탁 중인 유가증권(또는 국채)의 상환기가 도래하여 다른 유가증권(또는 국채)을 새로 공탁하고, 종전의 유가증권 공탁물을 회수하고자 할 때에는 관계관청(금융위원회)의 담보변경 승인을 얻어야 한다는 규정이 없으므로 종전의 공탁(구 공탁)과 동일한 공탁(신 공탁)이 이루어진 것을 소명하는 경우에는 금융위원회의 담보변경승인서(또는 담보해지승인서) 없이도 종전의 공탁물을 회수할 수 있다(공탁선례 2-269호).

⑤ 대공탁금의 회수청구권자는 감독관청의 승인은 있으나 공탁서 원본이 없다면 보증지급의 방법으로 영업보증공탁의 변형물인 대공탁금을 회수할 수 있다. 부속공탁금은 공탁원인소멸과 무관하므로 감독관청의 승인서의 첨부를 요건으로 하지는 않고 기본공탁의 법정과실이므로 원칙적으로 영업보증공탁의 회수청구권자가 청구권을 가진다(공탁선례 2-270호).

⑥ 신탁업자가 자본시장과 금융투자업에 관한 법률(2009.2.3. 법률 제9407호로 개정되기 전) 제107조 제1항에 따라 영업보증공탁을 한 후 신탁업자의 자기자본 규제와 영업보증공탁이 중복되는 측면이 있다고 하여 위 규정이 삭제되어 공탁의무가 폐지된 경우 신탁업자인 공탁자가 공탁물을 회수하고자 할 때 공탁원인소멸을 증명하는 서면으로 감독관청의 승인서를 첨부할 필요가 없다(공탁선례 2-266호).

04 절 납세담보공탁

1. 의의

① 납세담보공탁이란 국세나 지방세 등의 징수유예나 상속세 및 증여세의 연부연납 허가시 그 세금의 징수나 납부를 담보하기 위한 공탁을 말한다. 납세담보란 조세채권에 대하여 그 징수를 확보하기 위하여 납세자 등으로부터 제공받은 담보를 말한다. 납세담보는 세법상에 명문으로 규정되어 있는 것으로서 납세자가 자금결핍 등으로 납세의무를 납부기한까지 이행하기가 곤란한 경우에 그 납세의무이행을 완화시켜 주기 위하여 또는 납세자가 납부기한까지 납세의무를 이행할 것을 기다릴 경우에는 종국적인 조세징수가 곤란하게 될 염려가 있을 때 등 그 조세징수확보를 위한 필요성에 의하여 인정된다.

② 국세기본법은 제29조(현 국세징수법 제18조)에서 세법에 따라 제공하는 담보의 종류를 제한적·열거적으로 규정하는 한편, 제31조(현 국세징수법 제20조)에서 납세담보의 제공방법에 대하여도 별도로 정하고 있으므로, 이와 같이 국세기본법이 정하는 방법에 의하지 아니한 납세담보 제공의 약정은 조세법률주의의 원칙에 비추어 세법상 담보제공으로서의 효력이 없음은 물론, 사법상 담보설정계약으로서의 효력도 인정되지 않는다.

③ 국세징수법상의 납세담보물의 종류로는 금전, 「자본시장과 금융투자업에 관한 법률」 제4조 제3항에 따른 국채증권 등 대통령령으로 정하는 유가증권(전자증권법이 시행된 이후 실무상 주로 전자등록증명서가 공탁되고 있음), 납세보증보험증권, 「은행법」 제2조 제1항 제2호에 따른 은행 등 대통령령으로 정하는 자의 납세보증서, 토지, 보험에 든 등기 또는 등록된 건물·공장재단·광업재단·선박·항공기나 건설기계가 있다(국세징수법 제18조).

④ 납세담보물 중에서 금전 또는 유가증권을 납세담보로 제공하고자 하는 자는 이를 공탁하고 공탁수령증을 세무서장 또는 지방자치단체의 장에게 제출하여야 하며, 등록된 유가증권의 경우에는 담보 제공의 뜻을 등록하고 그 등록확인증을 제출하여야 한다. 납세담보를 목적으로 금전 또는 유가증권을 공탁하고자 할 때에는 공탁법령에 따른 절차에 의하여야 한다.

2. 납세담보공탁의 종류

① 납부기한 등의 연장 또는 납부고지가 유예된 국세의 납세담보공탁(국세징수법 제15조)
② 징수유예 또는 체납처분 유예된 지방세의 납세담보공탁(지방세징수법 제29조, 제27조, 제105조 제3항, 지방세기본법 제67조 제1항)
③ 상속세 또는 증여세의 연부연납 허가 시 납세담보공탁(상속세 및 증여세법 제71조 제1항)
④ 주세의 납세담보공탁(주세법 제21조, 제24조)
⑤ 개별소비세의 납세담보공탁(개별소비세법 제10조 제5항)
⑥ 관세법에 의한 납세담보공탁(관세법 제24조) 등

3. 공탁의 신청 등

1) 관할

납세담보공탁의 경우에는 각종 세법에 관할에 관한 별도의 규정이 없으나, 실무에서는 해당 세무서 또는 지방자치단체를 관할하는 공탁소에 공탁하고 있다.

2) 공탁당사자

① 납세담보공탁의 공탁자는 국세나 지방세의 징수유예, 연부연납의 허가를 구하려는 납세의무자 또는 납세의무자를 위하여 담보를 제공하는 제3자가 될 것이고, 피공탁자는 국가·지방자치단체 등 과세관청이 되고, 공탁서에는 "국 소관청 : ㅇㅇㅇ세무서" 등으로 기재하면 될 것이다.
② 한편 납세의무자가 아닌 제3자 소유의 부동산을 납세담보로 제공한 사안에서 판례는 "국세기본법 제29조(현 국세징수법 제18조)는 토지와 보험에 든 등기된 건물 등을 비롯하여 납세보증보험증권이나 납세보증서도 납세담보의 하나로 규정하고 있을 뿐 납세담보를 납세의무자 소유의 재산으로 제한하고 있지 아니한 점 등을 종합하여 보면, 납세담보물에 대하여 다른 조세에 기한 선행압류가 있더라도 매각대금은 납세담보물에 의하여 담보된 조세에 우선적으로 충당하여야 하고, 납세담보물이 납세의무자의 소유가 아닌 경우라고 하여 달리 볼 것은 아니다(대판 2015.4.23, 2013다204959)"라고 판시하여 납세의무자가 아닌 제3자가 담보제공인인 경우도 다른 담보에 비하여 우선 징수되는 담보물에 해당한다는 취지로 판시한 바 있다.

3) 공탁의 목적물

① 납세담보물로 공탁이 가능한 것은 금전 또는 유가증권이다. 각종 세법 관련 담보물로는 상속세 및 증여세법에 의한 납세담보물은 국세징수법 제18조(담보의 종류)를 준용하고, 주세법에 의한 담보는 국세징수법 제18조 제1호부터 제3호를 준용하여 금전, 「자본시장과 금융투자업에 관한 법률」 제4조 제3항에 따른 국채증권 등 대통령령으로 정하는 유가증권, 납세보증보험증권이 있으며, 관세법에 의한 납세담보물은 금전, 국채 또는 지방채, 세관장이 인정하는 유가증권, 납세보증보험증권 등이 있다. 지방세기본법에 의한 납세담보물은 금전, 국채 또는 지방채, 지방자치단체장이 확실하다고 인정하는 유가증권 등으로 규정하고 있다. 한편 실무상 2019. 9.16. 전자증권법이 시행된 이후 전자등록증명서가 주로 공탁되고 있다.

② 국세기본법 제29조(현 국세징수법 제18조)는 세법에 의하여 제공하는 담보의 종류를 들고 있는바, 조세채권의 성립과 행사는 반드시 법률에 의하여서만 이루어져야 하고 법률에 근거 없이 채무를 부담하게 하거나 담보를 제공하게 하는 등의 방법으로 조세채권의 종국적 만족을 추구하는 것은 허용될 수 없다. 위와 같은 납세담보의 종류를 정한 규정 또한 조세법률주의의 요청에 따라 엄격하게 해석되어야 할 것이므로 위 규정은 납세담보의 종류를 한정적으로 열거한 것으로 봄이 상당하다(대판 2000.6.13, 98두10004).

4) 납세담보물의 변경 · 보충

납세담보를 제공한 자는 세무서장 또는 지방자치단체의 장의 승인을 얻어 그 담보를 변경할 수 있다. 세무서장 또는 지방자치단체의 장은 납세담보물의 가액 또는 보증인 자력[지급능력]의 감소, 그 밖의 사유로 그 납세담보로는 국세 · 가산금과 체납처분비의 납부를 담보할 수 없다고 인정하는 때에는 담보를 제공한 자에 대하여 담보물의 추가제공 또는 보증인의 변경을 요구할 수 있다(국세징수법 제21조 제2항, 지방세기본법 제68조 제2항). 상속세 및 증여세법은 담보물변경에 관하여 국세징수법을 준용하고 있으며, 관세의 경우도 담보물의 변경에 관한 규정이 있다.

4. 공탁물의 출급

① 세무서장은 납세담보를 제공받은 국세 · 강제징수비가 담보의 기간 내에 납부되지 아니한 때에는 대통령령이 정하는 바에 따라 그 담보로써 그 국세 및 강제징수비를 징수한다. 지방자치단체의 장은 납세담보를 제공받은 지방자치단체의 징수금이 담보의 기간에 납부되지 아니하면 대통령령으로 정하는 바에 따라 그 담보로써 그 지방자치단체의 징수금을 징수한다. 구체적인 징수절차는 국세징수법 시행령 제22조 제2항, 지방세기본법 시행령 제48조 제2항에 규정되어 있고, 관세법에 의한 담보의 관세충당에 관하여는 관세법 제25조 제1항의 규정에, 주세법에 의한 담보의 경우에는 주세법 제24조에 규정되어 있다.

② 납세담보로 공탁된 금전 또는 유가증권을 세무서장 또는 지방자치단체의 장이 출급청구하려면 국세징수법 제22조 제2항, 지방세기본법 제69조 제2항의 담보 사유가 발생하였음을 증명하는 서면, 다시 말하면 공탁자가 의무를 불이행하여 공탁물을 세금에 충당하는 것을 입증하는 서면을 공탁규칙 제33조 제2호의 공탁물 출급청구권의 입증서면으로 하여야 할 것이다.

5. 공탁물의 회수

관할 세무서장 또는 지방자치단체의 장은 납세담보의 제공을 받은 국세 및 강제징수비, 지방자치단체의 징수금이 납부된 때에는 납세담보된 공탁물에 관하여 지체 없이 담보해제의 절차를 밟아야 한다. 이 경우 납세담보의 해제는 그 뜻을 기재한 문서로 이를 제공한 자에게 통지하게 되어 있으므로, 공탁자는 이러한 서면을 첨부하여 담보원인이 소멸되었다는 것을 입증한 후 공탁된 금전 또는 유가증권을 회수청구한다.

01 절 총설

1. 의의

① 집행공탁은 강제집행 또는 보전처분절차에서 일정한 경우에 집행기관이나 집행당사자(추심채권자 등) 또는 제3채무자가 민사집행법상의 권리·의무로써 집행목적물을 공탁소에 공탁하여 그 목적물의 관리와 집행법원의 지급위탁에 의한 집행당사자에의 교부를 공탁절차에 따라 행하게 하는 제도이다.

② 집행공탁은 채무자, 제3채무자 또는 집행기관이 이행의 강제를 면하기 위하여, 또는 손해를 피하기 위하여, 또는 절차의 완결을 짓기 위하여 집행의 목적물이나 이를 갈음하는 금전을 공탁하는 것이다. 즉, 집행공탁은 다른 공탁과는 달리 집행절차의 일환으로써 집행절차를 보조하여 집행절차를 원활하게 하는 기능을 수행한다.

③ 집행공탁도 그 공탁의 목적물이 궁극적으로는 채무의 변제로써 채권자에게 돌아가고 집행공탁에 대하여 변제의 효력을 인정하고 있으므로 큰 의미에서는 변제공탁의 범주에 포함된다고 볼 수 있다. 그러나 양자는 공탁요건, 공탁절차, 공탁물의 출급절차에서 큰 차이가 있으므로 집행공탁의 사유가 있음에도 불구하고 변제공탁을 하거나 그 반대인 경우에 그 공탁을 적법한 것으로 보아 수리해서는 안 된다. 만약 수리를 하였다 하더라도 그 공탁 자체가 부적법한 공탁으로써 무효인 이상 변제의 효력이 발생하지 않는다.

2. 집행공탁의 당사자

1) 공탁자

① 집행공탁에서 공탁자로 될 자는 해당 집행절차의 집행기관이나 집행채무자 또는 제3채무자 등이다. 민사집행법 제248조에 의한 집행공탁의 공탁자는 제3채무자이고, 민사집행법 제282조에 의한 가압류해방공탁의 공탁자는 가압류채무자이다. 그 이외 집행공탁의 공탁자는 집행기관인 집행법원이나 집행관, 추심채권자 또는 항고인 등이다.

② 집행절차에 부수해서 행해지는 집행공탁의 성질상 제3자는 공탁자를 갈음하여 공탁할 수 없다. 특히 채무자 아닌 제3자가 가압류해방금을 공탁할 수 있느냐에 관하여는 나중에 채권자가 채무자에 대한 집행권원을 받아도 그 해방금액에 대한 집행을 할 근거가 없게 되므로, 즉 가압류채권자의 가압류채무자에 대한 집행권원으로는 제3자가 한 해방공탁금에 대한 집행이 불가능하므로 부정하여야 한다(공탁선례 제2-17호).

2) 피공탁자

① 집행공탁에서 피공탁자로 될 자는 원칙적으로 해당 집행절차의 집행채권자이다. 민사집행법 제248조에 의한 집행공탁의 피공탁자는 실질상 해당 집행절차의 집행채권자들이지만, 피공탁자는 배당절차에서 배당이 완결되어야 비로소 확정되고, 공탁 당시에는 관념적으로만 존재하므로 공탁신청 시에는 피공탁자를 기재하지 않는다. 집행공탁 당시에 피공탁자를 기재하였더라도 피공탁자의 기재는 법원을 구속하는 효력이 없다.

② 다만 민사집행법 제248조 제1항에 의하여 금전채권의 일부에 대한 압류를 원인으로 하여 제3채무자가 압류에 관련된 금전채권 전액을 권리공탁을 하는 경우에는 피공탁자란에 압류명령의 채무자를 기재하고, 민사집행법 제291조 및 제248조 제1항에 의하여 금전채권의 전부 또는 일부에 대한 가압류를 원인으로 하여 제3채무자가 권리공탁을 하는 경우에는 가압류채무자를 피공탁자로 기재한다. 그리고 각 피공탁자(압류채무자 또는 가압류채무자)의 주소소명서면을 첨부하여 공탁통지서를 발송하여야 한다. 위의 경우 압류의 효력이 미치지 않는 부분은 변제공탁의 성격이 있기 때문이다.

③ 민사집행법 제282조에 의한 가압류해방공탁에서 가압류채권자의 권리실행방법에 대하여 판례 및 실무 입장인 공탁금 회수청구권에 대한 집행설을 따르면 피공탁자는 원시적으로 있을 수 없다. 이러한 이유로 2008.3.1.부터 시행된 공탁사무 문서양식에 관한 예규(행정예규 제1235호)[제1-3호 양식] '금전 공탁서(가압류해방)'에는 피공탁자란 자체가 존재하지 않는다.

3. 관할

민사집행법 제19조 제1항은 "이 법의 규정에 의한 공탁은 채권자나 채무자의 보통재판적이 있는 곳의 지방법원 또는 집행법원에 할 수 있다"고 규정하고 있으나, 이 규정은 집행공탁의 토지관할을 정한 것은 아니므로 집행공탁은 어느 공탁소에 공탁하여도 무방하다.

4. 집행공탁의 목적물

① 집행공탁에서 공탁물은 금전에 한한다. 그러나 경매절차에서 매각허가결정에 대한 항고보증공탁은 법원이 인정한 유가증권을 공탁할 수 있고(민사집행법 제130조 제3항), 선박에 대한 강제집행에서 채무자가 집행정지문서를 제출하고 매수신고 전에 보증의 제공으로 공탁하는 경우에는 법원이 인정한 유가증권도 가능하다(민사집행법 제181조, 민사집행규칙 제104조 제1항).

② 집행공탁의 목적물은 금전에 한하므로(민사집행법 제248조 제1항 참조), 유가증권인도청구권이 가압류된 경우에는 제3채무자가 가압류를 이유로 집행공탁을 할 수는 없으며, 제3채무자로서는 민법 제487조에 따라 채무자를 피공탁자로 하는 변제공탁을 함으로써 이중변제의 위험에서 벗어나고 이행지체의 책임도 면할 수 있다(대판 1994.12.13, 93다951, 공탁선례 제201211-1호).

③ 압류나 가압류가 있는 수용보상금을 사업시행자가 채권(債券)과 현금으로 지급하고자 할 경우에는 압류나 가압류의 피압류채권이 금전채권인 수용보상금채권이라면 현금으로 지급하는 수용보상금 부분은 토지보상법 제40조 제2항 제4호 및 민사집행법 제248조 제1항에 의하여 집행공탁할 수 있다. 그러나 채권(債券)으로 지급하는 수용보상금 부분은 토지보상법 제40조 제2항 제4호 및 민사집행법 제248조 제1항에 의한 집행공탁으로 할 수 없고, 토지보상법 제40조 제2항 각 호의 공탁사유가 있다면 유가증권공탁의 공탁물적격이 인정되므로 유가증권공탁의 절차에 따라 공탁할 수 있다(공탁선례 제2-6호).

④ 한편 사업시행자가 토지보상법 제63조 제7항·제8항에 따라 수용보상금을 채권(債券)으로 지급하는 경우 전자등록된 국·공채 등에 대하여 전자등록증명서를 발급받아 공탁하는 경우가 일반적이다. 실무상 수용보상금지급청구권에 대하여 압류나 가압류 등이 있음을 이유로 사업시행자가 전자등록증명서를 공탁물로 하면서 토지보상법 제40조 제2항 제4호 및 민사집행법 제248조 제1항에 따라 집행공탁을 신청하는 경우가 있는데 전자등록증명서는 위 집행공탁의 목적물이 될 수 없으므로 위와 같은 공탁신청은 수리되어서는 안 된다.

⑤ 매도인에게 매수인을 채무자로 하는 중도금 반환채권을 피압류채권으로 하는 3건의 가압류명령과 소유권이전등기청구권 가압류명령이 각 송달된 상태에서 중도금 반환 채무를 집행공탁하려는 경우, 매매대금 반환청구권을 목적으로 하는 채권가압류와 소유권이전등기청구권을 목적으로 하는 가압류는 그 피압류채권을 달리하고 소유권이전등기청구권 가압류명령은 매도인의 토지 매매계약 해제로 인하여 보전집행목적이 존재하지 않게 되었다 할 것이므로 매도인은 매수인의 중도금 반환채권을 피압류채권으로 한 3건의 채권 가압류명령만을 공탁원인 사실로 기재할 수 있다 할 것이다(공탁선례 제2-284호).

⑥ 가압류해방공탁의 경우 가압류해방금액은 채무자가 입을 수 있는 손해를 담보하는 취지의 이른바 소송상의 담보와는 달리 가압류의 목적물에 갈음하는 것으로써 금전에 의한 공탁만이 허용되고, 유가증권에 의한 공탁은 그 유가증권이 실질적 통용가치가 있는 것이라고 하더라도 허용되지 않는다.

02 절 민사집행법 제248조에 의한 공탁

1. 의의

① 금전채권에 대하여 압류가 있는 경우에 제3채무자가 하는 공탁은 민사집행법 제248조 제1항에 의한 권리공탁과, 제2항·제3항에 의한 의무공탁으로 크게 나누어 볼 수 있다. 전자는 채권이 압류되면 채권자의 경합이 없더라도 제3채무자는 선택에 따라 압류채권 상당액 또는 채권 전액을 공탁하여 자신의 채무를 면할 수 있게 된 것을 말한다. 후자는 제3채무자가 금전채권에 관한 배당요구서의 송달을 받거나 금전채권 중 압류되지 아니한 부분을 초과한 (가)압류

명령의 송달을 받은 후 배당에 참가한 채권자 또는 (가)압류채권자가 공탁을 청구하는 경우에 제3채무자가 자신의 채무를 면하기 위해서는 해당 압류에 관련된 금전채권액을 의무적으로 공탁하여야 하는 것을 말한다.

② 2002.7.1. 민사집행법이 시행되기 전에는 압류가 경합하는 경우나 압류에 관하여 배당요구가 있는 경우의 제3채무자의 공탁에 관하여 규정하고 있었으나(구 민사소송법 제581조 제1항), 압류채권자가 한 사람인 경우에 관하여 아무런 규정이 없었고, 금전채권에 관하여 1개의 압류 또는 가압류가 집행된 것만으로는 제3채무자는 공탁을 할 수 없었다. 그런데 민사집행법에서는 권리공탁의 요건을 완화하여 채권자가 경합하는 경우에 한정하지 않고 압류채권자가 한 사람인 경우 또는 가압류가 집행된 경우에도 압류에 관련된 금전채권의 면책을 위하여 그 전액에 상당하는 금액을 공탁(권리공탁)하는 것을 인정하고 있다(민사집행법 제248조 제1항, 제291조). 즉, 구 민사소송법 제581조 제1항에서 인정되지 않았던 압류경합이 없는 단일압류 등인 경우에도 제3채무자는 자신의 의사와 상관없이 압류채권자와 압류채무자 사이의 집행절차에 휘말려 압류명령 및 추심명령이나 전부명령의 적부, 채권자 경합의 유무 등에 대하여 판단해야 하는 심적 부담 및 이중변제의 위험을 가지게 되므로 이러한 제3채무자의 불이익을 구제하기 위하여 민사집행법 제248조 제1항은 금전채권에 대하여 압류경합이 없는 단일압류 등의 경우에도 압류에 관련된 금전채권의 전액을 공탁할 수 있게 함으로써 채무를 면하게 할 수 있도록 권리공탁의 규정을 대폭 강화한 것이다.

2. 권리공탁(민사집행법 제248조 제1항)

가. 의의

① 민사집행법 제248조 제1항은 "제3채무자는 압류에 관련된 금전채권의 전액을 공탁할 수 있다"라고 규정하여 제3채무자로 하여금 채권자의 공탁청구, 추심청구, 경합 여부 등을 따질 필요 없이 해당 압류에 관련된 채권 전액을 공탁할 수 있도록 하고 있다.

② 원래 제3채무자의 권리에 의한 집행공탁은 제3채무자가 집행관계에서 이탈할 수 있도록 하자는 데에 그 취지가 있으므로 압류된 채권액에 한하여 공탁하도록 하는 것이 원칙이다. 그러나 이 원칙을 그대로 적용하면 제3채무자로서는 채무 중 일부만이 압류된 경우에 압류부분은 집행공탁하면서도 나머지 부분은 따로 변제공탁의 요건을 갖추어 공탁하여야 하는 등 채무관계의 완전한 청산을 위해서는 압류가 되지 아니한 나머지 부분에 대하여 별도의 조치를 취하여야 하는 번거로움이 있고, 그 반면 이러한 경우에 제3채무자가 압류채권액 전부를 공탁한다고 하여 채무자에게 큰 불이익이 생기는 것은 아니다. 따라서 민사집행법은 이러한 사정을 감안하여, 채권이 압류되면 압류의 경합이 없더라도 제3채무자는 그의 선택에 따라 압류채권 상당액 또는 채권 전액을 공탁하여 채무를 벗어날 수 있도록 규정함으로써 당사자의 이해관계를 잘 조정하여 이 문제에 관한 입법적인 해결을 도모하였다.

③ 채권 일부를 압류하였는데 제3채무자가 채권 전액을 공탁한 경우 압류된 부분은 집행공탁, 압

류의 효력이 미치지 않는 부분은 변제공탁의 성질을 가지는 공탁이라고 할 수 있으므로 그 성질상의 차이로 인해 이후의 출급절차 등에 있어서도 차이가 생기게 된다.

나. 권리공탁이 가능한 경우

① 민사집행법 제248조 제1항의 규정에 따라 권리공탁이 인정되는 경우는 ㉠ 단일 또는 복수의 가압류집행만이 있는 경우, ㉡ 단일의 압류만이 있는 경우, ㉢ 압류가 경합되지 않는 복수의 압류 등을 들 수 있다. 나아가 압류가 중복되어 각 채권자들의 청구채권의 합계액이 피압류채권액을 넘어선 압류경합의 경우에도 제3채무자는 민사집행법 제248조 제1항의 규정에 따라 공탁할 수 있다. 한편 위 ㉠의 경우 공탁근거법령은 민사집행법 제291조 및 제248조 제1항이 된다.

② 토지수용보상금채권의 일부에 대하여 압류 및 전부명령이 제3채무자인 사업시행자에게 송달되었으나 전부명령의 확정 여부를 알 수 없는 경우에는 제3채무자는 ㉠ 피공탁자를 압류채무자(토지소유자)로 하고, 공탁근거법령을 토지보상법 제40조 제2항 제4호 및 민사집행법 제248조 제1항으로 하여 보상금 전액을 공탁할 수 있고, ㉡ 압류된 보상금 부분은 공탁근거법령을 토지보상 제40조 제2항 제4호 및 민사집행법 제248조 제1항으로 하고 피공탁자란은 기재하지 않는 집행공탁으로 하고, 압류되지 아니한 보상금 부분은 압류채무자(토지소유자)에게 토지보상법 제40조 제2항 제1호 또는 제2호에 따른 공탁사유가 있는 경우에는 피공탁자를 압류채무자(토지소유자)로 하여 변제공탁할 수도 있다(공탁선례 제201012-1호).

다. 공탁하여야 할 금액

1) 채권 전부가 압류된 경우

예를 들어, 丙이 甲에 대한 1,000만 원의 대여금채권을 집행채권으로 하여 甲의 乙에 대한 1,000만 원의 물품대금채권전액을 압류한 경우에 乙은 압류된 채권 전액(1,000만 원)을 공탁해야 한다(민사집행법 제248조 제1항). 다만 丙은 甲이 乙에 대해 1,000만 원의 물품대금채권을 가지고 있는 줄 알고 그 전액에 대해 압류를 하였으나, 실제 甲이 乙에 대해 700만 원의 채권밖에 가지고 있지 않았던 경우나, 일부 양도 또는 제3채무자의 상계로 인하여 1,000만 원의 채권이 700만 원으로 되었던 경우에는 乙로서는 그 700만 원만 공탁하면 된다.

2) 채권 일부가 압류된 경우

① 예를 들어 甲의 乙에 대한 위 채권에 대하여 丙이 700만 원만 특정하여 압류하였다면(보통 청구금액을 700만 원으로 하고, 피압류채권의 특정을 "甲이 乙에 대하여 가지는 1,000만 원의 물품대금채권 중 위 청구금액"이라는 방법을 취함), 제3채무자인 乙은 압류에 관련된 채권 전액(1,000만 원)을 공탁할 수도 있고, 압류된 금액(700만 원)만을 공탁할 수도 있다.

② 앞에서 살펴본 바와 같이, 피압류채권액이 집행채권액을 초과하는 경우에는 본래 그 공탁금액은 압류에 의하여 구속을 받는 부분에만 한정되는 것이 타당하고, 그 나머지 부분은 특별히 공탁에 의한 면책을 받을 필요가 없다. 그렇지만 압류된 부분만 공탁한 경우에 나머지 부분은

다시 본래의 채권자에게 변제하여야 하는 것이고, 그럴 경우 권리공탁이 인정된 제3채무자가 번거로운 집행관계로부터 벗어나기 어렵게 될 뿐만 아니라 법률관계가 복잡하여 불측의 손해를 입게 되므로 제3채무자의 이러한 불이익을 피하기 위하여 그 선택권을 제3채무자에게 부여해 준 것이다.

③ 이러한 취지로 본다면 제3채무자는 그 불이익을 감수하고자 한다면 일부 압류의 경우에 압류된 금액만 공탁해도 무방할 것이나, 제3채무자는 압류된 금액 또는 압류에 관련된 채권 전액을 공탁할 수 있다. 이와 같이 금전채권의 일부만이 압류되었음에도 그 채권 전액을 공탁한 경우에는 그 공탁금 중 압류의 효력이 미치는 금전채권액은 그 성질상 당연히 집행공탁으로 보아야 하나, 압류금액을 초과하는 부분은 압류의 효력이 미치지 않으므로 집행공탁이 아니라 변제공탁으로 보아야 한다(대판 2008.5.15, 2006다74693).

④ 압류에 관련된 금전채권의 전액을 공탁할 경우 압류된 금액이 아닌 부분에 대하여 별도의 변제제공이나 수령거부 등의 변제공탁사유가 있어야 하는 것은 아니다.

⑤ 한편 민사집행법 제246조를 비롯하여 건설산업기본법 제88조 등 특별법에서 압류금지채권을 규정하고 있다. 이 경우 제3채무자는 압류금지채권액을 공제한 나머지 금액만을 집행공탁하는 것이 원칙이지만 실무상 공탁원인사실에 '압류금지채권 ○○원'이 포함되었다는 취지를 기재한 채 압류금지채권을 포함하여 집행공탁을 하는 경우가 있다(공탁원인사실란에 압류금지채권에 관한 기재가 없더라도 압류금지채권이 포함되었을 가능성이 있는 경우에 집행법원은 제3채무자에게 압류금지채권 포함 여부에 대하여 보정을 명하는 것이 바람직하다). 압류금지채권을 포함하여 공탁이 된 경우 압류금지채권에 해당하는 부분은 변제공탁으로 보아야 하는데, 배당절차를 진행하여 압류금지채권액에 해당하는 금액을 채무자에게 교부하는 것이 다수의 실무로 보인다(압류금지채권액에 해당하는 금액에 대하여 집행법원이 사유신고불수리결정을 한 후 공탁소에서 출급하도록 해야 한다는 견해도 있다). 압류금지채권에 해당하는 부분에 대한 압류는 무효임에도 이를 간과한 채 공탁금 전액을 배당재단으로 하여 추심권자들에게 배당된 경우 압류채무자는 배당표에서 배당을 받을 것으로 기재된 다른 채권자들을 상대로 배당이의의 소를 제기할 수 있다(대판 2006.2.9, 2005다28747 참조).

3) 이자, 지연손해금 등

압류의 효력은 압류명령이 제3채무자에게 송달된 뒤에 발생하는 이자, 지연손해금 등에 미치므로 압류채권에 대한 압류명령 송달 후의 이자 또는 손해금을 포함하여 공탁해야 한다(법원실무제요 2020 민사집행 Ⅳ 327면 참조). 따라서 변제기로부터 공탁일까지의 지연손해금(이자가 생기는 채권에 대하여는 변제기로부터 공탁일까지의 이자 포함)을 더하여 공탁하는 것이 필요하다. 또한 변제기 전에도 공탁서에 기한의 이익을 포기한 뜻이 기재되고, 변제기까지의 이자를 더한 합계액을 공탁금액으로 하는 공탁이 인정된다.

라. 구체적인 공탁절차

1) 금전채권에 단일압류 등이 있는 경우의 공탁

① 집행채권자는 목적채권의 일부에 대하여만 압류할 수 있으며 목적채권의 일부에 대하여만 압류명령을 신청하는 때에는 그 범위를 압류명령신청서에 적어야 한다(민사집행규칙 제159조 제1항 제3호). 예컨대 목적채권 1,000만 원에 대하여 집행채권자가 500만 원인 집행채권액 한도에서 압류한 경우에는 목적채권 1,000만 원 중 500만 원 부분만 압류한 것으로 된다. 실무상 청구금액을 500만 원으로 하고, 피압류채권의 특정을 "甲이 乙에 대하여 가지는 1,000만 원의 대여금채권 중 위 청구금액"의 방법으로 압류의 범위를 제한하는 형태를 취한다.

② 이와 같이 금전채권의 일부만이 압류된 경우에 제3채무자의 선택에 따라 압류된 금전채권만을 공탁할 수도 있고, 압류에 관련된 금전채권 전액을 공탁할 수도 있다. 둘 이상의 채권압류(가압류를 포함한다)가 있고 압류된 채권액의 합계액이 압류에 관련된 금전채권액보다 적은 경우에도 이에 해당한다.

가) 압류된 금전채권액만을 공탁하는 경우

(1) 공탁의 성질

① 민사집행법 제248조 제1항에 의한 공탁은 자신의 의사와는 상관없이 민사집행절차에 휘말려든 제3채무자가 공탁을 통하여 채무를 면할 수 있도록 함으로써 제3채무자의 과도한 심적 부담 및 이중변제의 위험부담을 구제하면서 동시에 민사집행절차의 적정을 확보하기 위한 제도이다.

② 집행공탁도 본질적으로는 제3채무자의 채무이행으로써 이루어지는 공탁이라는 점에서 넓은 의미에서 변제공탁의 범위에 포함된다. 집행공탁과 변제공탁의 가장 큰 차이는 집행공탁은 집행법원의 지급위탁에 의하여 공탁금 출급을 한다는 점에 있다. 따라서 금전채권 전액에 대한 압류가 있어 그 전액을 공탁하거나 금전채권 일부에 대한 압류가 있어 압류된 금전채권액만을 공탁하는 경우에는 민사집행절차와 관련된 집행공탁에 해당된다고 보아야 할 것이므로 그 구체적인 공탁절차도 집행공탁절차에 따라야 한다.

(2) 공탁절차

① 공탁근거 법령조항은 민사집행법 제248조 제1항으로 기재하며, 공탁 시 압류결정문 사본을 첨부하여야 한다.

② 이 경우는 집행공탁이므로 제3채무자는 공탁 후 집행법원에 사유신고를 하여야 하며(민사집행법 제248조 제4항), 사유신고를 한 때가 배당요구의 종기가 된다(민사집행법 제247조 제1항 제1호).

③ 둘 이상의 채권압류(가압류를 포함한다)가 있고 압류된 채권액의 합계액이 압류와 관련된 금전채권액보다 적어 압류된 금전채권액만을 공탁한 경우의 사유신고는 먼저 송달된 압류명령의 발령법원에 하여야 한다.

④ 법률상 배당절차를 개시할 수 있는 시기는 민사집행법 제252조에 정해진 시기, 즉 공탁한 때가 되겠으나, 집행법원은 공탁신고를 한 때, 즉 사유신고서가 제출된 때 공탁사실을 알 수 있게 된다.

⑤ 제3채무자가 공탁 후 사유신고를 하면 배당절차가 진행되므로 공탁금 전부는 배당재단에 포함되어 집행법원의 관리하에 놓이게 된다. 따라서 집행법원의 배당절차에 의하여 배당채권자로 확정된 자만이 피공탁자가 되어 집행법원의 지급위탁에 의하여 공탁금이 출급된다.

⑥ 따라서 공탁신청 시에는 피공탁자가 있을 수 없으며, 공탁서의 피공탁자란은 기재할 수가 없고, 당연히 공탁통지서도 첨부할 필요가 없다.

(3) 공탁 후 압류명령이 실효된 경우

① 금전채권에 대한 단일압류를 원인으로 한 공탁이 민사집행법 제248조 제1항을 근거로 하여 이루어진 후 그 공탁원인이 된 압류명령의 신청이 취하되거나 압류명령의 취소결정이 효력을 발생한 경우 공탁자인 제3채무자가 공탁원인소멸을 이유로 공탁금 회수를 할 수 있는지, 또는 압류채무자가 피공탁자로서 직접 공탁금 출급을 할 수 있는지 여부가 문제된다.

② 그러나 민사집행법 제248조 제1항에 의하여 채권압류를 원인으로 한 공탁이 성립되면 공탁이 무효인 경우가 아닌 한 제3채무자는 바로 채무를 면하게 되고, 공탁금은 이후 배당재단에 포함되어 집행법원의 관리하에 놓이게 되므로 공탁이 성립된 후에 그 공탁원인이 된 압류명령의 효력이 실효되었다고 하더라도 압류채무자는 집행법원의 배당절차에 의한 지급위탁으로 증명서를 교부받아 공탁금을 출급해 갈 수 있을 뿐 집행법원의 지급위탁에 의하지 아니한 채 공탁자(제3채무자)가 공탁원인 소멸을 이유로 회수청구권을 행사하거나 압류채무자가 압류명령의 실효를 이유로 직접 공탁금을 출급할 수가 없다.

나) 금전채권의 일부가 압류되어 압류와 관련된 금전채권의 전액을 공탁하는 경우

(1) 공탁의 성질

민사집행법 제248조 제1항은 금전채권의 일부만이 압류된 경우에도 금전채권의 전액을 공탁할 수 있도록 하고 있다. 이 경우 공탁금 중 압류의 효력이 미치는 금전채권액은 당연히 집행공탁이지만 압류금액을 초과하는 부분은 변제공탁이다.

(2) 공탁절차

① 제3채무자는 압류에 관련된 금전채권 전액을 공탁할 수 있으므로 금전채권 전액에 대하여 1건으로 공탁신청을 할 수 있다. 만약 압류의 효력이 미치는 부분과 압류의 효력이 미치지 않는 부분을 굳이 나누어서 구별하여 공탁하려면 압류의 효력이 미치는 부분에 대하여는 민사집행법 제248조 제1항에 의한 집행공탁을, 압류의 효력이 미치지 않는 부분에 대하여는 민법 제487조에 의한 변제공탁을 하여야 하는데, 압류의 효력이 미치지 않는 부분에 대하여는 수령거부 등 별도의 변제공탁 사유가 있어야만 한다. 그러나 제3채무자는 압류의 효력이 미치지 않는 부분에 대하여 별도의 변제공탁사유가 없더라도 민사집행법 제248조 제1항에 의하여 압류와 관련된 금전채권 전액을 1건으로 공탁할 수 있다.

② 공탁근거 법령조항은 민사집행법 제248조 제1항으로 기재하며, 공탁시 압류결정문 사본을 첨부하여야 한다.

③ 압류의 효력이 미치는 부분은 집행공탁으로써 제3채무자는 공탁 후 집행법원에 사유신고를 하여야 하며(민사집행법 제248조 제4항), 사유신고를 한 때가 배당요구의 종기가 된다(민사집행법 제247조 제1항 제1호).

④ 압류의 효력이 미치지 않는 부분에 대하여는 변제공탁으로 보아야 하므로 공탁시 제3채무자는 공탁서상의 피공탁자란에 압류채무자를 기재하고, 공탁규칙 제21조 제3항에 따라 피공탁자의 주소를 표시하는 때에는 그 주소를 소명하는 서면을, 피공탁자의 주소가 불명인 경우에는 이를 소명하는 서면을 첨부하여야 한다. 피공탁자에게 공탁통지를 해야 할 경우에는 공탁규칙 제23조 제1항에서 정한 공탁통지서를 첨부하고, 같은 조 제2항에 따른 우편료를 납입하여야 한다. 공탁관은 피공탁자인 압류채무자에게 위 공탁통지서를 발송하여야 한다.

⑤ 공탁금 중에서 압류의 효력이 미치는 부분에 대하여는 집행법원의 지급위탁에 의하여 공탁금의 출급을 청구할 수 있고, 공탁금 중에서 압류의 효력이 미치지 않는 부분에 대하여는 변제공탁의 예에 따라 피공탁자인 압류채무자가 출급을 청구할 수 있다.

⑥ 공탁금 중에서 압류의 효력이 미치지 않는 부분에 대하여는 공탁자가 민법 제489조 제1항에 의해 회수청구할 수 있으며, 이 경우에는 집행법원으로부터 공탁서를 보관하고 있다는 사실을 증명하는 서면을 교부받아 이를 공탁금 회수청구서에 첨부하여야 한다.

⑦ 둘 이상의 채권압류(가압류를 포함한다)가 있고 압류된 채권액의 합계액이 압류와 관련된 금전채권액보다 적어 압류와 관련된 금전채권 전액을 공탁할 경우에 사유신고는 먼저 송달된 압류명령의 발령법원에 하여야 한다.

2) 금전채권에 대하여 압류경합이 있는 경우의 공탁

① 이 경우의 공탁은 전형적인 집행공탁이므로 그 공탁 및 지급절차도 앞에서 설명한 '압류된 금전채권액만을 공탁하는 경우'와 동일하다. 다만 압류채권액의 총액이 피압류채권액보다 많은 중복압류(압류와 가압류의 경합 포함)의 경우에 각 압류의 효력은 그 채권 전액에 확장되므로(민사집행법 제235조) 단일압류 등의 경우처럼 금전채권 중 일부만 공탁할 수 없다.

② 이때 공탁근거 법령조항은 민사집행법 제248조 제1항으로 하고, 공탁서의 피공탁자란은 기재하지 않으며, 공탁시 압류결정문 사본을 첨부하여야 한다.

③ 한편 제3채무자가 민사집행법 제248조 제1항에 따라 압류가 경합되어 있음을 이유로 한 공탁이 유효하려면 피압류채무에 해당하는 채무 전액을 공탁하여야 하지만 압류 및 추심명령의 제3채무자가 채무 전액을 공탁하지 않아 집행공탁의 효력이 인정되지 않는다고 하여도 그 공탁이 수리된 후 공탁된 금원에 대하여 배당이 실시되어 배당절차가 종결되었다면 그 공탁되어 배당된 금원에 대하여는 변제의 효력이 있다고 할 것이다(대판 2014.7.24, 2012다91385).

④ 공탁한 제3채무자는 즉시 공탁서를 첨부하여 그 내용을 서면으로 집행법원에 신고하여야 하며, 사유신고할 법원은 먼저 송달된 압류명령의 발령법원이다.

3. 의무공탁(민사집행법 제248조 제2항·제3항)

가. 의의

① 금전채권에 관하여 배당요구서를 송달받은 제3채무자는 배당에 참가한 채권자의 청구가 있으면 압류된 부분에 해당하는 금액을 공탁하여야 한다(민사집행법 제248조 제2항). 또한 금전채권 중 압류되지 아니한 부분을 초과하여 거듭 압류명령 또는 가압류명령이 내려진 경우에 그 명령을 송달받은 제3채무자는 압류 또는 가압류채권자의 청구가 있으면 그 채권의 전액에 해당하는 금액을 공탁하여야 한다(민사집행법 제248조 제3항).

② 여기서 배당에 참가한 채권자라 함은 집행력 있는 정본에 의한 채권자이든 우선변제청구권이 있는 채권자이든 묻지 않으며 배당요구채권자 이외에 배당요구와 동일한 효력이 있는 중복압류채권자나 교부청구채권자를 포함한다.

③ 제3채무자는 채권자가 경합하는 경우에 채권자가 경합하는 사정만으로는 공탁의무가 생기는 것이 아니고 위와 같은 배당을 받을 채권자의 청구가 있는 때에만 공탁의무가 생긴다. 그러나 압류가 중복되어 경합하는 경우에도 경합한 집행채권의 합계액보다 피압류채권의 총액이 더 많은 때에는 민사집행법 제248조 제3항에서 말하는 압류의 경합이 아니므로 채권자의 청구가 있더라도 공탁할 의무는 없다.

④ 그리고 추심소송에서 추심채권자에게 채무액을 직접 지급하라는 판결이 있은 뒤에 중복압류나 배당요구를 한 다른 채권자는 추심채권자에게 채무액의 공탁을 청구할 수 있다.

나. 공탁의무의 성격 등

① 제3채무자가 공탁의무를 이행하지 않는 경우에도 특별한 제재는 없다. 그러나 공탁의무가 발생하지 않은 경우에는 제3채무자가 집행공탁이 아닌 정당한 추심권자 1인에게 직접 변제하는 등의 방법으로도 그 채무의 소멸을 다른 채권자 및 채무자에게 주장할 수 있는 반면, 공탁의무가 발생한 경우에는 제3채무자가 공탁의 방법에 의하지 않고는 면책을 받을 수 없다. 따라서 공탁의무가 있는데도 불구하고 제3채무자가 추심채권자 중 한 사람에게 임의로 변제하거나 일부 채권자가 강제집행절차 등에 의하여 추심한 경우 제3채무자는 이로써 '공탁청구한 채권자'에 대한 관계에서 채무의 소멸을 주장할 수 없고 이중지급의 위험을 부담한다. 다만 그러한 경우에도 제3채무자는 '공탁청구한 채권자 외의 다른 채권자'에 대한 관계에서는 여전히 채무의 소멸을 주장할 수 있다. 그리고 비록 공탁청구를 한 채권자라고 하더라도, 제3채무자를 상대로 추심할 수 있는 금액은 '제3채무자가 공탁청구에 따라 그 채권전액에 해당하는 금액을 공탁하였더라면 공탁청구 채권자에게 배당될 수 있었던 금액' 범위로 한정되고, 이러한 금액은 공탁청구 시점까지 배당요구한 채권자 및 배당요구의 효력을 가진 채권자에 대하여 배당을 할 경우를 전제로 산정할 수 있으며, 이때 배당받을 채권자, 채권액, 우선순위에 대하여는 제3채무자가 주장·증명하여야 한다(대판 2012.2.9, 2009다88129).

② 이러한 공탁의무는 민사제도의 목적에서 생기는 제3채무자의 절차협력의무이고, 제3채무자의 실체법상 지위를 변경하는 것이 아니므로 제3채무자가 채무자에 대하여 기한 미도래, 동시이

행, 선이행의 항변 등 지급거절사유를 갖는 때에는 집행의 경합이 있더라도 공탁의무를 부담하지 아니한다. 또한 어음·수표금채권에 대하여는 그 제시가 없는 한 공탁의무가 없다.

③ 채권자의 공탁청구는 일종의 최고로써 집행법원에 대하여 하는 것이 아니고, 특별한 형식도 필요한 것이 아니지만 나중에 증명을 쉽게 하기 위해 내용증명우편 등을 이용함이 바람직하다.

④ 제3채무자가 배당요구채권자의 공탁청구에도 불구하고 공탁의무를 이행하지 않을 때에는 민사집행법 제249조 제1항에 따라 소로써 공탁을 명하는 추심소송을 제기할 수 있다. 이 규정에 따라 추심의 소에 의해 공탁을 구하려면 추심명령을 받은 경우에 한하여 제기할 수 있는 것이므로 추심명령을 받지 아니한 상태에서는 이를 제기할 원고 적격이 없다(대판 1979.7.24, 79다1023). 배당요구채권자 또는 압류채권자는 해당 채권을 압류한 후 추심명령을 얻거나 혹은 압류된 채권에 대하여 추심명령을 받은 다음에 제3채무자에게 공탁을 명하는 취지의 추심소송을 제기하여 그 판결에 기초한 강제집행으로 공탁을 강제할 수 있으며, 그 공탁이 이루어져 사유신고가 있은 때에 배당요구의 종기에 이르게 된다(민사집행법 제247조 제1항 제1호).

⑤ 공탁을 구하는 추심소송의 판결주문은 "피고는 원고에게 1,000만 원을 공탁의 방법으로 지급하라"는 형식이 될 것이고, 위 공탁판결에 기초하여 강제집행을 하여 집행기관으로부터 배당 등을 받아 그것을 공탁하게 되는데, 그 공탁이 이루어져 사유신고가 있은 때에 배당요구의 종기에 이르게 된다(민사집행법 제247조 제1항 제2호).

다. 공탁하여야 할 금액

① 민사집행법 제248조 제2항에 따른 배당요구의 경우에는 배당요구 자체에 압류경합의 경우와 달리 압류의 확장효가 없으므로 공탁의무의 대상이 되는 것은 당초 압류된 부분에 해당하는 금액이다. 즉 甲의 乙에 대한 1,000만 원의 대여금채권 중 甲의 채권자 丙이 600만 원에 대하여 압류한 후에, 甲의 다른 채권자 丁이 500만 원의 채권을 가지고 배당요구한 다음 제3채무자 乙에게 공탁을 청구하였다면, 乙로서는 당초 압류된 금액인 600만 원만 공탁하면 된다. 그런데 만일 丙이 甲의 대여금채권 1,000만 원 전액에 대하여 압류를 하였다면 그 압류의 효력은 압류할 시점에 현실로 존재하는 목적채권의 전부에 미치고(대결 1973.1.24, 72마1548), 민사집행법 제248조 제2항의 '압류된 부분에 해당하는 금액'이란 집행채권액이 아닌 압류의 효력이 미치는 피압류채권액을 의미하므로 제3채무자인 乙로서는 1,000만 원 전액을 공탁하여야 한다.

② 또한 민사집행법 제248조 제3항에 따른 압류경합의 경우에는 각각 압류의 효력이 채권 전액으로 확장되므로(민사집행법 제235조) 그 채권 전액을 공탁하여야 한다. 즉, 위 예에서 丁이 압류채권자라면 丙과 압류의 경합이 있는 것이어서 丙의 600만 원에 대한 압류도 피압류채권 전액으로 그 효력이 확장되고, 丁의 500만 원에 대한 압류도 그 전액으로 효력이 확장되므로 채권자 중 1인인 丁이 공탁을 청구하면 제3채무자인 乙은 피압류채권 전액인 1,000만 원을 공탁해야 하는 것이다. 일단 압류가 경합하여 압류의 효력이 압류채권 전액에 확장된 후 일부의 압류가 취소되거나 취하되었다고 하더라도 확장효는 유지된다.

③ 압류명령의 효력은 압류명령이 제3채무자에게 송달된 뒤에 발생하는 이자, 손해금에 미치는 것으로 되어 있으므로 피압류채권에 대한 압류명령 송달 후의 이자 또는 손해금을 포함하여 공탁하여야 한다. 따라서 피압류채권의 변제기 도래 후에 공탁하는 경우는 변제기(공탁의무가 발생한 때부터가 아닌 것에 주의)로부터 공탁일까지의 지연손해금(이자가 생기는 채권에 대하여는 변제기로부터 공탁일까지의 이자를 합하여)을 덧붙여 공탁하여야 한다. 다만 실체법상 이행지체가 없으면 지연손해금을 덧붙일 필요가 없다.

라. 공탁절차

① 민사집행법 제248조 제2항·제3항에 의한 의무공탁의 법적 성질도 당연히 전형적인 집행공탁이므로, 그 공탁절차 등은 앞의 "구체적인 공탁절차"에서 설명한 바와 같다.

② 민사집행법 제248조의 규정에 따라 채무액을 공탁한 제3채무자는 압류의 효력이 미치는 부분에 해당하는 금액의 공탁을 위하여 지출한 비용 및 같은 조 제4항의 공탁신고서 제출을 위한 비용을 집행법원에 신청하면 공탁금에서 지급을 받을 수 있다(민사소송비용법 제10조의2). 다만 권리공탁은 본질적으로 변제공탁의 성질을 가지고, 변제공탁의 비용은 채무자의 부담이고 권리공탁의 경우에 공탁비용은 의무공탁과 달리 제3채무자가 부담하여야 하는 것이므로 위 규정은 공탁의무의 이행으로 공탁한 경우에만 적용된다는 제한설이 있다. 제3채무자가 청구하는 비용의 우선순위에 대하여는 명문의 규정이 없지만, 집행법원이 제3채무자의 청구에 따라 공탁금 중에서 지급하는 것이고, 본질적으로는 배당절차 전에도 집행법원의 지급결정에 기초하여 지급할 수 있는 것이므로 엄밀하게는 배당금으로서 지급되는 것은 아니라고 하더라도 이를 배당표에 적는다고 한다면 절차비용보다도 우선하는 최선순위로 적어야 한다고 해석된다.

4. 민사집행법 제248조에 의한 공탁의 효과

가. 채무변제의 효과

① 제3채무자가 민사집행법 제248조에 따라 공탁을 하게 되면 기본적인 효과로써 채무자에 대한 채무를 면하게 된다.

② 민사집행법 제248조가 정하는 제3채무자의 공탁은 채무자의 제3채무자에 대한 금전채권의 전부 또는 일부가 압류된 경우에 허용되므로 그러한 공탁에 따른 변제의 효과 역시 압류의 대상에 포함된 채권에 대해서만 발생한다(대판 2018.5.30, 2015다51968). 따라서 제3채무자가 공탁을 할 때는 이와 같은 점을 유의해서 공탁해야 할 것이다.

③ 앞에서 제3채무자의 공탁제도의 존재 이유에서 보았듯이, 제3채무자에게 곧바로 채권자에 대한 변제를 시키는 것이 적당하지 않은 경우에 변제의 목적물을 확실하게 보관하기 위한 제도로써 공탁제도를 마련하고, 제3채무자에 대하여 변제에 대신하여 금전을 제공시키는 경우에 위 공탁제도를 이용하게 함으로써 제3채무자의 면책방법을 도모하고 있는 것이 바로 제3채무자 공탁규정이기 때문이다.

나. 압류명령의 취하 또는 취소의 불가

① 채권자는 현금화절차가 끝나기 전까지 압류명령의 신청을 취하할 수 있는데(대판 2009.11. 12, 2009다48879), 채권자가 채무자의 제3채무자에 대한 채권을 압류한 상태에서 제3채무자가 민사집행법 제248조에 따라 공탁을 하게 되면 압류명령은 공탁에 의한 목적달성으로 인하여 그 존재 의의를 잃고 장래에 향하여 소멸하게 된다. 즉, 제3채무자가 민사집행법 제248조에 따라 공탁을 하게 되면 압류된 채권이 현금화된 것으로 볼 수 있고, 압류명령으로 인한 집행이 종료된다.

② 따라서 위 공탁 이후에는 압류채권자의 지위가 배당받을 채권자의 지위로 전환되므로 사유신고 전이라 하더라도 압류채권자의 압류명령 신청의 취하가 허용되지 않는다. 압류채권자가 신청취하서를 제출하더라도 취하의 효력이 발생하지 않고, 압류채권자의 '배당금 교부청구권의 포기'일 뿐이라고 보아야 하며 집행법원에서는 그대로 배당재단을 유지하면서 배당절차를 진행하게 되는데, 위 신청취하서를 제출한 압류채권자는 배당에서 제외된다. 따라서 민사집행법 제248조에 의해 공탁된 후에 압류채권자가 압류명령을 취하하거나 또는 압류명령이 취소된다 해도 그것이 압류명령의 효력을 소급적으로 변화 또는 소멸시키는 것은 아니며, 이는 배당수령권 여하의 문제로만 남게 된다.

다. 배당가입 차단효의 발생

① 배당가입의 차단효란 배당절차 등에 가입하는 것을 차단하는 효력을 말한다. 예를 들어, 乙이 丙에 대하여 가지는 채권을 甲이 압류한 경우에 또 다른 채권자가 과연 어느 때까지 그 채권에 대해 압류, 가압류 또는 배당요구를 하면 그 이후에 집행법원에 의해 행해지는 배당 등 절차에서 배당 등을 받을 채권자로 취급될 수 있을 것인가라는 문제이다. 이는 배당 등 절차에서 채권자의 범위를 확정하기 위하여 필요한 개념이다.

② 집행공탁이 된 금전에 대하여 배당가입의 차단효가 발생하지 않는다면 그 공탁금을 대상으로 한 배당 등 절차는 개시될 수 없고 또한 개시해서도 안 된다. 집행공탁에서 배당가입의 차단효가 없으면 배당을 받을 채권자를 특정지을 수가 없게 되므로 집행법원으로서는 누구를 상대로 배당 등 절차를 진행해야 되는지 확정할 수 없기 때문이다.

③ 배당요구의 종기에 관하여 민사집행법 제247조 제1항 제1호는 제3채무자가 민사집행법 제248조 제4항에 의하여 공탁사유신고를 한 때까지라고 규정하고 있다. 금전채권의 일부만이 압류되었음에도 제3채무자가 민사집행법 제248조 제1항에 의하여 그 채권 전액을 공탁하고 공탁사유신고를 한 경우에는 그 공탁금 중 압류의 효력이 미치는 금전채권액은 그 성질상 당연히 집행공탁으로 보아야 하나, 압류금액을 초과하는 부분은 압류의 효력이 미치지 않으므로 집행공탁이 아니라 변제공탁으로 보아야 하고, 변제공탁한 부분에 대하여는 제3채무자의 공탁사유신고에 의한 배당가입 차단효가 발생할 여지가 없다(대판 2008.5.15, 2006다74693).

④ 제3채무자가 채무자에 대하여 부담하고 있는 금전채권 중 일부에 대한 압류를 원인으로 금전채권 전액을 집행공탁하고 사유신고를 하는 경우 압류의 효력이 미치지 않는 부분은 변제공탁

의 성질을 갖고 압류채무자인 피공탁자는 공탁금 출급청구권을 갖는데, 피공탁자(압류채무자)의 공탁금 출급청구권에 대하여 압류경합이 발생하면 공탁관이 사유신고를 하여야 한다. 이때 제3채무자의 공탁사유신고로 인해 진행되는 배당절차사건과는 별개의 배당절차가 개시된다. 가령 제3채무자 甲은 乙에 대하여 부담하고 있는 대여금채무(100만 원) 중 일부(50만 원)에 대한 丙의 압류 및 추심명령을 송달받고 대여금 채무 전액(100만 원)을 민사집행법 제248조 제1항에 의한 집행공탁을 할 수 있다. 이때 공탁금 중 丙의 압류의 효력이 미치는 50만 원은 배당재단이 되겠지만 압류의 효력이 미치지 않는 나머지 50만 원은 변제공탁의 성격을 갖고 乙이 피공탁자로서 공탁금 출급청구권을 가진다. 그런데 乙이 가지는 공탁금 출급청구권(50만 원)에 대하여 압류의 경합이 발생하면 공탁관이 사유신고를 하여야 하고, 이는 앞서 제3채무자 甲의 사유신고에 의하여 개시된 것과는 별개의 배당절차가 진행된다.

관/련/선/례

> 제3채무자에 대하여 대위채권자에게 직접 이행하도록 하는 채권자 대위판결이 확정된 후 피대위권리를 피압류채권으로 하는 다수의 채권압류 및 추심명령이 제3채무자에게 순차적으로 송달된 경우, 제3채무자의 공탁방법
> 1. 채권자대위소송에서 제3채무자로 하여금 직접 대위채권자에게 금전의 지급을 명하는 판결이 확정되었더라도 판결에 기초하여 금전을 지급받는 것은 대위채권자의 제3채무자에 대한 추심권능 또는 변제수령권능에 불과하므로 피대위채권이 변제 등으로 소멸하기 전이라면 채무자의 다른 채권자는 이를 압류·가압류할 수 있다.
> 2. 제3채무자는 공탁근거 법령조항을 민사집행법 제248조 제1항으로 기재하여 압류결정문 사본을 모두 첨부하고, 공탁원인사실 란에 압류사실을 모두 기재하여 공탁할 수 있고, 공탁한 제3채무자는 즉시 공탁서를 첨부하여 가장 먼저 송달받은 압류명령을 발령한 집행법원에 사유신고하여야 할 것이다 (2024.6.10. 사법등기심의관 – 3003 질의회답).

03 절 금전채권에 대한 가압류를 원인으로 하는 공탁

1. 의의

① 금전채권에 대하여 가압류가 있는 경우에도 제3채무자는 변제기 도래시 이행지체의 책임을 면할 수 없고, 자신의 채무를 선이행하거나 동시이행을 하여야만 상대방에 대한 채권을 행사할 수 있는 경우 등에도 제3채무자는 자신의 의사에 관계없이 불이익을 입을 수밖에 없으므로 채권가압류가 있는 경우 공탁을 인정할 필요성은 크다.

② 민사집행법은 제248조 제1항을 준용할 수 있는 원칙적 규정(민사집행법 제291조)을 두어 채권가압류의 경우에도 제3채무자가 공탁을 할 수 있도록 하는 한편, 그 가압류의 효력은 청구채권액에 상응하는 공탁금에 대한 채무자의 출급청구권에 대하여 존속하는 것으로 하였다(민사집행법 제297조).

2. 공탁의 법적 성질

① 민사집행법의 규정 형식으로만 본다면 채권가압류로 인한 공탁은 채권압류로 인한 공탁과 동일하게 집행공탁으로 취급한다고 볼 수도 있다. 그러나 가압류의 집행을 원인으로 하는 공탁은 원래의 채권자인 가압류채무자를 피공탁자로 하는 일종의 변제공탁이고, 가압류의 효력은 그 청구채권액에 해당하는 공탁금액에 대한 가압류채무자의 공탁금 출급청구권에 존속하는 것으로 보아야 하므로(민사집행법 제297조) 채권압류를 원인으로 하는 민사집행법 제248조에 의한 공탁과는 그 성질이 다르고, 민사집행법 제291조에 의하여 민사집행법 제248조가 준용된다고 하더라도 이는 단지 공탁의 근거를 부여하는 데 불과하며, 민사집행법 제248조의 집행공탁과 같은 성질의 공탁이 이루어지는 것을 뜻하는 것이 아니다.

② 따라서 가압류의 집행을 원인으로 하는 공탁이 되더라도 그 공탁금으로부터 배당 등을 받을 수 있는 채권자의 범위를 확정하는 배당가입차단효도 없고, 배당절차를 개시하는 사유도 되지 아니한다(대판 2006.3.10, 2005다15765). 이와 같이 가압류채권에 대하여 제3채무자가 민사집행법 제291조, 제248조 제1항에 따라 공탁한 경우에는 그 공탁 후 가압류채권자 또는 다른 채권자가 공탁관을 제3채무자로 하여 채무자가 가지는 출급청구권에 대하여 압류의 집행을 하고 공탁관(제3채무자)이 사유신고를 한 때에 배당요구의 종기에 이르게 된다.

③ 한편, 민사집행법 제291조에 의해 준용되는 민사집행법 제248조 제1항에 의해 금전채권의 일부만이 가압류된 경우에도 가압류에 관련된 금전채권 전액을 공탁할 수 있는바, 공탁금 중 가압류의 효력이 미치지 않는 부분은 당연히 집행공탁에 포함시킬 수는 없고, 가압류채무자의 이익을 위해서 변제공탁절차의 예에 따라 피공탁자(가압류채무자)가 출급을 청구할 수 있으며, 공탁자도 회수청구할 수 있다.

3. 공탁신청 및 지급절차

가. 공탁절차

① 금전채권의 일부 또는 전부에 대하여 가압류가 있는 경우 제3채무자는 가압류된 채권액 또는 가압류와 관련된 금전채권액 전액을 공탁할 수 있고, 이때 공탁근거 법령조항은 민사집행법 제291조 및 제248조 제1항으로 한다.

② 공탁 이후에는 가압류의 효력이 그 청구채권액에 해당하는 공탁금액에 대한 가압류채무자의 출급청구권에 미치므로(민사집행법 제297조) 채권압류를 원인으로 하는 집행공탁과는 달리 가압류된 금액만을 공탁하거나 가압류와 관련된 채권 전액을 공탁하는 경우에 가압류의 효력이 미치는 부분이나 미치지 않는 부분이나 모두 공탁신청시에 피공탁자가 존재한다.

③ 공탁서의 피공탁자란에는 가압류채무자를 기재하고, 공탁신청 시 가압류결정문 사본과 공탁규칙 제23조에서 정한 공탁통지서를 첨부하여야 하며, 위 피공탁자(가압류채무자)에 대한 공탁통지서의 발송과 가압류채권자에 대하여 예규에서 정한 별지 양식의 공탁사실 통지를 위해 필요한 우편료를 납입하여야 한다.

④ 공탁을 수리한 공탁관은 공탁금 출급청구권에 대한 가압류가 있는 경우(민사집행법 제297조)에 준하여 처리하여야 하며, 피공탁자(가압류채무자)에게 공탁통지서를 발송하고, 가압류채권자에게는 대법원 행정예규 제1018호 소정의 별지 양식에 의하여 공탁사실을 통지하여야 한다.

⑤ 채권가압류를 원인으로 제3채무자가 채무액을 공탁한 때에도 그 사유를 서면으로 법원에 신고하여야 한다. 이때 제3채무자가 공탁 후 그 내용을 서면으로 가압류발령 법원에 신고한다는 의미는 본압류를 위한 보전처분에 불과한 채권가압류를 원인으로 한 공탁 및 사유신고만으로는 그 공탁금으로부터 배당 등을 받을 수 있는 채권자의 범위를 확정하는 배당가입 차단효과도 없고 배당절차를 개시하는 사유도 되지 아니하므로 채권압류로 인한 공탁 후 하는 사유신고와는 그 의미가 달라서 단순히 가압류 발령법원에 공탁사실을 알려주는 의미밖에 없다(대판 2006. 3.10, 2005다15765, 공탁선례 제2-280호).

나. 공탁금의 지급절차

1) 가압류가 본압류로 이전된 경우 사유신고

① 채권가압류로 인한 공탁 후 가압류채무자가 가지는 공탁금 출급청구권에 대하여 다른 채권자가 압류를 하여 압류의 경합이 생기면 공탁관은 먼저 송달된 압류명령의 발령법원에 사유신고를 하여야 한다. 공탁금은 사유신고 후 집행법원의 배당절차에 따른 지급위탁에 의하여 채권자들에게 지급된다.

② 채권가압류로 인한 공탁 후 그 가압류채권자가 가압류로부터 본압류로 이전하는 채권압류 및 추심명령이나 전부명령을 받은 경우에도 공탁관은 집행법원에 사유신고를 하여야 한다(행정예규 제1018호). 집행채권자가 1인일 경우에는 신속한 배당절차를 위하여 '채권 등에 대한 배당절차사건의 처리기간 및 간이 배당절차에 관한 예규(재민 2004-2)'가 마련되어 있다.

③ 가압류를 원인으로 하는 공탁이 있은 후 가압류의 효력은 그 청구채권액에 해당하는 공탁금액에 대한 피공탁자인 가압류채무자의 출급청구권에 미치는데(민사집행법 제297조), 그 후 채무자의 공탁금 출급청구권에 대한 압류가 이루어져 압류의 경합이 성립하거나 가압류를 본압류로 이전하는 압류명령이 국가(공탁관)에 송달되면 민사집행법 제291조, 제248조 제1항에 따른 공탁은 민사집행법 제248조에 따른 집행공탁으로 바뀌어 공탁관은 즉시 압류명령의 발령법원에 그 사유를 신고하여야 한다. 이로써 가압류의 효력이 미치는 부분에 대한 채무자의 공탁금 출급청구권은 소멸하고, 그 부분 공탁금은 배당재단이 되어 집행법원의 배당절차에 따른 지급위탁에 의해서만 출금이 이루어질 수 있게 된다(대판 2014.12.24, 2012다118785; 대판 2019.1.31, 2015다26009).

④ 금전채권에 대한 가압류를 원인으로 한 제3채무자의 공탁에 의하여 채무자가 취득한 공탁금 출급청구권에 대하여 압류·추심명령을 받은 채권자는 그러한 공탁이 위에서 본 법리에 따라 민사집행법 제248조에 따른 집행공탁으로 바뀌는 경우에는 더 이상 추심권능이 아닌 구체적으로 배당액을 수령할 권리, 즉 배당금채권을 가지게 된다(대판 2019.1.31, 2015다26009 참조).

⑤ 부동산경매 배당절차나 보관금을 배당재단으로 하는 채권배당절차에서 배당표가 확정된 채권자의 배당금지급청구권이 가압류되어 집행법원의 담임법원사무관 등 또는 공탁서 등 보관책임자가 배당금지급청구권 등에 대한 가압류를 원인으로 민사집행법 제291조, 제248조 제1항에 따라 공탁한 후에 피공탁자(가압류채무자)의 공탁금 출급청구권에 대하여 압류가 이루어져 압류의 경합이 성립되거나 공탁사유인 가압류를 본압류로 이전하는 압류명령이 있는 경우에는 집행법원의 담임법원사무관 등이나 공탁서 등 보관책임자는 특별한 사유가 없는 한 최후의 압류명령서 등의 사본을 송부받은 다음 날부터 5일 이내에 사유신고를 하여야 한다(재민 2020-1).

2) 제3채무자가 가압류된 채권액에 대하여만 공탁한 경우

피공탁자(가압류채무자)는 가압류가 실효되지 않는 한 공탁금의 출급을 청구할 수 없고, 가압류채권자의 가압류를 본압류로 이전하는 압류명령이 송달되면 공탁관은 즉시 압류명령의 발령법원에 그 사유를 신고하여야 하며 집행법원의 지급위탁에 의하여 공탁금의 출급이 이루어진다.

3) 제3채무자가 가압류에 관련된 금전채권전액을 공탁한 경우

① 공탁금 중에서 가압류의 효력이 미치는 부분에 대하여는 가압류채권자의 가압류를 본압류로 이전하는 압류명령이 송달되면 공탁관은 즉시 압류명령의 발령법원에 그 사유를 신고하여야 하고, 집행법원의 지급위탁에 의하여 공탁금의 출급이 이루어진다.

② 가압류의 효력이 미치지 않는 부분에 대하여는 가압류의 효력이 존속하지 않게 되므로(민사집행법 제297조), 피공탁자(가압류채무자)는 변제공탁의 예에 따라 그 부분에 해당하는 공탁금을 출급청구할 수 있으며, 공탁자는 회수청구할 수 있다.

③ 피공탁자(가압류채무자)가 가압류의 효력이 미치지 않는 부분에 대하여 공탁금을 출급청구할 때에는 공탁규칙 제33조에 따라 공탁관이 발송한 공탁통지서를 첨부하여야 하며, 공탁자(제3채무자)가 가압류의 효력이 미치지 않는 부분에 대하여 회수청구를 할 때 공탁규칙 제34조에 따라 공탁서를 첨부하여야 하는 경우에는 공탁신고를 한 가압류 발령법원으로부터 공탁서를 보관하고 있다는 사실을 증명하는 서면을 교부받아 이를 공탁금 회수청구서에 첨부하여야 한다.

4) 가압류가 실효된 경우

① 금전채권에 대한 가압류를 이유로 제3채무자가 민사집행법 제291조 및 제248조 제1항에 따라 공탁한 후에 가압류명령이 취소되거나 신청의 취하 등으로 인하여 가압류가 실효된 경우 가압류채무자(피공탁자)는 공탁통지서와 가압류가 실효되었음을 증명하는 서면을 첨부하여 공탁관에게 출급청구할 수 있다(행정예규 제1018호).

② 보전처분의 이의신청에 대한 재판은 결정으로 하여야 하고, 위 결정은 상당한 방법으로 고지하면 그 효력이 발생하므로 가압류채무자가 가압류이의를 신청하여 가압류를 취소하는 결정을

받았다면 가압류채무자는 공탁통지서와 가압류취소결정정본 및 그 송달증명을 첨부하여 공탁금의 출급을 청구할 수 있을 것이고, 이때 가압류취소결정의 확정증명을 별도로 첨부할 필요는 없다(공탁선례 제2-281호 참조).

③ 2개 이상의 가압류가 경합되었음을 이유로 제3채무자가 공탁한 후 가압류채무자가 그중 1개의 가압류에 대하여 해방공탁을 하여 그 가압류집행이 취소되었다면, 가압류채무자는 집행공탁금 중 집행취소되지 않은 나머지 가압류 사건의 가압류청구금액을 초과하는 공탁금에 대하여 공탁통지서, 가압류집행취소결정정본, 송달증명서를 첨부하여 출급청구할 수 있다(공탁선례 제2-282호).

04 절 민사집행법 제248조와 관련된 그 밖의 공탁관계

1. 압류 및 전부명령이 있는 경우

가. 압류 및 추심·전부명령의 의의

① 민사집행법 제229조는 금전채권의 현금화방법으로써 추심명령과 전부명령을 규정하고 있다. 금전채권의 현금화방법으로는 그 밖에 민사집행법 제241조에 정해진 특별현금화방법으로써 양도명령, 매각명령, 관리명령 및 그 밖의 상당한 방법에 의한 현금화방법 등이 있으나, 이는 특별한 경우에만 인정되는 예외적인 현금화방법으로써 원칙적인 현금화방법은 어디까지나 추심명령과 전부명령이다.

② 전부명령은 압류된 채권을 지급에 갈음하여 채무자로부터 압류채권자에게 이전하는 것으로서 그에 의하여 채권이 이전되면 그 현실적인 추심 여부와 관계없이 집행채권은 그 권면액만큼 소멸하게 된다. 반면 추심명령은 압류된 채권의 채권자의 지위에 변동을 가져오는 것은 아니고 채무자가 여전히 압류된 채권의 채권자로 남아있기는 하지만 압류채권자가 채무자 대신 압류된 채권의 추심권능을 취득하게 된다.

③ 금전채권의 현금화방법으로써 전부명령과 추심명령 중 어느 것을 선택할 것인가는 원칙적으로 압류채권자의 의사에 달려있지만, 전부명령의 경우에는 다른 채권자가 배당요구를 할 수 없어 압류채권자가 독점적 만족을 받을 수 있는 이점이 있는 반면, 제3채무자가 무자력인 때에는 전혀 만족을 받을 수 없게 되는 위험을 부담하게 되고, 추심명령의 경우에는 그와 반대의 상황이 된다(법원실무제요 2020 민사집행 IV 353면 참조).

나. 전부명령이 확정된 경우

전부명령이 확정된 때에는 피전부채권은 권면액으로 전부채권자에게 이전하는 것이므로 제3채무자로서는 채권양도의 경우와 동일하게 전부채권자에게 직접 지급하여야 한다. 전부명령의 확정에 의하여 전부채권에 대한 집행절차는 당연히 종료되고 압류의 효력도 그 목적을 이루어 소멸하므로 민사집행법 제248조 제1항에 의한 집행공탁도 인정되지 않는다. 다만 전부채권자의 수령거절 등 전부채권자에 대한 별도의 변제공탁사유가 있는 경우에는 민법 제487조 전단에 따라 변제공탁할 수 있다.

다. 전부명령이 확정되기 전의 경우

전부명령이 발령되어도 확정되기 전이라면 제3채무자는 민사집행법 제248조 제1항에 따라 권리공탁을 할 수 있다. 왜냐하면 전부명령은 유효한 압류를 전제로 하고(압류명령과 전부명령은 동시에 병합하여 신청하는 것이 가능하고, 오히려 실무상 양자를 병합하여 신청하는 것이 대부분이며, 압류명령과 전부명령이 동시에 발령되면 동시에 제3채무자에게 송달된다), 압류의 효력은 압류명령이 제3채무자에게 송달된 시점에 이미 발생하고 있기 때문이다(민사집행법 제227조 제3항). 따라서 전부명령이 확정될 때까지는 단순히 압류만이 존재하는 상태이므로 민사집행법 제248조 제1항에 따라 권리공탁을 할 수 있다.

라. 전부명령의 확정 유무를 알 수 없는 경우

제3채무자는 전부명령의 확정 여부를 알려면 전부명령에 대한 즉시항고 여부, 즉시항고에 대한 재판결과 등을 조사하여야 한다. 즉, 전부명령은 채무자에게 송달되고 채무자는 전부명령에 불복이 있는 때에는 즉시항고를 할 수 있으며, 전부명령은 확정되지 않으면 그 효력이 생기지 않으므로 즉시항고를 하지 않아 그대로 확정되었는지 등의 여부에 대하여 제3채무자로서는 거의 알 수 없는 처지에 있게 된다. 그렇다고 제3채무자에게 전부명령의 확정 여부를 조사할 의무가 있다고 보기 어렵고, 그로 인한 위험을 부담하도록 하는 것은 타당하지 않다. 따라서 이러한 제3채무자를 보호하는 관점에서 전부명령이 실제로 확정되었다고 하더라도 전부명령의 확정을 알 수 없는 제3채무자에 대하여 민사집행법 제248조 제1항에 의한 공탁을 인정하게 된다. 따라서 공탁서 기재상 전부명령이 확정되어 있음이 명확한 경우를 제외하고는 제3채무자의 민사집행법 제248조 제1항에 의한 공탁신청이 있는 경우에는 공탁관은 공탁을 수리할 수밖에 없다.

마. 전부명령과 다른 압류명령 등이 경합하는 경우

1) 가압류, 압류명령이 송달된 후에 전부명령이 송달된 경우

① 전부명령은 실질적으로 피압류채권을 압류채권자에게 이전시킴으로써 그에게 독점적인 만족을 주는 제도이므로, 전부명령이 제3채무자에게 송달될 때까지 그 금전채권에 관하여 다른 채권자가 압류·가압류 또는 배당요구를 한 경우에는 전부명령은 효력을 가지지 않는다(민사집행법 제229조 제5항). 이 경우는 선행하는 가압류·압류명령과 전부명령의 전제가 되는 압류만이 경합하는 것으로 되기 때문에 제3채무자로서는 민사집행법 제248조 제1항 내지 제3항을 근거로 공탁을 할 수 있게 된다.

② 한편 (가)압류신청이 취하되면 법원사무관 등은 채무자뿐만 아니라 (가)압류명령을 송달받은 제3채무자에게도 그 사실을 통지하여야 한다. 따라서 압류명령 신청취하서가 제출·접수되면

채권압류명령은 그로써 효력이 소멸하지만 채권압류명령정본이 제3채무자에게 이미 송달되어 채권압류명령의 효력이 발생하였다면 그 취하통지서가 제3채무자에게 송달되었을 때에 비로소 압류명령의 효력이 장래를 향하여 소멸하고 이는 그 취하통지서가 제3채무자에게 송달되기 전에 제3채무자가 집행법원 법원사무관 등의 통지에 의하지 않은 다른 방법으로 압류신청 취하 사실을 알게 된 경우에도 마찬가지이다(대판 2008.1.17, 2007다73826 참조). 예를 들어, 대여금채권(100만 원)에 대하여 甲의 가압류결정(100만 원)이 제3채무자에게 송달된 후 甲이 가압류신청 취하서를 가압류 발령법원에 제출했지만 법원사무관 등의 취하통지서가 제3채무자에게 도달하기 전에 동일한 권리에 대하여 압류 및 전부명령(100만 원)이 제3채무자에게 도달한 경우 전부명령은 압류경합의 상태에서 발령난 것으로 무효가 된다(대판 2008.1.17, 2007다73826 참조). 이 경우 제3채무자는 압류경합을 이유로 집행공탁을 할 수 있다.

③ 동일한 채권에 대하여 중복하여 압류 등이 있다고 하더라도 그 압류 등의 효력이 미치는 범위가 채권의 각 일부에 국한되고, 이를 합산하더라도 총 채권액에 미치지 않을 때에는 여기서 말하는 압류의 경합이 있다고 할 수 없고, 이 경우에는 채권의 일부에 관하여 발령된 전부명령은 유효하다.

④ 위 전부명령이 확정된 후에도 제3채무자는 전부명령의 확정 여부를 조사할 의무가 없기 때문에 피압류채권 전액에 대하여 민사집행법 제248조 제1항에 의한 집행공탁을 할 수 있지만 공탁서 기재상 전부명령의 확정이 명확한 경우 제3채무자는 그 나머지 금액에 대하여 민사집행법 제248조 제1항에 따른 공탁을 할 수 있다.

⑤ 우선권 있는 채권에 기초한 체납처분에 의한 압류와 경합하는 경우에는 압류의 효력 확장에 관한 민사집행법 제235조가 적용되지 않는다. 따라서 피압류채권의 일부에 대하여 체납처분에 의한 압류가 있은 후 그 나머지 부분을 초과하여 민사집행법에 의한 압류 및 전부명령이 있는 경우에 체납처분에 의한 압류는 민사집행법 제229조 제5항의 '다른 채권자의 압류'에 해당하므로(대판 2015.8.27, 2013다203833) 그러한 전부명령은 위 각 압류가 중첩되는 부분에 관하여는 무효이나, 체납처분에 의한 압류의 효력이 피압류채권의 전액으로 확장되는 것은 아니어서, 위 전부명령은 위 각 압류가 중첩되지 않는 나머지 부분(위 체납처분에 의한 압류의 효력이 미치지 않는 부분)에 관하여는 유효하다(대판 1991.10.11, 91다12233 참조). 가령 피압류채권(100만 원) 중 일부(70만 원)에 대하여 체납처분에 의한 압류가 있은 후에 나머지 부분(30만 원)을 초과하여 민사집행법에 의한 압류 및 전부명령(50만 원)이 있는 경우에 위 전부명령은 위 각 압류가 중첩되는 부분(20만 원)에 관하여는 무효이나, 나머지 부분(30만 원)에 관하여는 유효하다. 하지만 이경우도 제3채무자가 전부명령의 확정 여부를 알 수 없다면 압류된 금액 전액(100만 원)에 대하여 민사집행법 제248조 제1항에 의한 집행공탁을 할 수 있다.

2) 전부명령 송달 후에 가압류·압류명령 등이 송달된 경우

① 전부명령이 제3채무자에게 송달된 후에 다른 채권자의 가압류·압류명령 또는 배당요구가 있어도 그 후 전부명령이 확정되면 제3채무자에게 송달된 시점에 소급하여 채권 이전의 효력이 생긴다. 그 후의 가압류·압류 등이 제3채무자에게 송달되더라도 전부명령은 유효하게 확정된다.

② 그러므로 전부명령 송달 후 가압류·압류명령 등이 송달되고 그 후 전부명령이 확정된 경우에는 제3채무자는 전부채권자에 대하여 직접 변제하든가 또는 그가 수령을 거절하면 이를 이유로 민법 제487조 전단에 따라 변제공탁을 하면 된다.

③ 다만 제3채무자로서는 선행의 전부명령이 확정되었는지 여부를 통상 알기 어려우므로 이러한 제3채무자 보호의 관점에서 민사집행법 제248조 제1항에 의한 공탁을 인정할 필요가 있다. 따라서 공탁서 기재상 선행의 전부명령이 확정되어 있음이 명확한 경우를 제외하고는 민사집행법 제248조 제1항에 의한 공탁신청이 있는 경우에는 공탁관은 공탁을 수리할 수밖에 없다.

3) 전부명령과 전부명령이 경합하는 경우

① 전부명령과 전부명령이 경합하는 경우 후행의 전부명령은 다른 채권자가 압류한 이후의 전부명령이므로 그 효력이 생기지 않기 때문에 전부명령 후에 다른 압류명령 등이 송달된 경우와 동일한 상황이 된다. 나중에 선행의 전부명령이 확정되면 그로 인해 강제집행은 이미 종료되었다고 할 것이므로 따라서 그 이후에 발령된 동일한 채권을 목적으로 하는 압류 및 전부명령은 무효가 된다(대결 1984.6.26, 84마13 참조).

② 가령 공탁금 회수청구권(100만 원)을 피압류채권으로 하는 甲의 압류 및 전부명령(100만 원)과 乙의 압류 및 전부명령(100만 원)이 순차적으로 공탁소에 도달한 경우 선행하는 甲의 전부명령이 확정되면 甲의 전부명령이 제3채무자에게 송달된 시점에 강제집행은 이미 종료되었다고 할 것이므로 그 이후에 발령된 동일한 채권을 목적으로 하는 乙의 전부명령은 무효가 되는데, 이 경우 피압류채권이 장래의 조건부 채권이거나 소멸할 가능성이 있는 것이라 하더라도 마찬가지이다. 즉, 매각허가결정에 대한 즉시항고를 함에 있어 구 소송촉진 등에 관한 특례법 제15조 제1항(1990.1.13. 개정되기 전의 것, 현행 민사집행법 제130조 제3항이 이에 해당한다)에 의하여 담보로 공탁한 공탁금의 회수청구권(100만 원)에 대하여 순차적으로 제1의 압류 및 전부명령(100만 원)과 제2의 압류 및 전부명령(100만 원)이 도달한 경우 피압류채권이 장래의 조건부 채권이거나 소멸할 가능성이 있는 것이라고 하더라도 그 채권의 압류 및 전부명령의 효력에는 아무런 영향이 없고, 공탁원인의 소멸 등으로 공탁자에게 공탁물 회수청구권이 발생한 때에 비로소 전부명령의 효력이 발생하는 것이 아니므로 그 전부명령이 있은 후에 다시 위 공탁금 회수청구권에 대한 제2의 압류 및 전부명령은 효력이 없다(대결 1984.6.26, 84마13 참조). 이 경우 제3채무자는 선행의 전부채권자에 대하여 직접 변제하든가, 그가 수령을 거절하면 민법 제487조 전단에 따라 변제공탁을 하면 된다.

③ 그러나 이 경우도 제3채무자로서는 선행 전부명령의 확정 여부를 통상 알기 어려우므로 이러한 제3채무자 보호의 관점에서 민사집행법 제248조 제1항에 의한 공탁을 인정할 필요가 있다. 따라서 공탁서 기재상 선행의 전부명령이 확정되어 있음이 명확한 경우를 제외하고는 민사집행법 제248조 제1항에 의한 공탁신청이 있는 경우에는 공탁관은 공탁을 수리할 수밖에 없다.

④ 동일한 채권에 대하여 두 개 이상의 채권압류 및 전부명령이 발령되어 제3채무자에게 동시에 송달된 경우에는 그 각 채권압류액을 합한 금액이 피압류채권액을 초과하는지 여부를 기준으로 전부명령의 효력을 가려야 하며, 전자가 후자를 초과한다면 그 전부명령들은 모두 채권의 압류가 경합된 상태에서 발령된 것으로써 무효이다(대판 2014.8.28, 2014다23096).

4) 압류명령 등과 질권 등 담보권 실행에 의한 전부명령이 경합하는 경우

① 전부명령이 제3채무자에게 송달될 때까지 전부명령에 관계된 금전채권에 대하여 다른 채권자가 압류 등을 한 경우에는 그 전부명령의 효력이 생기지 않지만(민사집행법 제229조 제5항), 질권 등 담보권 실행에 기초한 채권자인 경우에는 그 전부명령은 유효하다. 채권에 대한 담보권의 실행이나 물상대위권(민법 제342조)의 행사의 경우에도 채권에 대한 강제집행의 규정이 준용되므로(민사집행법 제273조 제3항) 담보권 실행을 위한 압류와 일반 채권에 의한 압류가 외형상 경합할 수 있지만, 담보권의 실행의 경우에는 담보권자에게 우선권이 있고, 이러한 우선변제권의 범위 내에서 압류의 효력이 확장되지 않기 때문에 일반채권에 의한 압류경합이 있더라도 담보권 실행에 의한 전부명령은 유효하다.

② 즉, 저당권이 설정된 전세권의 존속기간이 만료된 경우에 전세권부 저당권자가 저당권의 목적물인 전세권에 갈음하여 존속하는 것으로 볼 수 있는 전세금반환채권에 대하여 우선권 있는 채권에 기하여 전부명령을 받은 경우에는 전세권부 채권가압류결정이 위 전부명령에 앞서 제3채무자에게 송달되어 형식상 압류가 경합되었다 하더라도 그 전부명령은 우선권 있는 전세권부 저당권에 기한 것으로 형식상 압류의 경합이 발생하였는지와 무관하게 유효하다.

③ 따라서 질권 등 담보권에 기초한 압류명령 및 전부명령이 송달된 경우에는 그전에 다른 압류명령 등이 송달되어 있었더라도 제3채무자로서는 전부명령이 확정되면 전부채권자에게 직접 변제하면 된다.

④ 공탁된 토지수용보상금에 대해 물상대위에 의한 수 개의 채권압류 및 추심명령이 공탁관에게 송달된 경우 공탁관은 그 압류 및 추심채권자들 사이의 우열에 대한 판단이 곤란하여 사유신고를 할 수 있으므로(공탁선례 제2-353호) 같은 취지에서 제3채무자 역시 민사집행법 제248조 제1항에 따라 공탁하는 것을 인정할 필요가 있다.

2. 체납처분에 의한 압류가 있는 경우

가. 개설

1) 체납처분

① 체납처분은 협의의 체납처분과 교부청구 및 참가압류로 나누어진다. 협의의 체납처분은 과세권자인 국가 또는 지방자치단체가 납세자의 재산을 압류하여 조세채권의 만족을 얻는 절차로서 재산압류, 압류재산의 매각, 매각대금의 충당배분의 각 행정처분으로 이루어진다.

② 이러한 체납처분은 조세채권의 만족을 위한 강제처분으로 국세, 지방세 이외에도 국민건강보험법, 국민연금법 등의 특별법에 의한 건강보험료, 연금보험료 등의 징수도 체납처분의 예에 따라 할 수 있다(국민건강보험법 제81조 제3항, 국민연금법 제95조 제4항).

③ 현재 민사집행절차와 체납처분절차는 각기 다른 법령과 집행기관에 의하여 별도의 독립한 절차로 진행되기 때문에 동일한 채권에 대하여 (가)압류와 체납처분에 의한 압류가 경합하는 경우, 우리나라는 아직까지 양 절차의 조정에 관한 특별법이 없어 공탁실무에서 혼선이 있었으나, 2015.12.9. 제정된 '금전채권에 대하여 민사집행법에 따른 압류와 체납처분에 의한 압류가 있는 경우의 공탁절차 등에 관한 업무처리지침(행정예규 제1060호)'이 시행됨에 따라 공탁실무의 혼선은 다소 해소되었다고 볼 수 있다.

2) 압류선착주의

① 압류선착주의는 납세자의 재산에 대하여 압류한 조세채권은 교부청구한 조세채권보다 그 압류재산의 환가대금에서 우선하여 징수하는 원칙을 말한다(국세기본법 제36조 제1항, 지방세기본법 제73조 제1항). 그 취지는 다른 조세채권자보다 조세채무자의 자산 상태에 주의를 기울이고 조세 징수에 열의를 가지고 있는 징수권자에게 우선권을 부여하고자 하는 것이다.

② 체납처분에 의한 선행압류가 되어 있는 재산에 체납처분을 하고자 하는 자는 교부청구 또는 참가압류의 방식으로 선행의 체납처분 절차에 참가할 수 있을 뿐이고, 이중으로 압류를 하는 것은 금지된다. 따라서 이미 압류한 채권에 관하여 다시 행한 압류는 교부청구 또는 참가압류의 효력밖에는 인정되지 아니한다(국세징수법 제59조, 제9조 제1항, 제61조, 지방세징수법 제66조, 제22조 제1항, 제67조).

나. 단일 또는 복수의 체납처분압류가 있는 경우

① 국세징수법 제43조에 의한 채권압류의 효력은 피압류채권의 채권자와 채무자에 대하여 그 채권에 관한 변제, 추심 등 일체의 처분행위를 금지하고, 추심채권자가 체납자에 대신하여 추심할 수 있게 하는 것이므로 제3채무자는 피압류채권에 관하여 체납자에게는 변제할 수 없고, 추심채권자인 국가에게만 이행할 수 있을 뿐이다(대판 1999.5.14, 99다3686).

② 따라서 체납처분에 의한 압류가 있음을 이유로 압류채무자(체납자)를 피공탁자로 한 변제공탁은 할 수 없고, 단지 압류채권자와의 관계에서 별도의 변제공탁사유가 있을 때만 압류권자(체납처분청)를 피공탁자로 하는 변제공탁을 할 수 있다고 보는 것이 타당하다(공탁선례 제201009-1호 참조).

③ 또한 체납처분에 의한 압류는 민사집행절차와는 별개 절차이므로 민사집행법 제248조 제1항에 의한 집행공탁을 할 수는 없다. 체납처분에 의한 압류는 그 자체만을 이유로 집행공탁을 할 수 있는 민사집행법 제248조 제1항의 압류에는 포함되지 않는다(대판 2015.8.27, 2013다203833).

④ 가령 토지수용보상금에 대하여 체납처분에 대한 세무서의 압류가 있는 경우에는 민사집행법 제248조 제1항이나 토지보상법 제40조 제2항에 의한 집행공탁을 할 수 없다(공탁선례 제2-286).

다. 체납처분에 의한 압류와 강제집행에 의한 압류가 경합하는 경우

1) 체납처분에 의한 압류가 선행하고 강제집행에 의한 압류가 후행하는 경우

① 현행법상 체납처분절차와 민사집행절차는 별개의 절차이므로 체납처분에 의한 압류가 선행하는 경우에도 민사집행법상의 압류 및 추심명령은 가능하다. 그러나 압류채권자에게 독점적 만족을 주는 전부명령은 그렇지 않다. 피압류채권의 일부에 대하여 체납처분에 의한 압류가 있은 후 그 나머지 부분을 초과하여 민사집행법에 의한 압류 및 전부명령이 있는 경우에 그러한 전부명령은 위 각 압류가 중첩되는 부분에 관하여는 무효이다.

② 체납처분에 의한 압류와 민사집행법상 압류가 경합하는 경우에는 체납처분에 의한 압류권자가 취득하는 추심권의 효력에 의하여 압류권자는 제3채무자에게 피압류채권을 직접 추심할 수 있고, 압류채무자는 추심 등 압류채권자에게 불이익한 일체의 처분행위가 금지되며, 제3채무자는 피압류채권에 관하여 압류채무자에게는 변제할 수 없고 추심채권자인 압류채권자에게만 채무이행을 하여야 함은 물론 강제집행에 의한 압류 또는 가압류가 있다고 해서 이를 이유로 체납처분에 의한 압류권자의 추심청구를 거절할 수도 없으므로(대판 1999.5.14, 99다3686 참조), 제3채무자는 피압류채권의 이행기가 도래하면 지체 없이 체납처분에 의한 압류권자에게 채무이행을 해야지 군이 압류채무자(체납자)를 피공탁자로 하는 변제공탁을 인정할 근거는 없다.

③ 나아가 제3채무자는 민사집행절차에서 압류 및 추심명령을 받은 채권자와 체납처분에 의한 압류채권자 중 어느 한쪽의 청구에 응하여 그에게 채무를 변제하고 그 변제 부분에 대한 채무의 소멸을 주장할 수 있으며, 또한 민사집행법 제248조 제1항에 따른 집행공탁을 하여 면책될 수도 있다(대판 2007.9.6, 2007다29591; 대판 2015.7.9, 2013다60982; 대판 2015.8.27, 2013다203833 참조).

④ 그리고 체납처분에 의한 압류채권자가 제3채무자로부터 압류채권을 추심하면 국세징수법에 따른 배분절차를 진행하는 것과 마찬가지로 이미 체납처분에 의하여 압류된 채권에 대하여 민사집행절차에서 압류 및 추심명령을 받은 채권자가 제3채무자로부터 압류채권을 추심한 경우에는 민사집행법 제236조 제2항에 따라 공탁의무가 발생하게 되므로 추심한 금액을 바로 공탁하고 그 사유를 신고하여야 한다(대판 2015.7.9, 2013다60982, 행정예규 제1060호 참조).

⑤ 위와 같이 금전채권에 대하여 민사집행법에 따른 압류와 체납처분에 의한 압류가 있는 경우(선후 불문) 제3채무자는 압류채무자를 피공탁자로 한 변제공탁은 할 수 없으나, 민사집행법 제248조 제1항에 따라 압류와 관련된 금전채권액 전액을 공탁할 수 있다(공탁선례 제201512-1).

⑥ 또한 토지수용보상금이 지급되기 전에 우선권 있는 저당권자가 물상대위에 의하여 토지수용보상금채권을 압류한 경우 그 압류를 전후하여 토지수용보상금채권에 대한 체납처분에 의한 압류가 있었다고 하더라도 민사집행법 제248조 제1항에 의한 집행공탁을 할 수 있다.

2) 강제집행에 의한 압류가 선행하고 체납처분에 의한 압류가 후행하는 경우

민사집행법상의 채권압류가 선행하는 경우에는 세무서장은 집행법원에 체납된 국세와 체납처분비의 교부청구를 하거나(국세징수법 제59조) 참가압류통지서를 집행법원에 송달함으로써 참가압류를 할 수도 있다(국세징수법 제61조). 이러한 교부청구나 참가압류는 민사집행법상 배당요구와 같은 효력을 가진다(대판 1994.3.22. 93다19276). 나아가 위와 같은 경우에 교부청구나 참가압류를 하지 않고 채권 자체를 압류하여 이를 현금화하는 협의의 체납처분절차를 실시할 수 있는지에 대하여는 이를 부정하고 후행 체납압류는 교부청구의 효력 밖에 없다고 하는 견해도 있지만, 위와 같은 체납처분 압류를 긍정함이 타당하다. 위와 같은 경우에도 제3채무자는 민사집행법 제248조 제1항에 의한 집행공탁을 함으로써 면책될 수 있다.

3) 체납처분에 의한 압류와 강제집행에 의한 압류가 경합하는 경우의 공탁절차

가) 변제공탁

제3채무자는 금전채권에 대하여 민사집행법에 따른 압류와 체납처분에 의한 압류가 있다는 사유만으로는 체납자(압류채무자)를 피공탁자로 하여 민법 제487조에 의한 변제공탁을 할 수 없다.

나) 집행공탁

(1) 총칙

① 제3채무자는 민사집행법 제248조 제1항에 근거하여 압류와 관련된 금전채권액 전액을 공탁할 수 있고, 공탁을 한 후 즉시 공탁서를 첨부하여 그 내용을 서면으로 압류명령을 발령한 집행법원에 사유신고하여야 한다. 이 경우 민사집행법에 따른 압류가 둘 이상 경합하는 경우의 사유신고는 먼저 송달된 압류명령의 발령법원에 하여야 한다.

② 제3채무자는 공탁신청 시 압류결정문 사본(민사집행법에 따른 압류) 및 채권압류통지서 사본(체납처분에 의한 압류)을 첨부하여야 하고, 공탁서의 공탁원인사실란에 민사집행법에 따른 압류사실 및 체납처분에 의한 압류사실을 모두 기재하여야 한다.

(2) 민사집행법에 따른 압류와 체납처분에 의한 압류금액의 총액이 피압류채권액을 초과하는 경우

① 공탁서의 피공탁자란은 기재하지 아니한다.

② 민사집행법에 따른 압류채권자 및 체납처분에 의한 압류채권자는 집행법원의 지급위탁에 의하여 공탁금의 출급을 청구할 수 있다.

(3) 민사집행법에 따른 압류와 체납처분에 의한 압류금액의 총액이 피압류채권액을 초과하지 않는 경우

(가) 공탁절차 및 공탁관의 처리

① 공탁서의 피공탁자란에는 압류명령의 채무자를 기재한다.

② 제3채무자는 공탁신청 시 공탁규칙 제23조 제1항에서 정한 공탁통지서를 첨부하여야 하고, 위 공탁통지서의 발송과 아래 ③에서 정하는 공탁사실 통지를 위하여 같은 조 제2항에 따른 우편료를 납입하여야 한다.

③ 공탁을 수리한 공탁관은 피공탁자(압류채무자)에게 공탁통지서 및 별지 제1호 양식의 안내문을 발송하고, 체납처분에 의한 압류채권자에게는 별지 제2호 양식에 의하여 공탁사실을 통지하여야 한다.

④ 공탁관은 공탁금 중에서 민사집행법에 따른 압류의 효력은 미치지 않지만 체납처분에 의한 압류의 효력이 미치는 부분을 공탁금 출급청구권에 대하여 체납처분에 의한 압류가 있는 경우에 준하여 처리하여야 한다.

(나) 공탁금 지급절차

① 공탁금 중에서 민사집행법에 따른 압류의 효력이 미치는 부분은 집행법원의 지급위탁에 의하여 공탁금의 출급을 청구할 수 있다.

② 공탁금 중에서 민사집행법에 따른 압류의 효력은 미치지 않지만 체납처분에 의한 압류의 효력이 미치는 부분은 체납처분에 의한 압류채권자가 공탁관에게 공탁금의 출급을 청구할 수 있다.

③ 공탁금 중에서 민사집행법에 따른 압류의 효력 및 체납처분에 의한 압류의 효력이 미치지 않는 부분은 변제공탁의 예에 따라 피공탁자(압류채무자)가 출급을 청구할 수 있으며, 공탁자도 회수청구할 수 있다.

④ 제3채무자가 위 ③의 회수청구를 할 경우에는 집행법원으로부터 공탁서를 보관하고 있다는 사실을 증명하는 서면을 교부받아 이를 공탁금 회수청구서에 첨부하여야 한다.

> **사례** (1)
> ① 민사집행법에 따른 A압류(50만 원)와 체납처분에 의한 압류(50만 원)의 총액(100만 원)이 피압류채권액(70만 원)을 초과하는 경우에 제3채무자는 피압류채권전액(70만 원)을 공탁하고 사유신고를 하여야 하고, ② 각 압류금액의 총액(100만 원)이 피압류채권액(120만 원)에 미달하는 경우에는 민사집행법에 따른 A압류금액(50만 원)만 배당재단이 된다(행정예규 제1060호). 위 '②'의 경우, 공탁금 중에서 민사집행법에 따른 압류의 효력은 미치지 않지만 체납처분에 의한 B압류의 효력이 미치는 부분(50만 원)은 체납처분에 의한 압류채권자가 공탁관에게 공탁금의 출급을 청구할 수 있고, 공탁금 중에서 민사집행법에 따른 압류의 효력 및 체납처분에 의한 압류의 효력이 미치지 않는 부분(20만 원)은 변제공탁의 예에 따라 피공탁자(압류채무자)가 출급을 청구할 수 있으며, 공탁자도 집행법원으로부터 공탁서를 보관하고 있다는 사실을 증명하는 서면을 첨부하여 회수청구할 수 있다(행정예규 제1060호).

> **사례** (2)
>
> 제3채무자가 민사집행법에 따른 압류와 체납처분에 의한 압류가 있음을 이유로 민사집행법 제248조 제1항에 따라 집행공탁을 한 경우에 집행공탁 당시에 민사집행법에 따른 A압류(50만 원)와 체납처분에 의한 B압류(50만 원)의 총액이 피압류채권(120만 원)을 초과하지 않았지만, 공탁된 후에 위 민사집행법에 따른 압류의 효력이 미치지 않는 부분의 공탁금 출급청구권(70만 원)에 대하여 새로이 민사집행법에 따른 C압류(50만 원)가 있는 경우 민사집행법에 따른 C압류와 체납처분에 의한 B압류를 합한 금액(100만 원)이 공탁금 출급청구권(70만 원)을 초과하므로 공탁관은 사유신고를 하여야 한다(행정예규 제1060호, 제1225호 참조).

라. 체납처분에 의한 압류와 가압류가 경합하는 경우

① 체납처분절차와 가압류절차는 별개의 절차이므로 동일한 채권에 대하여 체납처분에 의한 압류 후에 가압류도 당연히 할 수 있을 것이나, 만일 체납처분절차가 먼저 종료하게 되면 그 후에 이루어진 가압류의 효력은 소멸될 것이다.

② 또한 국세징수법 제26조 및 지방세징수법 제45조는 "재판상의 가압류 또는 가처분 재산이 체납처분 대상인 경우에도 이 법에 따른 체납처분을 한다"고 규정하고 있으므로 이미 체납자의 채권에 대하여 가압류가 되어 있어도 체납처분에 의한 압류는 가능하나, 체납처분의 집행에 영향을 미치지 않는 한 가압류채권자의 지위를 존중하여야 하므로 가압류의 효력은 체납처분에 의한 압류에 의하여 바로 소멸되지는 않지만 체납처분에 의한 압류에 기해 채권추심이 완료된 경우에는 소멸하는 것으로 보는 것이 타당하다.

③ 체납처분에 의한 피압류채권에 대하여 근로기준법상 우선변제권을 갖는 임금 등 채권에 의한 가압류집행이 이루어진 경우라도 제3채무자는 그 가압류를 이유로 체납처분에 의한 압류채권자의 추심청구를 거절할 수 없다(대판 2008.11.13, 2007다33842, 공탁선례 제2-351호). 그리고 채권가압류를 원인으로 민사집행법 제291조 및 제248조 제1항에 따라 집행공탁한 후 피공탁자(가압류채무자)에 대한 체납처분에 의한 압류통지가 이루어진 경우에도 체납처분에 의한 압류채권자는 위 채권가압류가 근로기준법에 의한 우선변제권을 가지는 임금 등의 채권에 기한 것이라 하더라도 공탁금을 추심할 수 있다(공탁선례 제2-351호).

관/련/선/례

금전채권에 대하여 민사집행법에 따른 가압류와 체납처분에 의한 압류가 경합하는 경우 제3채무자가 민사집행법 제291조, 제248조 제1항의 공탁을 할 수 있는지 여부 등
제정 2023.11.29. [공탁선례 제202311호, 시행]

1) 가압류를 원인으로 한 민사집행법 제291조, 제248조 제1항에 따른 공탁은 (가)압류의 경합 없이 단일의 가압류로도 가능하므로 민사집행법에 따른 가압류(이하 '가압류'라 한다)와 체납처분에 의한 압류(이하 '체납처분압류'라 한다)가 경합하는 경우에 가압류의 존재만으로 공탁의 요건을 충족한다는 점, 민사집행법에 따른 압류(이하 '압류'라 한다)와 체납처분압류가 경합하는 경우와 마찬가지로 가압류와 체납

처분압류가 경합하는 경우에 사인(私人)인 제3채무자는 위 각 (가)압류와 체납처분압류의 법률상 차이점, 우선순위 등을 잘 알지 못한다고 할 것이므로 공탁을 통하여 제3채무자를 면책시킬 필요성이 있다는 점, 이후의 배당절차에 체납처분권자가 참여하는 문제도 압류와 체납처분압류가 경합하는 경우와 동일하다는 점 등을 종합적으로 고려할 때, 금전채권에 대하여 압류와 체납처분압류가 경합하는 경우에 그 선후를 불문하고 민사집행법 제248조 제1항에 따른 집행공탁이 허용되는 이상 가압류와 체납처분압류가 경합하는 경우에도 그 선후를 불문하고 제3채무자는 민사집행법 제291조, 제248조 제1항의 공탁(이하 '가압류 집행공탁'이라 한다)을 함으로써 강제집행(징수)과 이중지급의 위험으로부터 벗어날 수 있다. 이는 가압류와 관련된 금전채권 전액을 공탁하는 경우에도 같다.

2) 제3채무자는 가압류와 체납처분압류를 원인으로 공탁을 신청할 때, 공탁서의 피공탁자 란에 가압류채무자를 기재하고, 공탁원인사실 란에는 가압류 및 체납처분압류 사실을 모두 기재하여야 하며, 공탁규칙 제23조 제1항에서 정한 공탁통지서를 첨부하여야 하고, 위 공탁통지서의 발송과 가압류채권자 및 체납처분권자에 대한 공탁사실 통지를 위하여 같은 조 제2항에 따른 우편료를 납입하여야 한다.

3) 공탁신청을 수리한 공탁관은 피공탁자(가압류채무자)에게 공탁통지서를 발송하고, 가압류채권자 및 체납처분권자에게는 공탁사실을 통지하여야 한다. 또한 공탁금출급청구권에 대한 압류가 이루어져 (가)압류금액 및 체납처분압류금액의 총액이 공탁금을 초과하거나 가압류를 본압류로 이전하는 압류명령이 국가(공탁관)에 송달된 경우 공탁관은 집행법원에 사유신고를 하여야 한다.

4) 한편 변제공탁에서 피공탁자의 공탁금출급청구권은 본래의 채권을 갈음하는 권리로서 그 권리의 성질과 범위는 본래의 채권과 동일하다는 점, 가압류 집행공탁은 가압류채무자를 피공탁자로 기재하고 제3채무자가 공탁관으로 바뀌게 되는 변제공탁의 실질을 가지고 있으므로 종전의 제3채무자에 대한 채권상 부담은 새로운 제3채무자(공탁관)에 대한 채권(공탁금출급청구권)에 그대로 유지된다는 점, 제3채무자가 가압류 집행공탁을 하게 되면 민사집행법 제297조에 따라 그 가압류의 효력이 피공탁자의 공탁금출급청구권에 대하여 존속한다는 점 등에 비추어 볼 때, 제3채무자가 가압류와 체납처분압류의 경합을 원인으로 공탁하는 경우 제3채무자는 가압류채권자뿐만 아니라 체납처분권자에 대하여도 면책되고 가압류의 효력이 공탁금출급청구권에 존속하는 것과 마찬가지로 체납처분압류의 효력도 공탁금출급청구권에 대하여 존속한다고 보아야 한다. 따라서 체납처분권자는 배당절차가 개시[공탁금출급청구권에 대한 압류가 이루어져 (가)압류금액 및 체납처분압류금액의 총액이 공탁금을 초과하거나 가압류를 본압류로 이전하는 압류명령이 국가(공탁관)에 송달된 경우]되기 전에는 공탁관에게 체납처분압류의 효력이 미치는 부분에 대한 공탁금의 출급을 청구할 수 있다.

3. 민사집행법 제248조와 공탁사유신고

가. 의의

① 민사집행법 제248조의 공탁에는 앞에서 본 바와 같이 권리공탁과 의무공탁이 있지만, 제3채무자는 어느 공탁을 하든지 그 사유를 집행법원에 신고하여야 한다(민사집행법 제248조 제4항).

② 민사집행법 제252조 제2호는 제3채무자가 제248조의 규정에 따라 공탁한 때에 배당절차가 개시된다고 규정하고 있지만, 제3채무자가 공탁하였다 하더라도 그 사실을 집행법원에 사유신고하지 않는 한 집행법원이 이를 알 수 없으므로 실제로는 사유신고를 해야만 집행법원이 배당절차를 개시할 수 있을 것이다. 이러한 신고를 제3채무자의 사유신고라 하고, 사유신고가

있을 때 비로소 배당요구의 종기에 이르게 된다. 제3채무자가 압류나 가압류를 이유로 민사집행법 제248조 제1항이나 민사집행법 제291조에 따라 집행공탁을 하면 제3채무자에 대한 피압류채권은 소멸한다.

③ 한편 채권에 대한 압류·가압류명령은 그 명령이 제3채무자에게 송달됨으로써 효력이 생기므로 제3채무자의 집행공탁 전에 동일한 피압류채권에 대하여 다른 채권자의 신청에 따라 압류·가압류명령이 발령되었더라도 제3채무자의 집행공탁 후에야 그에게 송달된 경우 그 압류·가압류명령은 집행공탁으로 이미 소멸한 피압류채권에 대한 것이어서 압류·가압류의 효력이 생기지 아니한다. 하지만 다른 채권자의 신청에 의하여 발령된 압류·가압류명령이 제3채무자의 집행공탁 후에야 제3채무자에게 송달되었더라도 ㉠ 공탁사유신고서에 이에 관한 내용까지 기재되는 등으로 집행법원이 배당요구의 종기인 공탁사유신고 시까지 이와 같은 사실을 알 수 있었고, ㉡ 또한 그 채권자가 법률에 따라 우선변제청구권이 있거나 집행력 있는 정본을 가진 채권자인 경우라면 배당요구의 효력은 인정되나 집행법원이 공탁사유신고 시까지 이와 같은 사실을 알 수 없었던 경우라면 설령 이러한 압류·가압류명령이 공탁사유신고 전에 제3채무자에게 송달되었다고 하더라도 배당요구의 효력은 인정될 수 없다. 이러한 법리는 혼합공탁의 경우에도 그대로 적용되고(대판 2015.7.23. 2014다87502 참조), 나아가 다른 채권자의 신청에 의하여 발령된 압류·가압류명령이 제3채무자의 공탁사유신고 이후에 제3채무자에게 송달되었다고 하더라도 마찬가지이다(대판 2021.12.16. 2018다226428).

④ 그리고 가압류를 원인으로 제3채무자가 민사집행법 제291조 및 제248조 제1항에 의하여 공탁을 한 후에 공탁금 출급청구권에 대한 압류가 이루어져 압류의 경합이 성립하거나 공탁사유인 가압류를 본압류로 이전하는 압류명령이 있는 경우에는 공탁관이 사유신고를 하여야 한다(행정예규 제1018호). 한편 배당금지급청구권에 대한 가압류를 원인으로 담임법원사무관 등이 민사집행법 제291조, 제248조 제1항에 의하여 공탁을 한 후에 피공탁자(가압류채무자)의 공탁금 출급청구권에 대하여 압류가 이루어져 압류의 경합이 성립되거나 공탁사유인 가압류를 본압류로 이전하는 압류명령이 발생한 경우에는 집행법원의 담임법원사무관 등이나 공탁서 등 보관책임자가 사유신고를 하여야 한다(재민 2020-1 참조).

나. 사유신고의 방식, 내용, 제출법원 등

1) 사유신고서의 제출·내용 등

① 민사집행법 제248조 제4항의 규정에 따라 제3채무자 등이 공탁사유신고 시 사건의 표시, 채권자·채무자 및 제3채무자의 이름, 공탁사유와 공탁한 금액을 기재한 서면과 공탁서를 제출하여야 하며(같은 항 단서에 규정된 사람이 신고하는 때에는 공탁서를 첨부할 필요 없음), 압류된 채권에 관하여 다시 압류명령 또는 가압류명령이 송달된 경우에는 먼저 송달된 압류명령을 발령한 법원에 신고를 하여야 한다(민사집행규칙 제172조 제3항).

② 한편 민사집행·비송 전자소송이 도입됨에 따라 제3채무자는 법원을 직접 방문하지 않더라도 전자소송 홈페이지를 통하여 사유신고를 할 수 있게 되었다. 이 경우 공탁사유신고인은 공탁

서를 전자문서로 변환하여 제출할 수 있으나, 공탁사유신고인의 공탁사실이 공탁관리시스템의 공탁정보를 통하여 확인되지 않는 경우에는 제출하고자 한 공탁서를 전자문서가 아닌 본래의 형태로 제출하여야 한다(재일 2012-1 제110조의2).

③ 민사집행법 제248조 제4항이 규정하는 사유신고는 다음과 같이 3가지로 구분할 수 있다. 즉 ㉠ 가압류만 집행된 채권에 대하여 제3채무자가 민사집행법 제291조 및 제248조 제1항에 따라 공탁한 다음 신고하는 경우, ㉡ 압류가 경합되지 않는 때, 즉 압류가 1개이거나 또는 집행이 경합되어 있지만 압류금액이 피압류채권을 초과하지 아니하여 압류의 경합이 아닌 경우에 제3채무자가 민사집행법 제248조 제1항에 따라 공탁한 후에 사유신고를 하는 경우, ㉢ 압류된 채권에 대하여 배당요구가 있거나 혹은 압류의 경합이 있는 때에 민사집행법 제248조 제1항 내지 제3항에 의해 공탁한 후에 사유신고를 하는 경우이다.

④ 이 가운데 위 ㉢의 경우라면, 제3채무자는 "압류집행이 있는 사실 + 압류가 경합된 사실(혹은 배당요구가 있는 사실) + 압류에 관련된 채권액을 공탁한 사실"을 사유신고서에 적게 된다. 이 사유신고는 집행법원에 대해 배당절차를 진행함으로써 권리자를 확정시켜 달라는 취지로 이루어지는 것이다.

⑤ 그리고 ㉡의 경우에는 사유신고서에 "압류집행이 있는 사실 + 압류에 관련된 채권액을 공탁한 사실"을 적게 된다. 이는 현재 변제금 교부절차 등 간이한 공탁금 지급절차가 마련되어 있지 않아 집행법원의 배당절차에 의하여야 하지만, 그에 따른 불편을 최소화하기 위하여 '채권 등에 대한 배당절차사건의 처리기간 및 간이배당절차에 관한 예규(재민 2004-2)'를 제정하여 시행하고 있다.

⑥ 위 ㉡, ㉢의 경우에는 모두 사유신고한 때에 배당 등 절차사건으로 접수되어 '타배' 사건번호가 부여되는데, ㉠의 경우에는 이와 좀 다르다. 즉 가압류된 채권의 경우에는 위와 같은 집행공탁이 이루어지더라도 민사집행법 제247조가 규정하고 있는 바와 같이 배당가입의 차단효가 발생하지 않고, 또 그 사유신고도 배당할 법원이 아닌 가압류 발령법원에 대하여 이루어진다. 따라서 이 경우에는 사유신고서에 "가압류집행이 있는 사실 + 가압류에 관련된 채권액을 공탁한 사실"을 기재하고 가압류 발령법원에 신고하는데, 그 취지는 단지 신고서에 기재된 사실을 가압류 발령법원에 인식시키는 의미밖에 갖고 있지 않다(실무상 이 경우는 그 명칭도 다른 경우와 달리 '공탁신고서'라고 부르고 있다). 이 경우 피공탁자(가압류채무자)의 공탁금 출급청구권에 대한 압류가 이루어져 압류의 경합이 성립하거나 가압류에서 본압류로 이전하는 압류명령이 있는 경우에는 공탁관의 사유신고에 의하여 배당절차가 개시된다.

⑦ 제3채무자가 상당한 기간 내에 공탁사유신고를 하지 않으면 압류채권자, 가압류채권자, 배당에 참가한 채권자, 채무자 그 밖의 이해관계인이 그 사유를 법원에 신고할 수 있다(민사집행법 제248조 제4항). 이는 제3채무자가 공탁을 하였더라도 사유신고를 하지 않는 한 배당요구의 종기가 도래하지 아니하여 배당 등의 절차가 사실상 진행되지 못하는 등 절차의 신속한 진행에 지장이 있으므로 다른 이해관계인에게 사유신고할 수 있는 권리를 더불어 인정한 것이다.

2) 사유신고서 제출법원

① 압류명령을 송달받은 제3채무자는 채권자가 경합되지 않는 경우라면 해당 압류명령을 발령한 법원에 사유신고를 하여야 한다. 채권자가 경합된 경우라면 그것이 진정한 압류경합이 아닌 경우(압류명령의 집행채권의 총액이 피압류채권액을 넘지 않는 경우)이든, 진정한 압류의 경합이 있는 경우이든 구별하지 않고 먼저 송달된 압류명령을 발령한 법원에 사유신고를 하여야 한다(민사집행규칙 제172조 제3항). 가압류명령과 본압류명령이 경합된 경우에는 본압류명령을 발령한 법원에 사유신고를 하여야 한다.

② 따라서 압류경합의 경우 뒤에 송달된 압류명령 발령법원에 사유신고서가 제출되거나 가압류와 압류가 경합된 경우에 가압류명령 발령법원에 사유신고서가 제출되었다면 먼저 송달된 압류명령 발령법원 또는 본압류명령 발령법원으로 배당사건을 이송함이 상당하다.

③ 가압류명령만을 송달받은 제3채무자는 공탁을 한 후 즉시 공탁서를 첨부하여 가압류명령 발령법원에 신고하여야 하고, 둘 이상의 가압류가 있는 경우에는 먼저 송달된 가압류명령 발령법원에 신고해야 한다(행정예규 제1018호).

다. 사유신고 이후의 절차

① 제3채무자로부터 사유신고서를 접수받은 집행법원은 배당절차에 의할 것이 아니라고 판단될 경우에는 사유신고를 불수리하는 결정을 한다. 그리고 일단 제출된 사유신고는 철회 또는 취하할 수 없다. 다만 제3채무자의 착오나 오류에 의해 무효인 집행공탁을 하고 그것이 제3채무자에게나 집행법원에게나 무익한 것이라면 사유신고의 철회와 집행공탁금의 회수를 인정할 필요가 있다.

② 공탁자가 공탁 원인이 없음에도 착오로 집행공탁을 한 후 이를 이유로 공탁사유신고를 철회한 경우 그 집행공탁이 원인이 없는 것으로써 무효임이 명백하다면 집행법원은 공탁사유신고 불수리결정을 할 수 있고, 공탁자는 공탁관에게 위 불수리결정문을 제출하여 공탁금을 회수할 수 있다(대결 1999.1.8, 98마363). 예컨대 제3채무자인 공탁자가 집행채무자 甲과 乙에 대한 압류가 경합하는 별건의 채무에 대하여 민사집행법 제248조에 의한 집행공탁을 하면서 채무(공탁물)를 뒤바뀌게 공탁하고 사유신고를 한 경우 집행법원이 집행공탁의 배당을 실시하기 전이라면 공탁자가 집행공탁의 원인이 없음에도 착오로 공탁한 것임을 이유로 공탁사유신고를 각 철회하고 집행법원이 그 집행공탁 원인이 없는 것으로써 무효임이 명백하여 공탁사유신고 불수리결정을 한 경우에는 공탁관에게 위 결정을 제출하여 공탁법 제9조 제2항 제2호에 따라 공탁금을 회수할 수 있다(공탁선례 제2-279호).

③ 불수리결정이 있는 경우에는 사유신고로 인해 새로운 권리자의 배당가입을 차단하는 이른바 배당가입 차단효가 발생하지 않는다(대판 2005.5.13, 2005다1766).

④ 사유신고가 적법하면 이를 수리하여 배당절차를 진행한다.

⑤ 한편 금전채권에 대하여 압류가 경합된 상태에서 제3채무자가 민사집행법 제248조의 규정에 따라 집행공탁을 하게 되면 모든 압류는 실효되고 각 압류채권자는 배당받을 채권자의 지위로

전환되어 제3채무자의 공탁사유신고 시까지 배당요구를 하지 않더라도 그 배당절차에 참가할 수 있다. 이때 제3채무자가 민사집행법 제248조에 의한 집행공탁을 하고 사유신고를 하면서 경합된 압류 중 일부에 관한 기재를 누락했다고 하더라도 누락된 압류채권자는 배당절차에 참가할 수 있다(대판 2015.4.23, 2013다207774 참조). 그리고 누락된 압류가 체납처분에 의한 압류라 하더라도 마찬가지이다.

라. 공탁금 지급청구권에 대하여 (가)압류가 있는 경우 공탁관의 공탁 및 사유신고 여부

① 공탁금 출급·회수청구권에 대하여 압류 또는 가압류가 되었으나 압류의 경합이 성립하지 않는 경우 공탁관은 민사집행법 제248조 제1항에 의한 공탁 및 사유신고를 하지 아니한다(행정예규 제1018호 6. 가 참조). 민사집행법 제248조 제1항에 의한 공탁은 일반 제3채무자의 이익보호를 위하여 인정된 권리공탁이므로 공탁금 지급청구권에 대하여 압류·가압류 등이 경합하지 않은 경우에는 공탁관으로 하여금 굳이 일반 제3채무자와 똑같이 민사집행법 제248조 제4항에 의한 사유신고를 하도록 할 필요가 없기 때문이다.

② 그러나 공탁금 출급·회수청구권에 대하여 압류경합이 있는 경우에는 공탁관의 자의적인 처분을 지양하고 그 대신 집행법원의 배당절차를 통한 채권자들 간의 공정한 배분이 필요하므로 공탁관은 대법원 행정예규 제1225호 '공탁관의 사유신고에 관한 업무처리지침'에 의하여 먼저 송달된 압류명령을 발령한 법원에 사유신고를 하여야 한다.

③ 또한 가압류를 원인으로 제3채무자가 민사집행법 제291조 및 제248조 제1항에 의하여 공탁한 후에 피공탁자(가압류채무자)의 공탁금 출급청구권에 대한 압류가 이루어져 압류의 경합이 성립하거나 공탁사유인 가압류를 본압류로 이전하는 압류명령이 있는 경우에는 공탁관은 즉시 먼저 송달된 압류명령의 발령법원에 그 사유신고를 하여야 한다(행정예규 제1018호 6. 나).

05 절 민사집행법 제282조에 의한 공탁(해방공탁)

1. 의의

① 가압류명령에는 가압류의 집행을 정지하거나 집행한 가압류를 취소시키기 위하여 채무자가 공탁할 금액을 적어야 한다(민사집행법 제282조). 가압류명령에 정한 금액을 공탁한 때에는 법원은 결정으로 집행한 가압류를 취소하여야 한다. 이와 같이 가압류의 집행정지나 집행한 가압류를 취소하기 위하여 채무자가 공탁할 금액을 해방금액 또는 해방공탁금이라 한다. 가압류채무자가 가압류명령에 정한 금액을 공탁하는 것이 민사집행법 제282조의 가압류해방공탁이다.

② 가압류제도는 금전적 청구권을 보전하기 위한 것이므로 채무자가 금전적 청구권 보전에 필요한 충분한 금액을 공탁한 경우에는 채권자로서는 가압류 집행이 필요 없게 되고, 가압류의 효력을 공탁금 회수청구권 위에 생기게 함으로써 채권자는 여전히 공탁금 회수청구권 위에 가압

류의 효력을 유지하는 결과가 되므로 아무런 불이익을 받지 아니한다. 한편 채무자는 가압류의 집행으로 인하여 가압류된 동산·부동산·채권 등의 처분이나 이용 등에 제한을 받게 된다. 통상 가압류집행 대상 목적물의 평가액은 가압류 청구금액보다 훨씬 상회하는 것이 보통인데, 가압류집행으로 인하여 재산권의 처분, 이용 등이 제한된다면 채무자의 일상생활이나 경제활동에 불이익과 고통을 받게 된다. 그러므로 채무자에게 채권자의 가압류집행에 갈음하여, 또는 이와 동일한 정도의 장래의 강제집행을 보전하기 충분한 다른 방법을 선택할 수 있는 편의를 주어 채권자의 지위를 위태롭게 하지 않는 범위 내에서 금전을 공탁하고 가압류의 집행으로부터 해방을 얻게 한다면 채무자의 고통이나 불이익은 크게 줄어들 것이다. 이와 같이 가압류는 금전적 청구권을 보전하기 위한 수단이므로 집행목적 재산 대신 상당한 금전을 공탁하면 구태여 가압류집행을 할 필요 없이 채권보전의 목적을 달성할 수 있게 되므로 채무자로 하여금 불필요한 집행을 당하지 않도록 마련한 제도가 가압류해방공탁이다. 법원은 가압류명령을 발한 때에는 해방금액을 기재하여야 하고 그 전액을 공탁하였을 때에는 반드시 집행한 가압류를 취소하여야 한다(대결 1962.5.31, 62마5).

2. 해방공탁금의 법적 성질

① 해방공탁금은 가압류의 집행정지나 취소로 인한 채권자의 손해를 담보하는 것이 아니고 가압류의 목적재산에 갈음하는 것이므로 소송비용의 담보에 관한 규정이 준용되지 않는다. 즉, 채권자는 가압류해방공탁금에 대하여 우선변제권이 없다. 따라서 가압류집행의 목적물에 갈음하여 가압류해방금이 공탁된 경우에 그 가압류의 효력은 공탁금 자체가 아니라 공탁자인 채무자의 공탁금 회수청구권에 대하여 미치는 것이므로 채무자의 다른 채권자가 해방공탁금 회수청구권에 대하여 압류명령을 받은 경우에는 가압류채권자의 가압류와 다른 채권자의 압류는 그 집행대상이 같아 서로 경합하게 된다. 결국 가압류해방공탁금은 가압류목적물에 갈음하는 것으로써 가압류해방공탁이 된 경우에 가압류명령 그 자체의 효력은 소멸되는 것이 아니라 공탁자인 가압류채무자의 공탁금 회수청구권에 미치게 되는 것이다.

② 가압류해방금액을 공탁하게 하는 목적은 가압류의 집행과 마찬가지로 피보전채권의 강제집행을 보전하는 데 있으므로 가압류해방공탁은 채무변제를 위한 공탁이 아니며, 따라서 가압류채무자는 가압류해방공탁에 의하여 채무의 소멸을 주장할 수 없다(공탁선례 제2-288호 참조).

3. 공탁의 신청 등

가. 공탁당사자

1) 공탁자

① 가압류해방공탁을 할 수 있는 자는 가압류채무자이다.

② 해방공탁금은 소송상 담보가 아니라 가압류목적물에 갈음하는 대체물에 불과하므로 가압류채권자는 오로지 채무자가 가지는 해방공탁금 회수청구권상의 권리를 주장할 수 있을 뿐이다.

따라서 만일 제3자의 해방공탁을 인정한다면 해방공탁금의 회수청구권은 공탁한 제3자가 가지므로 나중에 가압류채권자가 가압류채무자에 대한 집행권원을 가지고도 제3자의 공탁금 회수청구권에 대하여 강제집행이 불가능하게 되고, 결국 가압류채권자의 가압류집행은 아무런 실효를 거둘 수 없게 되기 때문에 제3자에 의한 가압류해방공탁은 허용되지 않는다.

③ 실무상 가압류된 부동산의 소유권을 취득한 제3자가 가압류를 말소하기 위하여 해방공탁을 하려는 경우가 종종 있으나 제3취득자는 해방공탁을 할 수는 없다. 다만 가압류목적물에 대한 이해관계인으로서 채무자를 대위하여 그 피보전채권을 변제할 수는 있을 것이며, 이때에는 그에 따른 권리구제절차를 취할 수밖에 없다(공탁선례 2-17 참조).

④ 다만 상속·합병 등으로 가압류채무자에 대한 권리·의무를 포괄적으로 승계한 자는 해방공탁을 할 수 있다.

2) 피공탁자

가압류해방공탁에서 가압류채권자의 권리실행방법에 대하여 판례 및 실무입장인 '공탁금 회수청구권에 대한 집행설'을 따르면 피공탁자는 원시적으로 있을 수 없으므로 공탁서에 피공탁자를 기재해서는 안 된다. 이러한 이유로 공탁사무 문서양식에 관한 예규(행정예규 제1235호) [제1-3호 양식] '금전 공탁서(가압류해방)'에는 피공탁자란이 없다.

나. 공탁물

① 가압류해방금액은 채무자가 입을 수 있는 손해를 담보하는 취지의 이른바 소송상의 담보와는 달리 가압류의 목적물에 갈음하는 것으로써 금전에 의한 공탁만이 허용되고, 유가증권에 의한 공탁은 그 유가증권이 실질적 통용가치가 있는 것이라고 하더라도 허용되지 않는다.

② 또한 가압류채무자가 가압류의 집행취소신청을 하기 위해서는 가압류명령에서 정한 금액 전부를 공탁하여야 하며, 가압류명령에서 정한 금액의 일부만을 공탁하고 가압류집행의 일부취소를 구하는 것은 허용되지 않는다. 예컨대 가압류결정에서 가압류채무자 乙, 丙 및 丁을 공동채무자로 하여 청구금액 1억 원을 공탁하고 가압류의 집행취소를 신청할 수 있도록 정하여졌다면 丙 및 丁은 자신들의 상속 채무액만큼만 공탁하여 자신들이 공유하는 부동산에 대한 가압류의 집행취소를 구할 수는 없다(공탁선례 제2-291호).

③ 집행한 가압류를 취소시키기 위한 해방공탁을 하였으나 공탁금액이 가압류명령에 정한 해방금액 전부가 아니라 그 일부에 불과하였다면 그 공탁은 가압류의 집행을 취소시킬 수 있는 해방공탁으로써의 효력이 없어 '착오로 공탁을 한 경우'에 해당하므로, 채무자는 착오공탁임을 증명하는 서면을 첨부하여 공탁금을 회수할 수 있다. 구체적인 사안에서 착오를 증명하는 서면인지 여부는 해당 공탁관이 판단하여야 할 것이다(공탁선례 제2-320호).

④ 해방금액을 결정하는 기준은 실무상으로는 통상 청구채권의 금액과 같은 금액으로 하고 있다. 그러나 목적물의 가액이 청구금액보다 적은 경우에는 목적물의 가액 상당금액으로 정할 수 있고, 채권자의 청구권이 다른 방법에 의하여 그 일부가 보전되어 있다면 이를 고려하여 그 금액을 정할 수 있다(법원실무제요 2020 민사집행 V 124면 참조).

다. 관할

가압류해방공탁은 집행공탁으로서 어느 공탁소에 하여도 무방하다.

라. 가압류집행취소결정

① 해방금액을 공탁한 채무자는 공탁서를 첨부하여 가압류집행법원에 가압류집행취소를 신청하고, 이러한 집행취소 신청이 있으면 집행취소의 결정을 한다. 이 결정에 대하여는 채권자가 즉시항고를 할 수 있으나, 이 취소결정은 확정되지 아니하여도 효력이 생긴다.

② 해방공탁으로 인한 가압류집행취소가 이루어져도 가압류명령 그 자체의 효력이 소멸되는 것이 아니라 공탁자인 가압류채무자의 공탁금 회수청구권에 대하여 미치게 된다.

③ 가압류가 본집행으로 이행된 경우 해방공탁으로 인한 가압류집행취소를 원인으로 본집행의 효력을 다툴 수 있느냐에 관하여, 판례는 가압류집행이 있은 후 가압류가 강제경매개시결정으로 인하여 본압류로 이행된 경우에 가압류집행이 본집행에 포섭됨으로써 당초부터 본집행이 있었던 것과 같은 효력이 있고 본집행의 효력이 유효하게 존속하는 한, 상대방은 가압류집행의 효력을 다툴 수는 없고 오로지 본집행의 효력에 관하여만 다투어야 하는 것이므로 본집행이 취소 또는 실효되지 않는 한 가압류집행이 취소되었다고 하여도 이미 그 효력을 발생한 본집행에는 아무런 영향을 미치지 않는다. 따라서 가압류등기 후 제3자 앞으로 소유권이전등기가 마쳐진 부동산에 대하여 가압류채권자의 신청에 의한 강제경매절차가 진행 중 가압류해방금액공탁으로 가압류집행이 취소되어 가압류등기가 말소된 경우 이를 이유로 강제경매개시결정을 취소할 수 없다고 하였다(대결 2002.3.15, 2001마6620, 공탁선례 제2-302호).

4. 해방공탁금의 지급

가. 가압류채권자의 권리행사

① 가압류채권자의 해방공탁금에 대한 권리실행방법에 대하여는 가압류채권자가 본안승소의 확정판결을 첨부하여 바로 출급청구할 수 있다는 출급청구권설도 있으나, 실무에서는 가압류의 효력은 공탁금 자체가 아니라 공탁자인 채무자의 공탁금 회수청구권에 미치는 것이고 가압류채권자는 본안승소판결의 집행력 있는 집행권원에 기하여 가압류채무자가 가지는 해방공탁금 회수청구권에 대하여 집행법원의 현금화명령(전부명령 또는 추심명령)을 받아서 공탁금을 회수할 수 있다는 현금화명령설을 따르고 있다(대결 1996.11.11, 95마252).

② 따라서 가압류채권자가 해방공탁금을 지급받기 위해서는 본안승소판결 등을 집행권원으로 하여 가압류채무자가 가지는 공탁금 회수청구권에 대하여 별도의 현금화명령(전부명령 또는 추심명령)을 받아야 한다(공탁선례 제2-295호). 즉, 가압류채권자는 본안승소확정판결 등을 집행권원으로 하여 공탁금 회수청구권에 대하여 가압류로부터 본압류로 이전하는 채권압류 및 추심명령이나 전부명령을 받아 공탁소에 대하여 회수청구를 할 수 있으며(전부명령은 확정증명, 추심명령은 송달증명 각 첨부), 그 경우의 집행권원으로는 확정판결뿐만 아니라 가집행선고부 종국판결도 포함된다(공탁선례 제2-293호).

③ 이 경우 채권압류가 가압류를 본압류로 이전하는 채권압류가 아닌 한 가압류의 피보전권리와 압류의 집행채권의 동일성을 소명해야 하는데(공탁선례 제2-294호), 그 소명방법으로 가압류 신청서와 소장, 본안판결문 등을 제출하면 공탁관이 동일성 여부를 판단하게 될 것이다. 공탁관이 압류가 가압류로부터 이전된 것이 명백하지 않다고 하여 가압류와 압류가 경합되었음을 이유로(전부명령의 경우 효력이 없는 것으로 판단하여) 집행법원에 사유신고를 한 때에는 집행법원의 배당절차에 의한 지급위탁절차에 의하여 교부하는 증명서를 첨부하여 공탁금의 회수청구를 하게 된다(공탁선례 제2-296호 참조).

④ 따라서 해방공탁금에 대하여 가압류채권자가 가압류채권의 피보전권리와 압류된 집행채권이 동일함에도 불구하고 가압류에서 본압류로 이전하지 않고 채권압류 및 전부명령이나 추심명령을 얻었을 경우 이를 송달받은 공탁관은 공탁금 지급청구권에 대하여 압류경합이 있음을 이유로 지체 없이 사유신고를 하게 되므로(행정예규 제1225호에 의하여 익일부터 3일 이내) 가압류채권자는 공탁관이 압류경합을 이유로 집행법원에 사유신고를 하기 전까지만 가압류채권의 피보전권리와 집행채권이 동일함을 소명하여 공탁금을 지급받게 될 것이다.

⑤ 채무자의 해방공탁금에 대하여 가압류채권자의 채권자들이 '가압류채권자의 채무자에 대한 본안재판 판결확정 후 제3채무자인 국가에 대하여 출급청구할 공탁금채권'에 대하여 압류 및 전부명령을 순차적으로 받은 경우 가압류채권자는 공탁금 회수청구권에 대하여 가압류를 본압류로 이전하는 압류 및 현금화명령을 얻어 채권의 만족을 얻을 수 있을 뿐이고 채무자의 가압류해방공탁으로 인하여 채권자에게 공탁금 출급청구권이 생기는 것은 아니므로 위의 압류 및 전부명령들은 그 대상채권이 존재하지 않아 무효라고 할 것이다. 따라서 공탁관은 압류경합을 이유로 사유신고하거나 형식상 전부명령이 확정된 채권자에게 공탁금을 지급할 수는 없다(공탁선례 제2-297호).

⑥ 한편 채무자의 다른 채권자가 가압류해방공탁금 회수청구권에 대하여 압류 및 전부명령을 받은 경우에는 전부명령은 효력이 없고, 가압류채권자의 가압류와 압류가 경합하게 되므로 공탁관의 사유신고로 개시되는 집행법원의 배당절차에서 배당금수령채권자로서 그 지급받을 자격을 증명하는 증명서를 교부받아야만 공탁금 회수청구를 할 수 있다(공탁선례 제2-344호).

⑦ 가압류채권자가 가압류목적물에 대하여 우선변제를 받을 권리가 없는 것과 마찬가지로 가압류해방공탁금에 대하여 가압류채권자는 우선변제권이 없다. 따라서 가압류해방공탁금 회수청구권에는 우선권 없는 보통의 가압류만이 된 상태이므로 가압류채무자에 대하여 채권을 가진 다른 채권자는 가압류해방공탁금에 대하여 가압류나 압류를 할 수도 있다. 이와 같이 공탁자인 가압류채무자의 다른 채권자가 가압류해방공탁금 회수청구권에 대하여 압류명령을 받은 경우에는 가압류채권자의 가압류와 다른 채권자의 압류는 그 집행대상이 같아 서로 경합하게 된다. 이 경우 공탁관은 지체 없이 집행법원에 그 사유를 신고하여야 하고, 압류 및 추심명령을 받은 채권자 등에게 공탁금을 지급하여서는 안 된다.

⑧ 공탁관은 사유신고를 할 때에 사유신고서에 민사집행규칙 제172조 제1항에 규정된 사항 이외에 해당 가압류사건의 표시 및 가압류채권자의 성명을 기재하고 공탁서 사본을 첨부하여야 한

다(재민 84-6). 제3채무자인 공탁관이 사유신고를 하게 되면 배당요구의 종기가 도달하여 더 이상 다른 채권자가 배당요구 등을 할 수 없으므로 공탁사유의 신고를 받은 집행법원은 바로 배당절차를 개시할 수 있다.

⑨ 한편 가압류채무자에게 해방공탁금의 용도로 대여하여 가압류집행을 취소할 수 있도록 한 자는 특별한 사정이 없는 한 가압류채권자에 대한 관계에서 가압류해방공탁금 회수청구권에 대하여 위 대여금 채권에 의한 압류 또는 가압류의 효력을 주장할 수 없다는 판례가 있다(대판 1998.6.26, 97다30820).

나. 가압류채무자의 회수

① 가압류해방공탁금에 대하여는 가압류채권자의 공탁금 출급청구권은 없고 가압류채무자의 공탁금 회수청구권만 있다. 공탁자인 가압류채무자의 해방공탁금 회수청구권은 공탁원인의 소멸을 정지조건으로 하는 청구권이므로 그와 같은 조건이 성취되면 공탁자는 그것을 입증하고 해방공탁금을 회수할 수 있다. 채무자인 공탁자의 공탁금 회수청구권에 대한 양수인 등도 마찬가지이다.

② 따라서 해방공탁금을 가압류채무자인 공탁자가 회수하기 위해서는 가압류채무자가 해방공탁금 위에 미치고 있는 가압류의 효력을 이의신청 또는 사정변경에 의한 가압류결정취소신청 등으로 깨뜨리거나 가압류채권자와 합의를 보아 해방공탁금에 대한 가압류를 풀어야 하며, 회수청구의 경우 첨부서면은 일반적인 첨부서면 이외에 공탁원인소멸을 증명하는 서면을 첨부하여야 한다(공탁선례 제2-298호). 가압류채무자는 가압류의 효력이 소멸되었음을 증명하는 서면의 경우로, 가압류를 취소하는 결정정본 및 송달증명(민사집행법 제286조 제6항의 효력유예선언이 있는 경우에는 효력발생기간 경과), 제소기간 도과로 인한 민사집행법 제287조 제3항의 가압류결정취소결정 및 송달증명, 집행 후 3년간 본안의 소 부제기로 인한 민사집행법 제288조 제1항 제3호의 가압류취소결정 및 송달증명(공탁선례 제2-299호), 가압류취하증명 등을 들 수 있다.

③ 가압류채권자가 본안소송에서 패소하여 그 판결이 확정되면 채무자가 사정변경에 따른 가압류취소신청을 하여 가압류취소결정을 받아 공탁금을 회수할 수 있다. 그리고 가압류해방공탁은 가압류로 인한 손해담보공탁이 아니므로 가압류해방공탁금 회수청구 시 담보취소결정이 필요 없음은 물론이다.

④ 가압류채권자의 채권자가 '가압류채권자의 가압류채무자에 대한 본안판결 확정 후 제3채무자인 국가에 대하여 회수청구할 공탁금채권'을 피압류채권으로 채권가압류를 받았다 하더라도 가압류의 효력이 소멸되었을 경우에 공탁자가 가지는 공탁금 회수청구권 행사에 아무런 영향도 줄 수 없으므로 공탁자인 가압류채무자가 일반적인 첨부서면 이외에 가압류해방공탁의 원인이 된 그 가압류의 효력이 소멸되었음을 증명하는 서면을 첨부하여 공탁금 회수청구를 하는 경우 공탁관은 그 회수청구를 인가하여야 한다(공탁선례 제2-295호).

⑤ 가압류채권자가 법원이 정한 제소기간 내에 제소증명서 등을 제출하지 않아 가압류채무자가 제소기간 도과에 의한 가압류결정취소결정을 받은 경우 가압류채무자는 일반적인 첨부서면 이외에 공탁원인의 소멸을 증명하는 서면으로 가압류결정취소결정정본 및 송달증명을 첨부하여 가압류해방공탁금을 회수할 수 있으며, 가압류취소결정의 확정증명을 요하지 않는다. 이는 가압류가 집행된 후 가압류채권자가 3년간 본안의 소를 제기하지 않아 가압류채무자가 가압류결정취소결정을 받은 경우에도 마찬가지이다(공탁선례 제2-299호).

⑥ 가집행선고부 판결에 의하여 집행이 완결된 사건에 있어서는 그 본안판결이 항소심에서 취소 또는 변경되더라도 이를 이유로 이미 완결된 강제집행을 취소할 수는 없으므로 가압류채권자인 甲이 가집행선고부 판결을 받아 해방공탁금의 회수청구권을 압류 및 전부받은 후라면 비록 전부채권자인 甲이 해방공탁금을 회수하기 전에 가압류채무자인 乙이 항소심에서 전부 승소판결(甲의 청구기각판결)을 받아 사정변경에 의한 가압류결정취소결정을 받았다 하더라도 乙은 이미 집행완료된 해방공탁금을 곧바로 회수할 수는 없다. 이 경우 乙은 甲으로부터 이미 전부된 회수청구권을 다시 양도(부당이득의 원상회복)받거나 甲을 상대로 손해배상 또는 부당이득금반환청구를 하여 별도의 집행권원을 얻어 집행하여야 한다(공탁선례 제2-300호).

⑦ 한편 가압류권자가 본안소송에서 일부 승소하는 등의 사정으로 가압류 청구금액 중 일부만 본압류로 이전한 경우 본압류로 이전되지 아니한 나머지 공탁금에 대하여는 여전히 가압류 집행의 효력이 유지되므로 공탁자인 가압류채무자가 회수하려면 가압류의 효력이 소멸되었음을 증명하는 서면을 제출하여야 한다.

다. 이자의 귀속문제

① 공탁금 지급청구권에 대하여 당사자의 교체(전부·양도 등)가 있는 경우에는 교체일을 기준으로 그 전일까지의 이자는 구 당사자(공탁자)에게, 그 이후부터는 신 당사자(전부채권자, 양수인 등)에게 귀속하는 것이 원칙이다. 따라서 공탁금 지급청구권에 대한 채권압류 및 추심명령이 있는 때에 그 명령에 공탁금의 이자에 대하여 언급이 없는 때에는 추심채권자는 압류 전 공탁금의 이자에 대한 추심권은 없다(공탁선례 제2-99호). 이자채권에 대하여 추심권을 행사하려면 별도의 압류 및 추심명령을 받아야 한다.

② 가압류해방공탁금의 회수청구권도 마찬가지로 가압류로부터 본압류로 이전하는 압류 및 전부명령이 확정된 때에는 그 명령이 제3채무자인 국가에 송달된 때에 채무자의 공탁금 회수청구권은 지급을 갈음하여 전부명령상 권면액의 범위 내에서 채권자에게 이전하는 것이므로 공탁일부터 위 명령이 제3채무자인 국가에 송달되기 전일까지의 공탁금에 대한 이자는 공탁자(채무자)에게 지급되어야 하고, 그 이후의 공탁금에 대한 이자는 전부채권자에게 지급되어야 한다(공탁선례 제2-98호).

③ 가압류해방공탁금의 회수청구권에 대하여 가압류로부터 본압류로 이전하는 압류·전부명령과 함께 지연손해금채권으로 추가로 위 가압류해방공탁금의 회수청구권에 대하여 압류·전부명령을 한 경우라도 그 명령에 공탁금의 이자 채권에 대하여 언급이 없으면 공탁일부터 압류·

전부명령이 제3채무자인 국가에 송달되기 전일까지의 공탁금에 대한 이자를 전부채권자에게 지급할 수 없다(공탁선례 제2-301호).

④ 공탁금에 대한 이자의 지급을 동시에 받으려고 하는 때는 그 취지를 공탁금 출급·회수청구서에 기재하도록 되어 있으나(공탁규칙 제32조 제2항 제4호), 실무상으로는 이자의 지급을 청구하지 않는 특별한 경우에만 그 취지를 기재하고 그러한 기재가 없으면 공탁물보관자가 공탁금 납입일부터 공탁금 지급 전일까지의 이자를 계산하여 지급한다.

⑤ 가압류해방공탁금에 대하여 채권양도 또는 채권압류 및 추심명령이나 전부명령이 있을 경우에는 이자의 귀속주체가 다를 수 있으므로 공탁금 회수청구서에 이자에 관한 지급청구기간을 반드시 명시하여 공탁물 보관은행이 공탁자에게 귀속될 이자까지 전액 지급하는 경우가 발생하지 않도록 주의하여야 한다.

06 절 부동산경매절차에서 배당금의 공탁

1. 개설

1) 민사집행법 제160조 제1항은 부동산에 대한 강제경매에서 배당액을 즉시 채권자에게 지급할 수 없거나 지급하는 것이 적당하지 아니한 경우에 법원사무관 등은 배당액을 직접 지급하지 않고 공탁하도록 규정하고 있다. 즉 배당받을 채권액에 대하여 ① 정지조건 또는 불확정기한이 붙어 있는 때, ② 가압류채권자의 채권인 때, ③ 민사집행법 제49조 제2호(강제집행의 일시정지를 명한 취지를 적은 재판의 정본) 및 제266조 제1항 제5호(담보권 실행을 일시정지하도록 명한 재판의 정본)에 규정된 문서가 제출되어 있는 때, ④ 저당권설정의 가등기가 마쳐져 있는 때, ⑤ 민사집행법 제154조 제1항에 의한 배당이의의 소가 제기된 때, ⑥ 민법 제340조 제2항 및 제370조에 따른 배당금액의 공탁청구가 있는 때에는 집행법원은 그에 따른 배당액을 공탁하여야 한다.

2) 또한 민사집행법 제160조 제2항은 채권자가 배당기일에 출석하지 아니한 때에도 그에 대한 배당액을 공탁하도록 규정하고 있다.

3) 위의 민사집행법 제160조는 부동산에 대한 담보권실행을 위한 경매절차 및 채권에 대한 강제집행의 배당절차에도 준용된다. 다만 위 ④항은 그 성질상 채권에 대한 강제집행에 있어서는 제외된다.

4) 민사집행법 제160조의 공탁 및 공탁금의 지급절차는 법원사무관 등이 실시한다(민사집행규칙 제82조 제1항).

5) 한편 민사집행·비송 전자소송이 2015.3.23. 도입됨에 따라 집행법원의 법원사무관 등은 전자공탁시스템을 이용하여 공탁할 수 있게 되었다(재민 92-2 참조).

2. 민사집행법 제160조 제1항 각 호에 의한 공탁

가. 채권에 정지조건 또는 불확정기한이 붙어있는 때(민사집행법 제160조 제1항 제1호)

① 정지조건이 있거나 불확정기한이 있는 채권의 배당액은 공탁하고, 공탁의 원인이 소멸한 때, 즉 조건의 성부나 기한의 도래에 의하여 지급하거나 추가배당하여야 한다.

② 주택임대차보호법 제3조의2 및 상가건물 임대차보호법 제5조의 규정에 의하여 우선변제권이 인정되는 임대차보증금도 임차인이 임차목적물을 매수인에게 인도하지 아니하면 이를 수령할 수 없으므로(주택임대차보호법 제3조의2 제3항, 상가건물 임대차보호법 제5조 제3항) 정지조건 있는 채권에 대한 배당액 교부방법과 마찬가지로 임차물의 인도를 조건으로 배당액을 공탁하고 목적물의 인도를 증명한 때에 이를 지급한다(재민 84-10). 전세보증금의 반환도 전세목적물의 반환과 동시이행관계에 있으므로 전세권의 경우도 인도확인서가 필요하다. 소액임차인의 경우에도 인도확인서를 제출하여야 한다(재민 84-10). 반면 대항력과 우선변제권을 겸유한 임차인이 배당요구를 하였으나 보증금 전액을 배당받지 못하고 일부만 배당받은 경우에는 그 잔액에 대하여 매수인에게 동시이행의 항변을 할 수 있으므로 배당금 수령 시 인도확인서를 제출할 필요가 없다.

③ 한편 목적물의 인도를 증명하는 증거로는 보통 매수인이 작성한 인도(명도)확인서를 제출하도록 하고 있으나, 반드시 이에 한하지는 않고, 예컨대 배당기일 전에 미리 인도명령이 발령된 경우에는 인도집행조서, 그 밖에 이사확인서와 변경된 주민등록표등본 및 공무소에의 조회 등을 통한 새로운 점유자의 확인 등을 종합적으로 고려하여 판단하면 된다.

④ 정지조건이 있는 채권은 조건의 성취에 의하여, 불확정기한이 있는 채권은 기한의 도래에 의하여 채권이 확정되므로 조건이 성취되었거나(조건이 성취된 것으로 간주되는 경우를 포함한다) 기한이 도래한 경우에 해당 채권자가 그 사실을 증명하여 원래의 배당표에 적힌 대로 배당액 지급청구를 하면 법원은 배당기일을 열지 않고 배당액 지급절차를 밟는다. 배당액 지급절차도 법원사무관 등이 담당하게 되는데, 다만 이때의 법원사무관 등은 집행법원의 법원사무관 등이 아닌 공탁서 등 보관자이다(재민 92-2). 이 업무를 담당한 법원사무관 등은 해당 채권자에게 지급하여야 할 배당액에 상당하는 금액의 지급위탁서를 작성하여 공탁관에게 송부하는 한편 해당 채권자에게는 배당액지급증(지급받을 자격에 관한 증명서)을 교부하여야 한다. 해당 채권자에게 배당액지급증을 교부할 때에는 그로부터 집행력 있는 정본 또는 채권증서나 영수증을 받아야 한다. 배당금수령채권자는 공탁관에게 공탁물 출급청구서(2통)에 위 배당액지급증을 첨부하여 제출하고, 공탁금 출급을 받는다. 한편 민사집행·비송 전자소송의 시행으로 인하여 집행법원에서 전자공탁시스템을 이용하여 지급위탁하는 경우에는 지급위탁서와 그 자격에 관한 증명서를 전자적으로 생성하여 공탁관에게 송부한다.

⑤ 조건의 불성취가 확정된 경우에는 그 채권자에 대한 배당을 실시할 수 없으므로 추가배당을 받을 채권자가 있는 경우에는 다른 채권자가 그 사실을 증명하면 집행법원은 추가배당절차를 실시하고, 나머지가 있으면 채무자 등(강제경매의 경우에는 채무자, 임의경매의 경우에는 소

유자, 민사집행법 제147조 제2항에 해당하는 경우에는 보증 등을 제공한 자)에게 지급하여야 한다. 달리 추가배당을 받을 채권자가 없는 경우에는 채무자 등에게 지급한다.

나. 가압류채권자의 채권인 때(민사집행법 제160조 제1항 제2호)

① 가압류의 경우에 확정되지 아니한 채권은 공탁하여야 한다. 그리고 본안소송에서 가압류채권자가 승소하여 집행력 있는 종국판결을 받거나 화해조서 등 그 밖의 집행권원을 취득한 때에 가압류채권자가 집행권원을 제출하면 법원사무관 등은 그 자격에 관한 증명서를 교부하는 지급위탁절차에 의하여 배당채권자에게 공탁금이 지급된다.

② 그러나 가압류의 피보전채권의 부존재가 본안의 확정판결에 의하여 확정되거나 가압류결정의 취소 등에 의하여 가압류집행이 취소된 때에는 위 공탁된 배당액은 아직 만족하지 못한 다른 채권자가 있는 경우에는 추가배당하여야 하고, 그렇지 아니하면 채무자 등에게 지급한다. 다만 다른 채권자가 가압류채권자의 채권에 대한 배당액에 대하여 이의를 한 경우에는 배당절차가 종료되지 아니하므로 판결 내용에 따라 다시 배당을 실시한다.

③ 한편 가압류채권자의 채권에 대하여 배당액이 공탁된 경우 본안의 확정판결 등에서 지급을 명한 가압류채권자의 채권이 소멸하는 범위와 시기에 관하여, 판례는 집행법원이 배당을 실시할 때에 가압류채권자의 채권에 대하여는 그에 대한 배당액을 공탁하여야 하고, 그 후 그 채권에 관하여 본안판결이 확정되거나 소송상 화해·조정이 성립되거나 또는 화해권고결정·조정을 갈음하는 결정 등이 확정됨에 따라 공탁의 사유가 소멸한 때에는 집행법원은 가압류채권자에게 공탁금을 지급하여야 하므로 특별한 사정이 없는 한 본안의 확정판결 등에서 지급을 명한 가압류채권자의 채권은 배당액으로 충당되는 범위에서 본안판결 등의 확정 시에 소멸한다고 판시하였다(대판 2014.9.4, 2012다65874; 대판 2015.4.23, 2013다215379 참조). 이러한 법리는 위와 같은 본안판결 등 확정 이후에 채무자에 대하여 파산이 선고되었다 하더라도 마찬가지로 적용되므로 본안판결 등 확정 시에 이미 발생한 채권 소멸의 효력은 채무자 회생 및 파산에 관한 법률 제348조 제1항에도 불구하고 그대로 유지된다고 보아야 한다. 이러한 경우에 가압류채권자가 공탁된 배당금을 채무자의 파산선고 후에 수령하더라도 이는 본안판결 확정 시에 이미 가압류채권의 소멸에 충당된 공탁금에 관하여 단지 수령만이 본안판결확정 이후의 별도의 시점에 이루어지는 것에 지나지 않기 때문에 가압류채권자가 위와 같이 수령한 공탁금은 파산관재인과의 관계에서 민법상의 부당이득에 해당하지 않는다(대판 2018.7.24, 2016다227014; 대판 2018.7.26, 2017다234019).

다. 민사집행법 제49조 제2호(강제집행의 일시정지를 명한 취지를 적은 재판의 정본) 및 제266조 제1항 제5호(담보권 실행을 일시정지하도록 명한 재판의 정본)의 문서가 제출되어 있는 때(민사집행법 제160조 제1항 제3호)

① 강제경매의 경우에 집행력 있는 정본을 가진 배당채권자 전원에 대하여 집행정지서면이 제출된 경우에는 배당절차는 정지되므로 배당액의 공탁문제가 일어날 여지가 없다. 집행력 있는 정본을 가진 배당채권자의 일부에 대하여서만 집행정지서면이 제출되었거나 임의경매의 경우

에는 법원은 배당을 속행하여야 하고, 다만 법원사무관 등은 그 채권자에 대한 배당액을 공탁하여야 한다. 채무자가 집행력 있는 정본을 가진 채권자의 배당액에 대하여 배당이의를 하고 그 후 청구이의의 소 등을 제기하면서 소제기증명과 함께 집행정지의 잠정처분을 제출한 경우에도 여기에 해당한다. 담보권리자에 대하여 담보권의 실행을 일시정지하도록 명한 재판의 정본이 제출된 경우에도 같다.

② 이와 같이 공탁이 된 후 집행정지를 명한 본안소송 또는 이의의 결과로써 집행불허의 재판의 정본이 제출되면 아직 만족하지 못한 다른 채권자가 있는 경우에는 그 채권자에게 추가배당을 하고 그렇지 아니하면 채무자 등에게 지급한다. 반대로 집행정지를 받은 채권자가 본안소송 또는 이의의 소에서 승소한 사실을 증명하면 그 채권자에게 공탁금을 지급한다.

라. 저당권설정의 가등기가 마쳐져 있는 때(민사집행법 제160조 제1항 제4호)

① 압류의 효력발생 전에 저당권설정의 가등기가 되어 있는 경우에 그 가등기권리자는 후일 본등기를 하면 우선변제를 받을 수 있는 지위에 있으므로 가압류의 경우에 준하여 가등기권리자가 본등기를 하였다고 가정하고 그에게 배당할 금액을 정하여 이를 공탁할 것이다.

② 가등기권리자가 본등기를 하든가 본등기를 하지 않더라도 본등기에 필요한 조건을 구비한 때에는 그 가등기권리자에게 그 배당금액을 지급한다. 이 경우 본등기에 필요한 조건이란 등기의무자의 동의서나 본등기에 필요한 저당권 그 자체의 성립을 인낙하는 등기의무자의 채권확인서 또는 본등기를 명하는 확정판결 등이 제출된 경우를 말한다. 이러한 서류가 제출되면 법원사무관 등은 공탁 전이면 공탁을 하지 않고 배당액을 지급하고, 공탁 후라면 배당액 지급절차에 의하여 배당액을 지급한다.

마. 배당이의의 소가 제기된 때(민사집행법 제160조 제1항 제5호)

① 배당표에 대한 이의가 있는 채권에 관하여 적법한 배당이의의 소가 제기된 때에는 그 배당액을 공탁하여야 한다.

② 배당이의의 소의 판결이 확정된 때, 그 소가 취하 또는 취하간주된 때에는 이해관계 있는 채권자가 그 사실을 증명하면 그 판결의 내용에 따라 종전의 배당표를 경정하거나 추가배당 또는 재배당을 하여야 할 경우에는 법원이 그 필요한 절차를 밟으면 된다. 종전의 배당표가 그대로 확정된 경우에는 법원사무관 등이 종전의 배당표에 따라 배당액을 지급한다.

③ 한편 배당표에 대한 이의가 있는 채권에 관하여 배당이의의 소가 제기되어 배당액이 공탁되었다가 배당표가 확정됨에 따라 공탁된 배당금이 지급된 경우 특별한 사정이 없는 한 배당액에 대한 이의가 있었던 채권은 공탁된 배당액으로 충당되는 범위에서 배당표의 확정 시에 소멸한다고 보아야 한다. 다만 위와 같은 배당표의 확정 전에 어떤 경위로든 채권자가 공탁된 배당금을 지급받아 수령하고 그 후 같은 내용으로 배당표가 확정된 경우에는 채권자가 현실적으로 채권의 만족을 얻은 시점인 공탁금 수령 시에 변제의 효력이 발생한다고 봄이 타당하다(대판 2018. 3.27, 2015다70822 참조). 나아가 채무자 소유 부동산에 관해 경매절차가 진행되어 부동산이 매각되었으나 배당기일에 작성된 배당표에 이의가 제기되어 파산채권자들 사이에서 배당이의

소송이 계속되는 중에 채무자에 대해 파산이 선고되었다면 파산절차는 모든 채권자들을 위한 포괄적인 강제집행절차로 파산절차가 개시되면 채무자가 파산선고 당시에 가진 모든 재산은 원칙적으로 파산재단에 속하므로(채무자회생법 제382조) 배당이의소송의 목적물인 배당금은 배당이의소송의 결과와 상관없이 파산선고가 있은 때에 즉시 파산재단에 속하고 그에 대한 관리·처분권 또한 파산관재인에게 속하게 된다(채무자회생법 제384조, 대결 2019.3.6, 2017마5292). 따라서 적법한 배당이의의 소가 제기되어 관련배당금을 공탁한 후 배당이의의 소가 완결되기 전에 집행법원에 채무자가 파산한 사실이 기재된 문건이 접수되었다면 법원사무관 등은 배당이의의 소의 결과를 기다릴 필요가 없이 위 배당금을 파산관재인에게 지급하면 된다.

바. 저당권자가 저당권의 목적 부동산이 아닌 다른 부동산에 관한 배당절차에서 배당을 받는데 다른 채권자가 그 배당금의 공탁청구(민법 제340조 제2항, 제370조)를 한 때(민사집행법 제160조 제1항 제6호)

① 저당권자는 담보권을 가지고 있어도 일반채권자로서의 자격을 상실하는 것은 아니므로 집행권원을 가지는 한 저당목적 부동산 이외의 채무자의 다른 부동산에 대하여도 강제집행을 할 수 있다. 이 경우에 저당권자는 저당목적 부동산에 의하여 먼저 변제를 받고 그 부족액에 한하여 채무자의 일반재산에서 변제를 받을 수 있다(민법 제370조, 제340조 제1항). 그러나 저당권자가 저당권을 실행하기에 앞서 채무자의 다른 부동산에 대하여 다른 채권자가 먼저 강제집행을 개시하여 배당이 실시되는 경우에까지 위와 같이 제한을 한다면 후에 저당권이 실행되어 채권변제의 부족이 판명된 때에는 이미 다른 부동산에 대한 집행이 종료되어 부족액의 변제를 받을 기회를 상실하게 되므로 이런 경우에는 저당권자도 일반채권자와 동등한 자격으로 채권 전액을 가지고 배당에 참가할 수 있다(민법 제370조, 제340조 제2항 본문). 다만 저당목적 부동산으로써 채무액의 변제에 충분함에도 불구하고 저당권자가 미리 배당액을 수령한다면 결과적으로 민법 제340조 제1항의 취지와 모순되고 다른 채권자의 이익을 해하게 되므로 다른 채권자는 배당에 참가하는 저당권자에게 배당금의 공탁을 요구할 수 있다(민법 제370조, 제340조 제2항 단서). 이러한 공탁청구가 있으면 법원사무관 등은 그 저당권자에 대한 배당액을 공탁하여야 한다.

② 후에 저당권자가 저당권을 실행하여 피담보채권의 일부만을 변제받은 때에는 변제받지 못한 부분은 그 부족액만을 가지고 앞의 배당에 참가하였을 경우에 받을 수 있는 금액만을 위 공탁금 중에서 지급받게 되고(이때 저당권자가 지급받을 금액에 관하여 저당권자가 그 부족액만을 가지고 앞의 배당에 참가하였을 경우에 받을 수 있는 금액만을 위 공탁금 중에서 지급받을 수 있다는 견해와 공탁된 금액 범위 내에서 부족액 전액을 지급받을 수 있다는 견해로 나뉜다), 그 부족액을 초과하여 공탁된 금액은 추가배당 또는 채무자 등에게 교부절차를 밟는다(민사집행법 제161조 제2항 제3호).

3. 배당기일에 출석하지 아니한 채권자의 배당액 공탁(민사집행법 제160조 제2항)

가. 공탁 및 출급절차

① 배당받을 채권자가 배당기일에 출석하지 아니한 경우에는 배당액을 지급할 수 없으므로 공탁하여 배당을 완결한다. 후일 그 채권자가 지급을 청구하면 법원사무관 등은 지급위탁서에 의하여 배당액을 지급한다. 기일에 출석하지 아니한 채권자가 배당액을 입금할 예금계좌를 신고한 때에는 위 공탁에 갈음하여 배당액을 그 예금계좌에 입금할 수 있다.

② 채무자 등이 배당기일에 출석하지 아니한 경우도 채무자 등에게 지급할 금원이 있으면 공탁하였다가 채무자 등이 그 지급을 청구하면 앞에서 본 배당액 지급방법에 의하여 처리할 것이다.

③ 불출석채권자에 대한 배당액의 공탁 또는 계좌입금은 배당기일부터 10일 안에 하도록 되어 있으나(재민 91-5), 채권자가 배당기일에 출석하지 아니하였다 하여 즉시 공탁을 할 것이 아니라 10일 동안 그 채권자의 지급청구를 기다렸다가 끝내 그 채권자의 지급청구가 없으면 그 때 공탁을 할 것이다.

④ 한편 채권자가 법원에 대하여 공탁금의 수령을 포기하는 의사를 표시한 때에는 그 채권자의 채권이 존재하지 아니하는 것으로 보고 추가배당을 실시하거나 또는 채무자 등에게 지급하여야 한다.

나. 공탁금 출급청구권에 대한 압류경합과 사유신고

민사집행법 제160조 제2항 공탁이 된 후 공탁금 출급청구권(또는 배당금 지급청구권)에 대하여 압류의 경합이 발생한 경우에 공탁사유신고에 의하여 배당절차가 개시되는데, 위와 같이 압류의 경합이 발생한 경우 종래에는 공탁관이 사유신고를 하는 것이 다수의 실무였다. 하지만 2020.7.1. 「집행법원의 사유신고에 관한 업무처리지침(재민 2020-1)」이 제정·시행되면서 민사집행 사건에서 발생한 배당금지급청구권 또는 그에 기한 공탁금 출급청구권에 대한 압류의 경합 등이 발생한 경우 집행법원의 법원사무관 등이 사유신고를 하여야 한다. 따라서 민사집행법 제160조 제2항에 따라 배당금이 공탁이 된 후 공탁금 출급청구권(또는 배당금지급청구권)에 대하여 압류의 경합이 발생한 경우에도 집행법원의 담임법원사무관 등이나 공탁서 등 보관책임자가 사유신고를 하는 것이 타당하고 현재 실무이다.

4. 그 밖의 사유로 인한 배당액 공탁

가. 저당권부 채권이 압류 또는 가압류된 경우

저당권이 있는 채권이 압류(가압류를 포함한다)된 것만으로는 그 채권의 권리자가 바뀌는 것은 아니지만 저당권이 있는 채권에 대한 압류의 효력은 저당권자의 배당금청구권에 미친다고 해석되므로 압류가 존속하는 한 해당 배당금을 지급하지 않고 저당권자를 피공탁자로 하여 공탁을 한다. 공탁절차는 배당금 또는 잉여금 수령채권에 대하여 압류, 가압류 또는 전부명령, 추심명령이 발령된 경우의 처리 방법과 같다.

나. 저당권에 대하여 처분금지가처분이 된 경우

저당권에 관하여 저당권처분금지가처분이 있는 경우에 그 저당권의 피담보채권금액의 처리에 관하여 견해가 나뉜다.

다. 배당금 또는 잉여금 수령채권에 대하여 압류, 가압류 또는 전부명령, 추심명령 등이 발령된 경우 처리 방법

1) 압류, 가압류된 경우

① 배당받을 채권의 존재 및 액수에 관하여 아무런 다툼이 없어 배당표가 확정되었지만 배당금 수령채권이 압류(가압류를 포함한다)되어 있는 경우(채무자 등에게 지급될 잉여금 채권이 압류된 경우도 같음)에는 배당받을 채권자를 배당금수령권자로 기재하여 배당표를 작성하되 압류가 존속하는 한 해당 배당금을 지급하지 않고 공탁을 한다. 위의 경우에 하는 배당금의 공탁은 민사집행법 제160조에 의한 공탁이 아니라 민사집행법 제248조의 집행공탁에 해당한다. 이 경우 민법 제487조의 변제공탁은 허용되지 않는다는 견해가 타당하다. 실무에서도 민사집행법 제248조의 집행공탁으로 처리하고 있고, 민사집행법 제248조의 집행공탁을 할 때에는 공탁사유신고도 하여야 한다.

② 민사집행법 제160조에 의하여 공탁한 배당금수령채권 또는 공탁금을 배당재단으로 하는 채권배당절차에서 배당금수령채권에 대한 압류명령서 등을 공탁관이 접수한 때에는 전산시스템에 압류명령서 등의 접수연월일, 배당금수령채권이 압류된 사실 등을 입력한 후 압류명령서 등의 사본을 집행법원에 송부하여야 한다(행정예규 제951호 제2조).

2) 전부명령, 추심명령이 발령된 경우

① 배당금수령채권에 대하여 추심명령이 발하여진 경우에 이를 송달받은 출납공무원이 해당 경매계에 그 사실을 통지하면(재일 97-2 참조) 집행법원은 배당표상의 채권자란에 당초 채권자를 기재한 다음 그 옆 괄호 안에 추심권자 ○○○라고 기재하고, 이유란에 당초 채권자에 대한 배당사유(예를 들어, 근저당권자)를 기재하며, 추심권자가 배당기일에 출석하였거나 배당기일 후 공탁 전에 출급청구를 한 경우에는 추가로 다른 압류명령이 없다면 추심권자 앞으로 출급명령서를 작성하여 배당액을 지급한다.

② 반면에 추심채권자가 배당기일에 출석하지 아니한 때에는 민사집행법 제160조 제2항에 따라 공탁하여야 한다는 견해가 있을 수 있으나, 추심채권자를 피공탁자로 하여 같은 법 제160조 제2항에 따라 공탁을 한 후 추심채권자가 위 배당금채권을 추심하기 전에 당초 채권자(추심채무자)에 대한 다른 압류 등이 추가로 있는 경우 추심채권자로서는 후행 압류사실을 알 수가 없어 배당금을 수령한 후 압류경합을 이유로 공탁 및 사유신고를 해야 함에도 추심신고만 할 우려가 있으므로 당초 채권자의 배당금수령채권에 대하여 압류(추심)명령이 있음을 이유로 하여 같은 법 제248조의 집행공탁을 하고 공탁사유신고(민사집행법 제248조 제4항, 민사집행규칙 제172조)를 하여야 할 것이다.

③ 배당금수령채권에 대하여 전부명령이 발하여진 경우에 이를 송달받은 출납공무원이 해당 경매계에 그 사실을 통지하면(재일 97-2 참조) 집행법원은 배당기일 전에 전부명령이 확정된 것으로 밝혀진 경우(전부채권자가 확정증명을 서면으로 제출한 경우로 한정하고, 확정 전이거나 확정여부를 알 수 없다면 압류만 있는 경우와 같이 처리하면 된다)에는 배당표상의 채권자란에 당초의 채권자 ○○○의 전부채권자 ○○○라고 기재하고 이유란에 당초 채권자에 대한 배당사유(예를 들어, 근저당권자)를 기재하며, 출급명령서를 전부채권자 앞으로 작성하여 배당액을 지급한다. 전부명령의 경우에는 배당금출급 전에 확정증명원을 제출하여야 한다. 전부채권자가 배당기일에 출석하지 않은 경우에는 전부채권자를 피공탁자로 하여 민사집행법 제160조 제2항에 따라 공탁할 수 있을 것이다. 다만 전부명령 이후 다수의 압류채권자가 경합되어 그 우선순위 등에 의문이 있는 경우에는 같은 법 제248조에 의한 집행공탁을 할 수 있다(대판 1996.6.14, 96다5179 참조).

④ 한편 다수의 압류나 가압류로 인하여 채권자가 경합하거나 민사집행법 제248조 제2항과 제3항에 해당하는 경우에는 민사집행법 제248조의 해당 조문에 의하여 공탁하고 공탁사유신고(민사집행법 제248조 제4항, 민사집행규칙 제172조)를 하여야 한다.

⑤ 배당금수령채권에 대하여 전부명령이나 추심명령이 있는데, 만일 배당받은 채권자가 가압류권자라든가 또는 배당받은 채권자의 배당액에 배당이의가 있는 경우(배당받은 채권자가 가압류권자이고 그 채권에 대하여 배당이의가 있는 경우도 이에 준한다)에는 두 가지 처리방안이 가능하다.

　　㉠ 첫 번째는, 전부명령이 확정되기 전이거나 추심명령이 있는 경우에 민사집행법 제160조 제1항 제2호 또는 제5호와 제248조를 모두 적용하여 공탁을 하고 동시에 공탁사유신고를 한 후 배당받은 채권자에게 배당금지급청구권이 확정되면(가압류권자가 집행력 있는 집행권원 정본을 제출하는 경우, 배당이의가 있었던 경우에는 배당이의의 소에서 배당받은 채권자의 승소확정판결이나 소취하 증명서 등이 제출된 경우) 채권배당절차로 이행하여 채권배당절차에 따라 지급하는 방법이다. 다만 공탁 전에 전부명령이 확정되었다면 민사집행법 제248조에 의한 집행공탁은 할 수 없으므로 이 경우에는 아래 두 번째의 방법에 의한다.

　　㉡ 두 번째는, 일단 민사집행법 제160조 제1항 제2호 또는 제5호에 의하여 공탁을 하면서 추가로 배당금채권에 전부명령이나 추심명령이 있음을 기재하였다가 후에 배당받은 채권자에게 배당금지급청구권이 확정되면 그때 전부채권자 또는 추심권자에게 지급하고, 다만 사안에 따라 채권배당절차를 거치는 것이 상당하다고 판단되는 경우에는 종전의 공탁은 유지한 채 민사집행법 제248조 제4항 및 민사집행규칙 제172조에 의하여 공탁사유신고를 하여 채권배당절차에 따라 지급하면 될 것이다.

　　㉢ 어느 경우이든 채권배당절차에서의 사고발생 위험을 감소시키기 위해서는 배당금채권에 전부명령 등이 있음을 기재하는 것을 누락하여서는 안 될 것이다(법원실무제요 민사집행 III 269면 참조).

3) 질권의 목적인 경우

① 질권의 목적이 된 채권이 금전채권인 때에는 질권자는 자기채권의 한도에서 질권의 목적이 된 채권을 직접 청구하여 자기채권의 변제에 충당할 수 있고, 질권설정자는 질권자의 동의 없이는 질권의 목적이 된 권리를 소멸하게 하거나 질권자의 이익을 해하는 변경을 할 수 없으므로(민법 제352조) 배당금 수령채권을 질권의 목적으로 한 질권설정계약 사실을 통지받은 집행법원으로서는 배당을 실시함에 있어 공탁관에게 송부하는 지급위탁서와 질권자에게 교부하는 증명서의 수령인란에는 "채권자 甲의 질권자 乙"의 방식으로 위 배당금을 실제 지급받을 채권자가 질권자임을 명시하여야 한다(공탁선례 제2-341호).

② 저당권부 채권의 질권자가 부기등기를 하면 저당채권에 대한 질권자도 등기기록에 기입된 부동산 위의 권리자(민사집행법 제90조 제3호)에 해당하므로(대결 1999.11.10, 99마5901) 질권자가 집행법원에 직접 청구하지 않거나 압류가 없는 경우라도 질권자 앞으로 배당하여 유보공탁(민사집행법 제160조 제2항)을 할 것이고, 저당권자에게 배당할 것은 아니다.

③ 한편 민법 제348조가 "저당권으로 담보한 채권을 질권의 목적으로 한 때에는 그 저당권등기에 질권의 부기등기를 하여야 그 효력이 저당권에 미친다"라고 규정한 취지는 질권의 효력이 저당권에 미치기 위한 요건을 정한 것에 불과하고, 위와 같은 부기등기를 마쳤다고 하여 곧바로 같은 법 제349조 제1항의 지명채권에 대한 질권의 대항요건이 갖추어졌다고 볼 수는 없다(대판 2014.9.25, 2014다216126). 따라서 근저당권 일부 이전의 부기등기를 마쳤다고 하더라도 피담보채권의 양도인이 채무자에게 채권양도 사실을 확정일자 있는 증서로 통지하기 이전에 그 피담보채권에 관하여 가압류 집행이 이루어졌다면 가압류권자가 저당권부채권의 양수인에 우선한다(대판 2013.8.23, 2012다465270).

라. 근저당권자의 배당금에 대하여 사해행위취소 가처분이 있어 공탁이 이뤄진 경우

① 근저당권자에게 배당하기로 한 배당금에 대하여 지급금지가처분결정이 있어 경매법원이 그 배당금을 공탁한 후에 그 근저당권설정계약이 사해행위로 취소된 경우와 같이 공탁금의 지급 여부가 불확정 상태에서는 공탁된 배당금이 피공탁자에게 지급될 때까지 배당절차는 아직 종료되지 않은 것이라고 볼 수도 있으므로 반드시 배당절차가 확정적으로 종료되었다고 단정할 수는 없다는 점, 채권자취소의 효과는 채무자에게 미치지 아니하고 채무자와 수익자와의 법률관계에도 아무런 영향을 미치지 아니하므로 취소채권자의 사해행위취소 및 원상회복청구에 의하여 채무자에게로 회복된 재산은 취소채권자 및 다른 채권자에 대한 관계에서 채무자의 책임재산으로 취급될 뿐 채무자가 직접 그 재산에 대하여 어떤 권리를 취득하는 것은 아니라는 점 등에 비추어 보면, 그 공탁금은 그 경매절차에서 적법하게 배당요구하였던 다른 채권자들에게 추가배당함이 상당하고, 그 공탁금 지급청구권에 관한 채권압류 및 추심명령은 추가배당절차에서 배당되고 남은 잉여금에 한하여 효력이 있을 뿐이다.

② 따라서 취소채권자나 적법하게 배당요구하였던 다른 채권자들로서는 추가배당 이외의 다른 절차를 통하여 채권의 만족을 얻을 수는 없으므로 취소채권자라고 하더라도 배당금지급청구권에

대한 채권압류 및 추심명령에 기하여 배당금을 우선 수령하는 것은 허용되지 아니하고, 취소 채권자가 그와 같은 절차를 거쳐 배당금을 우선 수령하였다면 적법하게 배당요구하였던 다른 채권자들과의 관계에서 부당이득이 성립한다(대판 2009.5.14, 2007다64310).

5. 공탁절차

1) 공탁절차

① 배당액을 공탁할 사유가 있는 경우에는 공탁사무 문서양식에 의하여 공탁서 2통을 작성하여 공탁관에게 제출한다(공탁규칙 제20조). 배당액의 공탁은 배당기일부터 10일 안에 하여야 한다.

② 배당재단이 공탁금인 경우에는 그 배당액에 상당한 금액을 출급한 후 다시 공탁하는 등의 이중의 절차를 밟을 필요는 없고 그 부분에 대한 공탁을 그대로 유지하면 된다. 이 경우 종전의 공탁서 원본에(지급위탁서에 이를 붙일 필요가 없으므로 그대로 편철되어 있게 된다) 그 사실을 덧붙여 적어 공탁서 등 보관책임자에게 인계하면 된다(재민 92-2).

③ 배당재단이 법원보관금인 경우에는 법원사무관 등이 2통의 공탁서를 작성하여 공탁관에게 제출하고, 공탁관은 공탁서 1통에 공탁을 수리한다는 취지 등을 적은 다음 법원사무관 등에게 돌려주며, 법원사무관 등은 그 취지에 따라 공탁물보관자로 지정된 은행에 배당액을 공탁한다. 이때 배당금 수령권자 명의로 출급하여 공탁하여야 하는데, 실무에서는 법원사무관 등이 2통의 공탁서를 작성하여 공탁계에 제출하면 그중 1통은 공탁소가 보관하고, 나머지 1통을 반환받아 출납공무원이 교부한 출급지시서와 함께 취급점에 제출하면 취급점에서는 보관금계정에 있는 배당액을 공탁금계정으로 대체시킨 후 공탁서를 법원사무관 등에게 반환한다. 한편 집행법원이 전자공탁시스템을 이용하여 공탁한 경우에는 전자공탁시스템상의 공탁서를 출력하여 취급점에 제출하는데, 이 경우 공탁서 자체는 전자문서로 생성·관리되므로 취급점에서는 사후에 공탁서를 법원사무관 등에게 반환할 필요가 없다.

2) 공탁서에 적어야 할 내용

① 공탁자의 성명, 주소, 주민등록번호 : 공탁자는 법원사무관 등이므로 "ㅇㅇ지방법원 법원사무관 ㅇㅇㅇ"라고 적고, 주소와 주민등록번호는 적지 않는다.

② 법령조항 : 민사집행법 제160조에 의하여 공탁할 경우에는 같은 조의 해당 조항을 적고, 민사집행법 제248조 제1항·제2항·제3항에 의하여 공탁할 경우에는 위 각 조문을 적으며, 두 가지 이상의 공탁원인이 있는 경우에는 모두 적는다.

③ 공탁물을 수령할 자의 성명, 주소, 주민등록번호 : 이의 있는 채권에 대한 배당액을 공탁하는 경우에는 공란으로 두며(다만 실무에서는 배당표 원안에 배당받는 것으로 기재된 채권자를 기재하기도 한다), 정지조건부 채권에 대한 배당액, 가압류의 피보전채권에 대한 배당액 또는 기일에 출석하지 아니한 채권자의 배당액을 공탁하는 경우에는 그 채권자의 성명, 주소를 적는다. 주민등록번호를 알 수 있는 때에는 주민등록번호도 기재한다.

④ 공탁원인사실 : "○○지방법원 2000타경 부동산강제경매사건에 관하여 채권자 甲으로부터 채권자 乙의 채권에 대하여 이의가 있고 또 소정기간 내에 배당이의의 소제기의 증명이 있었으므로 이의 있는 채권액에 대한 배당액을 공탁함" 또는 "○○지방법원 20○○타경 부동산강제경매사건에 관하여 채권자 갑은 ○○지방법원 20○○카○○ 부동산가압류명령에 의한 가압류채권자로서 위 가압류의 피보전채권이 확정되지 아니하였으므로 위 채권에 대한 배당액을 공탁함"이라고 적는다. 특히 두 가지 이상의 공탁사유가 있는 경우에는 공탁원인사실에 그 사유를 모두 적어야 한다. 한편 배당금을 공탁할 경우에는 배당기록의 보존기한이 지나 기록이 폐기되더라도 공탁서만으로도 출급이 가능하도록 공탁원인사실에 공탁금 출급청구를 하게 될 가능성이 있는 모든 채권자의 기본적인 인적사항도 적는 것이 바람직하다. 예컨대 가압류채권자의 채권을 공탁하는 경우에는 가압류채권자의 주소 및 주민등록번호와 채무자의 주소 및 주민등록번호를, 배당이의가 완결되지 아니하여 공탁하는 경우에는 배당이의를 한 채권자 및 그 이의에 관계된 채권자의 주소 및 주민등록번호를 적는다. 특히 가압류채권자에 대한 배당액을 공탁하는 경우 공탁서에 채무자의 인적사항을 적지 아니한 경우에는 기록이 폐기된 후에 집행권원을 제출하더라도 집행권원에 표시된 채권과 공탁된 가압류의 피보전채권과의 동일성 여부, 나아가 공탁된 집행사건의 채무자가 누구인지가 쉽게 파악되지 아니하는 경우까지 있으므로 가압류채권자에 대한 배당액을 공탁하는 경우에는 채무자에 관한 인적사항을 반드시 적어야 한다. 법원사무관 등은 위와 같은 공탁서 2통을 작성한 후 공탁서에 배당표등본을 첨부한 뒤 공탁관에게 제출하여 공탁한다.

3) 기타

① 한편 앞에서 설명한 바와 같이 민사집행법 제248조에 따라 공탁할 경우에는 같은 조 제4항에 따라 공탁사유신고도 하여야 한다. 다만 일단 다른 사유로 공탁하였다가 후에 같은 조를 적용하고자 하는 경우에는 종래의 공탁을 그대로 유지하면 되고 다시 집행공탁을 할 필요는 없으며 공탁사유신고서를 관할 집행법원에 제출하면 된다(공탁규칙 제58조 제1항).

② 공탁규칙 제43조는 공탁물의 지급이 배당 기타 관공서의 결정에 의하여 이루어지는 경우 그 공탁물의 출급절차에 관한 특별규정이므로, 집행법원이 배당이의소송을 제기당한 채권자에 대한 배당액을 민사집행법 제160조 제1항 제5호에 의하여 공탁한 경우 배당이의소송에서 청구를 일부 인용하는 판결이 확정된 후 채권자가 그 공탁금 중 경정된 배당표에 따른 자신의 배당액을 출급받기 위해서는 공탁규칙 제43조가 정하는 바에 따라 우선 집행법원에 배당이의소송의 판결이 확정된 사실 등을 증명하여 배당금의 교부를 신청하여야 한다. 그 신청을 접수한 집행법원은 공탁관에게 채권자에 대한 배당액에 상당한 금액의 지급위탁서를 송부하고, 채권자에게는 그의 지급을 받을 자격에 관한 증명서를 교부하면 채권자는 이 증명서를 첨부하여 공탁관에게 공탁금의 출급을 청구하여야 한다. 한편 채권의 압류·전부명령은 피압류채권의 귀속자에 대한 변경을 가져올 뿐 피압류채권의 행사절차에는 아무런 변경을 가져오지 아니하므로, 채권자가 갖게 되는 공탁금 출급청구권에 대하여 압류·전부명령을 받은 자가 전부받은

공탁금 출급청구권을 행사함에 있어서도 역시 공탁규칙 제43조가 정하는 절차에 따라야 한다 (대결 2000.3.2, 99마6289).

07 절 채권배당절차에서의 배당금의 공탁

1. 배당재단이 공탁금인 경우

① 민사집행법 제248조 공탁 등 공탁금을 배당재단으로 하여 배당절차가 진행된 결과 배당액에 대하여 민사집행법 제160조 공탁사유가 있는 경우에 현재의 실무는 집행법원의 법원사무관 등이 각 공탁사유에 해당하는 공탁금을 출급하여 다시 공탁하는 것이 아니라 기왕의 공탁을 유지한 채 종전의 공탁서에 그 사실을 덧붙여 적어 공탁서 등 보관책임자에게 인계하고 있다.

② 한편, ㉠ 배당받을 채권의 존재 및 액수에 관하여 아무런 다툼이 없어 배당표가 확정되었지만 배당금 지급청구권에 대하여 압류의 경합이 발생한 경우, ㉡ 민사집행법 제160조 제1항 각 호의 지급제한사유가 있는 경우 배당금 지급청구권에 대하여 압류의 경합이 있더라도 그 사유 가 해소된 경우, ㉢ 배당표가 확정된 배당금 지급청구권에 대하여 가압류가 있은 후 본압류로 이전하는 압류명령이 있거나 다른 압류가 있어 압류의 경합이 발생하는 경우 집행법원의 담임 법원사무관 등이나 공탁서 등 보관책임자가 각 사유신고를 하여야 한다.

2. 배당재단이 보관금인 경우

① 유체동산 인도청구권에 대한 강제집행의 경우 집행관이 인도된 유체동산을 현금화하여 매각대 금을 집행법원에 제출한 때, ② 금전채권에 대한 강제집행에 있어서 압류된 채권이 조건부 또는 기한부 그 밖의 이유로 추심하기 곤란하여 매각명령, 관리명령 등으로 현금화된 금전이 법원에 제출된 때, ③ 그 밖의 재산권에 대한 강제집행의 경우에는 주로 특별현금화방법에 의하여 현금 화된 매각대금이나 재산을 관리하여 얻은 수익이 집행법원에 제출된 때 각 배당절차가 개시된다. 이 경우 부동산경매절차와 같이 배당재단이 보관금이므로 배당금 지급청구권에 대하여 민사집행 법 제160조 공탁사유가 있는 경우에 부동산경매절차에서 배당금을 공탁하는 것과 동일한 공탁절 차에 의한다.

08 절 민사집행법 제130조 제3항의 공탁(매각허가결정에 대한 항고보증공탁)

1. 의의

① 부동산에 대한 강제경매에서 매각허가결정에 대하여 항고를 하고자 하는 사람은 보증으로 매각대금의 1/10에 해당하는 금전 또는 법원이 인정한 유가증권을 공탁하여야 한다(민사집행법 제130조 제3항). 이 규정은 부동산을 목적으로 하는 담보권실행을 위한 경매절차에도 준용된다.

② 여기서 '법원이 인정한 유가증권'이란 항고하고자 하는 자가 미리 법원에 유가증권의 지정신청을 하여 법원으로부터 지정을 받은 유가증권을 말한다.

③ 지급보증위탁계약 체결문서의 제출에 관한 보증의 제공은 허용되지 아니하며(재민 2003-5), 법원은 위 신청이 있으면 항고인이 보증으로 공탁할 수 있는 유가증권의 종류, 수량을 지정할 수 있다.

④ 무익한 항고를 제기하여 절차를 지연시키는 것을 방지하기 위하여 매각허가결정에 불복하는 모든 항고인에 대하여 보증금을 공탁하도록 되어 있다.

⑤ 위 규정은 매각허가결정에 대한 항고 시에 적용되는 것이므로 매각불허가결정의 항고에 대하여는 보증의 제공을 요하지 않는다.

⑥ 이 공탁은 항고인의 남항고에 대한 제재적 성격과 경매절차지연에 따른 채권자 등의 손해담보적 성격도 가지나, 항고가 기각된 때 또는 항고인이 항고를 취하한 경우 공탁물의 전부 또는 일부가 배당재단의 일부로써 집행절차에 따라 채권자 등에게 배당되는 점에서 집행공탁의 성질을 갖는다.

2. 공탁물의 지급

1) 항고가 기각(각하)된 경우

(1) 배당할 금액에 편입

① 매각허가결정에 대한 항고가 기각되어 확정된 경우 보증금의 처리에 관하여, 채무자 및 소유자가 한 항고가 기각된 때에는 항고인은 보증으로 제공한 금전이나 유가증권을 돌려줄 것을 요구하지 못하므로 그 전액을 배당할 금액에 편입시키고, 채무자 및 소유자 외의 사람이 한 항고가 기각된 때에는 항고인은 보증으로 제공한 금전이나 유가증권을 현금화한 금액 가운데 항고를 한 날부터 항고기각결정이 확정된 날까지의 매각대금에 대한 연 100분의 12의 이율에 의한 금액(보증으로 제공한 금전이나 유가증권을 현금화한 금액을 한도로 한다)에 대하여는 돌려줄 것을 요구할 수 없으므로(민사집행법 제130조 제7항 본문) 그 지연손해금만을 배당할 금액에 포함시키고 나머지는 보증제공자에게 반환한다. 다만 보증으로 제공한 유가증권을 현금화하기 전에 위의 금액을 항고인이 지급한 때에는 그 유가증권을 돌려줄 것을 요구할 수 있다.

② 반환받지 못한 보증금은 나중에 배당할 금액에 산입되지만, 항고가 기각되었더라도 경매신청이 취하되거나 매각절차가 취소된 때에는 항고인은 보증금을 반환받을 수 있다.

③ 채무자 또는 경매 목적물의 소유자가 매각허가결정에 대하여 항고를 하면서 보증으로 공탁한 현금 또는 유가증권은 항고가 기각된 경우에는 배당할 금액에 포함되어 공탁자는 회수청구권을 행사할 수 없게 된다. 경매법원이 배당재단에 귀속된 공탁금을 배당채권자에게 배당하였을 때에는 배당채권자는 공탁금 출급청구권을 가지게 된다. 매각허가결정에 대한 항고가 기각되기 전에 항고인의 공탁금 회수청구권에 대하여 압류 및 전부명령이 있었다고 하여도 이는 집행채권자에게 그 회수청구권을 이전하게 하는 효과를 발생할 뿐 공탁금 출급청구권에는 아무런 영향을 미칠 수는 없는 것이므로 공탁금의 출급청구를 받은 공탁관으로서는 공탁금 회수청구권에 대한 압류 및 전부명령이 있었다는 이유로 출급청구를 거부할 수는 없다.

(2) 항고가 각하된 경우

민사집행법 제130조 제6항·제7항의 규정은 항고가 기각된 경우뿐만 아니라 항고가 각하된 경우에도 적용된다.

(3) 배당절차에서 잔여가 있는 경우

① 배당절차에서 채권자에게 배당하고 남은 금액이 있으면 채무자 또는 소유자에게 지급하는바, 남은 금액이 있다고 하더라도 채무자나 소유자 이외의 항고인이 출연한 보증금이 채무자나 소유자에게 귀속되는 것은 불합리하므로 채무자와 소유자를 제외한 항고인이 제공한 항고보증금이 배당할 금액에 편입된 경우에 배당하고 남은 금액이 있으면 배당할 금액에 편입된 금액의 범위 안에서 이를 제공한 사람에게 돌려주어야 한다(민사집행법 제147조 제2항).

② 또한 배당하고 남은 금액을 돌려주는 경우에 돌려주기 부족한 경우로써 그 보증을 제공한 사람이 여럿인 때에는 배당할 금액에 편입된 각 보증 등의 비율에 따라 나누어 준다.

(4) 배당금의 일부로 출급하는 경우의 절차

집행법원은 보증으로 공탁된 금액을 포함하여 배당을 한 후 공탁금에 관하여 공탁규칙 제43조 제1항에 따라 지급위탁서를 공탁관에게 송부하고, 배당받은 집행채권자에게는 증명서 1통을 교부하여야 하며, 이를 받은 공탁관이 공탁금 출급을 인가함으로 인하여 공탁금이 지급된다.

(5) 공탁유가증권을 현금화하기 위하여 출급하는 절차

집행법원이 민사집행규칙 제80조의 규정에 따라 항고보증으로 공탁한 유가증권을 현금화하고자 할 때에는 유가증권현금화명령을 첨부하여 공탁유가증권 출급청구를 하여야 하고, 그 청구를 받은 공탁관은 집행법원에게 공탁유가증권 출급을 인가하여야 한다(행정예규 제980호).

2) 항고인이 항고를 취하한 경우

① 항고인이 항고를 취하한 경우에도 항고가 기각된 경우와 같이 취급하므로 민사집행법 제130
조 제6항·제7항의 규정이 준용되고(민사집행법 제130조 제8항), 따라서 위와 같이 보증의
반환이 제한된다.

② 재항고를 취하한 경우에는 항고기각으로 확정되고, 마찬가지로 항고가 기각된 경우(민사집행
법 제130조 제6항·제7항)에 따라 처리하게 되므로 역시 보증의 반환이 제한된다.

3) 항고가 인용된 경우

① 항고가 인용된 경우에는 확정증명을 제출하여 바로 보증금을 회수할 수 있으며, 공탁의 성질
이 담보공탁이 아닌 집행공탁이기 때문에 담보취소절차를 밟을 필요가 없다.

② 항고인이 공탁물을 회수할 경우에는 공탁서와 항고인용의 재판이 확정되었음을 증명하는 서면
또는 해당 보증이 배당할 금액에 포함될 필요가 없게 되었음을 증명하는 서면(집행법원 법원
사무관 등이 발급한 것에 한함)을 첨부하여 공탁물 회수청구를 할 수 있다(행정예규 제980호).

4) 경매신청이 취하되거나 경매절차가 취소된 경우

항고인은 이러한 사실을 증명하는 서면을 첨부하여 공탁금의 회수청구를 할 수 있다.

09 절 그 밖의 집행공탁

1. 민사집행법 제198조 제4항에 의한 공탁(긴급매각)

1) 의의

유체동산 강제집행절차가 개시되어 절차진행 중에 강제집행의 일시정지를 명한 취지를 기재한 재
판의 정본이 제출되거나 채권자가 변제를 받았다는 취지 또는 채무이행의 유예를 승낙한 취지를
기재한 증서가 제출된 때에는 강제집행을 정지하여야 한다. 그 정지기간 중, 즉 정지의 사유가
소멸될 때까지 집행관은 압류물의 보관을 계속하여야 하고 현금화하지 못함이 원칙이다. 그러나
이 경우 압류물을 즉시 매각하지 아니하면 값이 크게 내릴 염려가 있거나 보관에 지나치게 많은
비용이 드는 등 압류물을 조기매각하여야 할 경우와 같은 사유가 있는 때에는 집행관은 압류물을
매각할 수 있다(민사집행법 제198조 제3항). 이는 민사집행법 제296조 제5항 단서와 취지를 같이
하는 것으로써 실체법상의 자조매각(상법 제67조 제2항 등)에 상당한 것이다. 긴급매각한 경우
압류물의 매각대금은 공탁하여야 한다(민사집행법 제198조 제4항).

2) 공탁금의 지급

① 민사집행법상의 의무로써 집행관이 공탁하는 점에서 형식상 집행공탁이나, 목적물의 보관만을 목적으로 하는 점에서 실질상 보관공탁의 성격을 가진다 할 것이므로 출급청구권은 없고 공탁자인 집행관의 회수청구권만 있다.

② 따라서 공탁된 매각대금은 압류물에 갈음하는 것으로써 매각대금으로 배당에 참가한 모든 채권자를 만족하게 할 수 없고, 매각허가된 날부터 2주 이내에 채권자 사이에 배당협의가 이루어지지 아니한 때에 매각대금을 공탁하는 경우(민사집행법 제222조)와 성질을 달리한다.

③ 집행관은 집행정지사유가 소멸되면 공탁금을 지급받아 채권자에게 교부하거나 배당하여야 하고, 강제집행이 취소되거나 취하된 때에는 채무자에게 교부하여야 한다.

2. 민사집행법 제222조 제1항에 의한 공탁(매각대금공탁)

1) 의의

유체동산에 대한 강제집행에 있어서 매각대금으로 배당에 참가한 모든 채권자를 만족하게 할 수 없고, 매각허가된 날부터 2주 이내 채권자 사이에 배당협의가 이루어지지 아니한 때에는 매각대금을 공탁하여야 한다(민사집행법 제222조 제1항). 여러 채권자를 위하여 동시에 금전을 압류한 경우에도 이와 같다(민사집행법 제222조 제2항). 위 공탁을 한 경우에 집행관은 집행절차에 관한 서류를 붙여 그 사유를 법원에 신고하여야 한다(민사집행법 제222조 제3항).

2) 공탁금의 지급

민사집행법 제222조의 규정에 따라 집행관이 공탁한 때에 법원은 배당절차를 개시하고, 배당절차를 거쳐 법원은 지급위탁서를 공탁관에게 송부하고, 지급받을 자에게는 그 자격에 관한 증명서를 교부하여 공탁금이 배당채권자에게 지급된다.

3. 불확정채권 등의 공탁

1) 불확정채권인 경우

① 유체동산에 대한 강제집행에 있어서 매각대금 등으로 각 채권자의 채권과 집행비용의 전부를 변제할 수 있거나 채권자 사이에 배당협의가 이루어졌더라도 배당 등을 받을 채권자의 채권의 일부 또는 전부가 불확정채권인 경우, 즉 ㉠ 정지조건 또는 불확정기한이 붙어 있는 채권, ㉡ 가압류채권, ㉢ 그 채권에 관한 우선변제권 또는 질권의 실행을 일시금지하는 재판의 정본이 제출되어 있는 때에는 그 채권에 대하여는 집행관이 직접 교부할 수 없고, 그 배당 등의 액에 상당하는 금액을 공탁하고 집행관계서류를 첨부하여 집행법원에 사유를 신고하여야 한다.

② 집행법원은 사유신고의 내용에 따라 민사집행법 제252조 이하의 규정에 따른 배당을 실시한다. 또한 정지조건이 있는 채권에 대하여는 조건성취 여부에 따라, 불확정기한이 있는 채권에 대하여는 그 기한의 도래에 따라, 가압류 채권에 대하여는 본안소송의 결과에 따라, 배당이의의 소가 제기된 경우에는 그 결과에 따라 각각 채권자 또는 채무자에게 지급하면 된다.

2) 당사자가 불출석한 경우

집행관은 배당 등을 수령하기 위하여 출석하지 아니한 채권자 또는 채무자에 대한 배당 등의 액에 상당하는 금액을 공탁하여야 한다. 나중에 그 채권자가 지급을 청구하면 집행관은 지급위탁서의 송부, 배당액지급증의 교부 등 배당액 지급방법에 준하여 처리한다. 채무자가 출석하지 아니한 경우도 채무자에게 지급할 금원이 있으면 이를 공탁하였다가 채무자가 그 지급을 청구하면 위와 같이 처리한다.

3) 집행정지서류가 제출된 경우

① 집행관이 금전을 압류한 이후 또는 매각대금을 영수한 이후 채권자에게 교부하기 전에 집행정지서류가 제출된 경우에는 민사집행규칙 제156조 제1항 제3호에 의하여 처리한다. 즉 집행관은 배당받을 채권자의 채권에 관하여 민사집행법 제49조 제2호 또는 유체동산을 목적으로 하는 담보권실행을 위한 경매절차에서 민사집행법 제266조 제1항 제5호에 적은 문서(담보권실행을 일시정지하도록 명한 재판의 정본)가 제출되어 있는 때에는 그 채권자에 대한 배당 등의 액에 상당하는 금액을 공탁하고 그 사유를 법원에 신고하여야 한다.

② 제출된 서류가 민사집행법 제49조 제1호·제3호·제5호·제6호의 서류인 경우에는 그 채권자를 배당에서 제외하고, 그 채권자에 대한 배당금을 채무자에게 교부하여야 한다(민사집행규칙 제50조 제3항 제1호 참조). 만약 제출된 서류가 민사집행법 제49조 제4호의 서류인 때에는 배당액을 그 채권자에게 그대로 지급하고(민사집행규칙 제50조 제3항 제3호 참조), 그로 말미암아 발생하는 이중변제의 문제는 당사자 사이의 부당이득문제로 해결하여야 한다.

4. 민사집행법 제236조 제2항에 의한 공탁

1) 의의

(1) 추심채권자의 추심신고의무

① 추심채권자가 채권을 추심한 때에는 추심한 채권액을 법원에 신고하여야 한다.

② 추심신고의무는 추심명령의 대상인 채권의 일부만이 추심된 경우에도 발생하고, 계속적 수입 채권이 압류된 경우에는 매 추심시마다 신고를 하여야 한다.

③ 추심신고는 집행법원에 하고, 사건의 표시, 채권자·채무자 및 제3채무자의 표시, 제3채무자로부터 지급받은 금액과 날짜를 적은 서면으로 하여야 한다(민사집행규칙 제162조 제1항).

④ 추심신고가 있으면 다른 채권자들에 의한 배당요구는 더 이상 허용되지 않는다(민사집행법 제247조 제1항 제2호). 따라서 추심신고가 있을 때까지 다른 채권자들의 배당요구가 없으면 추심채권자가 독점적으로 만족을 얻게 된다.

(2) 추심채권자의 공탁 및 사유신고의무

① 채권자가 추심의 신고를 하기 전에 다른 압류·가압류 또는 배당요구가 있었을 때에는 채권자는 추심한 금액을 바로 공탁하고 그 사유를 신고하여야 한다(민사집행법 제236조 제2항).

② 제3채무자가 추심명령에 기한 추심에 임의로 응하지 않아 추심채권자가 제3채무자를 상대로 추심의 소를 제기한 후 얻어낸 집행권원에 기하여 제3채무자의 재산에 대하여 강제집행을 한 결과 취득한 추심금의 경우에도 마찬가지이다(대판 2007.11.15, 2007다62963).

③ 한편 제3채무자가 민사집행법 제248조에 따라 공탁을 하여 배당절차가 개시되고 그 절차에서 추심채권자가 배당을 받은 경우에도 이에 해당하는지 문제된다. 특히 압류·가압류의 경합이나 배당요구가 없는데도 제3채무자가 민사집행법 제248조 제1항에 따라 권리공탁을 하고 그 사유신고 전까지 배당요구도 없어 추심채권자가 배당절차에서 독점적 만족을 얻은 경우가 문제된다. 이에 관하여는 견해의 대립이 있으나, 추심채권자가 제3채무자의 공탁사유신고로 개시된 집행법원의 배당절차에서 배당받은 경우에는 민사집행법 제236조 제2항을 적용할 수 없다고 봄이 타당하다. 따라서 추심채권자로서는 그와 같이 배당받은 금액을 민사집행법 제236조 제2항에 따라 또다시 공탁하거나 그 사유를 신고할 필요가 없고, 추심채권자가 그와 같은 공탁이나 사유신고를 하더라도 추가적인 배당절차가 개시되지 않는다고 보아야 할 것이다.

④ 추심채권자의 추심신고 전에 객관적으로 다른 압류·가압류 또는 배당요구가 있으면 충분하고, 집행법원이나 다른 채권자가 추심채권자에게 이를 통지하여야 비로소 공탁 및 사유신고의무가 발생하는 것은 아니다. 한편 체납처분에 의한 압류도 민사집행법 제236조 제2항의 '다른 압류'에 해당하므로 체납처분에 의하여 압류된 채권에 대하여 민사집행절차에서 압류 및 추심명령을 받은 채권자가 제3채무자로부터 압류채권을 추심한 경우에 위 조항에 따라 공탁의무가 발생하므로 추심한 금액을 바로 공탁하고 사유신고를 하여야 한다.

⑤ 그런데 추심채권자가 추심을 완료하면 그 범위에서 압류된 채권이 소멸하게 되므로 그 후에 다른 압류, 가압류명령이 제3채무자에게 송달되더라도 이는 효력이 없어(다른 채권자는 추심신고 전에 배당요구를 할 수 있을 뿐이다) 압류의 경합이 생기지 않는다. 따라서 공탁 및 사유신고 의무는 추심할 당시 이미 다른 압류·가압류 또는 배당요구가 있었거나 추심한 후에 배당요구가 있는 경우에 발생하게 된다.

⑥ 사유신고는 사건과 당사자의 표시, 제3채무자로부터 지급받은 금액과 날짜, 공탁사유 및 공탁한 금액을 적은 서면에 공탁서를 붙여서 하여야 한다(민사집행규칙 제162조 제2항).

⑦ 만일 추심채권자가 추심을 마쳤음에도 지체 없이 공탁 및 사유신고를 하지 아니한 경우에는 그로 인한 손해배상으로써 제3채무자로부터 추심금을 지급받은 후 공탁 및 사유신고에 필요한 상당한 기간을 경과한 때부터 실제 추심금을 공탁할 때까지의 기간 동안 금전채무의 이행을 지체한 경우에 관한 법정지연손해금 상당의 금원도 공탁하여야 할 의무가 있다.

⑧ 추심채권자의 추심신고 의무는 민사집행법 제236조의 법률 규정에 따라 발생하는 것이기 때문에 공탁할 지연손해금 이율은 특별한 사정이 없는 한 민법이 정한 연 5%라고 보아야 한다. 소송절차에서 공탁의무의 이행을 명할 경우 소송촉진 등에 관한 특례법이 정한 이율을 적용할 수 있는지에 관하여는 이를 긍정하는 견해와 부정하는 견해가 있는데, 실무는 대체로 후자의 견해를 따르고 있다.

⑨ 지연손해금의 기산점에 관하여 위 판례는 '추심금을 지급받은 후 공탁 및 사유신고에 필요한 상당한 기간을 경과한 때부터'라고 하고 있는데, 공탁의무가 발생하지 않은 기간은 물론이고 채권자의 과실 없이 공탁의무 발생사실을 알지 못한 기간도 제외되어야 할 것이다(법원실무제 요 민사집행 IV 396면 참조).

⑩ 압류 등의 경합이 있음에도 불구하고 추심을 완료한 채권자가 공탁의무를 이행하지 않을 경우에 다른 경합채권자는 추심채권자를 상대로 추심한 금원을 법원에 공탁하고, 그 사유를 신고할 것을 구하는 소를 제기할 수 있다.

⑪ 제3채무자가 공탁하거나 추심채권자가 공탁을 한 때에는 집행법원은 배당절차를 개시한다(민사집행법 제252조 제2호).

2) 공탁금의 지급

민사집행법 제236조 제2항의 규정에 따라 추심채권자가 공탁한 때 법원은 배당절차를 개시한다. 배당절차를 거쳐 법원은 지급위탁서를 공탁관에게 송부하고 지급을 받을 자에게는 그 자격에 관한 증명서를 교부하여 공탁금이 배당채권자에게 지급되게 된다.

5. 민사집행법 제258조 제6항의 공탁(민사집행규칙 제142조 제3항의 공탁)

1) 의의

① 부동산·선박 인도청구권의 집행에서 강제집행의 목적인 부동산이나 선박 등의 종물인 동산은 집행권원에 기재되어 있지 않더라도 강제집행의 대상이 되므로 집행관은 채권자에게 점유를 이전하여야 한다. 그러나 그 외의 동산에 대하여는 집행권원의 효력이 미치지 않으므로 이는 집행관이 제거하여 채무자에게 인도하여야 한다. 이 경우 채무자가 그 동산의 수취를 게을리 한 때에는 집행관은 집행법원의 허가를 받아 동산에 대한 강제집행의 매각절차에 관한 규정에 따라 그 동산을 매각하고 비용을 뺀 뒤에 대금을 공탁하여야 한다(민사집행법 제258조 제6항).

② 또한 민사집행규칙 제142조 제3항은 압류가 취소된 유체동산을 인도할 수 없는 경우에는 민사집행법 제258조 제6항의 규정을 준용하도록 되어 있다. 이는 유체동산의 압류를 취소한 후 수취할 사람의 소재불명, 인도장소에의 불출석이나 인도거절 등의 사유로 압류물을 수취할 권리를 갖는 사람에게 인도할 수 없는 경우가 생기게 되는데, 이 경우에는 압류물 보관비용의 부담과 압류물의 부패 또는 가격감소 등 절차상 번잡한 문제가 생긴다. 이 경우 처리절차에 관하여 민사집행법 제258조 제6항의 규정을 준용하도록 되어 있으므로 압류가 취소된 유체동산을 인도할 수 없는 경우에는 집행관은 집행법원의 허가를 받아 동산에 대한 강제집행의 매각절차에 관한 규정에 따라 매각하고, 그 대금에서 비용(동산을 수취할 권리가 있는 사람이 수령지체에 빠진 후의 보관에 드는 비용, 매각수수료 등)을 뺀 나머지 금액을 공탁하도록 되어 있다.

2) 공탁금의 지급

① 민사집행법상의 의무로써 집행관이 공탁한다는 점에서 형식상 집행공탁이나, 매각대금의 보관 및 지급의 책임을 면하기 위한 공탁인 점에서 실질상 변제공탁이므로 일반의 집행공탁과는 달리 공탁금의 지급은 피공탁자(채무자)의 출급청구에 따라 이루어진다. 따라서 공탁 시에는 공탁규칙 제23조에 따라 공탁통지서를 첨부하고, 우편법 시행규칙 제25조 제1항 제4호 다목에 따른 배달증명을 할 수 있는 우편료를 납입하여야 한다(공탁선례 제2-305호 참조).

② 채권자는 부동산의 인도집행을 신청할 경우 집행관에게 수수료를 지급하여야 한다. 이는 집행비용이 되지만 그 비용에 관하여는 채무자 점유 동산의 현금화에서 상환받을 수는 없고 채권자가 현금화 대금인 공탁금에서 상환을 받기 위해서는 집행비용액확정결정을 얻어 채무자가 가지는 공탁금의 출급청구권에 대하여 별도의 집행절차를 밟아야 한다.

6. 민사집행법 제294조의 공탁

1) 의의

① 부동산에 대한 강제집행의 방법으로 강제경매와 강제관리의 두 가지가 있는 것과 같이 그 보전수단인 부동산가압류도 강제경매 보전을 목적으로 하는 부동산소유권에 대한 가압류와 강제관리 보전을 목적으로 하는 부동산수익권에 대한 가압류의 두 가지 방법이 있다. 강제관리는 부동산, 즉 토지 또는 건물의 수익인 차임 등으로 채권자의 금전채권을 만족시키려는 집행방법을 말한다(민사집행법 제78조 제2항, 제163조 내지 제171조).

② 그 집행은 부동산소유권에 대한 가압류의 경우에는 가압류명령을 등기사항증명서에 기입하는 방법으로 집행하고, 부동산수익권에 대한 가압류의 경우에는 강제관리와 마찬가지의 방법으로 집행한다.

③ 가압류를 위한 강제관리의 경우에는 가압류의 성질상 변제(배당)의 단계까지 갈 수 없으므로 강제집행을 위한 강제관리에 있어서와 같이 관리인이 지급받은 수익에서 조세, 공과금을 뺀 나머지를 채권자에게 지급(배당)하는 것이 아니라 가압류 청구채권액에 해당하는 금액을 지급받아 공탁하여야 한다(민사집행법 제294조).

2) 수익의 공탁

① 관리인은 부동산의 수익에서 부동산이 부담하는 조세, 그 밖의 공과금을 뺀 뒤에 관리비용을 변제하고 나머지를 공탁하여야 한다(민사집행법 제294조, 제169조 제1항).

② 공탁서는 법원에 제출하며 법원은 이를 민사보관물관리에 관한 예규(재민 79-7)에 규정된 보관요령에 따라 보관한다. 그와 같이 공탁한 총액이 가압류 청구채권액에 이르면 법원은 직권으로 강제관리의 취소결정을 하고, 그 결정이 확정된 경우 법원사무관 등은 가압류등기의 말소를 촉탁한다(민사집행법 제291조, 제171조). 가압류의 효력은 이 공탁금 회수청구권에 미치게 된다.

3) 공탁금의 지급

민사집행법상의 의무로써 관리인이 공탁한다는 점에서 형식상 집행공탁이나, 목적물의 보관만을 목적으로 하는 점에서 실질상 보관공탁적인 성질을 갖는다. 따라서 출급청구권은 없고 회수청구 권만 있다. 관리인은 본집행으로 이행되면 그에 관한 증명서를 첨부하여 공탁금을 회수청구할 수 있다.

7. 민사집행법 제296조 제4항 또는 제5항의 공탁

1) 의의

① 금전을 가압류하였을 때에는 이를 바로 채권자에게 인도할 것이 아니고 공탁하여야 한다(민사 집행법 제296조 제4항). 공탁한 때에는 공탁물 회수청구권에 관하여 가압류의 효력이 미치는 것으로 본다. 집행관은 뒤에 가압류취소 등이 있으면 공탁금을 회수하여 채무자에게 반환하 고, 가압류가 본압류로 이전되면 공탁금을 회수하여 채권자에게 인도하여 채권을 만족시키게 된다.

② 한편 가압류물은 현금화하지 못하는데, 가압류물을 즉시 매각하지 아니하면 값이 크게 떨어질 염려가 있거나 보관에 지나치게 많은 비용이 드는 경우에는 집행관은 그 물건을 매각하여 공탁 하여야 한다(민사집행법 제296조 제5항). 즉 가압류한 유체동산은 원칙적으로 현금화할 수 없 지만, 가압류물을 즉시 매각하지 아니하면 값이 크게 떨어질 염려가 있거나(생선, 채소와 같이 부패할 염려가 있는 경우 등) 보관에 지나치게 많은 비용이 드는 경우(동물의 사육료, 창고료 가 많이 드는 경우 등)에는 집행관이 현금화할 수 있다. 집행관은 가압류물을 매각한 때에는 매각대금을 공탁하여야 하는데(민사집행법 제296조 제5항 단서), 그 매각대금은 가압류물의 변형으로 볼 것이다. 공탁하게 한 취지, 공탁의 성질, 공탁금에 대한 본집행의 방법은 가압류 한 금전을 공탁한 경우와 같다. 가압류물의 매각대금이 공탁된 후 가압류채권자가 본안소송에 서 승소의 확정판결을 받아 집행관에게 집행의 신청을 하여도 곧바로 위 공탁금에 관하여 변제 를 받은 것과 동일한 효력이 생기는 것이 아니고 집행관은 공탁금의 회수를 받아 배당절차를 행한다. 가압류물의 현금화 이후 집행의 취하, 취소 등이 있을 때는 집행관은 매각대금을 회수 한 다음 가압류채무자에게 반환하여야 할 것이다.

2) 공탁금의 지급

민사집행법상의 의무로써 집행관이 공탁한다는 점에서 형식상 집행공탁이나, 목적물의 보관만을 목적으로 하는 점에서 실질상 보관공탁적인 성격을 가진다. 따라서 출급청구권은 없고 회수청구 권만이 있다. 집행관은 가압류 집행해제 신청서부본이나 가압류취소재판 등본 등을 첨부하여 공 탁금을 회수할 수 있다.

8. 민사집행법 제181조의 공탁(민사집행규칙 제104조의 공탁)

1) 의의

선박에 대한 강제집행에서 채무자가 강제집행의 일시정지를 명한 취지를 적은 재판의 정본 또는 집행할 판결이 있은 뒤에 채권자가 변제를 받았거나 의무이행을 미루도록 승낙한 취지를 적은 증서를 제출하고 압류채권자 및 배당요구채권자의 채권과 집행비용에 해당하는 보증을 매수신고 전에 제공한 때에는 법원은 신청에 따라 배당절차 외의 절차를 취소하여야 한다(민사집행법 제181조 제1항). 선박의 집행에서는 기동성이 강한 선박의 특성상 부동산이나 동산의 집행과는 달리 압류된 선박의 소유자는 이를 이용할 권리를 상실하게 되어 매우 큰 손실을 받게 된다. 이러한 손실을 방지하기 위해서는 이해관계인의 동의를 얻어 운행허가를 받는 방법이 있으나(민사집행법 제176조 제2항), 이는 사실상 요건을 갖추기가 어려워 잘 활용되지 못하고 있다. 그리하여 위 규정은 채무자가 집행정지문서(민사집행법 제49조 제2호·제4호)를 제출하고 충분한 보증을 매수신고 전에 제공한 경우에 선박강제경매절차의 취소신청을 할 수 있도록 하여 선박집행으로 인한 손해를 줄일 수 있는 길을 열어 놓았다. 이는 해방공탁금의 제공에 의한 가압류의 취소와 유사하다. 민사집행법 제269조에 따라 선박을 목적으로 하는 담보권실행을 위한 경매 절차에도 준용된다.

2) 보증의 제공

채무자는 압류채권자 및 배당을 요구한 채권자의 채권과 집행비용에 해당하는 보증을 매수신고 전에 제공하여야 한다. 민사집행법은 위 보증의 제공에 관하여 필요한 사항을 대법원규칙으로 정하도록 위임하였다(민사집행법 제181조 제5항). 민사집행규칙 제104조는 채권자를 보호하면서 선박이 압류에서 빨리 벗어날 수 있도록 하기 위하여 현금공탁 이외에도 다른 방법의 보증을 제공할 수 있는 길을 열어 놓았다. 즉 민사집행법 제181조 제1항의 규정에 따른 보증은 ① 채무자가 금전 또는 법원이 상당하다고 인정하는 유가증권을 공탁한 사실을 증명하는 문서(민사집행규칙 제104조 제1항 제1호), ② 은행 등이 채무자를 위하여 일정액의 금전을 법원의 최고에 따라 지급한다는 취지의 기한의 정함이 없는 지급보증위탁계약이 채무자와 은행 등 사이에 체결된 사실을 증명하는 문서(같은 항 제2호) 가운데 어느 하나를 집행법원에 제출하는 방법으로 제공하도록 하여야 한다(민사집행규칙 제104조 제1항). 이와 같이 보증의 제공이 있고 취소요건이 갖추어지면 집행법원은 채무자의 신청에 따라 강제경매절차를 취소하여야 한다. 다만 배당절차는 그 취소의 대상에서 제외되는데, 이것까지 취소한다면 채무자가 제공한 보증에 대하여 채권자를 위한 배당을 실시할 수 없게 되기 때문이다.

3) 공탁된 보증금의 지급

(1) 공탁된 보증금에 대한 배당 등의 실시

① 채무자가 제공한 보증금은 원래의 집행대상이었던 선박 대신 집행의 대상이 된다. 따라서 민사집행법 제49조 제2호 또는 제4호의 서류제출로 집행정지가 효력을 잃은 때, 즉 채무자가 제기한 청구이의의 소 등에서 전부 또는 일부 패소의 판결이 확정된 때에는 집행법원은 위 보증금을 그 효력을 잃은 범위 내에서 배당하여야 한다(민사집행법 제181조 제2항).

② 이 경우에, 채무자가 제공한 보증이 금전인 때에는 집행법원은 공탁소에 대하여 압류채권자 및 배당을 요구한 채권자의 배당액에 상당하는 금전을 지급하도록 지급위탁을 하며, 채무자가 제공한 금전이 유가증권인 때에는 공탁소로부터 이를 제출받아 집행관에게 현금화시킨 후 현금화된 금전에 관하여 배당을 실시한다. 배당에 참가할 수 있는 자는 집행채권자 및 배당요구의 종기까지 배당요구를 한 채권자에 한정된다.

(2) 공탁된 보증금의 반환

① 채무자가 보증을 제공하여 강제경매절차가 취소된 후 채무자가 청구이의의 소 등에서 승소하여 선박집행에 관한 전부 또는 일부의 집행을 불허하는 판결을 얻은 때에는 위 보증의 제공은 효력을 잃는다. 이 경우 집행법원은 보증의 전부 또는 일부를 취소하는 결정(담보취소)을 하여야 하고, 채무자는 그 보증의 반환을 청구할 수 있다.

② 구체적으로는 금전공탁인 경우에는 채무자는 위 보증취소결정의 정본 및 확정증명서를 첨부하여 공탁금의 회수청구를 하면 된다. 유가증권인 경우에는, 채무자가 돌려줄 것을 요구하지 못하는 금액이 배당할 금액에 산입되는 때에는 법원이 집행관에게 현금화하게 하여 비용을 뺀 금액 가운데 채무자가 돌려줄 것을 요구하지 못하는 금액을 배당할 금액에 산입하고 나머지가 있을 경우 이를 채무자에게 반환하며, 집행관이 유가증권을 현금화하기 전에 채무자가 법원에 돌려줄 것을 요구하지 못하는 금액에 상당하는 금전을 지급한 때에는 그 유가증권을 채무자에게 반환하고 채무자가 납부한 금전을 배당할 금액에 산입하여야 한다.

③ 선박을 목적으로 하는 담보권의 실행을 위한 경매절차에서 채무자가 보증을 제공하여 배당절차 이외의 경매절차가 취소된 후 보증으로 제공한 공탁금을 회수하고자 하는 경우에는 채무자가 선박집행에 관한 전부 또는 일부의 집행을 불허하는 판결을 얻은 후 그 판결에 기하여 집행법원으로부터 보증의 전부 또는 일부를 취소하는 결정을 받아 그 보증취소결정정본 및 확정증명서를 첨부하여 공탁금 회수청구를 해야 할 것이다(공탁선례 제2-265호 참조).

9. 민사집행규칙 제126조 제5항의 법원사무관 등의 공탁

1) 의의

① 자동차의 특성상 자동차의 가격이 크게 떨어질 염려가 있거나 보관에 지나치게 많은 비용이 드는 때에는 집행정지 중이라도 긴급매각의 필요성이 있으므로 일정한 경우 압류채권자 또는 채무자의 신청이 있는 때에는 긴급매각을 인정하고 있다(민사집행규칙 제126조).

② 법원사무관 등은 강제집행의 일시정지를 명한 취지를 적은 재판의 정본(민사집행법 제49조 제2호) 또는 집행할 판결이 있은 뒤에 채권자가 변제를 받았거나 의무이행을 미루도록 승낙한 취지를 적은 증서(같은 조 제4호)가 제출된 때에는 집행관에게 그 사실을 통지하여야 한다. 이 경우 집행관은 자동차집행을 정지하여야 하고, 정지사유가 소멸될 때까지 인도를 받은 자동차를 계속 보관하여야 하지만 자동차의 가격이 크게 떨어질 염려가 있거나 그 보관에 지나치게 많은 비용이 드는 때에는 압류채권자·채무자 및 저당권자에게 그 사실을 통지하여야 한다.

③ 법원은 압류채권자 또는 채무자의 신청이 있는 때에는 자동차를 매각하도록 긴급매각 결정을 할 수 있다. 위 통지 후의 긴급매각 절차는 일반 자동차집행절차에 의한다. 다만 이 경우에는 이미 강제경매개시 결정이 내려져 있으므로 다시 개시결정을 할 필요는 없고, 위와 같이 긴급매각한다는 취지의 결정을 하면 된다.

④ 긴급매각결정은 신청인에 대하여는 당연히 고지되는데, 그 상대방은 이 결정에 대하여 집행이의를 신청할 수 있으므로 그 기회를 부여하기 위하여 긴급매각결정이 있는 때에는 법원사무관 등은 그 신청을 하지 아니한 압류채권자 또는 채무자에게 그 사실을 통지하도록 하고 있다.

⑤ 긴급매각결정에 기초하여 자동차가 매각되어 그 대금이 집행법원에 납부된 때에는 법원사무관 등은 매각대금을 공탁하여야 한다(민사집행규칙 제126조 제5항).

2) 공탁금의 지급

민사집행법상의 의무로써 공탁한다는 점에서 형식상 집행공탁이나, 압류된 자동차의 변형물인 매각대금의 보관만을 목적으로 하는 점에서 실질상 보관공탁적인 성질을 가진다. 이후 자동차집행이 속행되면 집행법원은 배당절차를 거쳐 지급위탁의 방법으로 공탁금을 지급하고 자동차집행신청이 취하되거나 절차가 취소되면 지급위탁의 방법으로 채무자에게 공탁금을 지급하게 된다.

10. 민사집행규칙 제88조 제2항의 관리인의 공탁

1) 의의

부동산에 대한 강제관리 중 강제집행의 일시정지를 명한 취지를 적은 재판의 정본 또는 집행할 판결이 있은 뒤에 채권자가 변제를 받았거나 의무이행을 미루도록 승낙한 취지를 적은 증서가 제출되었으나 배당절차를 제외한 나머지 절차를 계속하여 진행하는 경우 관리인은 배당에 충당될 금전(부동산수익에서 그 부동산이 부담하는 조세 그 밖의 공과금을 뺀 뒤에 관리비용을 변제한 나머지 금액)을 공탁하고 그 사유를 법원에 신고하여야 한다. 위 경우의 관리인의 공탁이 민사집행규칙 제88조 제2항의 공탁이다.

2) 공탁금의 지급

공탁사유가 소멸한 때에는 집행법원은 배당절차를 거쳐 지급위탁의 방법으로 공탁금을 지급하게 될 것이다.

11. 채무자 회생 및 파산에 관한 법률 제618조 제2항 및 제623조 제2항의 항고인의 공탁

1) 의의

변제계획불인가의 결정 및 개인회생절차폐지의 결정에 대하여는 즉시항고를 할 수 있다(채무자회생법 제618조 제1항, 제623조 제1항). 이러한 항고가 있는 때에는 회생계속법원은 기간을 정하여 항고인에게 보증으로 대법원규칙이 정하는 범위 안에서 금전 또는 법원이 인정하는 유가증권을 공탁하게 할 수 있다(채무자회생법 제618조 제2항, 제623조 제2항).

2) 공탁금의 지급

(1) 파산재단에 속하게 된 경우의 출급 절차

항고가 기각되고 채무자에 대하여 파산선고가 있거나 파산절차가 속행됨으로써 보증으로 공탁한 현금 또는 유가증권이 파산재단에 속하게 된 경우에는 파산관재인이 위 사항을 증명하는 서면을 첨부하여 공탁물 출급청구를 할 수 있다. 위 증명서면은 파산사건 담당 재판부의 법원사무관 등이 발급한 것에 한한다(재민 2004-4 제19조 제1호).

(2) 공탁자에게 지급의 회수 절차

항고가 인용된 경우 또는 항고가 기각되고 채무자에 대하여 파산선고가 없으며 파산절차가 속행되지 않는 경우에는 공탁자가 공탁서와 항고인용의 재판이 확정되었음을 증명하는 서면 또는 채무자에 대하여 파산선고가 없으며 파산절차가 속행되지 않음을 증명하는 서면을 첨부하여 공탁물 회수청구를 할 수 있다. 위 증명서면은 개인회생사건 담당 재판부의 법원사무관 등이 발급한 것에 한한다(재민 2004-4 제19조 제2호, 공탁선례 제2-306호).

12. 채무자 회생 및 파산에 관한 규칙 제84조 제2항의 개인회생채권자를 위한 공탁

1) 의의

① 개인회생채권자는 개인회생채권자집회의 기일 종료 시까지 변제계획에 따른 변제액을 송금받기 위한 금융기관 계좌번호를 회생위원에게 신고해야 하는데, 위 신고를 하지 아니한 개인회생채권자에 대하여 지급할 변제액은 변제계획에서 정하는 바에 따라 공탁할 수 있다(채무자 회생 및 파산에 관한 규칙 제84조 제1항·제2항).

② 회생위원은 공탁하기 전에 개인회생채권자에게 공탁예정통지서를 발송하여 통지서를 송달받은 날부터 1주일 안에 계좌번호를 신고하지 아니하면 변제액을 공탁한다는 점을 알려주는 등의 절차를 거쳐 연 1회 변제액을 공탁할 수 있다(재민 2004-4).

2) 공탁절차

회생위원은 공탁사무 문서양식에 의하여 공탁규칙이 정한 절차에 따라 공탁을 하는데, 이 경우 공탁서에 해당 사건의 변제계획 인가결정 등본을 첨부하여야 하고 계좌입금에 의한 공탁금 납입을 신청하여야 한다. 한편 2014.4.28. 회생·파산 전자소송이 시행되어 회생위원은 전자공탁시스템을 이용하여 공탁할 수도 있다. 공탁관의 공탁 수리 후 회생위원은 가상계좌에 의한 공탁금 납입절차에 관한 업무처리지침(행정예규 제936호)에 따라 공탁금을 납입한다.

3) 공탁금의 지급

공탁금을 출급받으려는 채권자의 청구가 있는 경우 공탁규칙 제43조에 따라 회생위원은 공탁관에게 지급위탁서를 보내고 지급받을 채권자에게는 그 자격에 관한 증명서를 주어야 한다. 채권자는 증명서를 첨부하여 공탁규칙에 따라 공탁관에게 공탁금 출급청구를 하면 된다.

13. 채무자 회생 및 파산에 관한 법률 제617조의2 채무자를 위한 공탁

① 회생위원은 개인회생절차폐지의 결정 또는 면책의 결정이 확정된 후에도 임치된 금원(이자를 포함한다)이 존재하는 경우에는 이를 채무자에게 반환하여야 한다. 다만 채무자가 수령을 거부하거나 채무자의 소재불명 등으로 반환할 수 없는 경우에는 채무자를 위하여 공탁할 수 있는데, 개인회생사건 처리지침(재민 2004-4) 제11조의5에서 구체적인 절차를 규정하고 있다.

② 회생위원은 채무자가 개인회생절차개시신청서에 기재한 금융기관 계좌번호와 전화번호에 오류가 있고, 채무자의 소재불명 등의 사유로 채무자와 연락이 되지 않는 경우에는 채무자회생법 제617조의2에 따라 임치된 금원을 공탁할 수 있다. 이 경우 사전에 채무자용 공탁예정통지서를 발송할 수 있다.

③ 공탁이 수리된 후 회생위원은 「가상계좌에 의한 공탁금 납입절차에 관한 업무지침」에 따라 법원과 공탁금 보관은행 사이에 연계된 전산시스템을 이용하여 공탁예정액을 지정된 계좌에 입금하는 방식으로 공탁금을 납입한다.

④ 위와 같이 공탁된 공탁금을 출급받으려는 채무자가 있을 경우 회생위원은 공탁규칙 제43조에서 정한 절차에 따라 공탁관에게 지급위탁서를 보내고 지급받을 채무자에게 그 자격에 관한 증명서를 주어야 한다.

10 절 배당금수령채권에 대한 압류명령서 등의 처리

① 제3채무자의 민사집행법 제248조에 의한 집행공탁 등으로 개시된 공탁금을 배당재단으로 하는 채
권배당절차에서 배당금수령채권(또는 공탁금 출급청구권)에 대하여 압류명령서 등이 접수된 때에
는 접수연월일, 시, 분을 기재하여 기명날인하고 전산시스템에 압류명령서 등의 접수연월일, 배당
금수령채권이 압류된 사실 등을 입력한 후 압류명령서 등의 사본을 집행법원에 송부하여야 한다.

② 부동산경매절차에서 집행법원이 배당금수령 채권을 민사집행법 제160조 등의 사유로 공탁한 후
배당금수령채권(또는 공탁금 출급청구권)을 피압류채권으로 하는 압류명령서 등이 접수된 때에도
위와 같다.

③ 공탁관이 (집행법원의) 공탁사유신고에 따른 배당요구종기가 도래된 이후에 공탁금 출급·회수청
구권에 대한 압류명령서 등을 접수한 때에도 접수연월일, 시, 분을 기재하여 기명날인하고 전산시
스템에 압류명령서 등의 접수연월일, 공탁금 출급 또는 회수청구권에 압류된 사실 등을 입력한 후
압류명령서 등의 사본을 집행법원에 송부하여야 한다.

01 절 총설

1. 의의

① 혼합공탁이란 공탁원인사실 및 공탁근거법령이 다른, 실질상 두 개 이상의 공탁을 공탁자의 이익보호를 위하여 하나의 공탁절차에 의하여 하는 공탁을 말한다.

② 예컨대 특정채권에 대하여 채권양도의 통지가 있었으나 그 후 통지가 철회되거나 양도무효를 주장하는 소송이 제기되어 그 권리관계에 대한 다툼이 있는 등 특별한 사정이 발생하여 채무자의 입장에서 보아 채권이 적법하게 양도되었는지 여부에 관하여 의문이 있고, 또한 그 채권양도의 효력이 발생하지 아니한다면 압류경합 등으로 인하여 집행공탁의 사유가 생긴 경우에는 채권자 불확지를 원인으로 하는 변제공탁과 압류경합을 원인으로 하는 집행공탁을 합한 하나의 절차에 의한 혼합공탁을 할 수 있다.

2. 일괄공탁과의 구별

혼합공탁은 실무상 인정되는 일괄공탁과도 구별된다. 공탁은 1건마다 별도의 공탁서를 작성하여 제출함이 원칙이지만, 공탁당사자가 같고 공탁원인사실에 공통성이 있는 경우(예 수개월분의 차임공탁) 또는 공탁당사자가 다르더라도 공탁원인사실에 공통성이 있고 공탁물의 출급·회수가 일괄하여 행해질 개연성이 높은 경우(예 교통사고 피해자가 여러 명이고 주소지가 모두 같은 공탁소인 경우 손해배상금 공탁)에는 수 건의 공탁을 1건의 공탁서로 작성·제출할 수 있는데, 이를 강학상 일괄공탁이라 한다. 이러한 일괄공탁은 공탁규칙에서는 아무런 규정을 두고 있지 않으나 공탁절차상 당사자에게도 편리함과 동시에 전체적인 합리성을 유지할 수 있는 경우에 실무상 인정되고 있다(공탁선례 제2-25호 참조).

3. 혼합공탁의 요건

① 앞에서 설명한 바와 같이 혼합공탁은 공탁원인사실 및 공탁근거법령이 다른, 실질상 두 개 이상의 공탁을 공탁자의 이익보호를 위하여 하나의 공탁절차에 의하여 행하는 것이다. 이러한 혼합공탁은 주로 변제공탁과 집행공탁 사이에 발생한다. 변제공탁과 집행공탁을 원인으로 혼합공탁을 하려면 채권자 불확지 변제공탁 사유와 집행공탁 사유가 함께 존재하여야 한다.

② 채권자 불확지란 객관적으로는 채권자가 존재하나 변제자가 선량한 관리자의 주의의무를 다하여도 채권자가 누구인지 알 수 없는 경우를 말한다. 채권자 불확지로 인한 변제공탁 사유는 계약 당사자의 확정, 제3자를 위한 계약, 채권양도의 효력 유무 등 다양한 형태로 발생할 수 있으나 실무상 대부분은 채권양도와 관련하여 발생한다. 예를 들면, 채권양도금지의 특약이 있는

채권이 양도된 경우나, 양도통지 후에 무효나 취소의 통지를 받은 경우, 확정일자 있는 증서에 의한 통지 여부가 불분명한 경우, 가압류 이후에 채권양도가 있는 경우 등을 들 수 있다.

③ 이와 같이 혼합공탁은 채권양도의 효력 자체에 대하여 다툼이 있는 등 채권자 불확지 변제공탁을 할 만한 사정이 있어야 하므로 단순히 채권양도와 가압류 또는 압류가 경합한다는 사정만으로는 혼합공탁을 할 수 없다. 즉, 확정일자 있는 채권양도통지를 받은 후 양도인을 가압류채무자로 하는 채권가압류(3건)가 있는데 선행 채권양도에 대한 다툼이 없고, 채권자 불확지 변제공탁을 할 만한 사정이 없는데도 제3채무자가 피공탁자를 '양도인 또는 양수인'으로 지정하고, 공탁근거법령으로 민법 제487조, 민사집행법 제248조 제1항 및 제291조에 의한 혼합공탁을 한 경우 이는 혼합공탁의 요건을 갖추지 못해 유효한 공탁으로 볼 수 없으므로 공탁자(제3채무자)는 착오로 인한 공탁금 회수청구를 할 수 있다(공탁선례 제2-307호).

④ 한편 채권자취소권은 채무자가 채권자를 해함을 알면서 자기의 일반재산을 감소시키는 행위를 한 경우에 그 행위를 취소하여 채무자의 재산을 원상회복시킴으로써 모든 채권자를 위하여 채무자의 책임재산을 보전하는 권리라는 점에 비춰 '채권자취소에 따른 원상회복청구권을 피보전권리로 하는 채권처분금지가처분결정'이 송달되거나 수용 대상 토지에 '채권자취소에 따른 소유권등기말소청구권을 피보전권리로 하는 가처분등기'가 경료되어 있는 경우 위 각 가처분권자는 분쟁의 대상인 채권이나 토지소유권이 가처분권자 자신에게 속한다고 다투는 경우에 해당하지 않는다. 따라서 채권양도의 효력에 다툼이 있지만 그 원인이 '채권자취소에 따른 원상회복청구권을 피보전권리로 하는'이거나 '채권자취소소송이 제기 중'이라는 이유로 채권자 불확지 변제공탁과 집행공탁을 결합한 혼합공탁을 할 수 없다.

⑤ 그리고 혼합공탁을 하기 위한 요건으로 집행공탁 사유가 존재하여야 한다. 민사집행법 시행으로 인하여 단일의 압류, 압류경합이 없는 복수의 압류, 단일 또는 복수의 가압류일 경우에도 집행공탁을 인정하고 있으므로 현행 민사집행법에서는 혼합공탁을 하기 위한 요건으로 집행공탁사유는 반드시 압류경합이 있어야 하는 것은 아니다.

⑥ 채무자 甲이 채권자 乙에게 지급할 채무금 전액에 대한 채권양도통지(양수인 丙, 확정일자부 아닌 통지)가 있은 후 위 채무금 전액에 대한 채권양도통지(양수인 丁, 확정일자부 통지)와 乙을 채무자로 하는 가압류결정정본(채권자 丙)이 甲에게 같은 날짜에 도달되어 그 도달의 선후를 알 수 없고, 이어서 乙을 채무자로 하는 여러 건의 가압류 및 압류가 순차적으로 있는 경우에는 채무자 甲은 민법 제487조 및 민사집행법 제248조 제1항을 공탁근거법령으로, '양도인 乙 또는 양수인 丁'을 피공탁자로 하여 혼합공탁을 할 수 있다(공탁선례 제2-311호).

4. 혼합공탁의 효력

① 혼합공탁은 변제공탁의 공탁근거법령과 집행공탁의 공탁근거법령 양자를 공탁근거법령으로 한 공탁이며, 변제공탁과 집행공탁의 성질을 함께 갖는 공탁이다. 따라서 혼합공탁은 변제공탁에 관련된 채권자들에 대하여는 변제공탁으로서의 효력이 있고, 집행공탁에 관련된 집행채권자들에 대하여는 집행공탁으로서의 효력이 있다.

② 채권이 양도되었다는 등의 사유로 채무자가 종전의 채권자와 새로운 채권자 중 누구에게 변제하여야 하는지 과실 없이 알 수 없는 경우 채무자는 민법 제487조 후단의 채권자 불확지를 원인으로 한 변제공탁을 할 수 있다. 또한 종전의 채권자를 가압류채무자 또는 집행채무자로 한 다수의 채권가압류 또는 압류결정이 순차적으로 내려짐으로써 집행공탁의 사유가 생기는 경우에 혼합공탁을 할 수 있으나 공탁은 공탁자의 책임과 판단하에 하는 것으로써 채권양도 등과 압류가 경합된 경우에 공탁자는 나름대로 누구에게 변제를 하여야 할 것인지를 판단하여 그에 따라 변제공탁이나 집행공탁 또는 혼합공탁을 선택하여 할 수 있다. 이러한 혼합공탁사유가 있다 하더라도 공탁자가 공탁서에 피공탁자를 전혀 기재하지 아니하여 변제공탁일 수 있다는 취지를 짐작하게 하는 기재가 없고, 공탁근거조문으로 집행공탁 근거조문인 구 민사소송법 제581조만을 기재하였고, 채권자 불확지 변제공탁의 근거조문인 민법 제487조 후단을 전혀 기재하지 않았으며 또한 공탁원인사실에도 채권자를 알 수 없어 공탁한다는 취지의 기재를 하지 아니한 경우 새로운 채권자에 대한 변제공탁으로써의 효력은 없다(대판 2005.5.26, 2003다12311).

③ 혼합공탁을 하였을 때에 그 공탁이 변제공탁과 집행공탁 중 어느 한 공탁의 절차 내지 요건이 갖추어지지 아니하여 효력을 인정할 수 없는 경우 나머지 하나의 공탁으로써는 공탁의 절차 및 요건을 갖추고 있다 하여 그 공탁으로써만 효력을 인정한다면 채무자로서는 채무불이행 책임 또는 이중지급의 위험 중 어느 한 가지 위험을 피할 수가 없게 된다. 이는 채무자가 혼합공탁을 한 본래의 뜻에 반하는 결과가 발생하게 되어 부당하다. 따라서 혼합공탁이 공탁의 절차 내지 요건의 미비로 변제공탁이나 집행공탁 중 어느 하나라도 효력이 없다면 혼합공탁 전체로써 효력이 없다고 보는 것이 타당하고 공탁자의 의사에도 부합한다.

02 절 금전채권의 혼합공탁에 관한 사무처리지침

– 제정 2024.6.27. [행정예규 제1400호, 시행 2024.8.1.] –

제1장 총 칙

제1조 (목적)

이 예규는 혼합공탁 신청과 그 공탁금의 출급·회수 등에 관한 업무절차에 관한 사항의 정함을 목적으로 한다.

제2조 (정의)

이 예규에서 사용하는 용어의 뜻은 다음과 같다.

1. "혼합공탁"이란 공탁원인사실 및 공탁근거법령이 다른 실질상 두 개 이상의 공탁을 하나의 공탁절차에 의하여 하는 공탁을 말한다.

2. "채권자 불확지"란 「민법」 제487조 후단의 "변제자가 과실없이 채권자를 알 수 없는 경우"로서 동일 채권에 대한 권리귀속에 다툼이 있는 경우를 말한다.

3. "혼합해소문서"란 집행법원의 배당절차를 통하여 (가)압류채권자 등 집행채권자(이하 "집행채권자"라 한다)가 공탁금에서 그 채권액을 배당받기 위해서 필요한 문서로서 압류의 대상이 된 채권이 집행채무자에게 귀속하는 것을 증명하는 문서를 말한다.

제3조 (관할공탁소)

제3채무자는 변제공탁과 집행공탁을 원인으로 혼합공탁을 하려는 경우 특별한 사정이 없는 한 피공탁자 주소지 관할공탁소에 공탁하여야 한다. 이 경우 변제공탁사유가 채권자 불확지에 해당하는 때에는 피공탁자들 중 어느 1인의 주소지 관할공탁소에 공탁할 수 있다.

제2장 공탁절차

제4조 (공탁사유)

① 제3채무자는 다음 각 호와 같이 동일한 금전채권에 대하여 채권양도와 (가)압류가 경합하는 경우 혼합공탁을 할 수 있다.

1. 선행하는 채권양도의 효력 유무에 대하여 다툼이 있는 경우
2. (가)압류명령과 채권양도 통지가 동시에 도달되거나 도달의 선후가 불분명한 경우
3. 가압류 이후에 채권양도 통지가 도달된 경우

② 제3채무자는 금전채권에 대한 권리귀속에 대하여 다툼이 있고, 다툼이 있는 사람 전부 또는 일부에 대하여 (가)압류가 있는 경우 혼합공탁을 할 수 있다.

③ 제3채무자는 금전채권에 대한 다수의 지분권자 상호 간의 지분관계를 알 수 없고, 다수의 지분권자 전부 또는 일부에 대하여 (가)압류가 있는 경우 혼합공탁을 할 수 있다.

제5조 (공탁서 기재 방식)

① 피공탁자란에는 다음 각 호의 사항을 기재하되, 집행채권자는 기재하지 아니한다.

1. 제4조 제1항 각 호의 경우 양도인 또는 양수인
2. 제4조 제2항의 경우 권리자인지 여부에 다툼이 있는 사람 전부
3. 제4조 제3항의 경우 지분권자 전부

② 법령조항란에는 「민법」 제487조 후단, 「민사집행법」 제248조 제1항(또는 「민사집행법」 제291조 및 제248조 제1항)을 기재한다.

③ 공탁원인사실란에는 채권자 불확지 등 변제공탁사유와 가압류나 압류명령 및 그 송달일자, 채권양도와 그 통지일자 등을 구체적으로 기재하여야 한다.

제6조 (첨부서면 등)

① 공탁자는 피공탁자의 수만큼의 「공탁규칙」 제23조 제1항에서 정한 공탁통지서를 첨부하고, 같은 조 제2항에 따른 우편료를 납입하여야 한다.

② 공탁자는 제4조의 공탁사유를 소명할 수 있는 채권양도서류, (가)압류 결정문 사본 등을 첨부하여야 한다. 이 경우 변제공탁사유와 가압류명령이 있음을 이유로 공탁하는 경우 「제3채무자의 권리공탁에 관한 업무처리절차」 별지의 공탁사실통지서와 제1항에 따른 우편료를 납입하여야 한다.

제7조 (집행법원에 대한 사유신고)

① 채권자 불확지 등 변제공탁사유와 압류명령이 있음을 이유로 혼합공탁을 한 경우 제3채무자는 지체 없이 압류명령을 발령한 법원에 사유신고를 하여야 한다. 이 경우 다수의 압류명령이 있는 경우 먼저 송달된 압류명령을 발령한 법원에 사유신고를 하여야 한다.

② 제3채무자가 채권자 불확지 변제공탁사유와 가압류명령이 있음을 이유로 혼합공탁을 한 경우 피공탁자(가압류채무자)의 공탁금 출급청구권에 대하여 다른 압류가 이루어져 압류의 경합이 생기거나 가압류를 본압류로 이전하는 압류명령이 있더라도 공탁관은 제8조에 따른 혼합해소문서가 제출된 후 압류명령을 발령한 법원에 사유신고(혼합해소문서 사본 첨부)를 하여야 한다. 다만, 가압류 이후에 채권양도가 있음을 이유로 제4조 제1항 제3호에 따른 혼합공탁이 된 후 피공탁자(가압류채무자)의 공탁금 출급청구권에 대하여 가압류를 본압류로 이전하는 압류명령이 있는 경우 공탁관은 지체 없이 압류명령을 발령한 법원에 사유신고를 하여야 한다.

③ 제2항에 따라 공탁관이 사유신고를 하는 경우 그 절차에 대해서는 「공탁관의 사유신고에 관한 업무처리지침」을 준용한다.

제3장 출급 또는 회수절차

제8조 (혼합해소문서)

① 다음 각 호의 문서는 혼합해소문서가 될 수 있다.

 1. 집행채무자에게 공탁금 출급청구권이 있다는 것을 증명하는 확인판결정본 및 그 판결의 확정증명서 또는 위와 동일한 내용의 화해 또는 조정조서정본

 2. 집행채무자에게 공탁금 출급청구권이 있다는 것을 증명하는 동의서(인감증명서 또는 본인서명사실확인서나 전자본인서명확인서 첨부)

② 제1항의 혼합해소문서는 피공탁자, (가)압류채권자 등 이해관계인을 상대방으로 하는 문서이어야 한다.

③ (가)압류채권자·채무자 등은 제1항의 혼합해소문서를 공탁사유신고가 이루어진 집행법원 및 공탁소에 제출하여야 한다.

제9조 (공탁금 출급)

① 피공탁자는 다른 피공탁자뿐만 아니라 (가)압류채권자 등 이해관계인을 상대방으로 하여 자신에게 공탁금 출급청구권이 있다는 것을 증명하는 확인판결 정본 및 그 판결의 확정증명서(이와 동일한 내용의 화해 또는 조정조서 정본 포함) 또는 동의서(인감증명서 또는 본인서명사실확인서나 전자본인서명확인서 첨부)를 첨부하여 공탁소에 공탁금 출급을 청구할 수 있다.

② 채권양도와 가압류가 경합함을 이유로 제4조 제1항 제2호 및 제3호에 따라 공탁이 이루어진 후 가압류가 실효된 경우 피공탁자는 공탁통지서와 가압류가 실효되었음을 증명하는 서면을 첨부하여 공탁소에 공탁금의 출급을 청구할 수 있다.

③ 집행채권자는 집행법원의 지급위탁절차에 의하여 공탁금의 출급을 청구할 수 있다.

제10조 (공탁금의 회수)

① 공탁자는 공탁금 중 (가)압류의 효력이 미치지 않는 부분에 대하여는 「민법」 제489조 제1항에 따라 회수할 수 있다. 이 경우 공탁자는 집행법원으로부터 공탁서를 보관하고 있다는 사실을 증명하는 서면을 교부받아 이를 공탁금 회수청구서에 첨부하여야 한다.

② 공탁자는 혼합공탁의 사유가 없음에도 착오로 공탁하거나 공탁의 원인이 소멸한 경우에는 각 소명자료를 첨부하여 공탁금을 회수할 수 있다.

제11조 (「공탁규칙」의 준용)

① 피공탁자 또는 집행채권자가 제9조에 따라 공탁금 출급청구를 하는 경우 「공탁규칙」 제33조에 따른 서류를 첨부하여야 한다.

② 공탁자가 제10조에 따라 공탁금 회수청구를 하는 경우 「공탁규칙」 제34조에 따른 서류를 첨부하여야 한다.

③ 이 예규에 특별한 규정이 있는 경우를 제외한 공탁금 출급·회수절차에 대해서는 「공탁규칙」 제3장을 준용한다.

03 절 유형별 혼합공탁의 처리

1. 채권 전부에 대하여 채권양도가 선행하는 경우

① 확정일자 있는 채권양도통지가 제3채무자에게 먼저 송달된 후에 채권이 가압류되거나 압류된 경우에는 원칙적으로 채권양도가 우선하게 되고, 가압류나 압류채권자는 존재하지 않는 채권을 가압류나 압류한 셈이 되어 그 채권가압류나 압류는 효력을 발생할 수 없게 된다(대판 1981. 9.22, 80누484 참조). 따라서 제3채무자는 양수인에게만 변제의무를 부담하게 되므로 양수인에게 지급하거나 양수인의 수령거절 등으로 변제공탁사유가 있어야 민법 제487조에 의한 변제공탁을 할 수 있다.

② 그런데 양도된 채권에 대하여 양도금지특약이 있거나 채권자로부터 양도철회 내지 취소통지 등 채권양도의 효력 유무에 대하여 다툼이 있는 경우에는 제3채무자는 객관적으로는 자신의 채권자가 존재하고 있으나 선량한 관리자의 주의를 다하여도 채권자가 누구인지 알 수 없는 경우에 해당된다고 볼 수 있으므로 민법 제487조 후단에 의하여 양도인 또는 양수인을 피공탁자로 하는 채권자 불확지 변제공탁을 할 수 있다. 그러나 양도인의 다른 채권자가 양도인을 채무자로 하는 채권가압류나 압류가 있으므로 채권자 불확지 변제공탁만으로는 부족하고, 채권양도가 무효일 경우에 양도인을 채무자로 한 가압류나 압류가 있음을 원인으로 집행공탁을 합한 혼합공탁을 해야만 한다. 이 경우 집행공탁은 채권양도가 무효일 것을 조건으로 하여 이루어지게 된다. 채권양도 이후에 압류가 있는 경우와 가압류가 있는 경우를 나누어서 살펴보기로 한다.

가. 채권양도 후에 압류가 있는 경우

1) 공탁절차 등

① 채권이 양도되었으나 채권양도의 효력 유무에 대하여 의문이 있고 양도 이후에 압류가 있는 경우에는 전형적인 혼합공탁에 해당한다. 이와 같은 사유로 혼합공탁을 하게 될 경우에 공탁서상의 피공탁자는 양도인 또는 양수인이 되고, 공탁근거 법령조항은 민법 제487조 후단, 민사집행법 제248조 제1항이 된다.

② 집행공탁에서 피공탁자는 장래 집행법원이 행하는 배당절차 등에 의해 확정되므로 압류채권자를 공탁서의 피공탁자란에 기재하지 않고, 공탁원인사실에 압류사실을 구체적으로 기재한다.

③ 이와 같은 사유로 제3채무자가 혼합공탁을 한 때에는 정지조건부 집행공탁의 측면도 있으므로 공탁서를 붙여 그 내용을 서면으로 집행법원에 사유신고하여야 한다.

2) 집행채권자가 출급받는 방법

(1) 혼합해소문서의 필요성

집행법원의 배당절차를 통하여 집행채권자가 공탁금에서 그 채권액을 배당받기 위해서는 압류의 대상이 된 채권이 집행채무자에게 귀속하는 것을 증명하는 문서가 집행법원에 제출되어야 한다. 이를 실무상 혼합해소문서라고 한다.

(2) 대표적인 혼합해소문서

① 예컨대, 채무자에게 공탁금 출급청구권이 있다는 것을 증명하는 확인판결정본 및 그 판결의 확정증명서, 위와 동일한 내용의 화해 또는 조정조서 정본, 위와 동일한 내용을 담은 양수인의 동의서(인감증명서, 본인서명사실확인서나 전자본인서명확인서 첨부) 등이 이에 해당한다.

② 그러나 집행채권자가 압류·전부명령에 기한 전부금채권을 가지고 있다는 것을 증명하는 확인 판결은 이에 해당하지 않는다(대판 2008.1.17, 2006다56015).

③ 한편 A압류, B가압류와 채권양도(채권양도의 효력에 다툼이 있음), C압류가 경합한다는 이유로 제3채무자가 민법 제487조 후단 채권자 불확지 변제공탁과 민사집행법 제248조 제1항 집행공탁을 결합한 혼합공탁을 하고 사유신고를 한 후 채권자취소판결에 따라 채권양도가 사해행위임을 이유로 취소되고, 그 취지에 따라 대한민국에 양도통지가 이뤄진 경우 채권자취소 확정판결의 비소급효에 의하여 C압류는 무효이지만, A압류, B가압류에 대하여는 배당절차를 진행할 수 있다는 점에서 혼합관계가 해소된 것으로 볼 수 있다. 즉 A압류(50만 원), B가압류(50만 원)와 채권양도(150만 원), C압류(100만 원)가 경합하고 채권양도의 효력에 다툼이 있다는 이유로 제3채무자가 민법 제487조 후단 채권자 불확지 변제공탁과 민사집행법 제248조 제1항 집행공탁을 결합한 혼합공탁(150만 원)을 하고 사유신고를 하였는데, D가 채권양도계약을 취소하고 혼합공탁금에 대한 출급청구권을 양도하고 대한민국(소관 공탁관)에게 양도통지를 하라는 취지의 확정판결을 받아 이를 공탁소에 제출한 후 채무자의 책임재산으로 복귀한 공탁금 출급청구권(50만 원)에 대하여 D압류 및 추심명령(100만 원)과 E압류 및 추심명령(100만 원)이 각 도달한 경우 ㉠ C압류는 이미 대항요건을 갖추어 양도된 채권을 대상으로 한 것으로 무효이고, 채권자취소소송에서 채권양도가 취소되었더라도 채권자취소판결에 소급효가 없기 때문에 무효인 압류가 유효로 되진 않는다. ㉡ 공탁금 150만 원 중 100만 원은 제3채무자 A의 사유신고에 의하여 배당재단에 편입되어 배당절차가 진행되고, 나머지 50만 원은 채무자의 책임재산으로 복귀하여 변제공탁의 성격을 가지므로 제3채무자의 사유신고에 의한 배당가입차단효가 미치지 않는다(대판 2020.10.15, 2019다235702 참조). 그리고 채권자취소판결에 따라 채무자의 책임재산으로 복귀한 공탁금 출급청구권(50만 원)에 대하여 D와 E의 압류의 경합이 발생하였으므로 공탁관이 사유신고를 하게 된다.

(3) 채권양수인이 공탁금을 출급받는 방법

① 양수인이 출급받으려면 후술하는 나. "채권양도 후에 가압류가 있는 경우"와 마찬가지로 양도인 및 압류채권자의 승낙 또는 그에 대항하는 판결이 있어야 한다. 따라서 혼합공탁에 있어서

피공탁자(양수인)는 공탁물의 출급을 청구함에 있어서 다른 피공탁자(채무자)에 대한 관계에서만 공탁물 출급청구권이 있음을 증명하는 서면을 갖추는 것으로는 부족하고, 집행채권자에 대한 관계에서도 공탁물 출급청구권이 있음을 증명하는 서면을 구비·제출하여야 한다(대판 2012.1.12, 2011다84076). 양수인은 위 서류를 집행법원이 아닌 공탁소에 제출하여 공탁금을 지급받으면 된다.

② 이때 집행법원의 불수리결정을 요하는지 여부와 관련하여 현재 다수의 실무는 집행법원의 사유신고 불수리결정을 제출받은 후 공탁금 출급청구를 인가하고 있다.

3) 공탁자가 공탁원인소멸을 이유로 공탁금을 회수하는 방법

① 甲이 乙에 대하여 가지고 있는 물품대금채권을 丙에게 양도하고 확정일자 있는 증서에 의한 채권양도통지를 하여 乙이 송달받은 후 甲의 채권자 丁이 위 양도대상 채권에 대하여 채권압류 및 추심명령을 하여 乙에게 송달되었는데, 乙이 채권양도의 효력에 의문이 있다고 하여 혼합공탁을 하였고, 丙이 乙을 상대로 제기한 양수금청구소송에서 얻은 화해권고결정을 집행권원으로 乙의 다른 책임재산에 대한 강제집행에 의하여 채권만족을 얻은 경우에는 乙은 공탁원인소멸을 이유로 양도인 甲 및 압류채권자 丁의 승낙서와 양수인 丙의 변제확인서(각 인감증명서 또는 본인서명사실확인서나 전자본인서명사실확인서 첨부)나 양수금 전액을 지급받았음을 증명하는 서면을 첨부하여 회수할 수 있을 것이다.

② 한편 丁이 사해행위취소소송을 제기하여 패소한 판결정본은 丁의 승낙서에 갈음할 수 없고, 丁의 승낙서에 갈음하여 丁을 상대로 하여 丁의 채권압류 및 추심명령 송달 당시 이미 압류대상채권이 양도되어 부존재한다는 확인판결을 받아 공탁원인소멸을 증명하여야 할 것이다(공탁선례 제2-324호, 대판 2008.9.25, 2008다34668 참조).

나. 채권양도 후에 가압류가 있는 경우

1) 공탁절차 등

① 선행의 채권양도의 효력에 의문이 있고 그것이 가압류의 효력에 영향을 미칠 경우 현행 민사집행법이 가압류에 대하여도 집행공탁을 인정하고 있으므로(민사집행법 제291조, 제248조) 제3채무자는 채권자 불확지 변제공탁과 집행공탁을 합한 혼합공탁을 할 수 있다.

② 공탁서상의 피공탁자는 양도인(가압류채무자) 또는 양수인으로 기재하고, 공탁근거 법령조항은 민법 제487조 후단, 민사집행법 제291조·제248조 제1항으로 기재하며, 공탁원인사실란에 가압류명령이 있는 사실을 구체적으로 기재한다.

③ 제3채무자는 공탁신청 시 가압류결정문 사본과 공탁규칙 제23조 제1항에서 정한 공탁통지서를 첨부하여야 하며, 공탁통지서 및 공탁사실통지서(가압류채권자에게 공탁사실을 알려주는 행정예규 제1018호 별지 양식) 발송에 필요한 우편료도 함께 납부하여야 한다.

④ 공탁한 때에는 공탁서를 붙여 그 내용을 서면으로 가압류 발령법원에 신고하여야 한다. 그러나 압류와 달리 가압류의 경우에는 집행공탁을 하더라도 배당가입의 차단효가 발생하지 않는다.

2) 가압류채권자가 출급받는 방법

공탁 이후에 채권양도가 무효로 판명되면 양도인에 대한 채권가압류명령은 유효하기 때문에 가압류를 본압류로 이전하는 압류명령이 송달되면 공탁관이 사유신고를 하게 되고, 집행법원의 지급위탁에 의하여 공탁금 지급이 이루어진다.

3) 채권양수인이 공탁금을 출급받는 방법

① 혼합공탁은 변제공탁과는 달리 집행채권자도 피공탁자가 누구인가에 관하여 이해관계가 있게 되므로 양수인은 양도인뿐만 아니라 집행채권자에 대하여도 양도의 유효성을 주장하지 않으면 안 된다.

② 피공탁자인 양수인은 다른 피공탁자인 양도인의 승낙서(인감증명서 첨부)나 양도인에 대한 공탁금 출급청구권 승소확정판결 이외에 가압류채권자들의 승낙서(인감증명서 첨부) 또는 그들을 상대로 한 공탁금 출급청구권확인 승소확정판결을 출급청구권을 갖는 것을 증명하는 서면으로 첨부하여야만 공탁금을 출급할 수 있다(공탁선례 제2-316호, 대판 2012.1.12, 2011다84076).

③ 한편 공탁자가 피공탁자를 甲 또는 乙로 한 상대적 불확지 변제공탁과 乙을 채무자로 하는 丙의 채권가압류로 인한 집행공탁을 합한 혼합공탁을 한 경우 피공탁자 甲이 乙을 상대로 공탁금 출급청구권 확인소송을 제기하여 승소판결이 확정되었고, 丙을 상대로 제3자이의소송을 제기하여 강제집행을 불허한다는 판결을 받아 가압류결정의 집행이 모두 해제되었다면 甲은 가압류채권자인 丙의 승낙서나 그에 대한 공탁금 출급청구권 확인판결 없이도 乙을 상대로 한 공탁금 출급청구권 확인판결과 丙의 채권가압류의 효력이 실효되었음을 증명하는 서면(가압류집행취소결정정본과 송달증명)을 첨부하여 공탁금 출급청구를 할 수 있다. 한편, 혼합공탁 이후에 乙을 채무자로 하는 채권(가)압류 등을 한 채권자가 있는 경우에도, 甲은 위 채권자들의 승낙서나 위 채권자들을 상대로 한 공탁금 출급청구권 확인판결을 첨부하지 않고서도 출급청구를 할 수 있다(공탁선례 제201102-1호).

2. 채권 전부에 대하여 가압류·압류가 선행하는 경우

가. 가압류 이후 채권양도가 있는 경우

① 동일채권에 대하여 가압류집행을 한 자와 채권양수인 사이의 우열은 채권가압류명령의 송달과 확정일자 있는 채권양도의 통지의 선후에 의하여 결정하게 된다.

② 다만 가압류 이후에 채권양도가 있는 경우 가압류는 이후에 취하 또는 취소되거나 혹은 본안소송의 패소로 인하여 그 효력을 상실할 수도 있으므로 가압류 중인 상태에서 제3채무자로서는 채권자가 양도인이 될지 양수인이 될지 알 수 없다.

③ 한편 채권가압류의 처분금지의 효력으로 인하여 가압류채권자가 본안소송에서 승소하는 등으로 집행권원을 취득하는 경우 그 가압류에 의하여 권리가 제한된 상태의 채권을 양수받는 양수인에 대한 채권양도의 효력은 무효가 되고(대판 2002.4.26, 2001다59033), 반대로 가압류

채권자가 본안소송에서 패소하거나 가압류신청이 취하되거나 가압류결정이 취소되면 채권양도는 완전히 유효하게 된다.

④ 따라서 이와 같은 경우에 제3채무자는 위 양도인 또는 양수인을 피공탁자로 하는 채권자 불확지 변제공탁과 채권가압류가 있음을 이유로 한 집행공탁을 합한 혼합공탁을 할 수 있다.

⑤ 이와 같은 혼합공탁에 있어서는 가압류의 효력 여하에 따라 채권양도의 효력 유무가 결정되므로 채권양도 그 자체의 효력 유무(양도금지특약이나 통지 후 철회통지 등)는 혼합공탁의 요건이 아니다.

⑥ 혼합공탁 신청서의 피공탁자란에는 양도인 또는 양수인을 기재하고(가압류채권자를 피공탁자로 기재하지 않음에 주의. 공탁선례 제2-313호 참조), 공탁근거 법령조항란에는 민법 제487조 후단, 민사집행법 제291조, 제248조 제1항을, 공탁원인사실란에는 가압류 및 가압류 이후에 채권양도의 통지가 있다는 것을 구체적으로 기재하면 될 것이다.

⑦ 제3채무자는 공탁신청 시 가압류결정문 사본과 공탁규칙 제23조 제1항에서 정한 공탁통지서를 첨부하여야 하며, 공탁통지서 및 공탁사실통지서(가압류채권자에게 공탁사실을 알려주는 행정예규 제1018호 별지 양식) 발송에 필요한 우편료도 함께 납부하여야 한다.

⑧ 가압류를 원인으로 집행공탁을 하더라도 배당가입이 차단되지 않고 배당절차를 진행할 수도 없으며, 단지 채무자가 가지는 공탁금 출급청구권 위에 가압류의 효력이 존속하는 것에 불과할 따름이다(민사집행법 제297조). 따라서 혼합공탁 이후에 가압류가 본압류로 이전되면 중간의 채권양도 자체는 유효하더라도 가압류채권자와의 관계에서는 대항할 수 없으므로 공탁 이후에 가압류채권자의 가압류에서 본압류로 이전하는 채권압류 및 추심명령이나 전부명령이 송달되면 공탁관이 집행법원에 사유신고 후 집행법원의 지급위탁절차에 의하여 공탁금이 지급될 것이다.

⑨ 만약 선행의 가압류채권자가 공탁금 출급청구권에 대한 현금화절차(추심 또는 전부명령)를 게을리하여 공탁을 방치하거나 그 피보전권리나 보전의 필요성이 소멸된 경우에는 채권양수인으로서는 사정변경으로 인한 가압류취소 또는 제소명령신청권이나 제소기간 도과에 의한 가압류취소신청권을 대위행사함으로써 자신의 권리를 확보할 수 있다.

나. 압류 이후 채권양도가 있는 경우

① 동일채권에 대하여 압류집행을 한 자와 채권양수인 사이의 우열은 채권압류명령의 송달과 확정일자 있는 채권양도의 통지의 선후에 의하여 결정된다.

② 따라서 확정일자 있는 채권양도의 통지의 도달 이전에 채권압류명령의 송달을 받은 경우에는 압류채권자만이 우선하여 배타적인 집행채권자로서의 지위에 서게 된다. 이후 압류채권자가 추심 또는 전부명령을 얻은 경우에(압류명령과 동시에 얻는 경우가 대부분이다) 제3채무자는 추심 또는 전부명령을 얻은 압류채권자에게만 변제의무를 부담하므로 혼합공탁은 문제되지 않는다.

3. 기타 문제되는 경우

가. (가)압류명령과 채권양도통지가 동시에 도달된 경우

1) 가압류명령의 송달과 확정일자 있는 채권양도의 통지가 동시에 도달된 경우

① 동일한 채권에 관하여 확정일자 있는 증서에 의한 채권양도통지와 채권가압류결정정본이 제3채무자에게 동시에 도달한 경우(같은 날 도달되었는데 그 선후관계에 대하여 달리 입증이 없으면 동시에 도달한 것으로 추정한다)에는 그들 상호 간에 우열이 없어 채권양수인이나 가압류채권자는 모두 제3채무자에게 완전한 대항력을 갖추었다고 할 것이어서 그 전액에 대하여 채권양수금, 압류전부금 또는 추심금(본압류로 이전하는 현금화명령까지 받은 경우)의 청구를 할 수 있고, 제3채무자로서는 그들 중 누구에게라도 그 채무 전액을 변제하면 다른 채권자에 대한 관계에서 유효하게 면책된다.

② 그러나 채권양수인과 추심명령 또는 전부명령을 얻은 가압류채권자 중 한 사람이 제기한 급부소송에서 채권양도의 통지와 채권가압류 결정정본이 동시에 송달되었다고 인정되어 채무자가 패소한 이후에 다시 다른 채권자가 그 송달의 선후에 관하여 문제를 제기하는 경우 기판력의 이론상 제3채무자에게 이중지급의 위험이 있을 수 있으므로 확정일자 있는 증서에 의한 채권양도 통지와 채권가압류 결정정본이 동시에 송달된 경우에도 제3채무자는 피공탁자를 양도인 또는 양수인으로, 공탁근거 법령조항란에는 민법 제487조 후단 및 민사집행법 제291조·제248조 제1항을, 공탁원인사실란에는 채권가압류 결정정본과 채권양도통지가 동시에 송달되어 지급할 수 없다는 취지 및 가압류사실을 구체적으로 기재하여 채권자 불확지 변제공탁과 집행공탁을 합한 혼합공탁을 하고, 공탁한 이후에 공탁서를 붙여 그 내용을 서면으로 가압류 발령법원에 신고하여야 한다.

③ 제3채무자는 공탁신청 시 가압류결정문 사본과 공탁규칙 제23조 제1항에서 정한 공탁통지서를 첨부하여야 하며, 공탁통지서 및 공탁사실통지서(가압류채권자에게 공탁사실을 알려주는 행정예규 제1018호 별지 양식) 발송에 필요한 우편료도 함께 납부하여야 한다.

④ 혼합공탁한 이후에 채권양도 통지 및 가압류결정정본 송달의 선후불명 또는 동시로 판명되면 채권양수인과 가압류채권자는 서로 대등한 법률상의 지위에 서게 되며 양수채권액과 가압류채권액의 합계가 제3채무자에 대한 채권을 초과하면 각 채권액에 안분하여 이를 내부적으로 정산할 의무가 있으므로 양수인과 가압류에서 이전하는 압류명령을 얻은 가압류채권자가 각각의 정산비율에 의한 공탁금 출급청구권의 분할취득을 입증한 때에 공탁관의 사유신고에 의하여 집행법원의 배당절차가 개시되고 지급위탁에 의하여 공탁금이 지급될 것이다.

⑤ 그러나 채권가압류명령의 송달이 확정일자 있는 채권양도의 통지보다 선행인 것으로 판명되고 이후 가압류채권자가 가압류에서 본압류로 이전하는 압류명령을 받은 경우 채권양도는 무효가 되고 양도인이 진정한 채권자로 되어 양도인에 대한 채권가압류명령은 유효하게 된다. 이때에 비로소 혼합공탁은 정지조건의 성취로 집행공탁의 효력이 확정적으로 생기게 되고, 공탁관의 사유신고와 집행법원의 지급위탁절차에 의하여 공탁금이 지급될 것이다.

⑥ 반대로 확정일자 있는 채권양도의 통지가 채권가압류명령의 송달보다 선행인 것으로 판명되면 채권양도가 유효하여 양수인이 진정한 채권자로 되고 양도인에 대한 채권가압류명령은 무효로 되며 양수인은 양도인에 대한 출급청구권이 있음을 증명하는 서면을 첨부하여 공탁금의 출급을 청구할 수 있다.

⑦ 동일한 채권에 관하여 가압류 또는 압류명령과 확정일자 있는 양도통지가 동시에 제3채무자에게 도달한 경우 그 후에 다른 채권압류 또는 가압류가 이루어졌다 하더라도 그 후행 압류 또는 가압류 당시에 피압류채권은 이미 존재하지 않는 것과 같아 압류 또는 가압류로서의 효력이 없으므로 그러한 후행 압류권자 등은 더 이상 그 채권에 관한 집행절차에 참가할 수 없고, 채권양수인과 선행 (가)압류채권자 사이에서만 채권액에 안분하여 배당하여야 한다(대판 2004. 9.3, 2003다22561; 대판 2013.4.26, 2009다89436 참조).

2) 압류명령의 송달과 확정일자 있는 채권양도의 통지가 동시에 도달된 경우

① 동일한 채권에 관하여 압류명령의 송달과 확정일자 있는 채권양도의 통지가 동시에 도달된 경우에 그 법률상의 효력은 위 1)에서 설명한 바와 같이 가압류결정정본과 채권양도통지가 동시에 도달된 경우와 같다.

② 따라서 제3채무자는 피공탁자를 양도인 또는 양수인으로, 공탁근거 법령조항을 민법 제487조 및 민사집행법 제248조 제1항으로 하여 채권자 불확지 변제공탁과 집행공탁을 합한 혼합공탁을 할 수 있다.

③ 공탁을 한 때에는 공탁서를 붙여 그 내용을 서면으로 집행법원에 사유신고하여야 한다. 공탁 이후 채권양도통지서 도달 및 압류명령 송달의 선후가 불명하거나 동시인 것으로 판명되면 채권양수인과 압류채권자 상호 간에는 법률상의 지위가 대등하므로 양수채권액과 압류채권액 합계가 제3채무자에 대한 채권액을 초과한 때 각 채권액에 안분하여 이를 내부적으로 다시 정산할 의무가 있다. 따라서 각각의 정산비율에 의한 공탁금 출급청구권의 분할취득을 입증하면 집행법원의 배당절차가 개시되고 집행법원의 지급위탁에 의하여 공탁금의 출급을 청구할 수 있을 것이다.

④ 그러나 채권압류명령의 송달이 확정일자 있는 채권양도의 통지보다 선행인 것으로 판명되면 채권양도로 압류채권자에게 대항할 수 없으므로 정지조건의 성취로 집행공탁의 효력이 확정적으로 생기게 된다. 따라서 압류채권자는 집행법원의 지급위탁절차에 의하여 공탁금을 지급받게 된다.

⑤ 반대로 확정일자 있는 채권양도의 통지가 채권압류명령의 송달보다 선행인 것으로 판단되면 채권양도가 유효로 되어 양수인이 진정한 채권자가 되고 양도인에 대한 채권압류명령은 무효로 되며, 양수인은 양도인에 대한 출급청구권의 확정을 입증하여 공탁금의 출급을 청구할 수 있다.

나. 채권 일부 양도 후에 가압류나 압류가 있는 경우

① 채권양도가 이루어진 부분에 대하여는 채권양수인만이 배타적인 채권자가 되므로 양수인에게 변제하면 되고, 양도가 이루어지지 아니한 부분에 대하여는 가압류나 압류가 있으므로 집행공탁을 하면 된다.

② 그러나 만약 선행의 채권 일부에 대한 양도의 효력에 문제가 있거나 채권양도와 가압류 또는 압류의 우열이 문제되는 경우에는 양도가 이루어진 부분에 대하여는 채권자 불확지 변제공탁과 그 양도가 무효일 경우 가압류 또는 압류를 원인으로 집행공탁을 합한 혼합공탁을 하고, 양도가 이루어지지 아니한 부분에 대하여는 민사집행법 제248조 제1항(가압류일 경우에는 민사집행법 제291조, 제248조 제1항)에 의한 집행공탁이 가능하다.

③ 위와 같은 사유로 인하여 공탁이 하나의 공탁절차(이른바 결합형 혼합공탁이라 한다)에 의하여 이루어진 경우 채권양도의 유·무효에 따라 영향을 받지 않는 양도금액을 제외한 부분에 대하여만 양도·양수인 간의 채권 귀속의 확정을 기다리지 않고 배당절차를 실시할 수 있고, 양도금액에 대하여는 양도인·양수인 간의 채권 귀속 여부가 확정될 때까지 배당절차가 정지될 것이다.

다. 채권 전부 가압류, 채권 일부 양도, 압류(압류경합 불문)순으로 된 경우

① 이 경우 채권 중 양도되지 않는 부분에 대하여는 가압류와 양도 이후의 압류가 경합되고 있으므로 제3채무자는 민사집행법 제248조 제1항을 근거로 집행공탁을 한 후 집행법원에 사유신고하게 되면 집행법원은 곧바로 배당절차를 진행할 수 있다.

② 양도된 부분에 대하여는 위와 같은 민법 제487조 후단 채권자 불확지 변제공탁과 민사집행법 제291조 가압류 집행공탁을 합한 혼합공탁을 할 수 있으나, 앞에서 본 바와 같이 가압류가 취하 또는 취소되거나 혹은 본안소송의 패소로 인하여 그 효력을 상실할 수도 있으므로 집행법원은 곧바로 배당절차를 진행할 수 없는 처지에 놓이게 된다.

라. 채권 일부 가압류, 채권 전부 양도, 압류(압류경합 불문)순으로 된 경우

① 가압류된 부분에 대하여는 양도인 또는 양수인을 피공탁자로 하는 혼합공탁을 할 수 있다. 가압류 부분을 제외한 나머지에 대하여는 양도의 효력에 다툼이 없는 경우라면 양수인에게 지급하든가, 수령거부 등을 원인으로 변제공탁을 하면 된다. 다만 양도의 효력에 의문이 있는 경우에는 양도인 또는 양수인을 피공탁자로 하는 채권자 불확지 변제공탁과 양도 이후에 압류가 있음을 원인으로 한 집행공탁을 합한 혼합공탁을 하면 된다.

② 채무자가 채권자 甲에게 채권을 변제하고자 하였으나 그 채권의 일부가 乙에 의하여 가압류된 상태에서 그 채권 전부가 丙에게 양도(확정일자부통지)되었고, 이어서 丁, 戊 등 다른 다수의 채권자가 가압류를 한 경우에 있어서 甲의 丙에 대한 채권 전액 양도는 채권양도에 앞서 乙이 가압류한 일부분에 대하여는 乙에게 대항할 수 없으나 채권양도 이후에 이루어진 丁, 戊 등의 가압류에는 우선하므로 채무자로서는 일단 乙이 가압류한 금액을 제외한 나머지 금액에 대하여는 양수인 丙에게 변제하여야 할 것이다(공탁선례 제2-322호).

마. 혼합공탁 후 양수인이 제3채무자의 책임재산으로 채권만족을 얻은 경우

① 제3채무자가 채권양도통지를 받은 후 채권가압류결정 정본을 송달받았고, 그 후 채권양도의 효력에 다툼이 있어 제3채무자는 민법 제487조 후단 및 민사집행법 제291조·제248조 제1항에 의하여 혼합공탁을 하였는데, 그 후 양수인이 제3채무자를 상대로 양수금청구소송에서 얻은 집행권원으로 제3채무자의 다른 책임재산에 대한 강제집행에 의하여 채권만족을 얻은 경우 제3채무자는 공탁원인소멸을 원인으로 하는 공탁금 회수청구를 하면 된다.

② 이러한 경우 공탁원인소멸을 증명하는 서면으로는 양도인의 채권포기서 내지 제3채무자의 채무가 부존재한다는 확인서(인감증명서 또는 본인서명사실확인서나 전자본인서명확인서 첨부)와 가압류채권자의 승낙서(인감증명서 또는 본인서명사실확인서나 전자본인서명확인서 첨부) 및 제3채무자가 양수인에게 양수금 전액을 지급하였음을 증명하는 서면을 첨부하면 된다. 또한 양도인의 확인서 또는 가압류채권자의 승낙서를 갈음하여 양도인을 상대로 양도인의 제3채무자에 대한 채권은 채권양도로 양수인에게 귀속되어 부존재한다는 판결을 얻고, 가압류채권자를 상대로 가압류 대상채권인 양도인의 제3채무자에 대한 채권이 가압류결정정본 송달 당시에 이미 양수인에게 이전 귀속되어 부존재한다는 확인판결을 받아 그 판결서정본을 첨부할 수도 있다(공탁선례 제2-318호).

바. 가처분과 압류의 경우

공탁자가 수용대상토지에 甲과 乙의 처분금지가처분등기가 되어 있어 피공탁자를 '가처분권자 甲 또는 가처분권자 乙 또는 토지소유자'로 한 상대적 불확지 변제공탁과 채권가압류로 인한 집행공탁을 합한 혼합공탁을 한 경우 가처분권자들이 토지소유자를 상대로 제기한 본안소송에서 패소판결을 받아 확정된 때에는 토지소유자는 공탁금 출급청구권이 자신에게 있음을 증명하는 서면으로 그 확정판결과 채권가압류가 실효되었음을 증명하는 서면 등을 첨부하여 위 공탁금에 대한 출급청구를 할 수 있다(공탁선례 제2-325호).

사. 근저당권부 채권에 대하여 압류가 경합된 경우 담보부동산의 제3취득자의 공탁

근저당권부 채권에 대하여 압류 등이 경합된 부동산의 제3취득자는 근저당권을 소멸시키기 위하여 변제공탁과 집행공탁이 결합된 혼합공탁을 하여야 하고, 공탁서에 피공탁자를 채무자(근저당권자)로 기재하여야 한다. 공탁근거법령으로는 제3취득자가 근저당권을 소멸시키기 위한 변제공탁과 근저당권부 채권에 대한 압류경합으로 인한 제3채무자를 대위한 집행공탁이 결합된 혼합공탁으로 민법 제364조 및 제487조, 민사집행법 제248조 제1항을 기재하여야 한다(공탁선례 제2-315호).

아. 공동명의 예금채권자들 중 일방을 채무자로 하는 압류가 있는 경우

① 공동명의 예금계약의 경우 금융기관은 특별한 사정이 없는 한 공동명의자 전부를 거래자로 보아 예금계약을 체결할 의도라고 보아야 할 것이므로 공동명의자 중 일부만이 금원을 출연하였다 하더라도 출연자만이 공동명의 예금의 예금주라고 할 수는 없다(대판 2001.6.12, 2000다70989).

② 은행에 공동명의로 예금을 하고 은행에 대하여 그 권리를 함께 행사하기로 한 경우에 만일 동업자금을 공동명의로 예금한 경우라면 채권의 준합유관계에 있다고 볼 수 있다. 그러나 공동명의 예금채권자들 각자가 분담하여 출연한 돈을 동업 이외의 특정 목적을 위하여 공동명의로 예치해 둠으로써 그 목적이 달성되기 전에는 공동명의 예금채권자가 단독으로 예금을 인출할 수 없도록 방지·감시하고자 하는 목적으로 공동명의로 예금을 개설한 경우라면 하나의 예금채권이 분량적으로 분할되어 각 공동명의 예금채권자들에게 공동으로 귀속되고, 각 공동명의 예금채권자들이 예금채권에 대하여 갖는 각자의 지분에 대한 관리처분권은 각자에게 귀속된다 (대판 2004.10.14, 2002다55908).

③ 예를 들어, 甲을 채무자로 하는 丙의 압류 및 추심명령이 은행에 도달하였는데 甲과 乙 공동명의 예금채권 100만 원이 있는 경우에 제3채무자로서는 위 예금채권이 동업자금으로써 준합유관계에 있는 채권인지 아니면 甲과 乙 각자 지분에 따라 분량적으로 귀속하는지 여부를 알 수 없다. 따라서 제3채무자는 피공탁자를 "甲 또는 乙"로 기재하고, 丙의 압류가 있음을 이유로 민법 제487조 후단 및 민사집행법 제248조 제1항을 결합한 혼합공탁을 할 수 있다.

자. 공동수급체의 구성원 중 일부를 채무자로 하여 공사대금채권을 압류한 경우

① 공동이행방식의 공동수급체는 기본적으로 민법상 조합의 성질을 가지므로 공동수급체가 공사를 시행함으로 인하여 도급인에 대하여 가지는 채권은 원칙적으로 공동수급체의 구성원에게 합유적으로 귀속한다. 따라서 특별한 사정이 없는 한 구성원 중 1인이 임의로 도급인에 대하여 출자지분의 비율에 따른 급부를 청구할 수 없고, 구성원 중 1인에 대한 채권으로써 그 구성원 개인을 집행채무자로 하여 공동수급체의 도급인에 대한 채권에 대하여 강제집행을 할 수 없다.

② 그러나 공동이행방식의 공동수급체와 도급인이 공사도급계약에서 발생한 채권과 관련하여 공동수급체가 아닌 개별 구성원으로 하여금 그 지분비율에 따라 직접 도급인에 대하여 권리를 취득하게 하는 약정을 하는 경우와 같이, 공사도급계약의 내용에 따라서는 공사도급계약과 관련하여 도급인에 대하여 가지는 채권이 공동수급체의 구성원 각자에게 그 지분비율에 따라 구분하여 귀속될 수도 있고, 위와 같은 약정은 명시적으로는 물론 묵시적으로도 이루어질 수 있다(대판 2012.5.17, 2009다105406 全合).

③ 따라서 甲, 乙, 丙 공동수급체의 공사대금채권(100만 원)에 대하여 甲을 채무자로 하는 丁의 압류 및 추심명령(1,000만 원)이 도급인 戊에게 송달된 경우에 제3채무자 戊는 공사대금채권에 대하여 공동수급체 구성원들 상호 간에 지분을 인정하는 약정을 하였는지 여부를 알 수 없기 때문에 피공탁자 "甲 또는 乙 또는 丙", 丁의 압류를 이유로 민법 제487조 후단 및 민사집행법 제248조 제1항을 근거로 하는 혼합공탁을 할 수 있다.

차. 하도급대금 직접청구권과 (가)압류 등이 경합하는 경우

① 하도급거래 공정화에 관한 법률(이하 '하도급법') 제14조, 건설산업기본법 제35조에서 일정한 사유가 발생하면 수급사업자(건설산업기본법상 하수급인)가 하도급계약의 직접 상대방인 원사업자(건설산업기본법상 수급인)가 아닌 발주자에게 하도급대금을 직접 청구할 수 있는 권리를 인정하고 있다. 즉 하도급법 제14조 제1항 각 호의 직접 지급사유와 함께 '수급사업자가 제조·수리·시공 또는 용역수행한 분에 상당하는' 하도급대금에 대하여 수급사업자에게 직접청구권이 발생하게 된다(대판 2008.2.29, 2007다54108 참조).

② 수급사업자에게 하도급대금 직접청구권이 발생하게 되면 그 금액만큼 발주자에 대한 원사업자의 공사대금채권은 수급사업자에게 이전하게 되고, 원사업자에 대한 발주자의 대금지급채무와 수급사업자에 대한 원사업자의 하도급대금 지급채무는 그 범위 안에서 소멸한 것으로 본다(하도급법 제14조 제2항). 따라서 원사업자에 대한 발주자의 대금지급채무가 소멸하면 원사업자의 채권자는 원사업자의 발주자에 대한 공사대금채권에 대하여 압류를 할 수 없게 된다.

③ 그와 반대로 수급사업자의 하도급대금 직접청구권이 발생하기 전에 원사업자의 발주자에 대한 공사대금채권이 압류 또는 가압류 등 집행보전되었다면 그 이후에 하도급대금 직접지급사유에도 불구하고 그 집행보전된 채권은 소멸하지 아니하고(대판 2003.9.5, 2001다64769 등 참조), 압류나 가압류된 채권에 해당하는 금액에 대하여는 수급사업자의 하도급대금 직접청구권은 발생하시 않는다(대판 2014.11.13, 2009다467351).

④ 위와 같은 수급사업자의 발주자에 대한 하도급대금 직접청구권과 원사업자의 채권자가 원사업자의 공사대금채권에 대하여 한 압류나 가압류가 경합하는 경우 제3채무자인 발주자는 수급사업자의 직접청구권 발생 여부나 수급사업자의 직접청구권과 압류나 가압류 사이에 그 우열을 알 수 없는 경우 채권자 불확지 변제공탁과 집행공탁을 결합한 혼합공탁을 할 수 있는데, 공탁 근거법령은 "민법 제487조 후단, 민사집행법 제248조 제1항(또는 민사집행법 제291조, 제248조 제1항), 하도급법 시행령 제9조 제2항"으로 기재한다.

공탁관의 사유신고와 집행법원의 사유신고

01 절 공탁관의 사유신고

1. 의의

① 공탁금 지급청구권에 대한 압류의 경합 등으로 공탁관이 집행법원에 사유신고할 사정이 발생하였을 때에는 제3채무자인 국가(소관 공탁관)는 공탁을 지속하고 그 사실을 집행법원에 신고하여야 한다.

② 일반적으로 금전채권에 대하여 배당요구를 송달받은 제3채무자는 배당에 참가한 채권자의 청구가 있으면 압류된 부분에 해당하는 금액을 공탁하여야 하고, 금전채권 중 압류되지 아니한 부분을 초과하여 거듭 압류명령 또는 가압류명령이 내려진 경우에 그 명령을 송달받은 제3채무자는 압류 또는 가압류채권자의 청구가 있으면 그 채권의 전액에 해당하는 금액을 공탁하여야 하며, 공탁한 때에는 그 사유를 신고하여야 한다. 이와 같이 일반 제3채무자는 압류경합 등이 있을 경우 반드시 공탁할 의무가 있는 것이 아니라 배당에 참가한 채권자나 압류채권자, 가압류채권자의 청구가 있어야 비로소 공탁의무가 발생하고(의무공탁), 공탁한 이후에는 집행법원에 사유신고를 하여야 한다. 그러나 공탁금 지급청구권에 대한 압류경합 등으로 사유신고할 사정이 발생한 경우에는 일반 제3채무자와는 달리 공탁관은 공탁을 지속하면서 그 사실을 집행법원에 반드시 신고하여야 하고, 추심채권자 등의 공탁금 지급청구를 수리하여서는 안 된다(대판 2002.8.27, 2001다73107). 위 판례는 공탁규칙 제58조 제1항의 사유신고에 관한 규정을 공탁관이 사유신고할 경우의 세부절차만을 정한 규정이 아니라 공탁금 지급청구권에 대한 압류경합 등의 사정이 있는 경우 공탁관은 반드시 집행법원에 그 사유를 신고하여야 한다는 직무상의 의무규정이라고 해석하고 있다.

③ 채권압류(압류채권자 甲)의 집행권원에 표시된 집행채권이 압류채권자 甲의 채권자 乙에 의해 이미 압류나 가압류, 처분금지가처분된 때에는 위 甲의 채권압류명령의 효력은 보전적 처분으로써 유효한 것이고 현금화나 만족적 단계로 나아가는 데에는 집행장애사유가 존재하므로 이를 원인으로 한 공탁에는 가압류를 원인으로 하는 공탁과 마찬가지의 효력만이 인정된다고 보아야 하므로 위와 같은 공탁에 따른 사유신고는 부적법하고, 이로 인하여 채권 배당절차가 실시될 수 없으며, 만약 그 채권배당절차가 개시되었더라도 배당금이 지급되기 전이라면 집행법원은 공탁사유신고를 불수리하는 결정을 하여야 한다(대판 2016.9.28, 2016다205915 참조).

2. 사유신고의 요건

가. 일반적인 경우

공탁금 지급청구권에 대하여 채권자 경합이 생기고 [① 압류명령을 송달받은 후 다른 채권자의 배당요구통지를 받은 때, ② 압류(또는 가압류)명령을 송달받은 후 다른 채권자의 전부(추심)명령을 송달받은 때, ③ 압류명령을 송달받은 후 다른 채권자의 압류명령 또는 가압류명령을 송달받은 때 등], 집행채권의 총액이 피압류채권(공탁금 지급청구권) 총액을 초과하여 재판상 배당을 필요로 하는 경우에 공탁관은 사유신고를 하여야 한다.

다만 동일한 채권자가 서로 다른 채권에 기초하여 압류를 한 후 다시 압류(또는 가압류)를 한 경우에도 채권자 경합이 있는 것으로 본다.

나. 특별한 경우

① 금전채권에 대한 가압류를 원인으로 제3채무자가 민사집행법 제291조 및 제248조 제1항에 의하여 공탁한 후에 피공탁자(가압류채무자)의 공탁금 출급청구권에 대한 압류가 이루어져 압류의 경합이 성립하거나 공탁사유인 가압류를 본압류로 이전하는 압류명령이 국가(공탁관)에게 송달되면 민사집행법 제291조 및 제248조 제1항에 따른 공탁은 민사집행법 제248조에 따른 집행공탁으로 바뀌어 공탁관은 즉시 압류명령의 발령법원에 그 사유를 신고하여야 한다.

② 공탁금 지급청구권에 대하여 민사집행법에 따른 압류와 체납처분에 의한 압류가 있고(선후 불문) 그 압류금액의 총액이 피압류채권액을 초과하는 경우에는 공탁관은 집행법원에 사유신고를 하여야 한다.

③ 공탁금 지급청구권에 대하여 복수의 압류명령 등이 있더라도 각 압류의 법률적 성질상 압류액의 총액이 피압류채권액을 초과하지 아니하여 본래의 의미에서의 압류의 경합으로 볼 수 없는 경우에도 공탁관이 그 우선순위에 문제가 있는 등 압류의 경합이 있는지 여부에 대한 판단이 곤란하다고 보이는 객관적 사정이 있는 경우에는 공탁관은 사유신고를 할 수 있다(대판 1996. 6.14, 96다5179 참조).

④ 재판상 담보공탁의 경우 공탁자의 채권자 등이 공탁자의 공탁금 회수청구권에 대하여 일반 강제집행절차에 따라 한 압류가 경합된 경우 공탁원인의 소멸을 증명하는 서면(담보취소결정정본 및 확정증명서)이 제출되면 먼저 송달된 압류명령의 집행법원에 사유신고하여야 하며, 출급청구권에 대하여 압류가 경합된 경우 담보권 실행요건을 갖춘 때(즉 출급청구권 입증서면이 제출되거나 질권실행을 위한 압류 및 현금화명령이 효력을 발생한 경우)에 먼저 송달된 압류명령의 집행법원에 사유신고를 한다(행정예규 제952호).

CHAPTER 06 공탁관의 사유신고와 집행법원의 사유신고 315

3. 사유신고 요건에 해당하지 않는 경우

다음과 같은 경우는 비록 복수의 압류가 있고 집행채권의 총액이 피압류채권(공탁금 지급청구권) 총액을 초과하더라도 사유신고의 대상이 아니다.

① 복수의 가압류만 있는 경우
② 가압류와 체납처분에 의한 압류가 있는 경우(그 선후를 불문한다)
③ 공탁금 지급청구권이 제3자에게 양도되어 대항요건을 갖춘 후에 압류·가압류 등이 경합한 경우
④ 선행의 압류(또는 가압류) 후에 목적채권인 공탁금 지급청구권이 제3자에게 양도되어 대항요건을 갖춘 후 압류·가압류 등이 경합한 경우
⑤ 금전공탁이 아닌 유가증권 또는 물품공탁의 지급청구권에 대하여 압류가 경합된 경우

4. 사유신고의 대상이 되는지 여부

가. 공탁금 지급청구권에 대한 (가)압류명령이 송달된 경우

① 금전채권에 대하여 단일의 압류 또는 가압류에 의한 제3채무자의 공탁을 허용한 민사집행법의 시행 이후에도 일반의 제3채무자의 경우와는 달리 공탁관은 공탁금의 보관·관리를 관장사무로 하는 국가기관으로서 공탁금을 현실적으로 지급할 필요성이 없으므로 압류의 경합이 없는 한 공탁금 지급청구권에 대하여 압류 또는 가압류가 있는 경우에도 민사집행법 제248조 제1항의 공탁 및 공탁사유신고를 하지 아니한다(행정예규 제1018호). 따라서 압류와 동시 또는 압류 이후에 추심 또는 전부명령이 있으면 추심 또는 전부채권자의 청구에 의하여 공탁금을 지급하면 된다.

② 다만 제3채무자가 가압류를 원인으로 민사집행법 제291조 및 제248조 제1항에 의하여 공탁을 하면 가압류의 효력은 그 청구채권액에 해당하는 공탁금액에 대한 채무자의 공탁금 출급청구권에 대하여 존속하고(민사집행법 제297조), 그 후 공탁금 출급청구권에 대한 압류가 이루어져 압류의 경합이 성립하거나 가압류를 본압류로 이전하는 압류명령이 국가(소관 공탁관)에 송달되면 민사집행법 제291조 및 제248조 제1항에 따른 공탁은 민사집행법 제248조에 따른 집행공탁으로 바뀌어 공탁관은 즉시 압류명령의 발령법원에 그 사유를 신고하여야 한다. 이로써 가압류의 효력이 미치는 부분에 대한 채무자의 공탁금 출급청구권은 소멸하고, 그 부분 공탁금은 배당재단이 되어 집행법원의 배당절차에 따른 지급위탁에 의해서만 출급이 이루어질 수 있게 된다(대판 2019.1.31, 2015다26009; 대판 2014.12.24, 2012다118785).

나. 물상대위에 의한 수 개의 채권압류 등

공탁된 토지수용보상금에 대하여 물상대위에 의한 수 개의 채권압류 및 추심명령이 공탁관에게 송달된 경우 공탁관은 그 압류 및 추심채권자들 사이의 우열에 대한 판단이 곤란하다고 보아 사유신고할 수 있다(공탁선례 제2-353호 참조).

PART 02

다. 가압류해방공탁금의 회수청구권

① 가압류해방공탁금의 회수청구권에 대하여 압류명령이 송달된 때에는 공탁관은 지체 없이 집행법원에 그 사유를 신고하여야 한다. 다만 그 압류가 가압류로부터 본압류로 이전된 것임이 명백하고 다른 (가)압류의 경합이 없는 때에는 사유신고할 필요가 없다(재민 84-6). 압류명령서에 "가압류에서 본압류로 이전하는"이라는 문구가 기재되기 때문에 가압류에서 본압류로 이전 여부를 알 수 있다.

② 가압류해방공탁금 회수청구권에 대하여 가압류채권자가 가압류에서 본압류로 이전하지 않고 별도의 압류명령을 송달받은 때에는 가압류의 피보전권리와 압류의 집행채권의 동일성 여부가 불명하므로 공탁관은 압류의 경합에 준하여 사유신고를 하여야 한다. 그러나 사유신고 이전에 채권자가(추심이나 전부 등 현금화명령까지 받은 경우) 가압류채권의 피보전권리와 압류채권의 동일성을 소명하는 서면(예컨대 가압류신청서, 소장, 판결 등)을 첨부하여 지급청구할 경우 양 채권의 동일성이 인정되면 공탁관은 사유신고절차를 거칠 필요 없이 공탁금을 지급해야 한다.

라. 체납처분에 의한 압류와 강제집행에 의한 (가)압류가 있는 경우

① 현행법상 체납처분절차와 민사집행절차는 별개의 절차이고 두 절차 상호 간의 관계를 조정하는 법률의 규정이 없어 한쪽의 절차가 다른 쪽의 절차에 간섭할 수 없으므로 체납처분에 의하여 압류된 채권에 대하여도 민사집행법에 따라 압류 및 추심명령을 할 수 있고, 그 반대로 민사집행법에 따른 압류 및 추심명령의 대상이 된 채권에 대하여도 체납처분에 의한 압류를 할 수 있다.

② 이처럼 민사집행법에 따른 압류 및 추심명령과 체납처분에 의한 압류가 경합하는 경우에 제3채무자는 민사집행절차에서 압류 및 추심명령을 받은 채권자와 체납처분에 의한 압류채권자 중 어느 한쪽의 청구에 응하여 그에게 채무를 변제하고 그 변제 부분에 대한 채무의 소멸을 주장할 수 있으며, 또한 민사집행법 제248조 제1항에 따른 집행공탁을 하여 면책될 수도 있다(대판 2007.9.6, 2007다29591; 대판 2015.7.9, 2013다60982; 대판 2015.8.27, 2013다203833 참조). 같은 취지에서 공탁금 지급청구권에 대하여 민사집행법에 따른 압류와 체납처분에 의한 압류가 있고(선후 불문) 그 압류금액의 총액이 피압류채권액을 초과하는 경우에도 공탁관은 집행법원에 사유신고를 하여야 한다(행정예규 제1225호). 가압류와 체납처분의 경우 그 선후의 구별 없이 사유신고의 대상이 아니다.

마. 전부명령이 있는 경우

① 공탁금 지급청구권에 대하여 압류 및 전부명령을 송달받은 공탁관은 그 전부명령이 확정되기 전에 다른 압류 및 전부명령을 송달받은 경우 선행의 전부명령이 실효되지 않는 한 압류의 경합은 생기지 아니하므로 차후에 선행의 전부명령이 확정되면 전부채권자는 특정승계인으로서 공탁금을 지급청구할 수 있을 것이나(공탁선례 제2-352호), 선행의 전부명령의 확정 여부를 알 수 없는 공탁관으로서는 선행의 압류 및 전부명령과 후행의 압류 및 전부명령의 유효 여부

와 우선순위 문제, 압류의 경합이 있는지에 관하여 판단이 어려운 처지에 있다고 보이므로 공
탁사유신고를 할 수 있다(대판 1989.1.31, 88다카42 참조).

② 선행의 가압류가 있고 후행의 압류 및 전부명령이 있을 경우 집행채권의 총액이 피압류채권
총액을 초과하여 압류가 경합되었다면 후행의 전부명령은 무효이며 가사 선행의 가압류가 해
제되더라도 전부명령은 부활되지 않으므로 공탁관은 집행법원에 사유신고하여 집행법원의 배
당절차에 의하여 공탁금을 지급하여야 한다.

5. 사유신고의 시기

가. 일반적인 경우

공탁금 지급청구권에 대하여 압류가 경합되고 집행채권의 총액이 피압류채권 총액을 초과하는 등
으로 사유신고를 할 사정이 발생한 때(예컨대 경합하는 압류명령 등이 송달된 때)에는 공탁관은
지체 없이 집행법원에 사유신고를 하여야 한다(공탁규칙 제58조). 여기서 '지체 없이'란 사유신고
할 사정이 발생한 그 익일부터 3일 이내를 말한다(행정예규 제1225호 2. 가).

나. 예외적인 경우(행정예규 제1225호)

다음의 경우에는 그 지급요건이 충족된 때에 사유신고를 하여야 한다.

1) 재판상 담보공탁금의 회수청구권에 압류의 경합이 있는 경우

공탁원인의 소멸을 증명하는 서면(법원의 담보취소결정정본 및 확정증명서)이 제출된 때

2) 재판상 담보공탁금의 출급청구권에 압류의 경합이 있는 경우

담보권실행요건을 갖춘 때(출급청구권 입증서면이 제출되거나 질권실행을 위한 압류 및 현금화명
령이 효력을 발생한 때)

3) 상대적 불확지공탁에 있어서 피공탁자 중 일방의 공탁금 출급청구권에 대하여 압류의 경합이
있는 경우

해당 피공탁자에게 공탁금 출급청구권이 있음을 증명하는 서면이 제출된 때

6. 사유신고절차

① 공탁관은 사유신고를 할 사정이 발생한 때는 지체 없이 사유신고서 2통을 작성하여 그 1통을
관할 집행법원에 보내고 다른 1통은 해당 공탁기록에 편철한다(공탁규칙 제58조 제1항).

② 공탁관은 사유신고서에 공탁서 사본과 경합된 압류, 가압류 또는 배당요구 통지서 등의 사본
을 첨부하여야 한다. 제3채무자가 국가이고 그 소관이 공탁관이기 때문에 재공탁을 하지 않고
공탁을 그대로 지속하면서 사유신고하기 때문에 일반의 제3채무자와는 달리 공탁서 원본을 첨
부할 필요가 없다.

7. 사유신고를 할 법원

경합된 압류명령이 서로 다른 법원에 의하여 발하여진 경우에는 공탁관은 먼저 송달된 압류명령을 발령한 법원에 사유신고를 하여야 하고, 가압류명령과 압류명령이 경합하는 경우에는 공탁관은 압류명령을 발령한 법원에 사유신고를 하여야 한다.

8. 사유신고 이후의 절차

① 배당절차는 사유신고가 있은 후에야 사실상 개시될 수 있고(단, 민사집행법 제252조 제2호[18]에 의하면 제3채무자의 공탁이 있을 때 배당절차가 개시된다고 규정됨), 사유신고에 의하여 배당요구의 종기가 확정된다.

② 공탁금 지급청구권에 대한 압류의 경합으로 공탁관이 집행법원에 사유신고를 한 이후에 다른 채권자로부터 압류나 가압류 등이 있더라도 추가로 사유신고를 할 필요는 없다.

③ 공탁관이 공탁사유신고에 따른 배당요구종기가 도래된 이후에 공탁금 출급·회수청구권에 대한 압류명령서 등을 접수한 때에도 접수연월일, 시, 분을 기재하여 기명날인하고, 전산시스템에 압류명령서 등의 접수연월일, 공탁금 출급 또는 회수청구권이 압류된 사실 등을 입력한 후 압류명령서 등의 사본을 집행법원에 송부하여야 한다(행정예규 제951호 참조).

02 절 집행법원의 사유신고(재민 2020-1)

1. 일반적인 경우

① 배당금지급청구권 등에 대하여 압류의 경합 등이 발생하였거나 압류의 경합이 있는지 여부에 대한 판단이 곤란하다고 보이는 객관적 사정이 있는 경우에 배당기일을 진행하는 집행사건의 담임 법원서기관, 법원사무관, 법원주사 또는 법원주사보(이하 '담임 법원사무관 등') 또는 집행사건에 있어서 배당액 등의 공탁 및 공탁배당액 등의 관리절차에 관한 예규(재민 92-2) 제4조 제1항의 주무과장이 지정하는 보관책임자(이하 '공탁서 등 보관책임자')는 민사집행법 제248조 제4항 본문에 따라 사유신고를 하여야 한다(재민 2020-1 제4조 제1항 본문).

---

18) **제252조(배당절차의 개시)**
 2. 제236조의 규정에 따라 추심채권자가 공탁하거나 제248조의 규정에 따라 제3채무자가 공탁한 때

② 특히 배당금지급청구권 등에 대하여 가압류를 원인으로 민사집행법 제291조, 제248조 제1항
에 의하여 공탁한 후에 피공탁자(가압류채무자)의 공탁금 출급청구권에 대하여 압류가 이루어
져 압류의 경합이 성립하거나 공탁사유인 가압류를 본압류로 이전하는 압류명령이 있는 경우,
배당금지급청구권 등에 대하여 민사집행법에 따른 압류와 체납처분에 의한 압류가 있고(선후
불문) 그 압류금액의 총액이 피압류채권액을 초과하는 경우에도 집행법원의 사유신고대상이라
는 점을 유의하여야 한다.

2. 특별한 경우

① 다만 배당금지급청구권 등에 대하여 민사집행법 제160조 제1항 각 호 등의 사유가 있는 경우
에는 그 사유가 해소되어 배당금 지급요건이 충족된 후에 하여야 하고(재민 2020-1 제4조
제1항 단서), 사안복잡, 집행기록 폐기 등의 특별한 사유가 없는 한 집행법원이 최후의 압류명
령서 등의 사본을 송부받은 다음 날부터 5일 이내에 하여야 한다(재민 2020-1 제4조 제2항).
② 담임 법원사무관 등 보관책임자는 사유신고서에 공탁서, 배당표, 배당기일조서의 사본과 압류명
령서, 가압류명령서 또는 배당요구통지서 등의 사본을 첨부하여야 한다(재민 2020-1 제6조).

chapter 07 공탁금 지급청구권의 소멸시효와 국고귀속 등

1. 의의

① 공탁금 지급청구권의 소멸시효란 공탁금의 출급 또는 회수청구권을 행사할 수 있음에도 불구하고 이를 일정기간 동안 행사하지 않는 경우에 그 권리를 소멸시키는 제도이다.

② 공탁금 지급청구권은 공탁당사자가 그 권리를 행사할 수 있는 때로부터 10년간 행사하지 아니하면 시효에 의하여 소멸된다. 따라서 소멸시효가 완성된 공탁금은 국고수입 납부 전이라도 출급·회수청구를 인가할 수 없음에 주의하여야 한다. 그러나 공탁유가증권 및 공탁물품에 대하여는 소유권에 관한 청구가 가능하므로 소멸시효가 완성되지 않는다.

2. 소멸시효의 기산점

① 소멸시효는 권리를 행사할 수 있는 때로부터 진행한다. 따라서 공탁금 지급청구권의 소멸시효 기산점은 공탁금 지급청구권을 행사할 수 있는 때이다.

② 소멸시효의 기산점인 '권리를 행사할 수 있는 때'란 권리를 행사함에 있어서 법률상의 장애(예 이행기 미도래, 정지조건 미성취)가 없는 경우를 말하며, 권리자의 개인적인 사정이나 법률지식의 부족, 권리존재의 부지 또는 채무자의 부재 등 사실상의 장애로 권리를 행사하지 못하였다 하여 시효가 진행하지 아니하는 것이 아니며, 이행기가 정해진 채권은 그 기한이 도래한 때부터 소멸시효가 진행한다.

3. 공탁금 지급청구권의 소멸시효 기산일 등

1) 변제공탁

변제공탁의 경우 공탁금 회수청구권은 '공탁일'로부터, 공탁금 출급청구권은 '공탁통지서 수령일'로부터 기산함이 원칙이나, 다음의 경우에는 그 기산일에 주의를 요한다.

① 공탁의 기초가 된 사실관계에 대하여 공탁자와 피공탁자 사이에 다툼이 있는 경우에는 공탁금 출급 및 회수청구권은 모두 그 '분쟁이 해결된 때'로부터 기산한다.

② 채권자의 수령불능을 원인으로 한 공탁과 절대적 불확지공탁의 경우 공탁금 출급청구권은 공탁서정정 등을 통한 공탁통지서의 수령 등에 의하여 '피공탁자가 공탁사실을 안 날(공탁통지서 수령일)'부터 기산한다. 피공탁자의 불확지로 공탁통지를 하지 못한 상태에서는 소멸시효기간도 진행되지 않는다(공탁선례 제2-358호, 제2-360호).

③ 상대적 불확지공탁의 경우, 공탁금 출급청구권은 '공탁금의 출급청구권을 가진 자가 확정된 때'로부터 기산된다.

④ 공탁에 반대급부의 조건이 있는 때에는 '반대급부가 이행된 때'로부터, 공탁이 정지조건 또는 시기부 공탁인 경우에는 '조건이 성취된 때 또는 기한이 도래한 때'로부터 기산한다.

👤 관/련/선/례

> 반대급부의 조건이 있는 변제공탁의 경우에는 반대급부가 이행된 때로부터 소멸시효가 진행되므로 반대급부가 이행되지 않고 있는 한 소멸시효는 진행되지 아니하므로 공탁관은 공탁규칙 제64조에 의하여 착오로 국고귀속된 공탁금을 반환받아 공탁절차를 회복하여야 하고, 그 후 공탁자는 공탁서 정정신청을 할 수 있는 것이다(공탁선례 제2-364호, 행정예규 제948호).

2) 재판상 담보(보증)공탁

① 담보권리자(피공탁자)의 공탁금 출급청구권의 기산일은 담보권을 행사할 수 있는 사유가 발생한 때로부터 기산한다.

② 담보제공자(공탁자)의 공탁금 회수청구권의 기산일은 다음과 같다.

㉠ 담보제공자가 본안소송(화해, 인낙, 포기 포함)에서 승소한 때에는 '재판확정일 또는 종국일'로부터, 패소한 때에는 '담보취소결정확정일'로부터 각 기산한다.

㉡ 본안소송 종국 전에 담보취소결정을 한 경우 또는 재판(결정)이 있은 후 그 재판(결정)을 집행하지 않았거나 집행불능인 경우에는 '담보취소결정확정일'로부터, 재판(결정) 전에 그 신청이 취하된 경우에는 '취하일'로부터 각 기산한다.

3) 집행공탁

배당 기타 관공서의 결정에 의하여 공탁물의 지급을 하는 경우에는 그 '증명서 교부일'로부터 기산하고, 경매절차에서 채무자에게 교부할 잉여금을 공탁한 경우 또는 배당받을 채권자의 불출석으로 인하여 민사집행법 제160조 제2항에 따라 공탁한 경우에는 '공탁일'로부터 기산한다. 단, 배당재단이 공탁금인 경우 이미 되어 있는 공탁을 유지하고 별도의 공탁을 하지 않는 것이 민사집행실무이므로 '공탁일'의 의미를 최초의 공탁일을 의미하는 것이 아니라, '배당기일'을 의미하는 것으로 해석하는 것이 타당하다.

4) 기타

① 위에 포함되지 아니한 공탁사건의 공탁금 지급청구권의 소멸시효는 원칙적으로 '공탁금의 지급청구권을 행사할 수 있는 때'로부터 기산한다.

② 공탁원인이 소멸된 경우 공탁금 회수청구권의 소멸시효는 '공탁원인이 소멸된 때'로부터 기산하고, 착오공탁의 경우 공탁금 회수청구권의 소멸시효는 '공탁일'로부터 기산한다. 따라서 적법하지 아니한 절차에 의하여 착오로 잘못 변제공탁이 된 경우라 하더라도 공탁일로부터 10년이 경과하였다면 공탁자의 공탁금 회수청구권은 시효로 소멸되어 그 회수청구를 할 수 없다(공탁선례 제2-362호).

③ 공탁유가증권의 상환으로 인하여 그 상환금·이자가 대공탁 또는 부속공탁된 경우도 일반 금전공탁과 마찬가지로 소멸시효의 대상이 된다. 그 공탁금 회수청구권의 소멸시효 기산일은 대공탁 및 부속공탁을 한 날이 되는 것이 원칙이지만, 공탁에 반대급부의 조건이 있는 경우에는 그 반대급부가 이행된 때부터 소멸시효가 진행된다(공탁선례 제2-356호).

④ 공탁으로 인하여 소멸한 채권의 소멸시효는 공탁금 지급청구권의 소멸시효와 관련이 없다.

5) 공탁금 이자

일반적으로 공탁금 이자는 원금과 같이 지급되어 이자청구권 자체의 소멸시효는 문제되지 않으나, 예외적으로 공탁금과 이자의 수령권자가 다른 경우에는 공탁금 이자의 지급청구권의 소멸시효는 '공탁금 원금 지급일'로부터 기산한다.

6) 지급인가된 청구서에 의한 현금청구권의 소멸시효 여부

공탁금 지급청구가 이유 있다 하여 지급인가된 동 청구서에 의한 현금청구권도 소멸시효의 대상이 된다(인가한 날로부터 10년).

4. 소멸시효 진행의 중단사유 해당 여부 등

1) 소멸시효 진행의 중단사유로 볼 수 있는 사유

① **공탁사실증명서의 교부**

시효기간 중에 공탁사실증명서를 교부한 경우 이는 채무의 승인으로써 그때 시효가 중단된다. 다만 공탁사실증명서는 공탁당사자 등 지급청구권자에게 교부한 것만이 시효중단사유가 된다.

② **공탁사건의 완결 여부의 문의서 발송**

공탁관이 공탁자 또는 피공탁자 등 정당한 권리자에 대하여 공탁사건의 완결 여부의 문의서를 발송한 경우에는 시효가 중단된다.

③ **불수리결정**

공탁금의 지급청구에 대해 첨부서면의 불비를 이유로 불수리결정을 한 경우 이는 채무의 승인으로 보아 시효가 중단된다.

④ **공탁금의 지급가능 구두답변**

공탁관이 공탁자 또는 피공탁자에 대하여 해당 사건의 공탁금을 지급할 수 있다는 취지를 구두로 답한 경우에는 시효가 중단된다. 즉, 공탁금의 수령방법 등에 관한 질문에 대하여 공탁관이 공탁자 또는 피공탁자에 대하여 해당 사건의 공탁금을 지급할 수 있다는 취지를 구두로 답한 경우에는 채무의 승인으로써 볼 수 있기 때문이다. 그러나 공탁금의 수령방법 등에 관한 질문에 대하여 일반적으로 지급절차의 설명만 하고 해당 공탁금에 관한 지급가능 여부에 대하여 답변하지 않았다면 시효는 중단되지 않는다.

⑤ **열람**

공탁의 확인을 목적으로 공탁관계서류를 열람시킨 경우에는 시효가 중단된다.

⑥ 일부 지급

일괄 공탁한 공탁금의 일부에 대해 출급 또는 회수청구를 인가하였다면 나머지 잔액에 대하여도 시효가 중단된다.

⑦ 공탁서 정정

불확지공탁을 하였다가 공탁물을 수령할 자를 지정하거나 공탁원인사실을 정정하는 공탁서 정정신청을 인가한 경우 공탁금 회수청구권의 소멸시효는 중단된다.

⑧ 공탁금 출급·회수청구안내문의 송달

행정예규 제1203호(소멸시효 완성 전 공탁금 출급 및 회수청구 안내에 관한 업무처리지침)에 의한 '공탁금 출급·회수청구에 관한 안내문'이 공탁자·피공탁자에게 송달된 때에는 공탁금 출급·회수청구권의 시효가 중단된다(행정예규 제1203호 제6조의2 제2항 참조).

2) 소멸시효 진행의 중단사유로 볼 수 없는 사유

① 공탁수락서의 제출

변제공탁에 대해 피공탁자로부터 제출된 수락서를 공탁관이 받았다 해도 그것만으로 출급청구권의 시효가 중단되지 않는다.

② 지급청구권의 압류 등

공탁금 지급청구권에 대한 압류, 가압류, 가처분은 피압류채권, 즉 공탁금 지급청구권의 시효 중단사유가 되지 않는다(대판 2018.5.30, 2016다216786). 다만 채권자가 확정판결에 기한 채권의 실현을 위하여 채무자의 제3채무자에 대한 채권에 관하여 압류 및 추심명령을 받아 그 결정이 제3채무자에게 송달되었다면 거기에 소멸시효 중단사유인 최고로써의 효력은 있다(대판 2003.5.13, 2003다16238).

③ 수인 중 1인에 대한 시효중단

시효의 중단은 시효중단에 직접 관계된 공탁당사자 및 그 승계인에게만 효력이 있으므로 피공탁자가 수인인 경우 그 1인에 대한 시효중단사유는 다른 출급청구권자의 시효진행에 영향을 미치지 않는다.

④ 출급청구권·회수청구권의 일방에 대한 중단

공탁금 회수청구권에 대한 시효중단은 출급청구권의 시효진행에 영향을 미치지 않고, 그 반대의 경우도 동일하다.

⑤ 공탁금 지급절차 등에 대한 일반적인 설명

공탁관이 피공탁자의 요구에 대해 지급절차 등에 대해 일반적인 설명을 한 것만으로는 시효의 중단사유로 되지 않는다.

3) 시효중단 후의 시효진행

시효가 중단된 때에는 중단까지 경과한 시효기간은 이를 새로 진행하는 시효기간에 산입되지 아니하고 중단사유가 종료한 때로부터 시효기간이 새로이 진행한다(민법 제178조 제1항).

4) 시효중단 시 공탁관의 처리

시효중단의 효과는 공탁당사자 및 공탁관에게 중대한 영향을 미치므로 공탁금 지급청구권에 대한
소멸시효 중단사유가 발생한 경우에는 공탁관은 공탁기록 표지 비고란 등에 시효중단의 뜻과 그
연월일을 기재하고 날인한 다음 전산시스템('사건메모'란 등)에 이를 입력하여야 한다.

5. 시효이익의 포기 간주

공탁금 지급청구권에 대한 소멸시효가 완성된 후 공탁사실증명서의 교부청구가 있는 경우에는 그
증명서를 교부해서는 아니 되나, 착오로 이를 교부한 경우에는 시효이익을 포기한 것으로 처리한다.

6. 공탁금의 편의 시효처리절차 등

1) 시효완성 여부가 불분명한 경우

① 변제공탁을 한 후 10년을 경과한 공탁금에 대하여 출급 또는 회수청구가 있을 경우 공탁서,
지급청구서, 그 밖의 첨부서류, 전산시스템에 입력된 사항 등에 의하여 소멸시효의 완성 여부
가 불분명한 경우에는 이를 인가하여도 무방하다.

② 그리고 공탁관은 공탁원금 및 이자의 출급·회수청구권의 소멸시효 완성시기 등을 조사하기
위하여 법원, 그 밖의 관공서에 공탁원인의 소멸 여부와 그 시기 등을 조회할 수 있다(공탁규
칙 제60조).

2) 편의적 국고귀속조치

공탁일로부터 15년이 경과된 미제 공탁사건의 공탁금은 편의적으로 소멸시효가 완성된 것으로 보
아 공탁규칙 제62조의 규정에 따라 국고귀속조치를 취하되, 그 후 소멸시효가 완성되지 아니한
사실을 증명하여 공탁금 지급청구를 한 경우에는 착오 국고귀속 공탁금의 반환절차에 따라 처리
한다.

3) 공탁유가증권상의 상환청구권이 시효소멸된 경우의 조치

① 공탁유가증권의 상환금청구권이 시효소멸된 경우에도 그 소유권에 기한 반환청구는 인정된다.

② 공탁된 유가증권의 상환금청구권이 시효소멸된 경우 공탁유가증권의 유가증권성도 소멸하므
로 그러한 유가증권을 공탁물보관자에게 계속 보관토록 하는 것은 적당하지 않다. 따라서 공
탁유가증권의 상환금청구권이 시효소멸된 경우 공탁관은 그 시효완성을 이유로 유가증권 보관
은행 등에 대하여 매년 1회 이상 시효소멸된 해당 유가증권의 회수청구를 할 수 있다.

③ 보관은행 등으로부터 유가증권을 회수한 경우 공탁관은 공탁서 및 공탁기록 표지 비고란에 그
취지를 기재하고 날인한 다음 전산시스템('사건메모'란 등)에 이를 입력하고, 그 사건은 완결된
것으로 처리하며, 해당 유가증권은 공탁기록에 편철하여 5년간 공탁기록과 같이 보관한다.

④ 위 ③의 절차를 마친 경우에도 폐기 전에는 해당 공탁유가증권의 소유권에 기한 반환청구는
인정된다.

7. 소멸시효가 완성된 공탁금에 대한 국고귀속절차

1) 소멸시효 조사

① 공탁관은 공탁금의 국고귀속조치를 취하기 전에 공탁금 지급청구권의 시효소멸 여부 및 그 시기 등을 법원, 그 밖의 관공서에 조회를 통하여 조사할 수 있다.

② 소멸시효가 완성된 공탁금은 국고수입 납부 전이라도 이를 지급하여서는 아니 된다.

👤 관/련/선/례

> 1. 대법원 홈페이지에 게재하고 있는 '국고귀속예정 공탁사건'은 소멸시효 완성예정인 공탁사건뿐만 아니라 대법원 행정예규 제948호에 따라 공탁일로부터 15년이 경과하여 편의적으로 소멸시효가 완성된 것으로 보아 국고귀속조치를 취할 예정인 공탁사건도 포함되어 있으며, 매년 1월에 대법원 홈페이지에 게재하고 그 다음해 1월에 국고귀속조치를 하고 있다.
> 2. 국고귀속예정 공탁사건이라도 이미 소멸시효가 완성된 공탁사건은 공탁금 지급청구가 있는 경우 공탁관은 인가하여서는 안 되며, 공탁당사자가 법인인 경우 법인등록번호가 전산 입력되어 있는 공탁사건은 경매와 관련된 집행공탁사건도 대법원 홈페이지 '공탁사건 검색'에서 검색할 수 있다(공탁선례 제201001-2호).

2) 공탁금 국고귀속조서의 송부

① 공탁관은 출급·회수청구권의 소멸시효가 완성되어 국고귀속되는 공탁원금이나 이자가 있는 때에는 해당 연도분을 정리한 다음 공탁금 국고귀속조서를 작성하여 다음 연도 1월 20일까지 이를 해당 법원의 세입세출 외 현금출납공무원(이하 '출납공무원'이라 한다)에게 보낸다. 출납공무원이 위 조서를 받은 때에는 1월 31일까지 해당 법원의 수입징수관에게 보내야 한다.

② 공탁관은 위 경우 이외의 사유로 국고귀속되는 공탁원금 또는 이자가 있는 때에는 그때마다 공탁금 국고귀속조서를 작성하여 출납공무원에게 보내고, 출납공무원은 지체 없이 해당 법원의 수입징수관에게 보내야 한다.

8. 착오로 국고귀속된 공탁금의 반환절차

① 공탁금 지급청구권 소멸시효가 완성되지 않았음에도 불구하고 공탁관이 착오로 공탁금의 국고귀속조치를 취한 경우에는 공탁관을 과오납부자로 보아 공탁규칙 제64조의 규정에 의하여 처리한다.

② 공탁관은 착오로 국고귀속조치를 시킨 공탁금이 있음을 알거나 그 공탁금에 대한 소멸시효가 완성되지 아니한 사실을 증명하는 서면을 첨부한 공탁금 지급신청이 있는 경우에는 '공탁금반환신청서'를 수입징수관에게 제출하여 착오로 국고귀속된 공탁금의 반환신청을 하여야 한다.

9. 공탁금 출급·회수청구권 안내문 발송 내용

가. 공탁법 제9조 제4항

법원행정처장은 제3항에 따른 시효가 완성되기 전에 대법원규칙으로 정하는 바에 따라 제1항 및 제2항의 공탁금 수령·회수권자에게 공탁금을 수령하거나 회수할 수 있는 권리가 있음을 알릴 수 있다.

나. 공탁규칙 제60조의2(소멸시효 완성 전 안내)

① 법원행정처장은 「공탁법」 제9조에 따른 시효가 완성되기 전에 우편 등으로 공탁금 출급·회수에 관한 안내를 할 수 있다.

② 제1항에 따른 업무는 법원행정처 사법등기국 사법등기심의관이 담당한다.

③ 제2항에 따른 안내를 위하여 필요한 경우에는 해당 정보를 보유하는 공공기관·전기통신사업자 등 단체·개인 또는 외국의 공공기관에 다음 각호의 개인정보가 포함된 자료의 송부를 요구할 수 있다.

1. 공탁금 출급·회수권자의 성명(상호, 명칭)
2. 공탁금 출급·회수권자의 주민등록번호(법인등록번호)
3. 공탁금 출급·회수권자의 주소(본점, 주사무소)
4. 공탁금 출급·회수권자의 전화번호

④ 제1항에 따른 안내의 절차 및 방법 등 필요한 사항은 대법원예규로 정한다.

⑤ 제3항에 따른 안내를 위하여 필요한 범위 내에서 「개인정보 보호법」 제24조의 고유식별번호, 제24조의2의 주민등록번호가 포함된 자료를 처리할 수 있고, 제공받은 개인정보는 안내 업무 이외의 목적으로 사용할 수 없다.

다. 소멸시효 완성 전 공탁금 출급 및 회수청구 안내에 관한 업무처리지침

−개정 2024.8.6. [행정예규 제1403호, 시행 2024.8.6.] −

제1조 (목적)

이 예규는 「공탁법」 제9조 제4항 및 「공탁규칙」 제60조의2에 따른 소멸시효 완성 전에 하는 공탁금 출급·회수청구 안내(이하 "안내"라 한다)에 관한 업무처리절차를 정함에 목적이 있다.

제2조 (담당)

안내에 관한 업무는 법원행정처 사법등기국에서 처리하며 사법등기심의관이 담당한다.

제3조 (안내 방법)

공탁금 출급·회수청구에 대한 안내는 다음 각 호의 방법으로 할 수 있다.

1. 우편발송
2. 앱메시지 또는 이에 준하는 전자적 의사표시(이하 "전자적 안내"라 한다)

제4조 (우편안내 대상)

직전 연도 말 기준 만 2년, 4년, 6년 및 8년 전인 해에 수리된 공탁사건 중 잔액이 10만 원 이상인 다음 각 호의 사건 및 대상자를 안내 대상으로 한다. 다만, 절대적 불확지 변제공탁사건 또는 대상자의 주소가 불명인 사건 등 특별한 사정이 있는 경우 안내 대상에서 제외할 수 있다.

1. 변제공탁사건의 피공탁자
2. 집행공탁사건의 피공탁자
3. 재판상 보증공탁사건의 공탁자
4. 개인회생채권자 및 채무자를 위한 공탁사건의 피공탁자

제6조 (우편안내 절차)

① 공탁금 출급·회수청구에 관한 안내문(이하 "안내문"이라 한다) 발송 대상자에 대하여 주소변경 여부 등을 전산시스템 등으로 조회하고 주소가 변경된 경우에는 변경된 주소로 발송한다.

제6조의2 (안내문 발송사건의 처리방법)

① 안내문을 발송한 경우 그 송달정보는 전산시스템에 의하여 관리하여야 한다.

② 소멸시효가 진행 중인 사건의 공탁자 또는 피공탁자에게 안내문이 송달된 경우에는 시효가 중단되고 송달된 날부터 다시 10년의 소멸시효가 진행한다. 다만, 공탁일부터 15년이 경과하면 편의적 국고귀속 처리한다.

③ 소멸시효가 진행 중인 사건에 관하여 안내문이 송달되지 않은 경우에는 공탁금 출급·회수청구권을 행사할 수 있는 때부터 10년이 경과하면 국고귀속 처리한다.

④ 소멸시효가 진행하지 않은 사건은 안내문의 송달 여부와 관계없이 공탁일부터 15년이 경과하면 편의적 국고귀속 처리한다.

제7조 (전자적 안내 대상)

① 직전 연도 말 기준 만 2년 전부터 만 8년 전까지 수리된 공탁사건 중 잔액이 10만 원 이상인 제4조 각 호의 사건 및 대상자를 안내 대상으로 한다.

② 공탁일로부터 만 14년이 경과한 사건 중 소멸시효가 완성되지 않은 사건에 대하여도 전자적 안내를 실시할 수 있다.

제8조 (전자적 안내 절차)

① 제7조 각 안내 대상자의 주민등록번호를 이동통신서비스를 제공하는 전기통신사업자에게 제공하여 안내 대상자의 휴대전화번호를 조회한다.

② 제1항의 대상사건 중 잔액이 1,000만 원 이상이고, 안내 대상자의 주민등록번호를 알 수 없는 사건은 행정자치부 등 주민등록정보를 보유하고 있는 공공기관에 안내 대상자의 주민등록번호를 조회하여 제1항의 절차를 진행한다.

③ 제1항 및 제2항에 따라 안내 대상자의 휴대전화번호를 회신받은 경우 다음 각 호의 내용을 포함하여 전자적 안내를 한다.

1. 공탁자 또는 피공탁자 성명
2. 관할 공탁소·공탁종류·공탁사건번호
3. 공탁금액(잔액)
4. 제4조 각 호 공탁유형별 공탁금 출급·회수청구 절차
5. 그 밖에 안내를 위하여 필요한 사항

제9조 (추가적 안내 대상)

공탁종류, 잔액 그 밖의 사정에 따라 안내가 필요하다고 판단되거나 공탁관이 장기미제 공탁사건 등 관할 공탁사건에 대하여 안내를 요청하는 경우에는 제4조 및 제7조 이외의 사건 및 대상자에 대하여도 우편안내 또는 전자적 안내를 할 수 있다.

제10조 (보고)

매년 1월 31일까지 다음 각 호의 사항을 법원행정처장에게 보고한다.
1. 직전 연도의 안내문 발송 건수 및 도달 건수
2. 직전 연도의 안내문 발송 후 공탁금을 출급·회수한 사건 수 및 그 지급액
3. 직전 연도의 전자적 안내 전송 건수 및 공탁금을 출급·회수한 사건 수 및 그 지급액
4. 그 밖에 안내문 발송 및 전송결과 보고를 위하여 필요한 사항

제11조 (유의사항)

안내문(전자적 안내 포함)은 공탁서 또는 공탁통지서를 대신하여 공탁금 출급·회수청구시의 첨부서류가 될 수 없다.

공탁금 지급청구권의 변동

01 절 총설

① 공탁물 출급청구권이란 공탁성립 후 피공탁자가 공탁소에 대하여 공탁물을 출급할 수 있는 권리를 말하고, 공탁물 회수청구권이란 공탁자가 일정한 요건하에 공탁물을 회수할 수 있는 권리를 말한다. 공탁물 지급청구권은 공탁물 회수청구권과 공탁물 출급청구권을 통칭하는 개념이다.

② 공탁물 지급청구권은 공탁자 또는 피공탁자에게 귀속하는 일종의 지명채권의 성질을 가지며 일신전속권이 아니므로 상속의 대상이 되고, 양도·질권설정 등의 임의처분은 물론 압류·가압류·가처분·전부·추심명령·체납처분 등 집행의 대상이 될 수 있으며, 채권자대위권의 목적이 될 수 있다.

③ 공탁관은 공탁규칙 제49조의 서면(피공탁자가 공탁을 수락한다는 뜻을 적은 서면 또는 공탁유효의 확정판결의 등본)이나 공탁물 출급·회수청구권에 관한 가처분명령서, 가압류명령서, 압류명령서, 전부 또는 추심명령서, 압류취소명령서 그 밖의 이전 또는 처분제한의 서면을 받은 때에는 그 서면에 접수연월일, 시, 분을 적고 기명날인하여야 한다. 그리고 그 내용을 해당 기록표지에 적은 다음 원장에 등록하여야 한다(공탁규칙 제44조). 위와 같이 접수한 공탁에 관한 서류는 접수순서에 따라 해당 공탁기록에 편철한다(공탁규칙 제10조 제1항).

④ 한편 전자공탁시스템을 이용하여 공탁이 이루어진 사건에 대하여 이러한 서면이 제출된 경우 공탁관은 공탁기록 표지를 출력한 후 제출된 서면을 접수순서에 따라 편철하여 별도의 공탁기록으로 관리·보존하고 전산시스템에 그 뜻을 입력하여야 한다(행정예규 제1282호).

⑤ 공탁관의 공탁사유신고 또는 제3채무자의 집행공탁 및 공탁사유신고에 따라 개시된 집행법원의 배당절차에서 발생하는 배당금 수령채권에 대한 압류명령서 등을 접수한 때 또는 민사집행법 제160조(채권에 정지조건 또는 불확정 기한이 붙어 있는 때, 가압류채권자의 채권인 때, 채권자가 배당기일에 출석하지 아니한 때 등의 이유로 공탁한 배당액)에 따라 공탁한 배당금 수령채권에 대하여 압류명령서 등을 접수한 때에는 그 서면에 접수연월일, 시, 분을 기재하여 기명날인하고, 전산시스템에 압류명령서 등의 접수연월일, 배당금 수령채권이 압류된 사실 등을 입력한 후 압류명령서 등의 사본을 집행법원에 보내야 한다(행정예규 제951호).

02 절 공탁물 출급청구권과 공탁물 회수청구권의 상호관계

1. 일방 권리의 처분이 타방 권리에 미치는 영향

① 공탁물 출급청구권과 공탁물 회수청구권은 동일한 공탁물에 대한 두 개의 권리인 점에서 각각 의 청구자에게 속하는 독립·별개의 권리이므로, 원칙적으로 일방에 대한 양도, 질권설정, 압 류 그 밖의 처분은 타방에 대하여 아무런 영향을 미치지 아니하고, 따라서 일방의 양도 후에도 타방에 대한 양도·압류 등의 처분이 가능하다. 즉, 두 청구권은 별개의 독립된 청구권으로 존재한다.

② 그러나 공탁물은 하나이므로 출급 또는 회수의 어느 일방의 청구권이 일단 행사되어 공탁물이 지급됨으로써 공탁관계가 종료되면 다른 청구권도 당연히 소멸된다. 이 점에서 두 청구권은 전혀 별개의 청구권은 아니고 상호 관련성이 있다.

2. 양 권리의 우선적 효력

1) 재판상 담보공탁의 우선성

① 재판상 담보공탁은 담보권리자가 받게 될 손해를 담보하기 위한 공탁으로 피공탁자는 담보물 에 대하여 질권자와 동일한 권리를 가진다. 따라서 피공탁자는 피담보채권이 발생하였음을 증 명하여 공탁물에 대하여 담보권을 실행할 수 있다.

② 그러나 공탁자가 회수청구권을 행사하려면 담보취소가 선행되어야 하므로 재판상 담보공탁의 공탁물 출급청구권은 공탁물 회수청구권보다 우선한다.

③ 따라서 재판상 담보공탁의 공탁물 회수청구권에 대한 양도·전부 등이 있더라도 담보권이 소 멸되지 않는 한 양수인 등이 권리를 행사할 수는 없으며, 피공탁자는 여전히 출급청구권을 행 사할 수 있다.

④ 담보권리자가 공탁자의 공탁금 회수청구권을 압류하고 추심명령이나 확정된 전부명령을 받은 후 담보취소결정을 받아 공탁금 회수청구를 하는 경우에도 담보공탁금의 피담보채권을 집행채 권으로 하는 이상 담보권리자의 위와 같은 담보취소신청은 어디까지나 담보권을 포기하고 일 반채권자로서 강제집행을 하는 것이 아니라 오히려 적극적인 방법으로 담보권실행에 의하여 공탁물 회수청구권을 행사하기 위한 방법에 불과하다고 보는 것이 합리적이므로 이는 담보권 의 실행방법으로 인정되고, 따라서 이 경우에도 질권자와 동일한 권리가 있다 할 것이므로 그 에 선행되는 일반채권자의 압류 및 추심명령이나 전부명령으로 대항할 수 없다.

2) 항고보증공탁(집행공탁)의 경우

매각허가결정에 대한 항고보증으로 공탁한 현금 또는 유가증권은 그 항고가 기각된 경우에 배당 할 금액에 포함되어 공탁자는 그 회수청구권을 행사할 수 없게 되고 경매법원이 배당재단에 귀속 된 공탁금을 배당채권자에게 배당하였을 때에는 배당채권자는 공탁금 출급청구권을 가지게 된다.

따라서 매각허가결정에 대한 항고가 기각되기 전에 항고인의 공탁금 회수청구권에 대하여 압류 및 전부명령이 있었다고 하여도 이는 집행채권자에게 그 회수청구권을 이전하게 하는 효과가 발생할 뿐 공탁금 출급청구권에는 영향을 미칠 수는 없는 것이므로 위 공탁금의 출급청구를 받은 공탁관으로서는 공탁금 회수청구권에 대한 압류 및 전부명령이 있었다는 이유로 그 출급을 거부할 수는 없다(대결 1991.11.18, 91마501).

3) 변제공탁 출급청구권의 비우선성

① 변제공탁 이외의 공탁은 착오나 공탁무효, 공탁원인이 소멸되지 않는 한 회수청구권은 인정하지 않음이 원칙이나, 변제공탁에 있어서는 민법 제489조의 회수청구권이 소멸되지 않는 한 공탁자는 자유롭게 공탁물 회수청구권을 행사할 수 있으므로 회수청구권과 출급청구권은 우열이 없어 먼저 행사한 쪽이 우선한다.

② 변제공탁에서는 공탁물 출급청구권이 양도되면 통상 공탁물 회수청구권이 소멸하므로 주의를 요한다. 공탁관에게 도달된 변제공탁금 출급청구권의 양도통지서에 공탁수락의 의사표시가 명시적으로 기재되어 있지 않더라도 적극적인 불수락의 의사표시가 기재되어 있지 않는 한 그 양도통지서의 도달과 동시에 공탁수락의 의사표시가 있는 것으로 보아 공탁자의 민법 제489조 제1항에 의한 회수청구권은 소멸한다(행정예규 제779호).

③ 토지수용보상금 공탁은 토지보상법 제42조에 따라 간접적으로 강제되고 자발적으로 이루어지는 공탁이 아니므로 착오나 공탁무효 또는 공탁원인이 소멸되지 않은 한 민법 제489조에 의한 회수가 인정되지 않는다.

4) 그 밖의 공탁

가압류해방공탁, 보관공탁 등과 같이 회수청구권만 있고 출급청구권이 없는 공탁도 있다. 특히 가압류해방공탁은 가압류의 효력이 해방공탁금의 회수청구권에 존속하므로 공탁자는 가압류가 취하나 취소 등으로 그 효력이 소멸될 때까지는 회수청구를 할 수 없으며, 가압류채무자에 대한 다른 채권자도 해방공탁금 회수청구권에 대하여 자유로이 강제집행을 할 수 있게 된다. 이 경우 가압류채권자의 가압류와 채무자의 다른 채권자의 압류는 서로 경합하게 되어 서로 간에 우열은 없다.

5) 선후결정의 기준

① 공탁물 출급청구권과 공탁물 회수청구권은 어느 일방의 권리행사에 의하여 타방의 권리도 소멸한다. 따라서 공탁물 출급청구권과 회수청구권의 행사의 선후관계를 정할 필요가 있는데, 그 선후관계는 공탁관의 지급인가의 시점에 의하여 결정될 것이 아니라 지급청구서의 접수 시점이 기준이 되어야 할 것이다. 이 경우 접수의 의미를 해석함에 있어 판례는 공탁관으로부터 공탁물 출급청구서에 첨부할 서류가 없다고 지적받은 공탁물수령자가 지체 없이 그 미비서류를 보정하는 동안에 공탁물 출급청구권에 대하여 제3자로부터 가압류결정이 송달되었다는 이유로 공탁관이 위 공탁물 출급청구를 불수리한 처분은 정당하다고 하여(대결 1973.6.29, 73마532), 지급요건이 충족된 청구서가 접수되어야 그 우선순위를 확보하는 것으로 해석된다.

② 따라서 공탁물 출급청구권과 공탁물 회수청구권 행사의 선후관계를 결정함에 있어서도 공탁관이 지급인가한 때가 아니라 지급요건이 충족된 지급청구 접수된 때를 기준으로 선후관계를 결정하는 것이 타당하다.

👤 관/련/판/례

> 원결정이 확정한 사실에 의하면 재항고인은 본건 변제공탁금에 대하여 공탁물수령자로서 1973.2.12. 10:00 서울민사지방법원 공탁공무원에게 대하여 공탁물의 출급청구를 하고 공탁공무원은 위 공탁금 출급청구서에 공탁사무처리규칙 제30조 제1호의 공탁서 또는 공탁통지서의 첨부가 없다고 지적하자 재항고인은 같은 날 13:00 공탁통지서를 보정하여 제출하였으나 공탁공무원은 이미 같은 날 11:30 본건 공탁물 출급청구원에 대하여 제3자로부터의 가압류 결정이 송달되었다는 이유로 재항고인의 위 공탁물 출급청구를 불수리하였다는 것으로서 1973.2.12. 10:00에는 재항고인의 공탁물 출급청구서의 제출이 있었으나 서류미비로 공탁공무원은 이를 아직 수리하지 아니하였다는 원결정 판단 취의로 해석될 뿐만 아니라 재항고인이 같은 날 13:00 미비서류를 제출 보완하였다고 하여 이를 가지고 이미 가압류한 제3자에게 대항할 수 없는 법리라고 해석함이 상당하므로 원결정은 정당하여 논지는 채택할 것이 못된다(대결 1973.6.29, 73마532).

03 절 공탁물 출급청구권의 처분

1. 양도

가. 의의

① 채권의 양도라 함은 채권의 동일성을 유지하면서 채권을 법률행위에 의하여 이전하는 것을 말한다. 채권양도는 채권의 귀속주체를 변경시키는 처분행위이다.

② 공탁물 지급청구권도 공탁자 또는 피공탁자에게 귀속하는 일종의 지명채권의 성질을 가지며 일신전속권이 아니므로 법률의 규정에 의하여 양도가 제한되거나 양도금지에 관한 당사자의 의사표시(양도금지특약)가 없는 한 원칙적으로 양도성을 가지며, 지명채권양도에 관한 민법의 규정이 그대로 적용된다.

나. 양도통지

1) 대항요건

① 공탁물 지급청구권의 양도도 통상의 지명채권양도의 경우와 같이 양도인과 양수인의 낙성·불요식의 양도계약에 의하여 그 효력이 생긴다고 할 것이나 채무자인 국가(소관 공탁관)에게 통

지하거나 채무자가 승낙하지 아니하면 채무자 기타 제3자에게 대항하지 못하고, 위 통지나 승낙은 확정일자 있는 증서에 의하지 아니하면 채무자 이외의 제3자에게 대항하지 못하므로 실제로는 서면(양도통지서)에 의한 통지가 이루어지고 있다.

② 상속인 중의 1인이 다른 상속인들 중 일부로부터 출급청구권을 양도받아 공탁금 출급청구권자가 된 경우에는 양수사실을 증명하는 서면의 첨부 외에 양도인이 채무자인 국가(소관 ○○법원 공탁관)에게 그 사실을 통지하는 것이 필요하므로 공탁금 출급청구권을 양도받은 사실을 이유로 국가를 상대로 공탁금수령권한이 있다는 확인판결을 받은 것만으로는 양도를 증명하는 서면은 갖추었으나 양도인의 적법한 통지가 있다고 볼 수 없으므로 공탁금을 출급청구할 수 없다(공탁선례 제2-338호).

③ 공탁관이 공탁물 지급청구권의 양도통지서를 받은 때에는 그 서면에 접수연월일, 시, 분을 적고 기명날인하며 그 내용을 해당 기록표지에 적은 다음 원장에 등록하여야 한다. 국가기관인 공탁소에서 사문서인 양도통지서에 기입한 일자는 확정일자로 볼 수 있으므로(민법 부칙 제3조 제4항) 별도의 확정일자 있는 증서에 의하지 아니하여도 공탁관의 접수시부터 채무자 이외의 제3자에게 대항할 수 있을 것이다.

2) 통지의 주체

채권양도의 통지는 양도인이 채무자에게 하여야 하며, 양수인 자신이 통지하거나 양도인을 대위하여 통지할 수는 없다. 다만 양수인은 양도인의 사자 또는 대리인의 자격으로써 통지할 수는 있을 것이다.

3) 양도통지의 방법

① 양도통지서는 특별한 형식을 요하지 아니하나 양도목적물을 특정하기 위하여 공탁번호, 공탁물의 표시, 양도인과 양수인의 성명·주소 등을 기재한다.

② 공탁금 지급청구권의 양도통지서에 날인된 양도인의 인영에 대하여 인감증명서가 첨부되지 아니한 경우라 하더라도 공탁관은 일단 적법한 양도통지가 있는 것으로 취급하여야 하므로 양도인의 인감증명서가 첨부되지 아니한 경우라도 양도인의 공탁금 회수청구에는 응할 수 없으나, 나중에 양수인이 공탁금 회수청구를 할 경우에는 양도인의 인감증명서를 제출하여야 한다.

③ 공탁금 지급청구권의 채무자는 국가이기 때문에 양도통지서가 내용증명 우편으로 검찰청을 통하여 도달되는 경우가 많다. 이때에는 해당 공탁소에서 양도통지서를 검찰청으로부터 송부받은 때에 양도통지의 효력이 생기는 것이 아니라 양도통지서가 검찰청에 도달된 때에 통지의 효력이 생긴다고 보아야 한다.

④ 그러나 양도통지가 검찰청을 통하여 이루어지지 않고 직접 공탁관에게 도달된 경우라도 유효하다(공탁선례 제2-329호).

⑤ 공탁금 출급청구권 양도의 의사표시 및 그 통지를 명하는 판결이 확정되었다면 양도의 의사표시가 있는 것으로 의제되고 양수인은 위 판결과 그 확정증명 등을 채무자인 대한민국(소관 ○○법원 공탁관)에 송부하거나 제시하고 공탁금을 출급받을 수 있다(공탁선례 제2-339호).

다. 양수인의 지급청구

1) 양수인의 지급청구 시 첨부서면

① 양수인이 공탁금의 지급을 청구할 때에는 지급청구권의 요건사실 및 양수사실을 증명하는 서면을 첨부하여야 한다(공탁선례 제2-340호).

② 반대급부가 붙어 있는 변제공탁의 출급청구권을 양도받은 양수인은 그 반대급부의 이행을 증명하지 아니하면 출급청구권을 행사하지 못하고, 담보공탁의 회수청구권을 양도받은 양수인은 공탁원인소멸(예 담보취소)을 증명하여야 회수청구권을 행사할 수 있다.

③ 양도통지서에 공탁금뿐만 아니라 그 이자까지 양도한다는 취지의 기재가 있는 경우에는 양도 전후의 모든 이자가 양수인에게 귀속되나, 이자에 대한 명시적인 의사표시가 없는 경우에는 양도통지서가 도달된 날 이후의 이자만 양수인에게 귀속되는 것으로 해석된다.

2) 양도통지서에 인감증명서가 첨부되지 않은 경우

공탁금 지급청구권의 양도통지서에 날인된 인영에 대하여 양도인의 인감증명서가 첨부되지 않은 경우에 공탁금을 지급청구할 때는 양도인의 인감증명서를 제출하여야 한다. 그러나 양도증서를 공증받은 경우에는 양도인의 인감증명서는 첨부하지 않아도 된다(행정예규 제779호).

라. 양도통지와 공탁수락의 의사표시

공탁관에게 도달된 변제공탁금 출급청구권의 양도통지서에 공탁수락의 의사표시가 명시적으로 기재되어 있지 않더라도 적극적인 불수락의 의사표시가 기재되어 있지 않는 한 그 양도통지서의 도달과 동시에 공탁수락의 의사표시가 있는 것으로 보아 공탁자의 민법 제489조 제1항에 의한 회수청구권은 소멸한다(행정예규 제779호).

마. 동시도달된 경우

양도통지서나 압류명령 등을 받은 때에는 접수연월일, 시, 분을 기재하여 공탁관이 기명날인하도록 되어 있다. 그러나 현실적으로 다수의 우편물을 동시에 수령하는 것이 보통이므로 공탁관이 실제로 동시도달된 우편물을 뜯어 본 순서대로 접수시, 분을 기재하는 것은 타당하지 않고, 공탁관이 동시에 2개 이상의 양도통지서 또는 (가)압류명령을 받았을 때는 접수순위는 동일하며 선후관계는 없는 것으로 처리하여야 할 것이다. 이 경우 공탁관은 그 우열을 가릴 수 없으므로 우선권을 주장하는 자가 확정판결 등으로 먼저 도달한 사실을 입증하여야 할 것이다.

바. 가압류 이후 양도통지가 있는 경우

① 공탁금 지급청구권에 대한 가압류명령정본이 공탁관에게 송달된 이후에 공탁금 지급청구권을 양수받은 양수인은 가압류에 의하여 권리가 제한된 상태의 채권을 양수받는다고 보아야 할 것이고, 이는 채권을 양도받았으나 확정일자 있는 양도통지나 승낙에 의한 대항요건을 갖추지 아니하는 사이에 양도된 채권이 가압류된 경우에도 동일하다.

② 위와 같은 채권가압류의 처분금지의 효력은 본안소송에서 가압류채권자가 승소하여 집행권원을 얻는 등으로 피보전권리의 존재가 확정되는 것을 조건으로 하여 발생하는 것이므로 채권가압류결정의 채권자가 본안소송에서 승소하는 등으로 집행권원을 취득하는 경우에는 가압류에 의하여 권리가 제한된 상태의 채권을 양수받은 양수인에 대한 채권양도는 무효가 된다.

사. 양도계약의 해제 · 취소

공탁물 지급청구권의 양도계약이 적법하게 해제된 경우에는 그 해제통지를 양수인이 채무자인 국가(소관 공탁관)에게 하여야만 채무자 기타 제3자에게 대항할 수 있으므로(대판 1993.8.27, 93다17379 참조), 양도인이 공탁관에 대하여 공탁물 지급청구권의 양도통지를 한 후 양도인이 다시 일방적으로 양도계약을 해제한 뜻의 통지를 하여도 양수인이 양도인의 위 채권양도통지철회에 동의하였다고 볼 증거가 없으면 그 효력이 생기지 아니한다.

2. 질권설정

가. 의의

① 채권에 대한 질권이란 채권자(질권자)가 자기 채권의 담보로써 채무자 또는 제3자의 채권을 점유하고 그 채권에서 다른 채권자에 우선하여 자기채권의 변제를 받을 수 있는 권리를 말한다.

② 공탁물 지급청구권도 지명채권이므로 질권의 목적이 될 수 있고, 공탁물 지급청구권에 대하여 질권이 설정된 경우에는 질권설정자인 공탁자 또는 피공탁자는 질권자의 동의 없이 질권의 목적인 공탁물 지급청구권을 소멸하게 하거나 질권자의 이익을 해하는 변경을 할 수 없다.

나. 질권설정 절차

① 지명채권을 목적으로 한 질권의 설정은 설정자가 민법 제450조의 규정에 의하여 제3채무자에게 질권설정의 사실을 통지하거나 제3채무자가 이를 승낙함이 아니면 이로써 제3채무자 기타 제3자에게 대항하지 못하고, 위 통지나 승낙은 확정일자 있는 증서에 의하지 아니하면 제3채무자 이외의 제3자에게 대항하지 못한다(민법 제349조 제1항).

② 따라서 공탁물 지급청구권에 대한 질권의 설정도 질권설정자가 제3채무자인 국가(소관 공탁관)에게 질권설정의 사실을 통지하거나 제3채무자가 이를 승낙하지 아니하면 제3채무자 기타 제3자에게 대항하지 못하고, 질권설정의 통지나 승낙은 확정일자 있는 증서에 의하지 아니하면 제3채무자 이외의 제3자에게 대항하지 못한다.

③ 다만 공탁관이 질권설정통지서를 받은 때에는 양도통지를 받은 경우와 마찬가지로 그 통지서에 접수연월일, 시, 분을 적고 기명날인하여야 하는데, 이는 공무소가 사문서인 질권설정통지서에 기입한 일자이므로 확정일자로 볼 수 있고(민법 부칙 제3조 제4항), 따라서 확정일자 없는 질권설정의 통지라도 공탁관의 접수시부터 제3자에게 대항할 수 있다.

다. 질권의 실행

1) 직접청구

① 질권자는 질권의 목적인 공탁물 출급청구권 또는 회수청구권을 직접 행사하여 자기 명의로 제 3채무자인 국가(소관 공탁관)에 대하여 공탁물의 출급 또는 회수를 청구할 수 있다.

② 따라서 질권자는 공탁물이 금전인 때에는 자기채권의 한도에서 직접 청구할 수 있고, 공탁물이 유가증권인 때에는 유가증권의 인도를 받아 집행관에게 제출하면 집행관이 강제집행규정을 준용하여 이를 경매하고 그 매각대금에서 우선변제를 받을 수 있다(민법 제353조 제4항, 제338조, 민사집행법 제271조). 그리고 이때 공탁서 또는 공탁통지서를 첨부하여야 한다.

2) 강제집행

① 질권자는 민사집행법에서 정한 집행방법, 즉 채권에 대한 강제집행방법에 의하여 질권을 실행할 수도 있다. 따라서 공탁물이 금전인 경우 질권자는 집행권원 없이 질권의 존재를 증명하는 서류를 첨부하여 질권의 목적인 공탁금 출급청구권 또는 회수청구권에 대하여 압류 및 추심명령 또는 전부명령을 얻어 공탁물의 출급 또는 회수를 청구할 수 있다.

② 강제집행에 의하여 공탁물을 출급 또는 회수할 경우에는 공탁서 또는 공탁통지서는 첨부하지 않아도 된다.

3. 압류명령

가. 의의

① 공탁금 지급청구권도 일반 지명채권과 마찬가지로 압류의 대상이 될 수 있으므로 채권자는 공탁금 지급청구권을 압류할 수 있다.

② 채권자가 종국적으로 자기채권의 변제를 받기 위해서는 공탁금 지급청구권을 압류한 후 현금화명령(추심이나 전부명령 등)을 얻어야 하는데, 현금화명령은 압류명령의 신청과 동시 또는 사후에도 할 수 있으나 동시에 신청하는 경우가 대부분이다.

나. 공탁금 지급청구권에 대한 압류방법 등

1) 피압류채권의 특정문제

① 채권자는 압류명령신청서에 압류할 채권(피압류채권)의 종류와 액수를 밝혀야 한다(민사집행법 제225조). 이는 압류할 채권을 특정함으로써 피압류적격의 유무를 판단할 수 있도록 할 뿐만 아니라 채무자나 제3채무자로 하여금 어떤 채권의 지급이 금지되었는지를 알게 하는 데도 필요하기 때문이다.

② 압류명령의 대상인 채권의 표시는 이해관계인 특히 제3채무자로 하여금 다른 채권과 구별할 수 있을 정도로 기재가 되어 그 동일성의 인식을 저해할 정도에 이르지 않으면 충분하다. 피압류채권의 선택적 기재는 제3채무자의 지위를 불안하게 하고 집행의 명확성을 해치므로 허용되지 않는다.

③ 따라서 압류할 채권의 내용이 특정되지 않으면 압류는 무효이고 뒤에 보완하더라도 소급하여 유효로 되는 것은 아니다(대판 1973.1.30, 72다2151).

④ 공탁금 지급청구권에 대하여 압류명령을 신청할 경우에는 집행의 대상이 공탁금 출급청구권인지 공탁금 회수청구권인지를 특정하여야 한다. 그런데 채무자가 가지는 권리가 공탁금 출급청구권인지, 회수청구권인지 여부를 채권자가 명확히 모르는 경우 실무상 피압류채권의 표시를 "공탁금 지급청구권", "공탁금 출급청구권 또는 회수청구권"으로 기재된 채 압류명령이 발령되기도 한다. 공탁번호, 공탁자, 피공탁자, 공탁원인, 공탁연월일, 공탁금액 등을 기재함으로써 특정될 수 있는데, 공탁번호는 반드시 적을 필요는 없으나 기재하는 것이 바람직하다.

⑤ 한편 동일한 채무자를 피공탁자로 하는 여러 개의 사건이 한 공탁소에 존재하는 경우에는 각 공탁사건별로 압류할 금액까지 명확히 기재하여야 한다(법원실무제요 2020 민사집행 IV 223면 참조).

⑥ 토지수용에 대한 손실보상금채권에 대한 압류 및 전부명령은 사업시행자가 장래에 보상을 현금으로 지급하기로 선택하는 것을 정지조건으로 하여 발생하는 손실보상금채권을 그 대상으로 하는 것이므로 현금이 아닌 채권(債券)으로 공탁하였다면 그 부분에 대하여는 정지조건이 성취되지 아니하는 것으로 확정되어 피압류채권인 손실보상금채권이 존재하지 아니하는 것으로 밝혀져 그 부분에 관한 전부명령의 실체적 효력은 소급하여 실효된다(대판 2004.8.20, 2004다24168).

2) 공탁유가증권 지급청구권에 대한 집행방법

① 추심명령이나 전부명령은 금전채권에 대한 강제집행이므로 공탁유가증권 지급청구권에 대한 강제집행은 유체동산인도청구권에 대한 강제집행절차에 의하여야 한다.

② 유체동산인도청구권에 대한 강제집행은 곧바로 인도청구권 자체를 처분하여 그 대금으로 채권의 만족을 얻는 것이 아니고, 먼저 그 청구권의 내용을 실현하여 유체동산의 소유와 점유를 채무자에게 귀속시킨 다음 강제집행을 실시하는 것이므로 공탁유가증권 지급청구권을 압류하는 경우에는 법원이 제3채무자인 국가(소관 공탁관)에 대하여 공탁유가증권을 채권자의 위임을 받은 집행관에게 인도하도록 명한다(민사집행법 제243조 제1항). 압류채권자로부터 집행의 위임을 받은 집행관은 공탁관에게 공탁유가증권의 지급청구를 하고 공탁관으로부터 유가증권의 인도를 받으면 압류한 유체동산의 현금화에 관한 규정을 적용하여 현금화한 후 현금화된 금전을 제출하면 법원은 배당을 실시한다.

다. 압류명령의 송달

① 제3채무자인 국가(소관 공탁관)에 대한 송달은 국가를 당사자로 하는 소송에 관한 법률 제9조를 준용하여 소관청이 아니라 집행법원을 기준으로 서울·대전·대구·부산·광주·수원지방법원과 그 지원인 경우에는 해당 고등검찰청의 장에게, 그 밖의 경우에는 해당 지방검찰청의 장에게 송달한다. 국가를 제3채무자로 한 채권압류명령에서 제3채무자 부분에 기재되는 소관부서는 편의상 국가 내부에서 피압류채권을 소관하는 부서를 기재하는 것에 불과하므로 그것에

의하여 송달의 대상이 결정되는 것은 아니다. 실무상은 재판예규(재민 81-15, 재일 2003-9)에 따라 검찰청을 통하여 압류명령이 송달되고 있다. 통상 압류명령을 송달받은 검찰청에서 그 압류명령서 등의 접수연월일, 시, 분을 전언통신으로 소관 공탁관에게 전화로 미리 알려주고 압류명령서 사본을 팩시밀리로 보낸 후 나중에 압류명령서 정본을 우편으로 송부하고 있다.

② 전언통신으로 압류사실을 통지받은 공탁관은 그 접수연월일, 시, 분을 공탁기록 표지와 전산시스템에 등록 후 검찰청으로부터 송부된 압류명령서 정본 등을 공탁기록에 편철하고 있다. 그런데 압류의 효력이 생기는 기준은 실제로 공탁관이 전언통신을 받거나 압류명령서를 송부받은 때가 아니라 압류명령이 검찰청에 송달된 때이므로 현실적으로 그 시간적 간격 사이에 압류사실을 모르는 공탁관이 지급 인가할 경우도 생길 수 있다는 문제점이 있다. 최소한 공탁관의 입장으로써는 검찰청으로부터 전언통신 등으로 압류사실을 통지받으면 지체하지 않고 전산시스템에 전언통신내역을 등록하는 등의 조치를 취하여야 할 것이다.

라. 압류명령의 효력

1) 압류의 효력발생

① 압류명령은 제3채무자인 국가(소관 공탁관)에게 송달된 때에 압류의 효력이 생긴다.

② 압류명령의 효력발생으로 집행채무자인 공탁자 또는 피공탁자는 공탁금 지급청구권의 추심 그 밖의 처분이 금지되며, 제3채무자인 국가(소관 공탁관)는 집행채무자에 대한 공탁금의 지급이 금지된다.

2) 본래의 채권이 압류금지채권인 경우

본래의 채권이 압류금지채권인 경우 예를 들면, 사용자가 퇴직한 직원의 퇴직금을 민법 제487조의 규정에 의하여 근로자의 수령거부 또는 수령불능을 원인으로 변제공탁한 경우 그 공탁금은 임금채권의 성질을 유지하고 있다고 보아야 한다(공탁선례 제2-89호). 따라서 압류금지채권인 본래의 채권과 공탁금 출급청구권은 동일한 채권이기 때문에 그 경우의 공탁금 출급청구권도 압류금지채권이다(공탁선례 제2-277호).

3) 이자에 미치는 범위

압류의 효력은 종된 권리에도 미치므로 공탁원금만을 명시하여 압류명령이 발해진 때에도 원칙적으로 압류의 효력발생 이후의 공탁금의 이자에 압류의 효력이 미치나, 압류의 효력발생 당시 이미 변제기가 도래한 공탁금의 이자에 대하여는 원본채권으로부터의 독립성이 있으므로 압류명령에 목적채권으로 명시된 경우에만 그 효력이 미친다고 할 것이다.

4) 압류가 실효된 경우

공탁금 지급청구권에 대한 압류명령의 신청이 취하되거나 압류명령을 취소하는 결정이 확정된 때에는 집행법원의 법원사무관 등은 압류명령을 송달받은 제3채무자인 국가(소관 공탁관)에게 그 사실을 통지하여야 한다(민사집행규칙 제160조 제1항 참조). 이 경우 공탁관은 공탁기록 표지에 통지받은 사실을 표시한 후 전산시스템에서 압류명령내역을 삭제하여 압류명령의 효력이 그대로 살아 있는 것처럼 취급되지 않도록 한다.

마. 압류에 따른 공탁관의 사유신고

① 공탁관은 공탁금 지급청구권에 대한 압류명령이 송달되더라도 압류의 경합이 성립하지 않은 경우에는 사유신고를 하지 아니한다(단, 가압류를 원인으로 공탁한 후 가압류가 본압류로 이전되는 경우에는 사유신고하여야 함).

② 하지만 공탁금 지급청구권에 대하여 채권자의 경합이 생기고 집행채권의 총액이 피압류채권(공탁금 지급청구권)의 총액을 초과하여 재판상 배당을 필요로 하는 경우 공탁관은 사유신고를 하여야 한다(행정예규 제1225호).

4. 추심명령

가. 의의

① 추심명령은 압류채권자가 대위절차(민법 제404조)를 요하지 않고 집행채무자에 대신하여 제3채무자로부터 직접 추심할 수 있는 권능을 부여하는 것으로써 공탁물 지급청구권도 추심명령의 대상이 됨은 물론이다.

② 전부명령은 압류된 채권을 지급에 갈음하여 채무자로부터 압류채권자에게 이전하는 것으로써 채권이 이전되면 그 현실적인 추심 여부와 관계없이 집행채권은 그 권면액만큼 소멸하지만 추심명령은 압류된 채권의 채권자의 지위에 변동을 가져오는 것이 아니고 채무자가 여전히 압류된 채권의 채권자로 남아있긴 하지만 압류채권자가 채무자 대신 압류된 채권의 추심권능을 취득하는 것이다. 이런 점에서 추심명령은 전부명령과는 달리 압류의 경합이 있어도 할 수 있다.

나. 추심명령의 효력

① 공탁물 지급청구권에 대한 추심명령은 제3채무자인 국가(소관 공탁관)에게 송달되었을 때에 그 효력이 생기므로 추심명령에 대하여 즉시항고가 제기되더라도 추심명령의 효력발생에는 아무런 영향을 미치지 아니한다.

② 금전채권에 대하여 압류 및 추심명령이 있었다고 하더라도 추심명령은 강제집행절차에서 압류채권자에게 채무자의 제3채무자에 대한 채권을 추심할 권능만을 부여하는 것으로써 강제집행절차의 환가처분의 실현행위에 지나지 않으며, 이로 인하여 채무자가 제3채무자에게 대하여 가지는 채권이 압류채권자에게 이전되거나 귀속되는 것은 아니다. 또한 추심권능은 그 자체로서 독립적으로 처분하여 환가할 수 있는 것이 아니어서 압류할 수 없는 성질의 것이므로 이러한 추심권능에 대한 가압류결정은 무효이다. 즉, 추심권능을 소송상 행사하여 승소확정판결을 받았다 하더라도 그 판결에 기하여 금원을 지급받는 것 역시 추심권능에 속하는 것이므로 이러한 판결에 기하여 지급받을 채권에 대한 가압류결정도 무효라고 보아야 한다(대판 1997.3.14. 96다54300).

③ 금전채권에 대한 가압류를 원인으로 한 제3채무자의 공탁(민사집행법 제291조, 제248조 제1항)이 있은 후 가압류채무자가 취득한 공탁금 출급청구권에 대하여 압류가 이루어져 압류의 경합이 성립하거나 가압류를 본압류로 이전하는 압류명령이 국가(소관 공탁관)에게 송달되면 민사집행법 제291조, 제248조 제1항에 따른 공탁은 민사집행법 제248조에 따른 집행공탁으로 바뀌게 되어 배당절차가 개시되므로 가압류채무자의 공탁금 출급청구권에 대하여 압류 및 추심명령을 받은 채권자는 더 이상 추심권능이 아닌 구체적으로 배당액을 수령할 권리, 즉 배당금채권을 가지게 된다(대판 2019.1.31, 2015다26009 참조).

④ 공탁금 출급청구권에 대하여 압류 및 추심명령이 발해진 경우에 그 명령에 공탁금의 이자채권에 대하여 언급이 없을 때에는 압류 전의 이자에 대한 추심권이 없고, 그 이자채권에 대하여 추심권을 행사하려면 별도의 압류 및 추심명령을 받아야 한다(공탁선례 제2-99호). 전부명령의 경우도 마찬가지이다.

다. 추심채권자의 추심권 행사

① 추심명령의 효력발생으로 추심채권자는 집행채무자인 공탁자 또는 피공탁자를 대신하여 자기 이름으로 제3채무자인 국가(소관 공탁관)에 대하여 추심에 필요한 일체의 권리를 행사할 수 있다. 추심채권자는 추심명령정본 및 그 송달증명서를 첨부하여 공탁관에게 공탁금의 지급을 청구할 수 있고, 확정증명서(추심명령은 제3채무자에게 송달됨으로써 효력이 발생하며, 즉시항고가 제기되더라도 추심명령의 효력에 영향이 없어 확정이라는 의미가 없다)나 공탁서·공탁통지서를 제출할 필요가 없다.

② 재판상 담보공탁의 회수청구권의 경우는 담보취소결정을 받아 이를 추심명령정본과 함께 공탁관에게 제출하여야 하고, 변제공탁의 출급청구권에 대하여 반대급부 등의 조건이 붙어 있는 경우에는 조건이 성취되지 아니한 추심채권자는 공탁금의 출급을 청구할 수 없다.

③ 추심채권자는 집행법원의 수권에 따라 일종의 추심기관으로서 제3채무자로부터 추심을 하는 것이므로 제3채무자로부터 압류된 채권을 추심하면 그 범위 내에서 피압류채권은 소멸한다. 따라서 제3채무자가 압류된 채권을 추심채권자에게 지급한 후에 추심채권자가 추심신고하기 전에 압류·가압류명령이 제3채무자에게 송달되었다고 하더라도 추심권자가 추심한 금원에 그 압류·가압류의 효력이 미친다고 볼 수 없고, 추심채권자에게 추심금을 공탁할 의무가 발생하지 않는다(대판 2005.1.13, 2003다29937).

④ 채권을 추심한 때에는 추심한 채권액을 법원에 신고하여야 하며, 추심채권자의 추심신고가 있으면 다른 채권자들에 의한 배당요구는 더 이상 허용되지 않는다(민사집행법 제247조 제1항 제2호). 따라서 추심신고가 있을 때까지 다른 채권자들의 배당요구가 없으면 추심채권자가 독점적으로 만족을 얻게 되어 추심신고를 하는 것이 유리하다.

⑤ 채권자가 추심의 신고를 하기 전에 다른 압류·가압류 또는 배당요구가 있었을 때에는 채권자는 추심한 금액을 바로 공탁하고 그 사유를 신고하여야 한다(민사집행법 제236조 제2항). 여기에서 '다른 압류'에는 체납처분에 의한 압류도 포함된다. 즉, 이미 체납처분에 의하여 압류된

채권에 대하여 민사집행절차에서 압류 및 추심명령을 받은 채권자가 제3채무자로부터 압류채권을 추심한 경우에는 민사집행법 제236조 제2항에 따라 공탁의무가 발생하게 되므로 추심한 금액을 바로 공탁하고 사유신고를 하여야 한다.

⑥ 압류 등의 경합이 있음에도 불구하고 추심을 완료한 채권자가 공탁의무를 이행하지 않을 경우에 다른 경합채권자는 추심채권자를 상대로 추심한 금원을 법원에 공탁하고 그 사유를 신고할 것을 구하는 소를 제기할 수 있다.

라. 추심권의 포기 등

① 추심채권자는 추심권을 포기할 수 있으며, 추심권의 포기는 집행법원에 서면으로 신고하여야 한다. 이 경우에 집행법원의 법원사무관 등은 추심포기서등본을 제3채무자와 채무자에게 송달하여야 한다.

② 추심권 포기의 경우에도 기본채권에는 영향이 없으며, 추심권뿐만 아니라 압류에 의한 권리 그 자체를 포기하기 위해서는 압류명령을 취하하여야 한다.

③ 추심명령 신청이 취하되거나 추심명령을 취소하는 결정이 확정된 때에는 집행법원의 법원사무관 등은 추심명령을 송달받은 제3채무자에게 그 사실을 통지하여야 한다.

④ 추심명령이 있은 후 강제집행의 일시정지를 명한 취지를 적은 재판의 정본(민사집행법 제49조 제2호)이 제출된 때에는 법원사무관 등은 압류채권자 및 제3채무자에 대하여 그 서류가 제출되었다는 사실과 서류의 요지 및 위 서류의 제출에 따른 집행정지가 효력을 잃기 전에는 압류채권자는 채권의 추심을 하여서는 아니 되고 제3채무자는 채권의 지급을 하여서는 아니 된다는 취지를 통지하여야 한다(민사집행규칙 제161조 제1항).

⑤ 한편 공탁금 회수청구권에 대하여 강제집행이 정지된 집행권원에 의한 채권압류 및 추심명령을 얻은 경우라도 강제집행정지결정정본이 집행법원에 제출되지 않은 이상 공탁관은 이를 알 수 없으므로 공탁금 회수청구권이 있음을 증명하는 서면을 첨부하여 공탁금 회수청구를 할 경우 공탁관은 인가할 수밖에 없을 것이다(공탁선례 제2-348호).

⑥ 이와 같이 추심권포기서등본을 송달받거나 취하 또는 취소결정의 통지, 강제집행의 일시정지를 명한 취지를 적은 재판의 정본이 제출되었다는 취지를 집행법원의 법원사무관 등으로부터 통지받은 공탁관은 공탁기록 표지에 통지받은 사실을 표시한 후 전산시스템에서 추심명령내역을 삭제하는 등 추심명령의 효력이 그대로 살아 있는 것처럼 취급되지 않도록 한다.

5. 전부명령

가. 의의

① 전부명령은 채무자가 제3채무자에 대하여 가지는 채권을 집행채권의 변제에 갈음하여 권면액으로 압류채권자에게 이전하는 것으로써 공탁금 지급청구권도 전부명령의 대상이 된다.

② 이와 같이 전부명령은 압류된 채권을 지급에 갈음하여 채무자로부터 압류채권자에게 이전하는 것으로써 채권이 이전되면 그 현실적인 추심 여부와 관계없이 집행채권은 그 권면액만큼 소멸

되어 채권자의 지위에 변동을 가져오므로 채무자가 여전히 압류된 채권의 채권자로 남아 있고 추심채권자가 채무자 대신 압류된 채권의 추심권능만을 취득하는 추심명령과는 구별된다.

나. 공탁물 지급청구권의 피전부적격

① 전부명령의 대상인 채권은 금전채권이어야 하므로 금전채권이 아닌 공탁유가증권 지급청구권에 대하여는 전부명령을 할 수 없다.

② 채권은 반드시 권면액을 가진 것이라야 한다는 것이 다수설이나, 판례와 실무는 장래의 채권, 조건부 채권, 반대급부에 걸린 채권에 관하여도 대체로 전부명령을 허용하고 있다.

1) 변제공탁

① 회수청구권

변제공탁으로 인하여 질권이나 저당권이 소멸한 경우가 아닌 한 채권자가 공탁을 승인하거나 공탁소에 대하여 공탁물을 받기를 통고하거나 공탁유효의 판결이 확정되기까지 공탁자는 공탁물을 회수할 수 있다. 이 경우의 공탁금 회수청구권은 즉시 행사할 수 있는 권리이므로 피전부적격이 있다.

② 출급청구권

반대급부 조건이 붙지 않는 변제공탁의 출급청구권은 즉시 행사할 수 있는 권리이므로 피전부적격이 있다. 또한 반대급부 조건이 붙은 변제공탁의 출급청구권도 반대급부이행을 증명하여야 이를 행사할 수 있으나, 집행채권자가 집행채무자(피공탁자)의 반대급부불이행으로 인한 불이익의 위험을 각오하고 독점적 지위를 얻는 것을 굳이 거부할 이유는 없으므로 피전부적격이 있다. 다만 민사집행법 제246조 제1항 제5호 소정의 압류금지채권인 근로자의 퇴직금 1/2 상당액을 근로자의 수령거절을 이유로 공탁한 때에는 근로자의 출급청구권도 압류금지채권이라 할 것이므로 그 출급청구권에 대한 압류 및 전부명령은 무효이다.

2) 담보공탁

담보공탁의 회수청구권은 공탁원인소멸을 정지조건으로 하는 권리로서 조건이 성취되기까지는 그 권리를 행사할 수 없으나, 담보권리자의 담보권 행사에 기한 전부명령 소급소멸의 위험을 각오하고 독점적 지위를 얻는 것을 굳이 거부할 이유는 없으므로 피전부적격이 있다.

3) 집행공탁의 출급청구권

① 집행법원이 배당이의 소송을 제기당한 채권자에 대한 배당액을 민사집행법 제160조 제1항에 의하여 공탁한 경우 집행공탁의 출급청구권은 그 존부 및 범위를 불확실하게 하는 요소를 내포하고 있는 장래의 채권이라고 하더라도 피전부적격이 있다.

② 전부명령이 확정되면 피압류채권은 제3채무자에게 송달된 때에 소급하여 집행채권의 범위 안에서 당연히 전부채권자에게 이전되고 동시에 집행채권 소멸의 효력이 발생한다. 이 점은 피압류채권의 존부 및 범위가 불확실한 요소를 내포하고 있는 장래의 채권인 경우에도 마찬가지이다.

CHAPTER 08 공탁금 지급청구권의 변동 **343**

③ 다만 장래의 채권에 대한 전부명령이 확정된 후에 피압류채권의 전부 또는 일부가 존재하지 아니한 것으로 밝혀졌다면 그 부분에 대한 전부명령의 실체적 효력은 소급하여 실효된다.

④ 집행공탁 중 가압류해방공탁은 출급청구권이 없고 회수청구권만 있는데, 회수청구권에 대하여는 가압류채권자의 가압류가 있는 것으로 보게 되므로 회수청구권에 대한 전부명령은 허용되지 않고, 따라서 그 회수청구권에 대하여 압류 및 전부명령이 송달된 경우에는 전부명령의 효력은 없으나 압류의 효력은 있기 때문에 공탁관은 가압류와 압류의 경합이 있는 것으로 보아 집행법원에 사유신고를 하여야 한다. 다만 '가압류에서 본압류로 이전'하는 압류 및 전부명령일 경우에는 압류경합이 아니라서 사유신고를 하지 않으며, 전부명령이 확정되면 전부채권자에게 공탁금을 지급하면 된다.

다. 전부명령의 효력

1) 전부명령 효력발생의 소급효

① 전부명령의 기본적인 효력은 피전부채권의 전부채권자에로의 이전(권리이전효과)과 그로 인한 집행채권의 소멸(변제효)이다.

② 이러한 효력은 전부명령의 확정 시, 즉 즉시항고가 제기되지 않는 경우에는 1주일의 즉시항고 기간이 경과한 때, 즉시항고가 제기된 경우에는 그 기각 또는 각하결정이 확정된 때에 발생하지만, 그 확정에 의하여 발생하는 효력은 전부명령이 제3채무자인 국가(소관 공탁관)에게 송달된 때로 소급한다. 따라서 전부명령이 제3채무자인 국가(소관 공탁관)에게 송달될 때까지 그 금전채권에 관하여 다른 채권자가 압류·가압류 또는 배당요구를 한 때에는 그 전부명령은 무효이지만(민사집행법 제229조 제5항), 압류명령 등이 전부명령의 송달 후에 있으면 비록 전부명령이 확정되기 전이었다 하더라도 전부명령의 효력에는 영향을 미치지 않는다.

2) 다른 절차와의 경합

① 앞에서 본 바와 같이 전부명령은 실질적으로 피압류채권을 압류채권자에게 이전시킴으로써 그에게 독점적인 만족을 주는 제도이므로 다른 채권자에 의한 압류나 가압류가 경합하거나 배당요구가 있을 경우에는 그러한 경합채권자를 배제하고 압류채권자에게만 독점적 만족을 주는 것은 채권자평등의 원칙에 어긋난다. 따라서 전부명령이 제3채무자에게 송달될 때까지 그 금전채권에 관하여 다른 채권자가 압류·가압류 또는 배당요구를 한 경우에는 전부명령은 효력을 가지지 않는다(민사집행법 제229조 제5항).

② 다만 동일한 채권에 대하여 중복하여 압류 등이 있다고 하더라도 그 압류 등의 효력이 미치는 범위가 채권의 각 일부에 국한되고, 이를 합산하더라도 총 채권액에 미치지 아니할 때에는 압류의 경합이 있다고는 할 수 없고, 이 경우에는 채권의 일부에 관하여 발령된 전부명령도 유효하다.

③ 이처럼 전부명령이 제3채무자에게 송달될 당시에 압류 등의 경합이 있으면 그 전부명령은 무효이고, 후에 경합된 압류나 가압류 또는 배당요구 등의 효력이 소멸하더라도 그 전부명령의 효력이 되살아나지 않음에 주의하여야 한다.

④ 채권가압류에 있어서 채권자가 채권가압류신청을 취하하면 채권가압류결정은 그로써 효력이 소멸되지만, 채권가압류결정정본이 제3채무자에게 이미 송달되어 채권가압류결정이 집행되었다면 그 취하통지서가 제3채무자에게 송달되었을 때에 비로소 그 가압류집행의 효력이 장래를 향하여 소멸된다. 이는 그 취하통지서가 제3채무자에게 송달되기 전에 제3채무자가 집행법원 법원사무관 등의 통지에 의하지 않은 다른 방법으로 압류신청 취하 사실을 알게 된 경우에도 마찬가지이다(대판 2008.1.17, 2007다73826). 따라서 취하통지서가 제3채무자인 국가(소관 공탁관)에 도달하기 전에 압류 및 전부명령이 먼저 도달한 경우 그 전부명령은 압류가 경합된 상태에서 발령된 것으로 무효이고, 한 번 무효로 된 전부명령은 일단 경합된 가압류 및 압류가 그 후 채권가압류의 집행해제로 경합상태를 벗어났다고 하여 되살아나는 것은 아니다.

⑤ 이와 같이 압류의 경합 등으로 인하여 전부명령이 무효가 되는 경우에 그 전부명령의 기초가 되었던 압류명령까지 무효가 되는 것은 아니므로 압류명령에 기초하여 추심명령을 얻을 수 있다.

3) 우선권 있는 질권 등 담보권 실행에 의한 전부명령

① 채권에 대한 담보권(질권 등)의 실행이나 물상대위권(민법 제342조 등)의 행사의 경우에는 채권에 대한 강제집행의 규정이 준용되므로 이러한 경우의 압류와 일반채권에 의한 강제집행에 기초한 압류와의 사이에도 형식면에서는 경합의 문제가 생길 수 있다. 그런데 민사집행법상 채권압류의 경합에 관한 규정들은 경합하는 집행채권자들이 평등한 관계가 있음을 전제로 하여 그들 사이의 이해관계를 조절하기 위한 것이므로 우선변제권이 있는 담보권리자가 민법에서 정한 바에 따라 물상대위권을 행사하기 위하여 피담보채권을 압류한 경우에는 채권압류의 경합에 관한 규정들이 적용될 수 없다(대판 2004.2.13, 2002다72712 참조). 판례는 재판상 담보공탁의 피공탁자인 담보권리자가 공탁금 회수청구권을 압류하고 추심명령이나 전부명령을 받은 후 담보취소결정을 받아 공탁금 회수청구를 하는 경우에도 그 담보공탁금의 피담보채권을 집행채권으로 하는 이상 그에 선행하는 일반채권자의 압류 및 추심명령이나 전부명령으로 대항할 수 없다고 하였다(대판 2004.11.26, 2003다19183).

② 주로 공탁 실무상 수용보상금 공탁에 대하여 수용대상토지의 근저당권자가 물상대위권을 행사하는 경우나 재판상 담보공탁의 피공탁자가 공탁자가 가지는 회수청구권에 대하여 담보권을 행사하는 경우에 발생될 수 있다.

4) 채권이전의 범위

① 전부명령에 의하여 피전부채권(공탁금 지급청구권)은 그 동일성을 유지하면서 전부채권자에게 이전된다.

② 피전부채권(공탁금 지급청구권)이 집행채권과 집행비용의 합산액보다 적으면 피전부채권 전액이 이전되지만, 피전부채권이 위 합산액보다 많으면 그 합산액을 한도로 이전된다.

③ 전부채권 이전의 효력은 종된 권리에도 미치므로 공탁원금만을 명시하여 전부명령이 발해진 때에도 전부명령의 효력발생 이후의 공탁금의 이자는 전부채권자에게 귀속한다.

5) 집행채무자에 대한 효력

① 집행채무자(공탁자 또는 피공탁자)는 피전부채권(공탁금 지급청구권)에 대한 청구권자의 지위를 상실한다.

② 가집행선고부 판결에 의한 채권압류 및 전부명령이 확정된 경우 그 가집행의 효력이 상소심의 판결에 의하여 소멸하기에 앞서 이미 집행절차가 완료된 경우에는 집행처분을 취소할 여지가 없으므로 이미 이루어진 집행처분의 효력(전부명령)은 아무런 영향을 받지 아니한다. 따라서 피전부채권 상실의 효과에는 변함이 없으나, 전부채권액에 상당하는 부당이득의 반환문제가 생긴다(대판 1993.1.15, 92다38812).

6) 제3채무자에 대한 효력

① 제3채무자인 국가(소관 공탁관)는 피전부채권(공탁금 지급청구권)이 존재하는 한 종전의 공탁자 또는 피공탁자(집행채무자)에게 부담했던 것과 동일한 채무를 전부채권자에게 부담한다.

② 전부명령이 제3채무자인 공탁관에게 송달된 후에 압류, 가압류, 체납처분에 의한 압류 등이 있어도 그 후 확정된 전부명령에 대항할 수 없으므로 나중에 전부명령이 확정되었다면 공탁관은 확정증명을 첨부한 전부채권자에게 지급청구를 인가하여야 한다.

③ 전부명령이 그 방식에 있어 적법한 이상, 그 내용이 위법 무효라 하더라도 그것이 발령되어 채무자와 제3채무자에게 송달되어 확정되면 강제집행종료의 효력을 가지므로 형식적 심사권밖에 없는 공탁관으로서는 그 전부명령의 유·무효를 심사할 수는 없고, 따라서 공탁물 회수청구권에 대하여 압류 및 전부명령을 송달받은 공탁관이 공탁자의 공탁금 회수청구를 불수리한 처분은 정당하다(대결 1983.3.25, 82마733).

④ 그리고 전부명령의 효력에 의문이 있는 때에는 전부채권자의 공탁금 지급청구도 불수리하여야 할 것이다(공탁선례 제2-89호). 민사집행법 제246조 제1항 제4호의 압류금지채권인 급여채권의 2분의 1 상당액을 변제공탁한 경우 위 변제공탁금 출급청구권은 급여채권의 성질을 유지하고 있으므로 이에 대한 압류 및 전부명령은 무효이다.

⑤ 장래의 불확정채권에 대하여 수 개의 전부명령이 존재하고, 그 후 확정된 피압류채권액이 각 전부금액의 합계액에 미달하는 경우에도 각 전부명령은 그 송달 당시 압류의 경합이 없다면 유효하다. 이 경우 각 전부채권자는 확정된 피압류채권액의 범위 안에서 자신의 전부금액 전액의 지급을 제3채무자에 대하여 구할 수 있고, 제3채무자는 전부채권자 중 누구에게라도 그 채무를 변제하면 다른 채권자에 대한 관계에서도 유효하게 면책되며, 한편 제3채무자는 이중지급의 위험이 있을 수 있으므로 상대적 불확지 변제공탁을 함으로써 법률관계의 불안으로부터 벗어날 수 있지만(대판 1998.8.21, 98다15439 참조), 제3채무자가 전부명령의 확정 여부를 알 수 없다면 압류경합을 이유로 민사집행법 제248조 제1항에 따른 집행공탁을 할 수 있다.

라. 전부채권자의 권리행사

① 전부명령의 효력에 따라 피전부채권이 전부채권자에게로 이전되고 민법상 채권양도와 마찬가지로 전부채권자는 피전부채권의 채권자로서 지위를 승계하므로 전부채권자는 원래의 채권자인 집행채무자를 갈음하여 그의 채권을 취득하며 자기의 채권으로 이를 자유롭게 처분할 수 있고, 따라서 이를 추심하거나 양도·포기하는 등의 일체의 행위를 할 수 있다.

② 또한 전부채권자는 공탁자 또는 피공탁자를 갈음하여 공탁금의 지급을 청구할 수 있고, 재판상 담보공탁의 회수청구권에 대해 전부명령을 얻은 전부채권자는 담보취소신청권도 있다.

③ 전부명령은 확정되어야 효력을 발생하므로 전부채권자의 지위에서 권리를 행사할 때에는 확정증명서가 필요하다.

마. 전부명령의 취하, 취소

① 전부명령이 제3채무자인 국가(소관 공탁관)에게 송달된 뒤에는 제3자는 배당요구를 하지 못하므로(민사집행법 제247조 제2항) 전부명령이 확정되었을 경우에는 전부명령의 송달 이후에 한 배당요구의 효력은 없어지게 되고, 다만 전부명령이 즉시항고 등에 의하여 취소되면 배당요구의 효력이 살아난다.

② 전부명령이 취하되거나 취소하는 결정이 확정된 때에는 집행법원의 법원사무관 등은 전부명령을 송달받은 제3채무자에게 그 사실을 통지하여야 한다. 이와 같은 취하서 등을 통지받은 공탁관은 추심명령의 경우와 마찬가지로 공탁기록 표지에 통지받은 사실을 표시한 후 공탁원장파일에서 전부명령내역을 삭제하여 전부명령의 효력이 그대로 살아 있는 것처럼 취급되지 않도록 한다.

6. 가압류 및 가처분

가. 의의

① 가압류는 금전이나 금전으로 환산할 수 있는 채권의 집행을 보전할 목적으로 미리 채무자의 재산을 동결시켜 채무자로부터 그 재산의 처분 등을 잠정적으로 빼앗는 보전절차이다.

② 가처분에는 계쟁물에 관한 가처분과 임시의 지위를 정하는 가처분이 있으며, 다툼의 대상에 관한 가처분은 금전 이외의 물건이나 권리(공탁금 지급청구권 등)를 대상으로 하는 청구권을 가지고 있을 때 그 강제집행 시까지 다툼의 대상(계쟁물)이 처분·멸실되는 등 법률적·사실적 변경이 생기는 것을 방지하고자 다툼의 대상의 현상을 동결시키는 보전처분이다.

③ 금전채권에 관하여는 가압류만이 허용되고 계쟁물에 관한 가처분은 원칙적으로 허용되지 않으나, 예외적으로 가처분채무자에 대하여 직접 금원의 지급을 구하는 것이 아니라 가처분채무자가 제3자에 대하여 가지고 있다고 주장하는 금전채권의 귀속을 가처분채권자가 다투면서 가처분채무자의 제3자에 대한 금전채권의 처분금지, 변제수령금지 등의 가처분을 구하는 것은 허용된다.

④ 공탁금 지급청구권도 가압류나 가처분의 대상이 됨은 당연하다. 특히 공탁금 지급청구권에 대한 가처분은 통상 제3채무자인 국가(소관 공탁관)에 대하여 채무자가 갖는 공탁금 지급청구권의 귀속에 대하여 다툼이 있는 경우에 공탁물 지급청구권의 추심 및 처분을 금하기 위하여 이루어진다. 예컨대 피공탁자 A가 출급청구권을 C에게 양도한다는 내용의 양도통지서가 채무자인 국가(소관 공탁관)에게 도달되었는데 그 이후에 양도인 A가 양도의 무효를 주장하는 경우 양도인 A는 양수인 C를 가처분채무자로 하고 국가(소관 공탁관)를 제3채무자로 하여 출급청구권의 추심 등을 금하는 처분금지가처분을 신청할 수 있을 것이다.

⑤ 한편 채권자가 사해행위취소에 따른 원상회복청구권을 피보전권리로 하여 공탁금 지급청구권에 대하여 가처분을 하는 경우는 가처분채무자를 상대로 채권의 귀속을 다투는 때에 해당하지 않는다(공탁선례 제201010-2호 참조).

나. 가압류 및 가처분의 효력

① 공탁금 지급청구권에 대한 가압류 및 가처분명령은 제3채무자인 국가(소관 공탁관)에게 송달되었을 때에 그 효력이 생긴다. 가압류명령 또는 가처분명령의 효력이 생기면 제3채무자는 가압류 또는 가처분채무자에 대한 공탁금의 지급이 금지되고, 그 지급금지의 반사적 효과로써 가압류 또는 가처분채무자는 공탁금의 추심 기타 일체의 처분행위가 금지된다.

② 가압류신청 채권자가 가압류신청을 취하하면 가압류결정은 그로써 효력이 소멸되지만 가압류결정정본이 제3채무자인 국가(소관 공탁관)에게 송달되어 집행되었다면 그 가압류 취하통지서가 제3채무자에게 송달되었을 때 비로소 가압류집행의 효력이 장래를 향하여 소멸된다. 가압류 취하통지서가 제3채무자에게 송달되기 전에 제3채무자가 집행법원 법원사무관 등의 통지에 의하지 아니한 다른 방법으로 가압류신청 취하사실을 알게 되었더라도 가압류집행의 효력이 소멸되는 것은 아니다. 만약 제3채무자의 주관적 인식이나 가압류당사자들의 특수한 사정에 따라 채권가압류집행의 효력 소멸 여부를 달리 판단한다면 이해관계 있는 제3자의 이익 보호나 법적 안정성을 도모할 수 없기 때문이다(대판 2008.1.17, 2007다73826).

③ 피공탁자들의 공탁금 출급청구권에 대하여 처분금지가처분 결정을 받고 그 결정문이 국가(소관 공탁관)에게 송달된 후 그 본안소송에서 위 가처분권리자가 패소확정판결을 받았다면 피공탁자들은 공탁금 출급청구권에 대한 위 가처분결정의 효력이 소멸되었음을 증명하는 서면을 첨부하여 공탁금 출급청구를 할 수 있다(공탁선례 제2-349호).

7. 체납처분에 의한 압류

가. 의의

① 체납처분에 의한 압류라 함은 납세자가 임의로 납세의무를 이행하지 않는 경우에 조세채권의 강제적 실현을 위해 납세자의 채권에 대하여 법률상, 사실상의 처분을 금하고 그것을 환가할 수 있는 상태로 두기 위한 강제행위를 말한다.

② 체납처분은 협의의 체납처분과 교부청구 및 참가압류로 나눌 수 있는데, 협의의 체납처분은 국가 또는 지방자치단체가 납세자의 재산을 압류하고 그것으로부터 조세채권의 만족을 얻는 절차로서 재산압류, 압류재산의 매각, 매각대금의 충당배분으로 이루어진다.

③ 공탁물 지급청구권도 일반채권과 같이 체납처분의 대상이 되고 그 효과도 일반채권과 동일하다. 국세, 지방세 이외에도 국민건강보험법, 국민연금법 등의 특별법에 의해 건강보험료, 연금보험료 등의 징수에도 체납처분을 할 수 있다.

나. 체납처분에 의한 압류의 효력

1) 개설

① 세무서장 또는 지방자치단체의 장이 공탁물 지급청구권을 압류한 때에는 그 뜻을 채무자(체납자의 채무자인 제3채무자)에게 통지하여야 한다. 공탁물 지급청구권에 대한 체납처분에 의한 압류의 효력은 채권압류통지서가 제3채무자인 국가(소관 공탁관)에게 송달된 때에 발생한다(국세징수법 제52조 제1항, 지방세징수법 제52조).

② 공탁물 지급청구권에 대한 체납처분에 의한 압류는 일반 민사집행법상의 압류와 마찬가지로 제3채무자인 국가(소관 공탁관)에게 체납자(공탁자 또는 피공탁자)에 대한 공탁물의 지급을 금지시키고 체납자에게는 공탁물 지급청구권의 처분 및 공탁금 수령을 금지시키는 효력이 있음은 물론, 국가(세무서장) 또는 지방자치단체의 장이 체납자에 대위하여 공탁물의 지급을 청구할 수 있는 효력이 있다.

③ 체납처분에 의한 압류의 효력이 발생하면 세무서장 또는 지방자치단체의 장은 국세 또는 지방세, 가산금과 체납처분비를 한도로 하여 피압류채권의 채권자인 체납자를 대위한다(국세징수법 제52조 제2항, 지방세징수법 제51조 제2항). 여기서 대위라 함은 세무서장이 공탁물 지급청구권의 추심권을 취득한다는 의미로 해석할 수 있을 것이므로 제3채무자인 공탁관은 이행기가 도래한 때에 대위채권자인 세무서장 또는 지방자치단체의 장에게 공탁금을 지급할 의무가 생긴다. 국세징수법 제31조 제2항 또는 지방세징수법 제33조 제2항에 의하여 국세 또는 지방세 확정 전의 압류로써 채권을 압류한 경우에는 국세 또는 지방세가 확정되었을 때 국가 또는 지방자치단체가 피압류채권에 대하여 추심권을 취득한다(대판 1997.4.22, 95다41611 참조).

2) 체납처분에 의한 압류의 효력 범위

① 강제집행압류에 있어서는 채권의 일부가 압류된 뒤에 그 나머지 부분을 초과하여 다시 압류명령이 내려진 때에는 각 압류의 효력은 그 채권의 전부에 미치나(민사집행법 제235조 제1항), 체납처분압류에 있어서는 피압류채권의 일부를 특정하여 압류한 경우 그 특정한 채권 부분에 한하여 압류의 효력이 미치는 것이며, 그 후 강제집행에 의한 압류가 있고 그 압류된 금액의 합계가 피압류채권의 총액을 초과한다고 하더라도 우선권 있는 채권에 기한 체납처분의 압류의 효력이 피압류채권 전액으로 확장되지 아니한다.

② 따라서 체납처분에 의한 압류 후에 전부명령이 발령된 경우에는 체납처분에 의한 압류가 미치는 범위를 제외한 나머지 부분에 대하여는 전부명령의 효력이 있다(대판 1991.10.11, 91다12233).

③ 또한 체납처분압류의 효력은 압류재산에서 생기는 법정과실에도 미치므로 체납처분압류의 통지를 받은 날 이후의 공탁금의 이자에 대하여도 그 효력이 있다.

3) 선행가압류와 체납처분압류의 효력

① 공탁물 지급청구권에 대한 선행가압류가 있는 경우에도 이후 체납처분압류가 있고 추심권을 갖는 체납처분권자의 지급청구가 있으면 공탁관은 공탁물을 지급하여야 한다.

② 채권가압류를 원인으로 민사집행법 제291조 및 제248조 제1항에 따라 집행공탁한 후 피공탁자(가압류채무자)에 대한 체납처분에 의한 압류통지가 이루어진 경우에도 체납처분에 의한 압류채권자의 추심청구를 공탁관은 거절할 수 없다. 위의 채권가압류가 근로기준법에 의한 우선변제권을 가지는 임금 등의 채권에 기한 것이라 하더라도 마찬가지이다(공탁선례 제2-351호).

③ 체납처분에 의한 압류채권자가 제3채무자에게서 압류채권을 추심하면 국세징수법에 따른 배분절차를 진행하여야 하고, 가압류채권자는 그 절차에서 피보전권리의 우선순위에 따라 배분을 받을 수 있다(대판 2015.7.9, 2013다60982, 국세징수법 제76조 제1항 제6호 참조).

④ 현행 예규에서도 가압류와 체납처분에 의한 압류가 있는 경우(그 선후를 불문한다)에는 사유신고의 대상이 되지 않는다고 하고 있다(행정예규 제1225호).

4) 선행가처분과 체납처분압류의 효력

선행가처분이 있는 경우에는 이후 가처분채권자가 본안소송에서 승소판결을 받아 확정이 되면 그 피보전권리의 범위 내에서 가처분위반행위가 체납처분에 기한 것이라 하여 달리 볼 것이 아니므로 체납처분압류에 의한 세무서장 또는 지방자치단체의 장의 지급청구가 있으면 공탁관은 이를 불수리하여야 할 것이다(대결 1993.2.19, 92마903 숙솜 참조).

5) 선행압류와 체납처분의 효력

① 체납처분에 의하여 압류된 채권에 대하여도 민사집행법에 따라 압류 및 추심명령을 할 수 있고, 그 반대로 민사집행법에 따른 압류 및 추심명령의 대상이 된 채권에 대하여도 체납처분에 의한 압류를 할 수 있으므로 공탁금 지급청구권에 대하여 민사집행법에 따른 압류와 체납처분에 의한 압류가 있고(선후 불문) 그 압류금액의 총액이 피압류채권액을 초과하는 경우에는 공탁관은 집행법원에 사유신고를 하여야 한다(행정예규 제1060호, 제1225호).

② 피압류채권의 일부에 대하여 체납처분에 의한 압류가 있은 후 그 나머지 부분을 초과하여 민사집행법에 따른 압류 및 전부명령이 있는 경우에 체납처분에 의한 압류는 민사집행법 제229조 제5항의 '다른 채권자의 압류'에 해당되므로 그러한 전부명령은 압류가 중첩되는 부분에 관해서는 무효이지만, 체납처분에 의한 압류의 효력이 피압류채권의 전액으로 확장되는 것은 아니어서 나머지 부분에 관해서는 유효하다(대판 2015.8.27, 2013다203833 참조).

다. 체납처분권자의 공탁물 지급청구절차

① 체납처분압류 후 세무서장 또는 지방자치단체의 장이 공탁금의 지급을 청구하는 경우에도 공
    탁법이 정하는 첨부서류와 절차에 의하여야 한다. 따라서 소유권이전등기에 필요한 일체의 서
    류 교부를 반대급부 조건으로 한 변제공탁의 출급청구권에 대해 체납처분에 의한 압류를 한
    경우에 세무서장 또는 지방자치단체의 장은 반대급부이행 증명서면을 첨부하여야만 공탁금의
    출급청구를 할 수 있을 것이다.
② 체납처분압류에 의한 출급 또는 회수청구시 공탁통지서나 공탁서는 첨부할 필요가 없다.

8. 도산절차와의 관계

가. 파산·면책절차에서의 처분

① 파산채권에 기하여 파산재단에 속하는 재산에 대하여 한 강제집행, 가압류 또는 가처분은 파
    산선고로 인하여 파산재단에 대하여는 그 효력을 잃는다. 또한 면책신청이 있고 파산폐지결정
    의 확정 또는 파산종결결정이 있는 때에는 면책신청에 관한 재판이 확정될 때까지 채무자의
    재산에 대하여 강제집행 등은 금지 또는 중지되고, 면책결정이 확정된 때에는 면책절차 중에
    중지된 강제집행 등은 그 효력을 잃는다(채무자회생법 제557조).
② 국세징수법 또는 지방세징수법에 의하여 징수할 수 있는 청구권(국세징수의 예에 의하여 징수
    할 수 있는 청구권으로서 그 징수우선순위가 일반 파산채권보다 우선하는 것 포함)에 기해 파
    산선고 전에 착수한 체납처분은 파산선고와 무관하게 속행하여 파산절차에 의하지 아니하고
    채권을 변제받을 수 있다(채무자회생법 제349조 제1항, 대판 2003.8.22, 2003다3768).

나. 회생절차에서의 처분

① 회생절차의 개시결정이 있으면 회생채권 또는 회생담보권에 기하여 채무자의 재산에 대한 강
    제집행 등이 금지 또는 중지되고, 회생계획 인가결정이 있으면 중지된 강제집행 등은 그 효력
    을 잃는다.
② 하지만 회생채권 또는 회생담보권이 아닌 근로자의 임금 등 공익채권(채무자회생법 제179조
    제1항 각 호)에 기한 강제집행 또는 가압류는 회생에 현저한 지장을 초래한다는 등의 사정이
    없는 한 원칙적으로 회생절차에 영향을 받지 않는다(채무자회생법 제180조).

다. 개인회생절차에서의 처분

① 개인회생절차가 개시되면 개인회생채권목록에 기재된 개인회생채권에 기해 채무자 재산에 대
    하여 강제집행이나 체납처분 등이 금지 또는 중지되고(채무자회생법 제600조 제1항), 변제계
    획인가결정이 있으면 중지한 강제집행 등은 변제계획 또는 변제계획인가결정에서 다르게 정한
    경우를 제외하고는 그 효력을 잃는다(채무자회생법 제615조 제3항).
② 그러나 담보권실행을 위한 경매절차는 오히려 인가의 효력에 의하여 속행할 수 있게 되고(채
    무자회생법 제600조 제2항), 체납처분은 인가결정이 있더라도 실효되지 않는다(채무자회생법

제615조 제3항). 따라서 채무자가 변제계획에 따라 조세채무를 변제하지 않아서 개인회생절차가 폐지될 경우 체납처분의 속행이 가능하게 된다.

04 절 공탁물 출급청구권에 대한 처분의 경합

1. 의의

① 공탁이 성립된 후 공탁물의 지급에 의하여 공탁관계가 종료하기까지 공탁물 지급청구권은 변동될 수 있는데, 그 권리변동에 경합이 있는 때에는 공탁소에 대한 통지의 도달 또는 송달의 선후에 의하여 그 우열이 결정된다.

② 공탁물 지급청구권이 이중으로 양도된 경우 양수인 상호 간의 우열은 통지 또는 승낙에 붙여진 확정일자의 선후에 의하여 결정할 것이 아니라 채권양도에 대한 채무자의 인식, 즉 확정일자 있는 양도통지가 채무자인 국가(소관 공탁관)에게 도달한 일시의 선후에 의하여 결정하여야 하며, 양수인과 (가)압류 명령을 집행한 자 사이의 우열도 확정일자 있는 양도통지와 (가)압류결정정본의 도달의 선후에 의하여 결정하여야 한다.

③ 양도통지와 가압류결정정본이 같은 날 도달되었는데 그 선후관계에 대하여 달리 입증이 없으면 동시에 도달된 것으로 추정한다(대판 1994.4.26, 93다24223).

2. 처분경합의 유형

가. 양도와 타처분

1) 양도와 양도

① 유효한 양도통지서가 접수된 이후에 다시 송달된 이중의 양도는 효력이 없다.

② 이중으로 양도된 양도통지서를 공탁관이 동시에 접수한 경우에는 확정판결 등 정당한 양수인임을 확인할 수 있는 서면을 첨부하여 청구한 자에 한하여 지급을 인가하여야 할 것이다.

2) 양도와 압류·전부명령

① 양도 후에 압류 및 전부명령이 있는 경우에는 그 압류 및 전부명령은 타인의 권리에 대해서 행해진 것으로 무효이다.

② 또한 전부명령 송달 당시에 이미 제3자에 대한 대항요건을 갖추어 양도되었다가 위 전부명령 송달 후에 위 채권양도계약이 해제되어 동 채권이 원채권자에게 복귀하였다고 하여도 동 채권은 위 압류채권자에게 전부되지 않는다(대판 1981.9.22, 80누484).

③ 그러나 양도통지와 압류 및 전부명령이 동시에 도달된 경우에는 위와 같이 이중양도통지의 동시도달의 경우에 준하여 처리한다.

3) 양도와 압류 · 추심명령

선행하는 채권양도가 유효하다면 후행하는 압류 및 추심명령은 효력을 발생할 수 없다.

4) 양도와 가압류

① 채권이 양도되고 가압류도 된 경우 확정일자 있는 채권양도통지와 가압류결정정본의 국가(소관 공탁관)에 대한 도달의 선후에 의하여 그 우열을 결정하여야 한다.

② 동일한 공탁금 지급청구권에 관하여 가압류명령과 확정일자 있는 양도통지가 동시에 국가(소관 공탁관)에게 도달한 경우 채권양수인은 그 후에 압류나 가압류를 한 다른 채권자에 대해서는 이미 채권이 전부 양도되었음을 주장하여 대항할 수 있으므로 그러한 후행 압류권자 등은 더 이상 공탁금 지급청구권에 관한 집행절차에 참가할 수 없다(대판 2013.4.26, 2009다89436 참조).

나. 질권과 타처분

1) 질권과 질권

수 개의 질권이 경합했을 때 그 우열은 대항요건 구비의 전후에 의한다.

2) 질권과 압류 · 전부명령

입질된 채권에 대한 전부명령은 질권자가 질권을 실행하고, 질권자의 채권액을 공제한 후 잔존금액이 존재하지 않는다면 그 효력이 발생하지 않는다(대판 1987.5.26, 86다카1058).

다. 가압류와 타처분

1) 가압류와 가압류

채권에 대하여 이중의 가압류도 가능하며 양 가압류 사이에는 우열이 없다. 양 가압류가 모두 본집행으로 이행하면 안분배당이 행해지고, 그중 일방이 본집행으로 이행되면 타방은 배당요구채권자와 마찬가지로 취급된다.

2) 가압류와 압류

보전처분인 가압류와 본집행인 압류와는 저촉의 문제가 생기지 아니하며, 가압류한 후에도 제3자는 다시 압류할 수 있다. 이 경우 가압류는 배당요구를 한 것과 마찬가지로 취급된다.

3) 가압류와 전부명령

전부명령이 제3채무자에게 송달될 때까지 그 금전채권에 관하여 다른 채권자가 압류 · 가압류 또는 배당요구를 한 경우에는 전부명령은 효력을 가지지 않으므로(민사집행법 제229조 제5항) 가압류된 지급청구권에 대하여 다른 채권자가 압류 및 전부명령을 얻거나 가압류와 압류가 경합하고 있는 때에 압류채권자가 전부명령을 얻었을 경우에는 압류명령은 유효하나 전부명령은 무효이며, 후일 가압류가 해제되더라도 전부명령의 효력이 되살아나는 것은 아니다.

4) 가압류와 추심명령

가압류된 채권에 대하여 압류 및 추심명령이 있거나 또는 가압류와 압류가 경합하고 있는 때에 압류채권자가 추심명령을 얻었을 경우에는 그 추심명령은 유효하므로 추심채권자는 동 채권의 추심을 할 수 있으나, 가압류가 있으므로 추심채권자는 추심한 금액을 지체 없이 공탁하고 그 사유를 신고하여야 한다(민사집행법 제236조 제2항).

5) 가압류와 가처분

공탁금 출급청구권에 대하여 처분금지가처분결정과 위 가처분채무자에 대하여 가지는 조세채권에 기한 체납처분에 의한 압류통지가 순차적으로 제3채무자 국가(소관 공탁관)에게 송달된 후 위 가처분채권자가 본안소송에서 승소하여 확정된 사안에서, 판례는 "가처분결정의 송달 이후에 실시된 가압류 등의 보전처분 또는 그에 기한 강제집행은 가처분의 처분금지 효력에 반하는 범위 내에서는 가처분채권자에게 대항할 수 없다"고 판시한 바 있다(대판 2014.6.26, 2012다116260).

라. 압류와 타처분

1) 압류와 가압류

압류된 공탁물 지급청구권에 대하여 민사집행법 제247조의 배당요구 시기까지는 가압류를 할 수 있다. 이 경우 가압류는 배당요구를 한 것과 같은 효력이 있다.

2) 압류와 압류

민사집행법은 동일채권에 대한 이중압류를 금지하는 규정이 없으므로 압류된 공탁물 지급청구권에 대한 이중의 압류도 허용된다. 일방의 압류는 타방의 압류에 대하여 배당요구의 효력을 가진다.

3) 압류와 전부명령

압류된 공탁금 지급청구권에 대하여 다른 채권자가 압류 및 전부명령을 얻은 경우 전부명령은 무효이나, 압류명령까지 무효인 것은 아니므로 두 개의 압류가 경합하게 된다.

4) 압류와 추심명령

공탁금 지급청구권에 대하여 압류와 추심명령이 송달되어 압류의 경합이 있는 때에는 공탁관은 추심채권자에게 지급할 수 없고 반드시 공탁사유신고를 하여야 한다.

5) 압류와 체납처분

① 체납처분에 의한 채권압류가 선행하는 경우에도 민사집행법상의 채권압류 및 추심명령은 가능하다. 그러나 전부명령은 그렇지 않다. 공탁금 지급청구권의 일부에 대하여 체납처분에 의한 압류가 있은 후 그 나머지 부분을 초과하여 민사집행법에 따른 압류 및 전부명령이 있는 경우에 체납처분에 의한 압류는 민사집행법 제229조 제5항의 '다른 채권자의 압류'에 해당되므로 그러한 전부명령은 압류가 중첩되는 부분에 관해서는 무효이지만, 체납처분에 의한 압류의 효력이 피압류채권의 전액으로 확장되는 것은 아니어서 나머지 부분에 관해서는 유효하다(대판 2015.8.27, 2013다203833).

② 한편 토지수용보상금채권에 대하여 근저당권에 기한 물상대위에 의한 압류 및 전부명령과 조세채권에 기한 체납처분에 의한 압류통지가 제3채무자에게 동시에 도달되었다고 하더라도 근저당권 설정등기일이 조세채권의 법정기일보다 앞서는 경우 위 압류 및 전부명령은 실질적인 압류경합이 없는 상태에서 이루어진 것으로써 적법·유효하므로 토지수용보상금채권은 전부권자에게 적법하게 이전되었다고 봄이 상당하다(대판 2003.11.14, 2003다23717 참조).

③ 공탁금 지급청구권에 대하여 민사집행법에 따른 압류 및 추심명령과 체납처분에 의한 압류가 있고(선후 불문) 그 압류금액의 총액이 피압류채권액을 초과하는 경우에는 추심채권자나 체납처분에 의한 압류채권자에게 지급할 수 없고 공탁관은 집행법원에 사유신고를 하여야 한다(행정예규 제1225호 참조).

④ 또한 민사집행법상의 채권압류가 선행하는 경우에는 세무서장 또는 지방자치단체의 장은 집행법원에 대하여 국세 또는 지방세·가산금과 체납처분비의 교부청구를 하거나(국세징수법 제59조, 지방세징수법 제66조) 교부청구에 갈음하여 참가압류통지서를 집행법원에 송달함으로써 참가압류를 할 수도 있다(국세징수법 제61조, 지방세징수법 제67조). 이러한 교부청구나 참가압류는 민사집행법상 배당요구와 같은 효력을 가진다(대판 1994.3.22, 93다19276). 체납처분에 의하여 선행압류가 되어 있는 공탁금 지급청구권에 체납처분을 하고자 하는 자는 교부청구 또는 참가압류의 방식으로 선행의 체납처분 절차에 참가할 수 있을 뿐이고, 이중으로 압류하였다고 하더라도 이는 교부청구 또는 참가압류의 효력밖에는 없다(대판 2008.10.23, 2008다47732 참조).

6) 압류와 양도

압류 후의 채권양도는 압류채권자와의 관계에서는 상대적 무효이나, 그 밖의 이해관계인에 대하여는 유효하고 압류가 해제되면 양도가 유효하다.

7) 압류와 가처분

채권압류의 효력발생 후에 동일채권에 다시 제3자가 처분금지가처분을 했다 하더라도 선행의 압류채권자에 대항하지 못한다. 따라서 이 경우에 압류채권자가 얻은 전부명령은 유효하다. 선행압류의 효력이 우선하므로 그것을 해치지 않는 한도 내에서 후행 가처분의 효력이 있다.

마. 추심명령과 타처분

1) 추심명령과 가압류·압류

추심명령은 단순히 추심권의 부여일 뿐이므로 집행법원에 추심신고를 하기 전에는 가압류·압류 등을 할 수 있다. 압류 및 추심명령과 가압류·압류는 경합하게 되면 가압류·압류는 배당요구의 효력이 있다.

2) 추심명령과 추심명령

여러 개의 추심명령이 송달되어 압류의 경합이 있는 경우 일반 제3채무자는 추심채권자 중 1인에게 지급하든가 공탁하면 되지만, 공탁관은 반드시 사유신고를 하여야 한다.

3) 추심명령과 전부명령

압류 및 추심명령이 있는 채권에 대하여 압류 및 전부명령이 있는 경우 그 전부채권이 우선권이 있는 채권(질권, 저당권 등 담보권)이 아닌 한 전부명령은 무효이다. 다만 압류의 효력까지 소멸하는 것은 아니다.

바. 전부명령과 타처분

1) 전부명령과 전부명령

① 제1의 압류 및 전부명령이 국가(공탁관)에게 송달된 다음 제2의 압류 및 전부명령이 송달되고 그 후 먼저 송달된 전부명령이 확정되면 그 전부명령이 우선하게 되므로 제2의 압류 및 전부명령은 그 효력을 잃게 된다. 이는 채무변제의 효력이 소급하여 발생하는 결과이다. 그러나 공탁관으로서는 제1의 압류 및 전부채권자가 확정증명서를 제출하여 공탁금이 출급되기 전에는 전부명령의 확정 여부를 알 수 없으므로 일단 압류가 경합된 것으로 보고 법원에 사유신고를 할 수밖에 없을 것이다.

② 동일한 채권에 대하여 두 개 이상의 채권압류 및 전부명령이 발령되어 제3채무자에게 동시에 송달된 경우 해당 전부명령이 채권압류가 경합된 상태에서 발령된 것으로서 무효인지의 여부는 그 각 채권압류명령의 압류액을 합한 금액이 피압류채권액을 초과하는지를 기준으로 판단하여야 한다(대판 2002.7.26, 2001다68839).

2) 전부명령과 양도

전부명령 후에 채권양도가 있는 경우는 전부명령이 우선한다.

보관·몰취공탁 등

01 절 보관공탁

1. 의의

보관공탁이란 목적물 그 자체의 보관을 위한 공탁이다. 변제공탁, 담보공탁, 집행공탁은 궁극적으로 청구권의 만족을 위한 제도이나, 보관공탁은 그와 같은 목적이 없고 단순히 목적물 자체의 보관을 위한 공탁으로서 피공탁자가 원시적으로 존재하지 아니하므로 공탁물 출급청구권은 없고, 회수청구권만 존재한다. 순수한 보관만을 목적으로 하는 보관공탁을 형식적 공탁이라 하고, 변제공탁이나 담보공탁과 같이 보관 이상의 법률적 효과를 달성하기 위하여 하는 공탁을 실질적 공탁이라고 구분하기도 한다.

2. 보관공탁의 종류

1) 상법 제491조 제4항에 의한 보관공탁

① 사채권자집회는 상법에서 규정하고 있는 사항 및 사채권자의 이해관계가 있는 사항에 관하여 결의를 할 수 있다(상법 제490조). 이 사채권자집회는 사채를 발행한 회사 또는 사채관리회사가 소집해야 하고(상법 제491조 제1항), 처음부터 사채권자가 직접 소집할 수는 없다.

② 사채의 종류별로 해당 종류의 사채 총액(상환받은 액은 제외한다)의 10분의 1 이상에 해당하는 사채를 가진 사채권자는 회의 목적인 사항과 소집 이유를 적은 서면 또는 전자문서를 사채를 발행한 회사 또는 사채관리회사에 제출하여 사채권자집회의 소집을 청구할 수 있다. 이때 소집청구를 받은 회사가 그 소집절차를 이행하지 아니할 경우 사채권자는 법원의 허가를 받아 비로소 자신이 소집을 할 수 있게 된다(상법 제491조 제2항·제3항).

③ 하지만 무기명식 사채권을 소지하고 있는 사채권자가 위 집회소집권을 가진 회사에 대하여 사채권자집회의 소집청구를 할 때에는 그 사채권을 사전에 공탁하여야만 위 ②의 소집청구를 할 수 있다(상법 제491조 제4항). 이 공탁은 사채권자집회 소집청구권자의 확인과 소집청구권의 남용을 방지하기 위한 것이다.

2) 상법 제492조 제2항에 의한 보관공탁

위 사채권자집회에서 각 사채권자는 그가 가지는 해당 종류의 사채 금액의 합계액(상환받은 액은 제외한다)에 따라 의결권을 가진다(상법 제492조 제1항). 이때에도 무기명식 사채권을 소지한 자는 집회일로부터 1주간 전까지 채권을 공탁하지 아니하면 그 의결권을 행사하지 못하므로(상법 제492조 제2항) 의결권을 행사하기 위해서는 채권을 공탁하여야만 한다. 이는 사채권자집회에서의 의결권자임을 확인함과 동시에 의결권의 개수를 확인하기 위한 것이다.

3) 담보부사채신탁법 제50조 제3항에 의한 보관공탁

① 사채는 회사의 경영상태에 따라 언제든지 그 가치가 액면가액 이하로 하락될 수 있으므로 그 사채를 발행하는 회사의 경영상태가 고르지 못할 경우 사채의 발행에 지장을 초래하게 된다. 따라서 회사는 원활한 사채발행을 위해 회사의 경영상태와는 관계없이 사채권자가 언제나 액면가액의 상환을 보장받을 수 있도록 발행하는 사채에 별도의 물상담보를 제공하게 되며, 제공된 물상담보는 별도의 신탁업자가 관리하게 된다. 이렇게 사채에 물상담보가 있는 것을 담보부사채라고 한다.

② 담보부사채는 물상담보가 제공되어 있다는 것 외에는 일반사채(회사의 신용만으로 발행한 사채)와 다를 바 없다.

③ 신탁업자 또는 담보부사채신탁법 제23조 제1항에 따라 사채의 총액을 인수한 자는 필요할 때에는 언제든지 사채권자집회를 소집할 수 있고(동법 제41조), 위탁회사 또는 사채총액의 10분의 1에 해당하는 사채권자는 집회의 목적과 집회 소집 이유를 적은 문서를 신탁업자 또는 동법 제23조 제1항에 따라 사채의 총액을 인수한 자에게 제출하여 집회의 소집을 청구할 수 있다(동법 제42조 제1항).

④ 그런데 위 사채권자집회의 소집절차 또는 그 결의방법이 담보부사채신탁법 또는 위탁회사와 신탁업자 간의 신탁계약의 조항에 위반하였을 때에는 위탁회사, 신탁업자 또는 각 사채권자는 위 결의한 날로부터 1개월 이내에 법원에 결의무효를 청구할 수 있다(동법 제50조 제1항·제2항). 이때 사채권자가 결의무효청구를 하는 경우에는 자신이 소지한 사채권을 공탁하여야 한다(동법 제50조 제3항). 이 공탁은 사채권자집회결의무효청구권자의 확인과 결의무효청구권의 남용을 방지하기 위한 것이다.

⑤ 상법 제491조 제4항과 제492조 제2항에 의한 공탁은 사채권자가 집회소집청구를 회사에 대하여 하기 때문에 회사는 기명식 사채권자를 이미 알고 있어 무기명식 사채권 소지자만 공탁하지만, 담보부사채신탁법 제50조 제3항에 의한 공탁은 결의무효청구를 법원에 대하여 하므로 법원으로서는 청구자가 기명식 사채권 소지자인지, 무기명식 사채권 소지자인지 알 수 없으므로 무기명식 사채권 소지자는 물론이고 기명식 사채권 소지자도 공탁하여야 한다.

4) 담보부사채신탁법 제84조 제2항에 의한 보관공탁

① 담보부사채를 발행할 때는 위탁회사가 신탁업자에게 물상담보물의 권리를 맡겨야 하므로 신탁업자가 그 관리를 소홀히 한다면 위 물상담보가 소멸하거나 그 가치가 감소하는 경우가 발생하게 된다. 따라서 위탁회사, 사채권자집회에서 선임된 대표자 또는 사채총액의 10분의 1 이상에 해당하는 사채권자는 언제든지 신탁업자의 담보물 보관상태를 검사할 수 있도록 하고 있다(동법 제84조 제1항). 이때 무기명식 사채권을 소지한 사채권자는 신탁업자에게 사채권을 공탁하여야 한다(동법 제84조 제2항). 이 공탁은 사채권자가 신탁업자에 대하여 자신이 담보물 보관상태 검사권자임을 확인시키기 위한 것이다.

3. 공탁의 신청

1) 신청서 작성 등

피공탁자는 원시적으로 존재하지 아니하므로 기재하지 않는다.

2) 공탁물

상법상의 공탁은 '무기명식 사채권', 담보부사채신탁법상의 공탁은 '사채권'으로 법정되어 있다.

3) 관할

① 공탁소의 토지관할에 관한 일반적 규정은 없으며, 공탁의 근거법령에서 관할규정을 두고 있지 않은 경우에 공탁소는 직무관할 및 공탁물에 의한 관할 범위 내에서 일체의 공탁에 대하여 관할권을 갖는다. 따라서 상법 제492조 제2항에 따라 무기명식 사채권을 공탁하고자 하는 사람은 시·군법원 공탁소를 제외한 모든 공탁소에서 공탁할 수 있다.

② 다만 1962.1.20. 법률 제1000호로 제정된 상법 부칙 제7조에 따라 상법 제491조 제4항, 제492조 제2항 또는 그 준용규정에 의하여야 할 공탁은 공탁관에게 하지 아니하는 경우에는 대법원장이 정하는 은행 또는 신탁회사에 하여야 하므로 대법원장에게 공탁기관의 지정을 구하여 그 지정된 은행 또는 신탁회사에 공탁할 수도 있다(공탁선례 제2-327호). 이와 같이 상법 제491조 제4항, 제492조 제2항에 의한 공탁은 공탁관에게 공탁을 하든지 아니면 대법원장이 정하는 은행 또는 신탁회사에 하든지 공탁자가 임의로 공탁할 공탁소를 정할 수 있다. 지정된 은행 또는 신탁회사는 특별공탁 기관의 일종으로 볼 수 있다.

③ 또한 담보부사채신탁법 제84조 제2항에 의하여 사채총액의 10분의 1 이상에 해당하는 사채권자 중 무기명식 채권을 가진 자는 그 채권을 신탁업자에게 공탁하여야만 신탁업자의 담보물 보관상태를 검사할 수 있는바, 이 규정에 의한 공탁은 법원의 공탁소에 공탁하지 아니하고 신탁업자에게 하여야 한다.

4. 공탁물의 지급

① 피공탁자가 원시적으로 존재하지 아니하므로 출급청구란 있을 수 없다.

② 회수 등의 절차에 관하여는 법정된 바 없으므로 각 절차가 완료되었다면 이를 증명하여 사채권자 등 공탁자가 회수하면 된다.

02 절 몰취공탁

1. 의의

① 몰취공탁이란 일정한 사유가 발생하였을 때 공탁물을 몰취함으로써 소명에 갈음하는 선서 등의 진실성 또는 상호가등기제도의 적절한 운용 등을 간접적으로 담보하는 기능을 수행하는 제도이다.

② 이와 같이 몰취공탁은 특정의 상대방에 대한 손해담보가 아니라 국가에 대하여 자신의 주장이 허위이거나 국가에서 정한 의무의 이행을 하지 아니할 때에는 국가로부터 몰취의 제재를 당하여도 이를 감수하겠다는 뜻에서 제공하는 징벌적 성질을 가진 공탁이라 볼 수 있다.

2. 종류

1) 소명에 갈음하는 공탁

법원은 당사자나 법정대리인으로 하여금 보증금을 공탁하게 하여 이로써 소명에 갈음할 수 있는 제도를 두고 있다(민사소송법 제299조 제2항). 이는 재판상의 상대방에 대한 손해담보가 아니라 국가에 대하여 자기의 주장이 허위인 때에는 몰취의 제재를 당하여도 감수한다는 뜻에서 제공하는 제재적 성질을 가진 공탁이다.

2) 상호가등기 공탁

① 상호의 가등기를 위한 공탁은 상호가등기 제도의 남용을 막기 위한 것으로서 상호가등기의 신청 또는 예정기간을 연장하는 등기를 신청하는 경우에 일정한 금액을 공탁하도록 하는 것이다. 예정기한 내에 등기절차를 이행하지 아니한 때에는 몰취의 제재를 당하여도 이를 감수한다는 뜻에서 제공하는 제재적 성질을 가진 공탁이다. 상호의 가등기가 말소된 때에는 회사 또는 발기인 등이 공탁금을 회수할 수 있는 경우를 제외하고는 공탁금이 국고에 귀속된다.

② 상호의 가등기를 할 수 있는 경우는 회사를 설립하고자 할 때와 상호나 목적 또는 상호와 목적을 변경하고자 할 때, 본점을 이전하고자 할 때가 있고, 본점을 이전하고자 할 때는 이전할 곳을 관할하는 등기소에 상호의 가등기를 신청할 수 있다(상법 제22조의2 제3항).

③ 본등기를 할 때까지의 기간을 예정기간이라고 하는데, 상호가등기의 예정기간은 상호의 가등기 종류에 따라 회사를 설립하고자 할 때의 상호의 가등기 및 본점을 이전하고자 할 때는 2년을, 상호나 목적 또는 상호와 목적을 변경하고자 할 때는 1년을 초과할 수 없다(상업등기법 제38조 제3항, 제39조 제2항). 이때 공탁금액은 1천만 원의 범위에서 대법원규칙으로 정하는데, 상업등기규칙 제79조 [별표 1]에서 정한 공탁금액은 아래와 같다.

상호의 가등기의 종류 ＼ 공탁금액	상호의 가등기 신청 시		예정기간 연장의 등기 신청 시
	예정기간이 6월 이하인 경우	예정기간이 6월을 초과하는 경우	
상법 제22조의2 제1항의 규정에 의한 상호의 가등기	200만 원	200만 원에다가 초과되는 예정기간 6월(6월 미만의 기간은 6월로 봄)마다 100 만 원을 추가한 금액	연장기간 6월(6월 미만 의 기간은 6월로 봄)마다 100만 원을 추가한 금액
상법 제22조의2 제2항 및 제3항의 규정에 의한 상호의 가등기	150만 원	150만 원에다가 초과되는 예정기간 6월(6월 미만의 기간은 6월로 봄)마다 70 만 원을 추가한 금액	연장기간 6월(6월 미만 의 기간은 6월로 봄)마다 70만 원

3. 공탁의 신청

1) 공탁의 목적물

① 소명에 갈음하는 몰취공탁(민사소송법 제299조 제2항)의 공탁물은 금전이다.

② 상호가등기 몰취공탁(상업등기법 제41조)도 금전만이 허용될 뿐 지급보증위탁계약체결문서(보증보험증권)를 제출할 수는 없다(재민 2003-5).

2) 관할

공탁소의 토지관할에 관하여 일반적인 규정은 없다.[19]

3) 당사자

① 몰취공탁에서의 공탁자는 소송당사자나 법정대리인 또는 등기신청인 등으로 법정되어 있다.

② 제3자에 의한 몰취공탁이 허용되느냐와 관련하여, 몰취공탁은 국가에 대하여 자기의 주장이 허위인 때 또는 약정기한 내 등기절차를 불이행한 때에는 몰취의 제재를 당하여도 감수한다는 취지의 것이므로 그 성질상 제3자에 의한 공탁이 허용되지 않는다고 보아야 할 것이다.

③ 몰취공탁에서의 피공탁자는 국가이므로 공탁서상의 피공탁자란에는 "대한민국" 또는 "국"이라고 기재한다.

---

19) 민사소송법 제299조 제2항의 몰취공탁은 수소법원의 소재지를 관할하는 공탁소에, 상업등기법 제41조에 따른 몰취공탁은 상호를 가등기할 등기소를 관할하는 본점 소재지의 공탁소에 공탁함이 바람직할 것이다.

4. 공탁물의 지급

가. 소명에 갈음하는 몰취공탁(민사소송법 제299조 제2항)

1) 출급(몰취로 인한 국고귀속)

① 보증금을 공탁한 당사자 또는 법정대리인이 거짓 진술을 한 때 법원은 결정으로 보증금을 몰취한다. 공탁금 몰취절차를 정한 규정은 없으나, 국고귀속되는 공탁금에 관한 규정인 공탁규칙 제62조 제3항을 준용한다.

② 몰취결정에 대하여 즉시항고할 수 있으므로 몰취결정이 확정되면 수소법원은 보증금몰취결정 정본과 확정증명서를 공탁관에게 송부한다. 공탁관은 그때마다 공탁금국고귀속조서를 작성하여 출납공무원에게 보내고, 출납공무원은 지체 없이 해당 법원의 수입징수관에게 보내야 한다.

2) 회수

보증금을 몰취할 것이 아닌 때에는 사건완결 후 공탁을 명한 법원은 공탁금환부결정을 하고, 공탁자는 공탁금환부결정정본 및 공탁서를 첨부하여 공탁금을 회수하게 된다.

나. 상호가등기 몰취공탁(상업등기법 제41조)

1) 출급(몰취로 인한 국고귀속)

① 본등기를 하지 아니하고 예정기간이 경과한 때에는 등기관은 상호의 가등기를 직권으로 말소하여야 하고, 이와 같이 상호의 가등기가 말소된 때에는 회사 또는 발기인 등이 공탁금을 회수할 수 있는 경우를 제외하고는 공탁금은 국고에 귀속된다(상업등기법 제44조 제2항).

② 또한 유한책임회사, 주식회사 또는 유한회사의 설립, 본점이전, 목적변경에 관계된 상호가등기의 경우에 상호를 변경하였을 때나 상호나 목적 또는 상호와 목적변경에 관계된 상호의 가등기의 경우 본점을 다른 특별시·광역시·특별자치시·시 또는 군으로 이전한 때, 그 밖에 상호의 가등기가 필요 없게 되었을 때에는 회사 또는 발기인 등은 상호의 가등기의 말소를 신청하여야 하고, 위 신청에 의하여 상호의 가등기가 말소된 때에도 공탁금은 국고에 귀속된다(상업등기법 제44조).

③ 공탁금이 국고에 귀속되는 때에는 등기관은 공탁 연월일, 공탁번호, 공탁금액, 공탁자 및 공탁금이 국고에 귀속되는 취지와 그 연월일을 해당 공탁법원의 공탁관에게 별지 양식에 의한 공탁금 국고귀속통지서에 의하여 통지하여야 한다(상업등기규칙 제83조, 등기예규 제1557호).

2) 회수

① 예정기간 내에 본등기를 한 때에는 등기관은 상호의 가등기를 직권으로 말소하여야 하고, 회사 또는 발기인 등은 등기관으로부터 교부받은 공탁원인 소멸증명서를 첨부하여 공탁금을 회수할 수 있다(상업등기법 제44조 제1항).

② 이와 같이 회사 또는 발기인 등이 상업등기법 제44조 제1항 본문의 규정에 의하여 공탁금을 회수할 수 있는 경우에는 등기관은 회사 또는 발기인 등의 청구에 의하여 공탁의 원인이 소멸하였음을 증명하는 서면을 교부하여야 한다.

03 절 몰수보전, 추징보전 관련 공탁

1. 몰수보전

1) 의의

① 몰수보전이란 특례법 등에 의하여 몰수재판의 집행을 확보하기 위하여 몰수할 수 있는 재산에 대한 처분을 일시적으로 금지하는 강제처분을 말한다.

② 몰수보전은 민사집행법의 다툼의 대상에 관한 가처분제도를 형사절차에 차용한 것으로 그 효력은 상대적이므로 몰수보전된 금전채권이라도 몰수의 재판이 있기까지 채권자는 양도 등의 처분을 할 수 있고 그 처분행위는 당사자 간에서는 유효하나, 다만 그 후 몰수의 재판이 확정되면 그 효력이 부정된다.

③ 몰수보전된 채권에 대하여 강제집행에 의한 압류명령이 내려진 경우 그 압류채권자는 압류된 채권 중 몰수보전된 부분에 대하여 몰수보전이 실효되지 아니하면 채권을 영수할 수 없다(공무원범죄몰수법 제35조 제2항).

2) 공탁절차

① 금전채권의 제3채무자는 해당 채권이 몰수보전이 된 후 그 몰수보전의 대상이 된 채권에 대하여 강제집행에 의한 (가)압류명령을 송달받은 경우 또는 강제집행에 의하여 (가)압류된 금전채권에 대하여 몰수보전이 있는 경우에는 몰수보전명령에 관련된 금전채권의 전액을 채무이행지의 지방법원 또는 지원의 공탁소에 공탁함으로써 면책받을 수 있다.

② 제3채무자가 공탁을 한 때에는 그 사유를 몰수보전명령을 발한 법원 및 (가)압류명령을 발한 법원에 신고하여야 한다. 이 경우 공탁서를 첨부해야 하는데, 몰수보전이 된 후 (가)압류명령을 송달받은 경우에는 몰수보전명령을 발한 법원에, (가)압류된 금전채권에 대하여 몰수보전이 있는 경우에는 (가)압류명령을 발한 법원에 제출하여야 한다(공무원범죄의 몰수보전 등에 관한 규칙 제14조 제2항, 제15조 제2항, 제19조 제2항).

③ 금전의 지급을 목적으로 하는 채권에 대하여 몰수보전이 되어 그 채무자(제3채무자)가 공탁을 한 경우 그 공탁을 수리한 공탁관은 몰수보전명령을 발한 법원 및 이에 대응하는 검찰청의 검사 또는 고위공직자범죄수사처에 소속된 검사에게 공탁사실을 통지하여야 한다(공무원범죄의 몰수보전 등에 관한 규칙 제9조).

④ 몰수보전된 금전채권에 대하여 체납처분에 따른 압류가 있는 경우 또는 체납처분에 따라 압류된 금전채권에 대하여 몰수보전이 있는 경우에도 마찬가지이다(공무원범죄몰수법 제40조 제2항, 공무원범죄의 몰수보전 등에 관한 규칙 제14조의2, 제15조의2).

3) 공탁금의 지급

채권이 몰수보전된 후 그 몰수보전의 대상이 된 채권에 대하여 강제집행에 의한 압류명령을 송달받아 제3채무자가 공탁한 경우 집행법원은 공탁된 금원 중에서 몰수보전된 금전채권의 금액에 상당하는 부분에 관하여는 몰수보전이 실효된 때, 그 나머지 부분에 관하여는 공탁된 때 배당절차를 개시하거나 변제금의 지급을 실시한다(공무원범죄몰수법 제36조 제3항).

2. 추징보전

1) 의의

① 추징보전이란 특례법 등에 의하여 추징재판의 집행을 확보하기 위하여 피고인이나 피의자의 재산 처분을 일시적으로 금지하는 강제처분을 말한다.

② 몰수대상재산의 몰수가 불가능한 때 또는 재산의 성질, 사용상황, 그 재산에 관한 범인 외의 자의 권리 유무 그 밖의 사정으로 몰수대상재산을 몰수함이 상당하지 않다고 인정된 때에는 그 가액을 추징할 수 있는데 추징재판의 집행을 보전하기 위하여 금전채권에 관하여 추징보전이 된 경우에는 민사집행법에 의한 가압류가 된 경우와 같은 효력이 인정된다.

2) 공탁절차

① 추징보전명령 시에는 추징보전명령의 집행정지나 집행처분의 취소를 위하여 피고인이 공탁하여야 할 금액(추징보전해방금)을 정하여야 한다(공무원범죄몰수법 제42조 제3항).

② 추징보전명령에 따라 추징보전이 집행된 금전채권의 채무자(제3채무자)는 그 채권액에 상당한 금액을 공탁할 수 있다. 이 경우 채권자(피고인)의 공탁금 출급청구권에 대하여 추징보전이 집행된 것으로 본다(공무원범죄몰수법 제45조). 이러한 공탁을 수리한 공탁관은 추징보전명령을 발한 법원 및 검사 또는 수사처검사에게 공탁사실을 통지하여야 한다(공무원범죄의 몰수보전 등에 관한 규칙 제23조).

3) 공탁금의 지급

① 추징보전해방금이 공탁된 후에 추징재판이 확정된 때 또는 가납재판이 선고된 때에는 공탁된 금액의 범위 안에서 추징 또는 가납재판의 집행이 있은 것으로 본다(공무원범죄몰수법 제46조 제1항). 이 경우 국가는 형사사건 판결정본과 확정증명서 등 추징재판이 확정되었음을 증명하는 서면을 첨부하여 지급청구할 수 있다.

② 한편 공탁된 추징보전해방금이 추징금액을 초과할 때에는 그 초과액을 피고인에게 돌려주어야 하는데(공무원범죄몰수법 제46조 제2항), 피고인은 공탁된 금액 중 추징금액을 넘는 초과액에 대하여 별도의 추징보전명령의 취소를 받을 필요는 없고, 그 형사사건 확정판결정본과 확정증명서 등을 첨부하여 직접 회수할 수 있다(대결 2010.4.29, 2010초기282).

04 절 선박소유자 등의 책임제한절차 등에 관한 공탁

1. 총설

선박소유자 등의 손해배상책임 제한과 관련하여 「선박소유자 등의 책임제한절차에 관한 법률(이하 '선박소유자책임법')」 및 「유류오염손해배상 보장법」이 제정되어 있는데, 후자는 선박책임제한절차와 관련하여 전자의 규정을 준용(유류오염손해배상 보장법 제41조 등)하고 있으므로 이하에서는 전자를 중심으로 설명한다.

2. 공탁절차

① 신청인은 법원의 공탁명령에 따라 공탁을 하게 되는데, 이때 공탁금액은 공탁명령에 따른 공탁지정일에 상법 등에 따른 책임한도액에 상당하는 금전과 이에 대하여 사고발생일이나 그 밖에 법원이 정하는 기산일부터 공탁지정일까지 연 6퍼센트의 비율로 산정한 이자를 합산한 금액이 된다(선박소유자책임법 제11조 참조). 공탁을 한 후에는 지체 없이 그 공탁서 정본을 법원에 제출하여야 한다.

② 공탁보증인이 법원의 공탁명령에 따라 공탁한 경우에도 마찬가지이다. 공탁보증인은 법원의 공탁명령에 따라 공탁지정일에 공탁해야 하며, 이 경우 공탁금액은 책임한도액에 상당하는 금전과 이에 대한 공탁보증의 허가결정에서 법원이 정한 기산일부터 공탁지정일까지 연 6퍼센트의 비율로 산정한 이자를 더한 금액이다(선박소유자책임법 제14조 참조). 공탁을 한 후에는 지체 없이 그 공탁서 정본을 법원에 제출하여야 하고, 공탁보증인이 한 공탁은 신청인이 공탁자로서 한 공탁으로 본다(선박소유자책임법 제12조, 제14조 제5항).

③ 관리인이 법원의 공탁금 지급명령[20]에 따라 공탁보증인으로부터 금전을 지급받았을 때에는 즉시 이를 공탁하고 그 결과를 법원에 보고하여야 하는데, 이 경우 관리인의 공탁은 신청인이 공탁자로서 한 공탁으로 본다(선박소유자책임법 제15조 제1항·제5항·제6항).

---

[20] 공탁보증인이 제14조에 따른 법원의 공탁명령을 이행하지 아니한 경우 법원은 제20조에 따라 선임된 관리인의 신청에 의하여 공탁보증인에 대하여 공탁보증인이 법원의 공탁지정일에 공탁하였어야 할 금전과 그중 책임한도액에 대하여 공탁지정일부터 완제일(完濟日)까지 「소송촉진 등에 관한 특례법」 제3조 제1항에 따른 이율로 산정한 이자를 더한 금전을 관리인에게 지급할 것을 명하여야 한다(선박소유자책임법 제15조 제1항).

④ 한편 현금을 공탁하는 것이 원칙이지만 책임한도액이 다액인 경우에는 현금의 조달이 곤란한 경우가 있으므로 신청인은 법원의 허가를 얻어 공탁보증서로써 현금의 전부 또는 일부의 공탁에 갈음할 수 있고, 이 경우 보증인의 공탁 이행능력이 충분함을 소명하여야 한다(선박소유자책임법 제13조).

3. 공탁금 출급

① 책임제한절차가 개시된 경우 그 절차가 취소나 폐지되지 않는 한 제한채권자는 이 법에 따라 공탁된 금전과 이에 대한 이자의 합계액(이하 '기금')에서 이 법에 정하는 바에 따라 배당을 받을 수 있다(선박소유자책임법 제27조 참조).

② 배당은 대법원규칙으로 정하는 바에 따라 관리인이 공탁관에게 기금으로부터의 지급을 위탁하는 방법으로 한다(선박소유자책임법 제69조 제3항).

4. 공탁금 회수청구

신청인은 책임제한절차 개시의 결정을 취소하는 결정이 확정된 날부터 30일이 지난 후가 아니면 이 법에 따른 공탁금을 회수하거나 그 회수청구권을 처분하지 못한다. 다만 제한채권자 모두가 동의한 경우에는 그러하지 아니하다(선박소유자책임법 제26조). 책임제한절차를 폐지하는 결정이 확정된 경우에도 제26조를 준용한다(선박소유자책임법 제87조).

박문각
법무사

이천교 **공탁법**

1차 | 기본서

제4판 인쇄 2025. 1. 10. | **제4판 발행** 2025. 1. 15. | **편저자** 이천교
발행인 박 용 | **발행처** (주)박문각출판 | **등록** 2015년 4월 29일 제2019-000137호
주소 06654 서울시 서초구 효령로 283 서경 B/D 4층 | **팩스** (02)584-2927
전화 교재 문의 (02)6466-7202

저자와의
협의하에
인지생략

정가 25,000원
ISBN 979-11-7262-438-5

MEMO